Charles Darwin

A Origem das Espécies

por meio da Seleção Natural

Charles Darwin

A Origem das Espécies

por meio da Seleção Natural

ou

A preservação das raças favorecidas na luta pela vida

Tradução

André Campos Mesquita

Lafonte

Título original Inglês: *The Origin of Species by means of Natural Selection or the preservation of favoured races in the struggle for life*

Direção Editorial *Sandro Aloísio*
Organização Editorial *Ciro Mioranza*
Tradução *André Campos Mesquita*
Revisão e Copidesque *Nídia Licia Ghilardi*
Diagramação *Marcelo Sousa | deze7 Design*
Imagem *Fóssil pré-histórico, 24Novembers, Shutterstock.com*

Dados Internacionais de Catalogação na Publicação (CIP)
(Câmara Brasileira do Livro, SP, Brasil)

Darwin, Charles, 1809-1882.
A origem das espécies : por meio da seleção natural / Darwin ; tradução André Campos Mesquita. -- São Paulo : Lafonte, 2017.

Título original: The origin of species by means of natural selection or the preservation of favoured races in the struggle for life
ISBN 978-85-8186-250-7

1. Evolução (Biologia) 2. Seleção Natural I. Título.

17-10167 CDD-576.8

Índices para catálogo sistemático:

1. Origem das espécies : Evolução : Biologia 576.8

Direitos de edição em língua portuguesa, para o Brasil, adquiridos por Editora Lafonte Ltda.

Av. Profa. Ida Kolb, 551 – 3º andar – São Paulo – SP – CEP 02518-000
Tel.: 55 11 3855-2286
atendimento@editoralafonte.com.br • www.editoralafonte.com.br

Índice

Apresentação

A polêmica causada pela *Origem das Espécies* do naturalista Charles Darwin nunca cessou. Para os religiosos, é difícil aceitar que o homem é um simples animal como a ostra, o lobo ou o chimpanzé.

Atualmente a polêmica se reacendeu com a volta do ensino do criacionismo em algumas escolas nos EUA, agora chamado "desenho inteligente", que passou a ser ensinado lado a lado com a teoria da evolução das espécies, como uma alternativa.

Se de um lado os puritanos alegam que Darwin não propôs nada além de uma "teoria", do outro os cientistas dizem que o "desenho inteligente" não tem nenhum caráter científico e carece de provas de fato. A polêmica já chegou ao Brasil, onde alguns estados estudam a possibilidade de se adotar os dois pontos de vista no currículo escolar.

Esta versão equivale à 6ª e última edição do livro de Darwin. Até sua morte o autor reescreveu incansavelmente sua obra mais famosa, cada uma das seis edições apresentam diferenças tão grandes que são praticamente livros distintos. Parágrafos inteiros foram modificados, capítulos foram adicionados e novas pesquisas foram sendo incluídas ao longo dos anos. Esta é a obra que pode ser considerada a definitiva.

André Campos Mesquita

Introdução

Quando eu estava como naturalista a bordo do *HMS Beagle*[1], impressionaram-me muito certos fatos que se apresentam na distribuição geográfica dos seres orgânicos que vivem na América do Sul e nas relações geológicas entre os habitantes atuais e os passados daquele continente. Esses fatos, como se verá nos últimos capítulos deste livro, pareciam lançar alguma luz sobre a origem das espécies, esse mistério dos mistérios, como assim o chamou um de nossos maiores filósofos. No meu regresso ao lar, em 1837, ocorreu-me que talvez eu pudesse decifrar um pouco dessa questão reunindo e refletindo pacientemente sobre toda sorte de fatos que pudessem ter alguma relação com ela. Depois de cinco anos de trabalho me permiti discorrer especulativamente sobre essa matéria e redigi umas breves notas; ampliei-as em 1844, formando um esboço das conclusões que então me pareciam prováveis. Desde esse período até hoje me dediquei invariavelmente ao mesmo assunto; espero que possam me desculpar por citar esses detalhes pessoais, mas apenas os menciono para mostrar que minhas decisões não foram precipitadas.

Minha obra está agora[2] quase finda; mas como completá-la ainda me levará muitos anos e minha saúde dista de ser robusta, fui instado, para que publicasse este resumo. Moveu-me, especialmente a fazê-lo o fato de o senhor Wallace[3], que está atualmente estudando a história natural do Arquipélago Malaio, ter chegado quase exatamente às mesmas conclusões gerais a que cheguei sobre a origem das espécies. No ano passado, enviou-me uma *Memória*[4] sobre esse assunto, com o desejo de que a transmitisse a sir Charles Lyell[5], que a enviou à Linnean Society[6] e está publicada no terceiro tomo do Jornal dessa sociedade. Sir C. Lyell e o doutor Hooker[7], que tinham conhecimento de meu trabalho, – sendo que este último havia lido meu esboço de 1844 – honraram-me, julgando prudente publicar, com a excelente Memória do senhor Wallace, alguns breves extratos de meus manuscritos.

Este resumo que publico agora tem necessariamente de ser imperfeito. Não posso dar aqui referências e textos em favor de minhas diversas afirmações, e espero que o leitor deposite alguma confiança em minha exatidão. Sem dúvida me haverão escapado alguns erros, ainda assim espero ter sido sempre prudente em dar crédito somente a boas autoridades. Apenas posso dar aqui as conclusões gerais a que cheguei com alguns fatos exemplares que, espero, no entanto, sejam suficientes na maioria dos casos. Ninguém pode sentir mais do que eu a necessidade de publicar depois detalhadamente, e com referências, todos os fatos em que se fundamentaram minhas conclusões, o que espero fazer numa obra futura; sei perfeitamente que raramente se discute neste livro um só ponto sobre o qual não possam ser invocados fatos que com frequência levam, ao que parece, a conclusões diretamente opostas àquelas a que eu cheguei. Um resultado justo poderia ser obtido somente por meio do exame e do confronto dos fatos e argumentos de ambas as partes da questão, e isto, neste momento, não é possível.

Sinto muito que a falta de espaço me impeça de ter a satisfação de agradecer aos generosos auxílios que recebi de muitos naturalistas, alguns dos quais não conheço pessoalmente. Não posso, no entanto, deixar passar esta oportunidade sem expressar meu profundo agradecimento ao doutor Hooker, que durante os últimos quinze anos me ajudou de todos os modos possíveis, com seu grande acúmulo de conhecimentos e seus excelentes critérios.

Ao considerar a origem das espécies, concebe-se perfeitamente que um naturalista, refletindo sobre as afinidades mútuas dos seres orgânicos, sobre suas relações embriológicas, sua distribuição geográfica, a sucessão geológica e outros fatores semelhantes, pode chegar à conclusão de que as espécies não foram criadas independentemente, mas que descenderam, assim como todas as variedades, de outras espécies. No entanto, esta conclusão, ainda que estivesse bem fundamentada, não seria satisfatória até que se pudesse demonstrar como as inumeráveis espécies que habitam o mundo se modificaram até adquirir esta perfeição de estruturas e esta adaptação mútua que causa, com justiça, nossa admiração. Os naturalistas continuamente fazem menção a condições externas, tais como clima, alimento, assim por diante, como a única causa possível dessa variação. Num sentido limitado, como veremos depois, pode até ser verdade; mas é absurdo atribuir a causas puramente externas a estrutura, por exemplo, do pica-pau[8], com suas patas, cauda, bico e língua tão admiravelmente adaptados para capturar insetos sob a casca das árvores. No caso da erva-de-passarinho[9], que retira seu alimento de certas árvores, que têm sementes que precisam ser transportadas por determinadas aves e que têm flores com sexos separados que necessitam totalmente da mediação de certos insetos para levar pólen de uma flor a outra, é igualmente absurdo explicar a estrutura desse parasita e suas relações com vários seres orgânicos diferentes apenas pelo efeito das condições externas, pelo *habitat* ou por vontade própria da planta.

É, portanto, da maior importância se chegar a uma compreensão clara a respeito dos meios de modificação e de adaptação mútua. No princípio de minhas observações, pareceu-me provável que um estudo cuidadoso dos animais domésticos e das plantas cultivadas ofereceria as melhores chances de se resolver esse obscuro problema. Essa expectativa não se frustrou; neste e em todos os outros casos duvidosos verifiquei invariavelmente que nosso conhecimento, ainda imperfeito como é, da variação em um estado doméstico proporciona-nos a melhor e mais segura orientação. Posso me aventurar a manifestar minha convicção sobre o grande valor destes estudos, ainda que tenham sido muito comumente descuidados pelos naturalistas.

Por essas considerações, dedicarei o primeiro capítulo deste resumo à variação em estado doméstico. Veremos que é pelo menos possível uma grande modificação hereditária e – o que é tão ou mais importante – veremos o quão grande é o poder do homem ao acumular por sua seleção pequenas variações sucessivas. Passarei depois à variação das espécies em estado natural, mas, desgraçadamente, me verei obrigado a tratar esse assunto com demasiada brevidade, pois só pode ser tratado adequadamente com longos catálogos de fatos. Será possível, no entanto, discutir quais são as circunstâncias mais favoráveis para a variação. No capítulo seguinte, se examinará a luta pela existência entre todos os seres orgânicos, em que se verificará inevitavelmente a elevada progressão geométrica de seu crescimento. É esta a doutrina de Malthus[10] aplicada ao conjunto dos reinos animal e vegetal. Como de cada espécie nascem ainda mais indivíduos dos que podem sobreviver, e como, em consequência disso, há uma luta pela vida, que se repete frequentemente, segue-se que todo ser, se varia, por débil que esta possa ser, de algum modo proveitoso para ele sob as complexas e às vezes variáveis condições da vida terá maior probabilidade de sobreviver e de assim ser *naturalmente selecionado*. Segundo o poderoso princípio da hereditariedade, toda variedade selecionada tenderá a propagar sua nova e modificada forma.

Esta questão fundamental da seleção natural será tratada com alguma extensão no capítulo IV, e então veremos como a seleção natural produz quase inevitavelmente grande extinção de formas de vida menos aperfeiçoadas e conduz ao que chamei divergência de características. No capítulo seguinte, discutirei as complexas e pouco conhecidas leis da variação. Nos cinco capítulos seguintes se apresentarão as dificuldades mais aparentes e graves para aceitar a teoria; a saber: primeiro, as dificuldades das transições, ou como um ser singelo ou um órgão singelo pode transformar-se e aperfeiçoar-se, até converter-se num ser extremamente desenvolvido ou num órgão complexamente construído; segundo, o tema do instinto ou das faculdades mentais dos animais; terceiro, a hibridação ou a esterilidade das espécies e fecundidade das variedades quando se cruzam; e quarto, a imperfeição dos registros geológicos. No capítulo seguinte, considerarei a sucessão geológica dos seres no tempo; nos capítulos XII e XIII, sua classificação e afinidades mútuas, tanto de adultos como em estado embrionário. No último capítulo, farei um breve resumo de toda a obra, com algumas observações finais.

Ninguém deve se surpreender, pelo muito que ainda fica inexplicável com respeito à origem das espécies e variedades, se se dá o devido desconto à nossa profunda ignorância com respeito às relações mútuas dos muitos seres que vivem ao nosso redor. Quem pode explicar por que uma espécie se estende muito e é muito numerosa e por que outra espécie afim tem uma dispersão reduzida e é rara? No entanto, essas relações são de suma importância, pois determinam a prosperidade presente e, a meu ver, a futura sorte e variação de cada um dos habitantes do mundo. Ainda sabemos menos das relações mútuas dos inumeráveis habitantes da terra durante as diversas épocas geológicas passadas de nossa história. Ainda que muito permanece e permanecerá por um longo tempo obscuro, não posso, depois do estudo mais profundo e do juízo imparcial de que sou capaz, resguardar alguma dúvida de que a opinião que a maior parte dos naturalistas manteve até agora, e que mantive anteriormente – ou seja, que cada espécie foi criada independentemente –, é errônea. Estou completamente convencido de que as espécies não são imutáveis e de que as que pertencem ao que se chama mesmo gênero são descendentes diretos de alguma outra espécie, geralmente extinta, da mesma maneira que as variedades reconhecidas de uma espécie são as descendentes desta. Além do mais, estou convencido de que a *seleção natural* foi o meio mais importante, mas não o único, de modificação.

Capítulo I

Variação em estado doméstico

Causas de variabilidade – Efeitos do hábito e do uso e desuso dos órgãos – Variação correlativa – Hereditariedade – Características das variedades domésticas – Dificuldade da distinção entre espécies e variedades – Origem das variedades domésticas, a partir de uma ou de várias espécies – Pombos domésticos; suas diferenças e origem – Princípios da seleção, seguidos há muito tempo, e seus efeitos – Seleção metódica e seleção inconsciente – A origem desconhecida de nossas produções domésticas – Circunstâncias favoráveis à capacidade seletiva do homem

Causas de variabilidade

Quando comparamos os indivíduos da mesma variedade ou subvariedade de nossas plantas cultivadas e animais criados mais antigos, uma das primeiras coisas que nos impressiona é que geralmente diferem mais entre si do que os indivíduos de qualquer espécie em estado natural; e se refletimos sobre a grande diversidade de plantas e animais que foram criados e cultivados e que variaram durante todas as idades sob os mais diferentes climas e tipos de tratamento, vemo-nos levados a concluir que essa grande variabilidade se deve ao fato de que nossas produções domésticas se criaram em condições de vida menos uniformes e diferentes das que a espécie mãe foi submetida no estado natural. Há, portanto, um pouco de coerência na proposição de Andrew Knight[11], de que essa variabilidade pode estar relacionada, em parte, com o excesso de alimentos. Parece óbvio que os seres orgânicos, para que se produza alguma variação importante, têm de estar expostos durante várias gerações a condições novas e que, uma vez que o organismo começou a variar, continua geralmente variando durante muitas gerações. Não se registrou um só caso de um organismo variável que tenha cessado de variar quando submetido ao cultivo ou à criação. As mais antigas plantas cultivadas, tais como o trigo, produzem ainda novas variedades; os animais domésticos mais antigos são capazes de modificação e aperfeiçoamento rápidos.

Até onde eu posso avaliar, depois de observar com atenção por muito tempo esse assunto, as condições de vida parecem atuar de duas maneiras: diretamente sobre todo o organismo ou apenas sobre algumas partes, e indiretamente, afetando o aparelho reprodutor. Com respeito à ação direta, devemos considerar que em cada caso, como o professor Weismann[12] observou há pouco e como eu expus acidentalmente em minha obra *Variation under Domestication*, há dois fatores, a saber: a natureza do organismo e a natureza das condições de vida. O primeiro parece ser, contudo, o mais importante, pois variações muito semelhantes se originam às vezes, até onde podemos avaliar, em condições diferentes; e, ao contrário, variações diferentes se originam em condições que parecem ser quase iguais. Os efeitos na descendência são determinados ou indeterminados. Podem-se considerar como determinados quando todos, ou quase todos, os descendentes de indivíduos submetidos a certas condições, durante várias gerações, estão modificados da mesma maneira. É extremamente difícil chegar a uma conclusão a respeito da extensão das mudanças que se produziram definitivamente deste modo. No entanto, mal cabe dúvidas no que se refere a pequenas mudanças, como o tamanho, mediante a quantidade de comida; a cor, proveniente da natureza da comida; a gordura da pele e da pelagem, segundo o clima, etc. Cada uma das infinitas variações que vemos na plumagem de nossas galinhas deve ter tido alguma causa eficiente; e se a mesma causa atuasse uniformemente durante uma longa série de gerações sobre muitos indivíduos, todos, provavelmente, se modificariam do mesmo modo. Fatos como a complexa e extraordinária excreção que invariavelmente se segue à introdução de uma diminuta gota de veneno proveniente de um inseto produtor de irritação nos mostram as singulares modificações que poderiam resultar, no caso das plantas, de uma mudança química na natureza da seiva.

A variabilidade indeterminada é um resultado bem mais frequente da mudança de condições do que a variabilidade determinada, e desempenhou, provavelmente, um papel mais importante na formação das raças domésticas. Vemos variabilidade indeterminada nas inumeráveis pequenas particularidades que distinguem os indivíduos da mesma espécie e que não podem ser explicadas pela hereditariedade, nem de seus pais, nem de nenhum antecessor mais remoto. Diferenças, inclusive, muito marcadas aparecem de vez em quando entre os mais jovens de uma mesma ninhada e nas plantas procedentes de sementes do mesmo fruto. Entre os milhões de indivíduos criados no mesmo país e alimentados quase com o mesmo alimento, aparecem, muito de vez em quando, anomalias de estrutura tão pronunciadas, que merecem ser chamadas monstruosidades; mas as monstruosidades não podem ser reparadas por uma linha precisa das variações mais simples. Todas estas mudanças de conformação, já extremamente sutis, já notavelmente marcadas, que aparecem entre muitos indivíduos que vivem juntos, podem ser consideradas como os efeitos indeterminados das condições de vida sobre cada organismo individualmente, quase da mesma maneira em que um esfriamento afeta homens diferentes de modos distintos, segundo a condição ou constituição do corpo, causando tosses ou resfriados, reumatismo ou inflamação em diferentes órgãos.

Com relação ao que chamei ação indireta da mudança de condições, ou seja, relacionada ao aparelho reprodutor ao ser afetado, podemos inferir que a variabilidade se produz deste modo, em parte pelo fato de ser este aparelho extremamente sensível a qualquer mudança nas condições de vida, e em parte pela semelhança que existe – segundo observaram Kölreuter[13] e outros naturalistas – entre a variabilidade que resulta do cruzamento de espécies diferentes e a que pode ser observada em plantas e animais criados em condições novas ou artificiais. Muitos fatos demonstram claramente quão sensível é o aparelho reprodutor para pequenas mudanças nas condições ambientes. Nada é mais fácil do que amansar um animal, e existem poucas coisas mais difíceis do que fazê-lo se reproduzir em cativeiro, ainda que o macho e a fêmea se unam. Quantos animais existem que não são criados ou domesticados ainda encontrados em estado quase livre em seu *habitat*? Isto se deve geralmente, ainda que erroneamente, a instintos viciados. Muitas plantas cultivadas mostram maior vigor e, no entanto, raramente ou nunca produzem sementes! Num pequeno número de casos se descobriu que uma mudança muito insignificante, como um pouco mais ou menos de água em algum período determinado do crescimento, determina-se que uma planta produza ou não sementes. Não posso dar aqui os detalhes que recolhi e publiquei em outra parte sobre este curioso assunto, mas para demonstrar como são estranhas as leis que determinam a reprodução dos animais em cativeiro, posso dizer que os mamíferos carnívoros, mesmo os dos trópicos, são criados em nosso país muito bem em cativeiro, exceto os plantígrados, ou família dos ursos, que raramente têm filhotes; enquanto as aves carnívoras, salvo raríssimas exceções, quase nunca põem ovos fecundos. Muitas plantas exóticas têm pólen completamente inútil, da mesma maneira que o das plantas híbridas mais estéreis. Quando, por um lado, vemos plantas e animais domésticos que, muitas vezes apesar de débeis e frágeis, criam-se ilimitadamente em cativeiro, e quando, por outro lado, vemos indivíduos que, ainda tirados jovens do estado natural, perfeitamente amansados, tendo vivido bastante tempo e sãos – dos quais eu poderia dar numerosos exemplos – têm, no entanto, seu aparelho reprodutor tão gravemente prejudicado, por causas desconhecidas, que deixa de funcionar; não nos surpreende que este aparelho, quando funciona em cativeiro, o faça irregularmente e produza descendentes diferentes de seus pais. Posso acrescentar que, bem como alguns organismos criam ilimitadamente nas condições mais artificiais – por exemplo, as doninhas e os coelhos criados em gaiolas –, o que mostra que seus órgãos reprodutores não são tão facilmente alterados, assim também alguns animais e plantas resistirão à domesticação e ao cultivo e variarão muito ligeiramente, talvez não mais do que em estado natural.

Alguns naturalistas sustentaram que todas as variações estão relacionadas com o ato da reprodução sexual; mas isso seguramente é um erro, pois mostrei em outra obra uma longa lista de *sporting plants*[14], como os chamam os jardineiros e hortelãos; isto é: de plantas que produziram subitamente um só broto com características novas e às vezes muito diferentes dos demais rebentos da mesma planta. Essas variações de brotos, como podem ser chamadas, podem ser propagadas por enxertos, etc., e algumas vezes por semente. Essas variações ocorrem poucas vezes em estado natural, mas estão longe de ser raras nos cultivos.

Como entre os muitos milhares de botões de flores produzidos, ano após ano, na mesma árvore, em condições uniformes, viu-se apenas um que adquiriu subitamente características novas, e como botões de diferentes árvores que crescem em condições diferentes produziram às vezes quase as mesmas variedades – por exemplo, botões de pessegueiro que produzem nectarinas, e botões de roseira comum que produzem rosas de musgo[15] –, vemos claramente que a natureza das condições é de importância secundária, em comparação com a natureza do organismo, para determinar cada forma única de variedade, talvez de importância não maior que a que tem a natureza da centelha que incendeia uma massa de material combustível para determinar a natureza das chamas.

Efeitos do hábito e do uso e desuso dos órgãos; Variação correlativa; Hereditariedade

A mudança de condições produz um efeito hereditário, como na época de florescer das plantas quando transportadas de um clima para outro. Nos animais, o crescente uso ou desuso de órgãos teve uma influência mais marcada; assim, no pato doméstico, verifico que, em proporção a todo o esqueleto, os ossos da asa pesam menos e os ossos da pata mais do que os mesmos ossos do pato selvagem, e esta mudança pode ser atribuída seguramente ao fato de o pato doméstico voar muito menos e andar mais do que seus progenitores selvagens. O grande e hereditário desenvolvimento dos úberes nas vacas e cabras em países onde são habitualmente ordenhadas, em comparação com estes órgãos em outros países, é, provavelmente, outro exemplo dos efeitos do uso. Não se pode citar um animal doméstico que não tenha em algum país as orelhas caídas, e parece provável a opinião, que se sugere, de que o fato de ter as orelhas caídas se deve ao desuso dos músculos da orelha, porque esses animais raramente se sentem muito alarmados.

Muitas leis regulam a variação, algumas delas podem ser observadas e serão depois brevemente discutidas. Só me referirei aqui ao que pode chamar-se variação correlativa. Mudanças importantes no embrião ou larva ocasionarão provavelmente mudanças no animal adulto. Nas monstruosidades são curiosíssimas as correlações entre órgãos completamente diferentes, e disso foram citados muitos exemplos na grande obra de Isidore Geoffroy Saint-Hilaire[16] sobre esta matéria. Os criadores creem que as patas longas vão quase sempre acompanhadas de cabeça alongada. Alguns exemplos de correlação são muito caprichosos: assim, os gatos que são totalmente brancos e têm os olhos azuis, geralmente são surdos; mas ultimamente o senhor Tait[17] mostrou que isto está limitado aos machos. A cor e particularidades de constituição vão juntas, disso poderiam ser citados muitos casos notáveis em animais e plantas. Dos fatos reunidos por Heusinger[18] concluímos que as ovelhas e porcos brancos são mais afetados por certas plantas do que os indivíduos de cor escura. O professor Wyman[19] me comunicou recentemente um bom exemplo deste fato: perguntando a alguns lavradores da Virgínia por que todos seus porcos eram negros, informaram-lhe que os porcos comeram *paint-root* (Lachnanthes[20]), que tingiu seus ossos de cor-de-rosa e fez cair os cascos de todas as variedades, menos os da negra; e um dos crackers – colonos usurpadores da Virgínia – completou: "Escolhemos os animais negros da ninhada para criar, pois só eles têm mais probabilidades de sobreviver". Os cachorros de pouco pelo têm os dentes imperfeitos; os animais de pelo longo e basto são propensos a ter, segundo se afirma, longos caninos; os pombos emplumados têm pele entre seus dedos externos; os pombos com bico curto têm pés pequenos, e os de bico longo, pés grandes. Portanto, se se continua selecionando e fazendo aumentar, desse modo, qualquer particularidade, quase com segurança se modificarão involuntariamente outras partes da estrutura, devido às misteriosas leis da correlação.

Os resultados das diversas leis, ignoradas ou pouco conhecidas, de variação são infinitamente complexos e variados. Vale a pena estudar cuidadosamente os diversos tratados de algumas de nossas plantas cultivadas há muito tempo, como o jacinto, a batata, até a dália, etc., e é verdadeiramente surpreendente observar a infinidade de pontos de estrutura e de constituição em que as variedades e subvariedades diferem ligeiramente umas das outras. Toda a organização parece ter-se tornado maleável e se desvia ligeiramente da do tipo original.

Toda variação que não é hereditária carece de importância para nós. Mas é infinito o número e a diversidade de variações de estrutura hereditárias, tanto de pequena como de considerável importância fisiológica. O tratado, em dois grandes volumes, do doutor Prosper Lucas[21] é o mais completo e o melhor sobre esse assunto. Nenhum criador duvida da força que tem a tendência à hereditariedade; que o semelhante produz o semelhante é sua crença fundamental; somente autores teóricos suscitaram dúvidas sobre esse princípio. Quando uma anomalia qualquer de estrutura aparece com frequência e a vemos no pai e no filho, não podemos afirmar que esse desvio não possa ser devido a uma mesma causa que tenha atuado sobre ambos; mas quando entre indivíduos evidentemente submetidos às mesmas condições alguma raríssima anomalia, devida a alguma extraordinária combinação de circunstâncias, aparece no pai – por exemplo: uma vez entre vários milhões de indivíduos – e reaparece no filho, a simples doutrina das probabilidades quase nos obriga a atribuir à hereditariedade sua reaparição. Todos devem ter ouvido falar de casos de albinismo, de pele espinhosa, de corpos cobertos de cabelo, etc., que aparecem em vários membros da mesma família. Se as variações de estrutura raras e estranhas se herdam realmente, pode admitir-se sem reserva que as variações mais comuns e menos estranhas são herdáveis. Talvez o modo justo de se ver todo esse assunto seja considerar a hereditariedade de toda característica, qualquer que seja, como regra, e a não hereditariedade, como exceção.

As leis que regem a hereditariedade são, em sua maioria, desconhecidas. Ninguém pode dizer por que a mesma articulação em diferentes indivíduos da mesma espécie ou em diferentes espécies é umas vezes herdada e outras não; por que muitas vezes o menino, em certas características, nos remete a seu avô ou avó, ou um antepassado mais remoto; por que muitas vezes uma particularidade é transmitida de um sexo aos dois sexos, ou a um sexo somente, e nesse caso, mais comumente, ainda que nem sempre, ao mesmo sexo. As particularidades que aparecem nos machos das raças domésticas e que, com frequência, se transmitem aos machos exclusivamente ou em grau muito maior que nas fêmeas é para nós um fato de alguma importância. Uma regra bem mais importante, à qual eu espero que se dará crédito, é que, qualquer que seja o período da vida em que alguma peculiaridade apareça pela primeira vez, essa tende a reaparecer na descendência na mesma idade, ainda que, às vezes, um pouco antes. Em muitos casos, isto não pode ser de outra maneira; assim, as particularidades hereditárias dos chifres do gado bovino somente poderiam aparecer na descendência mais próxima; sabe-se de particularidades do bicho-da-seda que aparecem na fase de lagarta ou no casulo. Mas as doenças hereditárias e alguns outros fatos me fazem crer que a regra tem uma grande extensão e que, embora não exista nenhuma razão evidente para que uma particularidade tenha de aparecer em uma idade determinada, não obstante, tende a aparecer na descendência no mesmo período em que apareceu pela primeira vez no antecessor. Creio que esta regra é de suma importância para explicar as leis da embriologia. Essas advertências estão, naturalmente, limitadas à primeira aparição da particularidade, e não à causa primeira que pode ter atuado sobre os óvulos ou sobre o elemento masculino; do mesmo modo que a grande extensão dos chifres nos bezerros de uma vaca de chifres curtos[22] com um touro de chifres longos, ainda que apareça num período avançado da vida, deve-se evidentemente ao elemento masculino.

Tendo aludido à questão da reversão, devo referir-me a uma afirmação feita frequentemente pelos naturalistas, ou seja, que as variedades domésticas, quando passam de novo ao estado selvagem, voltam gradualmente, mas invariavelmente, às características de seu tronco primitivo. Consequentemente, se tem arguido que não se podem tirar conclusões sobre raças domésticas que tivessem validade para as espécies em estado natural. Em vão me esforcei para descobrir com que fatos decisivos se formulou tão frequente e tão ousada a afirmação anterior. Seria muito difícil provar sua verdade: podemos com segurança chegar à conclusão de que muitíssimas das variedades domésticas mais características não poderiam talvez viver em estado selvagem. Em muitos casos, não conhecemos qual foi o tronco primitivo e, assim, não poderíamos dizer se havia ocorrido ou não reversão quase perfeita. Seria necessário, para evitar os efeitos do cruzamento, que uma única variedade voltasse ao estado silvestre como seu novo lar. No entanto, como nossas variedades certamente revertem por vezes, em algumas de suas características, a formas precursoras, não me parece improvável que, se conseguíssemos aclimatar ou cultivar durante muitas gerações, as diversas variedades, por exemplo, da couve, em solo muito pobre – em qual caso, no entanto, algum efeito se teria de atribuir à ação *determinada* do solo pobre – voltariam em grande parte, ou até completamente, ao primitivo tronco selvagem. Que o experimento tivesse ou não bom sucesso, não é de grande importância para nossa argumentação, pois, pelo experimento mesmo, as condições de vida mudaram. Se se pudesse demonstrar que as variedades domésticas manifestam uma forte tendência à reversão – isto é, a perder as características adquiridas quando se as mantêm nas mesmas condições e em grupo considerável, de maneira que o cruzamento livre possa checar, misturando-as entre si, quaisquer sutis desvios de sua estrutura; neste caso, concordo que não poderíamos deduzir nada das variedades domésticas no que se refere às espécies. Mas não há nenhuma sombra de prova em favor desta opinião: a afirmação de que não poderíamos criar, por um número ilimitado de gerações nossos cavalos de salto e de corrida, gado bovino de chifres longos e de chifres curtos, aves domésticas de diferentes raças e plantas comestíveis, seria contrário a toda experiência.

Características das variedades domésticas; Dificuldade da distinção entre variedades e espécies; Origem das variedades domésticas a partir de uma ou de várias espécies

Quando consideramos as variedades hereditárias ou variedades das plantas e animais domésticos, e as comparamos com espécies muito próximas, vemos geralmente em cada variedade doméstica, como antes se observou, menos uniformidade de características que nas espécies originais. As variedades domésticas têm com frequência um caráter de certa forma monstruoso; com isso quero dizer que, ainda que difiram entre si e de outras espécies do mesmo gênero em distintos pontos pouco importantes, com frequência diferem em grau específico em alguma parte quando se comparam entre si, e além do mais quando se comparam com a espécie em estado natural, de que são mais próximas. Com essas exceções – e com a da perfeita fecundidade das variedades quando se cruzam, assunto para ser discutido mais adiante –, as raças domésticas da mesma espécie diferem entre si do mesmo modo que as espécies muito próximas do mesmo gênero em estado natural; mas as diferenças, na maior parte dos casos, são em menor grau. Isso tem de ser admitido como verdadeiro, pois as variedades domésticas de muitos animais e plantas foram classificadas por várias autoridades competentes como descendentes de espécies primitivamente diferentes, e por outras autoridades competentes, como simples variedades. Se existisse alguma diferença bem marcada entre uma variedade doméstica e uma espécie, esta dúvida não se apresentaria tão continuamente. Dizem muitas vezes que as raças domésticas não diferem entre si por características de valor genérico. Pode-se demonstrar que essa afirmação não é verdadeira, e os naturalistas discordam muito ao determinar que características são de valor genérico, pois todas essas valorações são de fato empíricas. Quando for exposto de que modo os gêneros se originam na natureza, se verá que não temos nenhum direito de esperar encontrar muitas vezes um grau genérico de diferença nas variedades domésticas.

Ao tentar avaliar o grau de diferença estrutural entre raças domésticas afins, vemo-nos logo permeados pela dúvida, por não saber se descenderam de uma ou de várias espécies mães. Este ponto, se pudesse ser elucidado, seria interessante; se, por exemplo, pudesse ser demonstrado que o galgo, o bloodhound[23], o terrier, o spaniel e o buldogue, que todos sabemos que propagam sua raça sem variação, eram a descendência de uma só espécie, então estes fatos teriam grande peso para nos fazer duvidar da imutabilidade das muitas espécies naturais muito afins – por exemplo as muitas raposas – que vivem em diferentes regiões da terra. Não creio, como depois veremos, que toda a diferença que existe entre as diversas raças de cachorros se tenha produzido em ambiente doméstico; creio que uma pequena parte da diferença é devida a ter descendido de espécies diferentes. No caso de raças muito marcadas de algumas outras espécies domésticas há a presunção, ou até provas poderosas, de que todas descendem de um só tronco selvagem.

Admitiu-se com frequência que o homem escolheu para a domesticação animais e plantas que têm uma extraordinária tendência intrínseca a variar e também a resistir a climas diferentes. Não discuto que essas condições acrescentaram muito ao valor à maior parte de nossas produções domésticas; mas como pôde um selvagem, quando domesticou pela primeira vez um animal, saber se este variaria nas gerações sucessivas e se suportaria ou não outros climas? A pouca variabilidade do asno e do ganso, a pouca resistência da rena ao calor, ou do camelo comum ao frio, impediram sua domesticação? Não posso duvidar que se outros animais e plantas, em igual número a nossas produções domésticas e pertencentes a classes e regiões igualmente diversas, fossem tirados do estado natural e pudessem ser criados em ambiente doméstico, num número igual de gerações, variariam, em média, tanto como variaram as espécies mães das produções domésticas hoje existentes.

No caso da maior parte das plantas e animais domésticos antigos, não é possível chegar a uma conclusão precisa quanto a se descenderam de uma ou várias espécies selvagens. O argumento que usam principalmente os que acreditam na origem múltipla de nossos animais domésticos é que nos tempos mais antigos, nos monumentos do Egito e nas habitações lacustres da Suíça encontramos grande diversidade de raças, e que muitas destas raças antigas se parecem muito, ou até são idênticas, às que ainda existem. Mas isto só faz retroceder a história da civilização e demonstra que os animais foram domesticados em tempo bem mais remoto do que até agora se supôs. Os habitantes dos lagos da Suíça cultivaram diversas variedades de trigo e de cevada, a ervilha, a dormideira[24] para azeite e o linho, e possuíram diversos animais domesticados. Também mantiveram comércio com outras nações. Tudo isto mostra claramente, como observou Heer[25], que nesta remota era sua civilização tinham progredido consideravelmente, e isto significa além do mais, um prolongado período prévio de civilização menos adiantada, durante o qual os animais domésticos tidos em diferentes regiões por diferentes tribos puderam ter variado e dado origem a diferentes raças. Desde a descoberta dos objetos de sílex nas formações superficiais de muitas partes da terra, todos os geólogos creem que o homem selvagem existiu num período enormemente remoto, e sabemos que hoje em dia mal há uma tribo tão selvagem que não tenha domesticado, pelo menos, o cachorro.

A origem da maior parte de nossos animais domésticos, provavelmente será sempre duvidosa. Mas posso dizer que, considerando os cachorros domésticos de todo o mundo, depois de uma laboriosa recopilação de todos os dados conhecidos, cheguei à conclusão de que foram amansadas várias espécies selvagens de cães, e que seu sangue, misturado em alguns casos, corre pelas veias de nossas raças domésticas. No que se refere às ovelhas e cabras não posso formular opinião certa. Pelos dados que me comunicou o senhor Blyth[26] sobre os hábitos, voz, constituição e estrutura do gado bovino *indiano* de corcova, é quase verdadeiro que descendeu de um ramo primitivo diferente do nosso gado bovino europeu, e algumas autoridades competentes creem que este último teve dois ou três progenitores selvagens, que podem merecer ou não o nome de espécies. Essa conclusão, assim como a distinção específica entre o gado bovino comum e o de corcova, pode realmente ser considerada como demonstrada pelas admiráveis investigações do professor Rutimeyer[27]. Com relação aos cavalos, por razões que não posso dar aqui, inclino-me, com dúvidas, a crer, em oposição a diversos autores, que todas as raças pertencem à mesma espécie. Tendo vivas quase todas as raças inglesas de galinhas, tendo-as criado e cruzado e examinado seus esqueletos, parece-me quase certo que todas são descendentes da galinha selvagem da Índia, Gallus Bankiva, e esta é a conclusão do senhor Blyth e de outros que estudaram essa ave na Índia. Com relação aos patos e coelhos, algumas das raças que diferem muito entre si, são claras as provas de que descendem todas do pato e do coelho comuns selvagens.

A doutrina da origem de nossas diversas raças domésticas a partir de diversos troncos primitivos foi levada a um extremo absurdo por alguns autores. Creem que cada raça criada sem variações, por mais sutis que sejam as características distintivas, teve seu protótipo selvagem. Nesse passo, teriam de ter existido, pelo menos, uma vintena de espécies de gado bovino selvagem, outras tantas ovelhas e várias cabras só na Europa, e várias ainda dentro da mesma Grã-Bretanha. Um autor crê que em outro tempo existiram onze espécies selvagens de ovelhas peculiares da Grã-Bretanha! Se constatarmos que a Grã-Bretanha não tem atualmente nenhum mamífero peculiar, e a França muito poucos, diferentes dos da Alemanha, e que de igual modo como ocorre na Hungria, Espanha, etc., e que cada um desses países possui várias raças peculiares de vacas, ovelhas, etc., temos de admitir que muitas raças domésticas se originaram na Europa; caso contrário, de onde teriam provindo? O mesmo ocorre na Índia. Ainda no caso das raças do cachorro doméstico do mundo inteiro, que admito que descendam de diversas espécies selvagens, não se pode duvidar que tiveram uma quantidade imensa de variações hereditárias, pois quem crerá que animais que se parecessem muito com o galgo italiano, com o bloodhound, com o buldogue, com o pug-dog ou com o blenheim spaniel[28], etc. – tão diferentes de todos os cães selvagens – existiram alguma vez em estado natural? Com frequência se disse vagamente que todas nossas raças de cachorros foram produzidas pelo cruzamento de umas poucas espécies primitivas; mas mediante cruzamento podemos só obter formas intermédias em algum grau entre seus pais, e se explicamos nossas diversas raças domésticas por este procedimento temos de admitir a existência anterior das formas mais extremas, como o galgo italiano, o bloodhound, o buldogue, etc., em estado selvagem. E mais: exagerou-se muito sobre a possibilidade de produzir raças diferentes por cruzamento. Registraram-se muitos casos em que se mostra que uma raça pode ser modificada por cruzamentos ocasionais se se ajuda mediante a escolha cuidadosa dos indivíduos que apresentam a característica desejada; mas obter uma raça intermédia entre duas raças completamente diferentes seria muito difícil. Sir J. Sebright[29] fez expressamente experimentos com este objetivo, e não teve sucesso. A descendência do primeiro cruzamento entre duas raças puras é de caráter bastante uniforme, e às vezes – como observei nos pombos – uniforme por completo, e tudo parece bastante singelo; mas quando estes mestiços se cruzam entre si durante várias gerações, dois deles mal são iguais, e então a dificuldade do trabalho é evidente.

Raças do pombo doméstico; Suas diferenças e origem

Acreditando que é sempre melhor estudar algum grupo especial, em seguida ponderar, escolhi os pombos domésticos. Tive todas as raças que pude comprar ou conseguir e fui muito amavelmente favorecido com espécimes de diversas regiões do mundo, especialmente da Índia, pelo honorável W. Elliot[30], e da Pérsia, pelo honorável C. Murray[31]. Publicaram-se muitos tratados em diferentes línguas sobre pombos, e alguns deles são importantíssimos, por serem de considerável antiguidade. Relacionei-me com diferentes aficionados eminentes e fui admitido em dois clubes de columbófilos de Londres. A diversidade das raças é uma coisa assombrosa: comparem-se o pombo-correio inglês e *tumbler* de face curta[32], e observe a portentosa diferença em seus bicos, que impõem as diferenças correspondentes nos crânios. O pombo-correio, especialmente o macho, é também notável pelo prodigioso desenvolvimento, na cabeça, das carúnculas nasais, ao que acompanham pálpebras muito estendidas, orifícios externos do nariz muito grandes e uma grande abertura do bico. A tumbler de face curta tem um bico cujo perfil é quase como o de um tendilhão, e a tumbler comum tem um costume particular hereditário de voar a grande altura, em bandos compactos, e dão cambalhotas no ar. O pombo runt[33] é uma ave de grande tamanho, com bico longo e sólido e pés grandes; algumas das sub-raças de runt têm o pescoço muito longo: outras, asas e cauda muito longas; outras, coisa rara, cauda curta. O pombo barbado é aparentado ao pombo-correio inglês; mas, em vez do bico longo, tem um bico curtíssimo e largo. O papo-de-vento inglês tem o corpo, as asas e as patas muito longos, e seu papo, enormemente desenvolvido, que o pombo se orgulha de inchar, pode muito bem produzir assombro e até riso. O papa-arroz ou gravatinha tem um bico curto e cônico, com uma cauda de plumas voltada embaixo do peito, e tem o costume de distender ligeiramente a parte superior do esôfago. O fradinho tem por trás do pescoço as plumas tão curvadas, que formam um capuz e, relativamente a seu tamanho, tem longas as plumas das asas e da cauda. O corneteiro e o gargalhada, como seus nomes expressam, emitem um arrulhar muito diferente do das outras raças. O rabo-de-leque tem trinta ou até quarenta plumas na cauda, em vez de doze ou quatorze, número normal em todos os membros da grande família dos pombos; estas plumas se mantêm estendidas, e o animal as leva tão levantadas, que nos exemplares bons a cabeça e cauda se tocam; a glândula oleífera está quase atrofiada. Poderiam especificar-se outras variadas raças menos diferentes.

Nos esqueletos das diversas raças, o desenvolvimento dos ossos da face difere enormemente em extensão, largura e curvatura. A forma, assim como a ramificação larga e longa da mandíbula inferior, varia de um modo muito notável. O volume de vértebras e sacras variam em número; o mesmo ocorre com as costelas, que variam, também em sua largura relativa e na presença de apófises. O tamanho e forma dos orifícios do esterno são extremamente variáveis; assim como o grau de divergência e o tamanho relativo dos dois ramos do osso da fúrcula. A largura relativa da abertura da boca, a extensão relativa das pálpebras, dos orifícios nasais, da língua – nem sempre em correlação rigorosa com a extensão do bico –, o tamanho do papo e da parte superior do esôfago, o desenvolvimento ou atrofia da glândula oleífera, o número das penas das asas e da cauda, a extensão da asa, em relação à da cauda e com a do corpo; a extensão relativa da pata e do pé, o número de escâmulas nos dedos, o desenvolvimento da pele entre os dedos, são todos pontos de conformação variáveis. Varia o período em que adquirem a plumagem perfeita, como também o estado da penugem de que estão revestidos os filhotes ao sair do ovo. A forma e tamanho dos ovos variam. A maneira de voar e, em algumas raças, a voz e a característica diferem notavelmente. Por último, em certas raças, os machos e fêmeas chegaram a diferir ligeiramente entre si.

Em conjunto, poderiam ser escolhidos, pelo menos, uma vintena de pombos que, se se ensinasse a um ornitólogo e se lhe dissesse que eram aves selvagens, ele as classificaria seguramente como espécies bem definidas. Além do mais, não creio que nenhum ornitólogo, neste caso, incluísse o pombo-correio inglês, a *tumbler* ou tumbler de face curta, a runt, o barbado, o papo-de-vento inglês e a rabo-de-leque no mesmo gênero, muito especialmente porquanto lhe poderiam ser apresentadas em cada uma destas variadas raças, sub-raças cujas características foram herdadas sem variação, ou espécies, como as chamaria.

Por maiores que sejam as diferenças entre as raças de pombos, estou plenamente convencido de que a opinião comum dos naturalistas é correta, ou seja, que todas descendem do pombo silvestre *(Columba livia)*, incluindo nesta denominação diversas raças geográficas ou subespécies que diferem entre si em pontos muito insignificantes. Como diversas razões que me conduziram a esta crença são aplicáveis, em algum grau, a outros casos, as exporei aqui brevemente. Se as diferentes raças não são variedades e não procederam do pombo silvestre, devem ter descendido, pelo menos, de sete ou oito troncos primitivos, pois é impossível obter as atuais raças domésticas pelo cruzamento de um número menor; como, por exemplo, poderia produzir-se um papo-de-vento cruzando duas raças, a não ser que um dos troncos progenitores possuísse o enorme papo característico? Os supostos troncos primitivos devem ter sido todos pombos-das-rochas; isto é: que não viviam nas árvores nem tinham inclinação a pousar nelas. Mas, exceto a Columba livia com suas subespécies geográficas, só se conhecem outras duas ou três espécies de pombos-das-rochas, e essas não têm nenhuma das características das raças domésticas. Portanto, os supostos troncos primitivos, ou têm de existir ainda nas regiões onde foram domesticados primitivamente, sendo ainda desconhecidos pelos ornitólogos, e isto, tendo em conta seu tamanho, hábitos e características, parece improvável, ou têm de se ter extinguido em estado selvagem. Mas as aves que procriam em precipícios e são boas voadoras não são adequadas para ser exterminadas, e o pombo silvestre, que tem os mesmos hábitos das raças domésticas, não foi exterminado inteiramente nem mesmo em alguns locais das pequenas ilhas britânicas nem nas costas do Mediterrâneo. Portanto, o suposto extermínio de tantas espécies que têm hábitos semelhantes aos do pombo silvestre parece uma suposição muito temerária. E mais: as diversas raças domésticas antes citadas foram transportadas a todas as partes do mundo, e, portanto, algumas delas devem ter sido levadas de novo a seu habitat; mas nenhuma voltou a ser selvagem ou feroz, conquanto o pombo comum de pombal, que é o pombo silvestre ligeiramente modificado, fez-se feroz em alguns lugares. Além disso, todas as experiências recentes mostram que é difícil conseguir que os animais selvagens se criem ilimitadamente em ambiente doméstico, e na hipótese da origem múltipla de nossos pombos teríamos de admitir que sete ou oito espécies, pelo menos, foram domesticadas tão por completo em tempos antigos pelo homem semicivilizado, que são perfeitamente prolíficas em cativeiro.

Um argumento de peso, e aplicável em outros variados casos, é que as raças antes especificadas, ainda que coincidam geralmente com o pombo silvestre em constituição, hábitos, voz, cor, e nas demais partes de sua estrutura, são, no entanto, certamente, muito anômalas em outras partes; podemos procurar em vão por toda a grande família dos columbídeos um bico como o do pombo-correio inglês, ou como o da *tumbler* ou tumbler de face curta, ou o do barbado; plumas voltadas como as do fradinho, papo como o do papo-de-vento inglês, plumas da cauda como as do rabo-de-leque. Portanto, teríamos de admitir, não só que o homem semicivilizado conseguiu domesticar por completo diversas espécies, mas que, intencionalmente ou por acaso, selecionou espécies extraordinariamente anômalas, e, além disso, que desde então essas mesmas espécies vieram todas a se extinguir ou a serem desconhecidas. Tantas casualidades estranhas são em última análise inverossímeis.

Alguns fatos referentes à cor dos pombos merecem bem ser levados em consideração. O pombo silvestre é de cor azul de ardósia, com a parte posterior do lombo branca; mas a subespécie indiana, *Columba intermedeia* de Strickland, tem esta parte azulada. A cauda tem no extremo uma faixa obscura e as plumas externas possuem um filete branco na parte exterior, na base as asas têm duas faixas negras. Algumas raças semidomésticas e algumas raças verdadeiramente silvestres têm, além dessas duas faixas negras, as asas axadrezadas de negro. Essas diferentes características não se apresentam em nenhuma outra espécie de toda a família. Assim sendo: em todas as raças domésticas, tomando exemplares por completo de pura raça, todas as características ditas, inclusive o filete branco das plumas externas da cauda, aparecem às vezes perfeitamente desenvolvidas. Além do mais: quando se cruzam exemplares pertencentes a duas ou mais raças diferentes, sendo que nenhuma delas é azul, nem tem nenhuma das características acima especificadas, a descendência mestiça propende muito a adquirir de repente essas características. Para citar um exemplo dos muitos que observei: cruzei alguns rabos-de-leque brancos, que procriavam por completo sem variação, com alguns barbados negros – e ocorre que as variedades azuis de barbado são tão raras, que nunca soube de nenhum caso na Inglaterra –, e os híbridos foram negros, listrados e enxadrezados. Cruzei também um barbado com uma spot – que é um pombo branco, com cauda avermelhada e uma mancha avermelhada na testa, e que notoriamente teve filhotes sem variação –; os mestiços foram escuros e rabos-de-leque. Então cruzei um dos mestiços rabo-de-leque e barbado com um mestiço spot e barbado, e gerou-se uma ave de tão formosa cor azul, com a parte posterior do lombo branca, dupla faixa negra nas asas e plumas da cauda com orla branca e faixa, como qualquer pomba silvestre! Podemos compreender estes fatos em relação ao princípio, tão conhecido, da reversão ou volta às características dos antepassados, se todas as raças domésticas descendem do pombo silvestre. Mas se negamos isto, temos de supor uma das duas hipóteses seguintes, extremamente inverossímeis: Ou bem – primeira –, todos os diferentes ramos primitivos supostos tiveram cor e desenhos como os do silvestre – ainda que nenhuma outra espécie vivente tenha essa cor e esse desenho –, de maneira que em cada raça separada pôde ter uma tendência a voltar às mesmíssimas cores e desenhos; ou bem – segunda hipótese – cada raça, mesmo a mais pura, em decorrência de uma dúzia, ou no máximo uma vintena, de gerações, tem sido cruzada com o pombo silvestre: e digo no espaço de doze a vinte gerações, porque não se conhece nenhum caso de descendentes cruzados que voltem a um antepassado de sangue estranho separado por um grande número de gerações. Numa raça que tenha sido cruzada só uma vez, a tendência a voltar a algum caráter derivado deste cruzamento irá se tornando naturalmente cada vez menor, pois em cada uma das gerações sucessivas terá menos sangue estranho; mas quando não teve cruzamento algum e existe na raça uma tendência a voltar a um caráter que foi perdido em alguma geração passada, essa tendência, apesar de tudo o que possamos ver em contrário, pode-se transmitir sem diminuição durante um número indefinido de gerações. Esses dois casos diferentes de reversão são frequentemente confundidos pelos que escreveram sobre hereditariedade.

Por último, os híbridos ou mestiços que resultam entre todas as raças de pombos são perfeitamente fecundos, como o posso afirmar por minhas próprias observações, feitas de experimentos com as raças mais diferentes. Assim sendo, raramente se averiguou com certeza algum caso de híbridos de duas espécies completamente diferentes de animais que sejam perfeitamente fecundos. Alguns autores creem que a domesticidade continuada por longo tempo elimina essa poderosa tendência à esterilidade. Pela história do cachorro e de alguns outros animais domésticos, provavelmente essa conclusão é totalmente exata, se aplicada a espécies muito próximas; mas estendê-

-la muito, seria o mesmo que supor que espécies primitivamente tão diferentes como são agora os pombos-correios ingleses, os *tumblers*, o papo-de-vento inglês e os rabos-de-leque têm de produzir descendentes perfeitamente fecundos inter se, parece-me excessivamente exagerado.

Por essas diferentes razões, a saber: a impossibilidade de que o homem tenha criado sem limitação em ambiente doméstico as sete ou oito supostas espécies desconhecidas em estado selvagem, e por não ter se tornado selvagens em nenhuma parte; ao se apresentar nessas espécies certas características muito anômalas comparadas a todos os outros columbídeos, não obstante ser tão parecidas com o pombo silvestre em muitos aspectos; a reaparição acidental da cor azul e dos diferentes sinais negros em todas as raças, ou mesmo mantidos puros quando cruzados e, por último, o fato de ser a descendência mestiça perfeitamente fecunda; por todas estas razões, observadas em conjunto, podemos com segurança chegar à conclusão de que todas nossas raças domésticas descendem do pombo silvestre ou *Columba livia,* bem como de suas subespécies geográficas.

Em favor dessa opinião posso acrescentar: primeiro, que a *Columba livia* silvestre se revela suscetível de domesticação na Europa e na Índia, e que coincide em hábitos e num grande número de características da estrutura com todas as raças domésticas; segundo, que, embora um pombo-correio inglês e uma tumbler ou tumbler de face curta difiram imensamente em certas características do pombo silvestre, no entanto, comparando as diversas sub-raças destas duas raças, especialmente as trazidas de regiões distantes, podemos traçar entre elas e o pombo silvestre uma série quase perfeita; terceiro, aquelas características que são principalmente diferenciais de cada raça são em cada uma eminentemente variáveis, por exemplo: as carúnculas e a extensão do bico do pombo-correio inglês, a pequenez deste na tumbler ou tumbler de face curta e o número de plumas da cauda na rabo-de-leque, e a explicação deste fato será clara quando tratarmos da seleção; quarto, os pombos foram observados e estudados com o maior cuidado e estimadas por muitos povos. Têm sido domesticados durante milhares de anos em diferentes regiões do mundo; o primeiro depoimento conhecido sobre pombos pertence à quinta dinastia egípcia, proximamente três mil anos antes de Cristo, e me foi relatado pelo professor Lepsius[34]; mas o senhor Birch[35] me informou que os pombos aparecem numa lista de manjares da dinastia anterior. Em tempos romanos, segundo sabemos por Plínio[36], pagavam-se preços enormes pelos pombos; "não somente isto mas até chegaram a poder explicar sua genealogia e raça". Os pombos foram muito apreciados por Akber Khan na Índia no ano 1600: nunca se levavam com a corte menos de vinte mil pombos. "Os monarcas de Irã e Turã[37] lhe enviaram exemplares raríssimos" e, continua o historiador da corte, "Sua Majestade, cruzando as raças, método que nunca havia sido praticado antes, aperfeiçoou-as assombrosamente". Na mesma época, os holandeses eram tão entusiastas dos pombos como o foram os antigos romanos. A importância fundamental dessas considerações para explicar a imensa variação que experimentaram os pombos ficará igualmente clara quando tratarmos da seleção; também veremos então como é que as diferentes raças têm com tanta frequência um caráter bem monstruoso. É também uma circunstância muito favorável para a produção de raças diferentes que o macho e a fêmea possam ser facilmente unidos para toda a vida, e assim, podem ter-se juntas diferentes raças no mesmo pombal.

Discuti a origem provável dos pombos domésticos com alguma extensão, ainda que muito insuficiente, porque quando tive pombos pela primeira vez e observei as diferentes classes, sabendo invariavelmente como eles procriam, encontrei exatamente a mesma dificuldade em crer que, já que haviam sido domesticados, tinham descendido todos de um progenitor comum, assim como qualquer naturalista poderia ter chegado a conclusão semelhante para as muitas espécies de fringilídeos[38] ou de outros grupos de aves, em estado natural. Um fato me impressionou muito, isto é, quase todos os criadores dos mais diferentes animais domésticos e os cultivadores de plantas com os que tive contato ou cujas obras li estão firmemente convencidos de que as diferentes raças que cada um cria descendem de outras espécies primitivamente diferentes. Pergunte, como eu perguntei, a um renomado criador de gado bovino de Hereford[39] se seu gado não poderia ter descendido do *longhorn*, ou ambos de um tronco comum, e ele se rirá de você com desprezo. Nunca encontrei aficionados em pombos, galinhas, patos ou coelhos que não estivessem completamente convencidos de que cada raça principal descendeu de uma espécie diferente. Van Mons[40], em seu tratado sobre pêras e maçãs, mostra que não acredita de modo algum que as diferentes classes, por exemplo, da macieira Ribston-pippin, ou do Codlin, nunca poderiam ser procedentes de sementes da mesma árvore. Poderíamos citar outros inumeráveis exemplos. A explicação, creio eu, é singela: pelo estudo continuado durante muito tempo estão muito impressionados pelas diferenças entre as diversas raças; e, embora saibam bem que cada raça varia sutilmente, pois eles ganham seus prêmios selecionando essas pequenas diferenças; no entanto, ignoram todos os raciocínios gerais e recusam-se a somar mentalmente as pequenas diferenças acumuladas durante muitas gerações sucessivas. Não poderiam esses naturalistas, que, sabendo muito menos das leis da hereditariedade do que sabem os criadores, e não sabendo mais do que o que estes sabem dos elos intermediários das longas linhas genealógicas, admitem, no entanto, que muitas espécies de nossas raças domésticas descendem dos mesmos pais, não poderiam aprender uma lição de prudência quando se burlam da ideia de que as espécies em estado natural sejam descendentes diretos de outras espécies?

Antigos princípios de seleção seguidos e seus efeitos

Consideremos agora brevemente os graus por que se produziram as raças domésticas, tanto partindo de uma, como de várias espécies afins. Pode-se atribuir alguma eficácia à ação direta e determinadas condições externas de vida, e outra aos hábitos; mas seria precipitado quem explicasse com base nesses agentes as diferenças entre um cavalo de carroça e um de corridas, um galgo e um bloodhund, um pombo-correio inglês e uma tumbler de face curta. Um dos traços característicos das raças domésticas é que vemos nelas adaptações, não certamente para o próprio bem do animal ou planta, mas para o uso e capricho do homem. Algumas variações úteis ao homem, provavelmente, originaram-se de repente ou de um salto; muitos naturalistas, por exemplo, creem que o cardo, com seus espinhos que não podem ser igualados por nenhum artifício mecânico, mais nada é do que uma variedade do *Dipsacus* silvestre, e esta mudança pode ter-se originado bruscamente numa brotadura. Assim ocorreu, provavelmente, com o cachorro turnspit, e se sabe que assim ocorreu no caso da ovelha ancon. Mas se comparamos o cavalo de carroça e o de corridas, o dromedário e o camelo, as diferentes raças de ovelhas adequadas tanto para terras cultivadas como para pastos de montanhas, com a lã numa raça, útil para um caso, e na outra, útil para um outro; quando comparamos as muitas raças de cachorros, cada uma útil ao homem de diferente modo; quando comparamos o galo de briga tão pertinaz na luta, com outras raças tão pouco agressivas, como as "poedeiras incansáveis" – everlasting layers – que não querem parar nunca de colocar seus ovos, e com o garnisé, tão pequeno e elegante; quando comparamos a multidão de raças de plantas agrícolas, culinárias, de horta e de jardim, utilíssimas ao homem nas diferentes estações e para diferentes fins, ou tão formosas a seus olhos, temos, creio eu, de ver algo mais do que simples variabilidade. Não podemos supor que todas as raças se produziram de repente tão perfeitas e tão úteis como agora as vemos; realmente, em muitos casos sabemos que não foi esta sua história. A chave está na faculdade que tem o homem de selecionar acumulando; a natureza dá variações sucessivas; o homem as soma em certa direção útil para ele. Neste sentido pode dizer-se que fez raças úteis para ele.

A grande força deste princípio de seleção não é hipotética. É certo que vários de nossos mais eminentes criadores, ainda dentro do tempo que abraça a vida de um só homem, modificaram em grande parte suas raças de bovinos e de ovinos. Para se dar conta completamente do que eles fizeram é quase necessário ler vários dos muitos tratados consagrados a este assunto e examinar os animais. Os criadores falam habitualmente da organização de um animal como de algo maleável que podem modelar quase como querem. Se tivesse espaço, poderia citar numerosas passagens a este propósito de autoridades competentíssimas. Youatt[41], que provavelmente estava mais bem inteirado do que quase todos sobre os trabalhos dos agricultores, e que foi um excelente conhecedor de animais, fala do princípio da seleção como de "o que permite ao agricultor, não só modificar as características de seu rebanho, mas mudar estes por completo. É a vara mágica mediante a qual pode chamar à vida qualquer forma e modelar o que quer". Lorde Somerville[42], falando dos sucessos obtidos pelos criadores de ovinos, diz: "Pareceria como se tivessem desenhado com gesso numa parede uma forma perfeita em si mesma e depois lhe tivessem dado existência". Na Saxônia, a importância do princípio da seleção, no que se refere à ovelha merina, é tão amplamente conhecido, que é exercido como um ofício: as ovelhas são colocadas sobre uma mesa e estudadas como um quadro por um perito; isto se faz três vezes, com meses de intervalo, e as ovelhas são marcadas e classificadas cada vez, de maneira que as melhores de todas podem ser por fim selecionadas para a reprodução.

O que os criadores ingleses fizeram positivamente está provado pelos preços enormes pagos por animais com boa genealogia, e estes foram exportados a quase todas as regiões do mundo. Geralmente, o aperfeiçoamento não se deve, de modo algum, ao cruzamento de diferentes raças; todos os melhores criadores são muito opostos a esta prática, exceto, às vezes, entre sub-raças muito afins; e quando se fez um cruzamento, uma seleção muito rigorosa é ainda bem mais indispensável do que nos casos ordinários. Se a seleção consistisse simplesmente em separar alguma variedade muito diferente e obter filhotes dela, o princípio estaria tão claro que raramente seria digno de menção; mas sua importância consiste no grande efeito produzido pela acumulação, numa direção, durante gerações sucessivas, de diferenças absolutamente inapreciáveis para uma vista não educada, diferenças que eu, por exemplo, tentei inutilmente avaliar. Nenhum homem entre mil tem na visão a precisão e critério suficiente para chegar a ser um criador eminente. Se, dotado destas qualidades, estuda durante anos o assunto e consagra toda sua vida a isso com perseverança inquebrantável, triunfará e pode obter grandes melhoras; se lhe falta alguma destas qualidades, fracassará seguramente. Poucos creriam facilmente na natural capacidade e anos que se requerem para chegar a ser não mais do que um hábil criador de pombos.

Os horticultores seguem os mesmos princípios, mas as variações, com frequência, são mais bruscas. Ninguém supõe que nossos produtos mais seletos tenham sido produzidos por uma só variação do tronco primitivo. Temos provas de que isto não aconteceu assim nos diferentes casos em que se conservaram os dados exatos; assim, para dar um exemplo muito singelo, podemos citar o tamanho, cada vez maior, da groselha. Vemos um assombroso aperfeiçoamento em muitas flores dos floristas quando se comparam as flores de hoje em dia com os desenhos feitos há vinte ou trinta anos apenas. Uma vez que uma espécie de planta está muito bem estabelecida, os produtores de sementes que pegam as melhores plantas, ou seja, simplesmente, selecionam as melhores espécies e arrancam os *rogues*[43], como eles chamam às plantas que se apartam do tipo conveniente. Em animais também se segue, de fato, esta classe de seleção, pois quase ninguém é tão descuidado que permita que seus piores animais tenham filhotes.

No que se refere às plantas, há outro modo de observar o efeito acumulado da seleção que é comparando, no jardim, à diversidade de flores nas diferentes variedades das mesmas espécies; na horta, a diversidade de folhas, cápsulas, tubérculos ou qualquer outra parte, se se aprecia em relação com a das flores das mesmas variedades; e no horto, a diversidade de frutos da mesma espécie em comparação com a das folhas e flores do mesmo grupo de variedades. Veja como são diferentes as folhas da couve e parecidíssimas as flores; como são diferentes as flores do amor-perfeito e semelhantes as folhas; como diferem em tamanho, cor, forma e pilosidade os frutos das diferentes classes de groselhas, e, no entanto, as flores apresentam diferenças muito sutis. Não é que as variedades que diferem muito num ponto não difiram em absoluto em outros; isto quase nunca ocorre – falo depois de cuidadosa observação – ou talvez nunca. A lei de variação correlativa, cuja importância não deve ser descuidada, assegura algumas diferenças; mas, por regra geral, não se pode duvidar que a seleção continuada de pequenas variações, tanto nas folhas como nas flores ou frutos, produzirá raças que difiram entre si principalmente nestas características.

Pode fazer-se a objeção de que o princípio da seleção foi reduzido a prática metódica durante pouco mais de três quartos de século; certamente, foi mais atendida nos últimos anos e se publicaram muitos tratados sobre este assunto, e o resultado foi rápido e importante na medida correspondente. Mas está muito longe da verdade que o princípio da seleção seja uma descoberta moderna. Eu poderia dar referências de obras de grande antiguidade nas que se reconhece toda a importância deste princípio. Em períodos turbulentos e bárbaros da história da Inglaterra foram importados muitas vezes animais seletos e se deram leis para impedir sua exportação; foi ordenada a matança dos cavalos inferiores em certa medida, e isto pode comparar-se ao *roguing*, nas plantas, pelos que cuidam dos melhores brotos. O princípio da seleção está dado claramente numa antiga enciclopédia chinesa. Alguns dos escritores clássicos romanos deram regras explícitas. Por passagens do Gênese é evidente que naquele tempo antiquíssimo se prestou atenção à cor dos animais domésticos. Atualmente os selvagens cruzam às vezes seus cachorros com cães selvagens para melhorar a raça, e antigamente o faziam assim, segundo o atestam passagens de Plínio. Os selvagens, no sul da África, emparelham pela cor seu gado bovino de tração, como o fazem com seus cachorros de tração alguns dos esquimós. Livingstone[44] afirma que as boas raças domésticas são muito estimadas pelos negros do interior da África que não tiveram relação com europeus. Alguns desses fatos não demonstram seleção positiva; mas mostram que nos tempos antigos prestou-se cuidadosa atenção aos filhotes de animais domésticos e que hoje acontece ainda com os selvagens mais inferiores. Teria sido realmente um fato estranho que não se tivesse prestado atenção a filhotes, pois é tão evidente a hereditariedade das boas e más qualidades.

Seleção inconsciente

Atualmente, os criadores eminentes tentam, mediante seleção metódica, em vista de um fim determinado, obter uma nova linhagem ou sub-raça superior a todos os de sua classe no país. Mas para nosso objetivo é mais importante uma forma de seleção que pode chamar-se *inconsciente,* e que mostra que cada um tenta possuir e obter filhotes dos melhores indivíduos. Assim, um que tenta ter pointers, naturalmente, tenta adquirir tão bons cachorros como pode e depois obtém filhotes de suas melhores cadelas, mas sem intenção nem esperança de modificar permanentemente as raças. No entanto, devemos deduzir que este procedimento, seguido durante séculos, melhoraria e modificaria qualquer raça, do mesmo modo que Bakewell[45], Collins, etc., por este mesmo procedimento, mas levados com mais método, modificaram muito, só com o tempo de sua vida, as formas e qualidades de seu gado bovino. Mudanças lentas e insensíveis dessa classe nunca podem ser reconhecidas, a não ser que muito tempo antes tenham sido feitos, das raças em questão, medidas exatas e desenhos cuidadosos que possam servir de comparação. Em alguns casos, no entanto, indivíduos não modificados, ou pouco modificados, da mesma raça existem em distritos menos civilizados onde a raça foi menos melhorada. Há motivo para crer que o spaniel King Charles foi inconscientemente modificado desde o tempo daquele monarca. Algumas autoridades competentíssimas estão convictas de que o cachorro setter descende diretamente do spaniel, e provavelmente foi lentamente modificado a partir deste. É sabido que o pointer inglês mudou muito no último século, e neste caso a mudança se efetuou, segundo se crê, mediante cruzamento com o foxhound; mas o que nos interessa é que a mudança se efetuou inconsciente e gradualmente, e, no entanto, é tão positiva que, ainda que o antigo pointer espanhol vindo seguramente da Espanha, o senhor Borrow[46], segundo me informou, não viu nenhum cachorro nativo da Espanha semelhante a nosso pointer.

Mediante um singelo procedimento de seleção e um adestramento cuidadoso, os cavalos de corrida ingleses chegaram a superar em velocidade e tamanho aos progenitores árabes, até o ponto de que estes últimos, no regulamento para as corridas de Goodwood, estão favorecidos nos pesos que levam. Lorde Spencer[47] e outros demonstraram como o gado bovino da Inglaterra aumentou em peso e precocidade, comparado com o gado que se tinha antes neste país. Comparando os relatórios dados em vários tratados antigos sobre a condição, em tempos passados, dos pombos-correios e tumbler com a condição atual na Inglaterra, Índia e Pérsia podemos seguir as fases por que passaram insensivelmente até chegar a diferir tanto do pombo silvestre.

Youatt dá um excelente exemplo dos efeitos de uma seleção que pode ser considerada como inconsciente, tanto que os criadores nunca podiam ter esperado, nem mesmo desejado, produzir o resultado que ocorreu, que foi a produção de duas raças diferentes. Os dois rebanhos de ovelhas de Leicester, do senhor Buckley e senhor Brugess, segundo Youatt observa, "vieram criando, sem mistura, a partir do tronco primitivo, do senhor Bakewell, durante mais de cinquenta anos. Não existe nem suspeita, absolutamente em ninguém inteirado deste assunto, de que o dono de nenhuma das duas raças se tenha apartado uma só vez do sangue puro do rebanho do senhor Bakewell e, no entanto, a diferença entre as ovelhas de propriedade daqueles dois senhores é tão grande, que têm o aspecto de ser variedades completamente diferentes".

Ainda que existam selvagens tão bárbaros que não pensem nunca na característica hereditária da descendência de seus animais domésticos, não obstante, qualquer animal particularmente útil a eles para um objetivo especial tem de ser cuidadosamente preservado em tempo de fome ou outros acidentes a que tão expostos se acham os selvagens. E estes animais escolhidos deixariam deste modo mais descendência do que os de classe inferior, de maneira que neste caso se iria produzindo uma espécie de seleção inconsciente. Vemos o valor atribuído aos animais pelos selvagens da Terra do Fogo, porquanto matam e devoram suas mulheres velhas em tempos de escassez, pois as consideram menos úteis que seus cachorros.

Nas plantas, este mesmo processo gradual de aperfeiçoamento, mediante a conservação acidental dos melhores indivíduos – sejam ou não diferentes o bastante para serem classificados por sua primeira aparência como variedades diferentes, e se tenham ou não misturado entre si, por cruzamento, duas ou mais espécies ou raças – pode-se claramente reconhecer no aumento de tamanho e beleza que vemos atualmente nas variedades do amor-perfeito[48], das rosas, dos gerânios de jardim, das dálias e outras plantas quando as comparamos com as variedades antigas ou com seus troncos primitivos. Ninguém esperaria sequer obter um amor-perfeito ou dália de primeira qualidade de uma planta silvestre. Ninguém esperaria obter uma pera d'água de primeira qualidade da semente de uma pereira silvestre, ainda que o consiga de uma pobre brotadura, crescendo silvestre, provinda de uma árvore de cultivo. A pera, ainda que cultivada na época clássica, pela descrição de Plínio, parece ter sido um fruto de qualidade muito inferior. Nas obras de horticultura, vi grande surpresa manifestada pela prodigiosa habilidade dos horticultores ao ter produzido tão esplêndidos resultados de materiais tão pobres; embora o engenho seja simples e, no que se refere ao resultado final, seguiu-se quase inconscientemente. Consistiu em cultivar sempre a variedade mais renomada, semeando suas sementes, e quando por acaso apareceu uma variedade ligeiramente melhor, em selecionar esta, e assim progressivamente. Mas os horticultores da época clássica que cultivaram as melhores pêras que puderam, jamais pensaram nos esplêndidos frutos que comeríamos nós, ainda que, em algum pequeno grau, devemos nossos excelentes frutos a ter eles naturalmente escolhido e conservado as melhores variedades que puderam encontrar.

Muitas modificações acumuladas assim, lenta e inconscientemente, explicam, a meu ver, o fato bem conhecido de que em certo número de casos não possamos reconhecer – e, portanto, não conheçamos – o tronco primitivo silvestre das plantas cultivadas há muito em nossos jardins e hortas. Se melhorar ou modificar a maior parte de nossas plantas até seu tipo atual de utilidade, para o homem exigiu centenas e milhares de anos, podemos compreender como é que, nem Austrália, nem o Cabo de Boa Esperança, nem nenhuma outra região povoada por homens primitivos nos tenha fornecido uma só planta digna de cultivo. Não é que estes habitats, tão ricos em espécies, não possuam, por uma estranha casualidade, os troncos primitivos de muitas plantas úteis, embora as plantas indígenas não tenham sido melhoradas mediante seleção continuada até chegar a um tipo de perfeição comparável com o adquirido pelas plantas em países há muito civilizados.

No que se refere aos animais domésticos pertencentes a homens não civilizados, não pode passar inadvertido que estes animais, quase sempre, têm de lutar por sua própria comida, ao menos durante certas temporadas. E em dois países de condições muito diferentes, indivíduos da mesma espécie, que têm constituição e estrutura ligeiramente diferente muitas vezes, medraram mais num país que em outro, e assim, por um processo de seleção *natural*, como se explicará depois mais completamente, puderam formar-se duas sub-raças. Isto talvez explica, em parte por que as variedades que possuem os selvagens – como fizeram observar vários autores – têm mais da característica das espécies verdadeiras do que as variedades obtidas nos países civilizados.

Segundo a ideia exposta aqui do importante papel que representou a seleção feita pelo homem, torna-se evidente por que nossas raças domésticas mostram em sua conformação e seus costumes adaptação às necessidades ou caprichos do homem. Podemos, creio eu, compreender além do mais a característica frequentemente anormal de nossas raças domésticas, e igualmente que suas diferenças sejam tão grandes nas características exteriores e relativamente tão pequenas em partes ou órgãos internos. O homem mal pode selecionar, ou só pode fazê-lo com muita dificuldade, alguma variação de conformação, exceto as que são exteriormente visíveis, e realmente raramente se preocupa pelo que é interno. Não pode nunca atuar mediante seleção, exceto com variações que em algum grau lhe dá a natureza. Ninguém pensaria sequer em obter um pombo rabo-de-leque até que viu um pombo com a cauda desenvolvida em algum pequeno grau de um modo estranho, ou um papo-de-vento até que viu um pombo com um papo de tamanho extraordinário; e quanto mais anormal e extraordinário foi um caráter ao aparecer pela primeira vez, tanto mais facilmente teve de atrair a atenção. Mas usar expressões tais como "tentar fazer uma rabo-de-leque" é para mim, indubitavelmente, na maior parte dos casos, totalmente incorreto. O homem que primeiro selecionou um pombo com cauda ligeiramente maior, nunca sonhou o que os descendentes daquele pombo chegariam a ser mediante muito prolongada seleção, em parte inconsciente e em parte metódica. Talvez o progenitor de todos os rabos-de-leque teve somente quatorze plumas na cauda bem separadas, como o atual rabo-de-leque de Java ou como indivíduos de outras diferentes raças, nas quais se contaram até dezessete plumas da cauda. Talvez o primeiro pombo papo-de-vento não inchou seu papo bem mais do que o pombo *turbit* incha a parte superior de seu esôfago, hábito que é desprezado por todos os criadores, porque não é um dos pontos característicos da raça.

Nem se deve crer também que seria necessária uma grande divergência de estrutura para chamar a atenção do criador de aves; este percebe diferenças extremamente pequenas, e está na natureza humana apreciar com qualquer novidade, por ligeira que seja, nas coisas próprias. Nem deve avaliar-se o valor que se teria atribuído antigamente às pequenas diferenças entre os indivíduos da mesma espécie pelo valor que se lhes atribui atualmente, depois que foram bem estabelecidas diversas raças. É sabido que nos pombos aparecem atualmente muitas diferenças pequenas; mas estas são recusadas como defeitos ou como desvios do tipo de perfeição de cada raça. O ganso comum não deu origem a nenhuma variedade marcante; consequentemente a raça de Toulouse e a raça comum, que diferem só na cor – a mais fugaz das características – foram apresentadas recentemente como diferentes em nossas exposições de aves de pátio.

Esta opinião parece explicar o que se indicou várias vezes, ou seja, que não conhecemos nada da origem ou história de nenhuma de nossas raças domésticas. Mas, de fato, de uma raça, como de um dialeto de uma língua, dificilmente pode se dizer que tenha uma origem definida. Alguém conserva um indivíduo com alguma diferença de conformação e obtém um descendente dele, ou cuida mais que o normal em cruzar seus melhores animais e assim os aperfeiçoa, e os animais aperfeiçoados se estendem lentamente pelos arredores mais próximos; mas dificilmente terão ainda um nome diferente e, por não ser muito estimados, sua história terá passado inadvertida. Quando diante do mesmo método, lento e gradual, tenham sido melhorados, se espalharão para mais longe e serão reconhecidos como diferentes e valiosos, e receberão então pela primeira vez um nome regional. Em países semi-civilizados, de comunicação pouco livre, a difusão de uma nova sub-raça seria um processo muito lento. Tão logo os traços característicos são conhecidos, o princípio, como eu o chamei, da seleção inconsciente tenderá sempre – talvez mais num período que em outro, segundo que a raça esteja mais ou menos de moda; talvez mais numa comarca que em outra, segundo o estado de civilização dos habitantes – a aumentar lentamente os traços característicos da raça, quaisquer que sejam estes. Mas serão infinitamente pequenas as probabilidades de que se tenha conservado algum registro destas mudanças lentas, variadas e imperceptíveis.

Circunstâncias favoráveis à capacidade seletiva do homem

Farei agora algumas considerações sobre as circunstâncias favoráveis ou desfavoráveis à capacidade seletiva do homem. Um grau elevado de variabilidade é evidentemente favorável, pois dá sem limitação os materiais para que trabalhe a seleção; não é isto dizer que simples diferenças individuais não sejam suficientes para permitir, com sumo cuidado, que se acumulem determinados tipos de modificações para direcioná-los para onde se quer. E como as variações úteis ou agradáveis ao homem aparecem só de vez em quando, as probabilidades de sua aparição aumentarão muito quando se tenha um grande número de indivíduos; o número é consequentemente de suma importância para o sucesso. Segundo este princípio, Marshall observou anteriormente, no que se refere às ovelhas de algumas comarcas de Yorkshire, que, "como geralmente pertencem a gente pobre e estão comumente *em pequenos lotes,* nunca podem ser melhoradas". Pelo contrário, os jardineiros encarregados de selecionar as melhores plantas, por terem grandes quantidades da mesma planta, têm geralmente melhor sucesso que os amadores ao produzir variedades novas e valiosas. Um grande número de indivíduos de um animal ou planta só pode criar-se quando as condições para sua propagação sejam favoráveis. Quando os indivíduos são escassos se lhes deixará a todos criar, qualquer que seja sua qualidade, e isto impedirá de fato a seleção. Mas, provavelmente, o elemento mais importante é que o animal ou planta seja tão estimado pelo homem, que se conceda maior atenção ainda à mais ligeira variação em suas qualidades ou estrutura. Sem dedicar esta atenção, nada se pode fazer. Observei seriamente que foi uma grande sorte que o morango começasse a variar precisamente quando os hortelões começaram a prestar atenção a esta planta. Indubitavelmente, o morango variou sempre desde que foi cultivado; mas as pequenas variações haviam sido desprezadas. No entanto, tão logo como os hortelões pegaram plantas determinadas com frutos ligeiramente maiores, mais precoces e melhores, e obtiveram brotaduras deles, e outra vez escolheram as melhores brotaduras e obtiveram descendência delas, então – com alguma ajuda, mediante cruzamento de espécies diferentes –, originaram-se as numerosas e admiráveis variedades de morango que apareceram durante os últimos cinquenta anos.

Nos animais, a facilidade em evitar os cruzamentos é um importante elemento na formação de novas raças; pelo menos, num país que está já provido de outras. Neste conceito o isolamento do país representa algum papel. Os selvagens errantes e os habitantes de planícies abertas raramente possuem mais de uma raça da mesma espécie. As pombas podem ser juntadas para toda sua vida, e isto é uma grande vantagem para o criador, pois assim muitas raças podem ser melhoradas e mantidas puras, ainda que estejam misturadas no mesmo pombal, e esta circunstância deve ter favorecido muito a formação de novas raças. Os pombos, devo acrescentar, podem propagar-se muito em número e em rápida progressão, e os exemplares inferiores podem ser recusados sem limitação, pois uma vez mortos servem de alimento. Por outro lado, os gatos, por seus hábitos de vagar de noite, não podem ser juntados facilmente e, ainda que tão estimados pelas mulheres e crianças, raramente vemos uma raça diferente conservar-se muito tempo; as raças que vemos algumas vezes são quase sempre importadas de outros países. Ainda que não duvido que uns animais domésticos variam menos do que outros, no entanto, a escassez ou ausência de raças diferentes do gato, do asno, pavão, do ganso, etc., pode atribuir-se, em grande parte, ao fato de não ter sido posta em jogo a seleção: nos gatos, pela dificuldade de juntá-los, nos asnos, porque as pessoas pobres os têm apenas em pequeno número e se presta pouca atenção a suas crias, pois recentemente, em algumas partes da Espanha e dos Estados Unidos, este animal foi surpreendentemente modificado e melhorado mediante cuidadosa seleção; nos pavões porque não se criam muito facilmente e não os temos em grandes quantidades; nos gansos, por serem estimados só dois objetivos: alimento e plumas, e especialmente pela falta de interesse em desenvolver novas raças; e o ganso, nas condições a que está submetido quando está domesticado, parece ter uma organização singularmente inflexível, ainda que tenha variado em pequena medida, como descrevi em outra parte.

Alguns autores sustentaram que, em nossas produções domésticas, logo se chega ao total de variação, e que este não pode depois, de nenhum modo, ser rebaixado. Seria bem precipitado afirmar que em algum caso se chegou ao limite, pois quase todos nossos animais e plantas foram muito melhorados em diferentes aspectos dentro de um período recente, e isto significa variação. Seria igualmente precipitado afirmar que características aumentadas atualmente até seu limite usual não possam, depois de permanecer fixas durante muitos séculos, variar de novo em novas condições de vida. Indubitavelmente, como o senhor Wallace mostrou com muita verdade, um limite será ao fim atingido; por exemplo: tem de ter um limite para a velocidade de todo animal terrestre, pois estará determinado pela fricção que tem de prevalecer, o peso do corpo que tem de levar e a faculdade de contração nas fibras musculares; mas o que nos interessa é que as variedades domésticas da mesma espécie diferem entre si em quase todas as características a que o homem prestou atenção e que selecionou mais do que diferem as diferentes espécies dos mesmos gêneros. Isidore Geoffroy Saint-Hilaire demonstrou isto quanto ao peso, e o mesmo ocorre com a cor e, provavelmente, com o comprimento do cabelo. No que se refere à velocidade, que depende de muitas características do corpo, *Eclipse* foi bem mais veloz, e um cavalo de tração pesado é incomparavelmente mais forte do que quaisquer duas espécies naturais pertencentes ao mesmo gênero. De igual modo, nas plantas, as sementes das diferentes variedades do feijão ou do milho provavelmente diferem mais em tamanho do que as sementes de diferentes espécies de qualquer gênero das duas mesmas famílias. A mesma observação pode fazer-se com respeito ao fruto das diferentes variedades da ameixa e, ainda com maior motivo, para o melão, assim como em muitos outros casos análogos.

Resumamos o dito a respeito da origem das raças domésticas de animais e plantas. A mudança de condições de vida é de suma importância na produção da variabilidade, tanto atuando diretamente sobre o organismo como indiretamente influindo no aparelho reprodutor. Não é provável que a variabilidade seja uma contingência inerente e necessária em todas as circunstâncias. A força maior ou menor da hereditariedade e reversão determinam que variações serão duradouras. A variabilidade está regida por muitas leis desconhecidas, das quais a do crescimento correlativo é provavelmente a mais importante. Seja como for, quanto mais a desconhecemos, podemos atribuí-la à ação definida pelas condições de vida. Algum efeito, talvez grande, pode ser atribuído ao crescente uso ou desuso dos diversos órgãos. O resultado final é, deste modo, infinitamente complexo. Em muitos casos, o cruzamento de diferentes espécies primitivamente parece ter representado um papel importante na origem de nossas raças. Uma vez que num *habitat* se formaram diferentes raças, seu cruzamento casual, com ajuda da seleção, ajudou, sem dúvida, muito a formação de novas sub-raças; mas se exagerou muito a importância do cruzamento, tanto no que se refere aos animais como com respeito àquelas plantas que se propagam por sementes. Nas plantas que se propagam temporariamente por talos, enxertos, etc., é imensa a importância do cruzamento, pois o cultivador pode neste caso desatender a extrema variabilidade, tanto dos híbridos como dos mestiços e tornar estéreis os híbridos; mas as plantas que não se propagam por sementes são de pouca importância para nós, pois sua duração é só temporária. Acima de todas estas causas de mudança, a ação acumulada da seleção, já aplicada metódica e ativamente, já inconsciente e lentamente, mas com mais eficácia, parece ter sido a força predominante.

Capítulo II

Variação na Natureza

Variabilidade – Diferenças individuais – Espécies duvidosas – As espécies de grande dispersão geográfica mais difundidas e comuns são as que mais variam – As espécies dos gêneros maiores de cada país variam mais frequentemente do que as espécies dos gêneros menores – Muitas das espécies dos gêneros maiores parecem variedades por ser, entre si muito afins, ainda que não igualmente, e por ter distribuição geográfica restringida

Variabilidade

Antes de aplicar aos seres orgânicos em estado natural os princípios a que chegamos no capítulo anterior, podemos discutir brevemente se estes seres estão sujeitos a alguma variação. Para tratar bem este assunto se deveria dar um longo catálogo de áridos fatos; mas reservarei estes para uma obra futura. Também não discutirei aqui as variadas definições que se deram da palavra *espécie*. Nenhuma definição satisfez a todos os naturalistas; no entanto, todo naturalista sabe vagamente o que ele quer dizer quando fala de uma espécie. Geralmente, esta palavra encerra o elemento desconhecido de um ato diferente de criação. A palavra variedade é quase tão difícil de definir; mas nela se sobressai quase universalmente comunidade de origem, ainda que esta raramente possa ser provada. Temos além do mais o que se chama monstruosidades; mas estas passam gradualmente às variedades. Por monstruosidade suponho que se entende alguma considerável anomalia de conformação, geralmente prejudicial ou inútil para a espécie. Alguns autores usam a palavra variação num sentido técnico, simplificando uma modificação devida diretamente às condições físicas da vida; e as variações neste sentido se supõe que não são hereditárias; mas quem pode dizer que o nanismo das conchas das águas salobras do Báltico, ou as plantas anãs dos cumes alpinos, ou a maior espessura da pelagem de um animal do extremo Norte não tenham de ser em alguns casos hereditários, pelo menos durante algumas gerações? E neste caso, presumo que a forma se denominaria variedade.

Pode duvidar-se se as anomalias súbitas e consideráveis estruturalmente, como as que vemos de vez em quando em nossos produtos domésticos, e especialmente nas plantas, propagam-se alguma vez com permanência em estado natural. Quase todas as partes de todo ser orgânico estão tão harmonicamente relacionadas com suas complexas condições de vida, que parece tão improvável que uma parte tenha sido produzida subitamente perfeita, como se uma máquina complicada tenha sido inventada pelo homem em estado perfeito. Em ambiente doméstico, algumas vezes, aparecem monstruosidades que se assemelham a conformações normais de animais muito diferentes.

Assim, alguma vez nasceram porcos com uma espécie de tromba, e se alguma espécie selvagem do mesmo gênero tivesse tido naturalmente tromba poderia ter-se dito que esta tinha aparecido como uma monstruosidade; mas até agora não pude encontrar, depois de diligente indagação, casos de monstruosidades que se assemelhem a conformações normais em formas próximas, e só estes casos têm relação com a questão. Se alguma vez aparecem em estado natural formas monstruosas destas classes e são capazes de reprodução (o que nem sempre ocorre), como se apresentam raramente e num só indivíduo, sua conservação dependeria de circunstâncias extraordinariamente favoráveis. Além do mais, durante a primeira geração e as seguintes se cruzariam com a forma ordinária, e assim seu caráter anormal se perderia quase inevitavelmente. Mas em outro capítulo terei que insistir sobre a conservação e perpetuação das variações isoladas ou acidentais.

Diferenças individuais

As muitas diferenças pequenas que surgem na descendência dos mesmos pais, ou que se pode presumir que surgiram assim por ter-se observado em indivíduos de uma mesma espécie que habitam uma mesma localidade confinada, podem chamar-se diferenças individuais. Ninguém supõe que todos os indivíduos da mesma espécie estejam fundidos absolutamente no mesmo molde. Estas diferenças individuais são da maior importância para nós, porque frequentemente, como é muito conhecido de todos, são hereditárias, e fornecem assim materiais para que a seleção natural atue sobre elas e as acumule, da mesma maneira que o homem acumula numa direção dada as diferenças individuais de suas produções domésticas. Estas diferenças individuais afetam geralmente o que os naturalistas consideram como partes sem importância; mas poderia demonstrar, mediante muitos exemplos que partes efetivamente importantes, seja do ponto de vista fisiológico, seja da classificação, variam algumas vezes nos indivíduos de uma mesma espécie. Estou convencido de que o mais experimentado naturalista se surpreenderia do número de casos de variação, até mesmo em partes importantes de estrutura, que poderia recopilar autorizadamente, como os recopilei durante o curso de anos. Deve-se recordar que os sistemáticos estão longe de comprazer-se ao achar variabilidade em características importantes, e que não há muitas pessoas que queiram examinar detalhadamente órgãos internos e importantes e comparar estes em muitos exemplares da mesma espécie. Ninguém imaginava que as ramificações dos nervos principais junto ao grande gânglio central de um inseto fossem variáveis na mesma espécie; poderia ter-se pensado que mudanças desta natureza só se tinham efetuado lenta e gradualmente e, no entanto, Sir J. Lubbock[49] mostrou a existência de um grau de variabilidade nestes nervos principais em Coccus, que quase pode comparar-se com a ramificação irregular do tronco de uma árvore. Posso acrescentar que este naturalista filósofo mostrou também que os músculos das larvas de alguns insetos distam muito de ser uniformes. Algumas vezes, os autores retornam a um círculo vicioso quando dizem que os órgãos importantes nunca variam, pois, como o confessaram honradamente alguns naturalistas, estes mesmos autores classificam praticamente como importantes aquelas partes que não variam e, desde este ponto de vista, nunca se achará nenhum caso de uma parte importante que varie; mas desde qualquer outro ponto de vista se podem apresentar seguramente muitos exemplos.

Existe um ponto relacionado com as diferenças individuais que é em extremo desconcertante: refiro-me àqueles gêneros que foram chamados *proteos* ou polimorfos, nos quais as espécies apresentam uma extraordinária variação. No que se refere a muitas destas formas, dificilmente dois naturalistas se põem de acordo em classificá-las como espécies ou como variedades. Podemos pôr como exemplo Rubus, Rosa e Hieracium, entre as plantas; alguns gêneros de insetos e de braquípteros. Na maior parte dos gêneros polimorfos, algumas das espécies têm características fixas e definidas. Os gêneros que são polimorfos numa região parecem ser, com poucas exceções, polimorfos em outros habitats, e também – a avaliar pelos braquípteros – em períodos anteriores. Estes fatos são muito desconcertantes, porque parecem demonstrar que esta classe de variabilidade é independente das condições de vida. Inclino-me a suspeitar que, pelo menos em alguns destes gêneros polimorfos, vemos variações que não são nem de utilidade nem de prejuízo para a espécie e que, portanto, a seleção natural não se empenhou em tornar essas modificações em definitivas, segundo se explicará mais adiante.

Como todos sabem, os indivíduos da mesma espécie apresentam muitas vezes, independentemente da variação, grandes diferenças de conformação, como ocorre nos dois sexos de diversos animais, nas duas ou três classes de fêmeas estéreis ou obreiras nos insetos e nos estados jovem e larvário de muitos dos animais inferiores. Existem também casos de dimorfismo e trimorfismo, tanto nos animais como nas plantas. Assim, o senhor Wallace, que chamou recentemente a atenção sobre este assunto, observou que as fêmeas de algumas espécies de borboletas no Arquipélago Malaio, aparecem normalmente sob duas, e mesmo sob três, formas notavelmente diferentes, não ligadas por variedades intermédias. Fritz Muller[50] descreveu casos análogos, mas ainda mais extraordinários, nos machos de certos crustáceos do Brasil: assim, o macho de um *Tanais* se apresenta normalmente sob duas formas diferentes: uma delas tem pinças fortes e de diferentes variedades, e a outra tem as antenas provisionadas de cabelos olfativos bem mais abundantes. Ainda que na maior parte destes casos as duas ou três formas, tanto nos animais como nos vegetais, não estão hoje unidas por gradações intermédias, é provável que em outro tempo estivessem unidas deste modo. Mister Wallace, por exemplo, descreve certa borboleta que, na mesma ilha, apresenta uma grande série de variedades unidas por elos intermediários, e os elos extremos da corrente se assemelham às duas formas de uma espécie próxima dimorfa que habita em outra parte do Arquipélago Malaio. Assim também, nas formigas, as variadas classes de obreiras são geralmente por completo diferentes; mas em alguns casos, como veremos depois, estão unidas entre si por variedades suavemente graduadas. O mesmo ocorre em algumas plantas dimorfas, como eu mesmo o observei. Certamente, ao princípio, parece um fato muito notável que a mesma borboleta fêmea tenha a faculdade de produzir ao mesmo tempo três formas diferentes femininas e uma masculina, e que uma planta hermafrodita produza pelas sementes do mesmo fruto três formas diferentes hermafroditas que levem três classes diferentes de fêmeas e três – ou até seis – classes diferentes de machos. No entanto, estes casos são tão só exageros do fato comum de que a fêmea produza descendência de ambos os sexos, que às vezes diferem entre si de um modo portentoso.

Espécies duvidosas

As formas que possuem em grau bem considerável a característica de espécie, mas que são tão semelhantes a outras formas, ou que estão tão estreitamente unidas a elas por gradações intermédias, que os naturalistas não querem classificá-las como espécies diferentes, são, por vários conceitos, as mais importantes para nós. Temos todo fundamento para crer que muitas destas formas duvidosas e muito afins conservaram fixas suas características durante longo tempo, tão longo, até onde nós podemos sabê-lo, como as boas e verdadeiras espécies. Praticamente, quando o naturalista pode unir mediante formas intermédias duas formas quaisquer, considera uma como variedade da outra, classificando a mais comum – ou às vezes a descrita primeiro – como espécie, e a outra como variedade. Mas às vezes surgem casos de grande dificuldade, que eu não enumerarei aqui, ao decidir se se deve classificar ou não uma forma como variedade de outra, ainda que estejam estreitamente unidas por formas intermédias; e também não suprimirá sempre a dificuldade a natureza híbrida – comumente admitida – das formas intermédias. Em muitíssimos casos, no entanto, classifica-se uma forma como variedade de outra, não porque tenham sido encontrados realmente os elos intermediários, mas porque a analogia leva o observador a supor que estes existem atualmente em alguma parte ou podem ter existido antes, e aqui fica aberta uma ampla porta para dar entrada às conjecturas e à dúvida.

Consequentemente, ao determinar se uma forma tem de ser classificada como espécie ou como variedade, a opinião dos naturalistas de bom senso e ampla experiência parece a única orientação a seguir. Em muitos casos, no entanto, temos que decidir por maioria de naturalistas, pois poucas variedades bem conhecidas e caracterizadas podem mencionar-se que não tenham sido classificadas como espécies, ao menos por alguns autores competentes.

É indiscutível que as variedades desta natureza duvidosa distam muito de ser raras. Comparem-se as diversas floras da Grã-Bretanha, da França e dos Estados Unidos, escritas por diferentes naturalistas, e veja-se que número tão surpreendente de formas foram classificadas por um botânico como boas espécies e por outro como simples variedades. Mister H. C. Watson[51], ao qual me sinto obrigado por auxílios de todas as classes, relatou suas observações de 182 plantas britânicas que são consideradas geralmente como variedades, mas que foram todas classificadas como espécies por alguns botânicos, e ao fazer esta lista omitiu muitas variedades insignificantes que, não obstante, foram classificadas por alguns botânicos como espécies, e omitiu por completo vários gêneros extremamente polimorfos. Nos gêneros que encerram as formas mais poliformas, Babington[52] cita 251 espécies, enquanto Bentham[53] cita somente 112. Uma diferença de 139 formas duvidosas! Entre os animais que se acasalam para cada filhote e que mudam muito de lugar, raramente podem achar-se num mesmo país formas duvidosas classificadas por um zoólogo como espécies e por outro como variedades; mas são comuns em territórios separados. Quantos pássaros e insetos da América do Norte e da Europa que diferem entre si muito sutilmente foram classificados por um naturalista eminente como espécies duvidosas e por outro como variedades, ou raças geográficas, como frequentemente se as chama! Mister Wallace, em vários estimáveis trabalhos sobre diferentes animais, especialmente sobre lepidópteros, que vivem nas ilhas do Arquipélago Malaio, expõe que estes podem classificar-se em quatro grupos; a saber: formas variáveis, formas locais, raças geográficas ou subespécies, e verdadeiras espécies típicas. As primeiras, ou formas variáveis, variam muito dentro dos limites da mesma ilha. As formas locais são em média constantes e diferentes em cada ilha, tomada por separado, mas quando se comparam juntas todas as das diversas ilhas se vê que as diferenças são tão pequenas e graduadas, que é impossível defini-las ou descrevê-las, ainda que ao mesmo tempo as formas extremas sejam suficientemente diferentes. As raças geográficas, ou subespécies, são formas locais completamente fixas e isoladas; mas como não diferem entre si por características importantes e muito marcadas, "não há critério possível, mas só opinião particular, para determinar quais têm que ser consideradas como espécies e quais como variedades". Por último, as espécies típicas ocupam o mesmo lugar na economia natural de cada ilha que as formas locais e subespécies; mas, como se distinguem entre si com maior diferença da que existe entre as formas locais e as subespécies, são quase universalmente classificadas pelos naturalistas como espécies verdadeiras. No entanto, não é possível dar um critério seguro pelo qual possam ser reconhecidas as formas variáveis, as formas locais, as subespécies e as espécies típicas.

Faz muitos anos, comparando e vendo outros compararem as aves das ilhas – muito próximas entre si – do Arquipélago de Galápagos, umas com outras e com as do continente americano, fiquei muito surpreso de como é vaga a distinção entre espécies e variedades. Nas pequenas ilhotas da Ilha da Madeira existem muitos insetos classificados como variedades na admirável obra do senhor Wollaston[54], mas que seguramente seriam classificados como espécies diferentes por muitos entomólogos. Até na Irlanda tem alguns animais considerados agora geralmente como variedades, mas que foram classificados como espécies por alguns zoólogos. Vários ornitólogos experimentados consideram nossa perdiz da Escócia *(Lagopus scoticus)* só como uma raça muito caracterizada de uma espécie norueguesa, enquanto a maioria a classifica como uma espécie indubitável, própria da Grã-Bretanha. Uma grande distância entre as localidades de duas formas duvidosas leva a muitos naturalistas a classificar estas como duas espécies diferentes; mas se perguntou com razão: que distância bastará? Se a distância entre a América e a Europa é grande, será suficiente a que há entre Europa e Açores, ou Ilha da Madeira, ou Canárias, ou entre as várias ilhotas destes pequenos arquipélagos?

Mister B. D. Walsh[55], distinto entomólogo dos Estados Unidos, descreveu o que ele chama variedades *fitofágicas* e espécies fitofágicas. A maior parte dos insetos que se mantêm de vegetais vivem a expensas de uma classe de planta ou de um grupo de plantas; alguns comem indistintamente de muitas classes, mas não variam em consequência disso. Em alguns casos, no entanto, Walsh observou insetos, encontrados vivendo sobre diferentes plantas, que apresentam em seu estado larvário, no perfeito, ou em ambos, diferenças pequenas, mas constantes, na cor, tamanho ou na natureza de suas secreções. Observou-se que em alguns casos só os machos; em outros casos, os machos e as fêmeas diferiam assim em pequeno grau; mas nenhum observador pode fixar para outro, ainda que possa fazê-lo para si mesmo, quais destas formas fitofágicas devem ser chamadas espécies e quais variedades. Mister Walsh classifica como variedades as formas que pode supor-se que se cruzariam entre si ilimitadamente, e como espécies as que parece que perderam esta faculdade. Como as diferenças dependem de que os insetos comeram muito tempo plantas diferentes, não pode esperar-se que se encontrem elos intermediários que unam as diversas formas. O naturalista perde assim sua melhor guia para determinar se tem de classificar as formas duvidosas como espécies ou como variedades. Isto, necessariamente, ocorre também com organismos muito afins que habitam em diferentes continentes ou ilhas. Quando, pelo contrário, um animal ou planta se estende pelo mesmo continente, ou habita várias ilhas do mesmo arquipélago, e apresenta diferentes formas nos diferentes territórios, há sempre muitas probabilidades de que se descobrirão formas intermédias que liguem entre si os citados extremos, e estes ficam então reduzidos à categoria de variedades.

Um pequeno número de naturalistas sustenta que os animais nunca apresentam variedades, e então, estes mesmos naturalistas classificam como de valor específico a mais leve diferença, e quando a mesma forma idêntica se verificou em dois países distantes ou em duas formações geológicas, creem que duas espécies diferentes estão ocultas sob a mesma vestimenta. A palavra espécie vem deste modo a ser uma mera abstração inútil, que implica e supõe um ato separado de criação. O positivo é que muitas formas consideradas como variedades por autoridades competentíssimas parecem, por sua índole, tão por completo espécies, que foram classificadas assim por outros competentíssimos autores; mas discutir se devem chamar-se espécies ou variedades antes que tenha sido aceitada geralmente alguma definição destes termos é dar inutilmente socos ao ar.

Muitos destes casos de variedades muito acentuadas ou espécies duvidosas merecem certamente reflexão, pois se alegaram diversas e interessantes classes de razões procedentes da distribuição geográfica, variação analógica, hibridismo, etc., tentando determinar sua categoria; mas o espaço não me permite discuti-las aqui. Uma atenciosa investigação levará, sem dúvida, os naturalistas a pôr-se de acordo em muitos casos sobre a classificação de formas duvidosas; não obstante, deve-se confessar que nos países mais conhecidos é onde encontramos o maior número delas. Surpreendeu-me o fato de que se um animal ou planta em estado silvestre é muito útil ao homem, ou se por qualquer motivo atrai muito sua atenção, se encontrarão quase sempre registradas variedades dela. Além do mais, estas variedades serão classificadas frequentemente como espécies por alguns autores. Fixemo-nos no carvalho comum, que tão atenciosamente foi estudado; no entanto, um autor alemão distingue mais de uma dúzia de espécies baseadas em formas que são quase universalmente consideradas como variedades por outros botânicos, e em nosso país podem citar-se as mais elevadas autoridades botânicas e os práticos para demonstrar que o carvalho de frutos sentados e o carvalho de frutos pedunculados são boas e diferentes espécies ou que são simples variedades.

Posso referir-me aqui ao notável trabalho publicado recentemente por A. de Candolle sobre os carvalhos do mundo inteiro. Ninguém teve nunca materiais mais abundantes para a distinção das espécies nem pôde ter trabalhado sobre eles com maior zelo e perspicácia. Dá primeiro detalhadamente os numerosos pormenores de conformação, que variam nas diversas espécies, e calcula numericamente a frequência relativa das variações. Detalha mais de uma dúzia de características que podem achar-se variando ainda no mesmo ramo, às vezes segundo a idade ou desenvolvimento, às vezes sem causa alguma a que possam atribuir-se. Estas características não são, naturalmente, de valor específico; mas, como advertiu Assa Gray[56] ao comentar este estudo de Candolle, são como as que entram geralmente nas definições das espécies. De Candolle passa a dizer que ele dá a categoria de espécie às formas que diferem por características, que nunca variam na mesma árvore e que nunca se acham unidas por graus intermediários. Depois desta discussão, resultado de tanto trabalho, observa expressamente: "Estão equivocados os que repetem que a maior parte de nossas espécies se acham claramente limitadas e que as espécies duvidosas estão em pequena minoria. Isto parecia ser verdade enquanto um gênero estava imperfeitamente conhecido e suas espécies se fundavam nuns poucos exemplares, isto é, enquanto eram provisórios; no momento em que chegamos a conhecê-las melhor surgem formas intermédias e aumentam as dúvidas com respeito aos limites específicos".

Adiciona também que as espécies melhor conhecidas são precisamente as que apresentam o maior número de variedades espontâneas e subvariedades. Assim, o *Quercus robur* tem vinte e oito variedades, as quais se agrupam todas, exceto seis, em torno de três subespécies, que são: Q. pedunculata, sessiliflora e pubescens. As formas que enlaçam estas três subespécies são relativamente raras, e, como Assa Gray adverte, por outro lado, se estas formas de ligação que hoje são esquisitas chegassem a extinguir-se por completo, as três subespécies guardariam entre si exatamente a mesma relação que guardam as quatro ou cinco espécies admitidas de forma provisória, e que estão muito perto do Quercus robur típico. Finalmente, De Candolle admite que, das trezentas espécies que se enumerarão em sua Pródromo como pertencentes à família dos carvalhos, dois terços, pelo menos, são espécies provisórias; isto é: que não se sabe que preencham exatamente a definição dada acima de espécie verdadeira. Teria que acrescentar que De Candolle não crê já que as espécies sejam criações imutáveis, e chega à conclusão de que a teoria da derivação é a mais natural "e a mais conforme com os fatos conhecidos de paleontologia, geografia botânica e zoologia, estrutura anatômica e classificação".

Quando um jovem naturalista começa o estudo de um grupo de organismos completamente desconhecido para ele, ao princípio vacila muito em determinar que diferenças tem de considerar como específicas e quais como de variedade, porque nada sabe a respeito da quantidade e modo de variação a que está sujeito o grupo, e isto mostra, pelo menos, quão geral é o que tenha um pouco de variação; mas se limita sua atenção a uma classe dentro de um país, formará logo juízo sobre como tem de classificar a maior parte das formas duvidosas. Sua tendência geral será fazer muitas espécies, pois – assim como o criador de pombos e aves de pátio, de que antes se falou – chegaria a impressionar-se pela diferença que existe nas formas que está continuamente estudando, e tem pouco conhecimento geral de variações análogas em outros grupos ou em outros países com o que poder corrigir suas primeiras impressões. À medida que estenda o campo de suas observações tropeçará com novos casos dificultosos, pois encontrará maior número de formas extremamente afins; mas se suas observações se estendem muito poderá geralmente realizar por fim sua ideia, mas isto o conseguirá à custa de admitir muita variação, e a realidade desta admissão será muitas vezes discutida por outros naturalistas. Quando passe ao estudo de formas afins trazidas de países que hoje não estão unidos – caso no qual não pode ter a esperança de encontrar elos intermediários – se verá obrigado a fiar-se quase por completo na analogia e suas dificuldades chegarão ao máximo.

Indubitavelmente, não se traçou ainda uma linha clara de demarcação entre espécies e subespécies – ou sejam as formas que, na opinião de alguns naturalistas, se acercam muito, ainda que não cheguem completamente à categoria de espécies –nem inclusive entre subespécies e variedades bem caracterizadas, ou entre variedades menores e diferenças individuais. Estas diferenças passam de umas a outras, formando uma série contínua, e uma série imprime na mente a ideia de transições genuínas.

Consequentemente considero as diferenças individuais, apesar de seu pequeno interesse para o classificador, como da maior importância para nós, uma vez que são os primeiros passos para aquelas variedades que raramente são consideradas dignas de ser consignadas nas obras de História Natural. E considero as variedades que são de algum modo mais diferentes e permanentes como passos para variedades mais intensamente caracterizadas e permanentes, e estas últimas como conduzindo às subespécies e depois às espécies. A transição de um grau de diferença a outro pode ser em muitos casos o simples resultado da natureza do organismo e das diferentes condições físicas a que tenha estado exposto longo tempo; mas, no que se refere às características mais importantes de adaptação, a passagem de um grau de diferença a outro pode atribuir-se seguramente à ação acumulativa da seleção natural, que se explicará mais adiante, e aos resultados do crescente uso ou desuso dos órgãos. Uma variedade bem caracterizada pode, portanto, denominar-se espécie incipiente, e se esta suposição está ou não justificada, deve ser julgado pelo peso dos diferentes fatos e considerações que vão ser expostos em toda esta obra.

Não é necessário supor que todas as variedades ou espécies incipientes atinjam a categoria de espécies. Podem extinguir-se ou podem continuar como variedades durante extensíssimos períodos, como Wollaston demonstrou que ocorre nas variedades de certos moluscos terrestres fósseis da Ilha da Madeira, e Gaston de Saporta[57] nos vegetais. Se uma variedade chegasse a florescer de tal modo que excedesse em número à espécie mãe, aquela se classificaria como espécie e a espécie como variedade; e poderia chegar a suplantar e exterminar a espécie mãe, ou ambas poderiam coexistir e ambas se classificariam como espécies independentes. Mas mais adiante insistiremos sobre este assunto.

Por estas observações se verá que considero a palavra *espécie* como dada arbitrariamente, por razão de conveniência, a um grupo de indivíduos muito semelhantes e que não difere essencialmente da palavra variedade, que se dá a formas menos precisas e mais flutuantes. Por sua vez, a palavra variedade, em comparação com meras diferenças individuais, aplica-se também arbitrariamente por razão de conveniência.

As espécies comuns, muito difundidas e muito estendidas são as que mais variam

Guiado por considerações teóricas, pensei que poderia obter resultados interessantes com respeito à natureza e relações das espécies que mais variam, formando listas de todas as variedades de diversas flores bem estudadas. A princípio isso parecia um trabalho singelo; mas H. C. Watson, a quem sou muito agradecido por valiosos serviços e conselhos sobre este assunto, convenceu-me em seguida de que tinha muitas dificuldades, como também o fez depois o doutor Hooker, em termos ainda mais enérgicos. Reservarei para uma obra futura a discussão destas dificuldades e os quadros dos números proporcionais das espécies variáveis. O doutor Hooker me autoriza a acrescentar que, depois de ter lido atenciosamente meu manuscrito e examinado os quadros, crê que as seguintes conclusões estão bem e imparcialmente fundamentadas. Todo este assunto, no entanto, tratado com muita brevidade, como é aqui necessário, é bem desconcertante, e não podem evitar-se as alusões à luta *pela existência, a divergência de características* e outras questões que têm de ser discutidas mais adiante.

Alphonse de Candolle[58] e outros demonstraram que as plantas que têm uma grande dispersão apresentam geralmente variedades, o que já se podia esperar por estarem expostas a diferentes condições físicas e porque entram em concorrência com diferentes conjuntos de seres orgânicos, que, como veremos depois, é uma circunstância tanto ou mais importante. Mas meus quadros mostram além do mais que em todo país limitado as espécies que são mais comuns – isto é, mais abundantes em número de indivíduos – e as espécies muito difundidas dentro da mesma área – e este é um conceito diferente de ocupar muita extensão e, até certo ponto, de ser comum – são as que com mais frequência originam variedades suficientemente caracterizadas para merecerem ser registradas nas obras de botânica. Consequentemente as espécies mais florescentes ou, como podem chamar-se, espécies predominantes – as que ocupam maior extensão, as mais difundidas em sua própria região e as mais numerosas em indivíduos – são aquelas que com mais frequência produzem variedades bem caracterizadas ou, como eu as considero, espécies incipientes. E isto poderia talvez ter sido previsto; pois como as variedades, para fazer-se em algum modo permanentes, necessariamente têm que lutar com os outros habitantes do local, as espécies que são já predominantes serão as mais aptas para produzir descendentes, os quais, ainda que modificados só em grau muito débil, herdam, no entanto, as vantagens que permitiram a seus ancestrais de chegar a predominar entre seus conterrâneos.

Nestas observações sobre o predomínio tem de se subentender que só se refere às formas que entram em mútua concorrência, e especialmente aos membros do mesmo gênero ou classe que têm hábitos quase semelhantes. Quanto ao número de indivíduos, ou ao fato de ser comum uma espécie, a comparação naturalmente se refere só aos membros do mesmo grupo. Pode dizer-se que uma planta superior é predominante se é mais numerosa em indivíduos e está mais difundida do que outras plantas do mesmo *habitat* que vivam quase nas mesmas condições. Uma planta desta classe não deixa de ser predominante porque alguma tribonema[59] que vive na água ou algum fungo parasita sejam infinitamente mais numerosos em indivíduos e estejam mais difundidos. Mas se a tribonema ou o fungo parasita superam a seus semelhantes em número de indivíduos, será então predominante dentro de sua própria classe.

As espécies dos gêneros maiores em cada habitat variam mais frequentemente do que as espécies dos gêneros menores

Se as plantas que vivem num habitat, segundo aparecem descritas em algum compêndio de flora, se dividem em dois grupos iguais, em que temos de um lado todas as pertencentes aos gêneros maiores – isto é, os que contêm mais espécies – e do outro lado estão todas as pertencentes aos gêneros menores, se verá que o primeiro grupo compreende um número bem maior de espécies comuníssimas e muito difundidas, ou espécies predominantes. Isto podia ter sido já previsto, pois o mero fato de que muitas espécies do mesmo gênero vivam num *habitat* demonstra que nas condições orgânicas e inorgânicas daquele habitat existe algo favorável ao gênero e, portanto, podíamos ter esperado encontrar nos gêneros maiores – ou que compreendem mais espécies – um número relativo maior de espécies predominantes. Mas são tantas as causas que tendem a obscurecer o resultado, que estou surpreendido de que meus quadros ainda mostrem uma pequena maioria do lado dos gêneros maiores. Referir-me-ei aqui somente a duas causas de obscuridade. As plantas de água doce e as halófilas estão geralmente muito estendidas e muito difundidas; mas isto parece estar relacionado com a natureza dos lugares em que vivem e têm pouca ou nenhuma relação com a magnitude dos gêneros a que pertencem as espécies. Além do mais, os vegetais inferiores na escala da organização estão, geralmente, bem mais difundidos do que as plantas superiores, e neste caso, além do mais, não há imediata relação com a magnitude dos gêneros. A causa de que os vegetais de organização inferior estejam muito estendidos se discutirá no capítulo sobre a distribuição geográfica.

Por ter considerado as espécies apenas como variedades bem definidas e muito caracterizadas, consegui supor mais facilmente que as espécies dos gêneros maiores em cada *habitat* apresentariam variedades com mais frequência do que as espécies dos gêneros menores, pois onde quer que tenham sido formadas muitas espécies extremamente afins – isto é, espécies do mesmo gênero – devem, por regra geral, estar-se formando atualmente muitas variedades ou espécies incipientes. Onde crescem muitas árvores grandes esperamos encontrar rebentos; onde se formaram por variação muitas espécies de um gênero, as circunstâncias foram favoráveis para a variação, e, portanto, podemos esperar que, geralmente, o serão ainda. Pelo contrário, se consideramos cada espécie como um ato especial de criação, não há razão alguma para que se apresentem mais variedades num grupo que tenha muitas espécies que em outro que tenha poucas.

Para provar a veracidade desta ideia que antecipo classifiquei as plantas de vinte regiões e os insetos coleópteros de duas regiões em dois grupos aproximadamente iguais, pondo de um lado as espécies dos gêneros maiores e de outro as dos gêneros menores, e isto demonstrou sempre que no lado dos gêneros maiores era maior a porcentagem de espécies que apresentavam variedades, que no lado dos gêneros menores. Além do mais, as espécies dos gêneros grandes que apresentam variedades têm sempre um número relativo maior de variedades que as espécies dos gêneros pequenos. Ambos os resultados subsistem quando se faz outra divisão e quando se excluem por completo dos quadros todos os gêneros muito pequenos que só compreendem de uma a quatro espécies.

Estes fatos têm um significado óbvio na hipótese de que as espécies são tão só variedades permanentes muito caracterizadas, pois onde quer que se formaram muitas espécies do mesmo gênero, ou onde – se se nos permite empregar a frase – a fabricação de espécies foi muito ativa, devemos, geralmente, encontrar ainda a fábrica em movimento; tanto mais, quanto temos todas as razões para supor que o procedimento de fabricação das espécies novas é um procedimento lento. E isto, certamente, confirma se se consideram as variedades como espécies incipientes, pois meus quadros mostram claramente, como regra geral, que onde quer que se formaram muitas espécies de um gênero, as espécies deste gênero apresentam um número de variedades, ou seja de espécies incipientes, maior do que a média. Não é que todos os gêneros grandes estejam agora variando muito e estejam aumentando o número de suas espécies, nem que nenhum gênero pequeno esteja agora variando e aumentando; pois se isto fosse assim seria fatal para minha teoria, já que a geologia claramente nos diz que frequentemente gêneros pequenos, em decorrência do tempo, aumentaram muito, e que com frequência gêneros grandes chegaram a seu máximo, declinaram e desapareceram. Tudo o que tínhamos que demonstrar é que onde se formaram muitas espécies de um gênero, de ordinário se estão formando ainda muitas, e isto, certamente, fica estabelecido.

Muitas das espécies incluídas nos gêneros maiores parecem variedades por ser entre si muito afins, ainda que não igualmente, e por ter distribuição geográfica restringida

Entre as espécies dos gêneros grandes e suas variedades registradas existem outras relações dignas de menção. Temos visto que não há um critério infalível para distinguir as espécies das variedades mais pronunciadas; e quando não se encontram elos de ligação entre formas duvidosas, os naturalistas se veem forçados a decidir-se pelo conjunto de diferenças entre elas, julgando por analogia se este conjunto é ou não suficiente para elevar uma forma, ou ambas, à categoria de espécies. Consequentemente a quantidade de diferença é um critério importantíssimo para decidir se duas formas têm de ser classificadas como espécies ou como variedades. Assim sendo: Fries[60] observou, no que se refere às plantas, e Westwood[61], no que se refere aos insetos, que nos gêneros grandes a quantidade de diferenças entre as espécies é com frequência extremamente pequena. Esforcei-me em comprovar isto numericamente mediante médias que, até onde atingem meus imperfeitos resultados, confirmam dita opinião. Consultei também alguns sagazes e experimentados observadores e, depois de deliberar, concordaram com este ponto de vista. A esse respeito, pois, as espécies dos gêneros maiores se parecem às variedades, mais do que as espécies dos gêneros menores. Ou o caso pode ser interpretado de outro modo: pode-se dizer que nos gêneros maiores, nos quais se está agora fabricando um número de variedades ou espécies incipientes maior do que a média, muitas das espécies já fabricadas parecem até certo ponto variedades, pois diferem entre si menos que a quantidade habitual de diferenças.

Além do mais, as espécies dos gêneros maiores estão relacionadas umas com outras, da mesma maneira que estão relacionadas entre si as variedades de qualquer espécie. Nenhum naturalista pretende que todas as espécies de um gênero estejam igualmente distantes umas de outras; geralmente, podem ser divididas em subgêneros, ou seções, ou grupos menores. Como Fries observou muito bem, grupos pequenos de espécies estão geralmente reunidos como satélites ao redor de outras espécies; e que são as variedades senão grupos de formas desigualmente relacionadas entre si e agrupadas ao redor de certas formas, ou seja ao redor de suas espécies mães? Indubitavelmente, existe um ponto de diferença importantíssimo entre as variedades e as espécies; é que a diferença entre as variedades quando se comparam entre si ou com a espécie mãe é muito menor que a que existe entre as espécies do mesmo gênero. Mas quando cheguemos a discutir o princípio da divergência *de* características, como eu o chamo, veremos como isso pode ser explicado e como as menores diferenças que existem entre as variedades tendem a acrescentar-se e chegam a ser maiores as diferenças existentes entre as espécies.

Existe outro ponto que merece atenção. As variedades ocupam em geral uma extensão muito restringida: esta afirmação, realmente, é quase uma evidência, pois se se visse que uma variedade tem uma extensão maior do que a de sua suposta espécie mãe se inverteriam suas denominações. Mas há fundamento para supor que as espécies que são muito afins a outras – e por isso parecem variedades – ocupam com frequência extensões muito limitadas. H. C. Watson observou no bem fundamentado *London Catalogue of plants* (4.ª edição) 63 plantas que aparecem ali classificadas como espécies, mas que ele considera tão extremamente afins a outras espécies, que chegam a ser de valor duvidoso; estas 63 supostas espécies se estendem, em média, por 6,9 das províncias em que Watson dividiu a Grã-Bretanha. Assim sendo: no mesmo Catálogo estão anotadas 53 variedades admitidas, e estas se estendem por 7,7 das províncias, enquanto as espécies a que estas variedades pertencem se estendem por 14,3 das províncias. De maneira que as variedades admitidas como tais têm proximamente a mesma média de extensão restringida que as formas muito afins mencionadas por Watson como espécies duvidosas, mas que os botânicos ingleses classificam quase unanimemente como boas e verdadeiras espécies.

Resumo

Em conclusão, as variedades não podem ser distinguidas das espécies, exceto: primeiro, pela descoberta de formas intermédias de ligação e, segundo, por certa quantidade indefinida de diferenças entre elas, pois se duas formas diferem muito pouco são geralmente classificadas como variedades, apesar de não poderem ser reunidas sem solução de continuidade; mas não é possível determinar a quantidade de diferenças necessária para conceder a duas formas a categoria de espécies. Nos gêneros que numa região têm um número de espécies maior do que a média, as espécies têm mais variedades do que a média. Nos gêneros grandes, as espécies são susceptíveis de serem reunidas, estreita mas desigualmente, formando grupos em torno de outras espécies. As espécies extremamente afins a outras ocupam, ao que parece, extensões restringidas. Por todos estes conceitos, as espécies dos gêneros grandes apresentam suma analogia com as variedades. E podemos compreender claramente estas analogias se as espécies existiram em outro tempo como variedades e se destas se originaram; por outro lado, estas analogias são completamente inexplicáveis se as espécies são criações independentes.

Vimos também que as espécies mais florescentes, ou espécies predominantes, dos gêneros maiores, dentro de cada classe, são as que, proporcionalmente, dão maior número de variedades e as variedades, como veremos depois, tendem a converter-se em espécies novas e diferentes. Deste modo, os gêneros grandes tendem a se fazer maiores, e em toda a natureza as formas orgânicas que são agora predominantes tendem a fazer-se mais predominantes ainda, deixando muitos descendentes modificados e predominantes. Mas, por graus que se explicarão mais adiante, os gêneros maiores tendem também a fragmentar-se em gêneros menores, e assim, em todo o universo, as formas orgânicas ficam divididas em grupos subordinados a outros grupos.

Capítulo III

Luta pela existência

Sua relação com a seleção natural – A expressão se usa em sentido amplo – Progressão geométrica do crescimento – Rápido aumento das plantas e animais naturalizados – Natureza dos obstáculos para o aumento – Concorrência universal – Efeitos de clima – Proteção pelo número de indivíduos – Relações complexas entre todos os animais e plantas na natureza – A luta pela vida é muito rigorosa entre indivíduos e variedades da mesma espécie: rigorosa muitas vezes entre espécies do mesmo gênero – A relação entre organismo e organismo é a mais importante de todas as relações

Sua relação com a seleção natural

Antes de entrar no assunto deste capítulo devo fazer algumas observações preliminares para mostrar como a luta pela existência se relaciona com a seleção natural.

Foi visto no capítulo anterior que entre os seres orgânicos em estado natural existe alguma variabilidade individual e, na verdade, não tenho notícia de que isto nunca tenha sido discutido. E se se admite a existência de variedades bem marcadas, não tem importância para nós que uma multidão de formas duvidosas sejam chamadas espécies, subespécies ou variedades, nem que categoria, por exemplo, tenham direito de ocupar as duzentas ou trezentas formas duvidosas de plantas britânicas. Mas a simples existência de variabilidade individual e de umas poucas variedades bem marcadas, ainda que necessária como fundamento para esta obra, ajuda-nos pouco a compreender como surgem as espécies na natureza. Como se aperfeiçoaram todas essas extraordinárias adaptações de uma parte da organização a outra ou às condições de vida, ou de um ser orgânico a outro ser orgânico? Vemos estas formosas adaptações mútuas do modo mais evidente no pássaro carpinteiro e na erva-de-passarinho, e só um pouco menos claramente no mais humilde parasita que adere aos pelos de um quadrúpede ou às plumas de uma ave; na estrutura do coleóptero que mergulha no água, na semente emplumada que a mais suave brisa transporta; numa palavra, vemos formosas adaptações onde quer que seja e em cada uma das partes do mundo orgânico.

Além de poder perguntar-se como é que as variedades que chamamos espécies incipientes ficam transformadas finalmente em boas e diferentes espécies, que na maior parte dos casos diferem claramente entre si bem mais do que as variedades da mesma espécie; como se originam estes grupos de espécies, que constituem o que se chamam gêneros diferentes e que diferem entre si mais do que as espécies do mesmo gênero. Todos estes resultados, como veremos mais extensamente no capítulo próximo, são consequência da luta pela vida. Devido a esta luta, as variações, por menores que sejam e qualquer que seja a causa de que procedam, se são em algum grau proveitosas aos indivíduos de uma espécie em suas relações infinitamente complexas com outros seres orgânicos e com suas condições físicas de vida, tenderão à conservação destes indivíduos e serão, geralmente, herdadas pela descendência. A descendência também terá assim maior probabilidade de sobreviver; pois dos muitos indivíduos de uma espécie qualquer que nascem periodicamente, só um pequeno número pode sobreviver. Este princípio, pelo qual toda ligeira variação, se é útil, conserva-se, denominei-o com a expressão *seleção* natural, a fim de observar sua relação com a faculdade de seleção do homem; mas a expressão frequentemente usada por Herbert Spencer[62] da sobrevivência dos mais adequados é mais exata e é algumas vezes igualmente conveniente. Temos visto que o homem pode, indubitavelmente, produzir por seleção grandes resultados e pode adaptar os seres orgânicos a seus usos particulares mediante a acumulação de variações pequenas, mas úteis, que lhe são dadas pela mão da natureza; mas a seleção natural, como veremos mais adiante, é uma força sempre disposta à ação e tão incomensuravelmente superior aos débeis esforços do homem como as obras da natureza o são às da arte.

Discutiremos agora, com bem mais detalhes, a luta pela existência; em minha obra futura este assunto será tratado, como bem o merece, com maior extensão. August de Candolle e Lyell expuseram ampla e filosoficamente que todos os seres orgânicos estão sujeitos a rigorosa concorrência. No que se refere às plantas, ninguém tratou este assunto com maior energia e capacidade do que W. Herbert, deão de Manchester; o que, evidentemente, é resultado de seu grande conhecimento em horticultura.

Nada mais fácil do que admitir de palavra a verdade da luta universal pela vida, nem mais difícil – pelo menos, assim o experimentei eu – que ter sempre presente esta conclusão; e, no entanto, se não se fixa por completo na mente a economia inteira da natureza, com todos os fatos de distribuição, raridade, abundância, extinção e variação, serão vistos confusamente ou serão por completo mal compreendidos. Contemplamos a face da natureza resplandecente de alegria, vemos com frequência superabundância de alimentos; mas não vemos, ou esquecemos, que os pássaros que cantam ociosos a nosso redor vivem em sua maioria de insetos ou sementes e estão assim constantemente destruindo vida; esquecemos com que abundância são destruídos estes cantores, seus ovos e seus filhotes pelas aves e mamíferos rapaces; nem sempre temos presente que, ainda que o alimento possa ser neste momento muito abundante, não ocorre isto assim em todas as estações de cada um dos anos sucessivos.

A expressão "Luta pela Existência" se usa em sentido amplo

Devo advertir antes de tudo que uso esta expressão num sentido amplo e metafórico, que inclui a dependência de um ser respeito a outro e – o que é mais importante – inclui não só a vida do indivíduo, mas também o sucesso ao deixar descendência. De dois cães, em tempo de fome, pode dizer-se verdadeiramente que lutam entre si por qual conseguirá comer ou viver; mas de uma planta no limite de um deserto se diz que luta pela vida contra a seca, ainda que mais próprio seria dizer que depende da umidade. De uma planta que produz anualmente um milhar de sementes, das que, em média, só uma chega a completo desenvolvimento, pode dizer-se, com mais exatidão, que luta com as plantas da mesma classe ou de outras que já cobriam o solo. A erva-de-passarinho depende da macieira e de algumas outras árvores; mas só num sentido muito amplo pode dizer-se que luta com estas árvores, pois se sobre uma mesma árvore crescem demasiados parasitas destes, extenua-se e morre; mas de várias brotaduras de erva-de-passarinho que crescem muito juntas sobre o mesmo ramo pode dizer-se com mais exatidão que lutam mutuamente. Como a erva-de-passarinho é disseminada pelos pássaros, sua existência depende deles, e pode dizer-se metaforicamente que luta com outras plantas frutíferas, atraindo os pássaros a engolir e disseminar deste modo suas sementes. Nestes variados sentidos, que passam insensivelmente de um a outro, emprego por razão de conveniência a expressão geral *luta pela existência*.

Progressão geométrica do crescimento

Da rápida progressão em que tendem a aumentar todos os seres orgânicos resulta inevitavelmente uma luta pela existência. Todo ser que durante o curso natural de sua vida produz vários ovos ou sementes tem de sofrer destruição durante algum período de sua vida, ou durante alguma estação, ou de vez em quando em algum ano, pois, de outro modo, segundo o princípio da progressão geométrica, seu número seria logo tão extraordinariamente grande, que nenhuma região poderia suprir suas necessidades de alimentação. Consequentemente, como se produzem mais indivíduos que os que podem sobreviver, tem que haver em cada caso uma luta pela existência, já de um indivíduo com outro de sua mesma espécie ou com indivíduos de espécies diferentes, já com as condições físicas de vida. Esta é a doutrina de Malthus, aplicada com duplo motivo, ao conjunto dos reinos animal e vegetal, pois neste caso não pode haver nenhum aumento artificial de alimentos, nem nenhuma limitação prudente pelo casal. Ainda que algumas espécies possam estar aumentando numericamente na atualidade com mais ou menos rapidez, não podem fazê-lo todas, pois não caberiam no mundo.

Não existe exceção da regra de que todo ser orgânico aumenta naturalmente em progressão tão alta e rápida que, se não é destruído, a terra estaria logo coberta pela descendência de um só casal. Mesmo o homem, que é lento em reproduzir-se, duplicou-se em vinte e cinco anos e, seguindo esta progressão, em menos de mil anos, sua descendência não teria literalmente lugar para estar em pé. Linnaeus[63] calculou que se uma planta anual produz tão só duas sementes – e não há planta tão pouco fecunda – e as brotaduras saídas delas produzem no ano seguinte duas, e assim sucessivamente, em trinta anos teria um milhão de plantas. O elefante é considerado como o animal que se reproduz mais lentamente de todos os conhecidos; dei-me ao trabalho de calcular a progressão mínima provável de seu aumento natural; é correto admitir que começa a procriar aos trinta anos e que continua procriando até os noventa, produzindo neste intervalo seis filhotes, e que sobrevive até os cem anos; sendo assim, depois de um período de 740 a 750 anos haveria aproximadamente dezenove milhões de elefantes vivos descendentes do primeiro casal.

Mas sobre esta matéria temos provas melhores que os cálculos puramente teóricos e são numerosos os casos registrados de aumento assombrosamente rápido de vários animais em estado selvagem quando as circunstâncias lhes foram favoráveis durante dois ou três anos consecutivos. Ainda mais surpreendente é a prova dos animais domésticos de muitas classes que se fizeram selvagens em diversas partes do mundo; os dados sobre a rapidez do aumento na América do Sul, e ultimamente na Austrália, dos cavalos e gado bovino – animais tão lentos em reproduzir-se – não teriam sido dignos de crédito, caso não tivéssemos dados totalmente confiáveis. O mesmo ocorre com as plantas; poderiam citar-se casos de plantas introduzidas que chegaram a ser comuns em ilhas inteiras num período de menos de dez anos. Algumas destas plantas, tais como o cardo comum e um cardo alto, que são atualmente comuníssimas nas vastas planícies do Prata, cobrindo léguas quadradas quase com exclusão de toda outra planta, foram trazidas da Europa, e há plantas que, segundo me diz o doutor Falconer[64], estendem-se atualmente na Índia desde o cabo Comorin até o Himalaia, as quais foram importadas da América depois de sua descoberta. Nestes casos – e poderiam ser citados inúmeros outros – ninguém supõe que a fecundidade de animais e plantas tenha aumentado súbita e transitoriamente em grau sensível. A explicação evidente é que as condições de vida foram extremamente favoráveis e que, em consequência disso, teve menos destruição de adultos e jovens, e que quase todos os jovens puderam criar. Sua progressão geométrica de aumento – cujo resultado nunca deixa de surpreender – explica singelamente seu aumento extraordinariamente rápido e a ampla difusão na nova pátria.

No estado natural, quase todas as plantas, uma vez desenvolvidas, produzem sementes cada ano, e entre os animais são muito poucos os que não se acasalam anualmente. Por isso podemos afirmar com confiança que todas as plantas e animais tendem a aumentar em progressão geométrica, que todos povoariam com rapidez qualquer lugar no qual possam existir de algum modo, e que esta tendência geométrica ao aumento é contrabalançada pela destruição em algum período da vida. A familiaridade com os grandes animais domésticos tende, creio eu, a despistar-nos; vemos que não há neles grande destruição, mas não temos presente que anualmente se matam milhares deles para alimento, e que no estado natural um número igual é eliminado todos os anos.

A única diferença entre os organismos que anualmente produzem ovos e sementes aos milhares e os que produzem muito poucos é que os que criam lentamente requereriam alguns anos mais para povoar em condições favoráveis um distrito inteiro, ainda que fosse enorme. O condor põe um par de ovos, e a avestruz da América uma vintena e, no entanto, na mesma região, o condor pode ser mais numeroso; o petrel, *Fulmarus glacialis*, não põe mais que um ovo e, não obstante, crê-se que é a ave mais numerosa do mundo. Uma espécie de mosca deposita centenas de ovos e outra, como a Hippobosca, um só; mas esta diferença não determina quantos indivíduos da mesma espécie podem manter-se numa área.

Um grande número de ovos tem alguma importância para as espécies que dependem de uma quantidade variável de comida, pois isto lhes permite aumentar rapidamente em número; mas a verdadeira importância de um grande número de ovos ou sementes é compensar a muita destruição em algum período da vida, e este período, na grande maioria dos casos, é um período temporão. Se um animal pode de algum modo proteger seus próprios ovos e filhotes, podem produzir-se um pequeno número e, no entanto, a média de população pode manter-se perfeitamente; mas se são destruídos muitos ovos e filhotes, tem que produzir muitos ou a espécie acabará por extinguir-se.

Para manter o número completo de indivíduos de uma espécie de árvore que vivesse uma média de mil anos seria suficiente que se produzisse uma só semente uma vez a cada mil anos, supondo que esta semente não fosse nunca destruída e que tivesse segurança de germinar num lugar adequado. Assim, pois, em todos os casos a média numérica de um animal ou planta depende só indiretamente de seus ovos ou sementes.

Ao contemplar a natureza é necessário ter sempre presente as considerações precedentes; não esquecer que todos e cada um dos seres orgânicos se esforçam até o extremo, pode-se dizer, para aumentar em número; que cada um vive graças a uma luta em algum período de sua vida; que inevitavelmente os jovens ou os adultos, durante cada geração ou repetindo-se a intervalos, padecem importante destruição. Diminua-se qualquer obstáculo, mitigue-se a destruição, ainda que seja pouquíssimo, e o número de indivíduos da espécie crescerá quase instantaneamente até chegar a qualquer quantidade.

Natureza dos obstáculos para o aumento

As causas que se opõem à tendência natural de cada espécie ao aumento são muito obscuras. Consideremos a espécie mais vigorosa: quanto maior for seu número, tanto mais tenderá a aumentar. Não sabemos exatamente quais são os obstáculos, seja qual for a espécie considerada. E isto não surpreenderá a ninguém que pense quão ignorantes somos neste ponto, mesmo no que se refere ao homem, sobre quem sabemos incomparavelmente mais do que sobre qualquer outro animal. Este assunto dos obstáculos ao aumento foi competentemente tratado por vários autores e espero discuti-lo com considerável extensão numa obra futura, especialmente no que se refere aos animais selvagens da América do Sul. Aqui farei algumas observações somente, nada mais que para recordar ao leitor alguns dos pontos capitais. Os ovos ou os animais muito jovens parece que geralmente sofrem maior destruição, mas nem sempre é assim. Nas plantas há uma grande destruição de sementes; mas, de algumas observações que fiz, deduzi que as brotaduras sofrem mais por desenvolver-se em terreno já ocupado densamente por outras plantas. As brotaduras, além do mais, são destruídas em grande número por diferentes inimigos; por exemplo: num pedaço de terreno de três pés de comprimento e dois de largura, revolvido e limpado, onde não pudesse haver nenhum obstáculo por parte de outras plantas, observei todas as brotaduras de ervas nativas à medida que despontaram e, de 357, nada menos que 295 foram destruídas, principalmente por babosas e insetos. Se se deixa crescer grama que tenha sido bem podada – e o mesmo seria com grama cortada por quadrúpedes –, as plantas mais vigorosas matarão as menos vigorosas, apesar de serem plantas completamente desenvolvidas; assim, de vinte espécies que cresciam num pequeno espaço de grama ceifada – de três pés por quatro – nove espécies pereceram porque se permitiu às outras crescer sem limitação.

A quantidade de alimento para cada espécie observa naturalmente o limite extremo a que cada espécie pode chegar; mas com muita frequência, o que determina a média numérica de uma espécie não é obter alimento, mas servir de presa a outros animais. Assim, parece que raramente há dúvida de que a quantidade de perdizes e lebres numa grande fazenda depende principalmente da destruição dos animais nocivos. Se durante os próximos vinte anos não se matasse na Inglaterra nenhuma peça de caça e se, ao mesmo tempo, não fosse destruído nenhum animal nocivo, haveria, com toda probabilidade, menos caça do que agora, ainda que atualmente se matem cada ano centenas de milhares de peças. Pelo contrário, em alguns casos, como o do elefante, nenhum indivíduo é destruído por animais carnívoros, pois mesmo o tigre da Índia poucas vezes se atreve a atacar um elefante pequeno protegido por sua mãe.

O clima desempenha um papel importante em determinar a média de indivíduos de uma espécie, e as épocas periódicas de frio ou seca extremos parecem ser o mais eficaz de todos os obstáculos para o aumento de indivíduos. Calculei – principalmente pelo número reduzidíssimo de ninhos na primavera – que o inverno de 1854 e 1855 tinha destruído quatro quintos dos pássaros em minhas próprias terras e esta é uma destruição enorme quando recordamos que dez por cento é uma mortalidade extremamente elevada nas epidemias do homem. A ação do clima parece, à primeira vista, totalmente independente da luta pela existência; mas enquanto o clima for o principal fator na redução dos alimentos, poderá agravar a luta entre os indivíduos, tanto os da mesma espécie, quanto os de espécies diferentes, que vivem do mesmo tipo de alimento. Ainda nos casos em que o clima, por exemplo, extraordinariamente frio, atua diretamente, os indivíduos que sofrerão mais serão os menos vigorosos ou os que tenham conseguido menos alimento antes do auge do inverno. Quando viajamos de sul a norte ou de uma região úmida a outra seca, vemos invariavelmente que algumas espécies vão se tornando cada vez mais raras e, por fim, desaparecem; e, como a mudança de clima é visível, somos tentados a atribuir todo o efeito à sua ação direta. Mas esta é uma ideia errônea; esquecemos que cada espécie, mesmo onde abunda mais, está sofrendo constantemente enorme destruição em algum período de sua vida, por causa de inimigos ou de competidores pelo mesmo lugar e alimento; e se estes inimigos ou competidores são favorecidos, mesmo no menor grau, por uma leve mudança de clima, aumentarão em número e, como cada área já está completamente provida de habitantes, as outras espécies terão que diminuir. Quando viajamos para o sul e vemos uma espécie decrescer em número, podemos estar certos de que a causa prejudicial a umas espécies favorece outras. O mesmo ocorre quando viajamos para o norte, mas em grau bem menor, porque o número de espécies de todas as classes e, portanto, de competidores, decresce para o norte; consequentemente indo para o norte ou subindo uma montanha, encontramo-nos com muito maior frequência com formas definhadas, devido à ação *diretamente* prejudicial do clima, que dirigindo-nos para o sul ou descendo de uma montanha. Quando chegamos às regiões árticas, ou aos cumes coroados de neve, ou aos desertos absolutos, a luta pela vida é quase exclusivamente com os elementos.

Que o clima age, sobretudo indiretamente, favorecendo outras espécies, pode ser claramente constatado no prodigioso número de plantas que nos jardins podem suportar perfeitamente nosso clima, mas que nunca chegam a aclimatar-se, porque não podem competir com nossas plantas nativas nem resistir à destruição de que são objeto por parte de nossos animais silvestres.

Quando uma espécie, devido a circunstâncias favoráveis, aumenta extraordinariamente em número numa pequena comarca, sobrevêm frequentemente epidemias – pelo menos, isto parece ocorrer geralmente com nossos animais de caça – e temos aqui um obstáculo limitante independente da luta pela vida. Mas parece que algumas das chamadas epidemias são devidas a vermes parasitas que por alguma causa – talvez, em parte, pela facilidade de difusão entre os animais aglomerados – foram desproporcionalmente favorecidos, e neste caso se apresenta uma espécie de luta entre o parasita e sua vítima.

Pelo contrário, em muitos casos, uma grande quantidade de indivíduos da mesma espécie, em relação ao número de seus inimigos, é absolutamente necessária para sua conservação. Assim podemos facilmente obter nos campos grande quantidade de trigo, de semente de canola, etc., porque as sementes estão em grande excesso em comparação com o número de pássaros que se alimentam delas, e não podem os pássaros, apesar de ter uma superabundância de comida nesta estação do ano, aumentar em número proporcionalmente à quantidade de sementes, porque seu número foi limitado durante o inverno; mas qualquer um que tenha experiência sabe quão penoso é chegar a obter semente de um pouco de trigo ou de outras plantas semelhantes num jardim; neste caso eu perdi todos os grãos que semeei.

Esta opinião da necessidade de uma grande quantidade de indivíduos da mesma espécie para sua conservação explica, creio eu, alguns fatos estranhos no estado natural, como o de que plantas muito raras sejam algumas vezes extremamente abundantes nos poucos locais onde existem e de que algumas plantas sejam gregárias – isto é, abundantes em indivíduos – mesmo no limite extremo de sua área de dispersão, pois nestes casos podemos crer que uma planta pôde viver somente onde as condições de vida foram tão favoráveis que muitas puderam viver juntas e salvar deste modo a espécie de uma destruição total. Tenho de acrescentar que os bons efeitos do cruzamento e os maus efeitos da união entre indivíduos parentes próximos, indubitavelmente entram em jogo em muitos destes casos; mas não quero estender-me aqui sobre este assunto.

Complexas relações mútuas de plantas e animais na luta pela existência

Muitos casos se registraram que mostram a complexidade e a imprevisibilidade dos obstáculos e relações entre os seres orgânicos que têm que lutar entre si na mesma região. Darei um só exemplo que, embora singelo, interessou-me em Staffordshire, na fazenda de um parente, onde tinha abundantes meios de investigação. Havia um brejo grande e extremamente estéril, que não tinha sido tocado pela mão do homem; mas vários acres, exatamente da mesma natureza, haviam sido cercados vinte e cinco anos antes e plantados com pinheiro silvestre. A mudança na vegetação espontânea da parte plantada do brejo era muito notável, mais do que se vê geralmente, ao passar de um terreno a outro completamente diferente: não só o número relativo das plantas de brejo variava por completo, mas doze espécies de plantas – sem contar as gramíneas e o capim – que não podiam encontrar-se no brejo floresciam nas plantações. O efeito nos insetos deve ter sido maior, pois seis aves insetívoras que não podiam ser encontradas no brejo eram muito comuns nas plantações, e o brejo era frequentado por duas ou três aves insetívoras diferentes. Vemos aqui quão poderoso foi o efeito da introdução de uma só árvore, não se tendo feito outra coisa mais, exceto ter cercado a terra de maneira que o gado não pudesse entrar. Pude verificar claramente nos arredores de Farnham, em Surrey como o cercado é um elemento importante. Há ali grandes brejos com alguns grupos de velhos pinheiros silvestres nos apartados cumes dos cerros; nos últimos dez anos foram cercados grandes espaços, e os muitos pinheiros semeados naturalmente estão crescendo tão densos, que não podem viver todos. Quando me certifiquei de que estes arbustos não haviam sido semeados nem plantados fiquei tão surpreso, por seu número, que fui situar-me em diferentes pontos, de onde pude observar centenas de acres do brejo não cercado, e não pude, literalmente, ver um só pinheiro silvestre, exceto os grupos velhos plantados; mas examinando atenciosamente entre os talos dos brejos, encontrei uma multidão de brotaduras e rebentos que haviam sido continuamente tosados pelo gado bovino. Numa jarda quadrada, num lugar distante umas cem jardas de um dos grupos velhos de pinheiros, contei vinte e dois rebentos, e um deles, com vinte e seis anéis de crescimento, tinha durante vários anos tentado levantar sua copa acima dos talos do brejo e não o tinha conseguido. Não é maravilhoso que, quando a terra foi cercada, ficasse densamente coberta de pinhos crescendo vigorosos! No entanto, o brejo seria tão extremamente estéril e tão extenso, que ninguém teria imaginado que o gado tivesse procurado ali sua comida com tanto interesse e tão eficazmente.

Podemos observar aqui que o gado determina em absoluto a existência do pinheiro; mas em diferentes regiões do mundo os insetos determinam a existência do gado. Talvez o Paraguai ofereça o exemplo mais curioso disto, pois ali, nem o gado bovino, nem os cavalos, nem os cachorros nunca se tornaram selvagens, apesar de ao norte e ao sul abundarem em estado selvagem; Azara[65] e Rengger[66] demonstraram que isto se deve, no Paraguai, a certa mosca, muito numerosa, que põe seus ovos no umbigo destes animais quando acabam de nascer. O aumento destas moscas, numerosas como são, deve ser habitualmente refreado de vários modos, provavelmente por outros insetos parasitas. Consequentemente se certas aves insetívoras diminuíssem no Paraguai, os insetos parasitas provavelmente aumentariam e isto faria diminuir o número das moscas do umbigo; então o gado bovino e os cavalos chegariam a tornar-se selvagens, o que, sem dúvida, alteraria muito a vegetação, como positivamente o observei em regiões da América do Sul; isto, por sua vez, influiria muito nos insetos e – como acabamos de ver em Staffordshire – nas aves insetívoras e assim, progressivamente, em círculos de complexidade sempre crescente. Não quero dizer que na natureza as relações sejam sempre tão singelas como estas. Batalhas e mais batalhas têm de repetir-se continuamente com diferente sucesso e, no entanto, tarde ou cedo, as forças ficam tão perfeitamente equilibradas, que o aspecto do mundo permanece uniforme durante longos períodos de tempo, apesar de que a coisa mais insignificante poderia dar a vitória a um ser orgânico sobre outro. No entanto, tão profunda é nossa ignorância e tão grande nossa presunção, que nos maravilhamos quando ouvimos falar da extinção de um ser orgânico e, como não podemos observar a causa, invocamos cataclismos que teriam assolado a terra ou inventamos leis sobre a duração da vida.

Sinto-me tentado a dar outro exemplo, que mostre como plantas e animais muito distantes na escalas da natureza estão unidas entre si por um tecido de complexas relações. Mais adiante terei ocasião de mostrar que a planta exótica *Lobelia fulgens* nunca é visitada em meu jardim pelos insetos, e que, portanto, por causa de sua peculiar estrutura, jamais produz nenhuma semente. Quase todas nossas orquídeas requerem absolutamente visitas de insetos que transladem suas massas polínicas e deste modo as fecundem. Averiguei por experimentos que os zangões são quase indispensáveis para a fecundação do amor-perfeito (Viola tricolor), pois outros himenópteros não visitam esta flor. Também encontrei que as visitas dos himenópteros são necessárias para a fecundação de alguns tipos de trevo; por exemplo, 20 cabeças de trevo branco (Trifolium repens) produziram 2.290 sementes, mas outras 20 cabeças resguardadas dos himenópteros não produziram nem uma. Além do mais, 100 cabeças de trevo vermelho (T. pratense) produziram 2.700 sementes, mas o mesmo número de cabeças resguardadas não produziu nenhuma semente. Só os zangões visitam o trevo vermelho, pois os outros himenópteros não podem atingir o néctar. Falou-se que as borboletas podem fecundar os trevos; mas duvido como poderiam fazê-lo no caso do trevo vermelho, pois seu peso não é suficiente para deprimir as pétalas chamadas asas. Consequentemente podemos deduzir como extremamente provável que se todo o gênero dos zangões chegasse a extinguir-se ou a ser muito raro na Inglaterra, os amores-perfeitos e o trevo vermelho desapareceriam por completo. O número de zangões numa área depende em grande parte do número de ratos de campo, que destroem seus ninhos, e o coronel Newman, que prestou muita atenção à vida dos zangões, crê que "mais de dois terços deles são destruídos assim em toda a Inglaterra". Desse modo, o número de ratos depende muito, como todos sabem, do número de gatos, e o coronel Newman diz: "Junto das aldeias e populações pequenas encontrei os ninhos de zangões em maior número que em qualquer outra parte, o que atribuo ao número de gatos que destroem os ratos". Portanto, é completamente verossímil que a presença de um felino muito abundante numa área possa determinar, mediante a intervenção, primeiro dos ratos e depois dos himenópteros, a frequência de certas flores naquela região.

Em cada espécie provavelmente entram em jogo vários obstáculos diferentes, atuando em diferentes períodos da vida e durante diferentes estações ou anos. Uns são mais eficazes, outros menos, mas todos concorrem para determinar a média de indivíduos e ainda a existência da espécie. Em alguns casos pode demonstrar-se que obstáculos muito diferentes atuam sobre a mesma espécie em diferentes regiões. Quando contemplamos as plantas e arbustos que cobrem uma intrincada ladeira, somos tentados a atribuir suas classes e número relativo ao que chamamos casualidade. Mas quão errônea é esta opinião! Todos ouviram que quando se destrói um bosque americano surge uma vegetação muito diferente; mas se observou que as antigas ruínas dos índios no sul dos Estados Unidos, que deveriam estar antigamente desprovidas de árvores, mostram agora a mesma diversidade e proporção de espécies que a selva virgem adjacente. Que luta deve ter-se efetuado durante longos séculos entre as diferentes espécies de árvores espalhando cada uma suas sementes aos milhares! Que guerra entre insetos e insetos, entre insetos, caracóis e outros animais e as aves e mamíferos, esforçando-se todos em aumentar, alimentando-se todos uns de outros em cadeia, ou das árvores, de suas sementes e de seus brotos, ou de outras plantas que cobriram antes o solo e impediram assim o crescimento das árvores! Lançando-se ao ar um punhado de plumas, todas caem ao solo, segundo leis definidas; mas quão singelo é o problema de como haverá de cair cada uma, comparado com o da ação e reação das inumeráveis plantas e animais que determinaram no decorrer de séculos os números proporcionais e as classes de árvores que crescem atualmente nas antigas ruínas indígenas!

A dependência de um ser orgânico de outro, como a de um parasita de sua vítima, existe geralmente entre seres distantes na escala da natureza. Neste caso estão também às vezes os seres de que pode dizer-se rigorosamente que lutam entre si pela existência como no caso das diferentes espécies de lagosta e os quadrúpedes herbívoros. Mas a luta será quase sempre muito severa entre os indivíduos da mesma espécie, pois frequentam as mesmas regiões, precisam da mesma comida e estão expostos aos mesmos perigos. No caso de variedades da mesma espécie, a luta será em geral igualmente severa, e algumas vezes podemos observar logo resolvida a contenda; por exemplo: se se semeiam juntas diferentes variedades de trigo e a semente misturada se semeia de novo, algumas das variedades que melhor se acomodem ao solo e clima, ou que sejam naturalmente mais férteis, vencerão as outras e produzirão assim mais semente e, em consequência, suplantarão em poucos anos as outras variedades. Para conservar um conjunto misturado, ainda que seja de variedades tão próximas como as ervilhas de cheiro de diferentes cores, se deve recolher o fruto separadamente cada ano e misturar então as sementes na proporção devida; de outro modo, as classes mais débeis decresceriam em número invariavelmente e desapareceriam. O mesmo ocorre também com as variedades de ovelhas; afirmou-se que certas variedades de ovinos monteses fariam morrer de fome a outras variedades de monteses, de maneira que não poderiam ser criados juntos. O mesmo resultado ocorreu por ter juntado diferentes variedades da sanguessuga medicinal. Até pode duvidar-se se as variedades de alguma das plantas ou animais domésticos têm tão exatamente as mesmas forças, hábitos e constituição que pudessem conservar-se por meia dúzia de gerações as proporções primitivas de um conjunto misturado – tendo sido evitado o cruzamento – se se lhes permitisse lutar entre si, do mesmo modo que os seres em estado natural, e se as sementes ou filhotes não fossem conservadas anualmente na devida proporção.

A luta pela vida é muito rigorosa entre indivíduos e variedades da mesma espécie

Como as espécies de um mesmo gênero têm quase sempre – ainda que não constantemente – muita semelhança em hábitos e constituição e sempre em estrutura, a luta, se ambas entram em mútua concorrência, será geralmente mais rigorosa entre elas, que entre espécies de gêneros diferentes. Podemos observar isto na expansão recente, por regiões dos Estados Unidos, de uma espécie de andorinha que causou diminuição de outra espécie. O recente aumento da tordeia *(Turdus viscivorus)* em regiões da Escócia causou a diminuição do tordo comum *(Turdus philomelos)*. Com que frequência ouvimos dizer de uma espécie de ratos que ocupou o lugar de outra espécie nos mais diferentes climas! Na Rússia, a barata pequena asiática foi empurrando por todas partes a sua congênere grande. Na Austrália, a abelha comum importada está exterminando rapidamente a abelha nativa, pequena e sem ferrão. Conheceu-se uma espécie de mostarda suplantar a outra espécie. Podemos entrever por que tem de ser severíssima a concorrência entre formas afins que ocupam exatamente o mesmo lugar na economia da natureza; mas provavelmente em nenhum caso poderíamos dizer com precisão por que uma espécie venceu a outra na grande batalha da vida.

Um corolário da maior importância pode deduzir-se das observações precedentes, e é que a estrutura de todo ser orgânico está relacionada de modo muito essencial, ainda que frequentemente oculto, com a de todos os outros seres orgânicos com que entra em concorrência pelo alimento ou residência, ou daqueles que tem de escapar, ou dos que se alimenta. Isto é evidente na estrutura dos dentes e garras do tigre e na das patas e ganchos do parasita que adere ao pelo do corpo do tigre. Mas na bela semente emplumada do dente de leão e nas patas achatadas e orladas de cabelos do escaravelho, a relação parece logo limitada aos elementos ar e água. No entanto, a vantagem das sementes com plumagem se acha indubitavelmente em estreita relação com o fato de a terra já estar coberta densamente de outras plantas, porquanto as sementes podem ser levadas pelo vento para mais longe e cair em terreno não ocupado. No escaravelho, a estrutura de suas patas, tão bem adaptadas para mergulhar, permite-lhe competir com outros insetos aquáticos, caçar presas para ele e escapar de servir de presa a outros animais.

A provisão de alimento armazenada nas sementes de muitas plantas parece à primeira vista que não tem nenhuma espécie de relação com outras plantas; mas, pelo ativo crescimento das plantas jovens produzidas por esta classe de sementes, como as ervilhas e os feijões, quando se semeiam entre erva alta, pode suspeitar-se que a utilidade principal deste alimento na semente é favorecer o crescimento das brotaduras enquanto estão lutando com outras plantas que crescem vigorosamente a seu redor.

Consideramos uma planta no centro de sua área de dispersão. Por que não duplica ou quadruplica seu número? Sabemos que pode perfeitamente resistir a um pouco mais de calor ou de frio, de umidade ou de seca, pois em qualquer outra parte se estende por áreas um pouco mais calorentas ou mais frias, mais úmidas ou mais secas. Neste caso podemos ver claramente que, se queremos com a imaginação conceder à planta poder aumentar em número, teremos que lhe conceder alguma vantagem sobre seus competidores ou sobre os animais que a devoram. Nos confins de sua distribuição geográfica, uma mudança de constituição relacionada com o clima seria evidentemente uma vantagem para nossa planta; mas temos motivo para crer que muito poucas plantas e animais se expandem para tão longe que sejam destruídos pelo rigor do clima. A concorrência não cessará até que atinjamos os limites extremos da vida nas regiões árticas, ou nas orlas de um deserto absoluto. A terra pode ser extremamente fria ou seca e, no entanto, haverá concorrência entre algumas espécies, ou entre os indivíduos da mesma espécie, pelos lugares mais quentes ou mais úmidos.

Portanto, podemos ver que quando uma planta ou um animal são colocados numa nova região, entre novos competidores, as condições de sua vida mudarão geralmente de um modo essencial, ainda que o clima possa ser exatamente o mesmo de seu habitat original. Se sua média de indivíduos tem de aumentar na nova região, teríamos que modificar este animal ou planta de um modo diferente do que teríamos tido que fazer em seu *habitat* natural, pois teríamos de dar-lhe vantagem sobre um conjunto diferente de competidores ou inimigos.

É conveniente tentar dar deste modo, com a imaginação, a uma espécie qualquer, uma vantagem sobre outra. É provável que nem num só caso saberíamos como fazê-lo. Isto deveria convencer-nos de nossa ignorância a respeito das relações mútuas de todos os seres orgânicos, convicção tão necessária como difícil de adquirir. Tudo o que podemos fazer é ter sempre presente que todo ser orgânico está se esforçando para aumentar em razão geométrica, que todo ser orgânico, em algum período de sua vida, durante alguma estação do ano, durante todas as gerações ou com intervalos, tem de lutar pela vida e sofrer grande destruição. Quando refletimos sobre esta luta nos podemos consolar com a completa segurança de que a guerra na natureza não é incessante, que não se sente nenhum medo, que a morte é geralmente rápida e que o vigoroso, o sadio, o feliz, sobrevive e se multiplica.

Capítulo IV

Seleção Natural, ou a sobrevivência dos mais adequados

Seleção natural: sua força comparada com a seleção do homem; seu poder sobre características de escassa importância; seu poder em todas as idades e sobre os dois sexos – Seleção sexual – A respeito da generalidade dos cruzamentos entre indivíduos da mesma espécie – Circunstâncias favoráveis ou desfavoráveis para os resultados da seleção natural, a saber, cruzamento, isolamento, número de indivíduos – Ação lenta – Extinção produzida por seleção natural – Divergência de características relacionadas com a diversidade dos habitantes de toda estação pequena e com a naturalização – Ação da seleção natural, mediante divergência de características e extinção, sobre os descendentes de um antepassado comum – Explica as agrupações de todos os seres viventes – Progresso na organização – Conservação das formas inferiores – Convergência de características – Multiplicação indefinida das espécies – Resumo

A luta pela existência, brevemente discutida no capítulo anterior, que influência tem sobre variação? O princípio da seleção que é tão potente nas mãos do homem, pode ter aplicação nas condições naturais? Creio que sim e com muita eficiência. Tenhamos presente um sem-número de variações pequenas e de diferenças individuais que aparecem em nossas produções domésticas, e em menor grau nas que estão em condições naturais, bem como a força da tendência hereditária. Verdadeiramente pode-se dizer que, em ambiente doméstico, todo organismo é maleável em alguma medida. Mas a variabilidade que encontramos quase universalmente em nossas produções domésticas não é produzida diretamente pelo homem, segundo fizeram notar muito bem Hooker e Asa Gray; o homem não pode criar variedades nem impedir sua aparição; pode unicamente conservar e acumular aquelas que aparecem. Involuntariamente, o homem submete os seres vivos a novas e mutantes condições de vida, e sobrevive a variabilidade; mas mudanças semelhantes de condições podem ocorrer, e ocorrem, na natureza. Tenhamos também presente quão infinitamente complexas e rigorosamente adaptadas são as relações de todos os seres orgânicos entre si e com condições físicas de vida e, em consequência, quantas variadas diversidades de estrutura seriam úteis a cada ser em condições mutantes de vida. Vendo que indubitavelmente se apresentaram variações úteis ao homem, pode, pois, parecer improvável que, do mesmo modo, para cada ser, na grande e complexa batalha da vida, tenham que se apresentar outras variações úteis em decorrência de muitas gerações sucessivas? Se isto ocorre, podemos duvidar – recordando que nascem muito mais indivíduos dos que talvez podem sobreviver – que os indivíduos que têm vantagem, por menor que seja, sobre outros, teriam mais probabilidades de sobreviver e procriar sua espécie? Pelo contrário, podemos estar certos de que toda variação no menor grau prejudicial tem que ser rigorosamente destruída. A esta conservação das diferenças e variações individualmente favoráveis e a destruição das que são prejudiciais a chamei eu *seleção natural* ou sobrevivência dos mais fortes. Nas variações nem úteis nem prejudiciais não influiria a seleção natural, e ficariam abandonadas como um elemento flutuante, como podemos observar talvez em certas espécies poliformas, ou chegariam finalmente a fixar-se por causa da natureza do organismo e da natureza das condições do meio ambiente.

Vários autores entenderam mal ou contestaram a expressão *seleção natural*. Alguns até imaginaram que a seleção natural produz a variabilidade, desse modo envolve somente a conservação das variedades que aparecem e que são benéficas ao ser em suas condições de vida. Ninguém contesta os agricultores que falam dos poderosos efeitos da seleção do homem, e neste caso as diferenças individuais dadas pela natureza, que o homem escolhe com algum objetivo, têm necessariamente que existir antes. Outros opuseram que o termo seleção implica a escolha consciente nos animais que se modificam, e até foi arguido que, como as plantas não têm vontade, a seleção natural não é aplicável a elas. No sentido literal da palavra, indubitavelmente, seleção natural é uma expressão falsa; mas quem nunca contestará os químicos que falam das afinidades eletivas dos diferentes elementos? E, no entanto, não se pode dizer rigorosamente que um ácido escolhe uma base com a qual se combina de preferência. Dizem que eu falo da seleção natural como de uma potência ativa ou divindade; mas quem contesta um autor que fala da atração da gravidade como se regulasse os movimentos dos planetas? Todos sabemos o que se entende e o que implicam tais expressões metafóricas, que são necessárias para a brevidade. Do mesmo modo, além do mais, é difícil evitar personificar a palavra natureza; mas por natureza quero dizer só a ação e o resultado totais de muitas leis naturais, e por leis a sucessão de fatos, quanto são conhecidos com segurança por nós. Familiarizando-se um pouco, estas objeções tão superficiais ficarão esquecidas.

Compreenderemos melhor a marcha provável da seleção natural tomando o caso de uma região que experimente alguma leve mudança física, por exemplo, de clima. Os números proporcionais de seus habitantes experimentarão quase imediatamente uma mudança, e algumas espécies chegarão provavelmente a extinguir-se. Do que vimos a respeito do modo íntimo e complexo como estão unidos entre si os habitantes de cada região podemos chegar à conclusão de que qualquer mudança nas proporções numéricas de algumas espécies afetaria seriamente os outros habitantes, independente da mudança do próprio clima. Se o país estava aberto em seus limites, imigrariam seguramente formas novas, e isto perturbaria também gravemente as relações de alguns dos habitantes anteriores. Recorde-se que se demonstrou quão poderosa é a influência de uma só árvore ou mamífero introduzido. Mas no caso de uma ilha ou de um país parcialmente rodeado de barreiras, no qual não possam entrar livremente formas novas e melhor adaptadas, teríamos então lugares na economia da natureza que estariam com segurança melhor ocupados se alguns dos primitivos habitantes se modificassem em algum modo; pois, se o território tivesse estado aberto à imigração, estes locais teriam sido ocupados pelos intrusos. Nestes casos, pequenas modificações, que de modo algum favorecem aos indivíduos de uma espécie, tenderiam a conservar-se, por adaptá-los melhor às condições modificadas, e a seleção natural teria campo livre para o labor de aperfeiçoamento.

Temos bom fundamento para crer, como se demonstrou no capítulo terceiro, que as mudanças nas condições de vida produzem uma tendência a aumentar a variabilidade, e nos casos precedentes as condições mudaram, e isto seria evidentemente favorável à seleção natural, por oferecer maiores probabilidades a que apareçam variações úteis. Se não aparecem estas, a seleção natural não pode fazer nada. Não se deve esquecer nunca que no termo *variações* estão inclusas simples diferenças individuais. Bem como o homem pode produzir um resultado notável nas plantas e animais domésticos somando numa direção dada diferenças individuais, também o pôde fazer a seleção natural, ainda que com muito mais facilidade, por ter tempo incomparavelmente maior para fazê-lo.

Não é que eu creia que uma grande mudança física, de clima, por exemplo, ou algum grau extraordinário de isolamento que impeça a imigração, sejam necessários para que os lugares livres se tornem produtivos e que a seleção natural os torne habitados, aperfeiçoando alguns dos habitantes suscetíveis de variação; pois como todos os habitantes de cada região estão lutando entre si com forças equilibradas, modificações muito sutis na conformação ou nos hábitos de uma espécie lhe terão de dar muitas vezes vantagem sobre outras; e novas modificações da mesma classe aumentarão com frequência ainda mais a vantagem, desde que a espécie continue nas mesmas condições de vida e tire proveito de meios parecidos de subsistência e defesa. Não se pode citar nenhuma região em que todos os habitantes nativos estejam na atualidade tão perfeitamente adaptados entre si e às condições físicas em que vivem que nenhum deles possa estar ainda melhor adaptado ou aperfeiçoado; pois em todo lugar os habitantes nativos foram a tal ponto sobrepujados por espécies aclimatadas, permitindo aos invasores apossar-se de sua terra. E como os intrusos se mostraram superiores aos nativos, podemos seguramente chegar à conclusão de que os nativos podiam ter sido modificados mais vantajosamente, de tal modo que tivessem resistido melhor aos invasores.

Se o homem pode produzir, e seguramente produziu, resultados notáveis com seus processos metódicos ou inconscientes de seleção, que não poderá efetuar a seleção natural? O homem pode agir somente sobre características externas e visíveis. A natureza – se se me permite personificar a conservação ou sobrevivência natural dos mais adequados – não atende a nada pelas aparências exceto na medida que são úteis aos seres. Pode atuar sobre todos os órgãos internos, sobre todos os matizes de diferenças de constituição, sobre o mecanismo inteiro da vida. O homem seleciona somente para seu próprio bem; a natureza o faz só para o bem do ser que tem a seu cuidado. A natureza faz funcionar plenamente toda característica selecionada, como o exige o fato da própria seleção. O homem retém numa mesma região os seres naturais de vários climas; raramente exercita de modo peculiar e adequado cada característica selecionada; alimenta com a mesma comida um pombo de bico longo e um de bico curto; não exercita de algum modo especial um quadrúpede de lombo alongado ou um de patas longas; submete ao mesmo clima ovelhas de lã curta e de lã longa; não permite aos machos mais vigorosos lutar pelas fêmeas; não destrói com rigidez todos os indivíduos inferiores, mas na medida em que pode, protege todos seus produtos em cada mudança de estação; começa com frequência sua seleção por alguma forma anômala ou, pelo menos, por alguma modificação bastante saliente para atrair sua atenção ou para que lhe seja francamente útil. Na natureza, as mais tênues diferenças de estrutura ou constituição podem muito bem inclinar a balança, tão delicadamente equilibrada, na luta pela existência e provocar assim sua conservação. Quão fugazes são os desejos e esforços do homem! Quão breve seu tempo! E, por conseguinte, quão pobres serão seus resultados, em comparação com os acumulados na natureza durante períodos geológicos inteiros! Podemos, pois, maravilhar-nos de que as obras da natureza tenham de ser bem mais genuínas que as do homem; de que tenham de estar infinitamente melhor adaptadas às mais complexas condições de vida e de que tenham de levar claramente a marca de uma obra superior?

Metaforicamente pode-se dizer que a seleção natural procura a cada momento, em todo lugar, as mais tênues variações, rejeitando as nocivas, conservando e ampliando todas as que forem úteis, trabalhando silenciosa e imperceptivelmente, *quando e onde quer que se ofereça a oportunidade,* pelo aperfeiçoamento de cada ser vivo com relação a suas condições de vida orgânicas e inorgânicas. Nada pudemos observar destas mudanças lentas e progressivas até que a mão do tempo marcou o curso das eras; e mesmo assim tão imperfeita é nossa visão das remotas idades geológicas, que só conseguimos ver que as formas orgânicas são agora diferentes do que foram em outras eras.

Para que numa espécie se efetue alguma modificação importante, uma variedade já formada teve que variar de novo – talvez depois de um grande intervalo de tempo – ou teve que apresentar diferenças individuais de igual natureza que antes, e estas tiveram que ser de novo conservadas, e assim, progressivamente, passo a passo. Observando que diferenças individuais da mesma classe voltam a apresentar-se sempre de novo, dificilmente se pode considerar isto como uma suposição injustificada. Mas que seja verdadeira ou não, só podemos julgá-lo verificando até que ponto a hipótese explica e concorda com os fenômenos gerais da natureza. Por outro lado, a crença usual de que a soma de variações possíveis é uma quantidade estritamente limitada é igualmente uma simples suposição.

Mesmo que a seleção natural possa agir somente pelo bem e para o bem de cada ser, no entanto, características e estruturas que estamos inclinados a considerar como de importância insignificante podem ser afetadas por ela. Quando os insetos comedores de folhas são verdes e os que se alimentam de crostas estão camuflados de cinza, o *Lagopus mutus* ou perdiz alpina é branco durante o inverno, o Lagopus scoticus ou perdiz da Escócia tem a mesma cor das urzes, temos de crer que estas cores são úteis para estes insetos e aves para prevenir-se contra os perigos. Os Lagopus, se não fossem destruídos em algum período de sua vida, se multiplicariam incontrolavelmente; mas sabemos que são presas das aves de rapina; já os falcões, dotados de excelente visão, capturam suas presas com grande facilidade. Por isso, em alguns lugares do continente se aconselha a não criar pombos brancos, por serem os mais expostos à destruição. Portanto, a seleção natural se mostrou eficaz ao dar a cor conveniente a cada espécie de Lagopus e ao conservar esta cor correta e constante uma vez adquirida. Não devemos crer que a destruição ocasional de um animal de uma cor particular vá acarretar efeito de pouca importância; temos de recordar como é importante num rebanho de ovelhas brancas destruir todo cordeiro com o menor sinal de coloração negra. Vimos como a cor dos porcos que se alimentam de paint-root (Lachnanthes tinctoria) na Virgínia determina aqueles que devam morrer ou viver. Nas plantas, a penugem da casca do fruto e a cor da polpa são consideradas pelos botânicos como características irrelevantes; no entanto, sabemos por um excelente horticultor, Downing, que nos Estados Unidos as frutas de pele lisa são bem mais atacadas por um coleóptero, um Curculio, que as que possuem penugem, e que as ameixas roxas padecem bem mais de certa doença do que as ameixas amarelas, enquanto outra doença ataca os pêssegos de polpa amarela bem mais do que os que têm a polpa de outra cor. Se com todos os auxílios da técnica estas pequenas diferenças produzem uma grande diferença ao cultivar as diversas variedades, seguramente que, no estado natural, como as árvores teriam que lutar com outras árvores e com uma legião de inimigos, estas diferenças decidiriam realmente qual variedade prevaleceria, a de fruto liso ou aquela de fruto com penugem, a de polpa amarela ou a de polpa roxa.

Ao considerar as muitas diferenças pequenas que existem entre espécies – diferenças que, até onde nossa ignorância nos permite avaliar, parecem completamente insignificantes – não podemos esquecer que o clima, a alimentação, etc., produzem nelas indubitavelmente algum efeito direto. Também é necessário considerar que, devido à lei de correlação, quando uma parte varia e as variações se acumulam por seleção natural, sobrevirão outras modificações, muitas vezes da mais inesperada natureza.

Podemos observar que as variações que aparecem em ambiente doméstico e num período determinado da vida tendem a reaparecer na descendência no mesmo período – por exemplo: as variações na forma, tamanho e sabor das sementes das numerosas variedades de nossas plantas culinárias e agrícolas, nos estados de lagarta e crisálida das variedades do bicho-da-seda, nos ovos das aves de granja e na cor da penugem de seus filhotes, nos chifres dos ovinos e bovinos quando são quase adultos. De igual modo, na natureza, a seleção natural poderá influir nos seres orgânicos e modificá-los em qualquer fase da vida pela acumulação neste estágio da vida, de variações úteis e tornando essas características hereditárias. Se é útil a uma planta que suas sementes sejam disseminadas pelo vento a distâncias cada vez maiores, não vejo como isso não possa ser resolvido pela seleção natural, assim como o é pelo homem que seleciona os algodoeiros, cujas sementes são mais facilmente levadas pelo vento. A seleção natural pode modificar e adaptar a larva de um inseto em razão de um grande número de circunstâncias, mesmo que essas sejam totalmente diferentes das que influenciam a vida do inseto adulto. Essas modificações afetam, contudo, por correlação, a estrutura do inseto adulto. Também, inversamente, modificações no adulto podem influir na estrutura da larva; mas em todos os casos a seleção natural garantirá que essas modificações não sejam prejudiciais, pois se o fossem, poderiam causar a extinção da espécie.

A seleção natural modificará a estrutura do filho em relação ao pai, e a do pai em relação ao filho. Nos animais sociais adaptará a estrutura de cada indivíduo para benefício de toda a comunidade, se esta tira proveito da variação selecionada. O que a seleção natural não pode fazer é modificar a estrutura de uma espécie com o objetivo de beneficiar outra espécie, sem que o ser modificado se beneficie dessa alteração. Alguns livros de História Natural afirmam o contrário, mas não encontrei um só caso que resista à investigação. Uma conformação utilizada só uma vez na vida de um animal, se é de suma importância para ele, pode ter sido modificada até qualquer extremo por seleção natural; por exemplo: as grandes mandíbulas que possuem certos insetos, utilizadas exclusivamente para abrir o casulo, ou a ponta dura do bico das aves antes de nascer, empregada para romper o ovo. Afirmou-se que, dos melhores pombos *tumbler* ou tumblers de bico curto, muitos perecem no ovo porque são incapazes de sair dele; de maneira que os avicultores ajudam no ato da saída. Por isso, se a natureza tivesse de fazer curtíssimo o bico do pombo adulto para vantagem da mesma ave, o processo de modificação teria que ser muito lento; ocorreria simultaneamente, dentro do ovo, a seleção mais rigorosa de todos os filhotes que tivessem o bico mais potente e duro, pois todos os de bico macio pereceriam inevitavelmente; poderiam ainda ser selecionadas as cascas mais delicadas e mais frágeis, pois é sabido que a espessura da casca varia como qualquer outra estrutura.

Será conveniente observar aqui que para todos os seres deve haver grandes destruições casuais que pouca ou nenhuma influência exercem no curso da seleção natural; por exemplo, um imenso número de ovos e sementes são devorados anualmente; estes só poderiam ser modificados por seleção natural se variassem de algum modo para poder livrar-se de seus inimigos. No entanto, muitos destes ovos ou sementes, se não tivessem sido destruídos, teriam produzido talvez indivíduos mais bem adaptados a suas condições de vida do que nenhum daqueles que tiveram a sorte de sobreviver. Além do mais, um número imenso de animais e plantas adultos, seja ou não o mais bem adaptado a suas condições, tem de ser destruído anualmente por causas acidentais que não seriam mitigadas de maneira alguma por certas mudanças na estrutura ou constituição em princípio vantajosas para a espécie. Mas, embora a destruição dos adultos seja tão considerável – sempre que o número que pode existir num distrito não esteja por completo limitado por esta causa – ou embora a destruição de ovos e sementes seja tão grande que só uma centésima ou uma milésima parte se desenvolva, no entanto, dos indivíduos que sobrevivem, os mais bem adaptados – supondo que subsista alguma variabilidade em sentido favorável – tenderão a multiplicar-se em maior número do que os menos bem adaptados. Se o número está completamente limitado pelas causas que se acabam de indicar, como ocorrerá muitas vezes, a seleção natural será impotente para determinadas direções benéficas; mas isto não é uma objeção válida contra sua eficácia em outros tempos e de outros modos, pois estamos longe de ter alguma razão para supor que muitas espécies experimentem continuamente modificações e aperfeiçoamento, ao mesmo tempo e na mesma região.

Seleção Sexual

Uma vez postulado que, em ambiente doméstico, aparecem com frequência particularidades num sexo que ficam hereditariamente unidas a este sexo, o mesmo sucederá, sem dúvida, na natureza. Deste modo é possível que os dois sexos se modifiquem, mediante seleção natural, em relação com seus diferentes hábitos, como é muitas vezes o caso, ou que um sexo se modifique com relação ao outro, como ocorre comumente. Isto me leva a fazer algumas considerações sobre o que chamei de *seleção sexual*. Esta forma de seleção depende, não de uma luta pela existência em relação com outros seres orgânicos ou com condições externas, mas de uma luta entre os indivíduos de um sexo – geralmente, os machos – pela posse do outro sexo. O resultado não é a morte do competidor desafortunado, mas a redução parcial ou total de sua descendência. A seleção sexual é, portanto, menos rigorosa que a seleção natural. Geralmente, os machos mais vigorosos, os que estão mais bem adequados a sua situação na natureza, deixarão mais descendência; mas em muitos casos a vitória depende não tanto do vigor natural como da posse de armas especiais limitadas ao sexo masculino. Um veado sem chifres, um galo sem esporões, teriam de ter poucas probabilidades de deixar numerosa descendência. A seleção sexual, permitindo ao vencedor que reproduza, seguramente é capaz de dar a este uma coragem indomável, dotando-o de esporas maiores, asas mais fortes para poder resistir aos ataques dos rivais, quase do mesmo modo que o faz o brutal galo de rinha mediante a cuidadosa seleção de suas melhores galinhas.

Até que grau, na escala dos seres naturais, se estende essa lei, não o sei; dizem que os crocodilos xingam, rugem e giram sobre si mesmos – como os índios numa dança guerreira – pela posse das fêmeas. Foram vistos salmões machos lutando durante o dia inteiro; os escaravelhos trazem às vezes marcas dos ferimentos causados pelas enormes mandíbulas dos outros machos; o inimitável observador Fabre[67] viu muitas vezes os machos de certos insetos himenópteros lutando por uma fêmea determinada que está pousada ao lado, espectadora na aparência indiferente da luta, mas que se retira depois com o vencedor. A guerra é talvez mais severa entre os machos dos animais polígamos e parece que estes estão fornecidos muito frequentemente de armas especiais. Os machos dos carnívoros estão sempre bem armados, ainda que a eles e a outros podem ser dados meios especiais de defesa mediante a seleção natural, como a juba do leão ou a mandíbula em forma de gancho do salmão macho, pois tão importante pode ser para a vitória o escudo como a espada ou a lança.

Entre as aves, a contenda é muitas vezes de caráter mais pacífico. Todos os que se ocuparam deste assunto creem que entre os machos de muitas espécies existe a rivalidade maior por atrair cantando as fêmeas. O tordo rupestre da Guiana, as aves do paraíso e algumas outras se reúnem, e os machos, sucessivamente, despregam com o mais minucioso cuidado e exibem da melhor maneira sua esplendorosa plumagem; além disso, executam estranhos movimentos diante das fêmeas que, assistindo como espectadoras, escolhem no final o colega mais atraente.

Os que prestaram muita atenção às aves cativas sabem perfeitamente que estas, com frequência, têm preferências e aversões individuais; assim, R. Heron[68] descreveu como um pavão malhado era extremamente atraente para todas as suas fêmeas. Não posso entrar aqui nos detalhes necessários; mas se o homem pode em curto tempo dar formosura e porte elegante a suas galinhas *bantam* conforme seu standard ou tipo de beleza, não se vê nenhuma razão legítima para duvidar que as aves fêmeas, elegendo durante milhares de gerações os machos mais formosos e melodiosos segundo seus tipos de beleza, possam produzir o efeito observado. Algumas leis muito conhecidas com respeito à plumagem das aves machos e fêmeas em comparação com a plumagem dos filhotes podem explicar-se, em parte, mediante a ação da seleção sexual sobre variações que se apresentam em diferentes idades e se transmitem só aos machos, ou aos dois sexos, nas idades correspondentes; mas não tenho aqui espaço para entrar neste assunto.

Assim é que, a meu ver, quando os machos e as fêmeas têm os mesmos hábitos gerais, mas diferem em conformação, cor ou enfeite, estas diferenças foram produzidas principalmente por seleção sexual, isto é: mediante indivíduos machos que tiveram em gerações sucessivas alguma ligeira vantagem sobre outros machos, em suas armas, meios de defesa ou encantos, que transmitiram a sua descendência masculina somente. No entanto, não quisera atribuir todas as diferenças sexuais a esta ação, pois nos animais domésticos vemos surgir no sexo masculino e ficar unidas a ele particularidades que evidentemente não foram acrescentadas mediante seleção pelo homem. A mecha de filamentos no peito do peru selvagem não pode ter nenhum uso, e é duvidoso que possa ser ornamental aos olhos da fêmea realmente; se a mecha tivesse aparecido em estado doméstico lhe teria sido qualificada de monstruosidade.

Exemplos da Ação da Seleção Natural ou da Sobrevivência dos mais Adequados

Para que fique mais claro como atua, em minha opinião, a seleção natural, apresentarei alguns exemplos imaginários. Tomemos o caso de um lobo que ataca e abate diversos animais, pegando uns por astúcia, outros por força e outros por agilidade. Suponhamos que a presa mais rápida – um veado, por exemplo – por alguma mudança na região tivesse aumentado em número de indivíduos; ou então que as outras presas tivessem diminuído durante a estação do ano em que o lobo estivesse mais duramente premido por comida. Nestas circunstâncias, os lobos mais velozes e mais ágeis teriam as maiores probabilidades de sobreviver e de serem assim preservados ou selecionados, desde que conservassem força para dominar suas presas nesta ou em outra época do ano, quando se vissem compelidos a capturar outros animais. Assim também não vejo qualquer problema em acreditar que o homem possa melhorar a agilidade de seus galgos, usando para isso uma criteriosa e metódica seleção ou a seleção aleatória, mostrando assim que todo homem tenta conservar os melhores cachorros, sem intenção alguma de modificar a raça. Posso acrescentar que, segundo Pierce, existem duas variedades de lobo nos montes Catskill, nos Estados Unidos: uma, veloz como o galgo que persegue o veado, e a outra, mais encorpada, com patas mais curtas, que ataca com mais frequência os rebanhos dos pastores. Teria que advertir que no exemplo anterior falo dos lobos mais delgados. Em edições anteriores desta obra falei algumas vezes como se esta última possibilidade tivesse ocorrido frequentemente. Via a grande importância das diferenças individuais e isto me conduziu a discutir amplamente os resultados da seleção inconsciente do homem, que se baseia na conservação de todos os indivíduos mais ou menos valiosos e na destruição dos piores. Via também que a conservação em estado natural de um desvio acidental de estrutura, tal como uma monstruosidade, tinha que ser um acontecimento raro e que, se se conservava no início, se perderia geralmente pelos cruzamentos ulteriores com indivíduos ordinários. No entanto, após ler um excelente e autorizado artigo na *North British Review* (1867) compreendi melhor ainda quão raro variações isoladas, sejam elas pouco ou fortemente pronunciadas, possam perpetuar-se. O autor cita o exemplo um casal de animais que produz durante o curso de sua vida duzentos descendentes, dos quais, por diferentes causas de destruição, apenas dois em média sobrevivem para propagar a espécie.

Isto é um cálculo bem exagerado para os animais superiores, mas não para muitos dos organismos inferiores. Então o autor demonstra que se nascesse um só indivíduo que variasse de maneira a ter mais duas probabilidades de vida do que todos os outros, as probabilidades de que sobrevivesse seriam ainda extremamente escassas. Supondo que este sobrevivesse e se reproduzisse e que a metade de seus filhos herdassem a variação favorável, ainda assim, segundo segue expondo o autor, os filhos teriam uma probabilidade tão só ligeiramente maior de sobreviver e de se reproduzir, e esta probabilidade iria decrescendo nas gerações sucessivas. A exatidão destas observações não pode, creio eu, ser discutida. Por exemplo: se uma ave de alguma espécie pudesse alimentar-se com maior facilidade por ter o bico curvo e se nascesse um indivíduo com o bico extremamente curvo e que, em consequência disso, prosperasse, haveria, no entanto, pouquíssimas probabilidades de que este único indivíduo perpetuasse a variedade até a exclusão da forma comum; mas, ao avaliar o que ocorre com os animais domésticos, raramente se pode duvidar que se seguiria este resultado da conservação, durante muitas gerações, de um grande número de indivíduos de bico mais ou menos marcadamente curvo, e da destruição de um número ainda maior de indivíduos de bico muito reto.

Não poderia passar inadvertido, contudo, que certas variações bastante pronunciadas, que ninguém classificaria como simples diferenças individuais, se repetem com frequência porque organismos semelhantes experimentam influências semelhantes, de que se poderia citar numerosos exemplos em nossas criações domésticas. Em tais casos, o indivíduo que variou não transmite positivamente a seus descendentes a característica recém-adquirida, mas sem dúvida lhes transmitiria – enquanto as condições existentes permanecessem iguais – uma tendência ainda mais forte a variar do mesmo modo. Raramente se pode duvidar de que a tendência a variar do mesmo modo foi às vezes tão forte, que se modificaram de um modo semelhante, sem ajuda de nenhuma forma de seleção, todos os indivíduos da mesma espécie, ou pode ter sido modificada assim só uma terça parte ou uma décima parte dos indivíduos, fato que poderia ser comprovado por diferentes exemplos. Assim, Graba[69] calcula que um quinto aproximadamente dos *guillemots* das Ilhas Faroé são de uma variedade tão observada, que antes era classificada como uma espécie diferente, com o nome de Uria lacrymans. Em casos desse tipo, se a variação fosse de natureza vantajosa, a forma primitiva seria logo suplantada pela forma modificada, por causa da sobrevivência dos mais aptos.

Tenho de insistir sobre os efeitos do cruzamento na eliminação de variações de todas as classes; mas pode fazer-se observar aqui que a maior parte dos animais e plantas se mantêm em seus próprios habitats e não vão de um país a outro desnecessariamente; podemos observar isto até nas aves migratórias, que quase sempre voltam ao mesmo lugar. Portanto, toda variedade recém formada teria que ser geralmente local ao princípio, como parece ser a regra ordinária nas variedades em estado natural; de maneira que logo existiriam reunidos num pequeno grupo indivíduos modificados de um modo semelhante, e com frequência criariam juntos. Se a nova variedade era afortunada em sua luta pela vida, lentamente se propagaria desde uma região central, competindo com os indivíduos não modificados e vencendo-os nos bordes de um círculo sempre crescente.

Valeria a pena dar outro exemplo mais complexo da ação da seleção natural. Certas plantas segregam um suco doce com o objetivo, ao que parece, de eliminar algo nocivo de sua seiva; isto se efetua, por exemplo, por glândulas da base das estípulas de algumas leguminosas e do avesso das folhas do loureiro comum. Este suco, ainda que pouco em quantidade, é procurado por insetos; mas suas visitas não beneficiam de modo algum à planta. Assim sendo: suponhamos que o suco ou néctar foi segregado pelo interior das flores de um certo número de plantas de uma espécie; os insetos, ao procurar o néctar, ficariam empoeirados de pólen e com frequência o transportariam de uma flor a outra; as flores de dois indivíduos diferentes da mesma espécie ficariam assim cruzadas, e o cruzamento, como pode provar-se plenamente, origina plantas vigorosas que, portanto, terão as maiores probabilidades de florescer e sobreviver. As plantas que produzissem flores com as glândulas e nectários maiores e que segregassem mais néctar seriam as visitadas com maior frequência por insetos e as mais frequentemente cruzadas; deste modo, a longo prazo, adquiririam vantagem e formariam uma variedade local. Do mesmo modo, as flores que, em relação ao tamanho e hábitos do inseto determinado que as visitasse, tivessem seus estames e pistilos colocados de maneira que facilitasse em certo grau o transporte do pólen, seriam também favorecidas. Pudemos ter tomado o caso de insetos que visitam flores com o objetivo de recolher o pólen, em vez de néctar; e, como o pólen é formado com o único fim da fecundação, sua destruição parece ser uma simples perda para a planta; no entanto, que um pouco de pólen fosse levado de uma flor a outra, primeiro acidentalmente e depois habitualmente, pelos insetos carregadores de pólen, efetuando-se deste modo um cruzamento, ainda que nove décimos do pólen fossem destruídos, poderia ser ainda um grande benefício para a planta o fato de ser roubada deste modo, e os indivíduos que produzissem sempre mais pólen e tivessem maiores anteras seriam selecionados.

Quando nossa planta, em relação ao processo anterior, continuado por muito tempo, se tivesse tornado – sem intenção de sua parte – extremamente atraente para os insetos, estes levariam regularmente o pólen de flor em flor; como isso é feito positivamente por eles, poderia ser demonstrado facilmente por muitos fatos surpreendentes. Darei somente um que, além de exemplo, serve para mostrar a separação dos sexos das plantas. Alguns azevinhos só possuem flores masculinas com quatro estames que produzem uma quantidade bem pequena de pólen, e um pistilo rudimentar; outros azevinhos só possuem flores femininas; estas têm um pistilo completamente desenvolvido e quatro estames com anteras enrugadas, nas quais não se pode encontrar nenhum grão de pólen. Tendo achado um azevinho fêmea exatamente a sessenta jardas de um azevinho macho, pus ao microscópio os estigmas de vinte flores, tomadas de diferentes ramos, e em todas, sem exceção, havia uns quantos grãos de pólen, mas em algumas havia em profusão. Como o vento tinha soprado durante vários dias do azevinho fêmea ao azevinho macho, o pólen não pôde ser levado por este meio. O tempo tinha sido frio e borrascoso e, portanto, desfavorável às abelhas; no entanto, todas as flores femininas que examinei tinham sido positivamente fecundadas pelas abelhas que tinham voado de um azevinho a outro à procura de néctar. Mas, voltando a nosso caso demonstrativo; tão logo a planta se tornou tão atraente para os insetos e que seu pólen passou a ser transportado regularmente de flor em flor, outro processo teve início. Nenhum naturalista duvida do que se chamou *divisão fisiológica do trabalho;* portanto, podemos crer que seria vantajoso para uma planta produzir estames apenas numa flor ou em todas as flores de uma só planta, e pistilos apenas em outra flor ou em outra planta. Em plantas cultivadas ou colocadas em novas condições de vida, os órgãos masculinos, umas vezes, e os femininos outras, tornam-se mais ou menos importantes; desse modo, se supusermos que isto ocorre, ainda que seja em grau muito pequeno na natureza, então, como o pólen é levado já regularmente de flor em flor e como uma separação completa dos sexos de nossa planta seria vantajosa pelo princípio da divisão do trabalho, os indivíduos com esta tendência, aumentando cada vez mais, seriam continuamente favorecidos ou selecionados, até que ao fim pudesse ficar efetuada uma separação completa dos sexos. Seria necessário muito espaço para mostrar os diversos graus – passando pelo dimorfismo e outros meios – pelos quais a separação dos sexos, em plantas de várias classes, se está efetuando realmente na atualidade. Mas posso acrescentar que algumas das espécies de azevinho da América do Norte estão, segundo Asa Gray, num estado exatamente intermédio ou, segundo ele se expressa, com mais ou menos polígamas dioicas.

Voltemos agora aos insetos que se alimentam de néctar; podemos supor que a planta em que fizemos aumentar o néctar por seleção continuada seja uma planta comum e que certos insetos dependam principalmente de seu néctar para alimentar-se. Poderia citar muitos fatos que demonstram como são ávidos os himenópteros em poupar tempo; por exemplo: seu hábito de fazer buracos na base de certas flores e sugar o néctar, quando, com um pouco de esforço a mais, poderiam entrar pela abertura superior da flor. Tendo presentes estes fatos, pode crer-se que, em certas circunstâncias, diferenças individuais na curvatura ou extensão da língua, etc., demasiado sutis para serem apreciadas por nós, poderiam ser proveitosas para uma abelha ou para outro inseto, de maneira que certos indivíduos fossem capazes de obter seu alimento mais rapidamente que outros; e assim, as comunidades a que eles pertencessem prosperariam e se multiplicariam em muitos enxames que herdariam as mesmas qualidades.

O tubo da corola do trevo vermelho comum e do trevo encarnado *(Trifolium pratense* e T. incarnatum) não parece à primeira vista diferir em extensão; no entanto, a abelha comum pode facilmente sugar o néctar do trevo encarnado, mas não o do trevo vermelho, que é visitado só pelos zangões, de maneira que campos inteiros de trevo vermelho oferecem em vão uma abundante provisão de precioso néctar à abelha comum. Que este néctar agrada muito à abelha comum é certo, pois eu vi repetidas vezes – mas só no outono – muitas abelhas comuns sugando as flores pelos buracos feitos pelos zangões picando na base do tubo. A diferença da extensão da corola nas duas espécies de trevo, que determina as visitas da abelha comum, tem de ser muito insignificante, pois fui informado que, quando o trevo vermelho é ceifado, as flores da segunda colheita são bem menores e que estas são muito visitadas pela abelha comum. Eu não sei se este dado é exato, nem se pode dar-se crédito a outro dado publicado, ou seja, que a abelha da Ligúria, que é considerada geralmente como uma simples variedade da abelha comum e que espontaneamente se cruza com ela, consegue atingir e sugar o néctar do trevo vermelho. Assim, num país onde abunda esta classe de trevo pode ser uma grande vantagem para a abelha comum ter a língua um pouco mais longa ou diferentemente constituída. Por outro lado, como a fecundidade deste trevo depende em absoluto dos himenópteros que visitam as flores, se os zangões chegassem a ser raros em alguma região, poderia ser uma grande vantagem para a planta ter uma corola mais curta ou mais profundamente dividida, de sorte que a abelha comum pudesse sugar suas flores. Assim posso compreender como uma flor e uma abelha puderam lentamente – já simultaneamente, já uma depois de outra – modificar-se e adaptar-se entre si do modo mais perfeito mediante a conservação continuada de todos os indivíduos que apresentavam pequenas variações de conformação mutuamente favoráveis.

Bem sei que esta doutrina da seleção natural, da qual são exemplo os casos imaginários anteriores, está exposta às mesmas objeções que foram suscitadas a princípio contra as elevadas teorias de Charles Lyell a respeito das mudanças modernas da terra, como explicações da geologia; mas hoje poucas vezes ouvimos já falar dos agentes que podemos observar ainda em atividade como de causas inúteis ou insignificantes, quando se empregam para explicar a escavação dos vales mais profundos ou a formação de longas linhas de alcantilados no interior de um país.

A seleção natural atua somente mediante a conservação e acumulação de pequenas modificações herdadas, proveitosas todas ao ser conservado; e como a geologia moderna quase desterrou opiniões tais como a escavação de um grande vale por uma só fenda diluviana, de igual modo a seleção natural desterrará a crença da criação contínua de novos seres orgânicos ou de qualquer modificação grande e súbita em sua estrutura.

Sobre o Cruzamento dos Indivíduos

Intercalarei aqui uma breve digressão. No caso de animais e plantas com sexos separados é evidente que a participação dos dois indivíduos é necessária para a fecundação, exceto nos casos curiosos e não bem conhecidos de partenogênese; mas nos hermafroditas esta lei não se aplica. No entanto, há razões para crer que em todos os seres hermafroditas concorrem, acidental ou habitualmente, dois indivíduos para a reprodução de sua espécie. Esta ideia foi há muito tempo sugerida por Sprengel[70], Knight e Kölreuter. Agora veremos sua importância; mas terei que tratar aqui o assunto com suma brevidade, apesar de ter preparado materiais para uma ampla discussão.

Todos os vertebrados, todos os insetos e alguns outros grandes grupos de animais se juntam para cada vez que se reproduzem. As investigações modernas fizeram diminuir muito o número de hermafroditas, e um grande número dos hermafroditas verdadeiros se juntam, ou seja: dois indivíduos se unem normalmente para a reprodução, que é o que nos interessa. Mas, apesar disto, há muitos animais hermafroditas que positivamente não se juntam habitualmente, e uma grande maioria de plantas são hermafroditas. Pode perguntar-se que razão existe para supor que naqueles casos concorrem sempre dois indivíduos na reprodução.

Em primeiro lugar, reuni um número tão grande de casos, e fiz tantos experimentos que demonstram, de conformidade com a crença quase universal dos criadores, que nos animais e plantas, o cruzamento entre variedades diferentes, ou entre indivíduos da mesma variedade, mas de outra estirpe, dá vigor e fecundidade à descendência e, pelo contrário, que o filhote provindo do cruzamento entre parentes *próximos* diminui o vigor e fecundidade. Por esses fatos, sinto-me inclinado a acreditar que é uma lei geral da natureza que nenhum ser orgânico se fecunde a si mesmo durante um número infinito de gerações e que, de vez em quando, talvez mesmo com longos intervalos, é indispensável um cruzamento com outro indivíduo.

Admitindo que tal exigência seja uma lei da natureza, podemos compreender, creio eu, diversas e amplas ocorrências que, de outra forma, seriam inexplicáveis. Todo horticultor que se ocupa de cruzamentos sabe como é desfavorável para a fecundação de uma flor sua exposição à umidade e, no entanto, quão grande é a quantidade de flores que têm suas anteras e estigmas completamente expostos às intempéries! Mas se é indispensável de vez em quando algum cruzamento, mesmo que as anteras e pistilos da própria planta estejam tão próximos que a fecundação seja quase inevitável, a completa liberdade para a entrada de pólen de outros indivíduos explicará o que se acaba de dizer sobre a exposição dos órgãos. Muitas flores, pelo contrário, têm seus órgãos de frutificação completamente encerrados e escondidos, como ocorre na grande família das papilionáceas ou na família das ervilhas, mas estas flores apresentam quase sempre belas e curiosas adaptações para as visitas dos insetos. Tão necessárias são as visitas dos himenópteros para muitas flores papilionáceas, que sua fecundidade diminui muito se essas visitas forem impedidas. Por isso, raramente é possível aos insetos que vão de flor em flor deixar de levar pólen de uma a outra, com grande benefício para a planta. Os insetos agem como um pincel de aquarela e, para assegurar a fecundação, é suficiente tocar nada mais com o mesmo pincel as anteras de uma flor e depois o estigma de outra; mas não se deve supor que os himenópteros produzam deste modo uma multidão de híbridos entre diferentes espécies, pois se se colocam no mesmo estigma o próprio pólen de uma planta e o de outra espécie, o primeiro é tão prepotente que, invariavelmente, destrói por completo a influência do pólen estranho, segundo foi demonstrado por Gärtner[71].

Quando os estames de uma flor se lançam subitamente para o pistilo ou se movem lentamente, um depois de outro, para ele, o artifício parece adaptado exclusivamente para assegurar a autofecundação, e é indubitavelmente útil para este fim; mas muitas vezes se requer a ação dos insetos para fazer que os estames se joguem para diante, como Kölreuter demonstrou que ocorre no bérberis (*Berberis vulgaris*); e neste mesmo gênero, que parece ter uma disposição especial para a autofecundação, é bem sabido que se se plantam umas perto de outras formas ou variedades muito próximas, é quase impossível obter sementes que deem plantas puras: tanto se cruzam naturalmente.

Em outros numerosos casos, longe de estar favorecida a autofecundação, há disposições especiais que impedem eficazmente que o estigma receba pólen da mesma flor, como poderia demonstrar pelas obras de Sprengel e outros autores, assim como por minhas próprias observações: em *Lobelia* fulgens, por exemplo, há um mecanismo verdadeiramente primoroso e complexo, por meio do qual os grãos de pólen, infinitamente numerosos, são varridos das anteras reunidas de cada flor antes que o estigma dela esteja disposto para recebê-los; e como esta flor nunca é visitada – pelo menos, em meu jardim – pelos insetos, nunca produz semente alguma, apesar de que colocando pólen de uma flor sobre o estigma de outra obtenho inúmeras sementes. Outra espécie de Lobélio, que é visitada por abelhas, produz sementes espontaneamente em meu jardim.

Em muitos outros casos, embora não haja nenhum dispositivo especial para impedir que o estigma receba pólen da mesma flor, no entanto, como demonstraram Sprengel, e mais recentemente Hildebrand[72] e outros, e como eu posso confirmar, ou bem as anteras estouram antes que o estigma esteja apto para a fecundação, ou bem o estigma o está antes que o esteja o pólen da flor; de maneira que estas plantas, chamadas dicogâmicas, têm de fato sexos separados e precisam habitualmente cruzar-se. O mesmo ocorre com as plantas reciprocamente dimorfas e trimorfas, a que anteriormente se aludiu. Que estranhos são estes fatos! Que estranho que o pólen e a superfície estigmática de uma mesma flor, apesar de estarem situados tão perto, precisamente com objetivo de favorecer a autofecundação, tenham de ser em tantos casos mutuamente inúteis! Ao buscar uma explicação para isso na necessidade de cruzamentos ocasionais entre indivíduos distintos, o que seria vantajoso para a planta, tudo fica mais simples!

Se diferentes variedades de couve, rabanete, cebola e algumas outras plantas, tiverem condições de se reproduzir próximas umas das outras, uma grande maioria das brotaduras assim obtidas resultarão híbridas, segundo comprovei; por exemplo: obtive 233 brotaduras de couve de algumas plantas de diferentes variedades que tinham crescido umas junto a outras, e delas somente 78 foram de raça pura, e ainda algumas destas não eram totalmente puras. No entanto, o pistilo de cada flor de couve está rodeado não só por seus seis estames próprios, mas também pelos de outras muitas flores da mesma planta e o pólen de cada flor se deposita facilmente em cima de seu próprio estigma sem a mediação dos insetos, pois comprovei que plantas cuidadosamente protegidas contra os insetos produzem o número correspondente de frutos. Como sucede, pois, que um número tão grande de brotaduras são híbridas? Suponho que seja resultante do fato de que o pólen de uma variedade diferente tenha um efeito predominante sobre o próprio pólen da flor e isto é uma parte da lei geral do resultado vantajoso dos cruzamentos entre diferentes indivíduos da mesma espécie. Quando se cruzam espécies diferentes, o caso se inverte, pois o pólen próprio de uma planta é quase sempre predominante sobre o pólen estranho; mas a respeito deste assunto voltarei em outro capítulo.

No caso de uma árvore de grande copa e de inumeráveis flores, podemos objetar que o pólen raramente pôde ser levado de uma árvore a outra e geralmente só de uma flor a outra da mesma árvore, e as flores da mesma árvore só num sentido limitado podem considerar-se como indivíduos diferentes. Creio que esta objeção é válida, mas creio também que a natureza o tenha contornado amplamente, dando às árvores uma pronunciada tendência a produzir flores de sexos separados. Quando os sexos estão separados, ainda que as flores masculinas e femininas possam ser produzidas na mesma árvore, o pólen tem de ser levado regularmente de uma flor a outra, e isto aumentará as probabilidades de que o pólen seja de vez em quando levado de uma árvore a outra. Observo que em nosso país ocorre que as árvores pertencentes a todas as ordens têm os sexos separados com mais frequência do que as outras plantas e, a meu pedido, o doutor Hooker fez uma estatística das árvores da Nova Zelândia e o doutor Assa Gray outra das árvores dos Estados Unidos, e o resultado foi como eu tinha previsto. Pelo contrário, Hooker me informa que a regra não se confirma na Austrália; mas se a maior parte das árvores australianas são dicogâmicas, tem de produzir o mesmo resultado como se tivessem flores com os sexos separados. Fiz estas poucas observações sobre as árvores simplesmente para chamar a atenção sobre este assunto.

Voltando por um momento aos animais: diferentes espécies terrestres são hermafroditas, como os moluscos terrestres e as minhocas, mas todos eles se acasalam. Até agora não encontrei um só animal terrestre que possa fecundar-se a si mesmo. Esse fato notável, que oferece tão vigoroso contraste com as plantas terrestres, é inteligível dentro da hipótese de que é indispensável de vez em quando um cruzamento, pois, devido à natureza do elemento fecundante, não há neste caso meios análogos à ação dos insetos e do vento nas plantas pelos quais possa efetuar-se nos animais terrestres um cruzamento acidental sem o concurso de dois indivíduos. Entre os animais aquáticos há muitos hermafroditas que se fecundam a si mesmos; mas aqui as correntes de água oferecem um meio manifesto para o cruzamento acidental. Como no caso das flores, até agora não consegui – depois de conferir com uma das mais altas autoridades, o professor Huxley[73] – descobrir um só animal hermafrodita com os órgãos de reprodução tão perfeitamente encerrados que possa demonstrar-se que é fisicamente impossível o acesso desde fora e a influência acidental de um indivíduo diferente. Os cirrípedes me pareceram durante muito tempo constituir, desde este ponto de vista, um caso dificílimo; mas, por uma feliz casualidade, foi-me possível provar que dois indivíduos – ainda que ambos são hermafroditas capazes de fecundar-se a si mesmos – se cruzam positivamente algumas vezes.

Deve ter chamado a atenção da maior parte dos naturalistas, como uma anomalia estranha, que, tanto nos animais como nas plantas, umas espécies da mesma família, e até do mesmo gênero, sejam hermafroditas e outras unissexuadas, apesar de assemelhar-se muito entre si em toda sua organização. Mas se de fato todos os hermafroditas acasalam de vez em quando, a diferença entre eles e as espécies unissexuadas é minúscula no que se refere à função.

Estas várias considerações e muitos fatos especiais que reuni, mas que não posso apresentar aqui, mostram que, nos animais e plantas, o cruzamento acidental entre indivíduos diferentes é uma lei muito geral – se não é universal – da natureza.

Circunstâncias favoráveis ou a produção de novas formas por Seleção Natural

Este é um assunto extremamente complicado. Uma grande variabilidade – e nesta denominação se incluem sempre as diferenças individuais – será evidentemente favorável. Um grande número de indivíduos por aumentar as probabilidades de aparecimento de variedades vantajosas num período dado, compensará uma variabilidade menor em cada indivíduo e é, a meu parecer, um elemento importantíssimo de sucesso. Ainda que a natureza conceda longos períodos de tempo para a obra da seleção natural, não concede um período indefinido, pois como todos os seres orgânicos se esforçam por ocupar todos os lugares na economia da natureza, qualquer espécie que não se modifique e aperfeiçoe no grau correspondente com relação a seus competidores será exterminada. Se as variações favoráveis não são herdadas, pelo menos, para alguns dos descendentes, nada pode fazer a seleção natural. A tendência à reversão pode muitas vezes dificultar ou impedir a ação da seleção; mas não tendo esta tendência impedido ao homem formar por seleção numerosas raças domésticas, por que terá de prevalecer contra a seleção natural?

No caso da seleção metódica, um criador seleciona com um objetivo definido e se deixar os indivíduos se cruzarem livremente, sua obra fracassará por completo. Mas quando muitos homens, sem tentar modificar a raça, têm *um standard* ou tipo de perfeição proximamente igual e todos tratam de tentar procriar os melhores exemplares e obter filhotes deles, segura ainda que lentamente, resultará melhora deste processo inconsciente de seleção, apesar de que neste caso não há separação de indivíduos selecionados. Assim ocorrerá na natureza; pois dentro de uma região limitada, com algum posto na economia natural não bem ocupado, todos os indivíduos que variem na direção devida, ainda que em graus diferentes, tenderão a preservar-se. Mas, se a região é grande, seus diferentes distritos apresentarão quase com segurança condições diferentes de vida e então, se a mesma espécie sofre modificação em diferentes distritos, as variedades recém-formadas se cruzarão entre si nos limites deles. Mas veremos no capítulo VI que as variedades intermédias, que habitam em distritos intermediários, serão, a longo prazo, geralmente suplantadas por alguma das variedades contíguas. O cruzamento influirá principalmente naqueles animais que se acasalam para cada filhote, que se deslocam muito e que não procriam de modo muito rápido. Consequentemente em animais desta classe – por exemplo, aves – as variedades estarão geralmente confinadas em regiões separadas e verifico que assim ocorre.

Nos organismos hermafroditas que se cruzam só de vez em quando e também nos animais que se acasalam para cada filhote, mas que vagam pouco e podem aumentar de um modo rápido, uma variedade nova e melhorada pode formar-se rapidamente em qualquer lugar, e pode manter-se formando um grupo e estender-se depois, de maneira que os indivíduos da nova variedade terão que se cruzar principalmente entre si. Segundo este princípio, os horticultores preferem guardar sementes procedentes de uma grande plantação, porque as probabilidades de cruzamento diminuem deste modo.

Mesmo nos animais que se acasalam para cada filhote e que não se propagam rapidamente, não temos de admitir que o cruzamento livre tenha de eliminar sempre os efeitos da seleção natural, pois posso apresentar uma série considerável de fatos que demonstram que, num mesmo território, duas variedades do mesmo animal podem permanecer diferentes muito tempo por frequentar lugares diferentes, por procriar em épocas bem diferentes ou porque os indivíduos de cada variedade prefiram acasalar-se entre si.

O cruzamento representa na natureza um papel importantíssimo conservando nos indivíduos da mesma espécie ou da mesma variedade a característica pura e uniforme. Evidentemente, o cruzamento fará assim com muito mais eficácia nos animais que se acasalam para cada filhote; mas, como já foi dito, temos motivos para crer que em todos os animais e plantas ocorrem cruzamentos acidentais. Ainda que estes tenham lugar só depois de longos intervalos de tempo, reproduzidos deste modo superarão tanto em vigor e fecundidade aos descendentes procedentes da autofecundação continuada durante muito tempo; além do mais terão mais probabilidades de sobreviver e propagar sua espécie e variedade e assim, a longo prazo, a influência dos cruzamentos, mesmo ocorrendo de vez em quando, será grande.

Com relação aos seres orgânicos muito inferiores na escala, que não se propagam sexualmente nem se acasalam, que não podem cruzar-se, se continuam nas mesmas condições de vida podem conservar a uniformidade de características só pelo princípio da hereditariedade e pela seleção natural que destruirá todo indivíduo que se separe do tipo próprio. Se as condições de vida mudam e a forma experimenta modificação, a descendência modificada pode adquirir a uniformidade de características simplesmente conservando a seleção natural variações favoráveis análogas.

O isolamento também é um elemento importante na modificação das espécies por seleção natural. Num território fechado ou isolado, se não é muito grande, as condições orgânicas e inorgânicas de vida serão geralmente quase uniformes, de maneira que a seleção natural tenderá a modificar de igual modo todos os indivíduos suscetíveis de variação da mesma espécie. Além do mais, o cruzamento com os habitantes das áreas vizinhas estará neste caso evitado. Moritz Wagner, recentemente, publicou um interessante ensaio sobre este assunto e demonstrou que o serviço que presta o isolamento ao evitar cruzamentos entre variedades recém-formadas é provavelmente ainda maior do que eu supus; mas, por razões já expostas, não posso, de modo algum, estar conforme com este naturalista que a migração e o isolamento sejam elementos necessários para a formação de espécies novas. A importância do isolamento é igualmente grande ao impedir, depois de alguma mudança física nas condições – como uma mudança de clima, de elevação do solo, etc. – a imigração de organismos melhor adaptados e, deste modo, ficarão vagos novos lugares na economia natural da área para serem ocupados mediante modificações dos antigos habitantes. Finalmente, o isolamento dará tempo para que se aperfeiçoe lentamente uma nova variedade e isto, às vezes, pode ser de muita importância. No entanto, se um território isolado é muito pequeno, já por estar rodeado de barreiras, já porque tenha condições físicas muito peculiares, o número total dos habitantes será pequeno e isto retardará a produção de novas espécies mediante seleção natural, por diminuir as probabilidades de que apareçam variações favoráveis.

O simples curso do tempo, por si mesmo, não faz nada em favor nem na contramão da seleção natural. Digo isto porque se afirmou erroneamente que dei por comprovado que o elemento tempo representa um papel importantíssimo em modificar as espécies, como se todas as formas de vida estivessem necessariamente experimentando mudanças por alguma lei inata. O curso do tempo é só importante – e sua importância neste conceito é grande – quando oferece maiores probabilidades de que apareçam variações vantajosas e de que sejam selecionadas, acumuladas e fixadas. O curso do tempo contribui também para aumentar a ação direta das condições físicas de vida com relação à constituição de cada organismo.

Se nos dirigimos à natureza para comprovar a verdade destas afirmações e consideramos algum pequeno território isolado, como uma ilha oceânica, ainda que o número de espécies que o habitam seja muito pequeno, como veremos em nosso capítulo sobre a distribuição geográfica, no entanto, a um percentual grande destas espécies é peculiar, isto é, produziu-se ali, e em nenhuma outra parte do mundo. Consequentemente as ilhas oceânicas, à primeira vista, parecem ter sido extremamente favoráveis para a produção de espécies novas; mas podemos enganar-nos, pois para decidir se foi mais favorável para a produção de novas formas orgânicas um pequeno território isolado ou um grande território aberto, como um continente, temos que fazer a comparação em igualdade de tempo, e isto não podemos fazê-lo.

Mesmo que o isolamento seja de grande importância na produção de espécies novas, geralmente me inclino a crer que a extensão do território é ainda mais importante, especialmente para a produção de espécies que resultem capazes de subsistir durante um longo período e de estender-se a grande distância. Um território grande e aberto não só terá mais probabilidades de que surjam variações favoráveis dentre o grande número de indivíduos da mesma espécie que o habitam, mas também que as condições de vida são bem mais complexas, por causa do grande número de espécies já existentes; e se alguma destas muitas espécies se modifica e aperfeiçoa, outras terão que se aperfeiçoar na medida correspondente, ou serão exterminadas. Cada forma nova, além do mais, tão logo se tenha aperfeiçoado muito, será capaz de estender-se pelo território aberto e contínuo e, deste modo, entrará em concorrência com outras muitas formas. Além do mais, grandes territórios atualmente contínuos, em muitos casos devido a oscilações anteriores de nível, terão existido antes em estado fracionado; de maneira que geralmente terão concorrido, até certo ponto, os bons efeitos do isolamento. Por último, chego à conclusão de que, embora os territórios pequenos isolados fossem sob muitos aspectos extremamente favoráveis para a produção de novas espécies, no entanto, o curso da modificação terá sido geralmente mais rápido nos grandes territórios e, o que é mais importante, que as novas espécies produzidas em territórios grandes, que já foram vencedoras de muitos competidores, serão as que se estenderão mais longe e darão origem a maior número de variedades e espécies; deste modo representarão o papel mais importante na história, tão variada, do mundo orgânico.

De conformidade com esta opinião, podemos talvez compreender alguns fatos, sobre os quais insistiremos de novo em nosso capítulo sobre a distribuição geográfica; por exemplo: o fato de que as produções do pequeno continente australiano cedam ante as do grande território europeu asiático. Assim também ocorreu que as produções continentais em todas partes chegaram a se aclimatar em grande número nas ilhas. Numa ilha pequena, a luta pela vida terá sido menos severa e terá tido menos modificação e menos extermínio. Por isto podemos compreender como a flora da Ilha da Madeira, segundo Oswal Heer, se parece, até certo ponto, à extinta flora terciária da Europa. Todas as massas de água doce, tomadas juntas, constituem uma extensão pequena, comparada com a do mar ou com a da terra. Portanto, a concorrência entre as produções de água doce terá sido menos dura do que em parte alguma; as novas formas se terão produzido, portanto, com mais lentidão e as formas velhas terão sido mais lentamente exterminadas. E é precisamente nas águas doces onde encontramos sete gêneros de peixes ganoides, resto de uma ordem preponderante em outro tempo, e em água doce encontramos algumas das formas mais anômalas conhecidas hoje no mundo, como *Ornithorhynchus* e Lepidosiren, que, como os fósseis, unem, até certo ponto, ordens atualmente muito separadas na escala natural. Estas formas anômalas podem ser chamadas fósseis viventes: resistiram até hoje por ter vivido nas regiões confinadas e por ter estado expostas a concorrência menos variada e, portanto, menos severa.

Resumindo, até onde a extrema complicação do assunto o permite, as circunstâncias favoráveis e desfavoráveis para a produção de novas espécies por seleção natural, chego à conclusão de que, para as produções terrestres, um grande território continental que tenha experimentado muitas oscilações de nível terá sido o mais favorável para a produção de novas formas de vida, capazes de durar muito tempo e de estender-se muito. Enquanto o território existiu como um continente, os habitantes terão sido numerosos em indivíduos e espécies e terão estado submetidos a concorrência rigorosa. Quando por depressão se converteu em grandes ilhas separadas, terão subsistido muitos indivíduos da mesma espécie em cada ilha; o cruzamento nos limites da extensão ocupada por cada nova espécie terá ficado impedido; depois de mudanças físicas de qualquer classe, a imigração terá estado evitada, de maneira que os novos postos na economia de cada ilha terão tido que ser ocupados mediante a modificação dos antigos habitantes, e deverá ter havido tempo para que se modificassem e aperfeiçoassem bem as variedades em cada ilha. Ao converter-se, por nova elevação, as ilhas outra vez num território continental, deverá ter tido de novo concorrência muito rigorosa; as variedades mais favorecidas ou aperfeiçoadas terão podido estender-se, se terão extinguido muitas das formas menos aperfeiçoadas e as relações numéricas entre os diferentes habitantes do continente reconstituído terão mudado de novo, e de novo terá tido um campo favorável para que a seleção natural aperfeiçoe ainda mais os habitantes e produza deste modo novas espécies.

Que a seleção natural atua geralmente com extrema lentidão, admito-o por completo. Só pode agir quando na economia natural de uma região haja lugares que possam estar mais bem ocupados mediante a modificação de alguns dos habitantes que nela vivem. A existência de tais lugares dependerá com frequência de mudanças físicas, que geralmente se verificam com grande lentidão, e de que seja impedida a imigração de formas mais bem adaptadas. À medida que alguns dos antigos habitantes se modifiquem, as relações mútuas dos outros, muitas vezes ficarão perturbadas, e isto criará novos locais a ponto para serem ocupados por formas mais bem adaptadas; mas tudo isto se efetuará muito lentamente. Ainda que todos os indivíduos da mesma espécie difiram entre si em algum pequeno grau, com frequência teria de passar muito tempo antes que pudessem apresentar-se, nas diversas partes da organização, diferenças de natureza conveniente. Com frequência, o cruzamento livre tem de retardar muito o resultado. Muitos dirão que estas diferentes causas são realmente suficientes para neutralizar o poder da seleção natural: não o creio assim. O que creio é que a seleção natural atuará, geralmente, com muita lentidão, e só com longos intervalos e só sobre alguns dos habitantes da mesma região. Creio além do mais que estes lentos e intermitentes resultados concordam bem com o que a geologia nos diz a respeito da velocidade e maneira como mudaram os seres que habitam a terra.

Por lento que possa ser o processo de seleção, se o homem, tão débil, é capaz de fazer muito por seleção artificial, não posso ver nenhum limite para a quantidade de variação, para a beleza e complexidade das adaptações de todos os seres orgânicos entre si, ou com suas condições físicas de vida, que podem ter sido realizadas, no longo curso de tempo, em relação ao poder de seleção da natureza; isto é: pela sobrevivência dos mais aptos.

Extinção produzida pela Seleção Natural

Este assunto será discutido com maior amplitude no capítulo sobre geologia; mas temos de mencioná-lo aqui, por estar intimamente relacionado à seleção natural. A seleção natural atua só mediante a conservação de variações de algum modo vantajosas e que, portanto, persistem. Devido à elevada progressão geométrica de aumento de todos os seres vivos, cada território está já fornecido por completo de habitantes e disto se segue que, do mesmo modo que as formas favorecidas aumentam em número de indivíduos, assim também as menos favorecidas, geralmente diminuirão e chegarão a ser raras. A raridade, segundo a geologia nos ensina, é precursora da extinção. Podemos ver que toda forma que esteja representada por poucos indivíduos corre muito risco de extinção completa durante as grandes flutuações na natureza das estações, ou por um aumento temporário no número de seus inimigos. Mas podemos ir mais longe ainda; pois, como se produzem novas formas, muitas formas velhas têm que se extinguir, a não ser que admitamos que o número de formas específicas pode ir aumentando indefinidamente. E que o número de formas específicas não aumentou indefinidamente, no-lo ensina claramente a geologia; e tentaremos agora demonstrar como é que o número de espécies no mundo não chegou a ser incomensuravelmente grande.

Temos visto que as espécies que são mais numerosas em indivíduos têm as maiores probabilidades de produzir variações favoráveis num espaço de tempo dado. Temos provas disto nos fatos manifestados no capítulo segundo, que demonstram que as espécies comuns e difundidas, ou predominantes, são precisamente as que oferecem o maior número de variedades registradas. Consequentemente as espécies raras se modificarão e se aperfeiçoarão com menor rapidez num tempo dado e, portanto, serão derrotadas na luta pela vida pelos descendentes modificados e aperfeiçoados das espécies mais comuns.

Destas diferentes considerações creio que se segue inevitavelmente que, à medida que em decorrência do tempo se formam por seleção natural espécies novas, outras se irão fazendo mais e mais raras e, por último, se extinguirão. As formas que estão em concorrência mais imediata com as que experimentam modificação e aperfeiçoamento sofrerão, naturalmente, mais; e vimos no capítulo sobre a luta pela existência que as formas mais afins – variedades da mesma espécie e espécies do mesmo gênero ou de gêneros próximos – são as que, por ter quase a mesma estrutura, constituição e hábitos, entram geralmente na mais rigorosa concorrência mútua. Em consequência, cada nova variedade ou espécie, durante seu processo de formação lutará com a maior dureza com seus parentes mais próximos e tenderá a extermina-los. Podemos observar esse mesmo processo de extermínio em nossas produções domésticas pela seleção de formas aperfeiçoadas feita pelo homem. Poderia citar muitos exemplos curiosos que mostram a rapidez com que novas raças de gado bovino, ovelhas e outros animais e novas variedades de flores substituem às antigas e inferiores. Sabe-se historicamente que em Yorkshire o antigo gado bovino negro foi desalojado pelo *long-horn*, e este foi "varrido pelo short-horn" – cito as palavras textuais de um agrônomo – "como por uma peste mortal".

Divergência de características

O princípio que designei com estes termos é de suma importância e explica, a meu ver, diferentes fatos importantes. Em primeiro lugar, as variedades, mesmo as muito pronunciadas, ainda que tenham um pouco de caráter de espécies – como o demonstram as contínuas dúvidas, em muitos casos, para classificá-las – diferem certamente muito menos entre si do que as espécies verdadeiras e diferentes. No entanto, em minha opinião, as variedades são espécies em via de formação ou, como as chamei, espécies incipientes. De que modo, pois, a diferença pequena que existe entre as variedades aumenta até converter-se na diferença maior que há entre as espécies? Que isto ocorre habitualmente devemos inferi-lo de que em toda a natureza a maior parte das inumeráveis espécies apresenta diferenças bem marcadas, enquanto as variedades – os supostos protótipos e progenitores de futuras espécies bem marcadas – apresentam diferenças pequenas e mal definidas. Simplesmente, a sorte, como podemos chamá-la, pôde fazer que uma variedade diferisse em algum caráter de seus progenitores e que a descendência desta variedade difira desta precisamente na mesma característica, ainda que em grau maior; mas isto só não explicaria nunca uma diferença tão habitual e grande como a que existe entre as espécies do mesmo gênero.

Seguindo meu costume, procurei alguma luz sobre este particular nas produções domésticas. Encontraremos nelas algo análogo. Admitir-se-á que a produção de raças tão diferentes como o gado bovino *short-horn* e o de Hereford, os cavalos de corrida e de tração, as diferentes raças de pombos, etc., não pôde efetuar-se de modo algum pela simples acumulação casual de variações semelhantes durante muitas gerações sucessivas. Na prática chama a atenção de um cultivador um pombo com o bico ligeiramente mais curto; a outro criador chama a atenção um pombo com o bico um pouco mais longo, e – segundo o princípio conhecido de que "os criadores não admiram nem admirarão um tipo médio, mas que lhes agradam os extremos" – ambos continuarão, como positivamente ocorreu com as sub-raças do pombo tumbler, escolhendo e obtendo filhotes dos indivíduos com bico cada vez mais longo e com bico cada vez mais curto. Além do mais: podemos supor que, num período remoto da história, os homens de uma nação ou país precisaram dos cavalos mais velozes, enquanto os de outro precisaram de cavalos mais fortes e corpulentos. As primeiras diferenças seriam pequeníssimas; mas em decorrência do tempo, pela seleção continuada de cavalos mais velozes num caso, e mais fortes em outro, as diferenças se fariam maiores e se distinguiriam como formando duas sub-raças. Por último, depois de séculos, estas duas sub-raças chegariam a converter-se em duas raças diferentes e bem estabelecidas. Ao se manter uma grande diferença, os indivíduos inferiores com características intermediárias, que não fossem nem muito velozes nem muito corpulentos, não deixaram suas características para seus filhotes e, deste modo, tenderam a desaparecer. Observamos, pois, nas produções do homem a ação do que pode chamar-se o princípio de divergência, produzindo diferenças, primeiro raramente apreciáveis, que aumentam continuamente, e que as raças se separam, por suas características, umas de outras e também do tronco comum.

Mas poderia perguntar-se: como pode aplicar-se à natureza um princípio análogo? Creio que pode aplicar-se, e que se aplica muito eficazmente – ainda que passou muito tempo antes de que eu visse como – pela simples circunstância de que quanto mais se diferenciam os descendentes de uma espécie qualquer em estrutura, constituição e hábitos, tanto mais capazes serão de ocupar muitos e mais diferentes postos na economia da natureza, e assim poderão aumentar em número.

Podemos ver isto claramente no caso de animais de hábitos singelos. Tomemos o caso de um quadrúpede carnívoro cujo número de indivíduos tenha chegado desde há tempos à média que pode manter-se num habitat qualquer. Se se deixa agir sua faculdade natural de aumento este animal só pode conseguir aumentar – já que o país não experimenta mudança alguma em suas condições – para que seus descendentes que variam se apoderem dos postos atualmente ocupados por outros animais: uns, por exemplo, por poder alimentar-se de novas classes de presas, mortas ou vivas; outros, por habitar novos lugares, trepar nas árvores ou frequentar a água, e outros, talvez por ter-se feito menos carnívoros. Quanto mais cheguem a diferenciar-se em hábitos e conformação os descendentes de nossos animais carnívoros, tantos mais postos serão capazes de ocupar.

O que se aplica a um animal se aplicará em todo tempo a todos os animais, dado que variem, pois, caso contrário, a seleção natural não pode fazer nada.

O mesmo ocorrerá com as plantas. Demonstrou-se experimentalmente que se se semeia uma parcela de terreno com uma só espécie de gramínea, e outra parcela semelhante com vários gêneros diferentes de gramíneas, pode-se obter neste último caso um peso maior de erva seca do que no primeiro. Tem-se visto que este mesmo resultado subsiste quando se semearam em espaços iguais de terra uma variedade e várias variedades misturadas de trigo. Consequentemente se uma espécie qualquer de gramínea fosse variando e fossem selecionadas constantemente as variedades que diferissem entre si do mesmo modo – ainda que em graus muito sutis – que diferem as diferentes espécies e gêneros de gramíneas, um grande número de indivíduos desta espécie, incluindo seus descendentes modificados, conseguiria viver na mesma parcela de terreno. E sabemos que cada espécie e cada variedade de gramínea dá anualmente quase inumeráveis sementes, e está deste modo, por dizê-lo assim, esforçando-se ao máximo por aumentar em número de indivíduos. Em consequência, em decorrência de muitos milhares de gerações, as variedades mais diferentes de uma espécie de gramínea teriam as maiores probabilidades de triunfar e aumentar o número de seus indivíduos e de suplantar assim as variedades menos diferentes; e as variedades, quando se fizeram muito diferentes entre si, atingem a categoria de espécies.

A verdade do princípio de que a quantidade máxima de vida pode ser sustentada mediante uma grande diversidade de conformações se vê em muitas circunstâncias naturais. Numa região muito pequena, em especial se está por completo aberta à imigração, onde a contenda entre indivíduo e indivíduo tem de ser severíssima, encontramos sempre grande diversidade em seus habitantes. Por exemplo: observei que um pedaço de grama, cuja superfície era de três pés por quatro, que tinha estado exposto durante muitos anos exatamente às mesmas condições, continha vinte espécies de plantas, e estas pertenciam a dezoito gêneros e a oito ordens; o que demonstra o quanto estas plantas diferiam entre si. O mesmo ocorre com as plantas e insetos nas ilhas pequenas e uniformes, e também nos charcos de água doce. Os agricultores observam que podem obter mais produtos mediante uma rotação de plantas pertencentes a ordens mais diferentes: a natureza segue o que poderia chamar-se uma *rotação simultânea*. A maior parte dos animais ou plantas que vivem ao redor de um pequeno pedaço de terreno poderiam viver nele – supondo que sua natureza não seja, de algum modo, extraordinária – e pode dizer-se que estão se esforçando ao máximo para viver ali; mas se vê que, quando entram em concorrência mais viva, as vantagens da diversidade de estrutura, com as diferenças de hábitos e constituição que as acompanham, determinam que os habitantes que deste modo batalharam com empenho pertençam, por regra geral, ao que chamamos gêneros e ordens diferentes.

O mesmo princípio se observa na aclimatação de plantas, mediante a ação do homem, em países estrangeiros. Podia esperar-se que as plantas que conseguiram aclimatar-se num país qualquer tinham que ter sido, geralmente, muito afins das nativas, pois estas, pelo comum são consideradas como especialmente criadas e adaptadas para sua própria região. Também talvez se poderia esperar que as plantas aclimatadas tivessem pertencido a um pequeno número de grupos mais especialmente adaptados a certos lugares em suas novas localidades. Mas o caso é bem outro; e Alph. de Candolle mostrou acertadamente, em sua grande e admirável obra, que as flores, em proporção ao número de gêneros e espécies nativas, aumentam, por aclimatação, bem mais em novos gêneros que em novas espécies. Para dar um só exemplo: na última edição do *Manual of the Flora of the Northern United States*, do doutor Assa Gray, enumeram-se 260 plantas aclimatadas e estas pertencem a 162 gêneros. Vemos neste caso que estas plantas aclimatadas são de natureza extremamente diversa. Além do mais, diferem muito das plantas nativas, pois dos 162 gêneros, não menos de cem gêneros não são nativas ali, e deste modo se adicionou um número relativamente grande aos gêneros que vivem atualmente nos Estados Unidos.

Considerando a natureza das plantas e animais que numa região lutaram com bom sucesso com os indígenas e que chegaram a aclimatar-se nele, podemos adquirir uma tosca ideia do modo como alguns dos seres orgânicos nativos teriam que se modificar para obter vantagem sobre seus compatriotas, ou podemos, pelo menos, inferir que diversidade de conformação, chegando até novas diferenças genéricas, lhes seria proveitosa.

A vantagem da diversidade de estrutura nos habitantes de uma mesma região é, no fundo, a mesma que a da divisão fisiológica do trabalho nos órgãos de um mesmo indivíduo, assunto tão bem elucidado por Milne Edwards[74]. Nenhum fisiologista duvida de que um estômago adaptado a digerir só materiais vegetais, ou só carne, retira mais alimento destas substâncias. De igual modo, na economia geral de um país, quanto mais extensa e perfeitamente diversificados para diferentes hábitos estejam os animais e plantas, tanto maior será o número de indivíduos que possam manter-se. Um conjunto de animais cujos organismos sejam pouco diferentes raramente poderia competir com outro de organismos mais diversificados. Pode duvidar-se, por exemplo, se os marsupiais australianos, que estão divididos em grupos que diferem muito pouco entre si e que, como o senhor Waterhouse[75] e outros autores fizeram observar, representam debilmente a nossos carnívoros, ruminantes e roedores, poderiam competir com bom sucesso com estas ordens bem desenvolvidas. Nos mamíferos australianos vemos o processo de diversificação num estado de desenvolvimento primitivo e incompleto.

Efeitos prováveis da ação da Seleção Natural, mediante divergência de características e extinção, sobre os descendentes de um antepassado comum

Depois da discussão precedente, que foi muito condensada, podemos admitir que os descendentes modificados de qualquer espécie prosperarão tanto melhor quanto mais diferentes cheguem a ser em sua conformação e sejam deste modo capazes de usurpar os postos ocupados por outros seres. Vejamos agora como tende a agir este princípio das vantagens que derivam das diferenças de características, combinado com os princípios da seleção natural e da extinção.

O quadro adjunto nos ajudará a compreender este assunto bem complicado. Suponhamos que as letras A a L representem as espécies de um gênero grande numa determinada região; supõe-se que estas espécies se assemelham entre si em graus desiguais, como ocorre geralmente na natureza e como está representado no quadro, por estarem as letras a distâncias desiguais. Disse um gênero grande porque, como vimos no capítulo segundo, em proporção, variam mais espécies nos gêneros grandes do que nos gêneros pequenos, e as espécies que variam, pertencentes aos gêneros grandes, apresentam um número maior de variedades. Vimos também que as espécies mais comuns e difundidas variam mais do que as espécies raras e limitadas. Que A seja uma espécie comum muito difundida e variável, pertencente a um gênero grande em sua própria região. As linhas de pontos ramificados e divergentes de extensão desigual, procedentes de A, podem representar sua descendência variável. Supõe-se que as variações são muito sutis, mas da mais diversa natureza; não se supõe que todas apareçam simultaneamente, mas, com frequência, depois de longos intervalos de tempo; tampouco se supõe que persistam durante períodos iguais. Só as variações que sejam de algum modo vantajosas serão conservadas ou naturalmente selecionadas. E neste caso aparece a importância do princípio da vantagem derivada da divergência de características, pois isto levará, geralmente, a que se conservem e acumulem por seleção natural as variações mais diferentes ou divergentes, representadas pelas linhas de pontos mais externas. Quando uma linha de pontos chega a uma das linhas horizontais e está ali marcada com uma letra minúscula com número, supõe-se que se acumulou uma quantidade suficiente de variações para constituir uma variedade bem marcada; tanto que deveria ser avaliada digna de ser registrada numa obra sistemática.

Os intervalos entre as linhas horizontais do quadro podem representar cada um, mil gerações ou mais. Depois de um milhar de gerações se supõe que a espécie A produziu duas variedades perfeitamente marcadas, que são *a1* e m2. Estas duas variedades estarão, em geral, submetidas ainda às mesmas condições que fizeram variar seus antepassados, e a tendência à variabilidade é em si mesma hereditária; portanto, tenderão também a variar e, em geral, quase do mesmo modo que o fizeram seus pais. E mais: estas duas variedades, como são somente formas ligeiramente modificadas, tenderão a herdar as vantagens que fizeram seu tronco comum A mais numeroso do que a maior parte dos outros habitantes da mesma região; participarão elas também daquelas vantagens mais gerais que fizeram do gênero ao qual pertenceu a espécie mãe A um gênero grande em sua própria região, e todas estas circunstâncias são favoráveis à produção de novas variedades.

Se estas duas variedades são, pois, variáveis, as mais divergentes de suas variações se conservarão, em geral, durante as mil gerações seguintes. E depois deste intervalo se supõe que a variedade *a1* do quadro produziu a variedade a2 que, devido ao princípio da divergência, diferirá mais do que diferiu a variedade a1. A variedade m1 se supõe que produziu duas variedades, a saber: m2 e s2, que diferem entre si e ainda mais de seu antepassado comum A. Podemos continuar o processo, por graus semelhantes, durante qualquer espaço de tempo produzindo algumas das variedades depois de cada milhar de gerações uma só variedade, mas de condição cada vez mais modificada; produzindo outras, duas ou três variedades, e não conseguindo outras produzir nenhuma. Deste modo, as variedades ou descendentes modificados do tronco comum A continuarão, geralmente, aumentando em número e divergindo em características. No quadro, o processo está representado até a décima milésima geração e, numa forma condensada e simplificada, até a milésima quadringentésima geração.

Mas tenho de observar aqui que não suponho que o processo continue sempre tão regularmente como está representado no quadro – ainda que este já seja bem irregular – nem que se desenvolva sem interrupção; é bem mais provável que cada forma permaneça inalterável durante longos períodos e experimente depois outra vez modificação. Também não suponho que as variedades mais divergentes, invariavelmente se conservem; com frequência, uma forma média pode durar muito tempo e pode ou não produzir mais de uma forma descendente modificada; pois a seleção natural atua segundo a natureza dos lugares que estejam desocupados, ou ocupados imperfeitamente, por outros seres, e isto dependerá de relações infinitamente complexas. Mas, por regra geral, quanto mais diferente possa fazer-se a conformação dos descendentes de uma espécie, tantos mais postos poderão ser apropriados e tanto mais aumentará sua descendência modificada. Em nosso quadro, a linha de sucessão está interrompida em intervalos regulares por letras minúsculas com número, que assinalam as formas sucessivas que chegaram a ser muito diferentes para ser registradas como variedades. Mas essas interrupções são imaginárias e poderiam ter-se posto em qualquer ponto depois de intervalos suficientemente longos para permitir a acumulação de uma considerável variação divergente.

Como todos os descendentes modificados de uma espécie comum, e muito difundida pertencente a um gênero grande, tenderão a participar das mesmas vantagens que fizeram seus pais triunfar na vida, continuarão geralmente multiplicando-se em número, bem como divergindo em características: isto está representado no quadro pelos variados ramos divergentes que partem de A. A descendência modificada dos ramos mais modernos e mais aperfeiçoados das linhas de descendência provavelmente ocupará com frequência o lugar dos ramos mais antigos e menos aperfeiçoadas, destruindo-os assim, o que está representado no quadro por alguns dos ramos inferiores que não atingem as linhas horizontais superiores. Em alguns casos, indubitavelmente, o processo de modificação estará limitado a uma só linha de descendência e o número de descendentes modificados não aumentará, ainda que possa ter aumentado a divergência da modificação. Esse caso estaria representado no diagrama se todas as linhas que partem de A fossem suprimidas, exceto a que vai desde *a1* até a10. Deste modo o cavalo de corrida inglês e o pointer inglês foram evidentemente divergindo pouco a pouco em suas características dos troncos primitivos, sem que tenham dado nenhum novo ramo ou raça.

Supõe-se que, depois de dez mil gerações, a espécie A produziu três formas – *a10*, f10 e m10 – que, por ter divergido nas características durante as gerações sucessivas, terão chegado a diferir muito, ainda que talvez desigualmente, umas de outras e de seu tronco comum. Se supusermos que a mudança entre duas linhas horizontais de nosso quadro é minúsculo, estas três formas poderiam ser ainda só variedades bem assinaladas; mas não temos mais do que supor que os passos no processo de modificação são mais numerosos ou maiores para que estas três formas se convertam em espécies duvidosas ou, pelo menos, em variedades bem definidas. Deste modo, o quadro mostra os graus pelos quais as diferenças pequenas que distinguem as variedades crescem até converter-se nas diferenças maiores que distinguem as espécies. Continuando o mesmo processo durante um grande número de gerações – como, mostra o quadro de um modo condensado e simplificado –, obtemos oito espécies, assinaladas pelas letras a14 a m14, descendentes todas de A. Deste modo, creio eu, multiplicam-se as espécies e se formam os gêneros.

Num gênero grande é provável que mais de uma espécie tenha que variar. No quadro supus que outra espécie I produziu por etapas análogas, depois de dez mil gerações, duas variedades bem caracterizadas – *w*1 ou e z1 – ou duas espécies, segundo a intensidade da mudança que se suponha representada entre as linhas horizontais. Depois de quatorze mil gerações, supõe-se que se produziram seis espécies novas, assinaladas pelas letras n14 a z 14. Em todo gênero, as espécies que já são muito diferentes entre si tenderão geralmente a produzir o maior número de descendentes modificados, pois são as que terão mais probabilidade de ocupar postos novos e muito diferentes na economia da natureza; por isto, no quadro escolhi a espécie extrema A e a espécie quase extrema I, como as que variaram mais e dariam origem a novas variedades e espécies. As outras nove espécies – assinaladas por letras maiúsculas – de nosso gênero primitivo podem continuar dando durante períodos longos, ainda que desiguais, descendentes não modificados, o que se representa no quadro pelas linhas de pontos que se prolongam desigualmente para cima.

Mas durante o processo de modificação representado no quadro, outro de nossos princípios, o da extinção, terá representado um papel importante. Como em cada região completamente povoada a seleção natural necessariamente atua porque a forma selecionada tem alguma vantagem na luta pela vida sobre outras formas, haverá uma tendência constante nos descendentes aperfeiçoados de uma espécie qualquer a suplantar e exterminar em cada geração a seus precursores e a seu tronco primitivo. Para isto se deve recordar que a luta será, geralmente, mais rigorosa entre as formas que estejam mais relacionadas entre si em hábitos, constituição e estrutura. Consequentemente todas as formas intermédias entre o estado primitivo e os mais recentes, isto é, entre os estados menos aperfeiçoados e os mais aperfeiçoados da mesma espécie, bem como a mesma espécie mãe primitiva, tenderão, geralmente, a extinguir-se. Assim ocorrerá provavelmente com muitos ramos colaterais, que serão vencidos por ramos mais modernos e melhorados. No entanto, se os descendentes melhorados de uma espécie penetram numa região diferente ou se adaptam rapidamente a uma estação nova por completo, na qual a descendência e o tipo primitivo não entrem em concorrência, podem ambos continuar vivendo.

Se se admite, pois, que nosso quadro representa uma quantidade considerável de modificação, a espécie A e todas as variedades primitivas se terão extinguido, sendo substituídas por oito espécies novas – *a14* a m14 – e a espécie I será substituída por seis espécies novas – n14 a z 14.

Mas podemos ir ainda mais longe. Supunha-se que as espécies primitivas de nosso gênero se assemelhavam umas às outras em graus desiguais, como ocorre geralmente na natureza, sendo a espécie (A) mais próxima a B, C e D que às outras espécies, e a espécie (I) mais próxima a G, H, K e L que às outras. Supunha-se também que as duas espécies A e I eram espécies muito comuns e muito difundidas, de modo que deviam ter tido primitivamente alguma vantagem sobre a maior parte das outras espécies do gênero. Seus descendentes modificados, em número de quatorze na décima milésima quarta geração terão herdado provavelmente algumas vantagens; ter-se-ão além do mais modificado e aperfeiçoado de um modo diverso em cada geração, de maneira que terão chegado a adaptar-se a muitos postos adequados na economia natural da região. Parece, portanto, extremamente provável que terão ocupado os postos, não só de seus antepassados A e I, mas também de muitas das espécies primitivas que eram mais semelhantes a seus pais, exterminando-as assim. Portanto pouquíssimas das espécies primitivas terão transmitido descendentes à décima milésima quarta geração. Podemos supor que só uma – F – das duas espécies – E e F –, que eram as menos afins das outras nove espécies primitivas, deu descendentes até esta última geração.

As novas espécies de nosso quadro, que descendem das onze espécies primitivas, serão agora em número de quinze. Devido à tendência divergente da seleção natural, a divergência máxima de características entre as espécies *a14* e z14 será muito maior do que entre as mais diferentes das onze espécies primitivas. As novas espécies, além do mais, estarão relacionadas entre si de modo muito diferente. Das oito descendentes de A, as três assinaladas pela a14, q14 e p14 estarão muito relacionadas por ter-se separado recentemente de a10, b14 e f14, por ter-se separado num período anterior da a5, serão bastante diferentes das três espécies primeiro mencionadas e, por último, o14, e14 e m 14 estarão muito relacionadas entre si; mas por ter-se separado desde o mesmo princípio do processo de modificação serão muito diferentes das outras cinco espécies, e podem constituir um subgênero ou um gênero diferente.

Os seis descendentes de I formarão dois subgêneros ou gêneros; mas como a espécie primitiva I diferia muito de A, por estar quase no outro extremo do gênero, os seis descendentes de I, só pela hereditariedade, diferirão já consideravelmente dos oito descendentes de A; mas, além do mais, supõe-se que os dois grupos continuam divergindo em direções diferentes. As espécies intermédias – e isto é uma consideração importantíssima – que uniam as espécies primitivas A e I, excetuando F, extinguiram-se todas e não deixaram nenhum descendente. Portanto, as seis espécies novas descendentes de I e as oito descendentes de A terão que ser classificadas como gêneros muito diferentes e até como subfamílias diferentes.

Assim é, a meu ver, como dois ou mais gêneros se originam, por descendência com modificação, de duas ou mais espécies do mesmo gênero. E as duas ou mais espécies mães se supõe que descenderam de uma espécie de um gênero anterior. Em nosso quadro se indicou isto pelas linhas interrompidas embaixo das letras maiúsculas, linhas que por baixo convergem em grupos para um ponto comum; este ponto representa uma espécie: o progenitor suposto de nossos diferentes subgêneros e gêneros novos.

Vale a pena refletir um momento sobre a característica da nova espécie *f*14, que se supõe que não variou muito e que conservou a forma de F sem alteração, ou alterada só ligeiramente. Neste caso, suas afinidades com as outras quatorze espécies novas serão de natureza curiosa e indireta. Por descender de uma forma situada entre as espécies mães A e I, que se supõem atualmente extintas e desconhecidas, será, em certo modo, intermédia entre os dois grupos descendentes destas duas espécies. Mas como estes dois grupos continuaram divergindo em suas características do tipo de seus progenitores, a nova espécie f14 não será diretamente intermédia entre eles, mas mais bem entre tipos dos dois grupos, e todo naturalista poderá recordar casos semelhantes.

Até agora se supôs que no quadro cada linha horizontal representa um milhar de gerações, mas cada uma pode representar um milhão de gerações, ou mais, ou pode também representar uma seção das camadas sucessivas da crosta terrestre que contém restos de seres extintos. Quando chegarmos ao capítulo sobre a geologia teremos que fazer questão de tratar deste assunto, e creio que então veremos que o quadro dá luz sobre as afinidades dos seres extintos que, embora pertençam às mesmas ordens, famílias e gêneros que os hoje vivos, no entanto, são com frequência intermediários em certo grau entre os grupos existentes, e podemos explicar-nos este fato porque as espécies extintas viveram em diferentes épocas remotas, quando as ramificações das linhas de descendência se tinham separado menos.

Não vejo razão alguma para limitar o processo de ramificação, como fica explicado, unicamente à formação de gêneros. Se no quadro supomos que é grande a mudança representada por cada grupo sucessivo de linhas divergentes de pontos, as formas *a14* a p14, entre b14 e f14 e entre as formas o14 a m 14 constituirão três gêneros muito diferentes. Teremos também dois gêneros muito diferentes descendentes de I, que diferirão muito dos descendentes de A. Estes dois grupos de gêneros formarão deste modo duas famílias ou ordens diferentes, segundo a quantidade de modificação divergente que se suponha representada no quadro. E as duas novas famílias ou ordens descendem de duas espécies do gênero primitivo e se supõe que estas descendem de alguma forma desconhecida ainda mais antiga.

Temos visto que em cada habitat as espécies que pertencem aos maiores gêneros são precisamente as que com mais frequência apresentam variedades ou espécies incipientes. Isto, realmente, podia esperar-se, pois como a seleção natural atua mediante formas que têm alguma vantagem sobre outras na luta pela existência, atuando principalmente sobre aquelas que têm já alguma vantagem, e a magnitude de um grupo qualquer mostra que suas espécies herdaram de um antepassado comum alguma vantagem em comum. Portanto, a luta pela produção de descendentes novos e modificados será principalmente entre os grupos maiores, que estão todos se esforçando por aumentar em número. Um grupo grande suplantará lentamente a outro grupo grande, o reduzirá em número e fará diminuir assim suas probabilidades de ulterior variação e aperfeiçoamento. Dentro do mesmo grupo grande, os subgrupos mais recentes e mais aperfeiçoados, por se terem separado e apoderado de muitos postos novos na economia da natureza, tenderão constantemente a suplantar e destruir aos subgrupos mais primitivos e menos aperfeiçoados. Os grupos e subgrupos pequenos e fragmentários desaparecerão finalmente. Olhando o porvir podemos predizer que os grupos de seres orgânicos atualmente grandes e triunfantes e que estão pouco interrompidos, ou seja, os que até agora sofreram menos extinções, continuarão aumentando durante um longo período; mas ninguém pode predizer que grupos prevalecerão finalmente, pois sabemos que muitos grupos muito desenvolvidos em outros tempos acabaram por extinguir-se. Olhando ainda mais ao longe no porvir podemos predizer que, devido ao crescimento contínuo e certo dos grupos maiores, uma multidão de grupos pequenos chegará a extinguir-se por completo e não deixará descendente algum modificado, e que, portanto, das espécies que vivem num período qualquer, extremamente poucas transmitirão descendentes a um futuro remoto. Terei que insistir sobre este assunto no capítulo sobre a classificação; mas posso acrescentar que, segundo esta hipótese, pouquíssimas das espécies mais antigas deram descendentes até o dia de hoje; e como todos os descendentes de uma mesma espécie formam uma classe, podemos compreender como é que existem tão poucas classes em cada uma das divisões principais dos reinos animal e vegetal. Ainda que poucas das espécies mais antigas tenham deixado descendentes modificados, no entanto, em períodos geológicos remotos a terra pôde ter estado quase tão bem povoada como atualmente de espécies de muitos gêneros, famílias, ordens e classes.

Sobre o grau a que tende a progredir a organização

A seleção natural atua exclusivamente mediante a conservação e acumulação de variações que sejam proveitosas, nas condições orgânicas e inorgânicas a que cada ser vivente está submetido em todos os períodos de sua vida. O resultado final é que todo ser tende a aperfeiçoar-se mais e mais, em relação com as condições. Este aperfeiçoamento conduz inevitavelmente ao progresso gradual da organização do maior número de seres vivos, em todos. Mas aqui entramos num assunto complicadíssimo, pois os naturalistas não definiram, de maneira satisfatória para todos, o que se entende por progresso na organização.

Nos vertebrados entram em jogo, evidentemente, o grau de inteligência e a aproximação à conformação do homem. Poderia crer-se que a intensidade da mudança que as diferentes partes e órgãos experimentam em seu desenvolvimento desde o embrião ao estado adulto bastaria como tipo de comparação; mas há casos, como o de certos crustáceos parasitas, em que diferentes partes da estrutura se tornam menos perfeitas, de maneira que não se pode dizer que o animal adulto seja superior a sua larva. O tipo de comparação de von Baer[76] parece o melhor e o de maior aplicação: consiste no grau de diferenciação das partes do mesmo ser orgânico – em estado adulto, me inclinaria a acrescentar eu – e sua especialização para funções diferentes ou, segundo o expressaria Milne Edwards, no aperfeiçoamento na divisão do trabalho fisiológico.

Mas veremos o lado obscuro deste assunto se observamos, por exemplo, os peixes, entre os quais alguns naturalistas consideram como superiores os que, como os escamados, se aproximam mais dos anfíbios, enquanto outros naturalistas consideram como superiores os peixes ósseos comuns, ou peixes teleósteos, porquanto são estes os mais estritamente pisciformes e diferem mais das outras classes de vertebrados. Notamos ainda mais a obscuridade deste assunto fixando-nos nas plantas, nas quais fica naturalmente excluído por completo o critério de inteligência e, neste caso, alguns botânicos consideram como superiores as plantas que têm todos os órgãos, como sépalas, pétalas, estames e pistilo, completamente desenvolvidos em cada flor, enquanto outros botânicos, provavelmente com maior razão, consideram como superiores as plantas que têm seus diferentes órgãos muito modificados e reduzidos em número.

Se tomarmos como tipo de organização superior a intensidade da diferenciação e especialização dos diferentes órgãos em cada ser quando é adulto – e isto compreenderá o progresso do cérebro para os fins intelectuais – a seleção natural conduz evidentemente a este tipo, pois todos os fisiologistas admitem que a especialização dos órgãos, enquanto neste estado realizam melhor suas funções, é uma vantagem para todo ser e, portanto, a acumulação de variações que tendam à especialização está dentro do campo de ação da seleção natural. Por outro lado, podemos ver – tendo presente que todos os seres orgânicos se estão esforçando por aumentar numa progressão elevada e por apoderar-se de qualquer local desocupado, ou menos bem ocupado, na economia da natureza – que é totalmente possível à seleção natural adaptar um ser a uma situação na qual diferentes órgãos sejam supérfluos ou inúteis; nestes casos haveria retrocessos na escala de organização. No capítulo sobre a sucessão geológica se discutirá mais oportunamente se a organização em conjunto progrediu realmente desde os períodos geológicos mais remotos até hoje em dia.

Mas, se todos os seres orgânicos tendem a elevar-se deste modo na escala, pode fazer-se a objeção de como é que, por todo o mundo, existem ainda multidões de formas inferiores, e como é que em todas as grandes classes há formas muitíssimo mais desenvolvidas do que outras? Por que as formas mais aperfeiçoadas não suplantaram nem exterminaram em todas as partes as inferiores? Lamarck[77], que acreditava em uma tendência inata e inevitável para a perfeição em todos os seres orgânicos, parece ter sentido tão vivamente esta dificuldade, que foi levado a supor que de contínuo se produzem, por geração espontânea, formas novas e singelas. Até agora, a ciência não provou a verdade desta hipótese, seja o que for aquilo que o porvir possa nos revelar. Segundo nossa teoria, a persistência de organismos inferiores não oferece dificuldade alguma, pois a seleção natural, ou a sobrevivência dos mais adequados, não implica necessariamente desenvolvimento progressivo; tira somente proveito das variações à medida que surgem e são benéficas para cada ser em suas complexas relações de vida. E pode perguntar-se: que vantagem teria – no que nós possamos compreender – para um ciliado, para um verme intestinal, ou até para uma minhoca, em ter uma organização superior? Se não tivesse vantagem, a seleção natural teria que deixar estas formas sem aperfeiçoar, ou as aperfeiçoaria muito pouco, e poderiam permanecer por tempo indefinido em sua condição inferior atual. E a geologia nos diz que algumas das formas inferiores, como os ciliados e rizópodes, permaneceram durante um período enorme quase em seu estado atual. Mas supor que a maior parte das muitas formas inferiores que hoje existem não progrediu um mínimo sequer desde a primeira aparição da vida seria extremamente precipitado, pois todo naturalista que tenha dissecado alguns dos seres classificados atualmente como muito inferiores na escala tem de ter ficado impressionado por sua organização, realmente admirável e formosa.

Quase as mesmas observações são aplicáveis se consideramos os diferentes graus de organização dentro de um dos grupos maiores; por exemplo: a coexistência de mamíferos e peixes nos vertebrados; a coexistência do homem e o *Ornithorhynchus* nos mamíferos; a coexistência, nos peixes, do tubarão e o Amphioxus, peixe este último que, pela extrema singeleza de sua estrutura, aproxima-se dos invertebrados. Mas mamíferos e peixes raramente entram em concorrência mútua; o progresso de toda a classe dos mamíferos e de determinados membros desta classe até o grau mais elevado não os levaria a ocupar o lugar dos peixes. Os fisiologistas creem que o cérebro precisa estar banhado por sangue quente para estar em grande atividade, e isto requer respiração aérea; de maneira que os mamíferos, animais de sangue quente, quando vivem na água estão em situação desvantajosa, por ter que ir continuamente à superfície para respirar. Entre os peixes, os indivíduos da família dos tubarões não têm de tender a suplantar o Amphioxus, pois este, segundo me manifesta Fritz Muller, tem por único colega e competidor, na pobre costa arenosa do Brasil meridional, um anelídeo anômalo. As três ordens inferiores de mamíferos, ou seja, os marsupiais, desdentados e roedores, coexistem na América do Sul na mesma região com numerosos macacos, e provavelmente há poucos conflitos entre eles. Ainda que a organização, em conjunto, possa ter avançado e está ainda avançando em todos, no entanto, a escala apresentará sempre muitos graus de perfeição, pois o grande progresso de certas classes inteiras, ou de determinados membros de cada classe, não conduz de modo algum necessariamente à extinção dos grupos com os quais aqueles não entram em concorrência direta. Em alguns casos, como depois veremos, formas de organização inferior parece que se conservaram até hoje em dia por ter vivido em estações reduzidas ou peculiares, onde têm estado sujeitas a concorrência menos severa e onde seu escasso número retardou a casualidade de que tenham surgido variações favoráveis.

Finalmente, creio que, por diferentes causas, existem ainda no mundo muitas formas de organização inferior. Em alguns casos podem não ter aparecido nunca variações ou diferenças individuais de natureza favorável para que a seleção natural atue sobre elas e as acumule. Em nenhum caso, provavelmente, o tempo foi suficiente para permitir todo o desenvolvimento possível. Em alguns casos teve o que podemos chamar de *retrocesso de organização*. Mas a causa principal estriba no fato de que, em condições extremamente singelas de vida, uma organização elevada não seria de nenhuma utilidade; talvez seria um prejuízo positivo, por ser de natureza mais delicada e mais susceptível de descompor-se e ser destruída.

Considerando a primeira aparição da vida, quando todos os seres orgânicos, segundo podemos crer, apresentavam estrutura simples, perguntou-se como puderam originar-se os primeiros passos no progresso ou na diferenciação de partes. Herbert Spencer responderia provavelmente que tão logo como um simples organismo unicelular chegou, por crescimento ou divisão, a estar composto de diferentes células, ou chegou a estar aderido a qualquer superfície de sustento, entrava em ação sua lei: "que as unidades homólogas de qualquer ordem se diferenciam à medida que suas relações com as forças incidentes se tornam diferentes"; mas como não temos fatos que nos guiem, a especulação sobre este assunto é quase inútil. É, no entanto, um erro supor que não havia luta pela existência, nem, portanto, seleção natural, até que se produzissem muitas formas: as variações de uma só espécie que vive num local isolado puderam ser benéficas e deste modo todo o conjunto de indivíduos pôde modificar-se ou puderam originar-se duas formas diferentes. Mas, como observei no final da introdução, ninguém deve surpreender-se do muito que ainda fica sem explicação sobre a origem das espécies, se reconhecemos nossa profunda ignorância sobre as relações dos habitantes do mundo nos tempos presentes, e ainda mais nas idades passadas.

Convergência de características

H. C. Watson pensa que exagerei a importância da divergência de características – na qual, no entanto, parece crer – e que a *convergência*, como pode chamar-se, representou igualmente seu papel. Se duas espécies pertencentes a dois gêneros diferentes, ainda que próximos, tivessem produzido um grande número de formas novas e divergentes, concebe-se que estas pudessem assemelhar-se tanto mutuamente que tivessem que ser classificadas todas no mesmo gênero e, deste modo, os descendentes de dois gêneros diferentes convergiriam num. Mas na maior parte dos casos seria extremamente precipitado atribuir à convergência a semelhança íntima e geral de estrutura entre os descendentes modificados de formas muito diferentes. A forma de um cristal está determinada unicamente pelas forças moleculares e não é surpreendente que substâncias indesejáveis tenham de tomar algumas vezes a mesma forma; mas para os seres orgânicos temos de considerar que a forma de cada um depende de uma infinidade de relações complexas, a saber: das variações que sofreram, devidas a causas demasiado intrincadas para serem indagadas; da natureza das variações que se conservaram ou que foram selecionadas – e isto depende das condições físicas ambientes e, num grau ainda maior, dos organismos que rodeiam cada ser, e com os quais entram em concorrência – e, finalmente, da hereditariedade – que em si mesma é um elemento flutuante – de inumeráveis progenitores, cada um dos quais teve sua forma, determinada por relações igualmente complexas. Não é de crer que os descendentes dos dois organismos que primitivamente tinham diferido de um modo assinalado convergissem depois, tanto que levassem toda sua organização a aproximar-se muito da identidade. Se isto tivesse ocorrido, nos encontraríamos com a mesma forma, que se repetiria, independentemente de conexões genéticas, em formações geológicas muito separadas; e a comparação das provas se opõe a semelhante admissão.

Watson fez também a objeção de que a ação contínua da seleção natural, com a divergência de características, tenderia a produzir um número indefinido de formas específicas. No que se refere às condições puramente inorgânicas, parece provável que um número suficiente de espécies se adaptaria logo a todas as diferenças tão consideráveis de calor, umidade, etc.; mas eu admito por completo que são mais importantes as relações mútuas dos seres orgânicos e, como o número de espécies em qualquer habitat vai aumentando, as condições orgânicas de vida têm que ir se tornando cada vez mais complicadas. Portanto, parece à primeira vista que não há limite para a diversificação vantajosa de estrutura nem, portanto, para o número de espécies que possam produzir-se. Não sabemos se está completamente povoado de formas específicas nem mesmo o território mais fecundo: no Cabo da Boa Esperança e na Austrália, onde vive um número de espécies tão assombroso, têm-se aclimatado muitas plantas europeias, e a geologia nos mostra que o número de espécies de conchas desde um tempo muito antigo do período terciário, e o número de mamíferos, desde a metade do mesmo período, não aumentou muito, se é que aumentou. Que é, pois, o que impede um aumento indefinido no número de espécies? A quantidade de vida – não me refiro ao número de formas específicas – mantida por um território dependendo tanto como depende das condições físicas, deve ter um limite e, portanto, se um território está habitado por muitíssimas espécies, todas ou quase todas estarão representadas por poucos indivíduos e estas espécies estarão expostas à destruição pelas flutuações acidentais que ocorram na natureza das estações ou no número de seus inimigos.

O processo de destruição nestes casos seria rápido, enquanto a produção de espécies novas tem de ser lenta. Imaginemo-nos o caso extremo de que houvesse na Inglaterra tantas espécies como indivíduos, e o primeiro inverno ou o primeiro verão seco exterminaria milhares e milhares de espécies.

As espécies raras – e toda espécie chegará a ser rara se o número de espécies de um habitat aumenta indefinidamente – apresentarão, segundo o princípio tantas vezes explicado, dentro de um período dado, poucas variações favoráveis; em consequência, se retardaria deste modo o processo de dar nascimento a novas formas específicas.

Quando uma espécie chega a tornar-se raríssima, os cruzamentos consanguíneos ajudarão a exterminá-la; alguns autores pensaram que isto contribui a explicar a decadência dos bisões na Lituânia, do veado na Escócia e dos ursos na Noruega, etc.

Por último – e me inclino a pensar que este é o elemento mais importante – uma espécie dominante que venceu já a muitos competidores em sua própria pátria tenderá a estender-se e a suplantar a muitas outras. Alphonse de Candolle demonstrou que as espécies que se estendem muito tendem geralmente a estender-se muitíssimo; portanto, tenderão a suplantar e exterminar a diferentes espécies em diferentes territórios, e deste modo, conterão o desordenado aumento de formas específicas no mundo.

O doutor Hooker demonstrou recentemente que no extremo sudeste da Austrália, onde evidentemente há muitos invasores procedentes de diferentes partes do globo, o número das espécies peculiares australianas se reduziu muito.

Não pretendo dizer que importância se deve atribuir a estas diferentes considerações; mas em conjunto têm que limitar em cada habitat a tendência a um aumento indefinido de formas específicas.

Resumo do capítulo

Se em condições variáveis de vida os seres orgânicos apresentam diferenças individuais em quase todas as partes de sua estrutura – e isto é indiscutível; se há, devido a sua progressão geométrica, uma rigorosa luta pela vida em alguma idade, estação ou ano – e isto, certamente, é indiscutível; considerando então a complexidade infinita das relações dos seres orgânicos entre si e com suas condições de vida, que fazem com que lhes seja vantajoso uma infinita diversidade de estrutura, constituição e hábitos, seria um fato realmente extraordinário que não se tivessem apresentado nunca variações úteis à prosperidade de cada ser, do mesmo modo que se apresentaram tantas variações úteis ao homem. Mas se as variações úteis a um ser orgânico ocorrem alguma vez, os indivíduos caracterizados deste modo terão seguramente as maiores probabilidades de conservar-se na luta pela vida e, pelo poderoso princípio da hereditariedade, tenderão a produzir descendentes com características semelhantes. A este princípio de conservação ou sobrevivência dos mais adequados chamei-o de *seleção natural*. Conduz este princípio ao aperfeiçoamento de cada ser em relação com suas condições de vida orgânica e inorgânica e, portanto, na maior parte dos casos, ao que pode ser considerado como um progresso na organização. No entanto, as formas inferiores e singelas persistirão muito tempo se estão bem adequadas a suas condições singelas de vida.

A seleção natural, pelo princípio de que as qualidades se herdam nas idades correspondentes, pode modificar o ovo, a semente ou o indivíduo jovem tão facilmente como o adulto. Em muitos animais, a seleção sexual terá prestado sua ajuda à seleção ordinária, assegurando aos machos mais vigorosos e melhor adaptados o maior número de descendentes. A seleção sexual dará também características úteis só aos machos em suas lutas ou rivalidades com outros machos, e estas características transmitir-se-ão a um sexo, ou a ambos sexos, segundo a forma de hereditariedade que predomine.

Se a seleção natural atuou positivamente deste modo, adaptando as diferentes formas orgânicas às diversas condições e estações, é coisa que tem de ser avaliada pelo conteúdo geral dos capítulos seguintes e pela comparação das provas que neles são dadas. Mas já temos visto que a seleção natural ocasiona extinção, e a geologia manifesta claramente o importante papel que desempenhou a extinção na história do mundo. A seleção natural leva também à divergência de características, pois quanto mais diferem os seres orgânicos em estrutura, hábitos e constituição, tanto maior é o número que pode sustentar um território; vemos uma prova disso considerando os habitantes de qualquer região pequena e as produções aclimatadas em habitat estranho. Portanto, durante a modificação dos descendentes de uma espécie e durante a incessante luta de todas as espécies para aumentar em número de indivíduos, quanto mais diversos cheguem a ser os descendentes, tanto mais aumentarão suas probabilidades de triunfo na luta pela vida. Deste modo, as pequenas diferenças que distinguem as variedades de uma mesma espécie tendem constantemente a aumentar até que igualem as diferenças maiores que existem entre as espécies de um mesmo gênero ou ainda de gêneros diferentes.

Temos visto que as espécies comuns, muito difundidas, que ocupam grandes extensões e que pertencem aos gêneros maiores dentro de cada classe, são precisamente as que mais variam, e estas tendem a transmitir a sua modificada descendência aquela superioridade que as faz agora predominantes em seu próprio habitat. A seleção natural, como se acaba de observar, conduz à divergência de características e à extinção das formas orgânicas menos aperfeiçoadas e das intermédias. Segundo estes princípios, a natureza das afinidades e das diferenças, geralmente bem definidas – que existem entre os inumeráveis seres orgânicos de cada classe em todos –, podem se explicadas. É um fato verdadeiramente maravilhoso – o maravilhoso que pendemos a deixar passar inadvertido por estar familiarizado com ele – que todos os animais e todas as plantas, em todo tempo e lugar, estejam relacionados entre si em grupos subordinados a outros grupos, do modo que observamos em todas partes, ou seja: as variedades de uma mesma espécie, muito estreitamente relacionadas entre si; as espécies do mesmo gênero, menos relacionadas e de modo desigual, formando seções ou subgêneros; as espécies de gêneros diferentes, muito menos relacionadas; e os gêneros, relacionados em graus diferentes, formando subfamílias, famílias, ordens, subclasses e classes. Os diferentes grupos subordinados não podem ser classificados numa só fila, mas que parecem agrupados ao redor de pontos e estes ao redor de outros pontos, e assim, sucessivamente, em círculos quase infinitos. Se as espécies tivessem sido criadas independentemente, não tivesse tido explicação possível deste gênero de classificação, que se explica mediante a hereditariedade e a ação complexa da seleção natural, que produzem a extinção e a divergência de características, como o vimos graficamente no quadro.

As afinidades de todos os seres da mesma classe foram representadas algumas vezes por uma grande árvore. Creio que este exemplo expressa a verdade; os raminhos verdes e que dão brotos podem representar espécies vivas, e os ramos produzidos durante anos anteriores podem representar a longa sucessão de espécies extintas. Em cada período de crescimento, todos os raminhos que crescem tentaram ramificar-se por todos lados e sobrepujar e matar os brotos e ramos ao redor, do mesmo modo que as espécies e grupos de espécies, em todo tempo dominaram a outras espécies na grande batalha pela vida. Os ramos maiores que arrancam do tronco e se dividem em ramos grandes, os quais se subdividem em ramos cada vez menores, foram num tempo, quando a árvore era jovem, raminhos que brotavam e esta relação entre os rebentos passados e os presentes, mediante a ramificação, pode representar bem a classificação de todas as espécies vivas e extintas em grupos subordinados uns a outros.

Dos muitos raminhos que floresceram quando a árvore era um simples rebento, só dois ou três, convertidos agora em ramos grandes, sobrevivem ainda e levam os outros ramos; de igual modo, das espécies que viveram durante períodos geológicos muito antigos, pouquíssimas deixaram descendentes vivos modificados. Desde o primeiro crescimento da árvore, muitos ramos de todos os tamanhos se secaram e caíram, e estes ramos caídos, de vários tamanhos, podem representar todos aquelas ordens, famílias e gêneros inteiros que não têm atualmente representantes vivos e que nos são conhecidos tão só em estado fóssil. Do mesmo modo que, de vez em quando, vemos um raminho perdido que sai de uma ramificação baixa de uma árvore e que por alguma circunstância foi favorecida e está ainda viva em sua ponta, também de vez em quando encontramos um animal, como o *Ornithorhynchus* ou o Lepidosiren que, até certo ponto, liga, por suas afinidades, dois grandes ramos da vida e que, ao que parece, salvou-se de concorrência fatal por ter vivido em lugares protegidos. Bem como os brotos, por crescimento, dão origem a novos rebentos, e estes, se são vigorosos, ramificam-se e sobrepujam por todos os lados a muitos ramos mais débeis, assim também, a meu ver, ocorreu, mediante geração, na grande Árvore da Vida, que com seus ramos mortos e rompidos enche a crosta da terra, cuja superfície cobre com suas formosas ramificações, sempre em renovada divisão.

Capítulo V

Leis da Variação

Efeitos da mudança de condições – Uso e desuso combinados com a seleção natural – Órgãos do voo e da vista – Aclimatação – Variação correlativa – Compensação e economia do crescimento – Correlações falsas – As conformações múltiplas, rudimentares e de organização inferior são variáveis – Os órgãos desenvolvidos de um modo extraordinário são extremamente variáveis; as características específicas são mais variáveis do que as genéricas; as características sexuais secundárias são variáveis – As espécies do mesmo gênero variam de um modo análogo – Reversão a características perdidas desde muito tempo – Resumo

Até aqui falei algumas vezes como se as variações, tão comuns nos seres orgânicos em ambiente doméstico, e em menor grau nos que se acham em estado natural, fossem devidas à casualidade. Isto, certamente, é uma expressão completamente incorreta, mas serve para confessar francamente nossa ignorância das causas de cada variação particular. Alguns autores creem que produzir diferenças individuais ou variações pequenas de estrutura é tão especificamente função do aparelho reprodutor como fazer o filho semelhante a seus pais. Mas o fato de que as variações ocorram com muito mais frequência em ambiente doméstico que no estado natural e a maior variabilidade nas espécies de distribuição geográfica muito extensa do que naquelas de distribuição geográfica reduzida, levam à conclusão de que a variabilidade está geralmente relacionada com as condições de vida a que tem estado submetida cada espécie durante várias gerações sucessivas. No capítulo primeiro tentei demonstrar que as mudanças de condições ocorrem de dois modos: diretamente, sobretudo, o organismo, ou só sobre determinados órgãos, e indiretamente sobre o aparelho reprodutor. Em todos os casos existem dois fatores: a natureza do organismo – que, dos dois, é o mais importante – e a natureza das condições de vida. A ação direta da mudança de condições conduz a resultados definidos e indefinidos. Neste último caso, o organismo parece tornar-se maleável e temos uma grande variabilidade flutuante. No primeiro caso, a natureza do organismo é tal, que cede facilmente quando está submetida a determinadas condições, e todos ou quase todos os indivíduos ficam modificados da mesma maneira.

É dificílimo determinar até que ponto a mudança de condições tais como as de clima, alimentação, etc., agiu de modo definido. Há motivos para crer que em decorrência do tempo os efeitos foram maiores do que se pode verificar com provas evidentes. Mas podemos, seguramente, chegar à conclusão de que não podem atribuir-se simplesmente a esta ação as complexas e inumeráveis adaptações mútuas de conformação entre diferentes seres orgânicos que vemos por toda a natureza. Nos casos seguintes, as condições parecem ter produzido algum sutil efeito definido. E. Forbes afirma que as conchas, no limite sul da região que habitam e quando vivem em águas pouco profundas, são de cores mais vivas do que as das mesmas espécies mais ao norte ou numa maior profundidade; mas isto, indubitavelmente, nem sempre se confirma. Gould[78] crê que as aves de uma mesma espécie são de cores mais brilhantes onde a atmosfera é muito clara do que quando vivem na costa ou em ilhas, e Wollaston está convicto de que viver perto do mar influi nas cores dos insetos. Moquin-Tandon[79] dá uma lista de plantas que quando crescem perto da orla do mar têm suas folhas bem carnosas, apesar de não o serem em qualquer outro lugar. Estes organismos que variam ligeiramente são interessantes, porquanto apresentam características análogas às que possuem as espécies que estão limitadas a lugares de condições parecidas.

Quando uma variação oferece a menor utilidade a um ser qualquer, não podemos dizer quanto se deve atribuir à ação acumuladora da seleção natural e quanto à ação definida das condições de vida.

Assim, é bem conhecido dos peleiros que animais de uma mesma espécie têm uma pelagem mais abundante e melhor quanto mais ao norte vivem; mas quem pode dizer que parte desta diferença se deva a que os indivíduos melhor abrigados tenham sido favorecidos e conservados durante muitas gerações, e que parte seria devido à crueza do clima? Pois parece que o clima tem alguma ação direta sobre o pelo de nossos quadrúpedes domésticos.

Poderiam ser dados exemplos de variedades semelhantes produzidas por uma mesma espécie em condições de vida diferentes como possam conceber-se, e pelo contrário, de variedades diferentes produzidas em condições externas iguais ao que parece.

Além do mais, todo naturalista conhece inumeráveis exemplos de espécies que se mantêm constantes, isto é, que não variam em absoluto, apesar de viver nos mais opostos climas. Considerações tais como estas me inclinam a atribuir menos importância à ação direta das condições ambientes do que a uma tendência a variar devida a causas que ignoramos por completo.

Num verdadeiro sentido pode-se dizer que as condições de vida não somente determinam, direta ou indiretamente, a variabilidade, mas também que compreendem a seleção natural, pois as condições determinam se tem de sobreviver esta ou aquela variedade.

Mas quando é o homem o agente que seleciona vemos claramente que os dois elementos de modificação são diferentes: a variabilidade está, em certo modo, excitada; mas é a vontade do homem a que acumula as variações em direções determinadas, e esta última ação é a que corresponde à sobrevivência dos mais adequados em estado natural.

Efeitos do maior uso e desuso dos órgãos quando estão submetidos à Seleção Natural

Pelos fatos referidos no primeiro capítulo creio que não pode haver dúvida de que o uso fortaleceu e desenvolveu certos órgãos nos animais domésticos, de que o desuso os fez diminuir e de que estas modificações são hereditárias. Na natureza livre não temos tipo de comparação com que avaliar os efeitos do uso e desuso prolongados, pois não conhecemos as formas mães; mas muitos animais apresentam conformações que o melhor modo de podê-las explicar é pelos efeitos do uso e desuso. Como mostrou o professor Owen, não existe maior anomalia na natureza do que a de uma ave não poder voar e, no entanto, há várias neste estado. O *Micropterus brachypterus,* da América do Sul, pode somente bater a superfície da água e tem suas asas quase no mesmo estado do pato doméstico de Aylesbury; é um fato notável que os indivíduos jovens, segundo Cunningham[80], possam voar, enquanto os adultos perderam esta faculdade. Como as aves grandes que encontram seu alimento no solo raramente tentam voar, exceto para escapar do perigo, é provável que o fato de não ter quase asas várias aves que atualmente vivem ou que viveram recentemente em várias ilhas oceânicas onde não habita nenhum mamífero predador, esse fato tenha sido produzido pelo desuso. As avestruzes, é verdade, vivem em continentes e estão expostas a perigos que afetam aqueles que não podem escapar pelo voo; mas podem defender-se de seus inimigos a pontapés, com tanta eficácia como qualquer quadrúpede. Podemos crer que o antepassado dos avestruzes teve hábitos parecidos aos da abetarda[81] e que, à medida que foram aumentando o tamanho e peso de seu corpo nas gerações sucessivas, usou mais suas patas e menos suas asas, até que estas chegaram a ser inúteis para o voo.

Kirby assinalou – e eu observei o mesmo fato – que os tarsos ou pés anteriores de coleópteros coprófagos machos estão frequentemente rompidos: examinou dezessete exemplares de sua própria coleção e em nenhum ficava nem sequer um resto de tarso. No *Onites apelles* é tão habitual que os tarsos estejam perdidos, que o inseto foi descrito como não os tendo. Em alguns outros gêneros, os tarsos se apresentam, mas em estado rudimentar. No Ateuchus, ou escaravelho sagrado dos egípcios, faltam por completo. A prova de que as mutilações acidentais podem ser herdadas atualmente não é decisiva; mas, os notáveis casos de efeitos hereditários de operações observados por Brown-Séquard nos porcos das Índias nos obrigam a ser prudentes em negar esta tendência. Portanto, talvez seja o mais certo considerar a completa ausência de tarsos anteriores no Ateuchus e sua condição rudimentar em alguns outros gêneros, não como casos de mutilações herdadas, mas como devidos aos efeitos do prolongado desuso, pois, como muitos coleópteros coprófagos se encontram geralmente com seus tarsos perdidos, isto teve que ter ocorrido ao princípio de sua vida, pelo qual os tarsos não podem ser de muita importância nem muito usados nestes insetos.

Em alguns casos poderíamos facilmente atribuir ao desuso modificações de estrutura devidas por completo ou principalmente à seleção natural. O senhor Wollaston descobriu o notável fato de que 200 espécies de coleópteros, entre as 550 – hoje se conhecem mais – que vivem na Ilha da Madeira, têm as asas tão deficientes que não podem voar, e que, de 29 gêneros endêmicos, nada menos que 23 têm todas suas espécies neste estado. Vários fatos, a saber: que os coleópteros, em muitas partes do mundo, são com frequência arrastados pelo vento ao mar e morrem; que os coleópteros na Ilha da Madeira, segundo observou Wollaston, permanecem muito escondidos até que o vento se acalma e brilha o sol; que a proporção de coleópteros sem asas é maior nas Ilhas Desertas, expostas aos ventos, que na mesma Ilha da Madeira; e especialmente, o fato extraordinário, sobre o qual com tanta energia insiste Wollaston, de que determinados grupos grandes de coleópteros, extremamente numerosos em todas partes, que precisam absolutamente usar de suas asas, faltam ali quase por completo todas estas variadas considerações me fazem crer que a falta de asas em tantos coleópteros da Ilha da Madeira se deve principalmente à ação da seleção natural, combinada provavelmente com o desuso; pois durante muitas gerações sucessivas todo indivíduo que voasse menos, já porque suas asas se tivessem desenvolvido um pouco menos perfeitamente, já por sua condição indolente, terá tido as maiores probabilidades de sobreviver por não ser arrastado pelo vento do mar e, pelo contrário, aqueles coleópteros que mais facilmente empreendessem o voo teriam que ter sido com mais frequência arrastados ao mar pelo vento, e deste modo destruídos.

Os insetos da Ilha da Madeira que não encontram seu alimento no solo e que, como certos coleópteros e lepidópteros que se alimentam das flores, têm que usar habitualmente suas asas para conseguir seu sustento, segundo suspeita Wollaston, não têm suas asas de modo algum reduzidas, mas inclusive mais desenvolvidas. Isto é perfeitamente compatível com a seleção natural, pois quando um novo inseto chegou pela primeira vez a uma ilha, a tendência da seleção natural a desenvolver ou reduzir as asas dependeria de que se salvasse um número maior de indivíduos lutando felizmente com os ventos, ou desistindo de tentá-lo e voando raramente ou nunca. É o que ocorre com os marinheiros que perto da cerca de costa: teria sido melhor para os bons nadadores ter podido nadar ainda mais, enquanto teria sido melhor para os maus nadadores que não tivessem sabido nadar em absoluto e se tivessem agarrado tenazmente aos restos do naufrágio.

Os olhos das toupeiras e de alguns roedores cavadores são rudimentares por seu tamanho, e em alguns casos estão por completo recobertos por pele e cabelos. Este estado dos olhos se deve provavelmente a redução gradual por desuso, ainda que ajudada talvez por seleção natural. Na América do Sul, um roedor cavador, o tuco-tuco, ou *Ctenomys,* é em seus hábitos ainda mais subterrâneo do que a toupeira, e me assegurou um espanhol, que os tinha caçado muitas vezes, que com frequência eram cegos. Um exemplar que conservei vivo se encontrava positivamente neste estado tendo sido a causa, segundo se viu na dissecação, a inflamação da membrana nictitante. Como a inflamação frequente dos olhos tem de ser prejudicial a qualquer animal, e como os olhos, seguramente, não são necessários aos animais que têm hábitos subterrâneos, uma redução no tamanho, unida à aderência das pálpebras e ao crescimento de cabelo sobre eles, pôde neste caso ser uma vantagem e, se é assim, a seleção natural ajudaria aos efeitos do desuso.

É bem sabido que são cegos vários animais pertencentes às mais diferentes classes que vivem nas grutas da Carniola e do Kentucky. Em alguns dos crustáceos, o pedúnculo subsiste, ainda que o olho desapareceu; o pedúnculo do olho está ali, órgão da visão, desapareceu. Como é difícil imaginar que os olhos, ainda que sejam inúteis, possam ser de modo algum prejudiciais aos animais que vivem na obscuridade, sua perda tem de atribuir-se ao desuso. Num dos animais cegos, a rata de mina *(Neotoma),* dois exemplares de foram capturados pelo professor Silliman a uma meia milha de distância da entrada da gruta, e, portanto, não nas maiores profundidades, os olhos eram lustrosos e de grande tamanho, e estes animais, segundo me informa o professor Silliman, depois de ter estado submetidos durante um mês aproximadamente a luz cada vez mais intensa, adquiriram uma confusa percepção dos objetos.

É difícil imaginar condições de vida mais semelhantes do que as das profundas cavernas calcárias de climas quase iguais; de maneira que, segundo a antiga teoria de que os animais cegos foram criados separadamente para as cavernas da América e da Europa, teria de esperar-se uma estreita semelhança na organização e afinidades entre eles. Mas não ocorre assim, certamente, se nos fixamos no conjunto de ambas as faunas; e no que se refere só aos insetos, Schiödte mostrou: "Não podemos, pois, considerar a totalidade do fenômeno de outro modo que como uma coisa puramente local e a semelhança que se manifesta entre algumas formas da Gruta do Mamut, em Kentucky, e das grutas de Carniola, mais do que como uma simples expressão da analogia que existe, geralmente, entre a fauna da Europa e a da América do Norte ". Em minha opinião, temos que supor que os animais da América dotados na maior parte dos casos de vista ordinária emigraram lentamente, mediante gerações sucessivas, desde o mundo exterior, a lugares cada vez mais profundos das grutas de Kentucky, como o fizeram os animais europeus nas grutas da Europa. Temos algumas provas desta gradação de hábitos, pois, como observa Schiödte: "Consideramos, pois, as faunas subterrâneas como pequenas ramificações, que penetraram na terra, procedentes das faunas geograficamente limitadas das comarcas adjacentes, e que à medida que se estenderam na obscuridade se acomodaram às circunstâncias que as rodeiam. Animais não muito diferentes das formas ordinárias preparam a transição da luz à obscuridade. Seguem depois os que estão conformados para meia luz, e, por último, os destinados à obscuridade total, e cuja conformação é completamente peculiar". Estas observações de Schiödte, entenda-se bem, não se referem a uma mesma espécie, mas a espécies diferentes. Quando um animal chegou, depois de numerosas gerações, aos rincões mais profundos, o desuso, segundo esta opinião, terá atrofiado mais ou menos completamente seus olhos, e muitas vezes a seleção natural terá efetuado outras mudanças, como um aumento na extensão das antenas ou palpos, como compensação da cegueira. Apesar destas modificações, podíamos esperar ver ainda nos animais cavernícolas da América afinidades com os outros habitantes daquele continente, e nos da Europa, afinidades com os habitantes do continente europeu; e assim ocorre com alguns dos animais cavernícolas da América, segundo me diz o professor Dana, e alguns dos insetos cavernícolas da Europa são muito afins aos de áreas litorâneas. Segundo a opinião comum de sua criação independente, seria difícil dar uma explicação racional das afinidades dos animais cavernícolas cegos com os demais habitantes dos dois continentes. Pela relação bem conhecida, da maior parte das produções podíamos esperar que seriam muito afins a alguns dos habitantes das grutas do mundo antigo e do novo. Como uma espécie cega de Bathyscia se encontra em abundância em rochas sombrias longe das grutas, a perda da vista nas espécies cavernícolas deste gênero não teve, provavelmente, relação com a obscuridade do lugar em que vivem, pois é natural que um inseto privado já de vista tenha que se adaptar facilmente às obscuras cavernas. Outro gênero cego, *Anophthalmus,* oferece, segundo observa senhor Murray, a notável particularidade de que suas espécies não se encontraram ainda em nenhuma outra parte mais do que nas grutas; além do mais, as que vivem nas diferentes grutas da Europa e América são diferentes; mas é possível que os progenitores destas diferentes espécies, quando estavam fornecidos de olhos, puderam estender-se por ambos os continentes e ter-se extinguido depois, exceto nos retirados lugares onde atualmente vivem. Longe de experimentar surpresa porque alguns dos animais cavernícolas sejam muito anômalos – como mostrou Agassiz a respeito do peixe cego, o Amblyopsis, ou como ocorre no Proteus, cego também, comparando-o com os répteis da Europa –, surpreende-me só que não se tenham conservado mais restos da vida antiga, devido à concorrência menos severa do que terão estado submetidos os escassos habitantes destas obscuras moradas.

Aclimatação

É hereditária nas plantas o hábito na época de florescer, no tempo de dormência, na quantidade de chuva necessária para que germinem as sementes, etc., e isto me conduz a fazer algumas considerações sobre a aclimatação. É muito frequente que espécies diferentes pertencentes ao mesmo gênero habitem em lugares quentes e frios; e se é verdade que todas as espécies do mesmo gênero descendem de uma só forma mãe, a aclimatação teve de levar-se a cabo facilmente durante uma longa série de gerações. É notório que cada espécie está adaptada ao clima de sua própria pátria: as espécies de uma região temperada não podem resistir um clima tropical, e vice-versa; do mesmo modo, além do mais, muitas plantas carnosas não podem resistir a um clima úmido; mas se exagera muitas vezes o grau de adaptação das espécies aos climas em que vivem. Podemos deduzir isto da impossibilidade em que nos encontramos com frequência de predizer se uma planta importada resistirá ou não a nosso clima, e do grande número de plantas e animais trazidos de diferentes habitats, que vivem aqui com perfeita saúde.

Temos motivos para crer que as espécies em estado natural estão estritamente limitadas às regiões que habitam pela concorrência de outros seres orgânicos, tanto ou mais do que pela adaptação a climas determinados. Mas, seja ou não esta adaptação muito rigorosa, na maior parte dos casos temos provas de que algumas plantas chegaram naturalmente a acostumar-se, em certa medida, a diferentes temperaturas, isto é, a aclimatar-se; assim, os pinheiros e rododentros nascidos de sementes recolhidas pelo doutor Hooker em plantas das mesmas espécies que cresciam a diferentes altitudes no Himalaia, observou-se que possuem diferente força de constituição para resistir ao frio. O senhor Thwaites me informa que observou fatos semelhantes em Ceilão[82]; observações análogas foram feitas pelo senhor H. C. Watson em espécies europeias de plantas trazidas das ilhas Açores à Inglaterra, e poderia citar outros casos. No que se refere aos animais poderiam apresentar-se alguns exemplos autênticos de espécies que nos tempos históricos estenderam muito sua distribuição geográfica desde latitudes quentes às frias, e vice-versa; mas não sabemos de um modo positivo que estes animais estivessem rigorosamente adaptados a seus climas primitivos, ainda que em todos os casos ordinários admitimos que assim ocorre; nem sabemos tampouco se depois se tenham aclimatado especialmente a seu novo habitat de tal modo que sejam mais adequados a viver neles do que ao princípio o foram.

Como podemos supor que nossos animais domésticos foram primitivamente escolhidos pelo homem selvagem porque eram úteis e porque criavam facilmente em cativeiro, e não porque se visse depois que podiam ser transportados a grandes distâncias, a extraordinária capacidade comum aos animais domésticos, não só de resistir aos climas diferentes, mas também por serem completamente fecundos – critério este bem mais certo –, pode ser utilizada como um argumento em favor de que um grande número de outros animais, atualmente em estado selvagem, poderiam facilmente acostumar-se a suportar climas muito diferentes. Não devemos, no entanto, levar demasiado longe este argumento, tendo em conta que alguns de nossos animais domésticos têm provavelmente sua origem em vários troncos selvagens; o sangue de um lobo tropical e de um ártico podem talvez estar misturados em nossas raças domésticas. A ratazana e o rato não podem ser considerados como animais domésticos, mas foram transportados pelo homem a muitas partes do mundo e têm hoje uma distribuição geográfica muito maior do que qualquer outro roedor, pois vivem no frio clima das Ilhas Feroé[83], ao norte, e das Falkland[84], ao sul, e em muitas ilhas da zona tórrida; portanto, a adaptação especial pode considerar-se como uma qualidade que se enxerta facilmente numa grande flexibilidade inata de constituição comum à maior parte dos animais. Segundo esta opinião, a capacidade de resistir o próprio homem e seus animais domésticos aos climas mais diferentes, e o fato de que o elefante e o rinoceronte extintos tenham resistido em outro tempo a um clima glacial, enquanto as espécies vivas são todas tropicais ou subtropicais, não devem considerar-se como anomalias, mas como exemplos de uma flexibilidade muito comum de constituição, posta em ação em circunstâncias especiais.

É um problema obscuro definir que parte da aclimatação das espécies a um clima determinado é devida simplesmente ao hábito, que parte à seleção natural de variedades que têm diferente constituição congênita e parte a estas duas causas combinadas. Que o hábito ou costume tem alguma influência, tenho de crê-lo, tanto pela analogia como pelo conselho dado incessantemente nas obras de agricultura – inclusive nas antigas enciclopédias da China – de ter grande prudência ao transportar animais de um país a outro. E como não é provável que o homem tenha conseguido selecionar tantas raças e sub-raças de constituição especialmente adequadas para seus respectivos países, o resultado tem de ser devido, creio eu, ao hábito. Por outro lado, a seleção natural tenderia inevitavelmente a conservar aqueles indivíduos que nascessem com constituição melhor adaptada ao país que habitassem.

Em tratados sobre muitas classes de plantas cultivadas se diz que determinadas variedades resistem melhor do que outras acertos climas; isto se vê de um modo atraente em obras sobre árvores frutíferas publicadas nos Estados Unidos, nas quais se recomendam habitualmente certas variedades para os Estados do Norte e outras para os do Sul; e como a maior parte das variedades são de origem recente, não podem dever ao costume suas diferenças de constituição. O caso do girassol que nunca se propaga na Inglaterra pela semente, e da qual, portanto, não se produziram novas variedades, foi proposto como prova de que a aclimatação não pode realizar-se, pois esta planta é agora tão delicada como sempre o foi. Também o caso do feijão foi citado frequentemente com o mesmo objetivo e com muito maior fundamento; mas não pode dizer-se que o experimento tenha sido comprovado, até que alguém, durante uma vintena de gerações, semeie feijões tão logo que uma grande parte seja destruída pelo frio e recolha então sementes das poucas plantas sobreviventes, cuidando de evitar cruzamentos acidentais, e, com as mesmas precauções, obtenha de novo semente das plantas nascidas daquelas sementes. E não se suponha também que não aparecem nunca diferenças nas brotaduras de feijão, pois se publicou uma nota a respeito de que algumas brotaduras são bem mais resistentes do que outras, e deste fato eu mesmo observei exemplos notáveis.

Geralmente, podemos chegar à conclusão de que o hábito, ou seja, o uso e desuso, representou em alguns casos papel importante na modificação da constituição e estrutura, mas que seus efeitos com frequência se combinaram amplamente com a seleção natural de variações congênitas, e algumas vezes foram dominados por ela.

Variação correlativa

Com esta expressão quero dizer que toda a organização está tão unida entre si durante seu crescimento e desenvolvimento que, quando ocorrem pequenas variações em algum órgão e são acumuladas por seleção natural, outros órgãos se modificam. Esse assunto é importantíssimo, conhecido muito imperfeitamente e, sem dúvida, podem se confundir facilmente aqui feitos de ordem completamente diferentes. Veremos agora que só a hereditariedade dá muitas vezes uma aparência falsa de correlação.

Um dos casos reais mais evidentes é o que as variações de estrutura que se originam nas larvas ou nos jovens tendem naturalmente a modificar a estrutura do animal adulto. As diferentes partes do corpo que são homólogas, e que no princípio do período embrionário são de estrutura idêntica, e que estão submetidas necessariamente a condições semelhantes, parecem propender muito a variar do mesmo modo; vemos isto nos lados direito e esquerdo do corpo, que variam da mesma maneira, nos membros anteriores e posteriores, e até nas mandíbulas e membros que variam juntos, pois alguns anatomistas creem que a mandíbula inferior é homóloga dos membros. Estas tendências, não duvido, podem ser dominadas pela seleção natural: assim, existiu uma vez uma família de veados com o chifre só de um lado, e se isto tivesse sido de grande utilidade para a raça, é provável que pudesse ter sido fato permanente por seleção.

Os órgãos homólogos, como foi assinalado por alguns autores, tendem a soldar-se, segundo se vê com frequência em plantas monstruosas, e nada mais comum do que a união de partes homólogas em estruturas normais, como a união das pétalas formando um tubo. As partes duras parecem influir na forma das partes macias contíguas; alguns autores creem que, nas aves a diversidade nas formas da pélvis produz a notável diversidade nas formas de seus rins. Outros creem que, na espécie humana, a forma da pélvis da mãe influi, por pressão na forma da cabeça do menino. Nas cobras, segundo Schlegel, a forma do corpo e a maneira de engolir determinam a posição e forma de algumas das vísceras mais importantes.

A natureza da relação é com frequência completamente obscura. Isidore Geoffroy Saint Hilaire observou com insistência que certas conformações anômalas coexistem com frequência, e outras, raramente, sem que possamos observar alguma razão. Que pode ser mais singular do que a relação que existe nos gatos entre a brancura completa e os olhos azuis com a surdez, ou entre a coloração da *borboleta* e o sexo feminino; e, nos pombos, entre as patas emplumadas e a pele que une os dedos externos, ou entre a presença mais ou menos densa de penugem nos pombos ao sair do ovo e a futura cor de sua plumagem; e também a relação entre o pelo e os dentes no cachorro turco, ainda que neste caso, indubitavelmente, a homologia entra em jogo? No que se refere a este último caso de correlação, creio que dificilmente pode ser casual que as duas ordens de mamíferos que são mais anômalos em sua envoltura dérmica, os cetáceos – baleias, etc. – e os edentados ou desdentados ou – armadilidiídeos, escamados, etc. – sejam também, geralmente, os mais anômalos na dentadura; mas há muitíssimas exceções desta regra segundo mostrou senhor Mivart, que esta tem pouco valor.

Não conheço caso mais adequado para demonstrar a importância das leis de correlação e variação, independentemente da utilidade e, portanto, da seleção natural, que o da diferença entre as flores exteriores e as interiores de algumas plantas compostas e umbelíferas. Todos estão, por exemplo, familiarizados com a diferença entre os flósculos periféricos e os centrais da margarida e esta diferença vai acompanhada muitas vezes da atrofia parcial ou total dos órgãos reprodutores. Mas em alguma destas plantas os frutos diferem também em forma de relevos. Essas diferenças se atribuíram algumas vezes à pressão do envolvo sobre os flósculos ou à pressão mútua destas, e a forma dos aquênios nas flores periféricas de algumas compostas dá sustentação a esta opinião; mas nas umbelíferas, segundo me informa o doutor Hooker, não são, de modo algum, as espécies com inflorescências mais densas as que com mais frequência mostram diferenças entre suas flores interiores e exteriores. Poder-se-ia crer que o desenvolvimento das pétalas periféricas, tirando alimento dos órgãos reprodutores, produz sua atrofia; mas isto dificilmente pode ser a causa única, pois em algumas compostas são diferentes os frutos dos flósculos interiores e exteriores, sem que haja diferença alguma nas corolas. É possível que estas variadas diferenças estejam relacionadas com a desigual afluência de substâncias nutritivas para os flósculos centrais e os externos; sabemos, pelo menos, que, em flores irregulares, as que estão mais próximas ao eixo estão mais sujeitas à peloria, isto é, a ser anormalmente simétricas. Posso acrescentar, como exemplo deste fato e como um caso notável de correlação, que em muitos gerânios de jardim *(Pelargonium)* as duas pétalas superiores da flor central do grupo perdem muitas vezes suas manchas de cor mais obscura, e, quando isto ocorre, o nectário contíguo está completamente atrofiado, fazendo-se deste modo a flor central pelórica ou regular. Quando falta a cor num a só das duas pétalas superiores, o nectário não está por completo atrofiado, mas se encontra muito reduzido.

Com relação ao desenvolvimento da corola, muito provavelmente é correta a ideia de Sprengel de que os flósculos periféricos servem para atrair os insetos, cujo concurso é extremamente vantajoso, ou necessário, para a fecundação destas plantas; e se é assim, a seleção natural pode ter entrado em jogo. Mas, no que se refere aos frutos, parece impossível que suas diferenças de forma que nem sempre são correlativas de diferenças na corola, possam ser, de modo algum, benéficas; no entanto, nas umbelíferas estas diferenças são de importância tão visível – os frutos são às vezes ortospermos[85] nas flores exteriores e coelospermos nas flores centrais – que de Candolle baseou nestas características as divisões principais da ordem. Portanto, modificações de estrutura, consideradas pelos classificadores como de grande valor, podem dever-se por completo às leis de variação e correlação, sem que sejam, até onde nós podemos avaliar, da menor utilidade para as espécies.

Muitas vezes podemos atribuir erroneamente à variação correlativa estruturas que são comuns a grupos inteiros de espécies e que, na realidade, são simplesmente devidas à hereditariedade; pois um antepassado remoto pode ter adquirido por seleção natural alguma modificação em sua estrutura, e depois de milhares de gerações, outra modificação independente, e estas duas modificações, tendo-se transmitido a todo um grupo de descendentes de hábitos diversos, se creria, naturalmente, que são correlativas de um modo necessário.

Outras correlações são evidentemente devidas ao único modo como pode atuar a seleção natural. Por exemplo: Alph. de Candolle observou que as sementes aladas não se encontram nunca em frutos que não se abrem. Explicaria eu esta regra pela impossibilidade de que as sementes cheguem a ser gradualmente aladas por seleção natural, sem que as cápsulas se abram, pois só neste caso as sementes que fossem um pouco mais adequadas para ser levadas pelo vento puderam adquirir vantagem sobre outras menos adequadas para uma grande dispersão.

Compensação e economia de crescimento

Etienne Geoffroy Saint-Hilaire e Goethe propuseram, quase ao mesmo tempo, sua lei de compensação ou equilíbrio de crescimento ou, segundo a expressão de Goethe, "a natureza, para gastar num lado, está obrigada a economizar em outro". Creio eu que isto se confirma, em certa medida, em nossos produtos domésticos: se a substância nutritiva aflui em excesso a uma parte ou órgão, raramente afluem, pelo menos em excesso, a outra parte; e assim, é difícil fazer que uma vaca dê muito leite e engorde com facilidade. As mesmas variedades de couve não produzem abundantes e nutritivas folhas e uma grande quantidade de sementes oleaginosas. Quando as sementes se atrofiam em nossas frutas, a fruta mesma ganha muito em tamanho e qualidade. Nas aves de pátio, um tufo grande de penas vai acompanhado geralmente de crista reduzida, e um aumento das penas do papo e uma redução das carúnculas. Para as espécies em estado natural, dificilmente se pode sustentar que esta lei seja de aplicação universal; mas muitos bons observadores, botânicos especialmente, acreditam em sua exatidão. No entanto, não darei aqui nenhum exemplo, pois raramente vejo meio de distinguir entre que resulte que um órgão se desenvolveu muito por seleção natural e outro contíguo se reduziu por este mesmo processo, ou por desuso, e os resultados da retirada efetiva de substâncias nutritivas de um órgão devido ao excesso de crescimento de outro contíguo.

Suspeito também que alguns dos casos de compensação que se indicaram, assim como alguns outros fatos, podem ficar compreendidos num princípio mais geral, ou seja: que a seleção natural se está esforçando continuamente por economizar todas as partes da organização Se em novas condições de vida uma estrutura, antes útil, chega a sê-lo menos, sua diminuição será favorecida, pois aproveitará ao indivíduo não esbanjar seu alento em conservar uma estrutura inútil. Somente assim posso compreender um fato que me chamou muito a atenção quando estudava os cirrípedes, e do qual poderiam citar-se muitos exemplos parecidos; ou seja, que quando um cirrípede é parasita no interior de outro cirrípede, e está deste modo protegido, perde mais ou menos por completo sua própria concha ou carapaça. Assim sucede no Ibla macho e, de um modo verdadeiramente extraordinário, em *Proteolepas*, pois a carapaça em todos os outros cirrípedes está formada pelos três importantíssimos segmentos anteriores da cabeça, enormemente desenvolvidos e fornecidos de grandes nervos e músculos, enquanto no Proteolepas, parasita e protegido, toda a parte anterior da cabeça está reduzida a um simples rudimento unido às bases das antenas preênseis. Assim sendo: a economia de uma estrutura grande e complexa quando se faz supérflua tem de ser uma vantagem decisiva para todos os sucessivos indivíduos da espécie, pois na luta pela vida, a que todo animal está exposto, têm de haver mais probabilidades de manter-se, por se desperdiçar menos substância nutritiva.

Deste modo, a meu ver, a seleção natural tenderá, a longo prazo, a reduzir qualquer parte do organismo tão logo chegue a ser supérflua pela mudança de hábitos, sem que, de modo algum, seja isto causa de que outro órgão se desenvolva muito na proporção correspondente, e reciprocamente, a seleção natural pode perfeitamente conseguir que se desenvolva muito um órgão sem exigir como compensação necessária a redução de nenhuma parte contígua.

As conformações múltiplas rudimentares e de organização inferior são variáveis

Segundo observou Isidore Geoffroy Saint-Hilaire, parece ser uma regra, tanto nas espécies como nas variedades, que quando alguma parte ou órgão se repete muitas vezes no mesmo indivíduo – como as vértebras nas cobras e os estames nas flores poliândricas – seu número é variável, enquanto a mesma parte ou órgão, quando se apresenta em número menor, é constante.

O mesmo autor, assim como alguns botânicos, observou que as partes múltiplas estão muito sujeitas a variar de conformação. Como a "repetição vegetativa" – para usar a expressão do professor Owen – é um sinal de organização inferior, a afirmação precedente concorda com a opinião comum dos naturalistas de que os seres que ocupam lugar inferior na escala da natureza são mais variáveis que os que estão mais acima.

Suponho que a inferioridade significa aqui que as diferentes partes da organização estão muito pouco especializadas para funções particulares e, enquanto uma mesma parte tem de realizar trabalho diverso, podemos talvez compreender por que tenha que permanecer variável, ou seja, porque a seleção natural não conserva ou recusa cada pequena variação de forma tão cuidadosamente como quando a parte tem de servir para algum objetivo especial, do mesmo modo que uma faca que tem de cortar toda classe de coisas pode ter uma forma qualquer, enquanto um instrumento destinado a um fim determinado tem de ser de uma forma especial.

A seleção natural, não se deve o esquecer, pode agir somente mediante a vantagem e para a vantagem de cada ser.

Os órgãos rudimentares, segundo se admite geralmente, propendem a ser muito variáveis. Insistiremos sobre este assunto, e só acrescentarei aqui que sua variação parece resultar de sua inutilidade e de que a seleção natural, portanto, não teve poder para impedir as variações de sua estrutura.

Os órgãos desenvolvidos numa espécie em grau ou modo extraordinários, em comparação do mesmo órgão em espécies afins, tendem a ser extremamente variáveis

Faz alguns anos me chamou muito a atenção uma observação feita por Waterhouse[86] sobre o fato anterior. O professor Owen também parece ter chegado a uma conclusão quase igual. Não se deve esperar tentar convencer a ninguém da verdade da proposição precedente sem dar a longa série de fatos que reuni e que não podem expor-se aqui. Posso unicamente manifestar minha convicção de que é esta uma regra muito geral. Sei que existem diversas causas de erro, mas espero ter me aproveitado bem deles. Tem de se entender bem que a regra de nenhum modo se aplica a qualquer órgão, ainda que esteja extraordinariamente desenvolvido, se não o está numa ou várias espécies, em comparação com o mesmo órgão em muitas espécies afins. Assim, a asa do morcego é uma estrutura anômala na classe dos mamíferos, mas a regra não se aplicaria neste caso, pois todo o grupo dos morcegos possui asas; se aplicaria só se alguma espécie tivesse asas desenvolvidas de um modo notável em comparação a outras espécies do mesmo gênero.

A regra se aplica muito rigorosamente no caso das características sexuais secundárias quando se manifestam de modo extraordinário. A expressão *características sexuais secundárias* empregada por Hunter[87] se refere às características que vão unidas a um sexo, mas não estão relacionadas diretamente com o ato da reprodução. A regra se aplica a machos e fêmeas, mas com menos frequência às fêmeas, pois estas oferecem poucas vezes características sexuais secundárias notáveis. Que a regra se aplique tão claramente no caso das características sexuais secundárias pode ser devido à grande variabilidade destas características – manifestem-se ou não de modo extraordinário; fato de que, creio, mal pode haver dúvida.

Mas que nossa regra não está limitada às características sexuais secundárias se vê claramente no caso dos cirrípedes hermafroditas; quando eu estudava esta ordem prestei particular atenção à observação do senhor Waterhouse, e estou plenamente convencido de que a regra quase sempre se confirma. Numa obra futura darei uma lista de todos os casos mais notáveis; aqui citarei só um, porque serve de exemplo da regra em sua aplicação mais ampla. As valvas operculares dos cirrípedes sésseis são, em toda a extensão da palavra, estruturas importantíssimas e diferem pouquíssimo, mesmo em gêneros diferentes; mas nas diferentes espécies de um gênero, *Pyrgoma*, estas valvas apresentam uma maravilhosa diversidade, sendo algumas vezes as valvas homólogas nas diferentes espécies de forma completamente diferente, e a variação nos indivíduos da mesma espécie é tão grande, que não há exagero em dizer que as variedades de uma mesma espécie diferem mais entre si nas características derivadas destes importantes órgãos do que diferem as espécies pertencentes a outros gêneros diferentes.

Como nas aves os indivíduos de uma mesma espécie que vivem no mesmo habitat variam pouquíssimo, prestei particular atenção a eles, e a regra parece certamente confirmar-se nessa classe. Não pude comprovar se a regra se aplica às plantas, e isto levaria a abalar seriamente minha crença em sua exatidão, se a grande variabilidade das plantas já não tivesse tornado especialmente difícil comparar seus graus relativos de variabilidade.

Quando vemos uma parte ou órgão desenvolvido num grau ou modo notáveis numa espécie, a presunção razoável é que o órgão ou parte é de suma importância para esta espécie e, no entanto, neste caso está muito sujeito a variação. Por que tem de ser assim? Segundo a teoria de que cada espécie foi criada independentemente, com todas suas partes tal como agora as vemos, não posso encontrar nenhuma explicação; mas com a teoria de que grupos de espécies descendem de outras espécies e foram modificadas pela seleção natural, creio que podemos conseguir alguma luz. Permita-me fazer primeiro algumas observações preliminares: Se nos animais domésticos qualquer parte de animal, ou o animal inteiro, são descurados e não se exerce seleção alguma, esta parte – por exemplo, a crista da galinha Dorking –, ou toda a raça, deixará de ter característica uniforme, e se pode dizer que a raça degenera. Nos órgãos rudimentares e nos que se especializaram muito pouco para um fim determinado, e talvez nos grupos polimorfos, vemos um caso quase paralelo, pois em tais casos a seleção natural não atuou, ou não atuar, e o organismo ficou assim num estado flutuante. Mas o que nos interessa aqui mais particularmente é que aquelas partes dos animais domésticos que atualmente estão experimentando rápida mudança por seleção continuada são também muito propensas à variação. Considerem-se os indivíduos de uma mesma raça de pombos e observe-se que prodigiosa diferença há nos bicos das *tumblers*, nos bicos e carúnculas das carriers ou o pombo-correio inglês, no porte e cauda dos rabos-de-leque, etc., pontos que são agora notados principalmente pelos avicultores ingleses. Até numa mesma sub-raça, como no pombo tumbler de face curta, há notória dificuldade para obter indivíduos quase perfeitos, pois muitos se apartam consideravelmente do standard ou do tipo adotado. Verdadeiramente pode-se dizer que há uma constante luta entre a tendência a voltar a um estado menos perfeito, com uma tendência inata a novas variações, de uma parte e, de outra, a influência da contínua seleção para conservar a raça pura. A longo prazo, a seleção triunfa, e nunca esperamos fracassar tão completamente que de uma boa raça de tumblers de face curta obtenhamos um pombo tão robusto como uma tumbler comum. Mas por mais que a seleção avance rapidamente, deve-se esperar sempre muita variação nas partes que experimentam modificação.

Voltemos agora à natureza. Quando uma parte se desenvolveu de um modo extraordinário numa espécie, em comparação com as outras espécies do mesmo gênero, podemos chegar à conclusão de que esta parte promoveu extraordinária modificação desde o período em que as diferentes espécies se separaram do tronco comum do gênero. Esse período poucas vezes será extremamente remoto, pois as espécies raramente persistem durante mais de um período geológico. Modificações muito grandes implicam variabilidade enorme, muito continuada, que foi se acumulando constantemente por seleção natural para benefício da espécie Mas como a variabilidade do órgão ou parte extraordinariamente desenvolvida foi tão grande e continuada dentro de um período não muito remoto, temos que esperar encontrar ainda, por regra geral, mais variabilidade nestas partes que em outras do organismo que permaneceram quase constantes durante um período bem mais longo, e eu estou convencido de que ocorre assim.

Não vejo razão para duvidar que a luta entre a seleção natural, de uma parte, e a tendência à reversão e à variabilidade, de outra, cessarão com o curso do tempo, e que os órgãos mais extraordinariamente desenvolvidos podem fazer-se constantes. Portanto, quando um órgão, por mais anômalo que seja, transmitiu-se, aproximadamente no mesmo estado, a muitos descendentes modificados, como no caso da asa do morcego, deve ter se extinguido, segundo nossa teoria, durante um imenso período, quase no mesmo estado, e deste modo, chegou a não ser mais variável do que qualquer outra estrutura. Só nestes casos, nos quais a modificação foi relativamente recente e extraordinariamente grande, devemos esperar encontrar a *variabilidade generativa,* como podemos chamar, presente ainda em alto grau, pois, neste caso, a variabilidade raramente terá sido fixada mesmo pela seleção continuada dos indivíduos que variem do modo e no grau requeridos e pela exclusão continuada dos que tendam a voltar a um estado anterior e menos modificado.

As características específicas são mais variáveis do que as características genéricas

O princípio discutido sob a epígrafe anterior pode aplicar-se à questão presente. É evidente que as características específicas são bem mais variáveis do que as genéricas. Explicarei com um só exemplo o que isto quer dizer: se num gênero grande de plantas umas espécies tivessem as flores azuis e outras as flores vermelhas, a cor seria um caráter somente específico e ninguém estranharia que uma das espécies azuis se convertesse em vermelha, ou vice-versa; mas se todas as espécies tivessem flores azuis, a cor passaria a ser um caráter genérico, e sua variação seria um fato mais extraordinário. Escolhi este exemplo porque não é aplicável neste caso a explicação que dariam a maior parte dos naturalistas, ou seja: que as características específicas são mais variáveis do que as genéricas, referindo-se a partes cuja importância fisiológica é menor do que as utilizadas comumente para classificar os gêneros. Creio que esta explicação é, em parte, exata, ainda que só de um modo indireto; como quer que seja, insistirei sobre este ponto no capítulo sobre a classificação.

Seria quase supérfluo apresentar provas em apoio à afirmação de que as características específicas comuns são mais variáveis do que as genéricas; mas, tratando-se de características importantes, observei repetidas vezes em obras de História Natural, que quando um autor observa com surpresa que um órgão ou parte importante, que geralmente é muito constante em todo um grupo grande de espécies, *difere* consideravelmente em espécies muito próximas, este caráter é com frequência variável nos indivíduos da mesma espécie. E este fato mostra que um caráter que é ordinariamente de valor genérico, quando decresce em valor e passa a ser só de valor específico, muitas vezes se torna variável, ainda que sua importância fisiológica possa seguir sendo a mesma. Um pouco disto se aplica às monstruosidades; pelo menos, Isidore Geoffroy Saint-Hilaire não tem, ao que parece, duvida alguma de que, quanto mais difere normalmente um órgão nas diversas espécies de um mesmo grupo, tanto mais sujeito a anomalias está nos indivíduos.

Segundo a teoria de que cada espécie foi criada independentemente, por que a parte do organismo que difere da mesma parte de outras espécies criadas independentemente teria que ser mais variável do que aquelas partes que são muito semelhantes nas diversas espécies? Não vejo que possa dar-se explicação alguma. Mas, segundo a teoria de que as espécies são somente variedades muito observadas e determinadas, podemos esperar encontrá-las com frequência variando mesmo naquelas partes de sua organização que variaram num período bastante recente e que deste modo chegaram a diferir. Ou, para expor o caso de outra maneira: os pontos em que todas as espécies do gênero se assemelham entre si e em que diferem dos gêneros próximos se chamam *características genéricas*, e estas características se podem atribuir à hereditariedade de um antepassado comum, pois raramente pode ter ocorrido que a seleção natural tenha modificado exatamente da mesma maneira várias espécies diferentes adaptadas a hábitos mais ou menos diferentes; e como estas características, chamadas genéricas, foram herdadas antes do período em que as diversas espécies se separaram de seu antepassado comum e, portanto, não variaram ou chegaram a diferir em grau algum, ou só em pequeno grau, não é provável que variem atualmente. Pelo contrário, os pontos em que umas espécies diferem de outras do mesmo gênero se chamam características específicas; e como estas características específicas variaram e chegaram a diferir desde o período em que as espécies se separaram do antepassado comum, é provável que com frequência sejam ainda variáveis em algum grau; pelo menos, mais variáveis do que aquelas partes do organismo que permaneceram constantes durante um período extensíssimo.

As características sexuais secundárias são variáveis

Creio que os naturalistas admitirão, sem que entre em detalhes, que as características sexuais secundárias são extremamente variáveis. Também se admitirá que as espécies de um mesmo grupo diferem entre si por suas características sexuais secundárias mais do que em outras partes de sua organização; compare-se, por exemplo, a diferença que existe entre os machos das galináceas, nos quais as características sexuais secundárias estão poderosamente desenvolvidas, com a diferença entre as fêmeas. A causa da variabilidade primitiva destas características não é manifesta; mas podemos ver que não se fizeram tão constantes e uniformes como outras, pois se acumulam por seleção sexual, que é menos rígida em sua ação do que a seleção natural, pois não acarreta a morte, mas que só dá menos descendentes aos machos menos favorecidos. Qualquer que seja a causa da variabilidade das características sexuais secundárias, como são extremamente variáveis, a seleção sexual terá tido um extenso campo de ação, e deste modo pode ter conseguido dar às espécies do mesmo grupo diferenças maiores nestas características que nas demais.

É um fato notável que as diferenças secundárias entre os dois sexos da mesma espécie se manifestam, pelo comum, precisamente nas mesmas partes do organismo em que diferem entre si as espécies do mesmo gênero. Deste fato darei como exemplos os dois casos que, por acaso, são os primeiros em minha lista; e como as diferenças nestes casos são de natureza muito extraordinária, a relação dificilmente pode ser acidental. Ter um mesmo número de artelhos nos tarsos é um caráter comum a grupos grandíssimos de coleópteros; mas nos *Engidae*, como mostrou Westwood, o número variada muito, e o número difere também nos dois sexos da mesma espécie. Além do mais, nos himenópteros cavadores, a nervura das asas é um caráter de suma importância, por ser comum a grandes grupos; mas, em certos gêneros, a nervura difere muito nas diversas espécies, e também nos dois sexos da mesma espécie. J. Lubbock observou recentemente que diferentes crustáceos pequenos oferecem excelentes exemplos desta lei. "Em Pontella, por exemplo, as antenas e o quinto par de patas proporcionam principalmente as características sexuais; estes órgãos dão também principalmente as diferenças específicas". Esta explicação tem uma significação clara dentro de minha teoria: considero todas as espécies de um mesmo gênero como descendentes tão indubitáveis de um antepassado comum como o são os dois sexos de uma espécie. Portanto, se uma parte qualquer do organismo do antepassado comum, ou de seus primeiros descendentes, fez-se variável, é extremamente provável que a seleção natural e a seleção sexual se aproveitassem de variações desta parte para adaptar as diferentes espécies a seus diferentes lugares na economia da natureza, e também para adaptar um a outro os dois sexos da mesma espécie, ou para adaptar os machos à luta com outros machos pela posse das fêmeas.

Finalmente, pois, chego à conclusão de que a variabilidade maior nas características específicas – ou seja, aquelas que distinguem umas espécies de outras – do que nas características genéricas – ou seja, as que possuem todas as espécies-; a variabilidade frequentemente extrema de qualquer parte que está desenvolvida numa espécie de modo extraordinário, em comparação com a mesma parte em suas congêneres, e a escassa variabilidade de uma parte, por extraordinariamente desenvolvida que esteja, se é comum a todo um grupo de espécies; a grande variabilidade das características sexuais secundárias e sua grande diferença em espécies muito próximas, e o manifestar-se geralmente nas mesmas partes do organismo as diferenças sexuais secundárias e as diferenças específicas ordinárias, são todos princípios intimamente unidos entre si. Todos eles se devem a que as espécies do mesmo grupo descendem de um antepassado comum, do qual herdaram muito em comum; a que partes que variaram muito, e recentemente, são mais a propósito para continuar ainda variando do que partes que foram herdadas faz muito tempo e não variaram; a que a seleção natural dominou, mais ou menos completamente, segundo o tempo decorrido, a tendência a reversão e a ulterior variabilidade; a que a seleção sexual é menos rígida do que a ordinária, e a que as variações nas mesmas partes se acumulam por seleção natural e sexual e se adaptaram deste modo aos fins sexuais secundários e aos ordinários.

Espécies diferentes apresentam variações análogas, de maneira que uma variedade de uma espécie toma frequentemente características próprias de outra espécie próxima, ou volta a algumas das características de um antepassado longínquo

Estas proposições se compreenderão mais facilmente fixando-nos nas raças domésticas. As raças mais diferentes de pombos, em países muito distantes, apresentam subvariedades com penas voltadas na cabeça e com penas nos pés, características que não possui o pombo silvestre *(Columba livia)*, sendo estas, pois, variações análogas em duas ou mais raças diferentes. A presença frequente de quatorze e mesmo dezesseis penas da cauda no pombo papo-de-vento pode considerar-se como uma variação que representa a conformação normal de outra raça, a rabo-de-leque. Creio que ninguém duvidará de que todas estas variações análogas se devem a que os diferentes ramos de pombos herdaram de um antepassado comum a mesma constituição e tendência a variar quando agem sobre elas influências semelhantes desconhecidas.

No reino vegetal temos um caso análogo de variação nos talos engrossados, comumente chamados raízes, do nabo da Suécia e da *rutabaga*[88], plantas que alguns botânicos consideram como variedades produzidas por cultivo, descendentes de um antepassado comum; se isto não fosse assim, seria então um caso de variação análoga em duas pretendidas espécies diferentes, e a estas poderia acrescentar-se uma terceira, o nabo comum. Segundo a teoria comum de que cada espécie foi criada independentemente, teríamos que atribuir esta semelhança nos talos engrossados destas três plantas, não ao lado causa da comunidade de descendência e à consequente tendência a variar de modo semelhante, mas a três atos de criação separados, ainda que muito relacionados. Naudin observou muitos casos semelhantes de variação análoga na extensa família das cucurbitáceas, e diferentes autores os observaram em nossos cereais. Casos semelhantes que se apresentam em insetos em condições naturais foram discutidos com grande competência por Walsh, que os agrupou em sua lei de variabilidade uniforme.

Nas pombas também temos outro caso: o da aparição acidental, em todas as raças, de indivíduos de cor azul de ardósia, com duas faixas negras nas asas, com a parte posterior do lombo branca, uma faixa no extremo da cauda, e as penas exteriores desta orladas de alvo branco à base. Como todos estes sinais são características do pombo silvestre progenitor, creio que ninguém duvidará de que este é um caso de reversão e não de uma nova variação análoga que aparece em diferentes raças. Creio que podemos chegar com confiança a esta conclusão, porque temos visto que esta característica de cor tem tendência a aparecer na descendência cruzada de duas raças diferentes e de colorações diferentes; e neste caso, exceto pela influência do simples fato do cruzamento sobre as leis da hereditariedade nada há nas condições externas de vida que motive a reaparição da cor azul de ardósia com as faixas e listras.

Indubitavelmente, é um fato muito surpreendente que as características reapareçam depois de ter estado perdidas durante muitas gerações; provavelmente, durante centenas delas. Mas quando uma raça se cruzou só uma vez com outra, os descendentes mostram acidentalmente uma tendência a voltar às características da raça estranha por muitas gerações; alguns dizem que durante uma dúzia ou até uma vintena. Ao cabo de doze gerações, a porção de sangue – para empregar a expressão vulgar – procedente de um antepassado é tão só 1/2048 e, no entanto, como vemos, crê-se geralmente que a tendência à reversão é conservada por este resto de sangue estranho. Numa raça não cruzada, mas na qual *ambos* os progenitores tenham perdido algum caráter que seus antepassados possuíram, a tendência, forte ou débil, a reproduzir a característica perdida pode transmitir-se durante um número quase ilimitado de gerações, segundo se mostrou antes, apesar de quanto possamos ver em contrário. Quando um caráter perdido numa raça reaparece depois de um grande número de gerações, a hipótese mais provável não é que um indivíduo, de repente, se pareça a um antepassado, que dista algumas centenas de gerações, mas que a característica em questão permaneceu latente em todas as gerações sucessivas e que, ao fim, desenvolveu-se em condições favoráveis desconhecidas. No pombo barbado, por exemplo, que raramente dá indivíduos azuis, é provável que tenha em cada geração uma tendência latente a produzir plumagem azul. A improbabilidade teórica de que esta tendência se transmita durante um número grande de gerações não é maior do que a de que se transmitam de igual modo órgãos rudimentares ou completamente inúteis. A simples tendência a produzir um rudimento se herda, em verdade, algumas vezes deste modo.

Como se supõe que todas as espécies do gênero descendem de um progenitor comum, se poderia esperar que variassem acidentalmente de uma maneira análoga, de maneira que as variedades de duas ou mais espécies se assemelhassem entre si, ou que uma variedade de uma espécie se assemelhasse em certas características a outra espécie diferente, não sendo esta outra espécie, segundo nossa teoria, mais do que uma variedade permanente e bem marcada. Mas as características devidas exclusivamente a variações análogas seriam provavelmente de pouca importância, pois a conservação de todas as características funcionalmente importantes terá sido determinada pela seleção natural, segundo os diferentes hábitos da espécie. Poder-se-ia, além do mais, esperar que as espécies do mesmo gênero apresentassem de vez em quando reversões a características perdidas desde muito tempo. No entanto, como não conhecemos o antepassado comum de nenhum grupo natural, não podemos distinguir as características devidas à variação análoga e as devidas à reversão. Se não soubéssemos, por exemplo, que o pombo silvestre, progenitor dos pombos domésticos, não tem plumas nos pés nem plumas voltadas na cabeça, não poderíamos ter dito se estas características, nas raças domésticas, eram reversões ou somente variações análogas; mas poderíamos ter inferido que a cor azul era um caso de reversão, pelos numerosos sinais relacionados com esta cor, que provavelmente não teriam aparecido todos juntos por simples variação, e especialmente poderíamos ter inferido isto por aparecer com tanta frequência a cor azul e os diferentes sinais quando se cruzam raças de diferente cor. Portanto, ainda que em estado natural tem de ficar quase sempre em dúvida que casos são reversões ou características que existiram antes, e quais são variações novas e análogas; no entanto, segundo nossa teoria, deveríamos encontrar às vezes na descendência variante de uma espécie características que se apresentam ainda em outros membros do mesmo grupo, e indubitavelmente ocorre assim.

A dificuldade de separar as espécies variáveis se deve, em grande parte, às variedades que imitam, por assim dizer, a outras espécies do mesmo gênero. Poder-se-ia apresentar também um catálogo considerável de formas intermédias entre outras duas formas, as quais, por sua vez, só com dúvida podem ser classificadas como espécies e isto – a não ser que todas estas formas tão próximas sejam consideradas como criadas independentemente – demonstra que ao variar tomaram algum das características das outras. Mas a prova melhor de variações análogas no-la proporcionam os órgãos ou partes que geralmente são constantes, mas que às vezes variam de maneira que se assemelham em algum grau aos mesmos órgãos ou partes de uma espécie próxima. Reuni uma longa lista destes casos, mas nesta ocasião, como antes, tenho a grande desvantagem de não poder citá-los. Posso só repetir que é certo que ocorrem estes casos e que me parecem muito notáveis.

Citarei, no entanto, um caso complexo e curioso, certamente não porque apresente algum caráter importante, mas porque se apresenta em diferentes espécies do mesmo gênero: umas, domésticas; outras, em estado natural. Quase com segurança, trata-se de um caso de reversão. O asno tem às vezes nas patas riscas transversais muito diferentes, como as das patas da zebra; afirmou-se que são muito visíveis enquanto é pequeno e, por averiguações que fiz, creio que isto é exato. A risca das espáduas, ou risca escapular é, às vezes, dupla, e é muito variável em extensão e contorno. Já vi a descrição de um asno branco, mas não albino, sem risca escapular nem dorsal, e estas riscas são às vezes muito confusas ou faltam por completo nos asnos de cor obscura. Diz-se que se observou o asno[89] de Pallas com a risca escapular dupla. Blyth viu um exemplar de onagro[90] com uma clara risca escapular, ainda que tipicamente não a tem, e o coronel Poole me confirmou que os potros desta espécie geralmente são rajados nas patas e debilmente no lombo. O quaga, mesmo que tenha o corpo tão listado como a zebra, não tem riscas nas patas; mas o professor Gray desenhou um exemplar com riscas como de zebra muito visíveis nos jarretes.

Com relação ao cavalo reuni casos na Inglaterra de risca dorsal em cavalos das mais diferentes raças e de todas as cores: as riscas transversais nas patas não são raras nos baios, nos pelos-de-rato e, num caso, observei-as num alazão obscuro; uma débil risca dorsal se pode observar algumas vezes nas baias, e vi indícios num cavalo tordilho. Meu filho examinou cuidadosamente e fez para mim um desenho de um cavalo de tração belga baio, com risca dupla em cada espádua e com patas rajadas; eu mesmo vi um pônei de Devonshire pardo, e me descreveram cuidadosamente um pequeno pônei galês pardo, ambos com três riscas paralelas em cada espádua.

Na região noroeste da Índia, a raça de cavalos de Kativar é tão geral que tenha riscas que, segundo me diz o coronel Poole, que examinou esta raça para o Governo da Índia, um cavalo sem riscas não é considerado como puro-sangue. A risca dorsal existe sempre; as patas, geralmente, são listadas, e a risca escapular, que às vezes é dupla e às vezes tríplice, existe geralmente; além do mais, os lados da cara têm às vezes riscas. Frequentemente, as riscas são mais visíveis nos potros; às vezes desaparecem por completo nos cavalos velhos. O coronel Poole viu cavalos de Kativar, tanto tordos como tordilhos, com riscas desde o momento de seu nascimento. Tenho também fundamento para supor, por notícias que me deu W. W. Edwards, que no cavalo de corridas inglês a risca dorsal é mais frequente no potro que no adulto. Recentemente, eu mesmo obtive um potro de uma égua – filha de um cavalo turcomano[91] e uma égua flamenca – e um cavalo de corridas inglês tordilho; este potro, quando tinha uma semana, apresentava em seu quarto traseiro e em sua frente riscas numerosas, muito estreitas, escuras, como as da zebra, e suas patas tinham riscas apagadas; todas as riscas desapareceram logo por completo. Sem entrar aqui em mais detalhes, posso dizer que reuni casos de patas e espáduas com riscas em cavalos de raças muito diferentes, de diversos países, desde a Inglaterra até o Oriente da China, e desde a Noruega, ao norte, até o Arquipélago Malaio, ao sul. Em todas as partes do mundo estas riscas se apresentam com muito mais frequência nos baios e nos pelos-de rato, compreendendo com o termo baio uma grande série de cores, desde uma cor entre tordilho e negro até acercar-se muito à cor de creme.

Sei que o coronel Hamilton Smith, que escreveu sobre este assunto, crê que as diferentes raças do cavalo descenderam de diversas espécies primitivas, uma das quais, a parda, tinha riscas, e que os casos de aparição destas são todos devidos a cruzamentos antigos com o tronco baio. Mas esta opinião pode eliminar-se com segurança, pois é extremamente improvável que o pesado cavalo belga de tração, o pônei galês, o *cob* norueguês, a descarnada raça de Kativar, etc., que vivem nas mais diferentes partes do mundo, tenham sido cruzados com um suposto tronco primitivo.

Voltemos agora aos efeitos do cruzamento de diferentes espécies dos equídeos. Rollin assegura que a mula comum, procedente de asno e égua, propende especialmente a ter riscas em suas patas; segundo Gosse, em algumas partes dos Estados Unidos, de cada dez mulas, nove têm as patas listadas. Uma vez vi uma mula com as patas tão listadas, que qualquer um teria acreditado que era um híbrido de zebra, e W. C. Martin, em seu excelente tratado sobre o cavalo, deu um desenho de uma mula semelhante. Em quatro desenhos em cor que vi de híbridos de asno e zebra, as patas estavam bem mais visivelmente listadas do que o resto do corpo, e num deles tinha uma risca dupla na espádua. No caso do famoso híbrido de lorde Morton, nascido de uma égua alazã escura e um quaga macho, o híbrido, e ainda um filhote puro produzido depois pela mesma égua e um cavalo árabe negro, tinham nas patas riscas bem mais visíveis do que no mesmo quaga puro. Por último, e este é outro caso importantíssimo, o doutor Gray apresentou um híbrido de asno e onagro – e me comunica que conhece outro caso – e este híbrido – ainda que o asno só às vezes tem riscas nas patas, e o onagro não as tem nunca e nem sequer tem risca escapular – tinha, no entanto, as quatro patas com riscas e além do mais três riscas curtas nas espáduas, como as dos pôneis pardos galeses e de Devonshire, e até tinha aos lados da cara algumas riscas como as da zebra. A respeito deste último fato estava eu tão convencido de que nenhuma risca de cor aparece pelo que comumente se chama casualidade, que a só presença destas riscas da face neste híbrido de asno e onagro me levou a perguntar ao coronel Poole se estas riscas na cara se apresentavam alguma vez na raça de Kativar eminentemente rajada, e a resposta, como vimos, foi afirmativa.

Assim sendo: que diremos destes diferentes fatos? Vemos várias espécies diferentes do gênero equino que, por simples variação, apresentam riscas nas patas como uma zebra, e riscas no lombo como um asno. No cavalo vemos esta tendência muito marcada sempre que aparece uma cor baio, cor que se acerca ao da coloração geral das outras espécies do gênero. A aparição de riscas não vai acompanhada de mudança alguma de forma nem de nenhuma outra característica nova. Esta tendência a apresentar riscas se manifesta mais intensamente em híbridos de algumas das espécies mais diferentes. Examinemos agora o caso das diferentes raças de pombos: descendem de uma espécie de pomba – incluindo duas ou três subespécies ou raças geográficas – de cor azulada com determinadas faixas e outros sinais, e quando uma raça qualquer toma por simples variação cor azulada, estas listas e sinais reaparecem invariavelmente, sem nenhuma outra mudança de forma ou de características. Quando se cruzam as raças mais antigas e constantes de diversas cores, vemos nos híbridos uma poderosa tendência à cor azul e à reaparição das listas e sinais. Estabeleci que a hipótese mais provável para explicar a reaparição de características antiquíssimas é que nos jovens das sucessivas gerações existe uma *tendência* a apresentar a característica perdida há muito tempo, e que esta tendência, por causas desconhecidas algumas vezes, prevalece. E acabamos de ver que em diferentes espécies do gênero equino as riscas são mais manifestas, ou aparecem com mais frequência, nos jovens que nos adultos. Ao chamarmos espécies às raças de pombos, algumas das quais se criaram sem variação durante séculos, podemos ver o paralelismo que existe dessas espécies com o gênero equino. Por minha parte, atrevo-me a dirigir com confiança o olhar a milhares e milhares de gerações atrás, e vejo um animal listado como uma zebra, ainda que, por outro lado, construído talvez de modo muito diferente, antepassado comum do cavalo doméstico – tenha descendido ou não de um ou mais troncos selvagens – do asno, do onagro[92], do quaga [93] e da zebra.

Aquele que acredita que cada espécie equina foi criada independentemente afirmará, suponho eu, que cada espécie foi criada com tendência a variar, tanto na natureza como em ambiente doméstico, deste modo especial, de maneira que com frequência se apresente com riscas, como as outras espécies do gênero, e que todas foram criadas com poderosa tendência – quando se cruzam com espécies que vivem em pontos distantes do mundo – a produzir híbridos que por suas riscas se parecem, não a seus próprios pais, mas a outras espécies do gênero. Admitir esta opinião é, a meu ver, eliminar uma causa real por outra imaginária ou, pelo menos, por outra desconhecida. Esta opinião converte as obras de Deus numa pura burla e engano; quase preferiria eu crer, com os antigos e ignorantes cosmogonistas, que as conchas fósseis não viveram nunca, mas que foram criadas de pedra para imitar as conchas que vivem nas orlas do mar.

Resumo

Nossa ignorância a respeito das leis da variação é profunda. Nem em um só caso entre cem podemos pretender observar uma razão pela qual esta ou aquela parte variou; mas, sempre que temos meio de estabelecer uma comparação, parece que as mesmas leis atuaram ao produzir as pequenas diferenças entre variedades de uma espécie e as diferenças maiores entre espécies do mesmo gênero. A mudança de condições, geralmente, produz simples variações flutuantes; mas algumas vezes produz efeitos diretos e determinados, e estes, com o tempo, podem chegar a ser muito acentuados, ainda que não tenhamos provas suficientes sobre este ponto.

O hábito, produzindo particularidades de constituição; o uso, fortificando os órgãos, e o desuso, debilitando-os e reduzindo-os, parecem ter sido em muitos casos de poderosa eficácia.

As partes homólogas tendem a variar da mesma maneira e tendem a soldar-se. As modificações em partes externas influem às vezes em partes tenras e internas.

Quando uma parte está muito desenvolvida, talvez tende a atrair substância nutritiva das partes contíguas; e toda parte do organismo que possa ser economizada sem detrimento será economizada.

As mudanças de conformação numa idade temporã podem influir em partes que se desenvolvam depois, e indubitavelmente ocorrem muitos casos de variações correlativas cuja natureza não podemos compreender.

Os órgãos múltiplos são variáveis em número e estrutura, quiçá devido a que tais órgãos não se especializaram muito para uma função determinada, de maneira que suas modificações não foram rigorosamente refreadas pela seleção natural. Deve-se provavelmente à mesma causa que os seres orgânicos inferiores na escala são mais variáveis do que os superiores, que têm todo seu organismo mais especializado. Os órgãos rudimentares, por serem inúteis, não estão regulados pela seleção natural, sendo, portanto, variáveis.

As características específicas – isto é, os características que se diferenciaram depois que as diversas espécies do mesmo gênero se separaram de seu antepassado comum – são mais variáveis do que as características genéricas, ou seja aquelas que foram há muito herdadas e não se diferenciaram dentro deste período.

Nestas observações nos referimos a partes ou órgãos determinados que são ainda variáveis, que variaram recentemente e, deste modo, chegando a diferir; mas vimos no capítulo segundo que o mesmo princípio se aplica a todo o indivíduo, pois numa região onde se encontram muitas espécies de um mesmo gênero – isto é, onde teve anteriormente muita variação e diferenciação, ou onde trabalhou ativamente a fábrica de essências novas –nesta região e nestas espécies encontramos agora, em média, o maior número de variedades.

As características sexuais secundárias são muito variáveis e diferem muito nas espécies do mesmo grupo. A variabilidade nas mesmas partes do organismo foi geralmente aproveitada dando diferenças sexuais secundárias aos dois sexos da mesma espécie, e diferenças específicas às diversas espécies de um mesmo gênero.

Um órgão ou parte desenvolvida em grau ou modo extraordinário, em comparação da mesma parte ou órgão nas espécies afins, deve ter experimentado modificação extraordinária desde que se originou o gênero, e assim podemos compreender por que muitas vezes tenham de ser ainda bem mais variáveis do que outras partes, pois a variação é um processo lento e de muita duração, e a seleção natural, nestes casos, não terá tido ainda tempo de superar a tendência a mais variação e à reversão a um estado menos modificado. Mas quando uma espécie que tem um órgão extraordinariamente desenvolvido chegou a ser mãe de muitos descendentes modificados – o que, segundo nossa teoria, tem de ser um processo lentíssimo que requer um grande lapso de tempo – neste caso, a seleção natural conseguiu dar um caráter fixo ao órgão, por muito extraordinário que seja o modo em que possa ter-se desenvolvido.

As espécies que herdam quase a mesma constituição de um antepassado comum e estão expostas a influências parecidas tendem naturalmente a apresentar variações análogas, ou podem às vezes voltar a algumas das características de seus antepassados. Ainda que da reversão e variação análoga não podem originar-se modificações novas e importantes, estas modificações aumentarão a formosa e harmônica diversidade da natureza.

Qualquer que possa ser a causa de cada uma das pequenas diferenças entre os filhos e seus pais – e tem de existir uma causa para cada uma delas – temos fundamento para crer que a contínua acumulação de diferenças favoráveis é a que deu origem a todas as modificações mais importantes de estrutura em relação com os hábitos de cada espécie.

A Origem das Espécies

por meio da Seleção Natural

ou

A preservação das raças favorecidas na luta pela vida

Tomo II

Capítulo VI

Dificuldades da teoria

Dificuldades da teoria da descendência com modificação – Ausência ou raridade de variedades de transição – Transições nos hábitos – Hábitos diversos na mesma espécie – Espécies com hábitos muito diferentes das de seus afins – Órgãos de extrema perfeição – Modos de transição – Casos difíceis – Natura non facit saltum – Órgãos de pouca importância – Os órgãos não são em todos os casos completamente perfeitos – A lei de unidade de tipo e a das condições de existência estão compreendidas na teoria da seleção natural

Muito antes que o leitor tenha chegado a esta parte de minha obra lhe terá ocorrido uma multidão de dificuldades. Algumas são tão graves, que ainda hoje dia mal posso refletir sobre elas sem vacilar um pouco; mas, segundo meu leal saber e entender, muitas são só aparentes e as que são reais não são, acredito, funestas para minha teoria.

Estas dificuldades e objeções podem classificar-se nos seguintes grupos:

1.º Se as espécies descenderam de outras espécies por suaves gradações, por que não encontramos em todas as partes inúmeras formas de transição? Por que toda a natureza não está confusa, em vez de as espécies estarem bem definidas segundo as vemos?

2.º É possível que um animal que tem, por exemplo, a conformação e hábitos de um morcego possa ter sido formado por modificação de outro animal de hábitos e estrutura muito diferentes? Podemos crer que a seleção natural possa produzir, de uma parte, um órgão insignificante, tal como a cauda da girafa, que serve de mosqueador[1] e, de outra, um órgão tão maravilhoso como o olho?

3.º Podem os instintos adquirir-se e modificar-se por seleção natural? Que diremos do instinto que leva a abelha a fazer colmeias e que praticamente se antecipou às descobertas de profundos matemáticos?

4.º Como podemos explicar que quando as espécies se cruzam são estéreis ou produzem descendência estéril, enquanto quando as variedades se cruzam sua fertilidade é sem igual?

Os dois primeiros grupos serão discutidos agora, algumas diversas objeções no próximo capítulo, o instinto e a hibridação nos dois capítulos seguintes.

Sobre a ausência ou raridade de variedades de transição

Como a seleção natural atua somente pela conservação de modificações úteis, toda forma nova, num *habitat* bem povoado, tenderá a suplantar, e finalmente a exterminar, a sua própria forma mãe, menos aperfeiçoada, e a outras formas menos favorecidas com as quais entra em concorrência. Deste modo a extinção e a seleção natural estão de acordo. Portanto, se consideramos cada espécie como descendente de alguma outra forma desconhecida, tanto a forma mãe como todas as variedades de transição terão sido, em geral, exterminadas precisamente pelo mesmo processo de formação e aperfeiçoamento das novas formas.

Mas como, segundo esta teoria, devem ter existido inúmeras formas de transição, por que não as encontramos enterradas em número sem fim na crosta terrestre? Será mais conveniente discutir esta questão no capítulo sobre a "Imperfeição dos Registros Geológicos", e neste momento só direi que creio que a resposta se sustenta principalmente porque os registros são incomparavelmente menos perfeitos do que geralmente se supõe. A crosta terrestre é um imenso museu; mas as coleções naturais foram feitas de um modo imperfeito e só a longos intervalos.

Mas pode-se deduzir que quando diferentes espécies muito afins vivem no mesmo território teríamos de encontrar seguramente hoje em dia muitas formas de transição. Tomemos um caso singelo: percorrendo de norte a sul um continente, encontramos em sequências, a intervalos sucessivos, espécies muito afins ou representativas, que evidentemente ocupam quase o mesmo lugar na economia natural da região. Com frequência essas espécies representativas se encontram e entremesclam, e à medida que a uma vai se tornando mais rara, a outra se faz cada vez mais frequente, até que uma substitui à outra. Mas se comparamos estas espécies onde se entremesclam, são, em geral, em absoluto tão diferentes em todos os detalhes de conformação, como o são os exemplares tomados no centro da região habitada por cada uma. Segundo minha teoria, estas espécies afins descendem de um antepassado comum e durante o processo de modificação se adaptou cada uma às condições de vida de sua própria região e suplantou e exterminou a sua forma mãe primitiva e a todas as variedades de transição entre seu estado presente e seu estado passado. Consequentemente não devemos esperar encontrar-nos atualmente com numerosas variedades de transição em cada região, ainda que estas tenham que ter existido ali e podem estar ali enterradas em estado fóssil. Mas nas regiões intermediárias que têm condições intermediárias de vida, por que não encontramos atualmente variedades intermediárias diretamente ligadas? Essa dificuldade, durante muito tempo, confundiu-me por completo mas creio que pode se explicar em grande parte.

Em primeiro lugar, teríamos de ser muito prudentes ao admitir que uma área tenha sido contínua durante um longo período porque atualmente o seja. A geologia nos levaria a crer que a maioria dos continentes, ainda durante os últimos períodos terciários, têm estado divididos formando ilhas, e nestas ilhas puderam ter-se formado separadamente espécies diferentes, sem possibilidade de que existissem variações intermediárias em zonas intermediárias. Mediante mudanças na forma da terra e no clima, regiões marinhas hoje contínuas devem ter existido muitas vezes, em tempos recentes, em disposição muito menos contínua e uniforme que atualmente. Mas deixarei de lado este modo de evitar a dificuldade, pois creio que muitas espécies perfeitamente definidas se formaram em regiões por completo contínuas, ainda que não duvido que a antiga condição dividida de regiões agora contínuas desempenhou um papel importante na formação de novas espécies, sobretudo em animais errantes e que se cruzam com facilidade.

Considerando as espécies segundo estão distribuídas numa vasta região, encontramo-las em geral bastante numerosas num grande território, tornando-se depois, quase de repente, mais e mais raras nos limites, e desaparecendo por último. Consequentemente o território neutro entre duas espécies representativas é geralmente pequeno, em comparação com o território próprio de cada uma. Vemos o mesmo fato subindo às montanhas, e às vezes é muito notável como subitamente desaparece uma espécie alpina comum, como observou Alf. de Candolle[2]. O mesmo fato foi observado por E. Forbes[3] ao explorar com uma draga as profundidades do mar. Aos que consideram o clima e as condições físicas de vida como elementos importantíssimos de distribuição dos seres orgânicos, estes fatos talvez devessem causar-lhes surpresa, pois o clima e a altura e a profundidade variam gradual e insensivelmente. Mas quando concluímos que quase todas as espécies, inclusive em suas regiões primitivas, aumentariam imensamente em número de indivíduos se não fosse por outras espécies que estão em concorrência com elas; que quase todas as espécies são predadoras de outras ou lhes servem de presa; numa palavra que cada ser orgânico está direta ou indiretamente relacionado do modo mais importante com outros seres orgânicos, vemos que a superfície ocupada pelos indivíduos de uma espécie num habitat qualquer não depende em modo algum exclusivamente da mudança gradual das condições físicas, senão que depende, em grande parte, da presença de outras espécies das que vive aquela, ou pelas quais é destruída, ou com as que entram em concorrência; e como estas espécies são já entidades definidas que não passam de uma a outra por gradações insensíveis, a extensão ocupada por uma espécie, dependendo como depende da extensão ocupada pelas outras tenderá a ser rigorosamente limitada. E mais: toda espécie, nos confins da extensão que ocupa, onde existe em número mais reduzido, estará muito exposta a completo extermínio, ao variar o número de seus inimigos ou de suas presas ou a natureza do clima e, deste modo sua distribuição geográfica chegará a estar ainda mais definidamente limitada.

Como as espécies próximas ou representativas, quando vivem numa região contínua, estão, em geral distribuídas de tal modo que cada uma ocupa uma grande extensão com um território neutro relativamente estreito entre elas no qual se fazem quase de repente mais e mais raras, e como as variedades não diferem essencialmente das espécies, a mesma regra se aplicará provavelmente a umas e outras: e se tomamos uma espécie que varia e que vive numa região muito grande, terá que ter duas variedades adaptadas a dois espaços grandes e uma terceira a uma zona intermediária estreita. A variedade intermediária, portanto, existirá com número menor de indivíduos, por habitar uma região menor e mais restrita, e praticamente, até onde podemos averiguar, esta regra se comprova nas variedades em estado natural. Encontrei-me com exemplos notáveis desta regra no caso das variedades intermediárias que existem entre variedades bem assinaladas no gênero *Balanus,* e das notícias que me deram o senhor Watson[4], o doutor Assa Gray[5] e o senhor Wollaston[6], resultaria que, em geral, quando se apresentam variedades intermediárias entre duas formas, são bem mais escassas em número de indivíduos do que as formas que se cruzam. Ora, se pudermos dar crédito a estes fatos e induções e chegar à conclusão de que as variedades que se cruzam, outras duas variedades existiram geralmente com menor número de indivíduos do que as formas que se cruzam, então podemos compreender por que as variedades intermediárias não resistem durante períodos muito longos; porque, por regra geral, são exterminadas e desaparecem mais cedo do que as formas que primitivamente se cruzaram.

Efetivamente todas as formas que existem representadas por um reduzido número de indivíduos, correm, segundo vimos, maior risco de ser exterminadas do que as que estão representadas por um grande número e, neste caso particular, a forma intermediária estaria substancialmente exposta a invasões das formas muito afins que vivem ao seu lado. Mas é uma consideração bem mais importante que, durante o processo de modificação posterior, se supõe que duas variedades se transformam e aperfeiçoam até constituir duas espécies diferentes, as duas que têm número maior de indivíduos por viver em regiões maiores, levará uma grande vantagem sobre as variedades intermediárias que têm um menor número de indivíduos numa zona menor e intermediária. Num dado período, as formas com maior número terão mais probabilidades de apresentar novas variações favoráveis para que se apodere delas a seleção natural, do que as formas mais raras, que têm menos indivíduos. Portanto as formas mais comuns tenderão, na luta pela vida, a vencer e a suplantar as formas menos comuns, pois essas se modificarão e aperfeiçoarão mais lentamente. É o mesmo princípio, acredito, que explica que as espécies comuns em cada habitat, segundo se demonstrou no capítulo segundo, apresentem em média um número maior de variedades bem assinaladas do que as espécies mais raras. Posso esclarecer o que penso supondo que se tem três variedades de ovelhas, uma adaptada a uma grande região montanhosa, outra a uma zona relativamente restrita e um pouco desigual, e uma terceira às extensas planícies da base, e que os habitantes estão todos se esforçando com igual constância e habilidade para melhorar por seleção seus rebanhos. Neste caso, as probabilidades estarão muito favoráveis aos grandes proprietários das montanhas e das planícies, que melhoram suas castas mais rapidamente do que os pequenos proprietários da zona intermediária restrita e um pouco desigual, e, portanto, a casta melhorada da montanha ou a da planície ocupará cedo o lugar da casta menos melhorada do sopé da montanha, e assim as duas castas que primitivamente existiram, representadas por grande número de indivíduos, chegarão a pôr-se completamente em contato sem a interposição da variedade intermediária do sopé da montanha, que terá sido suplantada.

Resumindo, creio que as espécies chegam a ser entidades muito bem definidas, e não se apresentam em nenhum período como um inextricável caos de elos variantes e intermediários:

Primeiro. Porque as novas variedades se formam muito lentamente, pois a variação é um processo lento, e a seleção natural não pode fazer nada até que se apresentem diferenças e variações individuais favoráveis e até que uma posição na economia de um habitat pode estar mais bem ocupado por alguma modificação de algum ou alguns de seus habitantes; e essas novas posições dependerão de mudanças lentas de clima ou da imigração acidental de novos habitantes e, provavelmente em grau ainda muito maior, do que alguns dos antigos se modifiquem lentamente, fazendo e reagindo mutuamente as novas formas produzidas deste modo e as antigas. Assim, pois, em toda região e em todo tempo, temos de ver muito poucas espécies que apresentem ligeiras modificações de estrutura, até certo ponto permanentes, e isto é seguramente o que vemos.

Segundo. Em muitos casos, territórios atualmente contínuos devem ter existido, dentro do período moderno, como partes isoladas, nas quais muitas formas, sobretudo das classes que se acasalam para cada reprodução e vagam muito de um lugar a outro, podem ter-se tornado separadamente diferentes o bastante para serem consideradas como espécies representativas. Neste caso devem ter existido anteriormente, dentro de cada parte isolada de terra, variedades intermediárias entre as diferentes espécies representativas e seu tronco comum; mas estes elos, durante o processo de seleção natural, terão sido suplantados e exterminados de maneira que já não se encontrarão em estado vivo.

Terceiro. Quando se formaram duas ou mais variedades em regiões diferentes de um território rigorosamente contínuo, é provável que se tenham formado em princípio variedades intermediárias nas zonas intermediárias; mas geralmente terão sido de curta duração, pois estas variedades intermediárias, por razões já expostas – ou seja pelo que sabemos da distribuição atual das espécies representativas ou muito afins, e igualmente das variedades reconhecidas – existirão nas zonas intermediárias com menor número de indivíduos do que as variedades que tendem a se cruzar. Por essa causa, só as variedades intermediárias estão expostas a extermínio acidental e, durante o processo de modificação ulterior mediante seleção natural, serão quase com segurança vencidas e suplantadas pelas formas que se relacionam, pois estas, por estar representadas por maior número de indivíduos, apresentarão em conjunto mais variedades, e assim melhorarão ainda mais por seleção natural e conseguirão novas vantagens.

Finalmente, considerando, não um tempo determinado, mas sim o tempo todo, se minha teoria é verdadeira, devem ter existido inúmeras variedades intermediárias a que se liguem estreitamente todas as espécies do mesmo grupo; mas o mesmo processo de seleção natural tende constantemente, como tantas vezes se observou, ao extermínio das formas mães e dos elos intermediários. Em consequência, só pode encontrar-se provas de sua existência passada nos restos fósseis, os quais, como tentaremos demonstrar num dos capítulos seguintes, estão conservados em registros substancialmente imperfeitos e interrompidos.

DA ORIGEM E TRANSIÇÕES DOS SERES ORGÂNICOS QUE TÊM HÁBITOS E CONFORMAÇÃO PECULIARES

Os adversários das ideias que sustento perguntaram como pôde, por exemplo, um animal carnívoro terrestre converter-se num animal com hábitos aquáticos; como pôde subsistir o animal em seu estado transitório? Fácil seria demonstrar que existem atualmente animais carnívoros que apresentam todos os graus intermediários entre os hábitos rigorosamente terrestres e os aquáticos, e se todos estes animais existem no meio da luta pela vida, é evidente que cada um tem de estar bem adaptado a seu lugar na natureza. Consideremos a Mustela vison[7] da América do Norte, que tem as patas com membranas interdigitais, e que se assemelha à lontra por seu pelo, por suas patas curtas e pela forma da cauda durante o verão; o animal se esconde para capturar o peixe, mas durante o longo inverno abandona as águas geladas e, como os outros mustelídeos, devora ratos e animais terrestres. Se se tivesse escolhido um caso diferente e se tivesse perguntado como um quadrúpede insetívoro pôde provavelmente converter-se em morcego que voa, a pergunta seria bem mais difícil de responder. No entanto, creio que tais dificuldades são de pouco peso.

Nesta ocasião, como em outras, encontro-me numa situação muito desvantajosa; pois dos muitos casos notáveis que reuni, só posso dar um exemplo ou dois de hábitos e conformações de transição em espécies afins e de hábitos diversos, constantes ou acidentais na mesma espécie. E me parece que só uma longa lista destes casos pode ser suficiente para minorar a dificuldade num caso dado como o do morcego.

Consideremos a família dos esquilos; nela temos a mais delicada gradação desde animais com a cauda só um pouco achatada e, segundo assinalou J. Richardson, desde animais com a parte posterior do corpo um pouco larga e com a pele dos lados um pouco folgada, até os chamados esquilos voadores; e os esquilos voadores têm seus membros, e ainda a base da cauda, unidos por uma larga expansão de pele que serve como de paraquedas e lhes permite planar no ar, até uma assombrosa distância, entre uma árvore e outra. É indubitável que cada conformação é de utilidade para cada classe de esquilo em seu próprio habitat, permitindo-lhe escapar das aves e mamíferos predadores e catar mais rapidamente a comida, diminuindo o perigo de quedas acidentais, como fundadamente podemos crer. Mas deste fato não se segue que a estrutura de cada esquilo seja a melhor concebível para todas as condições possíveis. Suponhamos que mudem o clima e a vegetação; suponhamos que emigrem outros roedores rivais ou novos animais predadores, ou que os antigos se modifiquem, e a analogia nos levaria a crer que algumas variedades pelo menos dos esquilos diminuiriam em número de indivíduos ou se extinguiriam, a não ser que se modificassem e aperfeiçoassem sua conformação de modo correspondente. Não se vê, portanto, dificuldade – sobretudo se mudam as condições de vida – na contínua conservação de indivíduos com membranas laterais cada vez mais amplas, sendo útil e propagando-se cada modificação até que, pela acumulação dos resultados deste processo de seleção natural, produziu-se um esquilo voador perfeito.

Consideremos agora o *Galeopithecus,* o chamado lêmure voador, que antes se classificava entre os morcegos, ainda que hoje se crê que pertence aos insetívoros. Uma membrana lateral substancialmente larga se estende desde os ângulos da mandíbula até a cauda, e compreende os membros com seus longos dedos. Esta membrana lateral possui um músculo extensor. Mesmo que não se conheça outro animal que se ligue ao gênero Galeopithecus por sua estrutura corporal que lhe permite planar no ar, nao há dificuldade em supor que que estas formas de ligação existiram em outro tempo e que cada uma se desenvolveu do mesmo modo que nos esquilos, que planam no ar. Também não vejo dificuldade insuperável em crer além disso que os dedos e o antebraço do *Galeopithecus,* unidos por membrana, pudessem ter-se alongado muito por seleção natural e isto – pelo que se refere aos órgãos do voo – tivesse convertido este animal num morcego. Em certos morcegos em que a membrana da asa se estende desde a parte alta das costas até a cauda e compreende os membros posteriores, encontramos, talvez, vestígios de um dispositivo primitivamente natural para planar no ar e não para voar.

Se se tivessem extinguido uma dúzia de gêneros de aves, quem se teria atrevido a imaginar que podiam ter existido aves que usavam as asas unicamente como remos, como o *logger-headed duck* (*Micropterus* de Eyton), ou como barbatanas na água e como patas anteriores em terra, como o pinguim; ou como velas, como o avestruz, ou praticamente para nenhum objetivo, como o *Apteryx.* No entanto, a conformação de cada uma destas aves é boa para a ave respectiva, nas condições de vida a que se encontra sujeita, pois todas têm de lutar para viver; mas esta conformação não é necessariamente a melhor possível em todas as condições possíveis. Destas observações não há que deduzir que algum dos graus de conformação de asas a que se fez referência – os quais podem, talvez, ser todos resultados do desuso – indique as etapas pelas quais as aves adquiriram positivamente sua perfeita faculdade de voo; mas servem para mostrar quantos diversos modos de transição são, pelo menos, possíveis.

Ao observar como alguns membros das classes de respiração aquática, como os crustáceos e moluscos, estão adaptados a viver em terra, e vendo que temos aves e mamíferos voadores, insetos voadores dos tipos mais diversos, e que em outro tempo houve répteis que voavam, concebe-se que os peixes voadores que atualmente deslizam pelo ar, elevando-se um pouco e girando com ajuda de suas barbatanas trêmulas, poderiam ter-se modificado até chegar a ser animais perfeitamente alados. Se isto tivesse ocorrido quem teria sequer imaginado que num primeiro estado de transição tinham sido habitantes do oceano e tinham usado seus incipientes órgãos de voo exclusivamente – pelo que sabemos – para escapar da voracidade dos peixes?

Quando vemos uma estrutura substancialmente aperfeiçoada para um hábito particular, como as asas de um ave para o voo, temos de concluir que raras vezes terão sobrevivido até hoje em dia animais que mostrem os primeiros graus de transição, pois terão sido suplantados por seus sucessores que gradualmente se foram tornando mais perfeitos mediante a seleção natural. E mais, podemos tirar a conclusão de que os estados de transição entre conformações adequadas a modos muito diferentes de vida raras vezes se desenvolveram em grande abundância nem apresentado muitas formas subordinadas, num período primitivo. Assim, pois, voltando a nosso exemplo imaginário do peixe voador, não parece provável que se tivessem desenvolvido peixes capazes de verdadeiro voo, com muitas formas subordinadas para capturar de muitos modos, presas de muitas classes em terra e na água, até que seus órgãos de voo tivessem chegado a um grau de perfeição bastante elevado para dar-lhes, na luta pela vida, uma vantagem decisiva sobre outros animais. Consequentemente as probabilidades de descobrir em estado fóssil espécies que apresentem transições de estrutura serão sempre menores, por terem existido estas espécies em menor número que no caso de espécies com estruturas completamente desenvolvidas.

Darei agora dois ou três exemplos, tanto de mudança de hábitos como da diversidade deles em indivíduos da mesma espécie. Em ambos os casos seria fácil à seleção natural adaptar a estrutura do animal a seus novos hábitos ou exclusivamente a um de seus diferentes hábitos. É, no entanto, difícil decidir, e sem importância para nós, se mudam em geral primeiro os hábitos e depois a estrutura, ou se ligeiras modificações de conformação levam à mudança de hábitos; sendo provável que ambos ocorram quase simultaneamente. Quanto a casos de mudança de hábitos, será suficiente mencionar tão somente o dos muitos insetos britânicos que se alimentam atualmente de plantas exóticas ou exclusivamente de substâncias artificiais. De diversidade de hábitos poderiam mencionar-se inúmeros exemplos; com frequência observei na América do Sul um bem-te-vi *(Saurophagus sulphuratus)*[8] pairando sobre um ponto e indo depois a outro, como o faria um peneireiro-vulgar[9], e em outras ocasiões o vi imóvel à orla da água, e depois se lançar a esta atrás de um peixe, como o faria um martim-pescador. Em nosso próprio país se pode observar o chapim real (*Parus major*) pulando pelos ramos, quase como um trepador americano[10]; às vezes, como um picanço-barreteiro[11], que mata pássaros pequenos, dando-lhes golpes na cabeça, e muitas vezes o ouvi martelar as sementes do teixo sobre um ramo e rompê-las desse modo, como o faria uma trepadeira-azul[12]. Hearne viu na América do Norte o urso negro nadar durante horas com a boca muito aberta, pegando assim, quase como uma baleia, insetos na água.

Como algumas vezes vemos indivíduos que seguem hábitos distintos dos próprios de sua espécie e das restantes espécies do mesmo gênero, poderíamos esperar que estes indivíduos dessem às vezes origem a novas espécies de hábitos anômalos, e cuja estrutura se separaria, mais ou menos consideravelmente, de seu tipo. E exemplos desta classe ocorrem na natureza. Pode dar-se um exemplo mais notável de adaptação a agarrar-se nas árvores e pegar insetos nas gretas de sua crosta que o pica-pau? No entanto, na América do Norte há pica-paus que se alimentam em grande parte de frutos, e outros com longas asas que caçam insetos ao voo. Nas planícies de La Plata, onde mal cresce uma árvore, há um pica-pau do campo *(Colaptes campestris)* que tem dois dedos para frente e dois para trás, a língua longa e pontiaguda, as plumas da cauda pontiagudas, suficientemente rígidas para sustentar o animal na posição vertical num poste, ainda que não tão rígidas como nos pica-paus típicos, e o bico reto e forte. O bico, no entanto, não é tão reto ou não é tão forte como nos pica-paus típicos, mas é suficientemente forte para furar a madeira. Portanto, este *Colaptes* é um pica-pau em todas as partes essenciais de sua conformação. Ainda em características tão insignificantes como a coloração, o timbre desagradável de seu canto e o voo ondulado, manifesta-se claramente seu parentesco com nosso pica-pau comum e, no entanto – como posso afirmar, não só por minhas próprias observações, mas sim também pelas de Azara[13], tão exato – em algumas grandes áreas não se agarra nas árvores e faz seus ninhos em buracos em margens. Em outras áreas, no entanto, este mesmo pica-pau, segundo relata o senhor Hudson, frequenta as árvores e faz buracos no tronco para aninhar. Posso mencionar, como outro exemplo dos hábitos diversos deste gênero, que De Saussure descreveu, um *Colaptes* do México que faz buracos em madeira dura para depositar uma provisão de bolotas.

Os petréis[14] são as aves mais aéreas e oceânicas que existem; mas nas baías calmas da Terra do Fogo a *Puffinuria berardi,* por seus hábitos gerais, por sua assombrosa faculdade de mergulhar, por sua maneira de nadar e de voar quando se a obriga a alçar voo, qualquer um a confundiria com um alcídeo[15] ou um mergulhão e, no entanto, é essencialmente um petrel, mas com muitas partes de seu organismo modificadas profundamente, em relação com seu novo gênero de vida, enquanto a conformação do pica-pau de La Plata se modificou muito sutilmente. No caso do tordo de água, o mais perspicaz observador, examinando o corpo morto, jamais teria suspeitado que seus hábitos são semiaquáticos e, no entanto, esta ave, relacionada com a família dos tordos, encontra seu alimento mergulhando, para o que utiliza suas asas sob a água e se agarra às pedras com as patas. Todos os membros da grande ordem dos insetos himenópteros são terrestres, exceto o gênero *Proctotrupes,* que John Lubbock[16] descobriu que é de hábitos aquáticos; com frequência entra na água e mergulha, utilizando, não suas patas, mas sim suas asas, e permanece até quatro horas embaixo da água; no entanto, não mostra modificação alguma em sua estrutura relacionada com seus hábitos anômalos.

Aquele que crê que cada ser vivo foi criado tal como agora o vemos, algumas vezes deve ter ficado surpreso ao encontrar-se com um animal cujos hábitos e conformação não estão de acordo com o que acredita. Que pode haver de mais evidente que as patas com membranas interdigitais dos patos e gansos são feitos para nadar e, no entanto, existem os gansos de terra, que têm membranas interdigitais, ainda que poucas vezes se aproximem da água e ninguém, exceto Andubon, viu o tesourão-grande[17], que tem seus quatro dedos unidos por membranas, pousar na superfície do mar. Pelo contrário, os mergulhões e os galeirões são eminentemente aquáticos, ainda que seus dedos estão tão somente orlados por membranas. Que coisa parece mais evidente que os dedos longos, desprovidos de membranas, das pernas longas, estão prontos para andar pelos charcos e sobre as plantas flutuantes? A galinha de água e o francolin são membros da mesma ordem: a primeira é quase tão aquática como o galeirão e o segundo, quase tão terrestre como a codorna e a perdiz. Nestes casos, e em outros muitos que poderiam mencionar-se, os hábitos mudaram, sem a correspondente mudança de estrutura. Pode dizer-se que as patas com membranas interdigitais do ganso de terra se tornaram quase rudimentares em função, mas não em estrutura. No tesourão-grande, a membrana profundamente côncava entre os dedos mostra que a conformação começou a modificar-se.

Aquele que acredita em atos separados e inúmeros de criação pode dizer que nestes casos o Criador fica feliz em fazer um ser de um tipo ocupar o lugar de outro que pertence a outro tipo; mas isto me parece tão somente enunciar de novo o mesmo fato com expressão mais digna. Quem acredita na luta pela existência e no princípio da seleção natural saberá que todo ser orgânico se esforça continuamente por aumentar em número de indivíduos, e que se um ser qualquer varia, ainda que seja muito pouco, em hábitos ou conformação, e obtém deste modo vantagem sobre outros que habitam no mesmo habitat, se apropriará do lugar destes habitantes, por diferente que este possa ser de seu próprio lugar. Portanto não lhe causará surpresa que existam gansos e tesourões-grandes com patas com membranas interdigitais, que vivam em terra seca ou que poucas vezes pousem na água; que haja codornas com dedos longos que vivam nos prados em vez de viver em lagoas; que haja pica-paus onde mal existe uma árvore; que haja tordos e himenópteros que mergulhem e petréis com hábitos de pinguins.

Órgãos de perfeição e complexidade extremas

Parece totalmente absurdo – confesso-o espontaneamente – supor que o olho, com todas suas inimitáveis disposições para acomodar o foco a diferentes distâncias, para admitir quantidade variável de luz e para a correção das aberrações esférica e cromática, possa ter-se formado por seleção natural. Quando se disse pela primeira vez que o sol estava parado e a terra girava a seu redor, o senso comum da humanidade declarou falsa esta doutrina; mas o antigo adágio de vox *populi, vox Dei*, como sabe todo filósofo, não pode admitir-se na ciência. A razão me diz que se acaso se pode demonstrar que existem muitas gradações, desde um olho singelo e imperfeito a um olho complexo e perfeito, sendo cada grau útil ao animal que o possua, como ocorre certamente; se além disso o olho alguma vez varia e as variações são herdadas, como ocorre também certamente; e se estas variações são úteis a um animal em condições variáveis da vida, então a dificuldade de crer que um olho perfeito e complexo pôde formar-se por seleção natural, ainda que insuperável para nossa imaginação, não teria que se considerar como destruidora de nossa teoria. O conhecimento sobre como um nervo chegou a ser sensível à luz interessa-nos tanto como de que modo se originou a própria vida, mas posso assinalar como alguns dos organismos inferiores, nos quais não podem descobrir-se nervos, são capazes de perceber a luz, não é impossível que certos elementos sensíveis de seu corpo chegassem a reunir-se e desenvolver-se até constituir nervos dotados desta especial sensibilidade.

Ao procurar as gradações mediante as quais se aperfeiçoou um órgão qualquer, devemos considerar exclusivamente seus antepassados em linha direta; mas isto quase nunca é possível, e nos vemos obrigados a levar em conta outras espécies e gêneros do mesmo grupo, isto é, os descendentes colaterais da mesma forma mãe, para ver que gradações são possíveis e se talvez algumas gradações se transmitiram inalteradas ou com pouca alteração. E o estado do mesmo órgão em diferentes classes pode, às vezes, lançar alguma luz sobre as etapas pelas quais foi se aperfeiçoando.

O órgão mais singelo, ao qual se pode dar o nome de olho, consiste num nervo ótico cercado por células pigmentares e coberto por uma membrana transparente, mas sem cristalino nem outro corpo refringente. Podemos, no entanto, segundo Jourdain, descer ainda um grau mais e encontrar agregados de células pigmentares, que parecem servir como órgãos da visão sem nervos, e que descansem simplesmente sobre tecido sarcódico. Olhos de natureza tão singela como os que acabamos de indicar, são incapazes de visão diferente e servem tão somente para distinguir a luz da obscuridade. Em certas estrelas do mar, pequenas depressões na capa de pigmento que rodeia o nervo estão cheias, segundo descreve o autor citado, de uma substância gelatinosa transparente, que sobressai, formando uma superfície convexa, como a córnea dos animais superiores. Sugere Jourdain que isto serve, não para formar uma imagem, mas sim só para concentrar os raios luminosos e tornar a percepção mais fácil. Com esta concentração de raios conseguimos dar o primeiro passo, de longe o mais importante, para a formação de um olho verdadeiro, formador de imagens, pois não temos mais que colocar à distância devida do aparelho de concentração a extremidade nua do nervo ótico, que nuns animais inferiores se encontra profundamente escondida no corpo e em outros próximo à superfície, para que se forme sobre aquela uma imagem.

Na extensa classe dos articulados encontramos como ponto de partida um nervo ótico simplesmente coberto de pigmento, formando às vezes este último uma espécie de pupila, mas desprovido de cristalino ou de outra parte ótica. Sabe-se atualmente que, nos insetos, as numerosas facetas da córnea de seus grandes olhos compostos formam verdadeiros cristalinos, e que os cones encerram filamentos nervosos, curiosamente modificados. Mas estes órgãos nos articulados estão tão diversificados, que Muller, tempo faz, dividiu-os em três classes principais, com sete subdivisões, fora uma quarta classe principal de olhos singelos agregados.

Quando refletimos sobre estes fatos, expostos aqui demasiado brevemente, relativos à extensão, diversidade e gradação da estrutura dos olhos dos animais inferiores, e quando temos presente o pequeno número de formas vivas em comparação com as que se extinguiram, então deixa de ser muito grande a dificuldade de crer que a seleção natural pode ter convertido um singelo aparelho, formado por um nervo revestido de pigmento e coberto no exterior por uma membrana transparente, num instrumento ótico tão perfeito como o que possuem todos os membros da classe dos articulados.

Quem chegue até este ponto, não deverá duvidar em dar outro passo mais se, ao terminar este volume, julgar que pela teoria da modificação por seleção natural se podem explicar muitos fatos inexplicáveis de outro modo; deverá admitir que uma estrutura, ainda que seja tão perfeita como o olho de uma águia, pôde formar-se deste modo, ainda que neste caso não conheça os estados de transição.

Muitos fizeram objeções ao fato de que para que se modificasse o olho e para que, apesar disso, se conservasse como um instrumento perfeito, teriam de se efetuar simultaneamente muitas mudanças, o que se supõe não pôde ser feito pela seleção natural; mas, como tentei mostrar em minha obra sobre a variação dos animais domésticos, não é necessário supor que todas as modificações foram simultâneas, se, na verdade, foram muito lentas e graduais. Classes diferentes de modificação serviriam, pois, para o mesmo fim geral. O senhor Wallace observou que se uma lente tem o foco demasiado curto ou demasiado longo, pode ser corrigida mediante uma variação de curvatura ou mediante uma variação de densidade; se a curvatura é irregular e os raios não convergem num ponto, então todo aumento de regularidade na curvatura será um aperfeiçoamento. Assim, nem a contração do íris nem os movimentos musculares do olho são essenciais para a visão, senão só aperfeiçoamentos que tenham sido adicionados e completados em qualquer estado da construção do aparelho. Na divisão mais elevada do reino animal, os vertebrados, encontramos como ponto de partida um olho tão singelo que consiste, como no anfioxo, numa pequena bolsa de membrana transparente, provisto de um nervo e revestido de pigmento, mas desprovido de qualquer outro aparelho. Nos peixes e répteis, como Owen observou, "a série de gradações das estruturas dióptricas é muito grande". É um fato significativo que mesmo no homem, segundo Virchow, a formosa lente que constitui o cristalino está formada no embrião por um acúmulo de células epidérmicas situadas numa depressão da pele em forma de saco, e o humor vítreo está formado por tecido embrionário subcutâneo. Para chegar, no entanto, a uma conclusão justa a respeito da formação do olho, com todas suas características maravilhosas, ainda que não absolutamente perfeitas, é indispensável que a razão vença a imaginação; mas senti demasiado vivamente a dificuldade para que me surpreenda de que outros titubeiem em dar tão enorme amplitude ao princípio da seleção natural.

É quase impossível deixar de comparar o olho com um telescópio. Sabemos que este instrumento se aperfeiçoou pelos contínuos esforços dos homens de maior talento e, naturalmente, deduzimos que o olho se formou por um procedimento um pouco análogo; mas esta dedução não será talvez presunçosa? Temos algum direito de supor que o Criador trabalhe com forças intelectuais como as do homem? Se temos de comparar o olho com um instrumento ótico, devemos imaginar uma camada espessa de tecido transparente com espaços cheios de líquido e com um nervo sensível à luz, situado embaixo, e então supor que todas as partes desta camada estão com frequência mudando lentamente de densidade até separar-se em camadas de diferentes larguras e densidades, colocadas a distâncias diferentes umas de outras, e cujas superfícies mudam continuamente de forma. Além disso, temos de supor que existe uma força representada pela seleção natural, ou sobrevivência dos mais adequados, que espreita atenciosa e constantemente, toda pequena variação nas camadas transparentes e conserva cuidadosamente aquelas que nas diversas circunstâncias tendem a produzir, de algum modo ou em algum grau, uma imagem mais clara. Temos de supor que cada novo estado do instrumento se multiplica por um milhão, e se conserva até que se produz outro melhor, sendo então destruídos os antigos. Nos corpos vivos, a variação produzirá as ligeiras modificações, a geração as multiplicará quase até o infinito e a seleção natural entrelaçará com infalível destreza todo aperfeiçoamento. Suponhamos que este processo continua durante milhões de anos, e cada ano em milhões de indivíduos de muitas classes, poderemos deixar de crer que possa formar-se deste modo um instrumento ótico vivo tão superior a um de vidro como as obras do Criador o são às do homem?

Modos de transição

Se se pudesse demonstrar que existiu um órgão complexo que não pôde ter sido formado por modificações pequenas, numerosas e sucessivas, minha teoria se destruiria por completo; mas não posso encontrar nenhum caso desse tipo.

Indubitavelmente existem muitos órgãos cujos graus de transição conhecemos, sobretudo se consideramos as espécies muito isoladas, ao redor das quais houve muita destruição, ou também se tomamos um órgão comum a todos os membros de uma classe, pois, neste último caso, o órgão tem de se ter formado num período remoto, depois do qual se desenvolveram todos os numerosos membros da classe e, para descobrir os primeiros graus de transição pelos quais passou o órgão, teríamos de procurar formas precursoras antiquíssimas, extinguidas há muito tempo.

Temos de ser muito prudentes em chegar à conclusão de que um órgão não pôde ter-se formado por transições graduais de nenhuma espécie. Nos animais inferiores se poderiam mencionar numerosos casos de um mesmo órgão que a um mesmo tempo realiza funções completamente diferentes; assim, na larva do cavalinho do diabo e no peixe *Cobites*, o tubo digestivo respira, digere e excreta. No caso da hidra, o animal pode ser virado do avesso, e então a superfície exterior digerirá e o estômago respirará. Nestes casos, a seleção natural pôde especializar em uma só função, se deste modo se obtinha alguma vantagem, a totalidade ou parte de um órgão que anteriormente realizava duas funções, e então, por graus imperceptíveis, pôde mudar grandemente sua natureza. Conhecem-se muitas plantas que produzem ao mesmo tempo flores diferentemente constituídas e se estas plantas tivessem que produzir flores de uma só classe, se efetuaria uma grande mudança, relativamente brusca, nas características da espécie. É, no entanto, provável que as duas classes de flores produzidas pela mesma planta foram se diferenciando primitivamente por transições muito graduais, que ainda podem seguir-se em alguns casos.

Além disso, dois órgãos diferentes, ou o mesmo órgão com duas formas diferentes, podem realizar simultaneamente no mesmo indivíduo a mesma função, e este é um modo de transição importantíssimo. Ponhamos um exemplo: há peixes que mediante agalhas ou brânquias respiram o ar dissolvido no água, ao mesmo tempo que respiram o ar livre em sua bexiga natatória, por estar dividido este órgão por tabiques substancialmente vascularizados e ter um conduto pneumático para a entrada do ar. Ponhamos outro exemplo tomado do reino vegetal: as plantas trepam de três modos diferentes, enroscando-se em espiral, pegando-se a um suporte com as gavinhas[18] sensíveis e mediante a emissão de raízes aéreas. Estes três modos se encontram em grupos diferentes; mas algumas espécies apresentam dois destes modos, e ainda os três, combinados no mesmo indivíduo. Em todos estes casos, um dos dois pôde modificar-se e aperfeiçoar-se rapidamente até realizar todo o trabalho, sendo ajudado pelo outro órgão, durante o processo da modificação, e então este outro órgão pôde modificar-se para outro fim completamente diferente ou atrofiar-se por completo.

O exemplo da bexiga natatória dos peixes é bom, porque nos mostra claramente o fato importantísimo de que um órgão construído primitivamente para um fim (a flutuação) pode converter-se num órgão para um fim completamente diferente (a respiração). A bexiga natatória, além disso, transformou-se como um acessório dos órgãos auditivos de certos peixes. Todos os fisiologistas admitem que a bexiga natatória é homóloga, ou "idealmente semelhante" em posição e estrutura, dos pulmões dos animais vertebrados superiores; portanto, não há razão para duvidar que a bexiga natatória se converteu positivamente em pulmões ou seja, num órgão utilizado exclusivamente pela respiração.

De acordo com esta opinião, pode inferir-se que todos os animais vertebrados com verdadeiros pulmões descendem por geração ordinária de um antigo protótipo desconhecido que estava provisto de um aparelho de flutuação ou bexiga natatória. Assim podemos compreender, segundo deduzo da interessante descrição que Owen deu destes órgãos, o fato estranho de que toda partícula de comida ou bebida que engolimos tenha que passar acima do orifício da traqueia com algum perigo de cair nos pulmões, apesar do precioso mecanismo mediante o qual se fecha a glote. Nos vertebrados superiores, as brânquias desapareceram por completo, mas no embrião, as fendas aos lados do pescoço e o percurso, a modo de asa, das artérias, assinala ainda sua posição primitiva. Mas se pensa que as brânquias, na atualidade perdidas por completo, puderam ser gradualmente modificadas para algum fim diferente pela seleção natural; por exemplo, Landois demonstrou que as asas dos insetos provêm das traqueias e é, portanto, muito provável que, nesta extensa classe, órgãos que serviram num tempo para a respiração, tenham-se convertido realmente em órgãos de voo.

Ao considerar as transições entre os órgãos, é tão importante entender a possibilidade de conversão de uma função em outra, que acrescento outro exemplo. Os cirrípedes pedunculados têm duas pequenas pregas de tegumento, que eu chamei *freios ovígeros*, os quais, mediante uma secreção pegajosa, servem para reter os ovos dentro da bolsa até a eclosão. Estes cirrípedes não têm brânquias: toda a superfície do corpo e da bolsa, junto com os pequenos freios, serve para a respiração.

Os balanídeos ou cirrípedes sésseis, pelo contrário, não têm freios ovígeros, ficando os ovos soltos no fundo da bolsa, dentro da bem fechada concha; mas, na mesma posição relativa que os freios, têm membranas grandes e muito pregueadas, que comunicam livremente com as dobras circulatórias da bolsa e do corpo, e que todos os naturalistas consideram que funcionam como brânquias.

Pois bem, creio que ninguém discutirá que os freios ovígeros numa família são rigorosamente homólogos das branquias na outra; realmente existem todas as gradações entre ambos os órgãos. Portanto, não há que duvidar que as duas pequenas pregas de tegumento que primitivamente serviram de freios ovígeros, mas que ajudavam também muito debilmente ao ato da respiração converteram-se pouco a pouco em brânquias por seleção natural, simplesmente por aumento de tamanho e atrofia de suas glândulas glutiníferas.

Se todos os cirrípedes pedunculados se tivessem extinguido – e experimentaram uma extinção muito maior do que os cirrípedes sésseis – quem teria imaginado sequer que as brânquias desta última família tivessem existido primitivamente como órgãos para evitar que os ovos fossem arrastados para fora da bolsa pela água?

Existe outro modo possível de transição, ou seja, pela aceleração ou retardamento do período de reprodução sobre o qual insistiram ultimamente o professor Cope e outros nos Estados Unidos. Sabe-se hoje em dia que alguns animais são capazes de reproduzir-se a uma idade muito precoce, antes que tenham adquirido suas características perfeitas e, se esta faculdade chegasse a desenvolver-se por completo numa espécie, parece provável que, mais cedo ou mais tarde, desapareceria o estado adulto, e neste caso, especialmente se a larva difere muito da forma adulta, as características da espécie mudariam e se degradariam consideravelmente. Além disso, não poucos animais, depois de ter chegado à idade da maturidade sexual, continuam modificando suas características quase durante toda sua vida. Nos mamíferos, por exemplo, a forma do crânio frequentemente se altera muito com a idade, que o doutor Murie citou alguns notáveis exemplos nas focas; todos sabemos que os chifres dos veados se ramificam cada vez mais e as plumas de algumas aves se desenvolvem com mais harmonia à medida que estes animais se tornam mais velhos. O professor Cope afirma que os dentes de certos sáurios mudam muito de forma com os anos; nos crustáceos, segundo descreveu Fritz Muller, não só muitas partes insignificantes, mas também algumas de importância, tomam características novas depois da maturidade sexual. Em todos estes casos – e poderiam mencionar-se muitos – se a idade da reprodução se retardasse, as características da espécie, pelo menos em estado adulto, se modificariam, e também é provável que estados anteriores e primeiros de desenvolvimento se precipitassem e, finalmente, se perdessem. Não posso formar opinião a respeito de se as espécies se modificaram com frequência – se é que o fizeram alguma vez – por este modo de transição relativamente súbito; mas, se isto ocorreu, é provável que as diferenças entre o jovem e o adulto e entre o adulto e o velho foram primitivamente adquiridas por graus.

Dificuldades especiais da teoria da seleção natural

Ainda que tenhamos de ser muito prudentes em admitir que um órgão não pôde ter-se produzido por graus pequenos e sucessivos de transição, no entanto, é indubitável que ocorrem casos de grande dificuldade.

Um dos mais sérios é o dos insetos neutros, que, com frequência, são de conformação diferente que as fêmeas férteis e que os machos; mas este caso se tratará no capítulo próximo.

Os órgãos elétricos dos peixes nos oferecem outro caso de especial dificuldade, pois não é possível conceber por que graus se produziram estes maravilhosos órgãos; mas isto não é surpreendente, pois nem sequer conhecemos qual seja seu uso. No *Gymnotus* e no peixe-elétrico, indubitavelmente servem como meios poderosos de defesa, e talvez para assegurar suas presas; mas na arraia, segundo assinalou Matteucci, um órgão análogo na cauda manifesta muito pouca eletricidade, ainda que o animal esteja muito irritado; tão pouca, que mal pode ser de utilidade alguma para os fins já mencionados.

E mais, na arraia, além do órgão a que acabamos de nos referir, existe, como demonstrou o doutor R. McDonnell[19], outro órgão próximo da cabeça que não se sabe que seja elétrico, mas que parece ser o verdadeiro homólogo da bateria elétrica do peixe-elétrico. Admite-se geralmente que entre estes órgãos e os músculos ordinários existe uma estreita analogia na estrutura íntima, na distribuição dos nervos e na ação que sobre eles exercem diferentes reagentes.

Há também que observar especialmente que a contração muscular vai acompanhada de uma descarga elétrica e, como afirma o doutor Radcliffe, "o aparelho elétrico do peixe-elétrico, durante o repouso, parece ser a sede de uma descarga igual à que se realiza no músculo e nervo durante o repouso, e a descarga do peixe-elétrico, em vez de ser peculiar, pode ser somente outra forma da descarga que depende da ação do músculo e do nervo motor".

Não podemos atualmente ir além na explicação; mas, como sabemos tão pouco a respeito do uso destes órgãos e não sabemos nada sobre os hábitos e conformação dos antepassados dos peixes elétricos vivos, seria muito temerário sustentar que não são possíveis transições úteis mediante as quais estes órgãos pudessem ter-se desenvolvido gradualmente.

Estes órgãos parecem inicialmente oferecer outra dificuldade muito mais grave, pois se apresentam numa dúzia de espécies de peixes, alguns dos quais são de afinidades muito remotas. Quando o mesmo órgão se encontra em diferentes membros de um mesmo grupo, especialmente se têm hábitos muito diferentes, podemos em geral atribuir sua presença à herança de um antepassado comum, e sua ausência em alguns dos membros à perda por desuso ou seleção natural. De maneira que, se os órgãos elétricos tivessem sido herdados de algum remoto antepassado, poderíamos ter esperado que todos os peixes elétricos fossem muito afins entre si, o que está muito longe de ocorrer. Tampouco a geologia nos leva, de modo algum, a crer que a maioria dos peixes possuíssem em outro tempo órgãos elétricos que seus descendentes modificados tenham perdido. Mas quando examinamos mais de perto a questão, vemos que nos diferentes peixes providos de órgãos elétricos estão estes situados em partes diferentes do corpo e que diferem em sua estrutura, bem como também na disposição das placas e, segundo Pacini, no procedimento ou meio de produzir a eletricidade e, finalmente, em serem providos de nervos que procedem de diferentes origens, sendo esta talvez a mais importante de todas as diferenças. Consequentemente os órgãos elétricos dos diferentes peixes não podem ser consideradas como homólogos, mas só como análogos em sua função. Portanto, não há razão para supor que tenham sido herdados de seu antepassado comum, pois se tivesse sido assim, se teriam parecido muito sob todos os aspectos. Assim, pois, desvanece-se a dificuldade de que um órgão, na aparência o mesmo, se origine em diferentes espécies remotamente afins, ficando só a dificuldade menor, mesmo que ainda grande: por que gradação imperceptível se desenvolveram estes órgãos em cada um dos diferentes grupos de peixes.

Os órgãos luminosos que se apresentam em alguns insetos de famílias muito diferentes e que estão situados em diferentes partes do corpo oferecem, em nosso estado atual de ignorância, uma dificuldade quase exatamente paralela à dos órgãos elétricos. Poderiam mencionar-se outros casos semelhantes; por exemplo, nas plantas, a curiosíssima disposição de uma massa de grãos de pólen levados por um pedúnculo com uma glândula viscosa, é evidentemente a mesma em Orchis e *Asclepias*, gêneros quase tão distantes quanto possível entre as fanerógamas; mas tampouco aqui são órgãos homólogos. Em todos os casos de seres muito separados na escala da organização que têm órgãos peculiares semelhantes, se encontrará que, mesmo que o aspecto geral e a função dos órgãos possam ser iguais, no entanto, podem sempre se descobrir diferenças fundamentais entre eles. Por exemplo: os olhos dos cefalópodes e os dos vertebrados parecem portentosamente semelhantes, e nestes grupos tão distantes nada desta semelhança pode ser devida à herança de um antepassado comum. O senhor Mivart apresentou este como um caso de especial dificuldade; mas eu não consigo ver a força de seu argumento. Um órgão da visão tem de ser formado por tecido transparente e tem de contar alguma espécie de lente para formar uma imagem no fundo de uma câmara escura. Além de ser superficialmente parecido, quase não há semelhança real entre os olhos dos cefalópodes e os dos vertebrados como se pode ver conferindo a admirável memória de Hensen a respeito destes órgãos nos cefalópodes. É impossível entrar aqui em detalhes; mas posso, no entanto, indicar alguns dos pontos em que diferem. O cristalino, nos cefalópodes superiores, é dividido em duas partes, colocadas uma depois da outra, como duas lentes, tendo ambas disposição e estrutura muito diferentes das que se encontram nos vertebrados. A retina é completamente diferente, com uma verdadeira inversão dos elementos e com um gânglio nervoso grande encerrado dentro das membranas do olho. As relações dos músculos são as mais diferentes que se possa imaginar, e assim nos demais pontos.

Portanto, não é pequena dificuldade decidir até que ponto devam empregar-se os mesmos termos ao descrever os olhos dos cefalópodes e os dos vertebrados. Cada qual, naturalmente, é livre de negar que o olho pôde ter-se desenvolvido num e outro caso por seleção natural de ligeiras variações sucessivas; mas, se se admite isto para um caso, é evidentemente possível no outro e, de acordo com esta opinião a respeito de seu modo de formação, podiam-se ter previsto já diferenças fundamentais de estrutura entre os órgãos visuais de ambos os grupos. Bem como algumas vezes dois homens chegaram independentemente ao mesmo invento, assim também, nos diferentes casos anteriores, parece que a seleção natural, trabalhando pelo bem de cada ser e tirando vantagem de todas as variações favoráveis, produziu, em seres orgânicos diferentes, órgãos semelhantes, no que se refere à função, os quais não devem nada de sua estrutura comum à herança de um antepassado comum.

Fritz Muller, com o objetivo de comprovar as conclusões a que se chega neste livro, seguiu com muita diligência um raciocínio quase análogo. Diferentes famílias de crustáceos compreendem um reduzido número de espécies que possuem um aparelho de respiração aérea e estão conformadas para viver fora da água. Em duas destas famílias, que foram estudadas mais especialmente por Muller e que são muito afins entre si, as espécies se assemelham muito em todas as características importantes, ou seja, nos órgãos dos sentidos, no aparelho circulatório, na posição dos grupos de pelos no interior de seu complicado estômago e, finalmente, em toda a estrutura das brânquias mediante as quais respiram na água, inclusive nos microscópicos ganchos, mediante os quais se limpam. Portanto, podia-se esperar que, no pequeno número de espécies de ambas as famílias, que vivem em terra, os aparelhos igualmente importantes de respiração aérea teriam que ser iguais; por que estes aparelhos destinados ao mesmo fim deveriam ser feitos diferentes, enquanto todos os outros órgãos importantes são muito semelhantes ou quase idênticos?

Fritz Muller sustenta que esta estreita semelhança em tantos pontos de estrutura tem de se explicar, de conformidade com as opiniões expostas por mim, por herança de um antepassado comum; mas como a imensa maioria das espécies das duas famílias anteriores, como a maioria dos outros crustáceos, são de hábitos aquáticos, é substancialmente improvável que seu antepassado comum tenha estado adaptado a respirar no ar. Muller foi assim levado a examinar cuidadosamente o aparelho respiratório nas espécies de respiração aérea e encontrou que difere em cada uma em vários pontos importantes, como a posição dos orifícios, o modo como se abrem e se fecham e em alguns detalhes acessórios. Pois bem, estas diferenças se explicam e, até podiam esperar-se, na suposição de que espécies pertencentes a famílias diferentes se tivessem ido adaptando lentamente a viver cada vez mais fora da água e a respirar o ar; pois estas espécies, por pertencer a famílias diferentes, teriam sido, até certo ponto, diferentes e – segundo o princípio de que a natureza de cada variação depende de dois fatores, a saber: a natureza do organismo e a das condições ambientes – seu modo de variar, com segurança, não teria sido exatamente o mesmo. Portanto, a seleção natural teria tido materiais ou variações diferentes com que trabalhar para chegar ao mesmo resultado funcional, e as conformações deste modo adquiridas teriam, quase necessariamente, que ser diferentes. Na hipótese de atos separados de criação, toda a questão permanece ininteligível. Este raciocínio parece ter sido de grande peso para levar Fritz Muller a aceitar as opiniões sustentadas por mim neste livro.

Outro distinto zoólogo, o distinto professor Claparède, raciocinou de igual modo e chegou ao mesmo resultado. Demonstra que existem ácaros parasitas, pertencentes a subfamílias e famílias diferentes, que estão providos de órgãos para agarrar-se ao pelo. Estes órgãos têm de se ter desenvolvido independentemente, pois não puderam ser herdados de um antepassado comum e, nos diferentes grupos, estão formados por modificação das patas anteriores, das patas posteriores, das maxilas ou lábios e de apêndices do lado ventral da parte posterior do corpo.

Nos casos anteriores vemos, em seres nada ou remotamente afins, conseguido o mesmo fim e executada a mesma função por órgãos muito semelhantes por sua aparência, ainda que não por seu desenvolvimento. Por outra parte, é uma regra geral em toda a natureza que o mesmo fim se consiga, ainda às vezes no caso de seres muito afins, pelos mais diversos meios. Que diferença de construção entre o asa com penas de uma ave e a asa coberta de membrana de um morcego, e ainda mais entre as quatro asas de uma borboleta, as duas de uma mosca e as duas asas com élitros de um coleóptero! As conchas bivalvas estão feitas para abrir e fechar; mas, diversos modelos existem na construção da charmela, desde a longa cauda de dentes que engrenam primorosamente numa *Nucula* até o simples ligamento de um mexilhão! As sementes se disseminam por sua pequenez; por estar sua cápsula convertida numa ligeira coberta, como um balão; por estarem envolvidas numa polpa, formada por partes mais diversas, e feita nutritiva e colorida, além de atraente, de sorte que atraia e seja comida pelas aves; por terem ganchos e arpéus de muitos tipos e arestas dentadas, com que aderem ao pelo dos quadrúpedes, e por estarem providas de asas e penachos tão diferentes em forma como elegantes em estrutura, de maneira que a menor brisa as carregue. Darei outro exemplo, pois esta questão de que o mesmo fim se obtenha pelos mais diversos meios é bem digna de atenção. Alguns autores sustentam que os seres orgânicos foram formados de muitas maneiras, simplesmente por variar, quase como os a brinquedos numa loja; mas tal concepção da natureza é inadmissível. Nas plantas que têm os sexos separados e naquelas que, mesmo sendo hermafroditas, o pólen não cai espontaneamente sobre o estigma, é necessária alguma ajuda para sua fecundação. Em diferentes classes isto se efetua porque os grãos de pólen, que são leves e não-aderentes, são arrastados pelo vento, por pura casualidade, ao estigma, e este é o meio mais singelo, que se pode conceber. Um meio quase tão singelo, ainda que muito diferente, apresenta-se em muitas plantas, nas quais uma flor simétrica segrega algumas gotas de néctar, pelo qual é visitada pelos insetos, e estes transportam o pólen das anteras ao estigma.

Partindo deste estado tão singelo, podemos passar por um interminável número de disposições todas com o mesmo objetivo e realizadas fundamentalmente da mesma maneira, mas que ocasionam mudanças em todas as partes da flor. O néctar pode acumular-se em receptáculos de diversa forma, com os estames e pistilos modificados de muitas maneiras, formando às vezes mecanismos como armadilhas e sendo às vezes capazes, por irritabilidade ou elasticidade, de movimentos primorosamente adaptados. Desde estas estruturas, podemos avançar até chegar a um caso de adaptação tão extraordinário como o descrito ultimamente pelo doutor Cruger no *Coryanthes*. Esta orquídea tem parte de seu labelo ou lábio inferior escavado, formando um grande cubo, no qual caem continuamente gotas de água quase pura, procedente de duas pontas secretoras que estão em cima dele, e quando o cubo está meio cheio, a água escoa por um conduto lateral. A base do labelo fica em cima do cubo e está por sua vez escavada, formando uma espécie de cavidade com duas entradas laterais, e dentro desta câmara há uns curiosas pregas carnosas. O homem mais astuto, se não tivesse sido testemunha do que ocorre, não poderia nunca ter imaginado para que servem todas estas partes; mas o doutor Cruger viu multidões de zangões que visitavam as gigantescas flores desta orquídea, não para sugar néctar, mas para roer as saliências da cavidade de cima da pétala; ao fazer isto, muitas vezes se empurram uns aos outros e caem na água, e como suas asas ficam molhadas, não podem escapar voando e se veem obrigados a sair arrastando-se pelo canal de escoamento da água. O doutor Cruger viu uma procissão contínua de zangões que saíam, arrastando-se assim de seu banho involuntário. A passagem é estreita e está coberta superiormente pela coluna de maneira que um zangão, ao abrir caminho, esfrega seu dorso, primeiro contra o estigma, que é viscoso, e depois contra as glândulas viscosas das massas polínicas. As massas polínicas se colam assim ao dorso do zangão, que casualmente foi o primeiro a sair se arrastando pelo conduto de uma flor recém-aberta, e deste modo são transportadas. O doutor Cruger me mandou, em álcool, uma flor com um zangão, que matou antes que tivesse acabado de sair, com uma massa polínica ainda colada no dorso. Quando o zangão assim carregado voa para outra flor, ou de novo à mesma por segunda vez, e é empurrado por seus colegas ao cubo e sai se arrastando pelo conduto, a massa de pólen necessariamente se põe primeiro em contato com o estigma, que é viscoso, e adere a ele, fecundando a flor. Por fim, vemos toda a utilidade de cada parte da flor, das pontas que segregam água, do cubo cheio de água pela metade que impede que os zangões escapem voando, e os obriga a sair arrastando-se pelo canal e a esfregar-se com as massas de pólen viscosas e o estigma viscoso, tão estrategicamente situados.

A estrutura da flor em outra orquídea muito próxima, o *Catasetum*, é muito diferente, ainda que sirva para o mesmo fim, e é igualmente curiosa. Os himenópteros visitam suas flores, como as de Coryanthes, para roer seu labelo; ao fazer isto, tocam inevitavelmente uma peça saliente longa, afilada e sensível, ou *antena*, como a denominei. Esta antena, ao ser tocada, transmite uma sensação ou vibração a certa membrana, que se rompe instantaneamente; isto solta uma mola, mediante a qual a massa de pólen é lançada em linha reta como uma flecha, e se cola por sua extremidade, que é viscosa, no dorso do himenóptero. As massas de pólen da planta masculina – pois os sexos desta orquídea estão separados – são transportadas deste modo à planta feminina, onde se põem em contato com o estigma, que é bastante viscoso para romper uns fios elásticos, e, retendo o pólen, efetua-se a fecundação .

Pode-se perguntar como podemos explicar no exemplo anterior, e em outros inúmeros, a escala gradual de complicação e os múltiplos meios para atingir o mesmo fim. A resposta indubitavelmente é, como antes se indicou, que quando variam duas formas que diferem já entre si em algum grau, a variação não será exatamente da mesma natureza e, portanto, os resultados obtidos por seleção natural para o mesmo objetivo geral não serão os mesmos. Temos de ter além disso presente que todo organismo muito desenvolvido passou por muitas mudanças e que toda conformação modificada tende a ser herdada, de maneira que cada modificação não se perderá em seguida por completo, mas que pode modificar-se sempre mais. Portanto, a conformação de cada parte de uma espécie, qualquer que seja o objetivo para que possa servir, é a soma de muitas mudanças herdadas, pelas quais passou a espécie durante suas adaptações sucessivas à mudança de hábitos e condições de vida.

Finalmente, pois, ainda que em muitos casos é dificílimo mesmo conjeturar por que transições chegaram os órgãos a seu estado presente, no entanto, considerando o pequeno número de formas vivas e conhecidas em comparação com o das formas extintas e desconhecidas, assombrei-me de como é estranho mencionar um órgão para o qual não se conheça nenhum grau de transição.

Certamente é uma verdade que poucas vezes, ou nunca, se apresentam num ser vivo órgãos novos que pareçam como criados para um fim especial, segundo ensina também a velha e um pouco exagerada regra de História Natural, a de que *Natura non facit saltum*. Encontramo-la admitida nos escritos de quase todos os naturalistas experimentados ou, como Milne Edwards o expressou muito bem, a natureza é pródiga em variedade, mas avara em inovação. Segundo a teoria da criação, por que deve ter tanta variedade e tão pouca verdadeira novidade? Supondo que todas as partes e órgãos de tantos seres independentes tenham sido criados separadamente para seu próprio lugar na natureza, por que têm de estar com tanta frequência cruzados entre si por séries de gradações? Por que a natureza não deu um salto brusco de conformação a conformação?

Segundo a teoria da seleção natural, podemos compreender claramente por que não o faz, pois a seleção natural atua somente aproveitando pequenas variações sucessivas; não pode dar nunca um grande salto brusco, senão que deve avançar por passos pequenos e seguros, ainda que sejam lentos.

Influência da seleção natural em órgãos aparentemente de pouca importância

Como a seleção natural atua mediante a vida e a morte – mediante a sobrevivência dos indivíduos mais adequados e a destruição dos menos adequados –, encontrei algumas vezes grande dificuldade em compreender a origem ou formação de partes de pouca importância; dificuldade quase tão grande, ainda que de natureza muito diferente, como a que existe no caso dos órgãos mais perfeitos e complexos.

Em primeiro lugar, nossa ignorância pelo que toca ao conjunto da economia de qualquer ser orgânico é demasiado grande para dizer que modificações pequenas serão de importância e quais não. num capítulo anterior dei exemplos de características insignificantes – como a penugem dos frutos e a cor de sua polpa, a cor da pele e pelo dos mamíferos – sobre os quais, bem por estar relacionados com diferenças constitucionais, bem por determinar o ataque dos insetos podiam seguramente ter influenciado a seleção natural. a cauda da girafa parece como um mosqueador construído artificialmente, e, à primeira vista, parece incrível que possa ter-se adaptado a seu objetivo atual por pequenas modificações sucessivas, cada vez mais adequadas para um objetivo tão trivial como o de afugentar as moscas; no entanto, temos de nos deter antes de ser demasiado categóricos, mesmo neste caso, pois sabemos que a distribuição e existência do gado bovino e outros animais na américa do sul depende em absoluto de sua faculdade de resistir aos ataques dos insetos, de maneira que, os indivíduos que de algum modo pudessem defender-se destes pequenos inimigos, seriam capazes de ocupar novos pastos e de conseguir deste modo uma grande vantagem. não é que os grandes quadrúpedes sejam positivamente destruídos – exceto em alguns raros casos – por moscas, mas se veem com frequência atormentados, e sua força diminui de maneira que estão mais sujeitos a doenças, ou não são tão capazes de procurar alimento quando vinga um tempo de escassez, ou de escapar dos ataques dos carnívoros.

Órgãos hoje de escassa importância foram, provavelmente, em alguns casos, de importância substancial a um antepassado remoto e, depois de ter-se aperfeiçoado lentamente num período anterior, transmitiram-se às espécies atuais, quase no mesmo estado, ainda que sejam agora de pouquíssimo uso; mas qualquer modificação em sua estrutura realmente prejudicial teria sido, sem dúvida, impedida por seleção natural. Deste modo, vendo a importância que tem a cauda como órgão de locomoção na maioria dos animais aquáticos, pode talvez explicar-se sua presença geral e seu uso para muitos fins em tantos animais terrestres que, com seus pulmões ou bexigas natatórias modificadas, denunciam sua origem aquática. Tendo-se formado num animal aquático uma cauda bem desenvolvida, pôde esta depois chegar a ser modificada para toda classe de usos, como um mosqueador, um órgão de prensar, ou como ajuda para virar-se, assim como ocorre no caso do cachorro, ainda que a ajuda neste último caso tem de ser muito pequena, pois a lebre, que mal tem cauda, pode se virar ainda mais rapidamente.

Em segundo lugar, podemos equivocar-nos com facilidade ao atribuir importância às varacterísticas e ao crer que se desenvolveram por seleção natural. Em modo algum temos de perder de vista os efeitos da ação definida da mudança das condições de vida; os das chamadas variações espontâneas, que parecem depender de modo muito secundário da natureza das condições; os da tendência à reversão a características perdidas há muito tempo; os das complexas leis de crescimento, como as de correlação, compensação, pressão de uma parte sobre outra, etc. e, finalmente, os da seleção sexual, pela qual muitas vezes se conseguem características de utilidade para um sexo, que depois são transmitidas mais ou menos perfeitamente ao outro, ainda que não sejam de utilidade para este. E das conformações obtidas deste modo, ainda que inicialmente não sejam vantajosas para uma espécie, podem depois ter tirar vantagem seus descendentes modificados em novas condições de vida e para aquisição de novos hábitos.

Se só tivessem existido os pica-paus verdes e não tivéssemos sabido que havia muitas espécies negras e de várias cores, atrevo-me a dizer que teríamos crido que a cor verde era uma formosa adaptação para ocultar de seus inimigos estas aves que vivem nas árvores e, em consequência, que era este um caráter de importância que tinha sido adquirido mediante seleção natural; desse modo, que a cor provavelmente é devida em sua maior parte à seleção sexual. Um bambu parasita, no Arquipélago Malaio, sobe até atingir o topo das mais altas árvores com a ajuda de ganchos estranhos, agrupados na extremidade dos ramos, e esta disposição é indubitavelmente de substancial utilidade para a planta; mas, como vemos ganchos quase iguais em muitas árvores que não são trepadeiras e que – segundo temos motivo para crer, pela distribuição das espécies espinhosas na África e América do Sul – servem como defesa contra os quadrúpedes, também os ganchos do bambu malaio podem em princípio ter-se desenvolvido para este objetivo e depois ter-se aperfeiçoado e tirado proveito deles quando a planta experimentou novas modificações e se tornou trepadeira. Considera-se geralmente a pele nua da cabeça do abutre como uma adaptação direta para revolver na podridão, e pode ser que seja assim, ou talvez pode ser devida à ação direta das substâncias em putrefação; mas temos de ser muito prudentes em chegar a esta conclusão, quando vemos que a pele da cabeça do peru macho, que se alimenta diversamente, é também nua. Assinalaram-se as suturas do crânio dos mamíferos jovens como uma formosa adaptação para ajudar no parto e indubitavelmente o facilitam ou podem ser indispensáveis neste ato; mas como as suturas se apresentam nos crânios das aves e répteis jovens, que não têm mais do que sair de um ovo que se rompe, temos de inferir que esta estrutura se originou em virtude das leis de crescimento, e se tirou proveito dela no momento do parto dos animais superiores.

Ignoramos por completo a causa das pequenas variações ou diferenças individuais, e nos damos imediatamente conta disso refletindo sobre as diferenças entre as raças de animais domésticos em diferentes países, especialmente nos menos civilizados, onde houve pouca seleção metódica. Os animais selvagens em diferentes regiões têm de lutar com frequência por seu próprio sustento, e estão submetidos, até certo ponto, à seleção natural, e indivíduos de constituição um pouco diferente poderiam prosperar mais em climas diversos. No gado bovino, a suscetibilidade aos ataques das moscas é correlativa da cor, como o é o risco de envenenar-se com certas plantas, de maneira que até a cor estaria deste modo sujeita à ação da seleção natural. Alguns observadores estão convictos de que um clima úmido influi no crescimento do pelo, o que teria correlação com o crescimento dos chifres. As raças de montanha sempre diferem das raças de planície, e um habitat montanhoso provavelmente influiria nos membros posteriores, por obrigá-los a maior exercício e, talvez, até na forma da pélvis; e então, pela lei de variação homóloga, os membros anteriores e a cabeça experimentariam provavelmente a influência. A forma da pélvis poderia, além disso, influir por pressão na forma de certas partes do feto no útero. A respiração fatigosa, necessária nas regiões elevadas, tende, segundo temos motivo fundado para crê-lo, a aumentar o tamanho do peito, e de novo entraria em jogo a correlação. Os efeitos, em todo o organismo, da diminuição do exercício, junto com a comida abundante, são provavelmente ainda mais importantes, e isto, como H. von Nathusius demonstrou recentemente em seu excelente tratado, é evidentemente uma das causas principais nas grandes modificações que experimentaram as raças de porcos. Mas nossa ignorância é demasiado grande para discutir a importância relativa das diversas causas conhecidas e desconhecidas de variação, e fiz estas observações para mostrar que, se somos incapazes de explicar as diferenças características das diversas raças domésticas que, no entanto, admite-se que se originaram por geração ordinária a partir de um ou de um reduzido número de troncos primitivos, não devemos dar demasiada importância a nossa ignorância da causa precisa das pequenas diferenças análogas entre as espécies verdadeiras.

Doutrina utilitária, até que ponto é verdadeira; beleza, como se adquire

As observações anteriores me levam a dizer algumas palavras a respeito do recente protesto de vários naturalistas contra a doutrina utilitária, segundo a qual, cada detalhe de conformação foi produzido para bem de seu possuidor. Creem estes naturalistas que muitas conformações foram criadas com o objetivo de serem belas, para deleite do homem ou do Criador – ainda que este último ponto está fora do alcance da discussão científica – ou simplesmente por variedade, opinião esta já discutida. Essas doutrinas, se fossem verdadeiras, seriam em absoluto funestas para minha teoria. Admito, por completo, que muitas estruturas não são atualmente de utilidade direta a seus possuidores, e podem não ter sido nunca de utilidade alguma a seus antepassados; mas isto não prova que foram formadas unicamente por beleza ou variedade. É indubitável que a ação definida da mudança de condições e as diversas causas de modificação ultimamente assinaladas produziram algum efeito, e provavelmente grande, com independência de qualquer vantagem nestes casos adquirida. Mas uma consideração ainda mais importante é de que a parte principal da organização de todo ser vivo é devida à herança e, portanto, ainda que cada ser seguramente esteja bem adequado a seu lugar na natureza, muitas estruturas não têm relação direta e estreita com os hábitos atuais. Assim, dificilmente podemos crer que as patas palmeadas do ganso de terra ou do tesourão-grande sejam de utilidade especial a estes animais; não podemos crer que os ossos semelhantes no braço do macaco, na pata anterior do cavalo, na asa do morcego, na barbatana da foca, sejam de utilidade especial a estes animais. Podemos atribuir com segurança estas estruturas à herança. Mas as patas palmeadas, indubitavelmente, foram tão úteis aos antepassados do ganso de terra e do tesourão-grande, como o são na atualidade às aves vivas mais aquáticas. Assim podemos crer que o antepassado da foca não possuiu barbatanas, mas patas com cinco dedos adequados para andar ou pegar, e podemos além disso aventurar-nos a crer que os diversos ossos nas extremidades do macaco, cavalo e morcego se desenvolveram primitivamente, segundo o princípio de utilidade, provavelmente por redução de ossos, mais numerosos na barbatana de algum remoto antepassado, comum a toda a classe, semelhante a um peixe. Quase não é possível decidir que parte deve atribuir-se a causas de mudança tais como a ação definida das condições externas, as chamadas variações espontâneas e as complexas leis de crescimento; mas, feitas estas importantes exceções, podemos chegar à conclusão de que a estrutura de todos os seres vivos é atualmente, ou foi em outro tempo, de alguma utilidade, direta ou indireta, a seu possuidor. Quanto à opinião de que os seres orgânicos foram criados formosos para deleite do homem – opinião que, como se disse, é ruinosa para toda minha teoria – posso fazer observar, em primeiro lugar, que o sentido de beleza é evidente que depende da natureza da mente, com independência de toda qualidade real no objeto admirado, e que a ideia de que é formoso não é inata ou invariável. Vemos isto, por exemplo, porque os homens das diversas raças admiram um tipo de beleza totalmente diferente em suas mulheres. Se os objetos belos tivessem sido criados unicamente para satisfação do homem, seria necessário demonstrar que, antes da aparição do homem, havia menos beleza sobre a terra que depois que aquele entrou em cena. As formosas conchas dos gêneros *Voluta*[20] e *Conus*[21] da época eocena[22] e os amonites[23], tão elegantemente esculpidos, do período secundário, foram criados para que o homem pudesse admirá-los anos depois em seus museus como as diatomáceas[24]? Existem poucos objetos mais belos do que as pequenas carapaças de silício das *diatomeas*; foram criadas estas para que pudessem ser examinadas e admiradas com os maiores aumentos do microscópio? A beleza, neste último caso e em outros muitos, parece devida por completo à simetria de crescimento. As flores se contam entre as mais formosas produções da natureza; mas as flores se tornaram visíveis formando contraste com as folhas verdes e, portanto, formosas ao mesmo tempo, de modo que possam ser observadas facilmente pelos insetos. Cheguei a esta conclusão porque encontrei como regra invariável que, quando uma flor é fecundada pelo vento, não tem nunca uma corola de cor atraente. Diferentes plantas produzem habitualmente flores de duas classes: umas abertas, de cor, de maneira que atraiam os insetos, e as outras fechadas, não coloridas, desprovidas de néctar e que os insetos nunca visitam. Portanto, podemos chegar à conclusão de que, se os insetos não tivessem se desenvolvido sobre a terra, nossas plantas não seriam cobertas de formosas flores e teriam produzido somente flores pobres, como as que vemos no pinheiro, carvalho, nogueira e freixo[25], e nas gramíneas, espinafres, labaça[26] e urtigas, que são fecundados todos pela ação do vento. Um raciocínio semelhante pode aplicar-se aos frutos: todo mundo admitirá que um morango ou cereja madura é tão agradável à vista como ao paladar, que o fruto tão atraentemente colorido do evônimo[27] e os vermelhos frutos do azevinho são coisas belas; mas esta beleza serve só de guia às aves e aos mamíferos, para que o fruto possa ser devorado e as sementes disseminadas pelos excrementos. Deduzo que é assim do fato de que até o presente não encontrei exceção alguma à regra de que as sementes são sempre disseminadas deste modo quando estão encerradas num fruto de qualquer classe – isto é, dentro de uma envoltura polpuda ou carnosa –, se tem uma cor brilhante ou se faz visível por ser branco ou negro.

Por outra parte, admito condescendentemente que um grande número de animais machos, o mesmo que todas nossas aves mais vistosas, muitos peixes, répteis e mamíferos e uma multidão de borboletas de cores esplêndidas, tornaram-se formosas pelo desejo de beleza; mas isto se efetuou por seleção sexual, ou seja, porque os machos mais formosos foram continuamente preferidos pelas fêmeas, e não para deleite do homem. O mesmo ocorre com o canto das aves. De tudo isto poderíamos tirar a conclusão de que um gosto quase igual para as cores formosas e para os sons musicais se estende a uma grande parte do reino animal. Quando a fêmea tem tão formosa coloração como o macho, o que não é raro nas aves e borboletas, a causa parece estar na transmissão aos dois sexos as cores adquiridas por seleção natural, em vez de ter-se transmitido só aos machos. É uma questão obscuríssima como o sentimento de beleza, em sua forma mais simples – isto é, sentir um tipo peculiar de prazer por certas cores, formas e sons –

desenvolveu-se pela primeira vez na mente do homem e dos animais superiores. A mesma dificuldade se apresenta se perguntamos como é que certos cheiros e sabores dão gosto e outros desagradam. Em todos estes casos parece que o hábito entrou em jogo; mas deve ter alguma causa fundamental na constituição do sistema nervoso, em cada espécie.

A seleção natural não pode produzir nenhuma modificação numa espécie exclusivamente para proveito de outra, ainda que na natureza, incessantemente, umas espécies tiram vantagem e se aproveitam da conformação de outras. Mas a seleção natural pode produzir, e produz com frequência, estruturas, para prejuízo direto de outros animais, como vemos nos dentes da víbora e no ovopositor do icnêumone, mediante o qual deposita seus ovos no corpo de outros insetos vivos. Se se pudesse provar que uma parte qualquer do organismo de uma espécie tinha sido formada para vantagem exclusiva de outra espécie, isto destruiria minha teoria, pois esta parte não poderia ter sido produzida por seleção natural. Ainda que nas obras de História Natural se encontrem muitos exemplos sobre isto, não pude encontrar nem um sequer que me pareça de algum valor. Admite-se que a serpente cascavel tem dentes venenosos para sua própria defesa e para aniquilar sua presa; mas alguns autores supõem que, ao mesmo tempo, está provista, como uma espécie de cascavel, para seu próprio prejuízo, ou seja para avisar a sua presa. Eu quase estaria tão disposto a crer que o gato, quando se prepara a saltar, arqueia a ponta da cauda para avisar ao rato sentenciado à morte. É uma opinião bem mais provável que a serpente cascavel utiliza o chocalho, que a cobra distende seu pescoço e que a víbora bufadora se incha enquanto assobia tão ruidosa e estridentemente, para espantar as muitas aves e mamíferos que, como se sabe, atacam mesmo as espécies mais venenosas. Os ofídios agem segundo o mesmo princípio que faz com que a galinha erice suas penas e abra as asas quando um cachorro se aproxima de seus pintinhos; mas não tenho espaço aqui para estender-me sobre os diversos meios pelos que os animais tentam afugentar seus inimigos.

A seleção natural não produzirá nunca num ser uma conformação mais prejudicial que benéfica para ele, pois a seleção natural atua somente para o bem de cada ser. Não se formará nenhum órgão, como Paley fez notar, com o fim de causar dor, ou para causar prejuízo ao ser que o possui. Se se faz um balanço exato do bem e do mal causado por cada parte, se encontrará que cada uma é, em conjunto, vantajosa. Depois de passado algum tempo, em condições de vida novas, se alguma parte chega a ser prejudicial, se modificará e, se não ocorre assim, o ser se extinguirá, como milhões se extinguiram.

A seleção natural tende apenas a tornar cada ser orgânico tão perfeito como os outros habitantes da mesma área, com os quais entra em concorrência, ou um pouco mais perfeito do que eles. E vemos que este é o tipo de perfeição a que se chega em estado natural. As produções peculiares da Nova Zelândia, por exemplo, são perfeitas comparadas entre si; mas cedem rapidamente ante as legiões invasoras de plantas e animais importados da Europa. A seleção natural não produzirá perfeição absoluta nem, até onde podemos julgar, a encontraremos jamais na natureza. A correção da aberração da luz, diz Muller, que não é perfeita nem ainda no olho humano, este órgão perfetíssimo. Helmholtz, cujos critérios ninguém discutirá, depois de descrever nos termos mais expressivos o maravilhoso poder do olho humano, adiciona estas notáveis palavras: "O que descobrimos, no que se refere à inexatidão e imperfeição na máquina ótica e na imagem sobre a retina, é nada em comparação com as incongruências com que acabamos de tropeçar no terreno das sensações. Poder-se-ia dizer que a natureza se comprazeu em acumular contradições para tirar todo fundamento à teoria da harmonia preexistente entre o mundo exterior e o interior". Se nossa razão nos leva a admirar com entusiasmo uma multidão de inimitáveis mecanismos na natureza, esta mesma razão nos diz – ainda que facilmente possamos equivocar-nos em ambos os casos – que outros mecanismos são menos perfeitos. Pode ser considerado perfeito o ferrão da abelha que, quando foi empregado contra inimigos de algumas classes, não pode ser retirado, devido às serrilhas dirigidas para trás, e causa assim inevitavelmente a morte do inseto, arrancando-lhe suas vísceras?

Se consideramos o ferrão da abelha como se tiver existido num antepassado remoto em forma de instrumento perfurante e serrador, como ocorre em tantos insetos de sua extensa ordem, e como se depois, sem aperfeiçoar-se, se tivesse modificado para seu uso atual mediante o veneno – primitivamente adaptado a algum outro objetivo, como produzir ferimentos – que depois tivesse aumentado, podemos talvez compreender como é que o uso do ferrão causa com tanta frequência a morte do próprio inseto, pois se em conjunto o emprego do ferrão é útil à comunidade social, o ferrão preencherá todos os requisitos da seleção natural, ainda que possa ocasionar a morte de alguns membros. Se admiramos o olfato, verdadeiramente maravilhoso, mediante o qual os machos de muitos insetos encontram suas fêmeas, poderemos admirar a produção para este único fim de milhares de zangões, que são inteiramente inúteis à comunidade para qualquer outro objetivo, e que são finalmente assassinados por suas industriosas e estéreis irmãs? Pode ser difícil; mas temos de admirar o ódio selvagem instintivo da abelha rainha que a impele a destruir as rainhas novas, suas filhas, desde que nascem, ou a perecer ela própria no combate; e o amor maternal ou o ódio maternal – ainda que este último, felizmente, seja mais raro – ambos são a mesma coisa para o inexorável princípio da seleção natural. Se admiramos os diferentes engenhosos mecanismos mediante os quais as orquídeas e outras muitas plantas são fecundadas pela ação dos insetos, poderemos considerar como igualmente perfeita a produção de densas nuvens de pólen em nossos pinheiros de maneira que uns poucos grãos podem ser levados pelo ar casualmente aos óvulos?

Resumo: a lei de unidade de tipo e a das condições de existência estão compreendidas na teoria da seleção natural

Neste capítulo discutimos várias das dificuldades e objeções que podem apresentar-se contra a teoria. Algumas delas são graves; mas creio que na discussão se projetou alguma luz sobre diferentes fatos que são totalmente obscuros dentro da crença em atos independentes de criação. Temos visto que as espécies, num dado período, não são indefinidamente variáveis e não estão cruzadas entre si por uma multidão de gradações intermediárias, em parte devido a que o processo de seleção natural é sempre lentíssimo e, num tempo dado, atua só sobre umas poucas formas, e em parte porque o mesmo processo de seleção natural implica a contínua suplantação e extinção de gradações anteriores intermediárias. Espécies muito afins, que vivem hoje num território contínuo, muitas vezes tiveram de formar-se quando o território não era contínuo e quando as condições de vida não variavam de uma parte a outra por gradações insensíveis. Quando em dois distritos de um território contínuo se formam duas variedades, muitas vezes se formará uma variedade intermediária adequada a uma zona intermediária; mas, pelas razões expostas, a variedade intermediária existirá em geral com menor número de indivíduos do que as duas formas que une e, portanto, estas duas últimas, durante o curso de novas modificações, terão uma grande vantagem, por terem maior número de indivíduos, sobre a variedade intermediária menos numerosa, e deste modo conseguirão, em geral, suplantá-la e exterminá-la.

Vimos neste capítulo que temos de ser prudentes em chegar à conclusão de que não pôde ter havido uma mudança gradual entre os mais diferentes hábitos; de que um morcego, por exemplo não pôde se ter formado por seleção natural, partindo de um animal que em princípio só planava no ar.

Temos visto que uma espécie, em condições novas de vida, pode mudar de hábitos, e que uma espécie pode ter hábitos diversos – alguns deles muito diferentes – das de suas congêneres mais próximas. Portanto, tendo presente que todo ser orgânico se esforça por viver onde quer que possa, podemos compreender como ocorreu que há gansos de terra com patas palmeadas, pica-paus que não vivem nas árvores, tordos que mergulham e petréis com hábitos de pinguins.

Ainda que a ideia de que um órgão tão perfeito como o olho pôde ter-se formado por seleção natural é para fazer vacilar a qualquer um, no entanto, no caso de um órgão qualquer, se temos notícia de uma longa série de gradações de complicação, boa cada uma delas para seu possuidor, não há impossibilidade lógica alguma – variando as condições de vida – na aquisição, por seleção natural, de qualquer grau de perfeição concebível . Nos casos em que não temos conhecimento de estados intermediários ou de transição, temos de ser substancialmente prudentes em chegar à conclusão de que não podem ter existido, pois as transformações de muitos órgãos mostram que maravilhosas mudanças de função são, pelo menos, possíveis. Por exemplo: uma bexiga natatória parece ter-se convertido num pulmão para respirar no ar. Com frequência deve ter facilitado muito as transições que um mesmo órgão tenha realizado simultaneamente funções muito diferentes e depois se tenha especializado, total ou parcialmente, para uma função; ou que a mesma função tenha sido efetuada por dois órgãos diferentes, tendo-se aperfeiçoado um deles enquanto o outro o auxiliou.

Temos visto que em dois seres muito distantes na escala natural se podem ter formado, separada ou independentemente, órgãos que servem para o mesmo objetivo e são muito semelhantes na aparência externa; mas quando se examina atenciosamente estes órgãos, quase sempre se pode descobrir em sua estrutura diferenças essenciais, o que naturalmente decorre do princípio da seleção natural. Por outra parte, a regra geral em toda a natureza é a infinita diversidade de estruturas para obter o mesmo fim, o qual também decorre naturalmente do mesmo princípio fundamental.

Em muitos casos nossa ignorância é demasiado grande para que possamos afirmar que um órgão ou parte é de tão pouca importância para a prosperidade de uma espécie, que não possam ter-se acumulado lentamente modificações em sua estrutura por meio da seleção natural. Em outros muitos casos, as modificações são provavelmente resultado direto das leis de variação e de crescimento, independentemente de que se tenha conseguido assim alguma vantagem. Mas mesmo estas conformações, muitas vezes, foram depois aproveitadas e modificadas de novo, para o bem da espécie, em novas condições de vida. Podemos também crer que um órgão que foi num tempo de grande importância se conservou com frequência – como a cauda de um animal aquático em seus descendentes terrestres – ainda que tenha chegado a ser de tão pouca importância, que não pôde ter sido adquirido em seu estado atual por seleção natural.

A seleção natural não pode produzir nada numa espécie exclusivamente para vantagem ou prejuízo de outra, ainda que pode muito bem produzir partes, órgãos ou excreções utilíssimas, e ainda indispensáveis, ou também substancialmente prejudiciais, a outra espécie, mas em todos os casos úteis ao mesmo tempo ao possuidor. Em todo habitat bem povoado, a seleção natural atua mediante a concorrência dos habitantes e, portanto, leva à vitória na luta pela vida só ajustando-se ao tipo de perfeição de cada habitat determinado. Consequentemente os habitantes de um local – geralmente menor – sucumbem ante os habitantes de outro, geralmente o maior; pois no habitat maior terão existido mais indivíduos e formas mais diversificadas, e a concorrência terá sido mais severa, e deste modo o tipo de perfeição se terá elevado. A seleção natural não conduzirá necessariamente à perfeição absoluta, nem que a perfeição absoluta – até onde podemos julgar com nossas limitadas faculdades – possa afirmar-se que exista em alguma parte.

Segundo a teoria da seleção natural, podemos compreender claramente todo o sentido daquela antiga lei de História Natural: *Natura non facit saltum*. Esta lei, se consideramos só os habitantes atuais do mundo, é-nos rigorosamente exata; mas se incluímos todos os dos tempos passados, já conhecidos, já desconhecidos, tem de ser, segundo nossa teoria, rigorosamente verdadeira.

Reconhece-se geralmente que todos os seres orgânicos foram formados segundo duas grandes leis: a de unidade *de tipo* e a das condições *de existência*. Por unidade *de tipo* se entende a concordância geral na conformação que vemos nos seres orgânicos da mesma classe, e que é completamente independente de seus hábitos. Segundo minha teoria, a unidade de tipo se explica pela unidade de origem. A expressão *condições de existência,* sobre a qual tantas vezes insistiu o ilustre Cuvier, fica por completo compreendida no princípio da seleção natural; pois a seleção natural atua, ou bem adaptando atualmente as partes, que variam em cada ser a suas condições orgânicas ou inorgânicas de vida, ou bem por ter adaptado estas durante períodos de tempos anteriores, sendo ajudadas em muitos casos as adaptações pelo crescente uso ou desuso das partes, e estando influídas pela ação direta das condições externas de vida, e sujeitas, em todos os casos, às diferentes leis de crescimento e variação. Portanto, de fato, a lei das condições *de existência* é a lei superior, pois mediante a herança de variações anteriores compreende a lei de unidade *de tipo*.

Capítulo VII

Objeções diversas à teoria da seleção natural

Longevidade – As modificações não são necessariamente simultâneas – Modificações, ao que parece, de nenhuma utilidade direta – Desenvolvimento progressivo – As características de pouca importância funcional são as mais constantes – Pretendida incapacidade da seleção natural para explicar os estados incipientes das conformações úteis – Causas que se opõem à aquisição de conformações úteis por seleção natural – Gradações de conformação com mudança de funções – Órgãos muito diferentes em membros da mesma classe, desenvolvidos a partir de uma só e mesma origem – Razões para não acreditar em modificações grandes e súbitas

Consagrarei este capítulo à consideração de diversas objeções que se apresentaram contra minhas opiniões, pois algumas das discussões anteriores podem deste modo ficar mais claras; mas seria inútil discutir todas as objeções, pois muitas foram feitas por autores que não se deram ao trabalho de compreender o assunto. Assim, um distinto naturalista alemão afirmou que a parte mais débil de minha teoria é que considero todos os seres orgânicos como imperfeitos: o que realmente eu disse é que todos não são tão perfeitos como podiam tê-lo sido em relação a suas condições de vida. Prova disso é que muitas formas selvagens de diferentes partes do mundo que cederam seu lugar a intrusos. Além disso, os seres orgânicos, ainda que estivessem em algum tempo perfeitamente adaptados a suas condições de vida, também não puderam ter continuado estando-o quando mudaram estas, a não ser que eles mesmos mudassem igualmente e ninguém discutirá que as condições de vida de cada habitat, o mesmo que o número e classes de seus habitantes, experimentaram muitas mudanças.

Um crítico sustentou recentemente, com certo alarde de exatidão matemática, que a longevidade é uma grande vantagem para todas as espécies; de maneira que aquele que acredite na seleção natural "tem que arrumar sua árvore genealógica" de maneira que todos os descendentes tenham vida mais longa do que seus antepassados. Não pode conceber nosso crítico que uma planta bianual ou um animal inferior pôde estender-se a um clima frio e perecer ali cada inverno e, no entanto, devido às vantagens conseguidas por seleção natural, pôde sobreviver de ano em ano por meio de suas sementes ou ovos? O senhor E. Ray Lankester, recentemente, discutiu este assunto, e chega à conclusão – até onde a extrema complexidade lhe permite julgar – que a longevidade está comumente relacionada com o tipo de cada espécie na escala de organização, bem como também com o desgaste da reprodução e na atividade geral. E estas condições provavelmente foram determinadas em grande parte pela seleção natural.

Tem-se arguido que nenhum dos animais e plantas de Egito, dos que temos algum conhecimento, mudou durante os últimos três ou quatro mil anos e que, de igual modo, provavelmente não mudou nenhum em nenhuma parte do mundo. Mas, como observou o senhor G. H. Lewes, este modo de demonstração prova pro que as antigas raças domésticas, representadas nos antigos monumentos egípcios ou embalsamadas, são substancialmente semelhantes e até idênticas às que vivem agora e, no entanto, todos os naturalistas admitem que estas raças se produziram por modificação de seus tipos primitivos. Os numerosos animais que permaneceram sem variação desde o princípio do período glacial forneceriam um argumento incomparavelmente mais forte, pois estes animais têm estado submetidos a grandes mudanças de climas e emigraram a grandes distâncias, enquanto no Egito durante os últimos milhares de anos, as condições de vida, até onde atinge nosso conhecimento, permaneceram absolutamente uniformes. O fato de que desde o período glacial se tenha produzido pouca ou nenhuma modificação, teria sido de alguma utilidade contra os que acreditam em uma lei inata e necessária de desenvolvimento; mas não tem força alguma contra a doutrina da seleção natural ou da sobrevivência dos mais aptos, que ensina que, quando ocorrem variações ou diferenças individuais de natureza útil, estas se conservarão; mas isto se efetuará só em certas circunstâncias favoráveis.

O célebre paleontólogo Bronn, ao final de sua tradução alemã desta obra, pergunta como pode, segundo o princípio da seleção natural, viver uma variedade ao lado da espécie mãe. Se ambas se adaptaram a hábitos ou condições ligeiramente diferentes, podem ambas viver juntas; e se deixamos de lado as espécies polimorfas, nas quais a variação parece ser de natureza peculiar, e todas as variações puramente temporárias, como tamanho, albinismo, etc., as variedades mais permanentes se encontram em geral – até onde eu pude ver – habitando *estações* diferentes, como regiões elevadas e regiões baixas, distritos secos e distritos úmidos. E mais: no caso de animais que se transladam muito de um lugar a outro e que se cruzam sem limitação, suas variações parecem estar confinadas, em geral, a regiões diferentes.

Bronn insiste também que as espécies diferentes não diferem nunca entre si por uma única característica, senão em muitas partes, e pergunta como ocorre sempre que muitas partes do organismo se tenham que ter modificado ao mesmo tempo por variação e seleção natural. Mas não há necessidade de supor que todas as partes de um ser se modificaram simultaneamente. As modificações mais atraentes, excelentemente adaptadas a algum fim, puderam ser adquiridas, como se indicou anteriormente, por variações sucessivas, ainda que fossem leves, primeiro numa parte e depois em outra; e como têm de se transmitir todas juntas, parece-nos que se tivessem desenvolvido simultaneamente. A melhor resposta, no entanto, à objeção anterior a proporcionam as raças domésticas que foram modificadas principalmente pelo poder de seleção do homem para algum fim especial. Consideremos o cavalo de corrida e o de tração, o galgo e o mastim. Toda seu constitução e até suas características mentais se modificaram; mas, se pudéssemos seguir todos os passos da história de sua transformação – e os últimos passos podem ser seguidos – não veríamos mudanças grandes e simultâneas, mas primeiro uma parte e depois outra, sutilmente modificadas e aperfeiçoadas. Ainda que a seleção tenha sido aplicada pelo homem a uma única característica – de que nossas plantas cultivadas oferecem os melhores exemplos – se encontrará invariavelmente que, conquanto esta parte, já seja a flor, o fruto ou as folhas, mudou grandemente, quase todas as outras se modificaram um pouco. Isto pode atribuir-se, em parte, ao princípio da correlação de crescimento e, em parte, à chamada variação espontânea.

Uma objeção bem mais grave foi apresentada por Bronn, e recentemente por Broca, ou seja, que muitas características parecem não servir absolutamente em nada a seus possuidores e, portanto, não podem ter sido influenciadas pela seleção natural. Bronn cita o comprimento das orelhas e da cauda nas diferentes espécies de lebres e ratos, os complicados sulcos de esmalte nos dentes de muitos mamíferos e uma multidão de casos análogos. No que se refere às plantas, este assunto foi discutido por Nägeli num admirável trabalho. Admite que a seleção natural fez muito, mas faz questão de ressaltar que as famílias de plantas diferem entre si principalmente por características morfológicas que parecem não ter importância alguma para a prosperidade das espécies. Crê, portanto, numa tendência inata para o desenvolvimento progressivo e mais perfeito. Assinala a disposição das células nos tecidos e a das folhas no eixo como casos em que a seleção natural não pôde exercer influência. A estas podem adicionar-se as divisões numéricas das partes da flor, a posição dos óvulos, a forma da semente quando não é de utilidade alguma para a disseminação, etc.

A objeção anterior é essencial. No entanto, devemos, em primeiro lugar, ser extremamente prudentes ao decidir que conformações são agora, ou foram em outro tempo, de utilidade a cada espécie. Em segundo lugar, teríamos de ter sempre presente que, quando se modifica um órgão, se modificarão os outros, por certas causas que vislumbramos confusamente, como um aumento ou diminuição na substância nutritiva que chega a um órgão, pressão recíproca, influência de um órgão desenvolvido precocemente sobre outro que se desenvolve depois, etc., o mesmo que por outras causas nos conduzem aos muitos casos misteriosos de correlação, que não compreendemos em absoluto. Estas causas podem agrupar-se todas, por brevidade, com a expressão de leis *de crescimento*. Em terceiro lugar, temos de levar em conta a ação direta e definida da mudança de condições de vida e as chamadas variações espontâneas, nas quais a natureza das condições parece representar um papel muito secundário. As variações dos rebentos – como a aparição de uma rosa de musgo numa roseira comum, ou de uma *nectarina* num pessegueiro – oferecem bons exemplos de variações espontâneas; mas, ainda nestes casos, se observamos a ação de uma pequena gota de veneno ao produzir complicados cecídios, não devemos sentir-nos muito seguros de que as variações citadas não sejam efeito de alguma mudança local na natureza da seiva, devido a alguma mudança nas condições do meio ambiente. Deve haver uma causa eficiente para cada pequena diferença individual, o mesmo que para as variações mais pronunciadas que aparecem acidentalmente, e se a causa desconhecida atuasse com frequência, é quase seguro que todos os indivíduos da espécie se modificariam de modo semelhante.

Nas primeiras edições desta obra dei pouco valor, segundo parece agora provável, à frequência e importância das modificações devidas à variabilidade espontânea; mas não é possível atribuir a esta causa as inúmeras conformações que tão bem adaptadas estão aos hábitos de cada espécie. Tão impossível me é acreditar nisto como explicar deste modo as formas tão bem adaptadas do cavalo de corrida e do galgo, que tanto assombro produziam nos antigos naturalistas antes que fosse bem conhecido o princípio da seleção efetuada pelo homem.

Valerá a pena esclarecer com exemplos algumas das observações anteriores. No que se refere à pretendida inutilidade de várias partes e órgãos, quase não é necessário fazer observar que, mesmo nos animais superiores e melhor conhecidos, existem muitas estruturas que estão tão desenvolvidas que ninguém duvida que são de importância e cujo uso não foi averiguado ou o foi recentemente. Como Bronn cita o comprimento das orelhas e da cauda nas diferentes espécies de ratos como exemplos, ainda que insignificantes, de diferenças de conformação que não podem ser de utilidade especial alguma, devo recordar que, segundo o doutor Schöbl, as orelhas do rato comum estão extraordinariamente providas de nervos, de maneira que indubitavelmente servem como órgãos táteis e, portanto, o comprimento das orelhas mutio dificilmente carece por completo de importância. Veremos depois, além disso, que a cauda é um órgão prensador utilíssimo a algumas espécies, e seu comprimento deve influir muito em sua utilidade.

No que se refere às plantas – em relação às quais, tendo em conta a memória de Nägeli, me limitarei às seguintes observações – se admitirá que as flores das orquídeas apresentam uma multidão de conformações curiosas, que há alguns anos teriam sido consideradas como simples diferenças morfológicas sem função alguma especial, mas atualmente se sabe que são da maior importância para a fecundação da espécie, com a ajuda dos insetos, e que provavelmente foram conseguidas por seleção natural. Até há pouco ninguém teria imaginado que nas plantas dimórficas e trimórficas a diferente longitude dos estames e pistilos e sua disposição pudesse ter sido de alguma utilidade; mas atualmente sabemos que é assim.

Em certos grupos de plantas, os óvulos estão eretos, e em outras, pendentes, e dentro do mesmo ovário em algumas plantas, um óvulo tem a primeira posição e outro a segunda. Estas posições parecem inicialmente puramente morfológicas, ou de nenhuma significação fisiológica; mas o doutor Hooker me informa que, num mesmo ovário, nuns casos só os óvulos superiores são fecundados e em outros casos só os inferiores, e indica ainda que isto provavelmente depende da direção em que os tubos polínicos penetram no ovário. Se é assim, a posição dos óvulos, mesmo no caso em que um esteja ereto e o outro pendente, dentro do mesmo ovário, resultaria da seleção de todas os pequenos desvios de posição que favorecessem sua fecundação e a produção de sementes.

Algumas plantas que pertencem a diferentes ordens produzem habitualmente flores de duas classes: umas, abertas, de conformação ordinária, e outras, fechadas e imperfeitas. Estas duas classes de flores às vezes diferem prodigiosamente em sua conformação, ainda que se possa ver que passa gradualmente de uma a outra na mesma planta. As flores ordinárias e abertas podem cruzar-se e os benefícios que seguramente resultam deste processo estão assim assegurados. As flores fechadas e imperfeitas, no entanto, são evidentemente de grande importância, pois produzem com maior segurança uma grande quantidade de sementes com uma dissipação assombrosamente pequena de pólen. As duas classes de flores, como se acaba de dizer, com frequência diferem muito, em sua conformação. Nas flores imperfeitas, as pétalas consistem quase sempre em simples rudimentos, e os grãos de pólen são de diâmetro reduzido. Em *Ononis columnae,* cinco dos estames alternados são rudimentares, e em algumas espécies de *Viola* três estames se encontram neste estado, conservando dois sua função própria, ainda que sejam de tamanho muito reduzido. De trinta flores fechadas de uma violeta indiana – cujo nome me é desconhecido, pois a planta nunca produziu em minha casa flores perfeitas – em seis as sépalas estão reduzidas a três em vez do número normal de cinco. Numa seção das malpighiáceas, segundo A. de Jussieu, as flores fechadas estão ainda mais modificadas, pois os cinco estames opostos às sépalas estão todos atrofiados, e está só desenvolvido um sexto estame oposto a uma pétala, estame que não se apresenta nas flores ordinárias desta espécie; o pistilo está atrofiado, e os ovários estão reduzidos de três a dois. Ora, ainda que a seleção natural possa perfeitamente ter tido poder para impedir que se abrissem algumas das flores e para reduzir a quantidade de pólen quando era supérfluo pela oclusão destas, no entanto, dificilmente pode ter sido determinada assim nenhuma das modificações especiais anteriores, mas que devem ter resultado das leis de crescimento, incluindo a inatividade funcional de órgãos durante o processo da redução do pólen e a oclusão das flores.

É tão necessário apreciar os importantes efeitos das leis de crescimento, que mencionarei alguns casos mais de outra natureza, ou seja, de diferenças entre as mesmas partes ou órgãos, devidas a diferenças em suas posições relativas na mesma planta. No castanheiro comum e em certos pinheiros, segundo Schacht, os ângulos de divergência das folhas são diferentes nos ramos quase horizontais e nos verticais. Na arruda comum e algumas outras plantas, uma flor – em geral a central ou terminal – se abre primeiro e tem cinco sépalas e pétalas e cinco divisões no ovário, enquanto todas as outras flores da planta são tetrâmeras. Na *Adoxa* inglesa, a flor superior tem geralmente o cálice bilobado e os outros órgãos tetrâmeros, enquanto as flores que a rodeiam têm, em geral, o cálice trilobado e os outros órgãos pentâmeros. Em muitas compostas e umbelíferas – e em algumas outras plantas – as flores periféricas têm suas corolas bem mais desenvolvidas do que as do centro, e isto parece relacionado com frequência com a atrofia dos órgãos reprodutores. É um fato muito curioso, assinalado já, que os aquênios ou sementes da periferia se diferenciam, às vezes muito, dos do centro em forma, cor e outras características. Em *Carthamus* e em algumas outras compostas, só os aquênios centrais estão providos de um tufo, e nos *Hyoseris,* a mesma inflorescência produz aquênios de três formas diferentes. Em certas umbelíferas, os frutos exteriores, segundo Tausch, são ortospérmicos e o central celospérmico, e esta é uma característica que tinha sido considerada por De Candolle em outras espécies, como da maior importância sistemática. O professor Braun menciona um gênero de fumariáceas no qual as flores da parte inferior da espiga produzem como que avelãs ovais com uma só semente e na parte superior da espiga, silíquas lanceoladas de duas valvas e com duas sementes. Nestes diferentes casos – exceto no das flores periféricas muito desenvolvidas, que são de utilidade para tornar as flores muito visíveis aos insetos – a seleção natural, até onde nós podemos julgar, não pôde entrar em jogo, ou o fez apenas de um modo completamente secundário. Todas estas modificações resultam da posição relativa e ação mútua das partes e mal pode duvidar-se que, se todas as flores e folhas da planta tivessem estado submetidas às mesmas condições externas e internas que estão as flores e folhas em determinadas posições, todas se teriam modificado da mesma maneira.

Em muitos outros casos encontramos modificações de estrutura, consideradas geralmente pelos botânicos como de grande importância, que afetam tão somente a alguma das flores de uma mesma planta, ou que se apresentam em diferentes plantas que crescem juntas nas mesmas condições. Como estas variações parecem não ser de utilidade especial para as plantas, não podem ter sido modificadas pela seleção natural. De sua causa nada sabemos; não podemos nem sequer atribuí-lo, como nos casos da última classe, a uma ação imediata, tal como a posição relativa. Mencionarei só alguns exemplos. É tão comum observar na mesma planta indistintamente flores tetrâmeras, pentâmeras, etc., que não preciso dar exemplos; mas como as variações númericas são relativamente raras quando são poucas as partes, posso mencionar que, segundo De Candolle, as flores de *Papaver bracteatum* apresentam ou duas sépalas e quatro pétalas – que é o tipo comum nos *Papaver* – ou três sépalas e seis pétalas. O modo como as pétalas estão dobradas no botão é, na maioria dos grupos, uma característica morfológica muito constante; mas o professor Assa Gray comprovou que algumas espécies de *Mimulus* quase com tanta frequência apresentam a prefloração das rinantídeas como a das antirrinídeas à última das quais pertence o gênero mencionado. Ang. St. Hilaire cita os casos seguintes: o gênero *Zanthoxylon* pertence a uma divisão das rutáceas com um só ovário; mas em algumas espécies podem encontrar-se flores na mesma planta e ainda na mesma panícula, já com um, já com dois ovários. No *Helianthemum* se descreveu a cápsula como unilocular ou trilocular; mas no *Helianthemum mutabile:* “Une lambe, plus ou moins large, s’étend entre le péricarpe et le placenta”. Nas flores da *Saponaria officinalis,* o doutor Masters observou exemplos, tanto de placentação marginal como de placentação central livre. Finalmente, St. Hilaire encontrou, para o extremo sul do área de dispersão de *Gom-*

phia oleaeformis, duas formas que, inicialmente, não duvidou que fossem espécies diferentes; mas depois viu que cresciam juntas no mesmo arbusto e então adiciona: "*Voilà donc dans un même individu des loges et un style que se rattachent tantôt à un axe verticale et tantôt à un gynobase*".

Vemos, pois, que nas plantas muitas mudanças morfológicas podem ser atribuídas às leis de crescimento e de ação recíproca das partes, independentemente da seleção natural. Mas, no que se refere à doutrina de Nägeli de uma tendência inata para a perfeição ou desenvolvimento progressivo, pode afirmar-se, no caso destas variações tão pronunciadas, que as plantas foram surpreendidas no ato de passar a um estado superior de desenvolvimento. Pelo contrário, só pelo fato de diferir ou variar muito na planta as partes em questão eu inferiria que essas modificações eram de importância muito pequena para as mesmas plantas, qualquer que seja a importância que para nós possam ter, em geral, para as classificações. A aquisição de uma parte inútil, dificilmente se pode dizer que eleva um organismo na escala natural, e o caso das flores imperfeitas antes descrito, se não se invoca um princípio novo, pode ser um caso de retrocesso mais bem do que de progresso e o mesmo deve ocorrer em muitos animais parasitas e degenerados. Ignoramos a causa que provoca as modificações antes assinaladas; mas se a causa desconhecida tivesse de agir de modo quase uniforme durante um longo espaço de tempo, poderíamos inferir que o resultado seria quase uniforme e, neste caso, todos os indivíduos da mesma espécie se modificariam da mesma maneira.

Pelo fato de serem as características anteriores sem importância para a prosperidade das espécies, as leves variações que se apresentam nelas não teriam sido acumuladas e aumentadas por seleção natural. Uma conformação que se desenvolveu por seleção continuada durante muito tempo, quando cessa de ser útil a uma espécie, em geral se torna variável, como vemos nos órgãos rudimentares, pois já não estará, daqui por diante, regulada pela mesma força de seleção. Mas, pela natureza do organismo e das condições de vida, produziram-se modificações que são sem importância para a prosperidade da espécie; estas modificações podem ser transmitidas – e ao que parece o foram muitas vezes – quase no mesmo estado, a numerosos descendentes diferentemente modificados. Não pode ter sido de grande importância para a maior parte dos mamíferos, aves e répteis estar cobertos de pelo, de penas ou de escamas e, no entanto, o pelo se transmitiu a quase todos os mamíferos, as penas a todas as aves e as escamas a todos os répteis verdadeiros. Uma estrutura, qualquer que seja, comum a muitas formas afins, a consideramos como de grande importância sistemática e, portanto, com frequência se dá por estabelecido que é de importância vital para a espécie. Assim, segundo me inclino a crer, diferenças morfológicas que consideramos como importantes – tais como o modo de estar dispostas as folhas, as divisões da flor ou do ovário, a posição dos óvulos, etc. – apareceram primeiro, em muitos casos, como variações flutuantes que, mais cedo ou mais tarde, fizeram-se constantes pela natureza do organismo e das condições ambientes, como também pelo cruzamento de indivíduos diferentes, mas não por seleção natural, pois como estas características morfológicas não influem na prosperidade da espécie, os pequenos desvios neles não puderam ser regulados e acumulados por este último meio. É estranho o resultado a que chegamos deste modo, ou seja, que características de pouca importância vital para a espécie são as mais importantes para o sistemático; mas isto, segundo veremos depois, quando tratemos do fundamento genético da classificação, não é, de modo algum, tão paradoxal como inicialmente pode parecer.

Ainda que não tenhamos nenhuma prova boa de que exista nos seres orgânicos uma tendência inata para o desenvolvimento progressivo, no entanto, isto se segue necessariamente, como tentei demonstrar no capítulo quarto, da ação contínua da seleção natural, pois a melhor definição que se deu de um tipo superior de organização é o grau em que os órgãos se especializaram ou se diferenciaram, e a seleção natural tende para este fim, enquanto os órgãos são deste modo capazes de realizar suas funções mais eficazmente.

Um distinto zoólogo, o senhor St.George Mivart, reuniu recentemente todas as objeções que se fizeram, em todo tempo, por mim mesmo e por outros, à teoria da seleção natural, tal como foi proposta pelo senhor Wallace e por mim, e as expôs com arte e energia admiráveis. Ordenadas assim, constituem um formidável exército, e como não entra no plano do senhor Mivart citar os diferentes fatos e considerações opostos a suas conclusões, grande esforço de raciocínio e de memória deverá fazer o leitor que quiser pesar as provas de ambas as partes. Discutindo casos especiais, o senhor Mivart passa por alto os efeitos do crescente uso e desuso dos órgãos, que sustentei sempre que são importantíssimos e que tratei em minha obra *Variation under Domestication* com maior extensão, acredito, que nenhum outro autor. Do mesmo modo supõe que não atribuo nada à variação independentemente da seleção natural, quando na obra apenas citada, reuni um número de casos bem comprovados, maior que se possa encontrar em qualquer obra que eu conheça. Minha opinião poderá não ser digna de crédito; mas depois de ter lido com cuidado o livro do senhor Mivart e de comparar cada seção com o que disse eu sobre o mesmo ponto, nunca fiquei tão firmemente convencido da verdade geral das conclusões a que cheguei, sujeitas evidentemente, em assunto tão complicado, a muitos erros parciais.

Todas as objeções do senhor Mivart serão, ou foram já, examinadas no presente livro. Um ponto novo, que parece ter chamado a atenção de muitos leitores, é "que a seleção natural é incapaz de explicar os estados incipientes das estruturas úteis". Este assunto está intimamente ligado ao da gradação de características, acompanhada frequentemente de uma mudança de função – por exemplo: a transformação da bexiga natatória em pulmões; pontos que foram discutidos no capítulo anterior sob duas epígrafes. No entanto, examinarei aqui, com algum detalhe, variados casos propostos por Mivart, escolhendo aqueles que são mais demonstrativos, pois a falta de espaço me impede de examiná-los a todos.

A girafa, por sua elevada estatura e por seu pescoço, membros anteriores, cabeça e língua muito alongados, tem toda sua conformação admiravelmente adaptada para se alimentar nos ramos mais altos das árvores. A girafa pode assim obter comida fora do alcance dos outros ungulados, ou animais de couraças e de outros que vivem no mesmo habitat, e isto deve ser de grande vantagem em tempos de escassez. O gado niata da América do Sul nos mostra que uma pequena alteração pode ser a diferença de conformação que determine, em tempos de escassez, uma grande diferença na conservação da vida de um animal. Este gado pode tosar como os outros a erva; mas pela proeminência da mandíbula inferior não pode, durante as frequentes secas, abocanhar os raminhos das árvores, as canas, etc., alimento a que se veem obrigados a recorrer os bovinos e os equinos, de maneira que nos tempos de seca os niatas morrem se não são alimentados por seus donos.

Antes de passar às objeções do senhor Mivart, pode ser conveniente explicar, ainda outra vez, como agirá a seleção natural em todos os casos comuns. O homem modificou alguns de seus animais, sem que necessariamente tenha atendido a pontos determinados de estrutura simplesmente conservando e obtendo filhotes dos indivíduos mais velozes, como no cavalo de corrida e o galgo, ou dos indivíduos vitoriosos, como no galo de rinha. Do mesmo modo na natureza, ao originar-se a girafa, os indivíduos que abocanhavam mais alto e que durante os tempos de escassez fossem capazes de atingir ainda que só fossem uma polegada ou mais duas acima dos outros, com frequência se salvariam, pois percorreriam todo o habitat em procura de alimento. Que os indivíduos da mesma espécie muitas vezes diferem um pouco no comprimento relativo de todos os seus membros, pode comprovar-se em muitas obras de História Natural, nas quais se dão medidas cuidadosas. Estas pequenas diferenças nas proporções, devidas às leis de crescimento e variação, não têm a menor importância nem utilidade na maioria das espécies. Mas ao originar-se a girafa terá sido isto diferente, tendo em conta seus hábitos prováveis, pois aqueles indivíduos que tivessem alguma parte ou várias partes de seu corpo um pouco mais alongadas do usual puderam, em geral, sobreviver. Estes terão acasalado entre si e terão deixado descendência que terá herdado, ou bem as mesmas particularidades corpóreas, ou bem a tendência a variar de novo da mesma maneira, enquanto os indivíduos menos favorecidos pelos mesmos aspectos terão sido os mais propensos a perecer.

Vemos, pois, que não é necessário separar por casais, como faz o homem quando metodicamente melhora uma casta; a seleção natural conservará, e deste modo separará, todos os indivíduos superiores, permitindo-lhes cruzar-se livremente, e destruirá todos os indivíduos inferiores. Continuando durante muito tempo este processo – que corresponde exatamente ao que chamei seleção inconsciente pelo homem – combinado, sem dúvida, de modo muito importante, com os efeitos hereditários do aumento de uso dos órgãos, parece-me quase seguro que um quadrúpede ungulado comum pôde converter-se em girafa.

Contra esta conclusão apresenta o senhor Mivart duas objeções. Uma é que o aumento do tamanho do corpo exigiria evidentemente um aumento de alimento, e considera como "muito problemático que as desvantagens que por este motivo se originam não tivessem de contrapesar com excesso, em tempos de escassez, às desvantagens". Mas como a girafa é atualmente muito numerosa na África do Sul e como alguns dos antílopes maiores do mundo, tão grandes como um touro, abundam ali, por que teremos que duvidar de que, no que se refere ao tamanho, pudessem ter existido ali, em outro tempo, gradações intermediárias, submetidas como agora às vezes a rigorosa escassez? Seguramente poder atingir em cada estado de aumento de tamanho uma quantidade de comida deixada intacta pelos outros quadrúpedes ungulados da região deve ter sido vantajoso para a girafa em formação e também não devemos deixar passar inadvertido o fato de que o aumento de tamanho atuaria como uma proteção contra quase todos os quadrúpedes predadores, exceto o leão e, como observou Chauncey Wright, contra este animal serviria seu alto pescoço – e quanto mais alto, tanto melhor – como uma atalaia. Esta é a causa, como observa S. Baker, pela qual nenhum animal é mais difícil de caçar à espreita que a girafa. Este animal também utiliza seu longo pescoço como uma arma ofensiva e defensiva, movendo violentamente sua cabeça armada de cotos de chifres. A conservação de cada espécie raras vezes pode estar determinada por uma só vantagem, mas pela união de todas, grandes e pequenas.

O senhor Mivart pergunta então – e esta é sua segunda objeção: Se a seleção natural é tão eficaz e se apanhar alimento em grande altura é uma vantagem tão especial, por que não adquiriu um longo pescoço e uma estatura gigantesca nenhum outro quadrúpede ungulado, fora da girafa e, em menor grau, o camelo, o guanaco e a *Macrauchenia*? E também, por que não adquiriu nenhum membro do grupo uma longa tromba? No que se refere à África do Sul, que esteve em outro tempo habitada por numerosos rebanhos de girafas, a resposta não é difícil, e o modo melhor de dá-la é mediante um exemplo. Em todos os prados da Inglaterra em que há árvores, vemos os ramos inferiores recortados ou rapados até um nível preciso, correspondendo ao ponto até onde podem alcançar os cavalos ou o gado bovino; e que vantagem teria, por exemplo, para as ovelhas, em adquirir um pouco mais de comprimento do pescoço? Em toda região, é quase seguro que algum tipo de animal será capaz de apanhar alimento mais alto do que os outros, e é igualmente quase seguro que esta classe só pôde ter alongado seu pescoço com este objetivo, mediante a seleção natural e os efeitos do aumento do uso. Na África do Sul, a concorrência para comer os ramos mais altos das acácias e outras árvores ocorreu entre girafa e girafa e não com os outros ungulados.

Não se pode responder exatamente por que em outras partes do mundo adquiriram um pescoço alongado ou uma tromba diferentes animais que pertencem à mesmo espécie; mas é tão fora de razão esperar uma resposta precisa a esta pergunta, como a de por que, na história da humanidade não se produziu num século um acontecimento, enquanto se produziu em outro. Ignoramos as condições que determinam o número de indivíduos e a distribuição geográfica de uma espécie e não podemos nem sequer conjeturar que mudanças de estrutura seriam favoráveis a seu desenvolvimento num novo habitat. Podemos, no entanto, ver de um modo geral as diferentes causas que podem ter impedido o desenvolvimento de um longo pescoço ou tromba. Atingir a folhagem a uma altura considerável – sem trepar, para o qual os ungulados estão especialmente mal constituídos – exige um grande aumento no tamanho do corpo e sabemos que alguns territórios mantêm pouquissimos quadrúpedes grandes; por exemplo, a América do Sul, apesar de ser tão exuberante, enquanto na África do Sul abundam de um modo sem igual; por que tem de ser isto assim, não o sabemos, e também não sabemos por que os últimos períodos terciários devem ter sido bem mais favoráveis para sua existência do que a época atual. Quaisquer que possam ter sido as causas, podemos ver que certas áreas e tempos devem ter sido bem mais favoráveis do que outros para o desenvolvimento de quadrúpedes tão grandes como a girafa.

Para que num animal alguma estrutura adquira um desenvolvimento grande e especial, é quase indispensável que várias outras partes se modifiquem e se adaptem a esta estrutura. Ainda que todas as partes do corpo variem sutilmente, não se segue que as partes necessárias variem sempre na direção ou graus devidos. Nas diferentes espécies de animais domésticos vemos que os órgãos variam em modo e grau diferentes e que umas espécies são bem mais variáveis que outras. Ainda que se originem as variações convenientes, não se segue que a seleção natural possa atuar sobre elas e produzir uma conformação que, ao que parece, seja vantajosa para a espécie. Por exemplo, se o número de indivíduos que existem num habitat está determinado principalmente pela destruição por parte dos animais predadores, pelos parasitas externos ou internos, etc. – caso que parece ser frequente – a seleção natural poderá servir pouco ou se deterá grandemente em modificar qualquer conformação particular própria para obter alimento. Finalmente, a seleção natural é um processo lento e as mesmas condições favoráveis têm que se acentuar muito para que tenha que produzir assim um efeito específico. Se não é o caso de atribuí-lo a estas razões gerais e vagas, não podemos explicar por que em várias partes do mundo os quadrúpedes ungulados não adquiriram pescoços muito alongados ou outros meios para se alimentar nos ramos altos das árvores.

Objeções da mesma natureza das anteriores foram apresentadas por muitos autores. Em cada caso, diferentes causas, além das gerais que acabamos de indicar, opuseram-se provavelmente à aquisição de conformações que se supõe seriam benéficas a determinadas espécies. Um autor pergunta por que o avestruz não adquiriu a faculdade de voar, mas um momento de reflexão fará ver que enorme quantidade de comida seria necessária para dar a esta ave do deserto força para mover seu enorme corpo no ar. As ilhas oceânicas estão habitadas por morcegos e focas, mas não por mamíferos terrestres; e como alguns destes morcegos são espécies peculiares, devem ter habitado muito tempo em suas localidades atuais. Por esta razão, C. Lyell pergunta – e dá algumas razões como resposta – por que as focas e os morcegos não deram origem nestas ilhas a formas adequadas para viver em terra. Mas as focas teriam necessariamente de se transformar primeiro em animais carnívoros terrestres de tamanho considerável e os morcegos em animais insetívoros terrestres; para os primeiros não haveria presas; para os morcegos, os insetos terrestres serviriam como alimento; mas estes teriam sido já muito perseguidos pelos répteis e aves que colonizam primeiro as ilhas oceânicas e abundam na maior parte delas. As gradações de conformação cujos estados sejam todos úteis a uma espécie que muda, serão favorecidas somente em certas condições particulares. Um animal estritamente terrestre, caçando às vezes em águas pouco profundas, depois em rios e lagos, pôde, por fim, converter-se num animal tão aquático que podia desafiar o oceano. Mas as focas não encontrariam nas ilhas oceânicas as condições favoráveis a sua conversão gradual em formas terrestres. Os morcegos, como se expôs antes, adquiriram provavelmente suas asas planando primeiro no ar, de uma árvore a outra, como os chamados esquilos voadores, com o objetivo de escapar de seus inimigos ou para evitar quedas; mas, uma vez que foi adquirida a faculdade do voo verdadeiro, esta não teve de retroceder, pelo menos para os fins antes indicados, na faculdade menos eficaz de planar no ar. Realmente, nos morcegos, como em muitas aves, puderam as asas ter diminuído muito de tamanho ou ter-se perdido completamente por desuso; mas, neste caso, teria sido necessário que tivessem adquirido primeiro a faculdade de correr rapidamente pelo solo mediante seus membros posteriores, de maneira que competissem com aves e outros animais terrícolas; mas um morcego parece especialmente inadequado para tal mudança. Estas conjeturas foram feitas simplesmente para demonstrar que uma transição de conformação, com todos seus graus vantajosos, é coisa muito complexa, e que não tem nada de estranho que, em qualquer caso particular, não tenha ocorrido uma transformação.

Por último, mais de um autor perguntou por que nuns animais se desenvolveram as faculdades mentais mais do que em outros, quando tal desenvolvimento teria sido vantajoso para todos; por que não adquiriram os macacos as faculdades intelectuais do homem. Poderiam atribuir-se diferentes causas; mas, como são conjeturas e sua probabilidade relativa não pode ser aquilatada, seria inútil citá-las. Uma resposta definitiva à última pergunta não deve esperar-se, vendo que ninguém pode resolver o problema mais simples por que, de duas raças de selvagens, uma ascendeu mais do que a outra na escala da civilização, e isto evidentemente implica aumento de força cerebral.

Voltemos às outras objeções do senhor Mivart. Os insetos muitas vezes se camuflam, para proteger-se, em diferentes objetos, tais como folhas verdes ou secas, raminhos mortos, pedaços de líquen, flores, espinhos, excrementos de aves ou insetos vivos; mas sobre este último ponto insistirei depois. A semelhança é muitas vezes maravilhosa e não se limita à cor, mas se estende à forma e até às atitudes dos insetos. As lagartas, que se mantêm imóveis, sobressaindo como raminhos mortos nos ramos em que se alimentam, oferecem um excelente exemplo de semelhança desta classe. Os casos de imitação de objetos, tais como o excremento dos pássaros, são raros e excepcionais. Sobre este ponto observa o senhor Mivart: "Como, segundo a teoria do senhor Darwin, há uma tendência constante à variação indefinida e como as pequenas variações incipientes devem ser em todas *direções,* têm de tender a neutralizar-se mutuamente e a formar em princípio modificações tão instáveis, que é difícil, se não impossível, compreender como estas oscilações indefinidas, infinitamente pequenas em princípio, possam jamais constituir semelhanças com uma folha, cana ou outro objeto o suficientemente apreciáveis para que a seleção natural se apodere delas e as perpetue".

Mas em todos os casos anteriores os insetos, em seu estado primitivo, apresentavam indubitavelmente alguma tosca semelhança acidental com algum objeto comum nos lugares por eles frequentados; o que não é, de modo algum, improvável, se se considera o número quase infinito de objetos que os rodeiam e a diversidade de formas e cores das legiões de insetos existentes. Como é necessária alguma tosca semelhança para o primeiro passo, podemos compreender por que é que os animais maiores e superiores – com a exceção, até onde atinge meu conhecimento, de um peixe – não se camuflam para proteção em objetos determinados, mas tão somente na superfície que comumente os rodeia, e isto, sobretudo, pela cor. Admitindo que primitivamente ocorresse que um inseto se assemelhasse um pouco a um raminho morto ou a uma folha seca, e que este inseto variasse sutilmente de muitos modos, todas as variações que tornassem este inseto de algum modo mais semelhante a algum de tais objetos, favorecendo assim que se salvasse de seus inimigos, teriam de se conservar, enquanto outras variações teriam de ser desdenhadas, e finalmente perdidas, ou, tornavam o inseto de algum modo menos parecido com o objeto imitado, seriam eliminadas. Verdadeiramente, teria força a objeção do senhor Mivart se tivéssemos que explicar estas semelhanças por simples variabilidade flutuante, independentemente da seleção natural; mas tal como é o caso não a tem.

Também não posso encontrar força alguma na objeção do senhor Mivart referente a "os últimos toques de perfeição no mimetismo", como no caso mencionado pelo senhor Wallace de um inseto fásmido *(Creoxyus laceratus),* que se assemelha a "um toco coberto por um musgo reptante ou *Jungermannia*". Tão completa era a semelhança, que um indígena *daiac* sustentava que as excrescências foliáceas eram realmente musgo. Os insetos são presa de pássaros e outros inimigos, cuja vista provavelmente é mais aguda do que a nossa, e todo grau de semelhança que ajude a um inseto a escapar de ser observado ou descoberto, tenderá a conservar-se, e quanto mais perfeita for a semelhança, tanto melhor para o inseto. Considerando a natureza das diferenças entre as espécies no grupo que compreende o *Creoxylus* mencionado, não é improvável que neste inseto tenham variado as irregularidades de sua superfície e que estas tenham chegado a tomar uma cor mais ou menos verde; pois, em cada grupo, as características que diferem nas diferentes espécies são as mais adequadas para variar, enquanto as características genéricas, ou seja, as comuns a todas as espécies, são as mais constantes.

A baleia da Groenlândia é um dos animais mais maravilhosos do mundo e suas barbas são uma de suas maiores particularidades. As barbas formam, de cada lado da mandíbula superior, uma fileira de umas 300 lâminas ou placas muito juntas, dispostas transversalmente com relação ao eixo maior da boca. Dentro da fila principal há algumas filas secundárias. A extremidade e a borda interna de todas as placas estão cindidas, formando saliências rígidas que cobrem todo o gigantesco palato e servem para peneirar ou filtrar a água e, deste modo, reter as pequenas presas de que vivem estes grandes animais. A lâmina do meio, que é a mais longa, nessa baleia tem dez, doze e até quinze pés de comprimento; mas nas diferentes espécies de cetáceos há gradações no comprimento, tendo, segundo Scoresby, a lâmina do meio quatro pés de longo numa espécie, três em outra, dezoito polegadas em outra, e na *Balaenoptera rostrata* só umas nove polegadas. A qualidade das barbas varia também nas diferentes espécies.

No que se refere às barbas, o senhor Mivart observa que, se estas "tivessem atingido alguma vez um tamanho e desenvolvimento tais que as tornassem úteis de algum modo, então a seleção natural só teria fomentado sua conservação e aumentado dentro de limites utilizáveis; mas como obter o princípio deste desenvolvimento útil?" Em resposta, pode-se perguntar por que os remotos antepassados das baleias não teriam tido a boca constituída de modo algum parecido com o bico com lâminas do pato. Os patos, como as baleias, sustentam-se filtrando o lodo e a água, e a família foi chamada algumas vezes de*Criblatores*, ou peneireiros. Espero que não me interpretem mal, dizendo que os progenitores das baleias tiveram realmente a boca com lâminas, como o bico de um pato. Quero somente expor que isto não é incrível e que as imensas lâminas que constituem as barbas da baleia poderiam ter-se desenvolvido, a partir de lamelas, por passos graduais, todos de utilidade para sua possuidora. O bico do lavanco *(Spatula clypeata)* é de estrutura mais formosa e complexa do que a boca de uma baleia. A mandíbula superior está provista a cada lado de uma fila ou pente formado – no exemplar examinado por mim – por 188 lamelas delgadas e elásticas, cortadas de maneira que terminem em ponta e colocadas transversalmente com relação ao eixo maior da boca. Estas lamelas nascem no palato e estão presas aos lados da mandíbula por uma membrana flexível. As que estão no meio são as mais longas, tendo aproximadamente um terço de polegada, e se sobressaem 0,14 de polegada por baixo da borda. Em suas bases há uma curta fila secundária de lamelas obliquamente. Por estes variados aspectos se assemelham às barbas da boca da baleia; mas na extremidade do bico diferem muito, pois se projetam para dentro, em vez de fazê-lo verticalmente para baixo. A cabeça inteira deste pato – ainda que incomparavelmente menos volumosa – mede aproximadamente um dezoito avos do comprimento da cabeça de uma *Balaenoptera rostrata* medianamente grande, espécie na qual as barbas têm só nove polegadas de comprimento; de maneira que se fizéssemos a cabeça do lavanco tão longa como a da *Balaenoptera,* as lâminas teriam seis polegadas de comprimento, ou seja, dois terços do comprimento das barbas nesta espécie de baleia. A mandíbula inferior do lavanco está provista de lamelas de igual comprimento que as de cima, mas mais finas, e por estar provista destas lamelas, difere notoriamente da mandíbula inferior da baleia que está desprovida de barbas. Por outra parte, os extremos destas lamelas inferiores estão como que chanfrados, formando finas pontas hirsutas, de maneira que, o que é curioso, assemelham-se assim às placas que constituem as barbas da baleia. No gênero *Prion,* que pertence à família diferente dos petréis, a mandíbula superior só está provista de lamelas que estão bem desenvolvidas e saem por baixo do rebordo, de maneira que o bico desta ave se parece, por este aspecto, à boca da baleia.

No que se refere à propriedade de peneirar – segundo soube por notícias e exemplares que me foram remetidos por Salvin – podemos passar, sem grande interrupção, desde a conformação, substancialmente desenvolvida, do bico do lavanco – mediante o bico da *Merganetta armata* e, em alguns aspectos, mediante o Aix *sponsa* – ao bico do pato comum.

Nesta última espécie as lamelas são bem mais toscas do que no lavanco, e estão firmemente aderidas aos dois lados da mandíbula; são somente em número de 50 de cada lado, e não saem nunca por baixo do rebordo. Sua terminação é retangular e estão guarnecidas de tecido resistente translúcido, como se fossem para triturar comida. Os bordos da mandíbula inferior estão cruzados por numerosos vincos, que sobressaem muito pouco. Mesmo que o bico seja assim muito inferior como peneira ao do lavanco, no entanto, o pato, como todo mundo sabe, utiliza-o constantemente para esta finalidade. Segundo me diz o senhor Salvin, há outras espécies nas quais as lamelas são muito menos desenvolvidas do que no pato comum; mas eu não sei se estas aves usam seu bico para peneirar o água.

Passando a outro grupo da mesma família, no ganso do Egito *(Chenalopex)* o bico se parece muito ao do pato comum; mas as lamelas não são tão numerosas, tão diferentes, nem sobressaem tanto no interior; no entanto, este ganso, segundo me informa E. Bartlett, "utiliza seu bico como um pato, expulsando a água pelos lados". Seu principal alimento é erva, que corta como o ganso comum. Nesta ave as lamelas da mandíbula superior são bem mais toscas do que no pato comum, quase unidas, em número de umas 27 de cada lado, cobertas de protuberâncias como dentes. O palato está também coberto de protuberâncias redondas e duras. Os bordos da mandíbula inferior são serrados, com dentes bem mais proeminentes, toscos e agudos que no pato. O ganso comum não filtra a água e utiliza seu bico exclusivamente para arrancar ou cortar a erva, uso para o qual está tão bem adaptado, que pode cortar a grama mais rente quase do que qualquer outro animal. Há outras espécies de gansos, segundo me diz Bartlett, nos quais as lamelas são menos desenvolvidas do que no ganso comum.

Vemos, pois, que uma espécie das famílias dos patos, com o bico constituído como o do ganso comum e adaptado exclusivamente a catar erva, ou até uma espécie com bico com lamelas pouco desenvolvidas, pôde converter-se, por pequenas mudanças, numa espécie como o ganso egípcio; esta, numa como o pato comum, e finalmente, numa como o lavanco provista de bico adaptado quase exclusivamente para filtrar a água, já que esta ave mal poderia usar uma parte de seu bico, exceto a ponta em forma de gancho, para pegar ou rasgar alimentos sólidos. Posso adicionar que o bico do ganso pôde converter-se, por pequenas mudanças, num bico provisto de dentes proeminentes encurvados, como os de Merganser – que pertencem à mesma família – que servem para o bem diferente objetivo de pegar peixes vivos.

Voltando aos cetáceos, o *Hyperoodon bidens* está desprovido de verdadeiros dentes que pudessem ser realmente eficazes; mas seu palato, segundo Lacepède, está aparelhado de pontas córneas pequenas, desiguais e duras. Portanto, não há nada de improvável em supor que alguma forma de cetáceo primitiva teve o palato provisto de pontas córneas semelhantes, ainda que dispostas com pouco menos de regularidade que, como as proeminências do bico do ganso, ajudavam a pegar ou rasgar seu alimento. Sendo assim, dificilmente se negará que as pontas, por variação e seleção natural, puderam converter-se em lamelas tão bem desenvolvidas como as do ganso do Egito, em cujo caso teriam sido usadas, tanto para pegar objetos como para filtrar a água; depois, em lamelas como as do pato comum e assim, progressivamente, até que chegaram a estar tão bem construídas como as do lavanco, em cujo caso teriam servido exclusivamente como um aparelho para peneirar. Partindo deste estado, no qual as lâminas teriam dois terços do comprimento das barbas da *Balaenoptera rostrata,* as gradações que podem observar-se em cetáceos vivos nos levam até as enormes barbas da baleia da Groenlândia. Também não há razão alguma para duvidar de que cada grau desta escala pôde ter sido tão útil a certos cetáceos antigos, nos quais as funções das partes mudaram lentamente durante o curso do desenvolvimento, como são as gradações nos bicos dos diferentes representantes atuais da família dos patos. Temos de entender que cada espécie de pato está submetida a uma rigorosa luta pela existência e que a conformação de cada parte de sua organização tem de estar bem adaptada a suas condições de vida.

Os pleuronectos ou *peixes planos* são notáveis pela assimetria de seu corpo. Permanecem deitados sobre um lado, na maior parte das espécies sobre o esquerdo, mas em algumas sobre o direito; às vezes, apresentam-se exemplares adultos inversos. O lado inferior ou superfície de descanso parece, à primeira vista, o lado ventral de um peixe comum: é de uma cor branca e está, sob muitos aspectos, menos desenvolvido do que o lado superior e frequentemente tem as barbatanas laterais de tamanho menor. Mas os olhos oferecem uma particularidade notabilíssima, pois ambos estão situados no lado superior da cabeça. Na primeira idade, no entanto, os olhos estão opostos um ao outro e todo o corpo é então simétrico, tendo ambos os lados de igual cor. Cedo o olho próprio do lado inferior começa a deslizar lentamente ao redor da cabeça para o lado superior, mas não passa através do crânio, como antes se julgou que ocorria. É evidente que, a não ser que o olho inferior girasse desta maneira, não poderia ser usado pelo peixe enquanto jaz em sua posição habitual sobre um lado. O olho inferior, além disso, teria estado exposto a roçar-se com o fundo arenoso. É evidente que os pleuronectos estão admiravelmente adaptados a seu modo de vida mediante sua conformação achatada e assimétrica, pois diferentes espécies, como os linguados, solhos, etc., são comuníssimas. As principais vantagens obtidas deste modo parecem ser proteção contra seus inimigos e facilidade para alimentar-se no fundo. Os diferentes membros da família apresentam, no entanto, como observa Schiödte, "uma longa série de formas que mostram uma transição gradual, desde *Hippoglossus pinguis,* que não muda muito da forma desde que sai do ovo, até os linguados, que se voltam inteiramente de um lado".

O senhor Mivart recolheu este caso e observa que dificilmente é concebível uma transformação espontânea, súbita, na posição dos olhos, em que estou por completo de acordo com ele. Depois adiciona: "Se a transformação foi gradual, então verdadeiramente dista muito de estar claro como pôde ser benéfico ao indivíduo que um olho fizesse uma pequena parte da viagem para o lado oposto da cabeça. Até parece que esta transformação incipiente deve ter sido mais bem prejudicial". Mas o senhor Mivart pode ter encontrado uma resposta a esta objeção nas excelentes observações publicadas por Malm em 1867. Os pleuronectos, enquanto são muito jovens e ainda simétricos, com seus olhos situados nos lados opostos da cabeça, não podem conservar durante muito tempo sua posição vertical, devido à altura excessiva de seu corpo, ao pequeno tamanho de suas barbatanas laterais e porque estão desprovidos de bexiga natatória. Portanto, cedo se cansam e caem ao fundo de lado. Enquanto descansam assim, voltam com frequência, segundo observou Malm, o olho inferior para cima, para ver acima deles; e fazem isto tão vigorosamente, que se produz uma forte pressão do olho contra a parte superior da órbita. Em consequência disto, a parte da testa compreendida entre os olhos se estreita passageiramente, segundo se pôde ver com toda clareza. Numa ocasião Malm viu um peixe jovem que levantava e baixava o olho inferior num ângulo de 70 graus, aproximadamente.

Devemos recordar que o crânio, nesta primeira idade, é cartilaginoso e flexível, de maneira que cede facilmente à ação muscular. Também é sabido que nos animais superiores, mesmo depois da primeira idade, o crânio cede e muda de forma se a pele e os músculos estão constantemente contraídos por doença ou algum acidente. Nos coelhos de orelhas longas, se uma orelha está caída para frente, seu peso arrasta para frente todos os ossos do crânio do mesmo lado. Malm[28] afirma que as crias recém-nascidas das percas, salmão e vários outros peixes simétricos têm o hábito de descansar sobre um lado no fundo e observou que então com frequência forçam o olho inferior para olhar para cima e deste modo seu crânio se atrofia um pouco. Estes peixes, no entanto, podem se manter em posição vertical e não se produz assim efeito algum permanente. Nos pleuronectos, pelo contrário, quanto mais velhos são, tanto mais habitual é que permaneçam sobre um lado, devido ao esmagamento crescente de seu corpo, e deste modo se produz um efeito permanente na cabeça e na posição dos olhos. Julgando, por analogia, a tendência à torção, indubitavelmente tem de aumentar pelo princípio da herança. Schiödte crê, na contramão de outros naturalistas, que os pleuronectos não são completamente simétricos no embrião e, se isto é assim, poderíamos compreender como é que certas espécies, quando jovens, caem e permanecem habitualmente sobre o lado esquerdo e outras sobre o lado direito. Malm adiciona, em confirmação da opinião anterior, que o *Trachypterus arcticus*, que não pertence aos pleuronectos, permanece no fundo sobre o lado esquerdo e nada diagonalmente na água, e se diz que neste peixe os lados da cabeça são um pouco desiguais. Nossa grande autoridade em peixes, o doutor Gunther, termina seu resumo da memória de Malm observando que "o autor dá uma explicação muito singela da anormal condição dos pleuronectos".

Vemos assim que os primeiros estados da passagem do olho de um lado da cabeça ao outro, que o senhor Mivart julga que seriam prejudiciais, podem atribuir-se ao hábito, indubitavelmente favorável ao indivíduo e à espécie, de esforçar-se por olhar para cima com os dois olhos enquanto permanece no fundo sobre um lado.

Também podemos atribuir aos efeitos hereditários do uso o fato de que a boca em diferentes espécies de pleuronectos esteja inclinada para o lado inferior, com os ossos das mandíbulas mais fortes e mais eficazes neste lado sem olho da cabeça que no outro, com o objetivo, segundo supõe o doutor Traquair, de alimentar-se comodamente no fundo. O desuso, por outra parte, explicará o desenvolvimento menor de toda a metade inferior do corpo, inclusive as barbatanas laterais, ainda que Yarrell crê que o tamanho reduzido das barbatanas é vantajoso ao peixe, porque "há muito menos espaço para sua ação que em cima para as barbatanas maiores". Talvez se pode igualmente explicar o menor número de dentes nas metades superiores das duas mandíbulas, na relação, no solho, de 4-7 nelas a 25-30 nas metades inferiores. Pela falta de cor na face ventral da maioria dos peixes e muitos outros animais, podemos razoavelmente supor que a ausência de cor nos pleuronectos no lado que resulta inferior, seja o direito seja o esquerdo, é devida à ausência de luz. Mas não se pode supor que sejam devidos à ação da luz o aspecto jaspeado peculiar do lado superior do linguado, tão parecido com o fundo arenoso do mar, ou a faculdade de algumas espécies de mudar sua cor, como recentemente demonstrou Pouchet, de conformidade com a superfície que as rodeia, ou a presença de tubérculos ósseos no lado superior do robalo. Provavelmente, nestes casos entrou em jogo a seleção natural, no papel de adaptar a seus hábitos a forma geral e muitas outras particularidades destes peixes. Devemos entender, como indiquei antes, que os efeitos hereditários do uso crescente das partes, e talvez de seu desuso, serão reforçados pela seleção natural; pois todas as variações espontâneas na direção devida se conservarão deste modo, como se conservarão os indivíduos que herdem em maior grau os efeitos do uso crescente e vantajoso de alguma parte. Quanto se tenha de atribuir em cada caso particular aos efeitos do uso e quanto à seleção natural, parece impossível decidi-lo.

Posso dar outro exemplo de uma conformação que parece dever sua origem exclusivamente ao uso ou hábito. O extremo da cauda de alguns macacos americanos se converteu num órgão prênsil maravilhosamente perfeito, que serve como uma quinta mão. Um crítico, que está conforme com o senhor Mivart em todos os detalhes, observa a respeito desta conformação: "É impossível crer que, por maior que seja o tempo decorrido, a primeira débil tendência incipiente a pegar pudesse salvar a vida dos indivíduos que a possuíam ou aumentar as probabilidades de ter e criar descendência". Mas não há necessidade de se crer em tal coisa: o hábito – e isto quase implica que resulta algum benefício maior ou menor – bastaria, segundo toda probabilidade, para esta obra. Brehm viu os filhotes de um macaco africano (*Cercopithecus*) agarrando-se com as mãos no ventre de sua mãe e ao mesmo tempo enganchavam seus pequenas caudas à de sua mãe. O professor Henslow conservou em cativeiro alguns ratos das searas (*Mus messorius*), cuja cauda não é prênsil por sua conformação; mas observou, com frequência, que enroscavam suas caudas nos ramos de um arbusto colocado em sua gaiola, ajudando-se assim para subir. Recebi uma informação análoga do doutor Gunther, que viu um rato pendurar-se desta maneira. Se o rato das searas tivesse sido mais rigorosamente arborícola, sua cauda se teria tornado talvez de conformação mais prênsil, como ocorre em alguns membros do mesma espécie. Seria difícil dizer, considerando seus hábitos quando jovem, por que o *Cercopithecus* não ficou provisto de cauda prênsil. É possível, no entanto, que a longa cauda deste macaco possa ser-lhe mais útil como um órgão de equilíbrio, ao dar seus prodigiosos saltos, que como um órgão prênsil.

As glândulas mamárias são comuns a toda a classe dos mamíferos e são indispensáveis para sua existência; devem, portanto, ter-se desenvolvido numa época substancialmente remota e não podemos saber nada positivo a respeito de seu modo de desenvolvimento. O senhor Mivart pergunta: "É concebível que a cria de algum animal se salvasse alguma vez da destruição sugando acidentalmente uma gota de líquido, apenas nutritivo, procedente de uma glândula cutânea acidentalmente hipertrofiada de sua mãe? E ainda que isto ocorresse alguma vez, que probabilidades houve de que se perpetuasse tal variação?" Mas a questão não está aqui imparcialmente apresentada. A maioria dos evolucionistas admitem do que os mamíferos descendem de uma forma marsupial, e se é assim, as glândulas mamárias se terão desenvolvido em princípio dentro da bolsa marsupial. No caso do peixe *Hippocampus*, os ovos se desenvolvem e os pequenos se criam durante algum tempo dentro de um saco dessa natureza, e um naturalista americano, o senhor Lockwood, crê, pelo que viu do desenvolvimento das crias, que estas são alimentadas por uma secreção das glândulas cutâneas da bolsa. Ora, nos antepassados primitivos dos mamíferos, quase antes que merecessem ser denominados assim, não é pelo menos possível que as crias pudessem ter sido alimentadas de um modo semelhante? E, neste caso, os indivíduos que produzissem líquido, em algum modo ou grau, mais nutritivo, que se aproximasse da natureza do leite, teriam ao longo dos anos criado um número maior de descendentes bem alimentados do que os indivíduos que segregassem um líquido mais pobre e, deste modo, as glândulas cutâneas, que são as homólogas das glândulas mamárias, se teriam aperfeiçoado ou tornado mais eficazes. Está de acordo com o princípio tão difundido da especialização que as glândulas num verdadeiro lugar da bolsa tenham tido que se desenvolver mais do que as restantes e tenham formado então uma mama, ainda que no princípio sem mamilo, como vemos no *Ornithorhyncus*, na base da escala dos mamíferos. Não pretenderei decidir por que razão essas glândulas chegaram a especializar-se mais que as outras, seja, em parte, por compensação de crescimento, ou pelos efeitos do uso, ou pelos da seleção natural.

O desenvolvimento das glândulas mamárias teria sido inútil e não teria sido efetuado pela seleção natural se os filhotes, ao mesmo tempo, não tirassem sua nutrição da secreção dessas glândulas. Não há maior dificuldade em compreender de que modo os mamíferos pequenos aprenderam instintivamente a sugar a mama que em compreender como os pintinhos antes de sair do ovo aprenderam a romper a casca, golpeando nela com seu bico especialmente adaptado, ou como poucas horas depois de abandonar casca aprenderam a catar grãos de comida. Em tais casos, a solução mais provável é que o hábito foi no princípio adquirido pela prática numa idade mais avançada e transmitida depois à descendência numa idade mais precoce. Mas se diz que o canguru recém-nascido não suga, mas somente adere ao mamilo de sua mãe, que tem a faculdade de injetar leite na boca de seu filhote meio formado e fraco. Sobre este ponto, o senhor Mivart observa: “Se não existisse uma disposição especial, o filhote seria infalivelmente afogado pela introdução de leite na traqueia. Mas *existe* uma disposição especial. A laringe é tão alongada, que sobe até o extremo posterior do conduto nasal, e deste modo é capaz de dar entrada livre ao ar para os pulmões enquanto o leite passa, sem prejuízo, pelos lados desta laringe alongada e chega assim com segurança ao esôfago, que está por trás dela". O senhor Mivart pergunta então de que modo a seleção natural destruiu no canguru adulto – e na maioria dos outros mamíferos, admitindo que se originem de uma forma marsupial – esta conformação, pelo menos, aparentemente inocente e inofensiva". Pode-se indicar, como resposta, que a voz, que é seguramente de grande importância para muitos mamíferos, dificilmente pôde ter sido utilizada com plena força, enquanto a laringe penetrou no conduto nasal, e o professor Flower me indicou que esta conformação teria apresentado grandes obstáculos num animal que engolisse alimento sólido.

Voltaremos agora a vista, por breve tempo, às divisões inferiores do reino animal. Os equinodermos – estrelas do mar, ouriços do mar, etc. – estão providos de uns órgãos notáveis, chamados pedicelos, que consistem, quando estão bem desenvolvidos, numa pinça tridáctila, isto é, numa pinça formada por três ramos dentados, que se adaptam primorosamente entre si e estão situadas no extremo de uma haste flexível movimentada por músculos. Esta pinça pode agarrar firmemente qualquer objeto e AlexanderAgassiz[29] observou um *Echinus* ou ouriço do mar que, passando com rapidez de pinça a pinça partículas de excremento, fazia-as baixar, segundo certas linhas de seu corpo, de maneira que sua carapaça não se sujasse. Mas não há dúvida que, além de tirar sujeiras de todo tipo, os pedicelos servem para outras funções, e uma destas é evidentemente a defesa.

Com relação a estes órgãos, o senhor Mivart, como em tantas outras ocasiões anteriores, pergunta: "Qual seria a utilidade dos primeiros *rudimentares* destas conformações, e como puderam estes tubérculos incipientes ter preservado alguma vez a vida de um só *Echinus*?" E adiciona: "Nem sequer o desenvolvimento *súbito* da ação de agarrar pôde ter sido benéfico sem o pedúnculo livremente móvel, nem pôde este ter sido eficaz sem as mandíbulas prênseis e, no entanto, pequenas variações puramente indeterminadas não puderam fazer que se desenvolvessem simultaneamente estas complexas coordenações de estrutura: negar isto parece que não seria senão afirmar um alarmante paradoxo". Por paradoxais que possam parecer ao senhor Mivart as pinças tridáctilas, fixadas solidamente na base, mas capazes de ação prênsil, existem certamente em algumas estrelas do mar servem, pelo menos em parte, como um meio de defesa. O senhor Agassiz, a cuja grande benevolência sou devedor de muitas notícias sobre este assunto, informa-me que existem outras estrelas do mar nas quais um dos três braços da pinça está reduzido a um suporte para os outros dois, e ainda outros gêneros em que o terceiro braço foi perdido por completo. No *Echinoneus*, Perrier descreve a carapaça como levando duas espécies de pedicelos, uns que se parecem aos do *Echinus* e os outros aos do *Spartangus*; estes casos são sempre interessantes, porque apresentam exemplos de transições aparentemente súbitas, por abortamento de um dos dois estados de um órgão.

A respeito dos graus pelos quais estes curiosos órgãos se desenvolveram, o senhor Agassiz deduz de suas próprias investigações e das de Muller que, tanto nas estrelas do mar como nos ouriços do mar, os pedicelos devem indubitavelmente ser considerados como espinhos modificados. Pode isto se deduzir de seu modo de desenvolvimento no indivíduo, o mesmo de uma longa e perfeita série de gradações em diferentes espécies e gêneros, a partir de simples grânulos, passando pelos espinhos comuns, até chegar aos pedicelos tridáctilos perfeitos. A gradação se estende até a maneira como os espinhos comuns e os pedicelos estão, mediante suas varetas calcáreas de suporte, articulados à carapaça. Em certos gêneros de estrelas do mar podem encontrar-se "as combinações precisamente que se precisam para demonstrar que os pedicelos são tão somente espinhos ramificados modificados". Assim, temos espinhos fixos com três braços móveis equidistantes e dentados, articulados perto de sua base e mais acima, no mesmo espinho, outros três braços móveis. Ora, quando estes últimos nascem da extremidade de um espinho, formam de fato um tosco pedicelo tridáctilo, e este pode ver-se no mesmo espinho, junto com os três braços inferiores. Neste caso é inequívoca a idêntica natureza dos braços dos pedicelos e dos braços móveis de um espinho. Admite-se geralmente que os espinhos comuns servem de proteção; sendo assim, não há razão para duvidar de que aqueles que estão providos de braços móveis e dentados sirvam igualmente para o mesmo fim, e serviriam ainda mais eficazmente se depois, reunindo-se, atuassem como um aparelho agarrador ou prênsil. Assim, toda gradação, desde um espinho comum fixo até o pedicelo fixo, seria de utilidade.

Em certos gêneros de estrelas do mar estes órgãos, em vez de nascer ou estar fixados sobre um suporte imóvel, estão situados na ponta de um braço flexível e muscular, ainda que curto, e neste caso, desempenham provavelmente alguma função adicional, além da defesa. Nos ouriços do mar podemos seguir as etapas pelas quais um espinho fixo se converte em articulado com a carapaça, tornando-se móvel desta maneira. Gostaria de ter aqui espaço para dar um extrato mais completo das interessantes observações do senhor Agassiz sobre o desenvolvimento dos pedicelos. Todas as gradações possíveis, como ele diz, podem encontrar-se igualmente entre os pedicelos das estrelas do mar e os ganchos dos *Ofiuroídeos* – outro grupo de equinodermos – e além disso entre os pedicelos dos ouriços do mar e as âncoras das holotúrias, que pertencem também à mesma extensa classe.

Certos animais compostos ou zoófitos, como se lhes denominou, a saber: os polizoicos, estão providos de curiosos órgãos chamados aviculários. Estes diferem muito de estrutura nas diferentes espécies. Em seu estado mais perfeito, assemelham-se singularmente à cabeça e bico de um abutre em miniatura, posta sobre um pescoço e capaz de movimento, como o é igualmente a mandíbula inferior. Numa espécie observada por mim, todos os aviculários do mesmo ramo, com a mandíbula inferior muito aberta, moviam-se simultaneamente para diante e para trás, descrevendo um ângulo de uns 90°, em decorrência de cinco segundos, e seu movimento provoca um abalo em todo polizoico. Se se tocam as mandíbulas com uma agulha, pegam-na tão firmemente, que todo o braço se agita.

O senhor Mivart alega este caso, principalmente, em apoio da suposta dificuldade de que em divisões muito distantes do reino animal se tenham desenvolvido por seleção natural órgãos – como os aviculários dos polizoicos e os pedicelos dos equinodermos – que ele considera como "essencialmente semelhantes"; mas, no que se refere à estrutura, não sei ver semelhança alguma entre os pedicelos tridáctilos e os aviculários. Estes últimos se parecem um pouco mais com as quelas ou pinças dos crustáceos, e o senhor Mivart pôde, com igual fundamento, ter alegado como uma especial dificuldade esta semelhança e ainda a semelhança com a cabeça e bico de uma ave. O senhor Busk, o doutor Smitt e o doutor Nitsche, naturalistas que estudaram cuidadosamente este grupo, creem que os aviculários são homólogos dos zoóides e suas células, que compõem o zoófito, correspondendo o lábio ou opérculo celular da célula à mandíbula inferior móvel do aviculário. O senhor Busk, no entanto, não conhece nenhuma gradação, existente atualmente, entre um zoóide e um aviculário. É, portanto, impossível conjeturar mediante que gradações úteis pôde um converter-se no outro; mas de modo algum disto decorre que essas gradações não tenham existido.

Como as quelas dos crustáceos se parecem um pouco com aviculários dos polizoicos, servindo ambos os órgãos como pinças, pode valer a pena demonstrar que nos primeiros existe ainda uma longa série de gradações úteis. No primeiro e mais simples estágio, o segmento terminal de uma pata se dobra sobre a terminação retangular do penúltimo segmento, que é largo, ou contra todo um lado, e pode assim agarrar um objeto; mas a pata serve ainda como órgão de locomoção. Imediatamente depois encontramos um ângulo largo do penúltimo segmento, ligeiramente proeminente, provisto às vezes de dentes irregulares, e contra estes se fecha o segmento terminal. Aumentando o tamanho desta proeminência com sua forma e o do segmento terminal com ligeira modificação e aperfeiçoamento, as pinças se tornam cada vez mais perfeitas, até que, por fim, temos um instrumento tão eficaz como as quelas de uma lagosta, e todas estas gradações podem seguir-se de fato.

Além dos aviculários, possuem os polizoicos os curiosos órgãos chamados vibráculos. Consistem estes geralmente em longas celhas capazes de movimento, facilmente excitáveis. Numa espécie examinada por mim, os vibráculos eram ligeiramente curvos e dentados no rebordo externo, e todos os do mesmo polizoico, com frequência, moviam-se simultaneamente, de maneira que, agindo como longos remos, faziam passar rapidamente um ramo de uma parte a outra do porta-objetos de meu microscópio. Se se colocava um ramo sobre sua testa, os vibráculos ficavam enredados e faziam violentos esforços para desembaraçar-se. Supõe-se que os vibráculos servem de defesa, e que se pode vê-los, como observa o senhor Busk, "varrer lenta e cuidadosamente a superfície do polizoico, tirando o que pode ser prejudicial aos delicados habitantes das células quando estes têm estendidos os tentáculos". Os aviculários, como os vibráculos, servem provavelmente para defesa; mas também apanham e matam pequenos animais vivos, que se supõe que são arrastados depois pelas correntes até chegar ao alcance dos tentáculos dos zoóides. Algumas espécies estão providas de aviculários e vibráculos; outras, de aviculários somente e algumas, só de vibráculos.

Não é fácil encontrar dois objetos tão diferentes, na aparência, como uma celha ou vibráculo e um aviculário, parecido com a cabeça de uma ave; e, no entanto, são, quase com segurança, homólogos, e se desenvolveram a partir da mesma origem comum, ou seja, o zooide com sua célula. Portanto, podemos compreender por que, em alguns casos, há gradações entre estes órgãos, segundo me informa o senhor Busk. Assim, nos aviculários de diferentes espécies de *Lepralia* a mandíbula móvel é tão saliente e parecida a uma celha, que só a presença da mandíbula superior ou bico fixo serve para determinar sua natureza de aviculário. Os vibráculos podem ter-se desenvolvido diretamente dos opérculos das células, sem ter passado pelo estado de aviculários; mas parece mais provável que tenham passado por este, pois durante os primeiros estados da transformação, as outras partes da célula, com o zoóide que compreende, dificilmente puderam ter desaparecido de repente. Em muitos casos os vibráculos têm em sua base um suporte com sulcos, que parece representar o bico fixo, ainda que este suporte, em algumas espécies, falte por completo. Esta teoria do desenvolvimento dos vibráculos, se merece crédito, é interessante, pois supondo que todas as espécies providas de aviculários se tivessem extinguido, ninguém, nem mesmo com a mais viva imaginação, teria jamais pensado que os vibráculos tinham existido primitivamente como parte de um órgão parecido a um bico de uma ave, ou a uma caixa irregular ou capuz. É interessante ver que estes dois órgãos tão diferentes se desenvolveram a partir de uma origem comum, e como o opérculo móvel das células serve de proteção ao zoóide, não há dificuldade em crer que todas as gradações, mediante as quais o opérculo chegou a converter-se, primeiro em mandíbula superior de um aviculário e depois em alongada celha, serviram igualmente de proteção de diferentes modos e em circunstâncias diferentes.

No reino vegetal, o senhor Mivart cita só dois casos, a saber: a estrutura das flores das orquídeas e o movimento das plantas trepadoras. Quanto ao primeiro, diz: "A explicação de sua *origem* é julgada como nada satisfatória, é totalmente insuficiente para explicar as conformações incipientes infinitesimais de estruturas que só são úteis quando se desenvolveram consideravelmente". Como tratei extensamente este assunto em outra obra, darei aqui somente alguns detalhes a respeito de uma só das mais atraentes particularidades das flores das orquídeas, ou seja suas polinias. Uma polínia, quando está muito desenvolvida, consiste numa grande massa de pólen unida a um pedúnculo elástico ou caudículo, e este a uma pequena massa de matéria substancialmente viscosa. As polínias, deste modo, são transportadas pelos insetos de uma flor ao estigma de outra. Em algumas orquídeas não há caudículo para as massas de pólen, e os grãos estão simplesmente unidos entre si por fios finíssimos, mas como isto não está limitado às orquídeas; não é necessário tratá-lo aqui, mesmo que tenha de mencionar que no princípio da série das orquídeas, como no *Cypripedium*, podemos ver como os fios se desenvolveram provavelmente em princípio. Em outras orquídeas os fios se unem entre si, num extremo das massas de pólen, e isto forma o primeiro indício ou aparição de um caudículo. Nos grãos de pólen abortados, que podem às vezes descobrir-se encravados entre as partes centrais e consistentes, temos uma boa prova de que é este a origem do caudículo, ainda que seja de comprimento considerável e esteja muito desenvolvido.

No que se refere à segunda particularidade principal, ou seja à pequena massa de matéria viscosa aderida ao extremo do caudículo, pode especificar-se uma longa série de gradações, todas elas de utilidade evidente para a planta. Na maioria das flores que pertencem a outras ordens, o estigma segrega um pouco de matéria viscosa. Ora, em certas orquídeas, uma matéria viscosa semelhante é segregada por um só dos três estigmas, mas em quantidades muito maiores, e este estigma se tornou estéril talvez em consequência da copiosa secreção. Quando um inseto visita uma flor desta classe, retira um pouco da matéria viscosa e, ao mesmo tempo, arrasta alguns dos grãos de pólen. A partir desta singela disposição, que difere pouquíssimo da de uma multidão de flores comuns, existem infinitas gradações a espécies nas quais a massa de pólen termina num curtíssimo caudículo livre, e a outras espécies nas quais o caudículo se adere firmemente à matéria viscosa, e nas quais o mesmo estigma estéril está muito modificado. Neste último caso temos uma polínia em sua condição mais desenvolvida e perfeita. Aquele que examinar cuidadosamente por si mesmo as flores das orquídeas não negará a existência desta série de gradações, desde uma massa de grãos de pólen simplesmente unidos entre si por filamentos, com o estigma muito pouco diferente do de uma flor comum, até uma polínia substancialmente complicada e admiravelmente adaptada para o transporte pelos insetos; tampouco negará que todas as gradações, nas diferentes espécies, estão admiravelmente adaptadas, em relação à estrutura geral de cada flor, para sua fecundação por diversos insetos. Neste e em quase todos os demais casos se pode dirigir a indagação mais para trás e se pode perguntar como se tornou viscoso o estigma de uma flor comum; mas como não conhecemos a história completa de nenhum grupo de seres, é tão inútil fazer estas perguntas como aguardar uma resposta.

Passemos agora às plantas trepadeiras. Podem ordenar-se estas formando uma longa série, desde as que simplesmente se enroscam ao redor de um suporte às que chamei trepadeiras foliares ("*leafclimbers*") e as que estão providas de gavinhas. Nestas duas últimas classes as hastes perderam geralmente, ainda que não sempre, a faculdade de enroscar-se, mesmo que conservem a faculdade de rotação, que possuem também as gavinhas. As gradações entre as plantas trepadoras foliares e as que têm gavinhas são maravilhosas, e certas plantas podem ser colocadas indistintamente em qualquer das duas classes. Mas ascendendo na série, desde as plantas que simplesmente se enroscam até as trepadeiras foliares, adiciona-se uma importante qualidade, ou seja a sensibilidade ao contato, por meio da qual os pedúnculos das flores e os pecíolos das folhas, ou estes modificados, convertidos em gavinhas, são excitados a enroscar-se ao redor do objeto que os toca e agarrar-se a ele. Aquele que ler minha memória sobre estas plantas admitirá, acredito, que todas as muitas gradações de função e conformação existentes entre as plantas que simplesmente se enroscam e as que têm gavinhas são em cada caso utilíssimas à espécie. Por exemplo: é, evidentemente, uma grande vantagem para uma planta que se enrosca tornar-se trepadeira foliar e é provável que toda planta que se enrosca, que possua folhas com pecíolos longos, se tivesse convertido em planta trepadeira foliar se os pecíolos tivessem possuído, em algum grau, a necessária sensibilidade ao contato.

Como o ato de se enroscar é o modo mais fácil de subir por um suporte e forma a base de nossa série, pode-se naturalmente perguntar como adquiriram as plantas esta faculdade num grau incipiente, para que se aperfeiçoasse e desenvolvesse depois pela seleção natural.

A faculdade de enroscar-se depende, em primeiro lugar, de que os talos, quando jovens, sejam muito flexíveis – e esta é uma característica comum a muitas plantas que não são trepadeiras – e, em segundo lugar, de que com frequência se dirijam para todos os pontos do horizonte, um depois de outro, sucessivamente, na mesma ordem. Mediante este movimento, os talos se inclinam para todos os lados, o que lhes faz dar voltas e voltas. Tão cedo como a parte inferior de um talo choca contra um objeto qualquer e é detida, a parte superior continua ainda a encurvar-se e a girar, e deste modo necessariamente se enrosca e sobe pelo suporte. O movimento de rotação cessa depois que começou a crescer cada ramo. Como em muitas famílias diferentes de plantas uma só espécie ou um só gênero possuem a faculdade de girar, tendo chegado deste modo a ser trepadeiras, devem ter adquirido independentemente esta faculdade, e não podem tê-la herdado de um antepassado comum. Portanto, fui levado a predizer que estaria muito longe de ser rara em plantas que não trepam uma ligeira tendência a um movimento desse tipo e que isto proporcionou a base para que a seleção natural trabalhasse e produzisse aperfeiçoamento. Quando fiz esta predição eu só conhecia um caso imperfeito: o dos pedúnculos florais jovens de uma *Maurandia,* que giram débil e irregularmente, como os caules das plantas trepadoras, mas sem fazer uso algum deste hábito. Pouco depois, Fritz Muller descobriu que os caules jovens de uma *Alisma* e de um *Línum* – plantas que não trepam e que estão muito afastadas uma da outra no sistema natural – giravam claramente, ainda que com irregularidade, e afirma que tem fundamento para suspeitar que isto ocorre em algumas outras plantas. Estes ligeiros movimentos parecem não ser de utilidade alguma às plantas em questão; em todo caso, não têm a menor utilidade no que se refere a trepar, que é o ponto que nos interessa. No entanto, podemos ver que se os caules destas plantas tivessem sido flexíveis, e se nas condições a que estão submetidas lhes tivesse sido de proveito subir a certa altura, então o hábito de girar ligeira e irregularmente teria podido acrescentar-se e ser utilizado pela seleção natural, até que se tivessem convertido em espécies trepadoras bem desenvolvidas.

No que se refere à sensibilidade dos pecíolos e pedúnculos das folhas e flores e das gavinhas, quase são aplicáveis as mesmas observações que no caso dos movimentos giratórios das plantas trepadoras. Como um grande número de espécies pertencentes a grupos muito diferentes estão dotadas deste tipo de sensibilidade, esta tem de se encontrar em estado nascente em muitas plantas que não se tornaram trepadoras. E assim ocorre; observei que os pedúnculos florais jovens da *Maurandia* antes citada se encurvavam um pouco para o lado que era tocado. Morren observou em várias espécies de *Oxalis* que as folhas e suas pecíolos se moviam, sobretudo depois de tê-las exposto a um sol ardente, quando eram tocados suave e repetidamente ou quando a planta era sacudida. Repeti estas observações em algumas outras espécies de *Oxalis*, com o mesmo resultado; em algumas delas, o movimento era perceptível, mas se via melhor nas folhas jovens; em outras era sumamente débil. Um fato muito importante é que, segundo a alta autoridade de Hofmeister, os ramos e folhas jovens de todas as plantas se movem depois que foram sacudidas, e sabemos que, nas plantas trepadoras, só durante os primeiros estados de crescimento são sensíveis os pecíolos e as gavinhas.

Mal é possível que estes débeis movimentos dos órgãos jovens e crescentes das plantas devidos ao contato ou às sacudidas possam ser de alguma importância funcional. Mas, obedecendo a diferentes estímulos, as plantas possuem faculdades de movimento que são de importância manifesta para elas; por exemplo, movimento para a luz, e poucas vezes apartando-se desta; movimento em oposição da atração da gravidade, e poucas vezes em direção desta. Quando os nervos e músculos de um animal são excitados por galvanismo ou pela absorção de estricnina, pode dizer-se que os movimentos consequentes são um resultado acidental, pois os nervos e músculos não se tornaram especialmente sensíveis a estes estímulos. Também parece que as plantas, por ter a faculdade de movimento, obedecendo a determinados estímulos, são excitadas de um modo acidental pelo contato ou por sacudidas. Portanto, não há grande dificuldade em admitir que, no taxo[30] de plantas de trepadoras foliares ou que têm os tendilhões, esta tendência foi aproveitada e aumentada por seleção natural. É, no entanto, provável, pelas razões que assinalei em meu memorando, que isto terá ocorrido só em plantas que tinham adquirido já a faculdade de girar e que, deste modo, tinham-se tornado trepadeiras.

Já me esforcei para explicar de que modo as plantas chegaram a ser trepadoras, a saber, pelo aumento da tendência a movimentos giratórios débeis e irregulares que, em princípio, não lhes eram de nenhuma utilidade, sendo este movimento, o mesmo que o devido ao contato ou sacudida, um resultado incidental da faculdade de movimento adquirida para outros fins úteis. Não pretenderei decidir se a seleção natural foi ou não ajudada durante o desenvolvimento gradual das plantas trepadoras pelos efeitos hereditários do uso; mas sabemos que certos movimentos periódicos, por exemplo, o chamado sono das plantas, estão regulados pelo hábito.

Considerei, pois, os suficientes casos – e talvez mais do que suficientes – selecionados cuidadosamente por um competente naturalista, para provar que a seleção natural é incapaz de explicar os estados incipientes das estruturas úteis e demonstrei – segundo espero – que não existe grande dificuldade sobre este ponto. Apresentou-se assim uma boa oportunidade para estender-se um pouco sobre as gradações de estrutura, sócias muitas vezes na mudança de funções, assunto importante que não foi tratado com extensão bastante nas edições anteriores desta obra. Recapitularei agora brevemente os casos anteriores.

No caso da girafa, a conservação contínua daqueles indivíduos de algum ruminante extinto que atingissem pontos mais altos para alimentar-se, que tivessem o pescoço, as patas, etc., mais longos e pudessem alcançar alimento um pouco acima da altura média, e a continuada destruição dos indivíduos que não pudessem pastar tão alto, teria sido suficiente para a produção deste notável quadrupede; ainda que o uso prolongado de todas as partes, unido à herança, terão ajudado de um modo importante a sua coordenação.

Com relação aos numerosos insetos que imitam diversos objetos, não há nada de improvável na crença de que uma semelhança acidental com algum objeto comum foi, em cada caso, a base para o trabalho da seleção natural, aperfeiçoada depois pela conservação acidental de ligeiras variações que fizessem a semelhança muito maior; e isto terá prosseguido enquanto o inseto continuasse variando e enquanto uma semelhança, cada vez mais perfeita, lhe permitisse escapar de inimigos dotados de vista penetrante.

Em certas espécies de cetáceos, existe uma tendência à formação de pequenas pontas córneas e regulares no palato; e parece estar por completo dentro do raio de ação da seleção natural conservar todas as variações favoráveis até que as pontas se converteram, primeiro, em proeminências laminares ou dentes como os do bico do ganso; depois, em lamelas curtas como as dos patos domésticos; depois, em lamelas tão perfeitas como as do lavanco e, finalmente, nas gigantescas placas ou barbas, como as da boca da baleia da Groenlândia. Na família dos patos, as lamelas se usam primeiro como dentes; depois, em parte, como dentes e, em parte, como um aparelho filtrante e, por fim, usam-se, quase exclusivamente, para este último objetivo.

Em estruturas tais como as lâminas córneas ou barbas de baleia, até onde podemos julgar, o hábito ou uso pouco ou nada pôde fazer no tocante a seu desenvolvimento. Pelo contrário, pode atribuir-se, quase por completo, ao uso continuado, unido à herança, o traslado do olho inferior de um pleuronecto no lado superior da cabeça; e a formação de uma cauda prênsil pode atribuir-se quase por completo ao uso continuado, unido à herança.

No que se refere às mamas dos animais superiores, a conjetura mais provável é que primitivamente as glândulas cutâneas de toda a superfície de uma bolsa marsupial segregassem um líquido nutritivo e que estas glândulas se aperfeiçoariam em sua função por seleção natural e se concentrariam em espaços limitados, em cujo caso teriam formado uma mama.

Não existe maior dificuldade em compreender como as espinhos ramificados de alguns equinodermos antigos, que serviam de defesa, converteram-se mediante seleção natural em pedicelos tridátilos, que em compreender o desenvolvimento das pinças dos crustáceos mediante ligeiras modificações úteis no último e os penúltimos segmentos de um membro que em princípio se usava só para a locomoção.

Nos aviculários e vibráculos dos polizoicos temos órgãos muito diferentes na aparência que se desenvolveram a partir de uma origem comum; e nos vibráculos podemos compreender como tenham sido de utilidade as gradações sucessivas.

Nas polínias[31] das orquídeas podem seguir-se os filamentos que primitivamente serviram para unir os grãos de pólen até que se reúnam, formando caudículos, e podem seguir-se igualmente os graus pelos quais uma matéria viscosa, como a segregada pelos estigmas das flores comuns, e servindo ainda quase – embora não exatamente – para o mesmo objetivo, chegou a ficar aderida ao extremo livre dos caudículos, sendo todas estas gradações de manifesta utilidade para as plantas em questão.

No que se refere às plantas trepadoras, não preciso repetir o que se disse ultimamente.

Perguntou-se muitas vezes: se a seleção natural é tão potente, por que não foi conseguida por uma espécie dada esta ou aquela conformação, que, ao que parece, lhe teria sido vantajosa? Mas não é razoável esperar uma resposta precisa a estas questões, se consideramos nossa ignorância da história passada de cada espécie e das condições que atualmente determinam o número de seus indivíduos e sua distribuição geográfica. Na maior parte dos casos só podem atribuir-se razões gerais; mas em alguns podem assinalar-se razões especiais. Assim, para que uma espécie se adapte a hábitos novos, são quase indispensáveis muitas modificações coordenadas, e muitas vezes pode ter ocorrido que as partes necessárias não variaram do modo devido ou até o ponto devido. O aumento numérico deve ter sido impedido em muitas espécies por agentes destruidores que não estavam em relação alguma com certas conformações que imaginamos que deveriam ter sido obtidas por seleção natural, porque nos parece que são vantajosas às espécies. Neste caso, como a luta pela vida não depende destas conformações, puderam não ter sido adquiridas por seleção natural. Em muitos casos, para o desenvolvimento de uma estrutura são necessárias condições complexas de muita duração e, com frequência, de natureza particular, e as condições requeridas raras vezes se reuniram. A opinião de que qualquer conformação dada, que cremos – erroneamente muitas vezes – que tivesse sido útil a uma espécie, deve ter sido conseguida, em quaisquer circunstâncias, por seleção natural, é oposta ao que podemos compreender a respeito de seu modo de ação. O senhor Mivart não nega que a seleção natural tenha algum valor, mas considera que pode “demonstrar-se que é insuficiente” para explicar os fenômenos que explico por sua ação. Seus argumentos principais foram já considerados, e os demais o serão depois. Parece-me que participam pouco do caráter de uma demonstração e que são de pouco peso em comparação dos que existem em favor do poder da seleção natural, ajudada pelas outras causas, várias vezes assinaladas. Devo adicionar que alguns dos fatos e argumentos utilizados por mim neste caso foram propostos com o mesmo objetivo num excelente artigo publicado recentemente na *Medico-Chirurgical Review*.

Na atualidade, quase todos os naturalistas admitem a evolução sob alguma forma. O senhor Mivart opina que as espécies mudam por causa de "uma força interna ou tendência", a respeito da qual nada se sabe. Que as espécies são capazes de mudança, será admitido por todos os evolucionistas, mas não há necessidade alguma, parece-me a mim, de invocar nenhuma força interna fora da tendência à variação comum que, graças à ajuda da seleção do homem, deu origem a muitas raças domésticas bem adaptadas e que, graças à ajuda da seleção daria igualmente origem, por uma série de gradações, às raças ou espécies naturais. O resultado final, geralmente, terá sido, como já se explicou, um progresso na organização mas num reduzido número de casos terá sido um retrocesso.

O senhor Mivart, além disso, inclina-se a opinar, e alguns naturalistas estão de acordo com ele, que as novas espécies se manifestam "subitamente e por modificações que aparecem de uma vez". Supõe, por exemplo, que as diferenças entre o extinto *Hipparion,* que tinha três dedos, e o cavalo, surgiram de repente. Pensa que é difícil crer que a asa de uma ave se desenvolvesse de outro modo que por uma modificação "relativamente súbita de caráter assinalado e importante" e, ao que parece, faria extensiva a mesma opinião às asas dos morcegos e pterodáctilos. Esta conclusão, que implica grandes interrupções ou descontinuidade nas séries, parece-me sumamente improvável.

Todo aquele que acredita em uma evolução lenta e gradual, admitirá sem dúvida que as mudanças específicas podem ter sido tão bruscas e grandes como qualquer variação isolada das que encontramos na natureza, ou até em estado doméstico. Mas, como as espécies são mais variáveis quando estão domesticadas ou cultivadas que em suas condições naturais, não é provável que essas variações grandes e bruscas tenham ocorrido com frequência na natureza, como se sabe que surgem acidentalmente em domesticidade. Destas últimas variações, algumas podem atribuir-se à reversão, e as características que deste modo reaparecem, em muitos casos, foram provavelmente obtidas em princípio de um modo gradual. Um número ainda maior merece o nome de monstruosidades, como os homens de seis dedos, os homens porco-espinho, as ovelhas ancon, as vacas niatas, etc.; mas como diferem muito por suas características das espécies naturais, lançam pouca luz sobre nosso assunto. Excluindo estes casos de variações bruscas, os poucos restantes, se se encontrassem em estado natural, constituiriam, no máximo, espécies duvidosas muito afins com seus tipos progenitores.

As razões que tenho para duvidar de que as espécies naturais tenham mudado tão bruscamente como às vezes o fizeram as raças domésticas, e para não acreditar em absoluto que tenham mudado do modo estranho indicado pelo senhor Mivart, são as seguintes: Segundo nossa experiência, as variações bruscas e muito pronunciadas se apresentam em nossas produções domésticas isoladamente e a intervalos de tempo bastante longos. Se isto ocorresse em estado natural, as variações estariam expostas, como se explicou anteriormente, a perder-se por causas acidentais de destruição e por cruzamentos sucessivos, e sabemos que isto ocorre em estado doméstico, a não ser que as variações bruscas desse tipo sejam especialmente conservadas e separadas pelo cuidado do homem. Portanto, para que aparecesse subitamente uma nova espécie da maneira suposta pelo senhor Mivart, é quase necessário crer, em oposição a toda analogia, que no mesmo território apareceram simultaneamente muitos indivíduos portentosamente modificados. Esta dificuldade, assim como no caso da seleção inconsciente pelo homem, fica salvada, segundo a teoria da evolução gradual, pela conservação de um grande número de indivíduos que variaram mais ou menos em qualquer sentido, favorável, e pela destruição de um grande número que variou do modo contrário.

É quase indubitável que muitas espécies se desenvolveram de um modo sumamente gradual. As espécies, e ainda os gêneros de muitas grandes famílias naturais, são tão próximos entre si, que é difícil distinguir nem mesmo sequer um reduzido número delas. Em todos os continentes, indo de norte a sul, das regiões elevadas às baixas, etc., encontramo-nos com uma legião de espécies muito relacionadas ou representativas, como nos ocorre também em certos continentes diferentes, que temos razões para crer que estiveram unidos em outro tempo. Mas ao fazer estas e as seguintes observações, vejo-me obrigado a aludir a assuntos que têm de ser discutidos mais adiante. Se fixamos a atenção nas numerosas ilhas situadas a alguma distância ao redor de um continente, se verá o grande número de seus habitantes que só podem ser elevados à categoria de espécies duvidosas. O mesmo ocorre se consideramos os tempos passados e comparamos as espécies que acabam de desaparecer com as que vivem ainda dentro dos mesmos territórios ou se comparamos as espécies fósseis enterradas nos subsolos de uma mesma formação geológica. É evidente que multidão de espécies estão relacionadas do modo mais íntimo com outras que vivem ainda ou que existiram recentemente, e mal é sustentável que essas espécies se tenham desenvolvido de um modo brusco ou repentino. Também não se teria que esquecer, quando consideramos partes determinadas de espécies afins em vez de espécies diferentes, que podem seguir-se numerosas gradações assombrosamente delicadas que reúnem conformações muito diferentes.

Muitos grupos grandes de fatos são compreensíveis só segundo o princípio de que as espécies se desenvolveram a passos pequeníssimos; por exemplo, o fato de que as espécies compreendidas nos gêneros maiores estejam mais relacionadas entre si e apresentem um maior número de variedades do que as espécies dos gêneros menores. As primeiras estão, além disso, reunidas em pequenos grupos, como as variedades ao redor da espécie, e apresentam outras analogias com as variedades, como se explicou no capítulo segundo. Segundo este mesmo princípio, podemos compreender por que é que as características específicas são mais variáveis do que as genéricas, e por que as partes que estão desenvolvidas em grau ou modo extraordinários são mais variáveis do que outras partes da mesma espécie. Poderiam adicionar-se muitos fatos análogos, todos no mesmo sentido.

Ainda que muitíssimas espécies se produziram, quase com segurança, por graus não maiores que os que separam variedades pequenas, no entanto, pode sustentar-se que algumas se desenvolveram de um modo diferente e brusco. Não deve, no entanto, admitir-se isto sem apresentar provas contundentes. Mal merecem consideração as analogias vagas, e em muitos aspectos falsas, como o demonstrou o senhor Chauncey Wright[32], que se alegaram em favor desta teoria, como a cristalização repentina das substâncias inorgânicas ou a transformação de um poliedro em outro por alterações de facetas. Um tipo de fatos, no entanto, apoia, à primeira vista, a crença no desenvolvimento brusco: é a aparição súbita nas formações geológicas de formas orgânicas novas e diferentes. Mas o valor desta prova depende inteiramente da perfeição dos registos geológicos, em relação com períodos remotos da história do mundo. Se os registos são tão fragmentários como energicamente o afirmam muitos geólogos, não há nada de estranho em que apareçam formas novas, como se se tivessem desenvolvido subitamente.

A não ser que admitamos transformações tão prodigiosas como as invocadas pelo senhor Mivart, tais como o súbito desenvolvimento das asas das aves e morcegos, ou a conversão repentina de um *Hipparion* num cavalo, a crença em modificações bruscas não lança nenhuma luz sobre a falta de formas de união nas formações geológicas; mas contra a crença em tais mudanças bruscas, a embriologia apresenta um enérgico protesto. É notório que as asas das aves e morcegos e as extremidades dos cavalos e outros quadrúpedes não se podem distinguir num período embrionário precoce, e que chegam a diferenciar-se por delicadas gradações insensíveis. Semelhanças embriológicas de todos os tipos podem explicar-se, como veremos depois, porque os progenitores das espécies vivas variaram depois de sua primeira idade e transmitiram suas características novamente adquiridas a seus descendentes na idade correspondente. Assim, pois, o embrião ficou quase sem ser modificado e serve como um depoimento da condição passada da espécie. Consequentemente as espécies vivas tão frequentemente se assemelhem, durante as primeiras fases de seu desenvolvimento, a formas antigas e extintas pertencentes à mesma classe. Segundo esta opinião sobre a significação da semelhança embriológica – e em realidade segundo qualquer opinião – é incrível que um animal tivesse experimentado transformações instantâneas e bruscas como as indicadas antes, e, no entanto, não levasse em seu estado embrionário sequer uma impressão de nenhuma modificação súbita, desenvolvendo-se cada detalhe de sua conformação por delicadas gradações imperceptíveis.

Aquele que crê que em alguma forma antiga, mediante uma tendência ou força interna, transformou-se de repente, por exemplo, em outra provista de asas, estará quase obrigado a admitir, em oposição a toda analogia, que variaram simultaneamente muitos indivíduos; e é inegável que estas mudanças de estrutura, grandes e bruscas, são muito diferentes das que parecem ter experimentado a maioria das espécies. Estará, além disso, obrigado a crer que se produziram repentinamente muitas conformações admiravelmente adaptadas a todas as outras partes do mesmo ser e às condições ambientes; e não poderá apresentar nem uma sombra de explicação destas complexas e portentosas adaptações. Estará forçado a admitir que estas grandes e bruscas transformações não deixaram impressão alguma de sua ação no embrião. Admitir tudo isto é, a meu ver, entrar nas regiões do milagre e abandonar as da ciência.

Capítulo VIII

Instinto

Os instintos são comparáveis com os hábitos, mas diferem por sua origem – Gradação dos instintos – Pulgões e formigas – Os instintos são variáveis – Instintos domésticos; suas origens – Instintos naturais do cuco, Molothrus, avestruz e himenópteros – Formigas escravizadoras – A abelha comum; seu instinto de construir favos – As mudanças de instinto e de estrutura não são necessariamente simultâneos – Dificuldades da teoria da seleção natural dos instintos – Insetos neutros ou estéreis – Resumo

Muitos instintos são tão maravilhosos, que seu desenvolvimento parecerá provavelmente ao leitor uma dificuldade suficiente para jogar abaixo toda minha teoria. Devo estabelecer a premissa de que não me ocupo da origem das faculdades mentais, de igual modo que também não o faço da origem da própria vida. Interessa-nos só a diversidade dos instintos e das demais faculdades mentais dos animais de uma mesma classe. Não tentarei dar definição alguma do instinto. Seria fácil demonstrar que comumente se abarcam com um mesmo termo vários atos mentais diferentes; mas todo mundo compreende o que se quer expressar quando se diz que o instinto impulsiona ao alma-de-gato[33] ou cuco a emigrar e pôr seus ovos em ninhos de outras aves. Comumente se diz que é instintivo um ato para o qual nós precisamos experiência que nos capacite a realizá-lo, quando o executa um animal, especialmente se é um animal muito jovem, sem experiência, e quando é realizado do mesmo modo por muitos indivíduos, sem que conheçam para que fim se executa. Mas eu poderia demonstrar que nenhuma destas características é universal. Um pouco de juízo ou razão, segundo a expressão de Pierre Huber, entra muitas vezes em jogo ainda em animais inferiores da escala natural.

Federico Cuvier e alguns dos metafísicos antigos compararam o instinto com o hábito. Esta comparação dá, acredito, uma noção exata da condição mental sob a qual se realiza um ato instintivo, mas não necessariamente de sua origem. Que inconscientemente se realizam muitos atos habituais, inclusive, às vezes, em oposição direta de nossa vontade consciente e, no entanto, podem ser modificados pela vontade ou pela razão. Os hábitos facilmente chegam a associar-se com outros hábitos, com certos períodos de tempo e com certos estados do corpo. Uma vez adquiridos, muitas vezes permanecem constantes durante toda a vida. Poderiam assinalar-se outros variados pontos de semelhança entre os instintos e os hábitos. Como ao repetir uma canção bem conhecida, também nos instintos uma ação segue a outra por uma espécie de ritmo; se uma pessoa é interrompida numa canção, ou ao repetir algo que decorou, vê-se obrigada, em geral, a voltar atrás para recobrar o curso habitual de seu pensamento. P. Huber observou que assim ocorria numa lagarta que faz uma coberta, à moda de rede, complicadíssima; pois diz que, quando pegava uma lagarta que tinha terminado sua coberta, suponhamos, até o sexto período da construção, e a punha numa coberta feita só até o terceiro, a lagarta voltava simplesmente a repetir os períodos quarto, quinto e sexto; mas se se pegava uma lagarta de uma coberta feita, por exemplo, até o período terceiro, e se a punha uma feita até o sexto, de maneira que muito da obra estivesse já executado, longe de tirar disto algum benefício, via-se muito confusa, e, para completar sua coberta, parecia obrigada a começar desde o período terceiro, onde tinha deixado seu trabalho, e deste modo tentava completar a obra já finda.

Se supomos que uma ação habitual se torna hereditária – e pode demonstrar-se que isto ocorre algumas vezes – neste caso a semelhança entre o que primitivamente foi um hábito e um instinto se faz tão grande, que não se distinguem. Se Mozart, em vez de tocar o clavicórdio[34] aos três anos de idade, com muito pouquíssima prática, tivesse executado uma melodia sem prática nenhuma, poderia terse dito com verdade que o tinha feito instintivamente. Mas seria um grave erro supor que a maioria dos instintos foram adquiridos por hábito numa geração e transmitidos então por herança às gerações sucessivas. Pode demonstrar-se claramente que os instintos mais maravilhosos de que temos notícia, ou seja os da abelha comum e os de muitas formigas, não foram adquiridos hábito com o hábito.

Todo mundo admitirá que os instintos são tão importantes como as estruturas corporais para a prosperidade de cada espécie em suas condições de vida atuais. Mudando estas é, pelo menos, possível que ligeiras modificações do instinto possam ser úteis a uma espécie, e se pode demonstrar-se que os instintos variam realmente, por pouco que seja, então não sei ver dificuldade alguma em que a seleção natural conservasse e acumulasse continuamente variações do instinto até qualquer grau que fosse proveitoso. Assim é, a meu ver, como se originaram todos os instintos mais complicados e maravilhosos. Não duvido que ocorreu com os instintos o mesmo que com as modificações de estrutura material, que se originam e aumentam pelo uso ou hábito e diminuem ou se perdem pelo desuso; mas creio que os efeitos do hábito são, em muitos casos, de importância subordinada aos efeitos da seleção natural, que podem chamar-se variações espontâneas dos instintos; isto é, variações produzidas pelas mesmas causas desconhecidas que produzem ligeiras variações na conformação física.

Nenhum instinto complexo pôde produzir-se mediante seleção natural, se não é pela acumulação lenta e gradual de numerosas variações leves, mas úteis. Portanto, assim como no caso das conformações materiais, temos de encontrar na natureza, não as verdadeiras gradações transitórias, mediante as quais foi adquirido cada instinto complexo – pois estas se encontrariam só nos antepassados por linha direta de cada espécie – senão que temos de encontrar alguma prova de tais gradações nas linhas colaterais de descendência ou, pelo menos, temos de poder demonstrar que são possíveis gradações de algum tipo, e isto indubitavelmente podemos fazê-lo. Observando os instintos dos animais foram muito pouco observados, exceto na Europa e América do Norte, e de que não se conhece nenhum instinto nas espécies extintas, surpreendeu-me ver quão comumente podem encontrar-se gradações que levam aos instintos mais complexos. As mudanças no instinto podem, às vezes, ser facilitadas porque a mesma espécie tem instintos diferentes em diferentes períodos de sua vida ou em diferentes estações do ano, ou quando se acha em diferentes circunstâncias, etc.; casos nos quais, bem um instinto, bem outro, pôde ser conservado por seleção natural. E pode demonstrar-se que se apresentam na natureza estes exemplos de diversidade de instintos na mesma espécie.

Além disso, assim como no caso de conformação física, e de acordo com minha teoria, o instinto de cada espécie é bom apenas para ela mesma; e, até onde podemos julgar, jamais foi produzido para o bem exclusivo de outras espécies. Um dos exemplos mais notáveis de que se tem notícia – de um animal que aparentemente realiza um ato para o bem exclusivo de outro – é o dos pulgões que, segundo observou pela primeira vez Huber, dão espontaneamente sua doce secreção às formigas; e os seguintes estudos demonstram de fato que a dão espontaneamente: Tirei todas as formigas de um grupo de uma dúzia de pulgões que estavam sobre uma labaça[35], e impedi durante várias horas que as formigas se ocupassem deles. Depois deste intervalo, eu estava seguro de que os pulgões precisariam excretar. Examinei-os durante algum tempo com uma lente, mas nenhum excretava; então lhes fiz cócegas e cutuquei com um pelo, da mesma forma, até onde me foi possível, que o fazem as formigas com suas antenas; mas nenhum excretava. Depois deixei que uma formiga se aproximasse, e esta, imediatamente, por sua ansiosa maneira de marchar, pareceu dar-se conta do riquísimo rebanho que havia descoberto; então começou a tocar, com as antenas em cima do abdomem de um pulgão primeiro, e depois de outro, e todos, tão cedo como sentiam as antenas, levantavam imediatamente o abdomem e excretavam uma límpida gota do seu doce suco, que era devorada ansiosamente pela formiga. Inclusive os pulgões mais jovens se comportavam deste modo, mostrando que a ação era instintiva, e não resultado da experiência. Segundo as observações de Huber, é certo que os pulgões não mostram nenhuma aversão às formigas: se estas faltam, veem-se, por fim, obrigados a expulsar sua excreção;

mas como esta é muito viscosa, é indubitavelmente conveniente para os pulgões que as formigas a tirem; desse modo, não é verdade que excretem só para o bem das formigas. Ainda que não exista nenhuma prova de que algum animal realize um ato para o bem exclusivo de outra espécie, no entanto, todas se esforçam em tirar vantagens dos instintos de outras, e todas tiram vantagem da constituição física mais débil de outras espécies. Assim também, certos instintos não podem ser considerados como absolutamente perfeitos; mas como não são indispensáveis os detalhes a respeito de um ou outro destes pontos, podemos aqui passá-los superficialmente.

Como para a ação da seleção natural é imprescindível algum grau de variação nos instintos em estado natural e na herança destas variações, temos de fornecer quantos exemplos forem possíveis; mas a falta de espaço me impede de assim proceder. Só posso afirmar que os instintos indubitavelmente variam – por exemplo, o instinto migratório – tanto em extensão e direção como em se perder totalmente. O mesmo ocorre com os ninhos das aves, que variam, em parte, dependendo das situações escolhidas e da natureza e temperatura da região habitada; mas que variam com frequência por causas que nos são completamente desconhecidas. Audubon citou vários casos notáveis de diferenças nos ninhos de uma mesma espécie nos Estados Unidos do norte e nos do sul. Perguntou-se: Por que, se o instinto é variável, não deu à abelha "a faculdade de utilizar algum outro material quando faltava a cera"? Mas que outro material natural puderam utilizar as abelhas? As abelhas querem trabalhar, segundo vi, com cera endurecida com vermelhão ou embranquecida com banha de porco. Andrew Knight observou que suas abelhas, em vez de recolher trabalhosamente própoles, usavam um cimento de cera e resina encontrada nas árvores descascadas. Recentemente se demonstrou que as abelhas, em vez de procurar pólen, utilizam com gosto uma substância muito diferente: a farinha de aveia. O temor de um inimigo determinado é certamente uma qualidade instintiva, como pode ver-se nos passarinhoss que não saíram ainda do ninho, conquanto aumenta pela experiência e por ver em outros animais o temor do mesmo inimigo. Os diferentes animais que habitam nas ilhas desertas adquirem lentamente o temor do homem, como demonstrei em outro lugar; e podemos ver um exemplo disto inclusive na Inglaterra, onde todas nossas aves grandes são mais selvagens do que as pequenas, porque as grandes foram perseguidas pelo homem. Podemos seguramente atribuir a esta causa que as aves grandes sejam mais selvagens, pois nas ilhas desabitadas as aves grandes não são mais tímidas do que as pequenas, e a urraca, tão desconfiada na Inglaterra, é mansa na Noruega, como o é o corvo-de-penacho no Egito.

Poder-se-ia provar, por numerosos fatos, que variam muito as qualidades mentais dos animais da mesma espécie nascidos em estado natural. Poder-se-ia mencionar vários casos de hábitos ocasionais e estranhos em animais selvagens que, se fossem vantajosos para a espécie, podiam ter dado origem, mediante seleção natural, a novos instintos. Mas estou plenamente convencido de que estas afirmações gerais, sem os fatos detalhados, produzirão pouquíssimo efeito no ânimo do leitor. Posso só repetir minha convicção de que não falo sem ter boas provas.

Mudanças hereditárias de hábitos ou instintos nos animais domésticos

A possibilidade, e ainda a probabilidade, de variações hereditárias de instinto em estado natural, ficará confirmada considerando brevemente alguns casos de animais domésticos. Deste modo poderemos ver o papel que o hábito e a seleção das chamadas variações espontâneas representaram na modificação das faculdades mentais dos animais domésticos. Nos gatos, por exemplo, uns se põem naturalmente a caçar ratazanas e ratos; e se sabe que estas tendências são hereditárias. Um gato, segundo o senhor St. John, trazia sempre à casa aves de caça; outro, lebres e coelhos, e outro, caçava em terrenos pantanosos, e pegava quase todas as noites codornas e perdizes. Poder-se-ia mencionar alguns exemplos curiosos e autênticos de diferentes matizes na disposição e gostos, e também dos mais estranhos estratagemas, relacionados com certas disposições mentais ou períodos de tempo, que são hereditários. Mas consideramos o caso familiar das raças de cães.

É indubitável que os pointers jovens – eu mesmo vi um exemplo notável – algumas vezes mostram a caça e até fazem retroceder outros cães desde a primeira vez que são levados às caçadas; buscar a caça abatida é, seguramente, em certo grau, hereditário nos perdigueiros, como o é nos cães-pastores certa tendência a cercar o rebanho de ovelhas, em vez de investir contra elas.

Não vejo como esses atos, realizados sem experiência pelos indivíduos jovens e quase do mesmo modo por todos os indivíduos, realizados com ansioso prazer por todas as raças e sem que o fim seja conhecido – pois o filhote de pointer não pode saber que aponta a caça para ajudar a seu dono, melhor do que sabe uma borboleta da couve as razões que a levam a pôr seus ovos na folha de uma couve-; não vejo como esses atos diferem essencialmente dos verdadeiros instintos.

Se víssemos uma espécie de lobo que, jovem e sem adestramento algum, tão logo cheirasse sua presa permanecesse imóvel como uma estátua e depois lentamente rastejasse em sua direção, enquanto outra espécie de lobo, em vez de investir contra um bando de cervos, preferisse arrebanhá-los e conduzi-los para um local distante, seguramente chamaríamos instintivos a estes atos. Os instintos dos animais domésticos, como podemos chamá-los, são certamente muito menos estáveis que os naturais; mas sobre eles atuou uma seleção muito menos rigorosa e se transmitiram durante um período incomparavelmente mais curto em condições de vida menos estabilizadas.

Quando se cruzam diferentes raças de cães se demonstra muito bem como herdam tenazmente estes instintos, hábitos e disposições domésticos, e como se misturam curiosamente.

Assim, sabe-se que um cruzamento com *um bull-dog* influiu, durante muitas gerações, no valor e teimosia dos galgos, e um cruzamento com um galgo deu a toda uma família de cães-pastores uma tendência a caçar lebres. Estes instintos domésticos, comprovados deste modo por cruzamentos, assemelham-se aos instintos naturais que, de um modo análogo se mesclam curiosamente, transmitindo, durante um longo tempo, traços dos instintos de ambos os progenitores. Le Roy descreve um cão cujo bisavô era um lobo, e este cão mostrava um vestígio de sua parentela selvagem numa só coisa: não ia em linha reta a seu dono quando este o chamava.

Falou-se algumas vezes dos instintos domésticos como de atos que se tornaram hereditários, devido somente ao hábito imposto e continuado durante muito tempo; mas isto não é verdadeiro. Ninguém deve ter sequer pensado em ensinar – nem provavelmente pôde ter ensinado – à pomba cambalhota a dar cambalhotas, ato que realizam, como eu presenciei, os pombos jovens que nunca viram nenhuma pomba dar cambalhotas. Podemos crer que alguma pomba mostrou uma ligeira tendência a este estranho hábito e que a seleção continuada durante muito tempo dos melhores indivíduos nas sucessivas gerações fez das pombas cambalhota o que são hoje. Segundo me diz o senhor Brent, perto de Glasgow há pombas cambalhota domésticas, que não podem voar a uma altura de dezoito polegadas sem dar uma cambalhota. É duvidoso que alguém tivesse pensado em ensinar a um cão a apontar a caça, se não tivesse existido algum cão que apresentasse naturalmente tendência neste sentido; e se sabe que isto ocorre acidentalmente, como observei uma vez num *terrier* de pura raça; o fato de mostrar é, provavelmente, como muitos pensaram, tão somente a retenção exagerada de um animal para saltar sobre sua presa. Quando apareceu a primeira tendência a mostrar a seleção metódica e os efeitos hereditários do adestramento imposto em cada geração sucessiva, houve necessidade de completar cedo a obra, e a seleção inconsciente continua ainda quando cada um – sem tentar melhorar a raça – se esforça em conseguir cães que apontem melhor a caça e cacem melhor. Por outra parte, o hábito só em alguns casos foi suficiente; quase nenhum animal é tão difícil de domar do que o filhote de um coelho selvagem, e dificilmente se encontra animal mais manso do que o filhote do coelho doméstico; mas dificilmente posso supor que os coelhos domésticos tenham sido selecionados frequentemente em virtude de sua domesticidade, de maneira que temos de atribuir ao hábito e ao prolongado cativeiro a tendência hereditária, desde a extrema selvageria à extrema mansidão.

Os instintos naturais se perdem em estado doméstico: um exemplo notável se verifica nas raças das galinhas, que raramente ou nunca ficam chocas, ou seja, que nunca querem chocar seus ovos. Só porque estamos tão familiarizados não conseguimos ver quanto e quão permanentemente se modificaram as tendências naturais de nossos animais domésticos. Raramente se pode pôr em dúvida que o apego ao homem se tornou instintivo no cão. Lobos, raposas, chacais e felinos em geral, quando domesticados, sentem ânsia de atacar aves, ovelhas e porcos, e esta tendência tem sido considerada irremediável nos cães trazidos recém-nascidos de regiões como a Terra do Fogo e a Austrália, onde os selvagens não têm estes animais domesticados.

Pelo contrário, é raro que se tenha de ensinar nossos cães domesticados, mesmo quando filhotes, a não atacar aves, ovelhas e porcos. Indubitavelmente alguma vez atacam, sendo então punidos, e, se não se corrigem, são sacrificados; de maneira que o hábito e algum grau de seleção concorreram provavelmente a tornar hereditária a não-agressividade de nossos cães.

Por outro lado, os pintinhos perderam, inteiramente por hábito, aquele temor ao cão e ao gato, que sem dúvida foi primitivamente instintivo neles; pois me informa o capitão Hutton que os pintinhos do tronco primitivo do *Gallus banquiva,* quando são criados na Índia por uma galinha comum, são no começo extraordinariamente selvagens. O mesmo ocorre com os pintinhos dos faisões criados na Inglaterra com uma galinha. Não é que os pintinhos tenham perdido todo temor, mas somente o temor aos cães e aos gatos, pois se a galinha emite o cacarejo de aletra, fogem – especialmente os filhotes de peru – de baixo dela e se escondem entre as ervas e moitas próximas; fazem isto evidentemente com o fim instintivo de permitir que sua mãe escape voando, como vemos nas aves terrestres selvagens. Mas este instinto conservado por nossos pintinhos se tornou inútil em estado doméstico, pois a galinha quase perdeu, por desuso, a faculdade de voar.

Portanto, podemos chegar à conclusão de que em estado doméstico se adquiriram instintos e se perderam instintos naturais, em parte por hábito, e em parte porque o homem selecionou e acumulou durante sucessivas gerações hábitos e reações especiais que apareceram inicialmente em função do que podemos chamar, dada nossa ignorância no assunto, de casualidade. Em alguns casos os hábitos impostos, por si sós, bastaram para produzir mudanças mentais hereditárias; em outros, os hábitos. impostas não fizeram nada, e tudo foi resultado da seleção continuada, tanto metódica como inconsciente; mas na maioria dos casos concorreram provavelmente o hábito e a seleção.

Instintos especiais

Talvez, considerando alguns casos, compreenderemos melhor como os instintos em estado natural chegaram a modificar-se por seleção. Selecionei só três, a saber: o instinto que leva o cuco a pôr seus ovos em ninhos de outras aves, o instinto que têm certas formigas a ser escravas e a faculdade de fazer favos que tem a abelha comum. Estes dois últimos instintos foram considerados, justa e geralmente, pelos naturalistas como os mais maravilhosos de todos os conhecidos.

Instintos do cuco. – Supõem alguns naturalistas que a causa mais imediata do instinto do cuco é que não põe seus ovos diariamente, mas com intervalos de dois ou três dias, de maneira que, se tivesse que fazer seu ninho e incubar seus próprios ovos, os primeiramente postos ficariam durante algum tempo sem ser incubados ou teria que ter ovos e filhotes de diferentes idades no mesmo ninho. Se assim fosse, o processo de postura e incubação seria excessivamente longo, especialmente porque a fêmea emigra muito cedo e os filhotes recém-saídos do ovo teriam provavelmente que ser alimentados só pelo macho. Mas o cuco da América sabe adaptar-se a estas circunstâncias, pois a fêmea faz seu próprio ninho e tem a um mesmo tempo ovos e filhotes nascidos sucessivamente. Afirmou-se e se negou que o cuco americano põe acidentalmente seus ovos em ninhos de outros pássaros; mas o doutor Merrell, de Iowa, disse-me recentemente que uma vez, em Illinois, encontrou no ninho de um gaio azul (*Garrulus cristatus*) um cuco pequeno junto com um gaio pequeno, e como ambos tinham já quase todas as penas, não poderia se equivocar em sua identificação. Poderia mencionar alguns exemplos de diferentes pássaros dos quais se sabe que algumas vezes põem seus ovos nos ninhos de outros pássaros. Suponhamos agora que um remoto antepassado de nosso cuco europeu possuía os hábitos do cuco americano e que a fêmea às vezes punha algum ovo no ninho de outra ave. Se a ave antiga obteve algum proveito por este hábito acidental, por ser-lhe possível emigrar mais cedo, ou por alguma outra causa, ou se as ninhadas, por terem tirado proveito do instinto de outra espécie, resultaram mais vigorosos do que quando cuidava delas sua própria mãe, atrapalhada pela dificuldade de chocar ovos e criar ninhadas de diferentes idades a um mesmo tempo, certamente os pássaros adultos e as ninhadas tirariam proveito desse hábito. E a analogia nos levaria a crer que filhotes criados deste modo tenderiam a seguir, por hereditariedade, o hábito acidental e anômalo de sua mãe e, por sua vez, tenderiam a pôr seus ovos em ninhos de outras aves, tendo, desse modo, melhor sucesso na cria de seus pequenos.

Mediante um longo processo desta natureza, acredito que se produziu o instinto de nosso cuco. Também afirmou recentemente, com provas suficientes, Adolf Muller, que o cuco põe às vezes seus ovos sobre o solo nu, incuba-os e alimenta seus pequenos. Este fato extraordinário é provavelmente um caso de reversão ao primitivo instinto de nidificação, perdido há muito tempo.

Propôs-se a objeção de que eu não fiz menção de outros instintos correlatos e adaptações de estrutura no cuco. Em todo caso, é inútil elaborar teorias sobre um instinto que nos é conhecido tão somente numa única espécie, pois até agora não temos fatos que nos guiem. Até pouco tempo só se conheciam os instintos do cuco europeu e do cuco americano, que não é parasita; atualmente, devido às observações do senhor Ramsay, sabemos um pouco sobre três espécies australianas que põem seus ovos em ninhos de outras aves.

Os pontos principais que temos de indicar são três: primeiro, que o cuco comum, com raras exceções, põe um só ovo num ninho, de maneira que filhote, grande e voraz, recebe abundante alimento. Segundo, que os ovos são notavelmente pequenos, não maiores do que os da cotovia, ave cujo tamanho é aproximadamente como um quarto daquele de um cuco; e podemos deduzir que este pequeno tamanho do ovo é um caso real de adaptação, mesmo porque o cuco americano, que não é parasita, põe ovos do tamanho normal. Terceiro, que o cuco quando nasce tem o instinto, a força e o dorso especialmente conformado para desalojar seus irmãos adotivos, que acabam morrendo de frio e de fome. Isto foi audazmente chamado uma disposição benéfica para que o cuco filhote possa conseguir comida suficiente e que seus irmãos adotivos pereçam antes que tenham adquirido muita sensibilidade!

Voltando agora às espécies australianas, mesmo que estas aves ponham num ninho geralmente um só ovo, não é raro encontrar dois e até três ovos no mesmo ninho. No cuco bronzeado os ovos variam muito de tamanho, sendo seu comprimento de oito a dez linhas. Pois bem, caso se tivesse sido vantajoso a esta espécie ter posto ovos ainda menores que atualmente, de modo que tivessem enganado certos pais adotivos ou, o que é mais provável, se tivessem sido chocados em menos tempo – pois se assegura que existe relação entre o tamanho dos ovos e a duração de sua incubação – neste caso não há dificuldade em crer que poderia ter-se formado uma raça ou espécie que tivesse posto ovos cada vez menores, pois estes teriam sido incubados com mais segurança. O senhor Ramsay observa que dois dos cucos australianos, quando põem seus ovos num ninho aberto, manifestam preferência por ninhos que contenham ovos de cor próxima daquela dos seus. A espécie europeia parece manifestar certa tendência a um instinto semelhante; mas não é raro que se afaste dele, como o demonstra ao pôr seus ovos escuros no ninho da curruca de inverno que tem os ovos brilhantes de cor azul esverdeado. Se nosso cuco tivesse dado provas invariavelmente desse instinto, este se teria seguramente agregado aos instintos que se julga que devam ter sido adquiridos todos juntos. Os ovos do cuco bronzeado da Austrália, segundo o senhor Ramsay, variam muito de cor, de maneira que, neste particular, assim como no tamanho, a seleção natural pôde ter assegurado e fixado alguma variação vantajosa.

No caso do cuco europeu, ele expulsa do ninho, geralmente, os filhos de seus pais adotivos três dias após o nascimento, e como o cuco nesta idade ainda se encontra num estado em que não pode valer-se de si próprio, o senhor Gould se inclinou primeiro a crer que o ato da expulsão era executado pelos próprios pais nutrícios; mas agora recebeu um relatório fidedigno de que um cuco, ainda cego e incapaz até de levantar sua própria cabeça, foi positivamente visto no ato de desalojar seus irmãos adotivos. O observador voltou a colocar no ninho um destes, que foi desalojado de novo. Com relação aos meios pelos quais foi adquirido este estranho e odioso instinto, se foi de grande importância para o filhote de cuco, como o foi provavelmente, receber tanta comida quanto possível após seu nascimento, não vejo especial dificuldade em que o cuco, durante sucessivas gerações, tenha adquirido gradualmente o desejo cego, a força e a estrutura necessárias para o trabalho de expulsão, pois aqueles filhotes de cuco que tivessem mais desenvolvidos tal hábito e conformação seriam os que se criariam com mais segurança. O primeiro passo para a aquisição deste instinto pôde ter sido a simples inquietude involuntária por parte do filhote de cuco, já um pouco avançado em idade e força, tendo depois aperfeiçoado e transmitido este hábito numa idade mais precoce. Não vejo nisto maior dificuldade daquela que os filhotes de outras aves, antes de sair do ovo, tivessem adquirido o instinto de romper sua própria casca, ou daquela em que nas cobras pequenas, como o assinalou Owen, se forme nas mandíbulas superiores um dente agudo transitório para cortar o invólucro duro do ovo; pois se cada parte é suscetível de variações individuais em todas as idades, e as variações tendem a ser herdadas na idade correspondente ou antes – fatos que são indiscutíveis –, os instintos e a conformação do indivíduo jovem puderam modificar-se lentamente, o mesmo que os do adulto, e ambas as hipóteses têm de se sustentar ou cair junto com toda a teoria da seleção natural.

Algumas espécies de *Molothrus*, gênero muito característico de aves na América, afim de nossos estorninhos, têm hábitos parasitas como os do cuco; estas espécies apresentam uma interessante gradação na perfeição de seus instintos. O senhor Hudson, excelente observador, comprovou que os machos e fêmeas de *Molothrus badius* vivem às vezes em bandos, reunidos em promiscuidade, e outras vezes formam pares. Umas vezes constroem ninho próprio, outras se apoderam de um pertencente a alguma outra ave, às vezes desalojando os filhotes do estranho. Umas vezes põem seus ovos no ninho de que se apropriaram desta maneira ou, o que é bastante estranho, constroem um para eles em cima daquele. Comumente chocam seus próprios ovos e criam seus próprios filhotes; mas o senhor Hudson diz que é provável que sejam acidentalmente parasitas, pois viu ninhadas desta espécie seguindo aves adultas de outra e piando para que as alimentassem. Os hábitos parasitas de outra espécie de Molothrus, o *Molothrus bonariensis,* estão bastante mais desenvolvidos que os daquele, mas estão muito longe de ser perfeitos.

Esta ave, segundo o que dela se sabe, põe invariavelmente seus ovos em ninhos de estranhos; mas é notável que às vezes muitas se reúnem e começam por si mesmas a construir um ninho irregular e mal acondicionado, colocado em lugares singularmente inadequados, tais como nas folhas de um grande cardo. No entanto, segundo o que averiguou o senhor Hudson, nunca terminam um ninho para si mesmas. Com frequência põem tantos ovos – de quinze a vinte – no mesmo ninho adotivo, que poucos ou nenhum poderão ser devidamente chocados.

Têm além disso o extraordinário hábito de esburacar, bicando, os ovos, tanto os de sua própria espécie como os dos pais nutrícios, que encontram nos ninhos de que se apropriaram. Põem também muitos ovos no solo nu, os quais acabam sendo perdidos. Uma terceira espécie, o *Molothrus pecoris* da América do Norte, adquiriu instintos tão perfeitos como os do cuco, pois nunca põe mais de um ovo no ninho adotivo, de maneira que o filhote é criado com segurança.

O senhor Hudson é tenazmente incrédulo na evolução; mas parece ter ficado tão impressionado pelos instintos imperfeitos do *Molothrus bonariensis,* que menciona minhas palavras e pergunta: "Temos de considerar estes hábitos não como instintos especialmente fundados ou criados, mas como pequenas consequências de uma lei geral, ou seja, a de transição."

Diferentes aves, como já se observou, põem às vezes seus ovos nos ninhos de outras. Este hábito não é muito raro nos galináceos, e lança alguma luz a respeito do singular instinto dos avestruzes. Nesta família se reúnem várias fêmeas e põem primeiro um pequeno número de ovos num ninho e depois em outro, e estes ovos são incubados pelos machos. Este instinto pode se explicar provavelmente pelo fato de que os avestruzes fêmeas põem um grande número de ovos, mas com intervalo de dois ou três dias, como o cuco. No entanto, o instinto do avestruz da América, assim como no caso do *Molothrus bonariensis,* ainda não se aperfeiçoou, pois um número surpreendente de ovos fica esparramado pelas planícies até o ponto que num só dia de caça recolhi não menos de vinte ovos perdidos e inutilizados.

Muitos himenópteros são parasitas e põem regularmente seus ovos em ninhos de outras espécies de himenópteros. Este caso é mais notável que o do cuco, pois nestes himenópteros se modificaram não só seus instintos, mas também sua conformação em relação com seus hábitos parasitas, porquanto não possuem o aparelho recolhedor de pólen, que teria sido indispensável se recolhessem comida para suas próprias crias. Algumas espécies de esfecídeos – insetos que parecem vespas – são também parasitas, e Fabre, recentemente, assinalou motivos fundados para crer que, ainda que o *Tachytes nigra* geralmente faz seu próprio buraco e o abastece com presas paralisadas para suas próprias larvas, apesar disto, quando este inseto encontra um buraco já feito e abastecido por outro esfecídeo, aproveita-se da vantagem e se torna acidentalmente parasita. Neste caso, como no do *Molothrus* ou no do cuco, não vejo dificuldade alguma em que a seleção natural torne permanente um hábito acidental, se é vantajoso para a espécie, e se não é exterminado deste modo o inseto de cujo ninho e provisão de comida se apropria traiçoeiramente.

Instinto escravizador. – Este notável instinto foi descoberto pela primeira vez na *Formica* (*Polyerges*) *rufescens* por Pierre Huber, melhor observador ainda que seu famoso pai. Esta formiga depende em absoluto de suas escravas: sem sua ajuda a espécie se extinguiria seguramente num só ano. Os machos e as fêmeas férteis não fazem trabalho nenhum, e as operárias, ou fêmeas estéreis, ainda que sumamente enérgicas e valorosas ao capturar escravas, não fazem nenhum outro trabalho; são incapazes de construir seus próprios ninhos e de alimentar suas próprias larvas. Quando o ninho velho resulta incômodo e têm de emigrar, são as escravas que determinam a emigração e levam em suas mandíbulas suas amas. Tão incapazes são essas amas, que, quando Huber prendeu trinta delas sem nenhuma escrava, mas com abundância de comida que mais apreciam, e com suas próprias larvas e ninfas para estimulá-las a trabalhar, não fizeram nada; não puderam nem sequer alimentar-se a si mesmas e muitas morreram de fome. Então Huber introduziu uma só escrava (*Formica fusca*) e esta imediatamente se pôs a trabalhar, alimentou e salvou as sobreviventes, fez algumas celas e cuidou das larvas e pôs tudo em ordem. Que pode ter de mais extraordinário que isso? Se não tivéssemos sabido de nenhuma outra formiga escravizadora, teria sido inútil especular como um instinto tão maravilhoso pôde ter chegado a esta perfeição.

Huber descobriu também, pela primeira vez, que outra espécie, *Formica sanguinea,* era formiga escravizadora. Esta espécie se encontra nas regiões meridionais da Inglaterra, e seus hábitos foram objeto de estudo pelo senhor J. Smith, do *British Museum,* a quem fico muito agradecido por suas indicações sobre este e outros assuntos. Mesmo dando crédito completo às afirmações de Huber e do senhor Smith, tentei chegar a este assunto com uma disposição mental cética, pois qualquer um pode muito bem escusar-se de duvidar da existência de um instinto tão extraordinário como o de ter escravas. Portanto, darei com algum detalhe as observações que fiz. Abri quatorze formigueiros de *Formica sanguinea* e em todos encontrei algumas escravas. Os machos e as fêmeas férteis da espécie escrava (*Formica fusca*) encontram-se sozinhos em suas próprias comunidades e nunca foram vistos nos formigueiros de *Formica sanguinea*. As escravas são negras e seu tamanho não maior do que metade de suas amas, que são vermelhas, de maneira que o contraste de aspecto é grande. Se se perturba um pouco o formigueiro, as escravas saem de vez em quando e, o mesmo que suas amas, mostram-se muito agitadas e defendem o formigueiro; se se perturba muito o formigueiro e as larvas e ninfas ficam expostas, as escravas trabalham energicamente, junto com suas amas, em transportá-las a um lugar seguro; portanto, é evidente que as escravas se encontram completamente como em sua casa. Nos meses de junho e julho, em três anos sucessivos, observei durante muitas horas vários formigueiros em Surrey e Sussex, e nunca vi nenhuma escrava entrar ou sair do formigueiro. Como nestes meses as escravas são em número reduzidíssimo, pensei que deviam conduzir-se de modo diferente quando fossem mais numerosas; mas o senhor Smith me informa que observou os formigueiros em diferentes horas em maio, junho e agosto, tanto em Surrey como em Hampshire e, apesar de existir em grande número em agosto, nunca viu as escravas entrar ou sair do formigueiro; portanto, considera-as como escravas exclusivamente domésticas. As amas, pelo contrário, podem ser vistas constantemente levando materiais para o formigueiro e comidaa de todos os tipos. Durante o ano de 1860, no entanto, no mês de julho, encontrei um formigueiro com uma provisão extraordinária de escravas e observei algumas delas que, unidas com suas amas, abandonavam o formigueiro e marchavam, pelo mesmo caminho, para um grande pinheiro silvestre, distante vinte e cinco jardas, subiram juntas, provavelmente em procura de pulgões ou coccídeos. Segundo Huber, que se dedicou muito a essas observações, as escravas, na Suíça, trabalham habitualmente com suas amas ao construir o formigueiro; mas elas sozinhas abrem e fecham as portas pela manhã e à noite e, como Huber afirma expressamente, seu principal ofício é procurar pulgões. Esta diferença nos hábitos ordinários das amas e das escravas nas duas regiões diferentes, provavelmente depende só de que as escravas são capturadas em maior número na Suíça que na Inglaterra.

Um dia, felizmente, fui testemunha de uma emigração da *Formica sanguinea* de um formigueiro a outro e era um espetáculo interessantíssimo ver as amas levando cuidadosamente suas escravas nas mandíbulas, em vez de ser levadas por elas, como no caso de *Formica rufescens*. Outro dia chamou minha atenção uma vintena aproximadamente de formigas escravizadoras rondando pelo mesmo lugar e evidentemente não à procura de comida; aproximaram-se e foram vigorosamente recusadas por uma colônia independente da espécie escrava (*Formica fusca*); às vezes, até três destas formigas se agarravam às patas da espécie escravizadora, *Formica sanguinea*. Esta última matava cruelmente suas pequenas adversárias, cujos corpos mortos levava como comida a seu formigueiro, distante vinte e nove jardas; mas não conseguiram levar ninfas para criá-las como escravas. Então desenterrei algumas ninfas de *Formica fusca* de outro formigueiro e as pus num lugar a descoberto, próximo do lugar do combate, e foram pegadas ansiosamente e arrastadas pelas tiranas, que talvez imaginaram terem saído vitoriosas em seu último combate.

Ao mesmo tempo deixei no mesmo lugar umas quantas ninfas de outra espécie, *Formica flava*, com algumas destas pequenas formigas amarelas ainda com alguns fragmentos de seu formigueiro. Esta espécie, algumas vezes, ainda que raras, é reduzida à escravatura, segundo foi descrito pelo senhor Smith. Apesar de ser uma espécie tão pequena, é muito valente, e a vi atacando ferozmente a outras formigas. Num caso encontrei, com surpresa, uma colônia independente de *Formica flava* sob uma pedra, embaixo de um formigueiro da *Formica sanguinea*, que é escravizadora; tendo perturbado acidentalmente ambos os formigueiros, as formigas pequenas atacaram suas corpulentas vizinhas com surpreendente coragem. Ora, eu tinha curiosidade em averiguar se as *Formica sanguinea* podiam distinguir as ninfas da *Formica fusca*, que habitualmente reduzem à escravidão, daquelas da pequena e furiosa *Formica flava*, que poucas vezes capturam, e resultou evidente que podia distingui-las imediatamente; pois vimos que, ansiosas, pegavam imediatamente as ninfas da *Formica fusca*, enquanto se aterrorizavam ao encontrar-se com as ninfas e até com a terra do formigueiro da *Formica flava*, e escapavam rapidamente; ao cabo de um quarto de hora aproximadamente, pouco depois que todas as formigas amarelas tinham se retirado, cobraram ânimo e levaram as ninfas.

Uma tarde visitei outra colônia de *Formica sanguinea* e encontrei um grande número destas formigas que voltavam e entravam em seu formigueiro levando os corpos mortos de *Formica fusca* – o que demonstrava que não era uma emigração – e numerosas ninfas. Fui seguindo, umas quarenta jardas, uma longa fila de formigas carregadas do botim, até chegar a um matagal muito denso, de onde vi sair o último indivíduo de *Formica sanguinea* levando uma ninfa; mas não pude encontrar o devastado formigueiro naquele matagal. O formigueiro, no entanto, devia estar muito perto, pois dois ou três espécimes de *Formica fusca* se moviam com a maior agitação, e um estava pendurado, sem movimento, na ponta de um graveto, com uma ninfa de sua mesma espécie na boca; uma imagem do desespero do lar saqueado.

Esses são os fatos – mesmo que não precisem de minha confirmação – que se referem ao maravilhoso instinto de escravização. Observe-se que contraste oferecem os hábitos instintivos da *Formica sanguinea* com os da *Formica rufescens*, que vive no continente. Esta última não constrói seu próprio formigueiro, nem determina suas próprias emigrações, nem coleta comida para si mesma nem para suas crias, e nem sequer pode alimentar-se; depende em absoluto de suas numerosas escravas; *Formica sanguinea*, pelo contrário, possui muito menos escravas, e na primeira parte do verão realmente poucas; as amas determinam quando e onde se tem de formar um novo formigueiro, e quando emigram, as amas levam as escravas. Tanto na Suíça como na Inglaterra, as escravas parecem ter o cuidado exclusivo das larvas, e as amas vão sozinhas nas expedições para pegar escravas. Na Suíça, escravas e amas trabalham juntas fazendo o formigueiro e levando materiais para ele; umas e outras, mas principalmente as escravas, cuidam e ordenham – como se poderia dizer – seus pulgões, e deste modo umas e outras recolhem comida para a comunidade. Na Inglaterra, só as amas abandonam ordinariamente o formigueiro para recolher materiais de construção e comida para si mesmas, suas larvas e escravas; de maneira que as amas na Inglaterra recebem menos serviços de suas escravas que na Suíça.

Não pretendo conjeturar por que graus se originou o instinto da *Formica sanguinea*. Mas, como as formigas que não são escravizadoras, levam as ninfas de outras espécies se estão espalhadas perto de seus formigueiros, como vi, é possível que estas ninfas, primitivamente armazenadas como comida, puderam chegar a desenvolver-se, e estas formigas estranhas, criadas assim involuntariamente, seguiriam então seus próprios instintos e fariam o trabalho que pudessem. Se sua presença resultou útil à espécie que as aprisionou – se era mais vantajoso para esta espécie capturar obreiros do que procriá-los – o hábito de coletar ninfas, primitivamente para alimento, pôde por seleção natural ser reforçada e feita permanentemente para o fim bem diferente de procriar escravas. Uma vez adquirido o instinto – ainda que atingisse um desenvolvimento menor do que em nossa *Formica sanguinea* inglesa que, como vimos, é menos ajudada por suas escravas do que a mesma espécie na Suíça – a seleção natural pôde aumentar e modificar o instinto – supondo sempre que todas as modificações fossem úteis para a espécie – até que se formou uma espécie de formiga, que depende tão miseravelmente de suas escravas, como a *Formica rufescens*.

Instinto da abelha comum em construir favos. – Não entrarei aqui em pequenos detalhes sobre este assunto, mas darei simplesmente um esboço das conclusões a que cheguei. Só alguém sem sensibilidade seria capaz de examinar a delicada estrutura de um favo, adaptado com tanta harmonia a seus fins, sem uma admiração entusiasta. Os matemáticos dizem que as abelhas resolveram praticamente um profundo problema e fizeram seus favos da forma adequada para que contenham a maior quantidade de mel com o menor gasto possível da preciosa cera em sua construção. Observou-se que um hábil obreiro, com ferramentas e medidas adequadas, encontraria muita dificuldade em fazer favos de cera da forma devida, mesmo que isto seja executado por uma multidão de abelhas que trabalha numa obscura colmeia. Concedendo-lhes todos os instintos que se queira, parece inicialmente completamente incompreensível como podem fazer todos os ângulos e planos necessários e ainda conhecer se estão corretamente feitos. Mas a dificuldade não é, na realidade, tão grande como a princípio parece; pode demonstrar-se, a meu ver, que todo este formoso trabalho é consequência de um reduzido número de instintos simples.

Levou-me a pesquisar este assunto o senhor Waterhouse, que demonstrou que a forma do favo está em íntima relação com a existência de favos adjacentes, e as ideias que seguem podem talvez ser consideradas como uma simples modificação de sua teoria. Consideremos o grande princípio da gradação e vejamos se a natureza não nos revela seu método de trabalho. Num extremo de uma pequena série temos os zangões que utilizam seus casulos velhos para guardar mel, adicionando-lhes às vezes pequenos tubos de cera e que fazem também favos de cera separados e irregularmente arredondados. No extremo da série temos os favos da abelha comum situados em duas camadas: cada favo, como é sabido, é um prisma hexagonal, com as bordas da base de suas seis faces chanfradas, de maneira que se acoplem a uma pirâmide invertida formada por três losangos. Estes losangos têm determinados ângulos e os três que formam a base piramidal de um alvéolo de um lado do favo entram na composição das bases de três alvéolos contíguos do lado oposto. Na série, entre a extrema perfeição dos alvéolos da abelha comum e a simplicidade daqueles do zangão, temos os alvéolos de *Melipona domestica* do México, cuidadosamente descritos e representados por Pierre Huber. A própria *Melipona* é intermediária, por sua conformação, entre a abelha comum e o zangão, mas mais próxima a este último. Constrói um favo de cera, quase regular, formado por alvéolos cilíndricos, nos quais se desenvolvem as crias, e, além disso, por algumas celas de cera grandes para guardar mel. Estas últimas são quase esféricas, de tamanho quase igual, e estão reunidas, constituindo uma massa irregular. Mas o ponto importante que temos de advertir é que estas celas estão sempre construídas a tal proximidade umas das outras, que se teriam rompido ou entrecortado mutuamente se as esferas tivessem sido completas; mas isto não ocorre nunca, pois estas abelhas constroem paredes de cera perfeitamente planas entre as esferas que tendem a entrecortar-se. Portanto, cada alvéolo consta de uma porção extrema esférica e de duas, três ou mais superfícies planas, segundo o alvéolo seja contíguo a outros dois, três ou mais alvéolos. Quando um alvéolo fica sobre outros três – o que, por serem as esferas do mesmo tamanho, é muito frequente – as três superfícies planas formam uma pirâmide e esta pirâmide, como Huber observou, é manifestamente uma imitação tosca da base piramidal de três faces dos alvéolos da abelha comum. Do mesmo modo que nos alvéolos da abelha comum, também aqui as três superfícies planas de um alvéolo entram necessariamente na construção de três alvéolos contíguos. É manifesto que, com este modo de construir, a *Melipona* poupa cera e, o que é mais importante, trabalho, pois as paredes planas entre os alvéolos contíguos não são duplas, mas são da mesma largura das porções esféricas exteriores e, no entanto, cada porção plana faz parte de dois alvéolos.

Refletindo sobre este caso, me ocorreu que, se a *Melipona* tivesse feito suas esferas a igual distância umas das outras e as tivesse feito de igual tamanho, e as tivesse disposto simetricamente em duas camadas, a construção teria resultado tão perfeita como o favo da abelha comum. Por conseguinte, escrevi ao professor Miller, de Cambridge, e este geômetra revisou amavelmente o seguinte resumo, tirado de seus relatórios, e me diz que é rigorosamente exato.

Se se descreve um número de esferas iguais, cujos centros estejam situados em dois planos paralelos, estando o centro de cada esfera a uma distância igual ao raio x^2 (ou seja, ao raio $x^{1,41421}$) ou a uma distância menor dos centros das seis esferas que a rodeiam no mesmo plano, e à mesma distância dos centros das esferas adjacentes no outro plano paralelo; então, tomando os planos de intersecção entre as diferentes esferas dos dois planos paralelos, resultarão duas camadas de prismas hexagonais, unidas entre si por bases piramidais formadas por três losangos, e os losangos e os lados dos prismas hexagonais terão todos os ângulos identicamente iguais aos dados pelas melhores medidas que se fizeram das celas da abelha comum. Mas o professor Wyman, que fez numerosas medidas cuidadosas, diz-me que a precisão do trabalho da abelha foi muito exagerada, a tal ponto que a forma típica do alvéolo poucas vezes ou nunca poderia se realizar.

Portanto, podemos chegar à conclusão de que se pudéssemos modificar ligeiramente os instintos que possui já a *Melipona*, e que em si mesmos não são maravilhosos, esta abelha faria uma construção tão maravilhosamente perfeita como a da abelha comum. Seria necessário supor que a *Melipona* pode formar seus alvéolos verdadeiramente esféricos e de tamanho quase igual, coisa que não seria muito surpreendente, vendo que já faz isto em certa medida e vendo que buracos tão perfeitamente cilíndricos fazem muitos insetos na madeira, ao que parece, dando voltas ao redor de um ponto fixo. Teríamos de supor que a *Melipona* arruma seus alvéolos em camadas planas, como já o faz com seus alvéolos cilíndricas, e teríamos de supor – e esta é a maior dificuldade – que pode, de alguma maneira, julgar, em algum modo, a que distância se encontra de seus colegas de trabalho quando várias estão fazendo suas esferas; mas a *Melipona* está já capacitada para apreciar a distância, até o ponto que sempre descreve suas esferas de maneira que se cortem em certa extensão, e então une os pontos de interseção por superfícies perfeitamente planas. Mediante estas modificações de instintos, que em si mesmos não são maravilhosos – pouco mais que aqueles que levam uma ave a fazer seu ninho –, acredito que a abelha comum adquiriu por seleção natural sua inimitável faculdade arquitetônica.

Mas esta teoria pode comprovar-se experimentalmente. Seguindo o exemplo do senhor Tegetmeier, separei dois favos e pus entre eles uma tira retangular de cera longa e espessa; as abelhas imediatamente começaram a escavar nela pequenos orifícios circulares; e à medida que os aprofundavam, faziam-nos cada vez mais largos, até que se converteram em depressões pouco profundas, aparecendo à vista perfeitamente como uma porção de esfera e de diâmetro aproximadamente igual ao de um alvéolo. Era interesantíssimo observar, que onde quer que várias abelhas emitam sons começando a escavar estas depressões quase juntas, tinham começado sua obra a tal distância umas das outras que, com o tempo, as depressões tinham adquirido a largura antes indicada – ou seja proximamente a largura de uma alvéolo comum – e tinham de profundidade como uma sexta parte do diâmetro da esfera de que faziam parte, e as bordas das depressões se interceptavam ou cortavam mutuamente. Tão logo isto ocorria, as abelhas cessavam de escavar e começavam a levantar paredes planas de cera nas linhas de interseção, entre as depressões, de maneira que cada prisma hexagonal ficava construído sobre a borda ondulada de uma depressão lisa, em vez de estar sobre as bordas retas de uma pirâmide de três faces, como ocorre nos alvéolos comuns.

Então pus na colmeia, em vez de uma peça retangular e espessa de cera, uma lâmina delgada, estreita e tingida com vermelhão. As abelhas começaram imediatamente a escavar de ambos os lados as pequenas depressões, umas junto às outras, o mesmo que antes; mas a lâmina de cera era tão delgada, que os fundos das depressões de lados opostos, se tivessem sido escavados até a mesma profundidade que no experimento anterior, se teriam encontrado, resultando em buracos. As abelhas, no entanto, não permitiram que isto ocorresse e pararam suas escavações a seu tempo devido, de maneira que as depressões, quando foram aprofundadas um pouco, vieram a ter suas bases planas, e estas bases planas, formadas pelas plaquetas delgadas de cera deixadas sem morder, estavam situadas, até onde podia julgar-se pela vista, exatamente nos planos imaginários de intersecção das depressões das faces opostas da lâmina de cera. Deste modo em algumas partes ficaram, entre as depressões opostas, tão somente pequenas porções de uma placa; em outras partes, porções grandes: a obra, devido ao estado antinatural das coisas, não tinha ficado realizada primorosamente. Para ter conseguido deste modo deixar lâminas planas entre as depressões, parando o trabalho nos planos de interseção, as abelhas devem ter trabalhado quase exatamente com a mesma velocidade nos dois lados da placa de cera, ao morder circularmente e aprofundar as depressões.

Considerando que a cera delgada é flexível, não vejo que exista dificuldade alguma para que as abelhas, quando trabalham nos dois lados de uma tira de cera, notem quando morderam a cera, até deixá-la da espessura adequada, e então param. Nos favos comuns me pareceu que as abelhas não sempre conseguem trabalhar exatamente com a mesma velocidade pelos dois lados, pois observei na base de um alvéolo recém-começado losangos meio completos que eram ligeiramente côncavos num dos lados, onde suponho que as abelhas tinham escavado com demasiada rapidez, e convexos pelo lado oposto, onde as abelhas tinham trabalhado menos rapidamente. Num caso bem notório voltei a colocar o favo na colmeia e permiti às abelhas ir trabalhar durante um curto tempo e, examinando o alvéolo, vi que a lâmina tinha sido completada e ficado *perfeitamente plana;* era absolutamente impossível, pela extrema firmeza da plaqueta. Que as abelhas pudessem ter efetuado isto mordiscando o lado convexo, e suspeito que, nestes casos, as abelhas estão em lados opostos e empurram e vencem a cera, dúctil e quente – o que, como comprovei, é fácil de fazer até colocá-la em seu verdadeiro plano intermédio e deste modo a igualam.

Pelo experimento da lâmina de cera com vermelhão podemos ver que, se as abelhas pudessem construir por si mesmas uma parede delgada de cera, poderiam fazer suas celas da forma devida, colocando-se à distância conveniente umas de outras, escavando com igual velocidade e esforçando-se em fazer cavidades esféricas iguais, mas sem permitir nunca que as esferas chegassem umas às outras, produzindo buracos. Ora, as abelhas, como pode ver-se claramente examinando a borda de um favo em construção, fazem uma tosca parede ou rebordo circular ao redor do favo e o mordem pelos dois lados, trabalhando sempre circularmente ao afundar cada alvéolo. Não fazem de uma vez toda a base piramidal de três lados de cada alvéolo, senão somente a lâmina ou as duas lâminas côncavas que estão na borda de crescimento do favo, e nunca completam as bordas superiores das placas côncavas até que começaram as paredes hexagonais. Algumas destas observações diferem das feitas por Francisco Huber, tão justamente celebrado; mas estou convicto de sua exatidão e se tivesse espaço demonstraria que são compatíveis com minha teoria.

A observação de Huber de que o primeiro de todos os alvéolos é escavado numa pequena parede de cera de lados paralelos, não é, segundo o que vi, rigorosamente exata, pois o começo foi sempre uma pequena coifa de cera; mas não entrarei agora em detalhes. Vemos o importantíssimo papel que representa escavar na construção dos alvéolos; mas seria um erro supor que as abelhas não podem construir uma tosca parede de cera na posição adequada; isto é, no plano de intersecção de duas esferas contíguas. Tenho vários exemplos que mostram claramente que as abelhas podem fazer isto. Inclusive na tosca parede ou rebordo circular de cera que há ao redor de um favo em formação, podem observar-se às vezes flexões que correspondem por sua posição aos planos das placas de base côncavas dos futuros alvéolos, mas a tosca parede de cera tem sempre que ser acabada mordendo-a muito as abelhas pelos dois lados. O modo como as abelhas constroem é curioso: fazem sempre a primeira parede tosca dez ou vinte vezes mais espessa que a delgadíssima parede finda do alvéolo. Compreenderemos como trabalham, supondo uns pedreiros que primeiro levantam um largo muro de cimento e que depois começam a raspar dos dois lados até o chão e até deixar no meio uma delgadíssima parede; os pedreiros vão sempre amontoando no alto do muro o cimento tirado, adicionando-lhe cimento novo. Assim teremos uma delgadíssima parede, crescendo continuamente para acima; mas coroada sempre por um gigantesco chapéu. Por estarem todos os alvéolos, tanto os recém-começados como os findos coroados por um grande chapéu de cera, as abelhas podem apinhar-se no favo e caminhar por ele sem estragar as delicadas paredes hexagonais. Estas paredes, segundo o professor Miller comprovou amavelmente para mim, variam muito em espessura, tendo 1/352 de polegada de espessura, segundo a média de doze medidas feitas perto da borda do favo, enquanto as placas da base são mais espessas, estando aproximadamente na relação de três a duas, tendo uma largura de 1/229 de polegada. Mediante a singular maneira de construir que se acaba de indicar, dá-se continuamente resistência ao favo, com a máxima economia final de cera.

Parece em princípio que aumenta a dificuldade de compreender como se fazem os alvéolos, uma vez que uma multidão de abelhas trabalham juntas; uma abelha, depois de ter trabalhado pouco tempo num alvéolo, vai a outro, de maneira que, como Huber observou, ainda no começo do primeiro alvéolo trabalham uma vintena de espécimes. Pude demonstrar praticamente este fato cobrindo as bordas das paredes hexagonais de um só alvéolo ou a margem do rebordo circular de um favo em construção com uma capa sumariamente delgada de cera misturada com cinabrita derretida; e encontrei invariavelmente que a cor era muito delicadamente difundida pelas abelhas – tão delicadamente como pudesse tê-lo feito um pintor com seu pincel – por ter tomado partículas da cera colorida, do lugar em que tinha sido colocada, e ter trabalhado com ela nas bordas crescentes dos alvéolos ao redor.

A construção parece ser uma espécie de equilíbrio entre muitas abelhas que estão todas instintivamente à mesma distância mútua, que se esforçam todas em escavar esferas iguais e depois construir ou deixar sem morder os planos de intersecção destas esferas. Era realmente curioso notar, em casos de dificuldade, como quando duas partes de favo se encontram formando um ângulo, com que frequência as abelhas derrubam e reconstroem de diferentes maneiras o mesmo alvéolo, repetindo às vezes uma forma que em princípio tinham eliminado.

Quando as abelhas têm um lugar em que podem ficar na posição adequada para trabalhar – por exemplo, uma lasca de madeira colocada diretamente embaixo do meio de um favo que vá descendo, de maneira que o favo tenha de ser construído sobre uma das faces da lasca – nesse caso as abelhas podem pôr o começo de uma parede de um novo hexágono em seu lugar exato, projetando-se além dos outros alvéolos completos. É suficiente que as abelhas possam estar dispostas nas devidas distâncias relativas, umas das outras, e com respeito às paredes dos últimos alvéolos completos e, então, mediante surpreendentes esferas imaginárias, podem construir uma parede intermediária entre duas esferas contíguas; mas, pelo que pude ver, nunca corroem nem arrematam os ângulos do alvéolo até que já tenha sido construída uma grande parte, tanto desse alvéolo como dos contíguos. Essa faculdade das abelhas de construir em certas circunstâncias uma parede tosca, em seu lugar devido, entre os alvéolos recém-começados, é importante, pois se relaciona com um fato que parece, inicialmente, destruir a teoria anterior, ou seja, com o fato de que os alvéolos da borda dos ninhos de vespas são rigorosamente hexagonais; mas não tenho aqui espaço para entrar neste assunto.

Também não me parece uma grande dificuldade que um só inseto – como ocorre com a vespa rainha – faça alvéolos hexagonais se trabalhasse alternativamente por dentro e por fora de dois ou três alvéolos começados a um mesmo tempo, estando sempre à devida distância relativa das partes dos alvéolos recém-começados, descrevendo esferas ou cilindros e construindo planos intermediários.

Como a seleção natural atua somente por acumulação de pequenas modificações de estrutura ou de instinto, útil cada uma delas ao espécime em certas condições de vida, pode razoavelmente perguntar-se: Como pôde ter aproveitado aos antepassados da abelha comum uma longa sucessão gradual de modificações do instinto arquitetônico tendendo todas para o presente plano perfeito de construção? Creio que a resposta não é difícil: os alvéolos construídos como os da abelha ou os da vespa ganham em resistência e economizam muito o trabalho e espaço e os materiais de que estão construídos. No que se refere à formação de cera, é sabido que as abelhas, com frequência, estão muito apressadas para conseguir o néctar suficiente, e o senhor Tegetmeier[36] me informa que se provou experimentalmente que as abelhas de uma colmeia consomem de doze a quinze libras de açúcar seco para a produção de uma libra de cera, de maneira que as abelhas de uma colmeia têm de coletar e consumir uma quantidade assombrosa de néctar líquido para a secreção da cera necessária para a construção de seus favos. Além disso, muitas abelhas têm de ficar ociosas vários dias durante o processo de secreção. Uma grande provisão de mel é indispensável para manter um grande número de abelhas durante o inverno, e é sabido que a segurança da comunidade depende principalmente de que se mantenha um grande número de abelhas. Portanto, a poupança de cera, por poupar muito mel e tempo empregado em coletá-la, tem de ser um elemento importante do bom sucesso para toda família de abelhas. Naturalmente, o sucesso da espécie pode depender do número de seus inimigos ou parasitas, ou de causas por completo diferentes, e assim ser totalmente independente da quantidade de mel que possam reunir as abelhas. Mas suponhamos que esta última circunstância determinou – como é provável que muitas vezes o tenha determinado – que um himenóptero aparentado de nossos zangões pudesse existir em grande número num habitat, e suponhamos, além disso, que a comunidade vivesse durante o inverno e, portanto, precisasse de uma provisão de mel; neste caso é indubitável que seria uma vantagem para nosso zangão imaginário que uma ligeira modificação em seus instintos o levasse a fazer seus alvéolos de cera uns próximos a outros, de maneira que se entrecortassem um pouco; pois uma parede comum, mesmo só para dois alvéolos contíguos, pouparia um pouco de trabalho e cera. Portanto, seria cada vez mais vantajoso para nosso zangão que fizesse seus alvéolos cada vez mais regulares, mais próximos uns dos outros, e agregados formando uma massa, como os da Melipona; pois, neste caso, uma grande parte da superfície limitante de cada alvéolo serviria para limitar as contíguas e se economizaria muito trabalho e cera. Além disso, pela mesma causa, seria vantajoso para a *Melipona* que fizesse seus alvéolos mais juntos e mais regulares sob todos os aspectos como os faz no presente; pois, como vimos, as superfícies esféricas desapareceriam por completo e seriam substituídas por superfícies planas e a *Melipona* faria um favo tão perfeito como o da abelha comum. A seleção natural não pôde chegar além deste estado de perfeição arquitetônica, pois o favo da abelha, até onde nós podemos julgar, é absolutamente perfeito no que se refere a economizar trabalho e cera.

Deste modo, a meu ver, o mais maravilhoso de todos os instintos conhecidos, o da abelha comum, pode se explicar porque a seleção natural tirou proveito de numerosas modificações pequenas e sucessivas de instintos simples; porque a seleção natural levou paulatinamente as abelhas a construir esferas iguais a uma distância mútua dada, dispostas em duas camadas, e a polir e escavar a cera nos planos de intersecção de um modo cada vez mais perfeito: as abelhas, evidentemente, não sabiam que faziam suas esferas a uma distância mútua particular, mais do que sabem agora como são os diferentes ângulos dos prismas hexagonais e das placas de base; pois a força propulsora do processo de seleção natural foi a construção de alvéolos da devida solidez e do tamanho e forma adequados para as larvas, realizando isto com a maior economia possível do tamanho e cera. Aqueles enxames que fizeram deste modo os melhores alvéolos com o menor trabalho e o menor gasto de mel para a secreção de cera, tiveram o melhor sucesso e transmitiram seus instintos novamente adquiridos a novos enxames, os quais, por sua vez, terão tido as maiores probabilidades de bom sucesso na luta pela existência.

Objeções à teoria da seleção natural aplicada aos insetos; Insetos neutros ou estéreis

Alguns fizeram objeção à opinião anterior sobre a origem dos instintos de que "as variações de estrutura e de instinto devem ter sido simultâneas e exatamente ajustadas entre si, pois uma modificação em uma sem a correspondente mudança imediata em outra, teria sido fatal. A força desta objeção está baseada por completo na admissão de que as mudanças nos instintos e conformação são bruscos. Tomemos como exemplo o chapim real (*Parus major*), ao qual se fez alusão num capítulo anterior; esta ave, muitas vezes, estando num ramo, segura entre suas patas as sementes do teixo e as golpeia com o bico, até chegar à amêndoa. Ora, que especial dificuldade haveria em que a seleção natural conservasse todas as ligeiras variações individuais na forna do bico que fossem ou que estivessem melhor adaptadas para abrir as sementes até que se formasse um bico tão bem conformado para este fim como o da ave trepadora, ao mesmo tempo que o hábito, ou a necessidade, ou a variação espontânea do gosto levassem a ave a tornar-se cada vez mais granívora? Neste caso, supõe-se que o bico se modifica lentamente por seleção natural, depois de lentas mudanças de hábitos ou gostos e de acordo com eles; mas deixemos que as patas do malharuco variem e se tornem maiores em relação com o bico, ou por alguma outra causa desconhecida, e não é impossível que estas patas maiores levem a ave a trepar cada vez mais, até que adquira o instinto e a faculdade de trepar tão notáveis como a trepadora. Neste caso, supõe-se que uma mudança gradual de conformação leva à mudança de hábitos instintivos. Tomemos outro exemplo: poucos instintos são tão notáveis como o que leva a andorinha a fazer seu ninho por completo de saliva condensada. Algumas aves constroem seus ninhos de barro, que se crê que esteja umedecido com saliva, e uma das andorinhas da América do Norte faz seu ninho, segundo vi, de gravetos aglutinados com saliva, e até com plaquetas formadas desta substância. É, pois, muito improvável que a seleção natural daqueles espécimes que segregassem cada vez mais saliva produzisse ao fim uma espécie com instintos que a levassem a desprezar outros materiais e a fazer seus ninhos exclusivamente de saliva condensada? E o mesmo em outros casos. Há que admitir, no entanto, que em muitos não podemos conjeturar se foi o instinto ou a conformação o que primeiro variou.

Indubitavelmente poderiam opor-se à teoria da seleção natural muitos instintos de explicação dificilíssima: casos nos quais não podemos compreender como se pôde ter originado um instinto; casos em que não se sabe que existam gradações intermediárias; casos de instintos de importância tão insignificante, que a seleção natural mal pôde ter feito sobre eles; casos de instintos quase idênticos em animais tão distantes na escala da natureza que não podemos explicar sua semelhança por herança de um antepassado comum e que, portanto, temos de crer que foram adquiridos independentemente por seleção natural. Não entrarei aqui nestes variados casos e me limitarei a uma dificuldade especial, que em princípio me pareceu insuperável e realmente fatal para toda a teoria. Refiro-me às fêmeas neutras ou estéreis das sociedades dos insetos, pois estas neutras, frequentemente, diferem muito em instintos e conformação, tanto dos machos como das fêmeas férteis e, no entanto, por ser estéreis não podem propagar sua classe.

O assunto merece ser discutido com grande extensão mas tomarei aqui nada mais que um só caso: o das formigas operárias estéreis. De que modo as operárias se tornaram estéreis, constitui uma dificuldade; mas não muito maior do que a de qualquer outra modificação notável de conformação, pois pode demonstrar-se que alguns insetos e outros animais articulados, em estado natural, resultam acidentalmente estéreis; e se estes insetos tivessem sido sociáveis, e se tivesse sido útil para a sociedade que cada ano tivesse nascido um verdadeiro número, capazes de trabalhar mas incapazes de procriar, não vejo dificuldade alguma especial em que isto se tivesse efetuado por seleção natural. Mas tenho de passar por alto esta dificuldade preliminar.

A grande dificuldade estriba em que as formigas operárias diferem muito dos machos e das fêmeas férteis em sua conformação, como na forma do tórax, em estar desprovidas de asas e às vezes de olhos, e no instinto. No que se refere unicamente ao instinto, a abelha comum teria sido um exemplo melhor da maravilhosa diferença, neste particular, entre as operárias e as fêmeas perfeitas. Se uma formiga operária ou outro inseto neutro tivesse sido um animal comum, teria eu admitido sem titubeio que todas suas características tinham sido adquiridas lentamente por seleção natural, ou seja, por ter nascido espécimes com ligeiras modificações úteis, que foram herdadas pelos descendentes e que estes, por sua vez, variaram e foram selecionados, e assim sucessivamente. Mas na formiga operária temos um instinto que difere mais do que seus pais, mesmo que seja completamente estéril; de maneira que nunca pôde ter transmitido a suas descendentes modificações de estrutura ou instinto adquiridas sucessivamente.

Pode muito bem perguntar-se como é possível conciliar este caso com a teoria da seleção natural. Em primeiro lugar, recorde-se que temos inúmeros exemplos, tanto em nossas produções domésticas como nas naturais, de toda classe de diferenças hereditárias de estrutura que estão em relação com certas idades ou com os sexos. Temos diferenças que estão em correlação, não só com um sexo, senão com o curto período em que o aparelho reprodutor está em atividade, como a plumagem nupcial de muitas aves e as mandíbulas com gancho do salmão macho. Temos ligeiras diferenças até nos chifres das diferentes raças de gado bovino, em relação com um estado artificialmente imperfeito do sexo masculino; pois os bois de certas raças têm chifres mais longos do que os bois de outras, relativamente ao comprimento dos chifres, tanto dos touros como das vacas das mesmas raças. Portanto, não vejo grande dificuldade em que um caráter chegue a ser correlativo da condição estéril de certos membros das sociedades dos insetos: a dificuldade está em compreender como se acumularam lentamente, por seleção natural, estas modificações correlativas de estrutura.

Esta dificuldade, ainda que insuperável na aparência, diminui ou desaparece, em minha opinião, quando se recorda que a seleção pode aplicar-se à família o mesmo que ao indivíduo, e pode deste modo obter o fim desejado. Os criadores de gado querem que seus animais produzam carne e gordura em quantidade; abatido um animal que apresentava estas características, então o criador de gado recorreu com confiança à mesma casta para conseguir seu propósito. Acredito no poder da seleção e é provável que pudesse formar-se uma raça de gado que desse sempre bois com chifres extraordinariamente longos, observando que touros e vacas produzissem, ao acasalar-se, bois com os chifres mais longos; no entanto, nenhum boi teria jamais propagado esse biotipo. Tenho aqui um exemplo melhor e real: segundo o senhor Verlot, algumas variedades de flores, por terem sido longa e cuidadosamente selecionadas até o grau devido, produzem sempre uma grande proporção de plantas que levam flores duplas e completamente estéreis; mas também dão algumas plantas simples e férteis. Estas últimas, mediante as quais pode unicamente ser propagada a variedade, podem comparar-se aos machos e fêmeas férteis das formigas, e as plantas duplas estéreis às neutras da mesma sociedade. O mesmo que nas variedades de camomila branca, nos insetos sociáveis a seleção natural foi aplicada à família e não ao indivíduo, com objetivo de conseguir um fim útil. Portanto, podemos chegar à conclusão de que pequenas modificações de estrutura ou de instinto relacionadas com a condição estéril de certos membros da comunidade resultaram ser vantajosas, e, em consequência, os machos e fêmeas férteis prosperaram e transmitiram a sua descendência fértil uma tendência a produzir membros estéreis com as mesmas modificações. Este processo tem de se repetir muitas vezes, até que se produza a prodigiosa diferença que vemos entre as fêmeas férteis da mesma espécie em muitos insetos sociáveis.

Mas não chegamos ainda à maior das dificuldades, ou seja o fato de que as neutras de várias espécies de formigas diferem, não só dos machos e fêmeas férteis, senão também entre si mesmas, às vezes num grau quase incrível, e estão deste modo divididas em dois e mesmo em três castas. As castas, além disso, não mostram comumente transições entre si, senão que estão por completo bem definidas, sendo tão diferentes entre si como o são duas espécies quaisquer do mesmo gênero, ou melhor dois gêneros quaisquer da mesma família. Assim no gênero *Eciton* há neutras operárias e neutras soldados, com mandíbulas e instintos extraordinariamente diferentes; no *Cryptocerus* só as operárias de uma casta levam sobre a cabeça uma estranha espécie de escudo cujo uso é completamente desconhecido; no *Myrmecocystus* do México, as operárias de uma casta nunca abandonam o ninho e são alimentadas pelas operárias de outra casta, e têm enormemente desenvolvido o abdômen, que segrega uma espécie de mel que substitui a substância excretada pelos pulgões, que nossas formigas europeias guardam e aprisionam e que por isso poderia ser considerado o "gado" criado por elas.

Julgar-se-á, verdadeiramente, que tenho uma confiança presunçosa no princípio da seleção natural ao não admitir que estes fatos maravilhosos e confirmados aniquilem de uma vez minha teoria. No caso mais simples de insetos neutros, todos de uma casta, que, em minha opinião, tornaram-se diferentes mediante seleção natural dos machos e fêmeas férteis, podemos, pela analogia com as variações comuns, chegar à conclusão de que as sucessivas e pequenas variações úteis não apareceram em princípio em todos os neutros do mesmo ninho, senão somente nuns poucos e que, pela sobrevivência das sociedades que tivessem fêmeas que produzissem o maior número de neutros com a modificação vantajosa, chegaram por fim todos os neutros a estar caracterizados deste modo. Segundo esta opinião, teríamos de encontrar acidentalmente no mesmo ninho insetos neutros que apresentassem gradações de estrutura, e isto é o que encontramos, e ainda não raras vezes, se consideramos que poucos insetos foram cuidadosamente estudados fora da Europa. O senhor F. Smith demonstrou que as neutras de várias formigas da Inglaterra diferem entre si surpreendentemente em tamanho, e às vezes em cor, e que as formas extremas podem se cruzar mediante espécimes tomados do mesmo formigueiro; eu mesmo comprovei gradações perfeitas desta classe. Às vezes ocorre que as operárias do tamanho máximo ou mínimo são as mais numerosas, ou que tanto as grandes como as pequenas são numerosas, enquanto as de tamanho intermédio são poucas. A *Formica flava* tem operárias grandes e pequenas, com um reduzido número de tamanho intermédio, e nesta espécie, como observou o senhor F. Smith, as operárias grandes têm olhos simples (ocelos), os quais, ainda que pequenos, podem distinguir-se claramente, enquanto as operárias pequenas têm seus ocelos rudimentares. Tendo dissecado cuidadosamente vários exemplares destas operárias, posso afirmar que os olhos são bem mais rudimentares nas operárias pequenas do que pode se explicar simplesmente por seu tamanho proporcionalmente menor, e estou convicto, ainda que não me atrevo a afirmá-lo tão categoricamente, que as operárias de tamanho intermédio têm seus ocelos de condição exatamente intermediária. De maneira que, neste caso, temos no mesmo formigueiro dois grupos de operárias estéreis, que diferem, não só por seu tamanho, senão também por seus órgãos da visão, havendo ainda alguns indivíduos intermediários que representem seus elos de ligação. Poderia divagar adicionando que se as operárias pequenas tivessem sido as mais úteis à comunidade e tivessem sido selecionados continuamente aqueles machos e fêmeas que produziam operárias cada vez menores, até que todas as operárias fossem desta condição, neste caso teríamos tido uma espécie de formiga com neutras quase da mesma condição que as de *Myrmica*, pois as operárias de *Myrmica* não têm nem sequer rudimentos de ocelos, ainda que as formigas machos e fêmeas férteis deste gênero tenham ocelos bem desenvolvidos.

Posso mencionar outro caso: tão confiadamente eu esperava encontrar acidentalmente gradações de estruturas importantes entre as diferentes castas de neutras na mesma espécie, que aproveitei condescendentemente o oferecimento feito pelo senhor F. Smith de numerosos exemplares de um mesmo ninho da formiga caçadora (*Anomma*) do África Ocidental. O leitor apreciará talvez melhor a diferença nestas operárias dando-lhe eu, não as medidas reais, senão uma comparação rigorosamente exata: a diferença era a mesma que se víssemos fazer uma casa um grupo de operários, dos quais uns tivessem cinco pés e quatro polegadas de altura e outros dezesseis pés de altura; mas teríamos de supor, além disso, que os obreiros maiores teriama cabeça quatro vezes, em vez de três, maior do que a dos pequenos, e as maxilas quase cinco vezes maiores. As maxilas, além disso, das formigas operárias dos diversos tamanhos diferiam prodigiosamente em forma e na figura e número dos dentes. Mas o fato que nos interessa é que, ainda que as operárias possam ser agrupadas em castas de diferentes tamanhos, há, no entanto, entre elas gradações imperceptíveis, o mesmo que entre a conformação, tão diferente, de suas maxilas. Sobre este último ponto falo com confiança, pois J. Lubbock me fez desenhos, com a câmara clara, das maxilas que dissequei de operárias de diferentes tamanhos. O senhor Bates, em sua interessante obra *Naturalist on the Amazons*, descreveu casos análogos.

Diante destes fatos, acredito que a seleção natural, agindo sobre as formigas férteis ou pais, pôde formar uma espécie que produzisse normalmente neutras de tamanho grande com uma só forma de maxilas ou todas de tamanho pequeno com maxilas muito diferentes ou, por último, e esta é a maior dificuldade, uma classe de operárias de um tamanho e conformação e, simultaneamente, outra classe de operárias de tamanho e conformação diferentes, tendo-se formado primeiro uma série gradual, como no caso da formiga caçadora, e tendo-se produzido então as formas extremas, em número cada vez maior, pela sobrevivência dos pais que as geraram, até que não se produzisse já nenhuma da conformação intermediária.

O senhor Wallace deu uma explicação análoga do caso, igualmente complicado, de certas borboletas do Arquipélago Malaio que aparecem normalmente com dois, e mesmo três, formas diferentes de fêmea, e Fritz Muller, do de certos crustáceos do Brasil que se apresentam também com duas formas muito diferentes de macho. Mas este assunto não precisa ser discutido aqui.

Acabo de explicar como, a meu ver, originou-se o assombroso fato de que existam no mesmo formigueiro duas castas claramente definidas de operárias estéreis que diferem, não só entre si, senão também de seus pais. Podemos ver como deve ter sido útil sua produção para uma comunidade social de formigas, pela mesma razão que a divisão do trabalho é útil ao homem civilizado. As formigas, no entanto, trabalham mediante instintos herdados e mediante órgãos ou ferramentas herdados, enquanto o homem trabalha mediante conhecimentos adquiridos e instrumentos manufaturados. Mas tenho de confessar que, com toda minha fé na seleção natural, nunca teria esperado que este princípio tivesse sido tão sumamente eficaz, se o caso destes insetos neutros não me tivesse levado a esta conclusão. Por este motivo discuti este caso com um pouco de extensão, ainda que por completo insuficiente, a fim de mostrar o poder da seleção natural, e também porque esta é a dificuldade especial mais grave que encontrei em minha teoria. O caso, além disso, é interesantíssimo, porque prova que nos animais o mesmo que nas plantas, pode realizar-se qualquer grau de modificação pela acumulação de numerosas variações espontâneas pequenas que sejam de qualquer modo úteis, sem que tenha entrado em jogo o exercício ou hábito; pois os hábitos peculiares, limitados às operárias ou fêmeas estéreis, por muito tempo que possam ter sido praticados, nunca puderam afetar os machos e as fêmeas férteis, que são os únicos que deixam descendentes. Surpreende-me que ninguém, até agora, tenha apresentado este caso tão demonstrativo dos insetos neutros na contramão da famosa doutrina dos hábitos herdados, segundo a propôs Lamarck.

Resumo

Neste capítuio me esforcei em mostrar brevemente que as qualidades mentais dos animais domésticos são variáveis, e que as variações são hereditárias. Ainda mais brevemente, tentei demonstrar que os instintos variam sutilmente em estado natural. Ninguém discutirá que os instintos são de importância substancial para todo animal. Portanto, não existe dificuldade real em que, mudando as condições de vida, a seleção natural acumule até qualquer grau ligeiras modificações de instinto que sejam de algum modo úteis. Em muitos casos é provável que o hábito, o uso e desuso tenham entrado em jogo. Não pretendo que os fatos mencionados neste capítulo robusteçam grandemente minha teoria; mas, segundo meu leal saber e entender, não a anula em nenhum dos casos de dificuldade. Pelo contrário, o fato de que os instintos não são sempre completamente perfeitos e estão sujeitos a erros; que se pode demonstrar que nenhum instinto tenha sido produzido para o bem de outros animais, ainda que alguns animais tirem proveito do instinto de outros; de que a regra de História natural Natura non facit saltum é aplicável aos instintos como à estrutura corporal, e se explica claramente segundo as teorias anteriores, mas é inexplicável de outro modo; tudo isso tende a confirmar a teoria da seleção natural.

Esta teoria se robustece também por alguns outros fatos relativos aos instintos, como o caso comum de espécies muito próximas, mas diferentes, que, habitando em partes diferentes do mundo e vivendo em condições consideravelmente diferentes, conservam, no entanto, muitas vezes, quase os mesmos instintos. Por exemplo: pelo princípio da herança podemos compreender por que é que o tordo da região tropical da América do Sul constrói seu ninho com barro, da mesma maneira especial que o faz nosso tordo da Inglaterra; por que os calaus da África e da Índia têm o mesmo instinto extraordinário de emparedar e aprisionar as fêmeas num oco de uma árvore, deixando só um pequeno buraco na parede, pelo qual os machos alimentam a fêmea e suas ninhadas quando nascem; por que as corruíras machos (Troglodytes) da América do Norte fazem ninhos de macho ("cock-nests"), nos quais descansam como os machos de nossa corruíra, hábito completamente diferente dos de qualquer outra ave conhecida. Finalmente, pode não ser uma dedução lógica, mas para minha imaginação é muito mais satisfatório considerar instintos, tais como o do filhote de cuco (Piaya cayana), que expulsa seus irmãos adotivos; o das formigas escravizadoras; o das larvas de melíponas (Hymenoptera), que se alimentam do corpo vivo das lagartas, não como instintos especialmente criados ou fundados, senão como pequenas consequências de uma lei geral que conduz ao progresso de todos os seres orgânicos; ou seja, que multiplica, transforma e deixa viver os mais fortes e deixa morrer os mais fracos.

CAPÍTULO IX

HIBRIDISMO

Distinção entre a esterilidade dos primeiros cruzamentos e a dos híbridos – A esterilidade é de graus diferentes, não é universal, é influenciada pela consanguinidade próxima, é suprimida pela domesticação – Leis que regem a esterilidade dos híbridos – A esterilidade não é um caráter especial, senão que acompanha outras diferenças, não se acumula por seleção natural – Causas da esterilidade dos primeiros cruzamentos e da dos híbridos – Paralelismo entre os efeitos da mudança de condições de vida e os do cruzamento – Dimorfismo e trimorfismo – A fertilidade das variedades quando se cruzam e a de sua descendência mestiça não é universal – Comparação entre os híbridos e os mestiços, independentemente de sua fertilidade – Resumo

A opinião comumente mantida pelos naturalistas é que as espécies foram dotadas de esterilidade quando se cruzam, a fim de impedir sua confusão. Esta opinião, realmente, parece à primeira vista provável, pois as espécies que vivem juntas dificilmente se teriam conservado distintas se tivessem sido capazes de cruzar-se livremente. O assunto é, por muitos aspectos, importante, para nós especialmente, porquanto a esterilidade das espécies quando se cruzam pela primeira vez e a de sua descendência híbrida não podem ter sido adquiridas, como demonstrarei, mediante a conservação de sucessivos graus úteis de esterilidade. É um resultado incidental de diferenças nos aparelhos reprodutores das espécies mães.

Ao tratar deste assunto se confundiram geralmente duas classes de fatos, em grande parte fundamentalmente diferentes, ou seja a esterilidade das espécies quando se cruzam pela primeira vez e a esterilidade dos híbridos produzidos por elas.

As espécies puras têm, evidentemente, seus órgãos de reprodução em estado perfeito e, no entanto, quando se cruzam entre si produzem pouca ou nenhuma descendência. Pelo contrário, os híbridos têm seus órgãos reprodutores funcionalmente impotentes, como pode ver-se claramente pela condição do elemento masculino, tanto nas plantas como nos animais, ainda que os próprios órgãos formadores sejam perfeitos em sua estrutura até onde a revela o microscópio. No primeiro caso, os dois elementos sexuais que vão formar o embrião são perfeitos; no segundo, ou estão imperfeitamente desenvolvidos, ou não se desenvolveram. Esta distinção é importante quando se tem de considerar a causa da esterilidade, que é comum aos dois casos. Provavelmente se passou por alto esta distinção, devido a que a esterilidade foi considerada em ambos os casos como um dom especial fora do alcance de nossa inteligência.

A fertilidade das variedades – ou seja das formas que se sabe ou se crê que descenderam de antepassados comuns – quando se cruzam, e também a fertilidade de sua descendência mestiça, é, no que se refere a minha teoria, de igual importância que a esterilidade das espécies, pois isso parece constituir uma ampla e clara distinção entre variedades e espécies.

Graus de esterilidade

Comecemos pela esterilidade das espécies quando se cruzam e de sua descendência híbrida. É impossível estudar as diferentes memórias e obras daqueles dois escrupulosos e admiráveis observadores, Kölreuter e Gärtner, que quase consagraram sua vida a este assunto, sem ficar profundamente impressionado, com a ampla generalidade da ocorrência de pelo menos certo grau de esterilidade. Kölreuter considera a regra universal; mas depois corta o nó, pois em dez casos encontra apenas duas formas que, consideradas pela maioria dos autores como espécies diferentes completamente, são fecundadas entre si, e classifica-as sem titubear como variedades. Gärtner também considera a regra igualmente universal e discute a completa fertilidade dos dez casos de Kölreuter; mas neste e outros muitos casos Gärtner se vê obrigado a contar cuidadosamente as sementes, para demonstrar que há algum grau de esterilidade. Compara Gärtner sempre o máximo de sementes produzido por duas espécies ao cruzar-se pela primeira vez e o máximo produzido por sua descendência híbrida, com a média produzida pelas duas espécies progenitoras puras em estado natural; mas aqui intervêm causas de grave erro: uma planta, para ser híbrida, tem de ser castrada e, o que muitas vezes é mais importante, tem de ser isolada, com o objetivo de impedir que lhe seja levado por insetos o pólen de outras plantas. Quase todas as submetidas a experimento por Gärtner estavam plantadas em vasos e as tinha num cômodo em sua casa. É indubitável que estes procedimentos muitas vezes são prejudiciais para a fertilidade de uma planta, pois Gärtner dá em seu quadro uma vintena aproximadamente de casos de plantas que castrou e fertilizou artificialmente com seu próprio pólen e – excetuados todos os casos, como o das leguminosas, em que existe uma dificuldade reconhecida na manipulação – na metade destas vinte plantas diminuiu em certo grau a fertilidade. Além disso, como Gärtner cruzou repetidas vezes algumas formas, tais como os pimpinela-escarlate e o azul comuns (*Anagallis arvensis* e *coerulea*), que os melhores botânicos classificam como variedades, e as encontraram absolutamente estéreis: podemos duvidar que muitas espécies, quando se cruzam, são realmente tão estéreis como ele acreditava.

É seguro, por uma parte, que a esterilidade de diferentes espécies, ao cruzar-se, é de grau tão diferente e apresenta gradações tão imperceptíveis e, por outra, que a fertilidade das espécies puras é tão facilmente influenciada por diferentes circunstâncias que, para todos os fins práticos, é dificilíssimo dizer onde termina a fertilidade perfeita e onde começa a esterilidade. Creio que não se pode pedir melhor prova disto que o fato de os dois observadores mais experimentados que existiram, ou sejam Kölreuter e Gärtner, chegaram a conclusões diametralmente opostas com respeito a algumas formas, exatamente as mesmas. É também sumamente instrutivo comparar – mas não tenho lugar aqui para entrar em detalhes – as provas dadas por nossos melhores botânicos no problema de se certas formas duvidosas teriam de ser classificadas como espécies ou como variedades, com as provas procedentes da fertilidade alegadas por diferentes hibridadores ou pelo mesmo observador segundo experimentos feitos em diferentes anos. Deste modo se pode demonstrar que nem a esterilidade nem a fertilidade proporcionam uma distinção segura entre espécies e variedades. As provas desta origem mostram gradações insensíveis e são duvidosas em igual medida que as provas procedentes de outras diferenças de constituição e estrutura.

No que se refere à esterilidade dos híbridos em gerações sucessivas, mesmo que Gärtner tenha podido procriar alguns híbridos durante seis, sete e, num caso, dez gerações, preservando-os de um cruzamento com nenhum dos progenitores puros, afirma, no entanto, positivamente, que sua fertilidade nunca aumentou, senão que, em geral, diminuiu grande e repentinamente. No que se refere a esta diminução, há que advertir, em primeiro lugar, que quando uma modificação de estrutura ou constituição é comum aos dois pais, muitas vezes se transmite aumentada à descendência, e nas plantas híbridas ambos os elementos sexuais estão já influenciados em certo grau. Mas, a meu ver, em quase todos estes casos a fertilidade tem diminuído por uma causa independente, por cruzamento entre parentes demasiado próximos. Fiz tantos experimentos e reunido tantos fatos que mostram, de uma parte, que um cruzamento ocasional com um espécime ou variedade diferente aumenta o vigor e fertilidade da descendência e, por outra parte, que o cruzamento entre parentes próximos diminui seu vigor e fertilidade, que não posso duvidar da exatidão desta conclusão. Os experimentadores raras vezes criam um grande número de híbridos, e como as espécies progenitoras ou outros híbridos afins crescem geralmente no mesmo jardim, as visitas dos insetos têm de ser cuidadosamente impedidas durante a época de floração e, portanto, os híbridos, abandonados a si mesmos, geralmente serão fecundados em cada geração por pólen da mesma flor, e isto deve ser prejudicial para sua fertilidade, diminuída já por sua origem híbrida. Confirmou-me nesta convicção uma afirmação notável feita repetidamente por Gärtner, ou seja que, mesmo os hibridos menos férteis, se são fcundados artificialmente com pólen híbrido da mesma classe, sua fertilidade, apesar dos efeitos frequentemente prejudiciais da manipulação às vezes aumenta francamente e continua aumentando. Ora, no processo de fecundação artificial, com tanta frequência se toma por acaso – como sei por experiência própria – pólen das anteras de outra flor como das anteras da mesma flor que tem de ser fecundada, de maneira que assim se efetuaria um cruzamento entre duas flores, ainda que provavelmente muitas vezes da mesma planta. Além disso, ao verificar experimentos complicados, um observador tão cuidadoso como Gärtner deve ter castrado seus híbridos, e isto teria assegurado em cada geração o cruzamento com pólen de diferente flor, já da mesma planta, já de outra da mesma natureza híbrida e, deste modo, o fato estranho de um aumento de fertilidade nas gerações sucessivas de híbridos fecundados *artificialmente,* em oposição com os que espontaneamente se fecundaram a si mesmos, pode se explicar por terem sido evitados os cruzamentos entre parentes demasiado próximos.

Passemos agora aos resultados a que chegou um terceiro hibridador muito experimentado, o honorável e reverendo W. Herbert. É tão incisivo em sua conclusão de que alguns híbridos são perfeitamente férteis – tão férteis como as espécies progenitoras puras –, como Gärtner e Kölreuter o são em que é uma lei universal da natureza o verdadeiro grau de esterilidade entre diferentes espécies. Fez aquele suas experiências com algumas das mesmas espécies exatamente com as quais as fez Gärtner. A diferença de seus resultados pode, a meu ver, explicar-se em parte pela grande concorrência de Herbert em horticultura e por ter tido estufas a sua disposição. De suas muitas observações importantes, mencionarei aqui nada mais que uma só como exemplo, a saber "que todos os óvulos de um fruto do *Crinum capense* fecundado pelo *Crinum revolutum* produziram planta, o que nunca vi que ocorresse em nenhum caso de sua fecundação natural". De maneira que num primeiro cruzamento entre duas espécies diferentes temos aqui fertilidade perfeita e mesmo mais do que comum.

Este caso do *Crinum* me leva a mencionar um fato singular, ou seja, que algumas plantas determinadas de certas espécies de *Lobelia, Verbascum* e *Passiflora* podem facilmente ser fecundadas por pólen de uma espécie diferente; mas não pelo da mesma planta, ainda que se tenha comprovado que este pólen é perfeitamente sadio, fecundando outras plantas ou espécies. No gênero *Hippeastrum,* em Corydalis, segundo demonstrou o professor Hildebrand, e em diferentes orquídeas, segundo demonstraram o senhor Scott e Fritz Muller, todos os espécimes estão nesta condição particular. De maneira que em algumas espécies certos espécimes anômalos, e em outras todos os espécimes, podem positivamente ser hibridados com muito maior facilidade do que ser fecundados por pólen do mesmo espécime. Por exemplo, um bulbo de *Hippeastrum aulicum* produziu quatro flores; três foram fecundadas com seu próprio pólen por Herbert, e a quarta foi fecundada posteriormente com pólen de um híbrido composto, descendente de três espécies diferentes: o resultado foi que "os ovários das três primeiras flores cessaram cedo de crescer, e ao cabo de poucos dias pereceram por completo, enquanto o impregnado pelo pólen do híbrido teve um crescimento vigoroso e se desenvolveu rapidamente até a maturidade e produziu boas sementes, que germinaram perfeitamente". O senhor Herbert fez experimentos análogos durante vários anos, e sempre com o mesmo resultado. Estes casos servem para demonstrar que de causas tão pequenas e misteriosas depende às vezes a maior ou menor fertilidade de uma espécie.

Os experimentos práticos dos horticultores, ainda que não sejam feitos com precisão científica, merecem alguma atenção. É notório de que modo tão complicado foram cruzadas as espécies de Pelargonium, *Fuchsia, Calceolaria, Petunia, Rhododendron,* etc., e, no entanto, muitos destes híbridos produzem abundantes sementes. Por exemplo, Herbert afirma que um híbrido de *Calceolaria integrifolia* e *plantaginea,* espécies sumamente diferentes em sua constituição geral, "se reproduz tão perfeitamente como se fosse uma espécie natural das montanhas do Chile". Dei-me algum trabalho para determinar o grau de fertilidade de alguns dos cruzamentos complexos dos *Rhododendron* e me convenci que muitos deles são perfeitamente férteis. O senhor C. Nobre, por exemplo, informa-me que cultiva para o enxerto pés de um híbrido de *Rhododendron ponticum* e *cartawbiense,* e que este híbrido "produz sementes tão abundantemente como possa se imaginar". Se os híbridos, convenientemente tratados, tivessem ido diminuindo sempre em fertilidade em cada uma das gerações sucessivas, como acreditava Gärtner, o fato teria sido bem conhecido dos horticultores. Os horticultores cultivam grandes canteiros dos mesmos híbridos e só assim são cuidados convenientemente, pois, pela ação dos insetos, os diferentes espécimes podem cruzar-se livremente e deste modo se evita a influência prejudicial dos cruzamentos entre parentes próximos. Todo mundo pode facilmente convencer-se por si mesmo da eficácia da ação dos insetos examinando as flores das classes mais estéreis de *Rhododendron*, híbridos que não produzem pólen, mas se encontrará em suas estigmas grande quantidade de pólen, trazido de outras flores.

No que se refere aos animais, fizeram-se com cuidado muito menos experimentos que nas plantas. Se se pode dar crédito a nossas agrupações sistemáticas, isto é, se os gêneros de animais são tão diferentes entre si como o são os das plantas, neste caso, podemos inferir que animais mais distantes na escala da natureza podem se cruzar com maior facilidade que no caso das plantas; mas os híbridos mesmos são, a meu ver, mais estéreis. Teria que entender, no entanto, que se tentaram poucos experimentos em boas condições, devido a que poucos animais criam facilmente em cativeiro; por exemplo, o canário foi cruzado com nove espécies diferentes de fringilídeos; mas como nenhuma destas se cria bem em cativeiro, não temos direito a esperar que tenha de ser perfeitamente fértil do seu primeiro cruzamento com o canário nem que o tenham de ser seus híbridos. Além disso, no que se refere à fertilidade nas sucessivas gerações dos animais híbridos mais férteis, não sei de nenhum caso no qual tenham sido criadas a um mesmo tempo duas famílias da mesma classe de híbrido procedentes de pais diferentes, a fim de evitar os efeitos prejudiciais da união entre parentes próximos. Pelo contrário, ordinariamente foram cruzados irmãos e irmãs em cada uma das gerações sucessivas, em oposição à advertência constantemente repetida por todo criador; e, neste caso, não é nada surpreendente que a esterilidade inerente aos híbridos tenha que ter ido aumentando.

Mesmo que não saiba de casos verdadeiramente bem comprovados de animais híbridos perfeitamente férteis, tenho motivos para crer que os híbridos de *Cervulus vaginalis* e *Reevesii* e de *Phasianus colchicus* com *Phasianus torquatus* são perfeitamente férteis; Quatrefages diz que os híbridos de duas borboletas – *Bombyx cynthia* e *arrindia* – se comprovou em Paris que eram férteis *inter se* durante oito gerações. Recentemente se afirmou que duas espécies tão diferentes como a lebre e o coelho, quando se pode levá-los a procriar entre si, produzem filhotes que são sumamente férteis quando se cruzam com uma das espécies progenitoras. Os híbridos do ganso comum e do ganso chinês (*A. cygnoides*), espécies que são tão diferentes que se classificam geralmente em gêneros diferentes, procriaram muitas vezes na Inglaterra com uma ou outra das espécies progenitoras puras e num só caso procriaram *inter se*. Isto foi realizado pelo senhor Eyton, que criou dois híbridos dos mesmos pais, mas de diferentes ninhadas, e destes dois espécimes obteve nada menos que oito híbridos – netos dos gansos puros – procedentes de uma só ninhada. Na Índia, no entanto, estes gansos cruzados devem ser bem mais férteis, pois duas autoridades competentíssimas, o senhor Blyth e o capitão Hutton, asseguram-me que em diferentes partes do país existem manadas inteiras destes gansos cruzados, e, como queira que os têm para utilidade onde não existe nenhuma das espécies progenitoras, é indubitável que têm de ser perfeitamente férteis.

Nos animais domésticos, as diferentes raças são por completo férteis quando se cruzam, ainda que em muitos casos descendam de duas ou mais espécies selvagens. Deste fato podemos tirar a conclusão de que, ou bem as espécies progenitoras primitivas produziram em princípio híbridos perfeitamente férteis, ou bem os híbridos que foram criados depois em domesticidade se tornaram férteis por completo. Esta última alternativa, proposta pela primeira vez por Pallas, parece mesmo a mais provável e, na verdade, dificilmente pode pôr-se em dúvida. É quase seguro, por exemplo, que nossos cachorros descendem de diferentes troncos selvagens e, no entanto, excetuando talvez certos cachorros domésticos nativos da América do Sul, todos são totalmente férteis entre si; mas a analogia me faz duvidar muito de que as diferentes espécies primitivas tenham criado em princípio entre si e produzido híbridos completamente férteis. Além disso, recentemente adquiri a prova decisiva de que a descendência cruzada do zebu da Índia e o gado bovino comum são perfeitamente férteis *inter se*; e, segundo as observações de Rutimeyer sobre suas importantes diferenças osteológicas, o mesmo que segundo as do senhor Blyth a respeito de suas diferenças em hábitos, voz, constituição, etc., estas duas formas têm de ser consideradas como boas e diferentes espécies. As mesmas observações podem estender-se às duas raças principais do porco. Portanto, ou bem temos de abandonar a crença na esterilidade universal das espécies quando se cruzam, ou temos de olhar esta esterilidade nos animais, não como um distintivo indelével, senão como um distintivo capaz de apagar-se pela domesticação.

Finalmente, considerando todos os fatos comprovados relativos ao cruzamento de plantas e animais, pode chegar-se à conclusão de que certo grau de esterilidade, tanto nos primeiros cruzamentos como nos híbridos, é um resultado sumamente geral; mas que, no estado atual de nossos conhecimentos, não pode ser considerado como absolutamente universal.

Leis que regem a esterilidade dos primeiros cruzamentos e a dos híbridos

Consideraremos agora, com um pouco mais de detalhes, as leis que regem a esterilidade dos primeiros cruzamentos e a dos híbridos. Nosso objetivo principal será ver se estas leis indicam ou não que as espécies foram especialmente dotadas desta qualidade a fim de evitar seu cruzamento e mistura em completa confusão. As conclusões seguintes são tiradas principalmente da admirável obra de Gärtner sobre a hibridação das plantas. Dei-me muito trabalho em comprovar até que ponto se aplicam aos animais e, considerando quão escasso é nosso conhecimento no que se refere aos animais híbridos, surpreendeu-me ver quão geral é a aplicação das mesmas regras a ambos os reinos.

Já se observou que o grau de fertilidade, tanto nos primeiros cruzamentos como nos híbridos, passa insensivelmente de zero à fertilidade perfeita. É surpreendente ver por quantos curiosos meios pode demonstrar-se esta gradação; mas aqui só é possível dar um simples esboço dos fatos. Quando se coloca o pólen de uma planta de uma família no estigma de uma planta de outra família, não exerce mais influência do que outro tanto de pó inorgânico. Partindo deste zero absoluto de fertilidade, o pólen de diferentes espécies, aplicado ao estigma de uma espécie do mesmo gênero, dá uma gradação perfeita no número de sementes produzidas, até chegar à fertilidade quase completa ou completa do todo e, como vimos em certos casos anômalos, até um excesso de fertilidade, superior à que produz o próprio pólen da planta. De igual modo nos híbridos há alguns que nunca produziram – e provavelmente nunca produzirão – nem mesmo com pólen dos progenitores puros, uma só semente fértil; mas em alguns destes casos pode descobrir-se um primeiro indício de fertilidade em que o pólen de uma das espécies progenitoras puras faz que murche a flor do híbrido o que esta não teria feito em outro caso, pois o murchar-se imediato da flor é sabido que é um sinal de fecundação incipiente. Partindo deste grau extremo de esterilidade, temos híbridos autofecundados que produzem um número cada vez maior de sementes até chegar à fertilidade perfeita.

Os híbridos obtidos de duas espécies muito difíceis de cruzar e que poucas vezes produzem descendência são geralmente muito estéreis; mas o paralelismo entre a dificuldade de fazer o primeiro cruzamento e a esterilidade dos híbridos deste modo produzidos – duas classes de fatos que geralmente se confundem – não é, de modo algum, rigoroso. Há muitos casos, como no gênero *Verbascum,* em que duas espécies puras podem unir-se com extraordinária facilidade e produzir numerosos descendentes híbridos e, não obstante, estes híbridos são marcadamente estéreis. Pelo contrário, há espécies que muito poucas vezes podem ser cruzadas, e com extrema dificuldade; mas os híbridos que por fim produzem são muito férteis. Ainda dentro dos limites de um mesmo gênero, por exemplo, em *Dianthus*, ocorrem estes dois casos opostos.

A fertilidade, tanto nos primeiros cruzamentos como nos híbridos, é influenciada pelas condições desfavoráveis mais facilmente do que nas espécies puras. Mas a fertilidade do primeiro cruzamento é também, por natureza, variável, pois não é sempre de igual grau quando as duas mesmas espécies se cruzam nas mesmas circunstâncias: depende, em parte, da constituição dos espécimes que foram selecionados para o experimento. O mesmo sucede com os híbridos, pois se vê com frequência que seu grau de fertilidade difere muito nos variados espécimes procedentes de sementes do mesmo fruto e submetidos às mesmas condições.

Pela expressão *afinidade sistemática* se entende a semelhança geral, em sua estrutura e constituição, entre duas espécies. Ora, a fertilidade dos primeiros cruzamentos e dos híbridos produzidos deles está regida em grande parte por sua afinidade sistemática. Isto se vê claramente em que nunca se obtiveram híbridos entre espécies classificadas em diferentes famílias pelos sistemáticos, e em que, pelo contrário, as espécies muito afins se unem geralmente com facilidade. Mas a correspondência entre a afinidade sistemática e a facilidade de cruzamento não é, de modo algum, rigorosa. Poder-se-ia mencionar uma multidão de casos de espécies sumamente afins que não querem unir-se, ou que o fazem só com extrema dificuldade, e de espécies muito diferentes que, pelo contrário, se unem com a maior facilidade. Na mesma família pode haver um gênero, como *Dianthus,* no qual muitas espécies podem cruzar-se facilíssimamente, e outro gênero, como *Silene,* no qual fracassaram os mais perseverantes esforços para produzir um só híbrido entre espécies sumamente próximas. Ainda dentro dos limites do mesmo gênero nos encontramos com esta mesma diferença; por exemplo: as numerosas espécies do gênero *Nicotiana* foram cruzadas bem mais do que as espécies de quase nenhum outro gênero; mas Gärtner descobriu que a *Nicotiana acuminata,* que não é uma espécie particularmente diferente, resistiu pertinazmente a ser fecundada por nada menos que outras oito espécies de Nicotiana e a fecundar a estas. Poder-se-ia mencionar muitos fatos análogos.

Ninguém foi capaz de assinalar que classe ou que grau de diferença em alguma característica apreciável são suficientes para impedir que se cruzem duas espécies. Pode demonstrar-se que é possível cruzar plantas muito diferentes, por seu aspecto geral e regime, e que têm diferenças muito pronunciadas em todas as partes de sua flor, inclusive no pólen, no fruto e nas cotilédones. Plantas anuais e perenes, árvores de folhas caducas e de folhas persistentes, plantas que vivem em diferentes lugares e adaptadas a climas sumamente diferentes, podem muitas vezes cruzar-se com facilidade.

Por cruzamento recíproco entre duas espécies, entendo o caso, por exemplo, de uma burra cruzada primeiro com um cavalo, e depois de uma égua com um asno: então pode dizer-se que estas duas espécies se cruzaram reciprocamente. Muitas vezes existe uma diferença imensa, quanto à facilidade, ao fazer os cruzamentos recíprocos. Estes casos são de suma importância, pois provam que a capacidade de cruzamento em duas espécies é muitas vezes independente de sua afinidade sistemática; isto é, de qualquer diferença em sua estrutura ou constituição, exceto em seus aparelhos reprodutores. A diversidade de resultados nos cruzamentos recíprocos entre as duas mesmas espécies foi observada faz muito tempo por Kölreuter. Por exemplo:

Mirabilis jalapa pode ser fecundada facilmente pelo pólen da *Mirabilis longiflora*, e os híbridos produzidos deste modo são bastante férteis; mas Kölreuter tentou mais de duzentas vezes, durante oito anos consecutivos, fecundar reciprocamente a *Mirabilis longillora* com o pólen da *Mirabilis jalapa*, e fracassou por completo. Poder-se-ia mencionar outros variados casos igualmente atraentes. Thuret observou o mesmo fato em certas algas marinhas ou *Fucus*. Gärtner, além disso, descobriu que a diferença de facilidade ao fazer cruzamentos recíprocos é frequentíssima num grau menor. Observou isto inclusive em formas muito próximas – como *Matthiola annua* e *glabra* – que muitos botânicos classificam só como variedades. É também um fato notável que os híbridos procedentes de cruzamentos recíprocos, mesmo que compostos naturalmente pelas duas mesmas espécies – pois uma foi utilizada primeiro como pai e depois como mãe – e ainda que poucas vezes diferem por características externas, geralmente, no entanto, diferem um pouco – e às vezes muito – em fertilidade.

Poder-se-ia citar outras variadas regras particulares de Gärtner; por exemplo: algumas espécies têm um notável poder de cruzamento com outras; outras do mesmo gênero têm uma notável propriedade de imprimir sua semelhança a sua descendência híbrida; mas estas duas propriedades não seguem, de modo algum, necessariamente unidas. Existem certos híbridos que, em vez de ter, como é usual, um caráter intermédio entre seus dois progenitores, parecem-se sempre muito a um deles, e estes híbridos, apesar de ser tão sumamente parecidos a uma de suas espécies progenitoras puras, são, com raras exceções, extremamente estéreis. Também entre os híbridos, que ordinariamente são de conformação intermediária entre seus pais, nascem às vezes espécimes excepcionais e anômalos, que se parecem muito a um de seus progenitores puros, e estes híbridos, quase sempre, são completamente estéreis, ainda que os outros híbridos procedentes de sementes do mesmo fruto tenham um grau considerável de fertilidade. Estes fatos mostram até que ponto a fertilidade de um híbrido pode ser independente de sua semelhança extrema com um ou outro de seus progenitores puros.

Considerando as diferentes regras que acabamos de citar, que regem a fertilidade dos primeiros cruzamentos e dos híbridos, vemos que, quando se unem formas que devem considerar-se como boas e diferentes espécies, sua fertilidade passa gradualmente de zero à fertilidade perfeita, ou até fertilidade excessiva em determinadas condições; vemos que esta fertilidade, além de ser sumamente suscetível às condições favoráveis ou desfavoráveis é, por natureza, variável; que de maneira alguma o é sempre em igual grau no primeiro cruzamento e nos híbridos produzidos por este; que a fertilidade dos híbridos não está relacionada com o grau em que estes se parecem pelo aspecto externo de um ou outro de seus pais e, finalmente, que a facilidade de fazer o primeiro cruzamento entre duas espécies nem sempre está regulada por sua afinidade sistemática ou grau de semelhança mútua. Esta última afirmação se prova claramente pela diferença nos resultados de cruzamentos recíprocos entre as duas mesmas espécies, pois segundo que uma ou outra se empregue como pai ou como mãe, há geralmente alguma diferença – e às vezes a maior diferença possível – na facilidade de efetuar a união. Além disso, os híbridos produzidos mediante cruzamentos recíprocos diferem muitas vezes em fertilidade.

Pois bem, estas complicadas e singulares leis, indicam que as espécies foram dotadas de esterilidade simplesmente para impedir sua confusão na natureza? Eu creio que não; pois, por que seria a esterilidade tão sumamente variável quando se cruzam diferentes espécies que teríamos de supor que teria de ser igualmente importante preservá-las, impedindo que se misturassem? Por que o grau de esterilidade tem de ser, por natureza. variável nos indivíduos da mesma espécie? Por que umas espécies teriam que se cruzar com facilidade, produzindo, no entanto, híbridos muito estéreis, e outras espécies se cruzariam com extrema dificuldade, produzindo, não obstante, híbridos bem férteis? Por que teria que existir diferença tão grande no resultado do cruzamento recíproco entre duas mesmas espécies? Por que, pode-se ainda perguntar, foi permitida a produção de híbridos? Conceder à espécie a propriedade especial de produzir híbridos e depois parar sua propagação ulterior por diferentes graus de esterilidade não relacionados rigorosamente com a facilidade da primeira união entre seus pais, parece uma estranha disposição.

As leis e fatos anteriores, pelo contrário, parece-me que indicam claramente que a esterilidade, tanto dos primeiros cruzamentos como dos híbridos, é simplesmente incidental ou dependente de diferenças desconhecidas em seu aparelho reprodutor, sendo as diferenças de natureza tão particular e limitada, que, em cruzamentos recíprocos entre as duas mesmas espécies, o elemento sexual masculino de uma atuará muitas vezes sem dificuldade sobre o elemento sexual feminino da outra, mas não em sentido inverso. Será conveniente explicar um pouco mais, mediante um exemplo, o que entendo por ser a esterilidade dependente de outras diferenças e não uma qualidade especialmente concedida. Como a capacidade de uma planta para ser enxertada em outras é sem importância para sua prosperidade em estado natural, presumo que ninguém suporá que esta capacidade é uma qualidade *especialmente* concedida, senão que admitirá que é dependente de diferenças nas leis de crescimento das duas plantas. Às vezes podemos ver a causa pela qual uma árvore não vinga em outra por diferenças em sua velocidade de crescimento, na dureza de sua madeira, no período da subida da seiva ou na natureza desta, etc.; mas numa multidão de casos não podemos atribuir causa alguma. Uma grande diferença de tamanho nas plantas, sendo uma lenhosa e outra herbácea, sendo uma de folhas perenes e a outra de folhas caducas, e a adaptação de climas muito diferentes, nem sempre impedem que possam enxertar-se uma em outra. Como na hibridação, também no enxerto a capacidade está limitada pela afinidade sistemática, pois ninguém pôde enxertar uma em outra árvores pertencentes a famílias completamente diferentes e, pelo contrário, espécies muito afins e variedades da mesma espécie podem, em geral, ainda que não sempre, ser enxertadas com facilidade umas em outras. Mas esta capacidade, como ocorre na hibridação, não está, de modo algum, regida pela afinidade sistemática. Ainda que muitos gêneros diferentes da mesma família foram enxertados mutuamente, em outros casos espécies do mesmo gênero não vingam umas em outras. A pereira pode ser enxertada bem mais facilmente no marmeleiro, que se classifica como um gênero diferente, que na macieira, que pertence ao mesmo gênero. Até as diferentes variedades da pereira vingam, com diferentes graus de facilidade, no marmeleiro, e o mesmo ocorre com diferentes variedades de damasco e pessegueiro em certas variedades de ameixa.

Do mesmo modo que Gärtner constatou que às vezes existia uma diferença inata entre os diferentes *indivíduos* da mesma espécie no cruzamento, também Sageret crê que isto ocorre nos diferentes indivíduos de duas mesmas espécies ao ser enxertadas uma na outra.

Ocorre às vezes no enxerto o mesmo que nos cruzamentos recíprocos: a facilidade de efetuar uma união, frequentemente dista muito de ser igual; a groselha espinhosa, por exemplo, não pode ser enxertada na groselha vermelha, enquanto esta vingará, ainda que com dificuldade, na espinhosa.

Temos visto que a esterilidade dos híbridos que têm seus órgãos reprodutores em estado imperfeito é um caso diferente da dificuldade de unir duas espécies puras que têm seus órgãos reprodutores perfeitos, ainda que estas duas classes diferentes de fato sigam paralelamente num grande trajeto. Algo um pouco análogo ocorre no enxerto, pois Thouin descobriu que três espécies de *Robinia*, que davam abundantes sementes em seus próprios pés, e que puderam ser enxertadas sem grande dificuldade numa quarta espécie, uma vez enxertadas se tornaram estéreis. Pelo contrário, certas espécies de *Sorbus*, enxertadas em outras, produzem o dobro de fruto que quando estão em seu próprio pé. Este fato nos recorda os casos extraordinários de *Hippeastrum*, *Passiflora*, etc., que produzem sementes bem mais abundantes quando são fecundadas pelo pólen de uma espécie diferente que quando o são pelo da mesma planta.

Vemos assim que, ainda que haja uma diferença grande e evidente entre a simples aderência de talos que se enxertam e a união dos elementos masculino e feminino no ato da reprodução existe, no entanto, um tosco paralelismo entre os resultados do enxerto e os do cruzamento de espécies diferentes. E bem como temos de considerar as curiosas e complicadas leis que regem a facilidade com que as árvores podem ser enxertadas como dependentes de diferenças desconhecidas em seu sistema vegetativo, do mesmo modo, a meu ver, as leis ainda mais complicadas que regem a facilidade dos primeiros cruzamentos dependem de diferenças desconhecidas no aparelho reprodutor. Estas diferenças, em ambos os casos, acompanham até certo ponto, como se podia esperar, à afinidade sistemática, termo com o qual se pretende expressar toda classe de semelhança ou de diferença entre seres orgânicos. Os fatos não parecem indicar, de modo algum, que a maior ou menor dificuldade de enxertar-se ou de cruzar-se as diferentes espécies tenha sido um dom especial, ainda que a dificuldade no caso do cruzamento é tão importante para a conservação e estabilidade das formas específicas, quanto é insignificante para sua prosperidade no caso de enxerto.

Origem e causas da esterilidade dos primeiros cruzamentos e da dos híbridos

Em outros tempos me pareceu provável, como pareceu a outros, que a esterilidade dos primeiros cruzamentos e a dos híbridos tivesse sido adquirida lentamente por seleção natural de graus um pouco menores de fertilidade que, como qualquer outra variação, apareceu espontaneamente em certos indivíduos de uma variedade ao cruzar-se com os de outra, pois teria que ser evidentemente vantajoso a duas variedades ou espécies incipientes se pudessem preservar-se de mistura pelo mesmo princípio que, quando o homem está selecionando ao mesmo tempo duas variedades, é necessário que as mantenha separadas. Em primeiro lugar, pode-se observar que as espécies que vivem em regiões diferentes são muitas vezes estéreis quando se cruzam; ora, não pôde evidentemente ter sido de vantagem alguma a estas espécies separadas ter-se convertido em mutuamente estéreis e, portanto, isto não pôde ter-se efetuado por seleção natural; ainda que talvez se possa inferir que, se uma espécie foi feita estéril com relação a outra do mesmo habitat, a esterilidade com relação a outras espécies poderia ser vista como uma consequência acidental necessária. Em segundo lugar, é quase tão oposto à teoria da seleção natural como à da criação especial que nos cruzamentos recíprocos o elemento masculino de uma forma tenha sido feito totalmente impotente para uma segunda forma, quando, ao mesmo tempo, o elemento masculino desta segunda forma está perfeitamente capacitado para fecunda à primeira; pois esta condição particular do sistema reprodutor dificilmente pôde ter sido vantajosa para nenhuma das espécies.

Ao considerar as probabilidades de que a seleção natural tenha entrado em jogo para tornar às espécies mutuamente estéreis, se verá que a dificuldade maior está na existência de muitas gradações sucessivas, desde a fertilidade um pouco diminuída até a esterilidade absoluta. Pode-se admitir que teve de ser útil a uma espécie nascente que se tornasse um pouco estéril ao cruzar-se com sua forma mãe ou com alguma outra variedade, pois deste modo se produziria menos descendência bastarda ou degenerada que pudesse misturar seu sangue com a da nova espécie em via de formação. Mas quem quiser dar-se ao trabalho de refletir a respeito das etapas pelas quais pôde este primeiro grau de esterilidade chegar, mediante seleção natural, até grau elevado, comum em tantas espécies e geral nas que se diferenciaram até classificar-se em gêneros ou famílias diferentes, verificará que o assunto é extraordinariamente complicado. Depois de madura reflexão, parece-me que isto não pôde ter-se efetuado por seleção natural. Tomemos o caso de duas espécies quaisquer que ao cruzar-se produzem pouca e estéril descendência. Ora, que há neste caso que pudesse favorecer a sobrevivência daqueles espécimes que estivessem dotados num grau um pouco superior de infecundidade mútua, e que, deste modo, se aproximassem um pouco para a esterilidade absoluta? No entanto, se se faz intervir a teoria da seleção natural, deve ter ocorrido incessantemente um progresso desta natureza em muitas espécies, pois uma multidão delas são mutuamente estéreis por completo. Nos insetos neutros estéreis temos razões para crer que as modificações em conformação e fertilidade se acumularam lentamente por seleção natural, devido a que foi proporcionada assim, indiretamente, uma vantagem à comunidade a que pertencem ou a outras da mesma espécie. Mas um indivíduo que não pertence a uma comunidade social, por tornar-se um pouco estéril ao cruzar-se com outra variedade, não obteria nenhuma vantagem ele mesmo nem proporcionaria indiretamente vantagens aos outros indivíduos da mesma variedade, que zelassem por sua conservação.

Mas seria supérfluo discutir esta questão em detalhe, pois temos nas plantas provas concludentes de que a esterilidade das espécies cruzadas tem de ser devida a alguma causa por completo independente da seleção natural. Tanto Gärtner como Kölreuter provaram que em gêneros que compreendem numerosas espécies pode formar-se uma série, desde aquelas que, cruzadas, produzem cada vez menos sementes, até aquelas que nunca produzem nem uma só, ainda que, não obstante, sejam sensíveis ao pólen de certas espécies, pois o embrião aumenta. Neste caso é evidentemente impossível selecionar os indivíduos mais estéreis que cessaram já de dar sementes, de maneira que este máximo de esterilidade, em que só o embrião é influenciado, não pode ter sido conseguido por seleção; e por serem as leis que regem os diferentes graus de esterilidade tão uniformes nos reinos animal e vegetal, podemos deduzir que a causa – qualquer que seja – é a mesma, ou quase a mesma, em todos os casos.

Examinaremos agora, um pouco mais perto, a natureza provável das diferenças entre as espécies que produzem a esterilidade nos primeiros cruzamentos e nos híbridos. No caso dos primeiros cruzamentos, a maior dificuldade em efetuar uma união e em obter descendência parece depender de várias causas diferentes. Às vezes deve existir uma impossibilidade física para que o elemento masculino chegue ao óvulo, como seria o caso de uma planta que tivesse o pistilo demasiado longo para que os tubos polínicos chegassem ao ovário. Observou-se também que, quando se coloca o pólen de uma espécie no estigma de outra remotamente afim, mesmo que os tubos polínicos se sobressaiam, não atravessam a superfície estigmática. Além disso, o elemento masculino pode chegar ao elemento feminino, mas ser incapaz de determinar que um embrião se desenvolva, como parece que ocorreu em alguns experimentos de Thuret no *Fucus*. Não se pode explicar alguns destes fatos, como tampouco por que certas árvores não podem ser enxertadas em outras. Finalmente, pode-se desenvolver um embrião e morrer num período precoce de desenvolvimento. A este último caso não se prestou atenção suficiente; mas eu acredito, por observações que me comunicou o senhor Hewitt, que atingiu grande experiência em hibridar faisões e galinhas, que a morte precoce do embrião é uma causa frequentíssima de esterilidade nos primeiros cruzamentos. O senhor Salter deu recentemente os resultados do exame de uns 500 ovos produzidos por vários cruzamentos entre três espécies de *Gallus* e seus híbridos; a maioria destes ovos tinha sido fecundada, e na maior parte dos ovos fecundados os embriões, ou bem se tinham desenvolvido parcialmente e morrido depois, ou bem tinham chegado quase a termo; mas os pintinhos tinham sido incapazes de romper a casca. Dos pintinhos que nasceram, mais de quatro quintos morreram nos primeiros dias ou, no máximo, nas primeiras semanas, "sem nenhuma causa manifesta; ao que parece, por simples incapacidade para viver"; de maneira que de 500 ovos só se criaram 12 pintinhos. Nas plantas, os embriões híbridos provavelmente morrem muitas vezes de um modo semelhante; pelo menos, sabe-se que híbridos produzidos por espécies muito diferentes são às vezes fracos e anões e morrem numa idade precoce, fato de que Max Wichura citou recentemente alguns casos notáveis em salgueiros híbridos. Valerá a pena mencionar aqui que, em alguns casos de partenogênese, os embriões dos ovos da borboleta do bicho-da-seda que não foram fecundados passam por seus primeiros estados de desenvolvimento e morrem depois, como os produzidos pelo cruzamento de espécies diferentes. Até que tive conhecimento destes fatos, estava mal disposto a acreditar na frequente morte precoce dos embriões híbridos, pois os híbridos, uma vez que nasceram, têm geralmente boa saúde e longa vida, segundo vemos no caso da mula. Os híbridos, no entanto, estão em circunstâncias diferentes antes e depois do nascimento: quando nasceram e vivem num habitat, no qual vivem as duas espécies progenitoras, estão, em geral, em condições adequadas de existência; mas um híbrido participa só quanto a uma metade da natureza e constituição de sua mãe e, portanto, antes do nascimento, o tempo todo que é alimentado no útero de sua mãe, ou no ovo ou semente produzidos pela mãe, tem de estar submetido a condições em certo grau inadequadas e, portanto, tem de estar exposto a morrer num período prematuro, tanto mais quanto que todos os seres muito jovens são sumamente sensíveis às condições de existência prejudiciais e antinaturais. Mas, depois de tudo, a causa está mais provavelmente em alguma imperfeição do primitivo ato da fecundação que determina que o embrião se desenvolva imperfeitamente, mais que nas condições a que este se encontra ulteriormente submetido.

No que se refere à esterilidade dos híbridos, nos quais os elementos sexuais estão imperfeitamente desenvolvidos, o caso é um pouco diferente. Mais de uma vez fiz alusão a um grande conjunto de fatos que demonstram que, quando os animais e plantas são tirados de suas condições naturais, ficam sumamente expostos a graves transtornos em seu aparelho reprodutor. Este é, de fato, o grande obstáculo na domesticação de animais. Há muitos pontos de semelhança entre a esterilidade provocada deste modo e a dos híbridos. Em ambos os casos a esterilidade é independente da saúde geral e muitas vezes vai acompanhada de um excesso de tamanho ou de grande exuberância. Em ambos os casos a esterilidade se apresenta em graus diferentes; em ambos o elemento masculino está mais exposto a ser influenciado, mas algumas vezes o elemento feminino está mais. Em ambos, a tendência acompanha, até certo ponto, a afinidade sistemática, pois grupos inteiros de animais e plantas se tornam impotentes pelas mesmas condições antinaturais e grupos inteiros de espécies tendem a produzir híbridos estéreis. Pelo contrário, uma espécie de um grupo resistirá às vezes a grandes mudanças de condições sem variar a fertilidade e certas espécies de um grupo produzirão um número extraordinário de híbridos férteis. Ninguém, até que faça experimentos, pode dizer se um animal determinado procriará em cativeiro ou se uma planta exótica submetida a cultivo produzirá abundantes sementes, como também não pode dizer se duas espécies de um gênero produzirão híbridos mais ou menos estéreis. Por último, quando os seres orgânicos são colocados durante várias gerações em condições não naturais para eles, encontram-se muito expostos a variar, o que parece em parte devido a que seu aparelho reprodutor foi particularmente influenciado, mesmo que menos do que quando sobrevém a esterilidade. O mesmo ocorre com os híbridos, pois seus descendentes nas gerações sucessivas estão muito sujeitos a variação, como observaram todos os experimentadores.

Vemos assim que, quando os seres orgânicos se encontram situados em condições novas e antinaturais e quando se produzem híbridos pelo cruzamento não natural de duas espécies, o sistema reprodutor, independentemente do estado geral de saúde, é influenciado de um modo muito semelhante. No primeiro caso, as condições de vida foram perturbadas, ainda que muitas vezes tão pouco, que é indetectável para nós; no segundo caso – o dos híbridos – as condições externas continuaram sendo as mesmas; mas a organização foi perturbada, porque se misturaram, formando uma só, duas estruturas e condições diferentes, incluindo evidentemente os sistemas reprodutores; pois é quase impossível que duas organizações possam combinar-se numa sem que ocorra alguma perturbação no desenvolvimento, na ação periódica, nas relações mútuas das diferentes partes e órgãos entre si ou com as condições de vida. Quando os híbridos são capazes de procriar *inter se*, transmitem a seus descendentes, de geração em geração, a mesma organização composta e, portanto, não temos de nos surpreender de que sua esterilidade, ainda que um pouco variável, não diminua; é inclusive suscetível de aumentar, sendo isto geralmente o resultado, como antes se explicou, do cruzamento entre parentes demasiado próximos. A anterior opinião de que a esterilidade dos híbridos é produzida porque duas constituições se combinaram numa, foi energicamente defendida por Max Wichura.

Temos, no entanto, que reconhecer que não podemos explicar com esta teoria, nem com nenhuma outra, vários fatos referentes à esterilidade dos híbridos produzidos por cruzamentos recíprocos e à esterilidade maior dos híbridos que, acidental e excepcionalmente, se parecem muito a um ou outro de seus progenitores puros. Também não pretendo que as observações anteriores cheguem à raiz do assunto; não se deu explicação alguma por que um organismo se torna estéril quando está colocado em condições não naturais. A única coisa que pretendo demonstrar é que em dois casos por alguns aspectos semelhantes, a esterilidade é o resultado comum devido, num caso, a que as condições de vida foram perturbadas, e no outro, a que a organização foi perturbada porque duas organizações se combinaram numa só.

Um paralelismo semelhante existe numa classe afim, ainda que muito diferente, de fatos. É uma crença antiga e quase universal, fundada num conjunto considerável de provas que dei em outro lugar, que as mudanças ligeiras nas condições de vida são benéficas para todos os seres vivos. Vemos que os lavradores e jardineiros efetuam isto com as frequentes mudanças de sementes, tubérculos, etc., de um solo ou clima a outros, e vice-versa. Durante a convalescença dos animais resulta muito benéfica qualquer mudança em seus hábitos. Além disso, existem provas evidentíssimas de que, tanto nos animais como nas plantas, um cruzamento entre indivíduos da mesma espécie, que difiram até certo ponto, proporciona vigor e fertilidade à descendência e que a união entre os parentes muito próximos durante várias gerações, se estão mantidos nas mesmas condições de vida, conduzem, quase sempre, à diminuição de tamanho, à debilidade ou esterilidade.

Parece, portanto, que, de uma parte, as pequenas mudanças nas condições de vida são benéficas a todos os seres orgânicos e, de outra, que os cruzamentos pequenos – isto é, cruzamentos entre machos e fêmeas da mesma espécie, que têm estado submetidos a condições diferentes ou que variaram sutilmente – dão vigor e fertilidade à descendência. Mas, como vimos, os seres orgânicos vezeiros durante muito tempo a certas condições uniformes em estado natural, quando são submetidos, como ocorre em cativeiro, a uma mudança considerável nas condições, com muita frequência se tornam mais ou menos estéreis; e sabemos que um cruzamento entre duas formas que chegaram a ser muito diferentes, ou especificamente diferentes, produz híbridos que são quase sempre estéreis em algum grau. Estou completamente persuadido que este duplo paralelismo não é, de modo algum, uma casualidade nem uma ilusão. Aquele que puder explicar por que o elefante e outros muitos animais são incapazes de procriar quando em confinamento, tão somente parcial, em seu hábitat, poderá explicar a causa fundamental de que os híbridos sejam estéreis de um modo tão geral. E ao mesmo tempo poderá explicar por que as raças de alguns animais domésticos, que foram submetidas muitas vezes a condições novas e não uniformes, são completamente férteis entre si, ainda que descendam de diferentes espécies, que é provável que, se se tivessem cruzado primitivamente, teriam sido estéreis. Estas duas séries paralelas de fatos parecem estar relacionadas entre si por algum laço comum e desconhecido relacionado essencialmente com o princípio da vida; sendo este princípio, segundo o senhor Herbert Spencer, que a vida depende ou consiste na incessante ação e reação de diferentes forças que, como em toda a natureza, estão sempre tendendo ao equilíbrio e, quando esta tendência é ligeiramente perturbada por uma mudança, as forças vitais aumentam de poder.

Dimorfismo e trimorfismo recíprocos

Este assunto pode ser discutido aqui brevemente e se verá que projeta alguma luz sobre o hibridismo. Diferentes plantas, pertencentes a diferentes ordens, apresentam duas formas que existem representadas por um número aproximadamente igual de indivíduos e que não diferem em nada exceto em seus órgãos reprodutores, tendo uma forma o pistilo longo e os estames curtos e a outra o pistilo curto e os estames longos, e sendo os grãos de pólen de tamanho diferente nelas. Nas plantas trimórficas existem três formas também diferentes no comprimento de seus pistilos e estames, no tamanho e cor dos grãos de pólen e em outras características; e, como em cada uma das três formas há duas classes de estames, as três formas possuem, em conjunto seis classes de estames e três de pistilos. Estes órgãos têm seu comprimento tão proporcionado entre si, que a metade dos estames em duas das formas estão ao nível do estigma da terceira forma. Pois bem, demonstrei – e este resultado foi confirmado por outros observadores – que, para obter nestas plantas fertilidade completa, é necessário que o estigma de uma forma seja fecundado pelo pólen tomado dos estames de altura correspondente em outra forma. De maneira que nas espécies dimórficas, duas uniões – que podem chamar-se legítimas – são completamente férteis e outras duas – que podem chamar-se ilegítimas – são mais ou menos inférteis. Nas espécies trimórficas seis uniões são legítimas ou completamente férteis e doze são ilegítimas ou mais ou menos estéreis.

A infecundidade que se pode observar em diferentes plantas dimórficas e trimórficas quando são férteis ilegitimamente – isto é, por pólen tomado de estames que não correspondem em altura ao pistilo –, difere muito em grau até chegar à esterilidade absoluta e completa, exatamente o mesmo que ocorre nos cruzamentos de espécies diferentes. Neste último caso, o grau de esterilidade depende muito de que as condições de vida sejam mais ou menos favoráveis: e o mesmo observei nas uniões ilegítimas. É bem conhecido que se no estigma de uma flor se coloca o pólen de uma espécie diferente e depois – mesmo depois de um espaço de tempo considerável – se coloca no mesmo estigma seu próprio pólen, a ação do segundo é tão vigorosamente preponderante que, em geral, anula o efeito do pólen anterior; o mesmo ocorre com o pólen das diferentes formas da mesma espécie, pois o pólen legítimo é energicamente preponderante sobre o ilegítimo quando se colocam ambos sobre o mesmo estigma. Tenho-me certificado disto fecundando diferentes flores, primeiro ilegitimamente e vinte e quatro horas depois legitimamente, com pólen tomado de uma variedade de cor particular, e todas as plantas procedentes das sementes eram desta mesma cor; isto demonstra que o pólen legítimo, ainda que aplicado vinte e quatro horas depois, tinha destruído por completo, ou evitado, a ação do pólen ilegítimo anteriormente aplicado. Além disso, neste caso – o mesmo que ao fazer cruzamentos recíprocos entre duas espécies – há, às vezes, uma grande diferença nos resultados e o mesmo ocorre nas espécies trimórficas; por exemplo, a forma de estilete médio da Lythrum *salicaria* foi fecundada ilegitimamente, com a maior facilidade, pelo pólen dos estames longos da forma de estiletes curtos, e produziu muitas sementes; mas esta última forma não produziu nem uma só semente ao ser fecundada pelos estames longos da forma de estilete médio.

Por todos estes aspectos, e por outros que poderiam adicionar-se, as formas de uma mesma espécie, quando se unem ilegitimamente, conduzem-se exatamente do mesmo modo que duas espécies diferentes quando se cruzam. Isto me conduziu a observar cuidadosamente, durante quatro anos, muitas plantas nascidas de sementes procedentes de várias uniões ilegítimas. O resultado principal é que estas plantas ilegítimas – como podem chamar-se – não são por completo férteis. É possível obter das espécies dimorfas plantas ilegítimas, tanto de estilete longo como de estilete curto, e das plantas, trimórficas, as três formas ilegítimas. Estas podem depois unir-se devidamente de um modo legítimo. Quando se fez isto, não parece que subsista razão alguma para que não deem tantas sementes como deram seus pais quando foram fecundados legitimamente. Mas não ocorre assim; todas elas são inférteis em diferentes graus, sendo algumas tão completa e de maneira incorrígível estéreis, que não produziram, em quatro temporadas, nem uma só semente, e nem sequer um fruto. A esterilidade destas plantas ilegítimas ao unir-se entre si de um modo legítimo pode comparar-se rigorosamente com a dos híbridos quando se cruzam *inter se*. Por outra parte, se um híbrido se cruza com uma ou outra das espécies progenitoras puras, a esterilidade ordinariamente diminui muito e o mesmo ocorre quando uma planta ilegítima é fecundada por uma planta legítima. Do mesmo modo que a esterilidade dos híbridos não caminha sempre paralela com a dificuldade de fazer o primeiro cruzamento entre as duas espécies progenitoras, também a esterilidade de certas plantas ilegítimas foi extraordinariamente grande, enquanto a esterilidade da união que derrubaram não foi nada grande. Em híbridos procedentes de sementes do mesmo fruto, o grau de esterilidade é variável, por predisposição inata, e o mesmo ocorre, de um modo bem assinalado, nas plantas ilegítimas. Por último, muitos híbridos dão com persistência flores abundantes, enquanto outros híbridos mais estéreis dão poucas flores, e são fracos e miseráveis anões; casos exatamente análogos se apresentam na descendência ilegítima de diversas plantas dimórficas e trimórficas.

Em conjunto, entre as plantas ilegítimas e os híbridos existe a maior identidade em características e modo de conduzir-se. É quase um exagero sustentar que as plantas ilegítimas são híbridos produzidos dentro dos limites de uma mesma espécie pela união irregular de certas formas, enquanto os híbridos comuns são produzidos por uma união irregular entre as chamadas espécies diferentes. Já vimos, além disso, que existe a maior semelhança sob todos aspectos entre as primeiras uniões ilegítimas e os primeiros cruzamentos entre espécies diferentes. Isto, talvez, se faria ainda mais patente mediante um exemplo; suponhamos que um botânico encontrasse duas variedades bem assinaladas – como as há – da forma de estilete longo do *Lythrum salicaria,* que é trimorfo, e que decidisse experimentar por cruzamento se eram ou não especíticamente diferentes. O botânico vê-la que produziam só um quinto aproximadamente do número normal de sementes e que se conduziam em todos os aspectos antes detalhados como se fossem duas espécies diferentes. Mas, para certificar-se, teria que procriar plantas das sementes supostas híbridas, e verificaria que as plantas nascidas delas eram miseravelmente anãs e completamente estéreis e que se conduziam em todos os restantes aspectos o mesmo que os híbridos comuns. O botânico poderia então sustentar que tinha provado positivamente, de conformidade com a opinião comum, que as duas variedades eram duas espécies tão boas e diferentes como quaisquer outras do mundo; no entanto, se teria enganado por completo.

Os fatos que acabamos de citar, referentes às plantas dimórficas e trimórficas, são importantes: primeiro, porque nos mostram que a prova fisiológica de diminuição de fertilidade tanto nos primeiros cruzamentos como nos híbridos, não é um critério seguro de distinção específica; segundo, porque podemos tirar a conclusão de que existe algum laço desconhecido que une a infecundidad das uniões ilegítimas com a de sua ilegítima descendência, e nos vemos levados a fazer extensiva a mesma opinião aos primeiros cruzamentos e aos híbridos; e terceiro, porque constatamos – e isto me parece de particular importância – que podem existir duas ou três formas da mesma espécie, que não diferem por nenhum aspecto, nem de estrutura nem de constituição, com relação às condições externas e, no entanto, são estéreis quando se unem de certos modos; pois devemos recordar que a união que resulta estéril é a de elementos sexuais dos indivíduos da mesma forma – por exemplo, de duas formas de estilete longo – enquanto a união de elementos sexuais pertencentes a duas formas diferentes é a que resulta fértil. Portanto, o caso aparece, à primeira vista, exatamente ao inverso do que sucede nas uniões comuns de indivíduos da mesma espécie e em cruzamentos entre espécies diferentes.

No entanto, é duvidoso que realmente seja assim; mas não me estenderei sobre este assunto tão obscuro.

Da consideração das plantas dimórficas e trimórficas podemos, no entanto, deduzir, como provável, que a esterilidade de diferentes espécies quando se cruzam e de sua progênie híbrida depende exclusivamente da natureza de seus elementos sexuais e não de alguma diferença em sua estrutura e constituição geral.

Leva-nos também a esta mesma conclusão o considerar os cruzamentos recíprocos nos quais o macho de uma espécie não pode ser unido, ou pode sê-lo só com grande dificuldade, à fêmea de uma segunda espécie, enquanto o cruzamento inverso pode efetuar-se com toda facilidade. Gärtner, tão excelente observador, chegou também à conclusão de que as espécies, quando se cruzam, são estéreis devido a diferenças limitadas a seus aparelhos reprodutores.

A fertilidade das variedades ao cruzar-se e de sua descendência mestiça não é universal

Pode apresentar-se como um argumento predominante, que deve ter alguma distinção essencial entre as espécies e as variedades, já que estas últimas, por muito que possam diferir entre si por sua aparência externa, cruzam-se com toda facilidade e produzem descendência completamente fértil. Salvo algumas exceções, que se citarão agora, admito por completo que esta é a regra. Mas o assunto está cercado de dificuldades, pois, no que se refere às variedades produzidas na natureza, se duas formas tidas até agora como variedades se constata que são estéreis entre si em algum grau, a maior parte dos naturalistas as classificarão imediatamente como espécies. Por exemplo: do morrião[37] de flores azuis e o de flores brancas, que são considerados como variedades pela maior parte dos botânicos, Gärtner diz que são completamente estéreis ao cruzar-se, e, em consequência, classifica-os como espécies indubitáveis. Se arguimos assim, num círculo vicioso, seguramente terá que se conceder a fertilidade de todas as variedades produzidas na natureza.

Se nos dirigimos às variedades produzidas, ou que se supõe que foram produzidas, em domesticidade, vemo-nos também envolvidos por alguma dúvida; pois quando se comprova, por exemplo, que certos cachorros domésticos dos indígenas da América do Sul não se unem facilmente com os cachorros europeus, a explicação que a todo mundo ocorrerá, e que provavelmente é a verdadeira, é que descendem de espécies primitivamente diferentes. No entanto, a fertilidade perfeita de tantas raças domésticas, que diferem tanto em aparência – por exemplo, as raças da pomba ou as da couve – é um fato notável, especialmente se pensarmos quantas espécies existem que, embora se assemelhem entre si em muito, são absolutamente estéreis ao cruzar-se. Várias considerações, no entanto, tornam menos notável a fertilidade das variedades domésticas. Em primeiro lugar, pode-se observar que o grau de diferença externa entre duas espécies não é um indício seguro de seu grau de esterilidade mútua, de maneira que diferenças análogas no caso das variedades não constituiriam um indício seguro. É indubitável que, nas espécies a causa está baseada exclusivamente em diferenças em sua constituição sexual. Pois bem, as condições variáveis a que foram submetidos os animais domésticos e as plantas cultivadas tenderam tão pouco a modificar o sistema reprodutor de maneira que conduzisse à esterilidade mútua, que temos bom fundamento para admitir a doutrina diametralmente oposta, de Pallas, ou seja, que essas condições, em geral, eliminam esta tendência, de maneira que chegam a ser completamente férteis entre se os descendentes domésticos de espécies que, em seu estado natural, teriam sido provavelmente estéreis, em certo grau, ao cruzar-se. Nas plantas tão longe está o cultivo de produzir uma tendência à esterilidade entre espécies diferentes, que em vários casos bem comprovados, aos que antes se fez referência, certas plantas foram modificadas de um modo oposto, pois chegaram a tornar-se impotentes para si mesmas, ainda que conservando ainda a faculdade de fecundar outras espécies e de ser fcundadas por estas. Se se admite a doutrina de Pallas da eliminação da esterilidade mediante domesticidad muito prolongada – doutrina que dificilmente pode ser recusada – faz-se sumamente improvável que condições análogas prolongadas durante muito tempo produzam igualmente a tendência à esterilidade ainda que, em certos casos, em espécies de uma constituição peculiar, pôde às vezes a esterilidade produzir-se deste modo. Assim podemos, acredito, compreender por que não se produziram nos animais domésticos variedades que sejam mutuamente estéreis e por que nas plantas se observaram só um reduzido número destes casos, que imediatamente vão ser citados.

A verdadeira dificuldade na questão presente não me parece que seja por que as variedades domésticas não se tornaram mutuamente inférteis ao cruzar-se, senão por que ocorreu isto de um modo tão geral nas variedades naturais, tanto como se modificaram depois em grau suficiente para chegar à categoria de espécies. Estamos muito longe de conhecer exatamente a causa, e isto não é surpreendente vendo nossa profunda ignorância com respeito à ação normal e anormal do aparelho reprodutor. Mas podemos ver que as espécies, devido a sua luta pela existência com numerosos competidores, terão estado expostas durante longos períodos de tempo a condições mais uniformes que o têm estado as variações domésticas, e isto pode muito bem produzir uma grande diferença no resultado, pois sabemos quão comumente se tornam estéreis as plantas e animais selvagens ao tirá-los de suas condições naturais e submetê-los ao cativeiro, e as funções reprodutoras dos seres orgânicos que viveram sempre em condições naturais é provável que sejam, da mesma maneira, sumamente sensíveis à influência de um cruzamento antinatural. As produções domésticas que, ao invés, como mostra o simples fato de seu domesticidade, não eram primitivamente muito sensíveis às mudanças em suas condições de vida e que podem geralmente resistir agora, sem diminuição em sua fertilidade, a repetidas mudanças de condições de vida, pode esperar-se que produzam variedades que estejam pouco expostas a que suas faculdades reprodutoras sejam influenciadas prejudicialmente pelo ato do cruzamento com outras variedades que se originaram de um modo análogo.

Até agora falei como se as variedades da mesma espécie fossem invariavelmente fecundadas ao cruzar-se entre si; mas é impossível resistir à evidência de que existe um verdadeiro grau de esterilidade no restrito número de casos seguintes, que resumirei brevemente. As provas são, pelo menos, tão boas como aquelas pelas quais acreditamos na esterilidade de uma multidão de espécies. As provas procedem também de testemunhas adversárias, que, em todos os casos, consideram a fertilidade e a esterilidade como um critério seguro de distinção específica. Gärtner conservou em sua horta, crescendo uma junto a outra, durante vários anos, uma classe anã de milho de grãos amarelos e uma variedade alta de grãos vermelhos e, ainda que estas plantas têm os sexos separados, jamais se cruzaram mutuamente. Depois fecundou treze flores de uma classe com o pólen da outra; mas unicamente uma espiga produziu semente, e esta produziu só cinco grãos. Como as plantas têm os sexos separados, a manipulação neste caso não pôde ser prejudicial. Ninguém, acredito, suspeitou que estas variedades de milho sejam espécies diferentes, e é importante advertir que as plantas híbridas assim obtidas foram *completamente* férteis; de maneira que até Gärtner não se aventurou a considerar as duas variedades como especificamente diferentes. Girou de Buzareingues cruzou três variedades de abóbora, planta que, como o milho, tem os sexos separados, e afirma que sua fecundação mútua é tanto menos fácil quanto suas diferenças são maiores. Não sei até que ponto estas experiências possam ser dignas de crédito; mas as formas com que se experimentou são classificadas como variedades por Sageret, que funda principalmente sua classificação na prova da fertilidade, e Naudin chegou à mesma conclusão. O caso seguinte é bem mais notável e à primeira vista parece incrível; mas é o resultado de um número assombroso de experimentos feitos durante muitos anos em nove espécies de *Verbascum* por tão bom observador e tão contrária testemunha como Gärtner. Consiste este caso em que quando se cruzam, as variedades amarelas e brancas produzem menos sementes do que as variedades de igual cor da mesma espécie. E mais: afirma que, quando variedades amarelas e brancas de uma espécie se cruzam com variedades amarelas e brancas de uma espécie *diferente,* produzem-se mais sementes nos cruzamentos entre flores da mesma cor que nos cruzamentos entre flores de cor diferente. O senhor Scott também fez experiências nas espécies e variedades de *Verbascum* e, ainda que não pôde confirmar os resultados de Gärtner sobre o cruzamento das espécies diferentes, constata que as variedades que têm cor diferente produzem menos sementes – na relação de 86 a 100 – do que as variedades da mesma cor. No entanto, estas variedades não diferem em nada, exceto na cor de suas flores, e uma variedade pode às vezes obter-se da semente de outra.

Kölreuter, cuja exatidão foi confirmada por todos os observadores posteriores, demonstrou o fato notável de que uma variedade do fumo comum era mais fértil do que outras ao cruzá-la com uma espécie muito diferente. Fez experiências com cinco formas que comumente são reputadas como variedades, conduzindo-as da maneira mais rigorosa, ou seja mediante cruzamentos recíprocos, e constatou que sua descendência mestiça era completamente fértil; mas uma destas cinco variedades, utilizada já como pai, já como mãe, e cruzada com a *Nicotiana glutinosa*, produzia sempre híbridos não tão estéreis como os produzidos pelas outras quatro variedades ao cruzá-las com *Nicotiana glutinosa*. Portanto, o aparelho reprodutor daquela variedade deve ter sido em algum modo e em certo grau modificado. Em vista destes fatos, não se pode sustentar mais que as variedades, ao cruzar-se, são invariavelmente férteis por completo. Da grande dificuldade de certificar-nos da fertilidade das variedades em estado natural – pois se se provasse que uma suposta variedade é infértil em algum grau seria classificada quase universalmente como uma espécie; de que o homem atenda só às características externas nas variedades domésticas, e de que estas variedades não tenham estado submetidas, durante períodos muito longos, a condições uniformes de vida: destas diferentes condições, podemos tirar a conclusão de que a fertilidade ao cruzar-se não constitui uma distinção fundamental entre as variedades e as espécies. A esterilidade geral das espécies cruzadas pode seguramente ser considerada, não como uma aquisição ou dom especial, senão como consequência incidental de mudanças, de natureza desconhecida, nos elementos sexuais.

Comparação entre os híbridos e os mestiços, independentemente de sua fertilidade

Independentemente da questão de fertilidade, os descendentes do cruzamento de espécies e variedades podem ser comparados por outros variados aspectos. Gärtner, cujo maior desejo era traçar uma linha de separação entre espécies e variedades, não pôde encontrar entre a chamada descendência híbrida das espécies e a chamada descendência mestiça das variedades mais do que pouquíssimas diferenças, a meu ver completamente insignificantes; e, pelo contrário, ambas se assemelham muito sob vários aspectos importantes.

Discutirei aqui este assunto com substancial brevidade. A diferença mais importante é que, na primeira geração, os mestiços são mais variáveis que os híbridos; mas Gärtner admite que os híbridos de espécies que foram cultivadas durante muito tempo são com frequência variáveis na primeira geração, e eu mesmo vi exemplos atraentes deste fato. Gärtner admite, além disso, que os híbridos entre espécies muito próximas são mais variáveis do que os de espécies muito diferentes, e isto mostra que a diferença no grau de variabilidade desaparece gradualmente. Quando os híbridos mais férteis e os mestiços se propagam por várias gerações, é notória, em ambos os casos, uma extrema variabilidade na descendência; mas poderiam mencionar-se alguns exemplos tanto de híbridos como de mestiços que conservaram muito tempo um caráter uniforme. No entanto, a variabilidade nas gerações sucessivas de mestiços é talvez maior do que nos híbridos.

Esta variabilidade maior nos mestiços que nos híbridos, não parece, de modo algum, surpreendente; pois os pais de mestiços são variedades, e na maioria dos casos variedades domésticas – pouquissimos experimentos se tentaram com variedades naturais – e isto implica que houve variação recente, a qual muitas vezes continuaria e aumentaria resultando do ato do cruzamento. A débil variabilidade dos híbridos na primeira geração, em contraste com a que existe nas gerações sucessivas, é um fato curioso e merece atenção, pois apoia a opinião que admiti a respeito de uma das causas de variabilidade usual, ou seja, que o aparelho reprodutor, por ser sumamente sensível à mudança de condições de vida, deixa nestas circunstâncias de realizar sua função própria de produzir descendência sumamente semelhante sob todos os aspectos à forma progenitora. Ora, os híbridos, na primeira geração, descendem de espécies que, excetuando as cultivadas durante muito tempo, não tiveram seu aparelho reprodutor modificado de modo algum, e não são variáveis; mas os híbridos mesmos têm seu aparelho reprodutor gravemente perturbado e seus descendentes são sumamente variáveis.

Mas, voltando a nossa comparação entre os mestiços e os híbridos, Gärtner estabelece que os mestiços são um pouco mais propensos do que os híbridos a voltar a uma ou outra das formas progenitoras, ainda que isto, se é exato, é com segurança só uma diferença de grau. E mais, Gärtner expressamente afirma que os híbridos de plantas cultivadas durante muito tempo estão mais sujeitos à reversão do que os híbridos em estado natural, e isto provavelmente explica a singular diferença nos resultados a que chegaram os diferentes observadores; assim, Max Wichura, que experimentou em formas não cultivadas de salgueiros, duvida de se os híbridos voltam ou não alguma vez às suas formas progenitoras; enquanto, pelo contrário, Naudin, que experimentou principalmente com plantas cultivadas, insiste, nos termos mais enérgicos, sobre a tendência quase universal dos híbridos à reversão. Gärtner comprova, além disso, que quando duas espécies quaisquer, ainda que sejam muito próximas, cruzam-se com uma terceira, os híbridos são muito diferentes entre si; enquanto se duas variedades muito diferentes de uma espécie se cruzam com outra espécie, os híbridos não diferem muito. Mas esta conclusão, até onde pude averiguar, funda-se num só experimento, e parece diametralmente oposta aos resultados de diferentes experimentos feitos por Kölreuter.

Estas são as únicas diferenças sem importância que pode Gärtner assinalar entre as plantas híbridas e mestiças. Por outra parte, os graus e classes de semelhança de mestiços e híbridos com seus pais respectivos, especialmente dos híbridos produzidos por espécies próximas, seguem, segundo Gärtner, as mesmas leis. Quando se cruzam duas espécies, às vezes tem uma a faculdade predominante de imprimir sua semelhança ao híbrido. Acredito que isto ocorre nas variedades de plantas e nos animais É certo que uma variedade tem sua faculdade predominante sobre a outra. As plantas híbridas procedentes de um cruzamento recíproco se assemelham geralmente muito entre si e o mesmo ocorre com as plantas mestiças procedentes de cruzamentos recíprocos. Tanto os híbridos como os mestiços, podem ser reduzidos a uma ou outra das formas progenitoras mediante cruzamentos repetidos em gerações sucessivas com uma delas.

Estas diferentes observações parecem aplicáveis aos animais; mas o assunto, neste caso, é muito complicado, devido, em parte, à existência de características sexuais secundárias, mas mais especialmente ao predomínio em transmitir a semelhança que é mais enérgico passando por um sexo que pelo outro, tanto quando uma espécie se cruza com outra espécie como quando uma variedade se cruza com outra variedade. Por exemplo, creio que têm razão os autores que sustentam que o asno tem uma ação predominante sobre o cavalo; de maneira que, tanto o mulo como o jumento, assemelham-se mais ao asno que ao cavalo; mas o predomínio é mais enérgico pelo jumento que pela jumenta; de maneira que o mulo, que é filho de jumento e égua, é mais parecido com o asno do que o jumento, que é filho de jumenta e cavalo.

Deu-se muita importância por alguns autores ao fato de que só nos mestiços a descendência não tem um caráter intermédio, mas que se assemelha muito a um de seus pais; mas isto ocorre também nos híbridos, ainda que convenho que com muito menos frequência que nos mestiços. Considerando os casos que reuni de animais cruzados que se assemelham muito a um dos pais, as semelhanças parecem limitadas principalmente a características de natureza quase monstruosa e que apareceram de repente, tais como albinismo, melanismo, falta de cauda ou de chifres, ou dedos adicionais, e não se referem a características que foram adquiridas lentamente por seleção. A tendência à volta repentina ao caráter perfeito de um ou outro dos pais teria também que se apresentar com mais facilidade nos mestiços que descendem de variedades muitas vezes produzidas de repente e de caráter semimonstruoso, que em híbridos que descendem de espécies produzidas lenta e naturalmente. Em conjunto, estou completamente conforme com o doutor Prosper Lucas, que, depois de ordenar um enorme acúmulo de fatos referentes aos animais, chega à conclusão de que as leis de semelhança do filho com seus pais são as mesmas, tanto se os pais diferem pouco como se diferem muito entre si, ou seja, tanto na união de indivíduos da mesma variedade como na de variedades diferentes ou de espécies diferentes.

Independentemente da questão da fertilidade e esterilidade, por todos os outros aspectos parece haver uma semelhança estreita e geral entre a descendência do cruzamento de espécies e a do cruzamento de variedades. Se consideramos as espécies como criadas especialmente e as variedades como produzidas por leis secundárias, esta semelhança seria um fato surpreendente; mas este fato se harmoniza perfeitamente com a opinião de que não há diferença essencial entre espécies e variedades.

Resumo do capítulo

Os primeiros cruzamentos entre formas bastante diferentes para que sejam classificadas como espécies e os híbridos delas, são geralmente – ainda que não sempre – estéreis. A esterilidade apresenta todos os graus, e com frequência é tão leve, que os experimentadores mais cuidadosos chegaram a conclusões diametralmente opostas ao classificar formas mediante esta prova. A esterilidade é variável por disposição inata em indivíduos da mesma espécie e é sumamente sensível à ação de condições favoráveis e desfavoráveis. O grau de esterilidade não acompanha rigorosamente a afinidade sistemática, mas é regulado por diferentes leis curiosas e complicadas. Em geral é diferente – e às vezes muito diferente – nos cruzamentos recíprocos entre duas mesmas espécies. Não sempre é do mesmo grau no primeiro cruzamento e nos híbridos produzidos por este.

Bem como ao enxertar árvores a capacidade de uma espécie ou variedade para vingar em outra depende de diferenças, geralmente de natureza desconhecida, em seus sistemas vegetativos, do mesmo modo nos cruzamentos a maior ou menor facilidade de uma espécie para unir-se a outra depende de diferenças desconhecidas em seus aparelhos reprodutores. Não há mais razão para pensar ue as espécies foram dotadas especialmente de diferentes graus de esterilidade para impedir seu cruzamento e confusão na natureza, que para pensar que as árvores foram dotadas de graus diferentes e um pouco análogos de dificuldade ao ser enxertadas, com o objetivo de impedir nos morros seu enxerto por aproximação.

A esterilidade nos primeiros cruzamentos e nos de sua descendência híbrida não foi adquirida por seleção natural. Nos primeiros cruzamentos parece depender de diferentes circunstâncias; em muitos casos depende, em grande parte, da morte prematura do embrião. No caso dos híbridos, parece depender de que toda sua organização foi perturbada por estar composta por duas formas diferentes, sendo a esterilidade muito semelhante à que experimentam com tanta frequência as espécies puras quando se submetem a condições de vida novas e não naturais. Quem explique estes últimos casos poderá explicar a esterilidade dos híbridos. Esta opinião se encontra vigorosamente sustentada por um paralelismo de outra classe, ou seja que, em primeiro lugar, pequenas mudanças nas condições de vida aumentam o vigor e fertilidade de todos os seres vivos, e, além disso, que o cruzamento de formas que têm estado submetidas a condições de vida ligeiramente diferentes, ou que variaram, é favorável ao tamanho, vigor e fertilidade da descendência. Os fatos mencionados a respeito da esterilidade das uniões ilegítimas de plantas dimórficas e trimórficas e de sua descendência ilegítima tornam, talvez, provável que exista algum laço desconhecido que una em todos os casos a fertilidade das primeiras uniões com a dos descendentes. A consideração destes fatos relativos ao dimorfismo, como a dos resultados de cruzamentos recíprocos, leva claramente à conclusão de que a causa primária da esterilidade nos cruzamentos das espécies está limitada a diferenças em seus elementos sexuais. Mas não sabemos por que os elementos sexuais, no caso das espécies diferentes, têm-se que ter modificado em maior ou menor grau de um modo tão geral, conduzindo a sua infecundidade mútua, ainda que isto parece ter alguma relação estreita com que as espécies têm estado submetidas durante longos períodos de tempo a condições de vida quase uniformes.

Não é surpreendente que a dificuldade de cruzar duas espécies e a esterilidade de sua descendência híbrida se correspondam na maioria dos casos, ainda que se devam a causas diferentes; pois ambas dependem do grau de diferença entre as espécies cruzadas. Também não é surpreendente que a facilidade de efetuar o primeiro cruzamento, a fertilidade dos híbridos deste modo produzidos e a capacidade de enxertar-se – ainda que esta última dependa evidentemente de circunstâncias muito diferentes – vão todas, até certo ponto, paralelas à afinidade sistemática das formas submetidas a experimento, pois a afinidade sistemática compreende semelhanças de todas as classes.

Os primeiros cruzamentos entre formas que se sabe que são variedades, ou suficientemente parecidas para serem consideradas como tais, e os cruzamentos entre seus descendentes mestiços, são geralmente férteis, mas não invariavelmente como com tanta frequência se afirmou. Também não é surpreendente esta fertilidade quase perfeita quando se recorda como estamos expostos, no que se refere às variedades em estado natural, a discutir num círculo vicioso, e quando recordamos que o maior número de variedades foram produzidas em domesticidade pela seleção de simples diferenças externas e não têm estado submetidas durante muito tempo a condições uniformes de vida. Devemos ter especialmente presente também que a domesticidade prolongada tende a eliminar a esterilidade e, portanto, é pouco adequada para produzir esta mesma qualidade. Independentemente da questão da fertilidade sob todos os outros aspectos existe a maior semelhança geral entre híbridos e mestiços, em sua variabilidade, em sua faculdade de absorver-se mutuamente por cruzamentos repetidos e em herdar características de ambas as formas progenitoras. Por último, pois, ainda que sejamos tão ignorantes da causa precisa da esterilidade dos primeiros cruzamentos e da dos híbridos, como somos sobre por que se tornam estéreis os animais e plantas retirados de suas condições naturais, no entanto, os fatos citados neste capítulo não me parecem opostos à ideia de que as espécies existiram primitivamente como variedades.

Capítulo X

Da imperfeição dos registros geológicos

Ausência atual de variedades intermediárias – Natureza das variedades intermediárias extintas: seu número – Tempo decorrido, segundo se infere da velocidade de desnudamento e de depósito – Tempo decorrido, avaliado em anos – Pobreza de nossas coleções paleontológicas. – Intermitência das formações geológicas – Desnudamento das áreas graníticas – Ausência de variedades intermediárias numa formação – Aparição súbita de grupos de espécies – Sua aparição súbita nos estratos fossilíferos inferiores conhecidos – Antiguidade da terra habitável

No capítulo sexto enumerei as objeções principais que se podiam apresentar razoavelmente na contramão das opiniões sustentadas neste livro. A maior parte delas foram já discutidas. Uma, a distinção clara das formas específicas e o não estar unidas entre si por inúmeras formas de transição, é uma dificuldade muito evidente. Expus razões pelas quais estas formas de transição não se apresentam em geral, atualmente, mesmo nas circunstâncias ao que parece mais favoráveis para sua presença, ou seja, num território extenso e contínuo, com condições físicas que variem gradualmente de uns lugares a outros. Esforcei-me em demonstrar que a vida de cada espécie depende mais da presença de outras formas orgânicas já definidas que do clima e, portanto, que as condições de vida reinantes não passam em realidade tão imperceptivelmente por gradações como o calor e a umidade. Esforcei-me também em demonstrar que as variações intermediárias, por estar representadas por número menor de indivíduos do que as formas que se cruzam, serão geralmente derrotadas e exterminadas no transcurso de ulteriores modificações e aperfeiçoamentos. No entanto, a causa principal de que não se apresentem por todas as partes na natureza inúmeras formas intermediárias, depende do processo mesmo de seleção natural, mediante o qual variedades novas ocupam continuamente os postos de suas formas mães, às quais suplantam. Mas o número de variedades intermediárias que existiram em outro tempo tem de ser verdadeiramente enorme, em proporção, precisamente, à enorme escala em que fez o processo de extermínio. Por que, pois, cada formação geológica e cada estrato não estão repletos destes elos intermediários? A geologia, certamente, não revela a existência de tal série orgânica delicadamente gradual e é esta, talvez, a objeção mais grave e clara que pode se apresentar na contramão de minha teoria. A explicação está, a meu ver, na extrema imperfeição dos registros geológicos.

Em primeiro lugar, teria que ter sempre presente que classe de formas intermediárias devem ter existido em outro tempo, segundo minha teoria. Considerando duas espécies quaisquer, encontrei difícil evitar imaginar-se formas diretamente intermediárias entre elas; mas esta é uma opinião errônea; temos de procurar sempre formas intermediárias entre cada uma das espécies e um antepassado comum e desconhecido, e este antepassado, em geral, terá diferido em alguns aspectos de todos seus descendentes modificados. Demos um exemplo singelo: a pomba rabo-de-leque e a papo-de-vento; descendem ambas da pomba silvestre; se possuíssemos todas as variedades intermediárias que existiram em todo o tempo, teríamos duas séries sumamente completas entre ambas e a pomba silvestre; mas não teríamos variedades diretamente intermediárias entre a rabo-de-leque e a papo-de-vento; nenhuma, por exemplo, que reunisse uma cauda um pouco estendida com um papo um pouco dilatado, que são os traços característicos destas duas raças. Estas duas raças, no entanto, chegaram a modificar-se tanto que, se não tivéssemos nenhuma prova histórica ou direta sobre sua origem, não teria sido possível ter determinado, pela simples comparação de sua conformação com a da pomba silvestre, *Columba livia*, se tinham descendido desta espécie ou de alguma outra forma próxima, tal como *Columba oenas*.

O mesmo ocorre com as espécies naturais; se consideramos formas muito diferentes, por exemplo o cavalo e o tapir, não temos motivo para supor que alguma vez existiram formas diretamente intermediárias entre ambas, mas entre cada uma delas e um antepassado comum desconhecido.

O progenitor comum terá tido em toda sua organização uma grande semelhança geral com o tapir e o cavalo, mas em alguns pontos de conformação pode ter diferido consideravelmente de ambos, até talvez mais do que eles diferem entre si. Portanto, em todos estes casos seríamos incapazes de reconhecer a forma mãe de duas ou mais espécies, ainda que comparássemos a estrutura dela com as de seus descendentes modificados, a não ser que, ao mesmo tempo, tivéssemos uma corrente quase completa de elos intermediários.

É quase impossível, segundo minha teoria, que de duas espécies vivas possa uma ter descendido da outra – por exemplo, um cavalo de um tapir – e, neste caso, terão existido elos *diretamente* intermediários entre elas. Mas este caso suporia que uma forma tinha permanecido sem modificação durante um período, enquanto seus descendentes tinham experimentado uma mudança considerável, e o princípio da concorrência entre organismo e organismo, entre filho e pai, fará que isto seja um acontecimento raríssimo; pois, em todos os casos, as formas de vida novas e aperfeiçoadas tendem a suplantar as não aperfeiçoadas e velhas.

Segundo a teoria da seleção natural, todas as espécies vivas têm estado se cruzando com a espécie mãe de cada gênero, mediante diferenças não maiores que as que vemos hoje em dia entre as variedades naturais e domésticas da mesma espécie; e estas espécies mães, em geral extintas atualmente, têm estado por sua vez igualmente se cruzadas com formas mais antigas e assim retrocedendo, convergindo sempre no antepassado comum de cada uma das grandes classes. Deste modo, o número de elos intermediários e de transição entre todas as espécies vivas e extintas deve ter sido muito grande; mas, se esta teoria é verdadeira, seguramente viveram sobre a terra.

Tempo decorrido, segundo se deduz da delocidade dedepósito e da extensão da desnudação

Independentemente de que não encontramos restos fósseis destas formas de união infinitamente numerosas, pode se fazer a objeção de que o tempo não deve ter sido suficiente para uma mudança orgânica tão grande se todas as variações se efetuaram lentamente. Mal me é possível recordar ao leitor que não seja um geólogo prático os fatos que conduzem a fazer-se uma débil ideia do tempo decorrido. Aquele que for capaz de ler a grande obra de sir Carlos Lyell sobre os Princípios de Geologia– que os historiadores futuros reconhecerão que produziu uma revolução nas ciências naturais – e, contudo, não admita a enorme duração dos períodos passados de tempo, pode fechar imediatamente o presente livro. Não quer isto dizer que seja suficiente estudar os *Princípios de Geologia,* ou ler tratados especiais de diferentes observadores a respeito de diferentes formações e notar como cada autor tenta dar uma ideia insuficiente da duração de cada formação e mesmo de cada estrato. Podemos conseguir formar-nos melhor alguma ideia do tempo passado conhecendo os agentes que trabalharam e dando-nos conta profundamente do que foi desnudada a superfície da terra e da quantidade de sedimentos que foram depositados. Como Lyell fez muito bem observar, a extensão e largura das formações sedimentadas são o resultado e a medida da desnudação que experimentou a crosta terrestre. Portanto, haveria que examinar os enormes acúmulos de estratos sobrepostos e observar a erosão que vai arrastando sedimentos e as ondas desgastando os rochedos, para compreender um pouco a respeito da duração do tempo passado, cujos monumentos vemos por todas as partes a nosso redor.

É excelente percorrer uma costa que esteja formada de rochas resistentes e notar o processo de destruição. Na maior parte dos casos, as marés chegam aos rochedos duas vezes ao dia e só durante um curto tempo, e as ondas as desgastam somente quando vão carregadas de areia ou de seixos, pois está provado que a água pura não influi nada no desgaste de rochas. Ao final, a base da rocha fica minada, caem enormes blocos, e estes, permanecendo fixos, têm de ser desgastados, partícula a partícula, até que, reduzido seu tamanho, podem ser levados de cá para lá pelas ondas, e então são convertidos rapidamente em cascalho, areia ou lodo. Mas como é frequente ver, ao longo das bases dos rochedos, grandes blocos arredondados, todos cobertos por uma grossa camada de elementos marinhos, que demonstram o pouco que são desgastados e como é raro que sejam removidos! E mais: se seguimos umas quantas milhas uma linha de rochedos litorâneos em processo de erosão, constatamos que só em um que outro lugar, ao longo de uma pequena extensão ou ao redor de um promontório, os rochedos sofrem atualmente o processo de erosão. O aspecto da superfície e da vegetação mostra que em qualquer das demais partes há muitos anos que as águas deixaram de banhar sua base.

No entanto, recentemente, as observações de Ramsay, à testa de muitos excelentes observadores – Jukes, Geikie, Croll e outros – ensinaram-nos que a erosão atmosférica é um agente bem mais importante do que a ação costeira, ou seja, a ação das ondas. Toda a superfície da terra está exposta à ação química do ar e da água da chuva, com seu ácido carbônico dissolvido e, nos países frios, às geadas; a matéria desagregada é arrastada, mesmo pelos declives suaves, durante as chuvas fortes e, mais do que poderia supor-se, pelo vento, especialmente nos países áridos; então é transportada pelas correntes e rios que, quando são rápidos, afundam seus leitos e trituram os fragmentos. Num dia de chuva vemos, mesmo numa região ligeiramente ondulada, os efeitos da erosão atmosférica nos riachos barrentos que descem de todas as encostas. O senhor Ramsay e o senhor Whitaker demonstraram – e a observação é notabilíssima – que as grandes linhas de escarpas do distrito weáldico e as que se estendem através da Inglaterra, que em outro tempo foram consideradas como antigas costas, não podem ter-se formado, deste modo, pois cada linha está constituída por uma só formação, enquanto nossos rochedos marinhos, em todas as partes, são formados pela intersecção de diferentes formações. Desse modo, vemo-nos forçados a admitir que as linhas de escarpas devem sua origem, em grande parte, a que as rochas de que estão compostas resistiram à desnudação atmosférica melhor do que as superfícies vizinhas; estas superfícies, portanto, foram gradualmente rebaixadas, ficando salientes as linhas de rocha mais dura. Nada produz na imaginação uma impressão mais enérgica da imensa duração do tempo – segundo nossas ideias de tempo – como a convicção, deste modo conseguida, de que produziram grandes resultados os agentes atmosféricos que, aparentemente, têm tão pouca força e que parecem trabalhar com tanta lentidão.

Convencidos, pois, da lentidão com que a terra é desgastada pela ação atmosférica e litorânea, é conveniente, a fim de apreciar a duração do tempo passado, considerar, de uma parte, as massas de rochas que foram eliminadas de muitos territórios extensos e, de outra parte, a espessura de nossas formações sedimentares. Recordo que fiquei impresionadíssimo quando vi ilhas vulcânicas que tinham sido desgastadas pelas ondas e recortadas a seu redor, formando rochedos perpendiculares de 1.000 a 2.000 pés de altura, pois o suave deslizar das correntes de lava, devido a seu primeiro estado líquido, indicava de imediato até onde tinham avançado em outros tempos no mar as camadas rochosas. A mesma história nos referem, ainda mais claramente, as falhas, estas grandes fendas ao longo das quais os estratos se levantaram num lado ou afundaram no outro até uma altura ou profundidade de milhares de pés; pois desde que a crosta se rompeu – e não há grande diferença, fosse o levantamento brusco, fosse lento e efetuado por muitos movimentos pequenos, como o creem hoje a maioria dos geólogos – a superfície da terra foi nivelada tão por completo que exteriormente não é visível indício algum desses grandes deslocamentos. A falha de Craven, por exemplo, estende-se mais de trinta milhas e ao longo desta linha a oscilação vertical dos estratos varia de 600 a 3.000 pés. O professor Ramsay publicou um estudo de um afundamento em Anglesea de 2.300 pés e me informa que está convicto de que existe outro em Merionethshire de 12.000 pés e, no entanto, nestes casos nada há na superfície da terra que indique tão prodigiosos movimentos; pois o acúmulo de rochas foi arrastado até ficar igual em ambos os lados da falha.

Por outro lado, em todas as partes do mundo as massas de estratos sedimentares têm uma espessura assombrosa. Na cordilheira dos Andes calculei em 10.000 pés uma massa de conglomerados e, ainda que seja provável que os conglomerados se tenham acumulado mais depressa do que os sedimentos finos, no entanto, como estão formados de seixos desgastados e arredondados, cada um dos quais leva o selo do tempo, servem para mostrar com que lentidão teve a massa de se acumular. O professor Ramsay me indicou a máxima espessura – segundo medidas positivas na maioria dos casos – das sucessivas formações em diferentes partes da Grã-Bretanha, e o resultado é o seguinte:

Estratos paleozoicos (sem incluir as camadas ígneas)	57.154	pés.
Estratos secundários	13.190	-
Estratos terciários	2.240	-

que totalizam 72.584 pés, isto é, quase treze milhas inglesas e três quartos. Algumas destas formações que estão representadas na Inglaterra por camadas delgadas, têm no continente milhares de pés de espessura. E mais, entre cada uma das formações sucessivas temos, segundo a opinião da maioria dos geólogos, períodos estacionários de enorme extensão, de maneira que o altíssimo acúmulo de rochas sedimentares na Inglaterra nos dá uma ideia incompleta do tempo decorrido durante sua acumulação. A consideração destes diferentes fatos produz na mente quase a mesma impressão que o vão esforço para atingir a ideia da eternidade.

No entanto, esta impressão é, em parte, falsa. O senhor Croll, num interessante trabalho, observa que não nos equivocamos "ao formar uma concepção demasiado grande da duração dos períodos geológicos", mas ao avaliá-los por anos. Quando os geólogos consideram fenômenos longos e complicados e depois consideram cifras que representam vários milhões de anos, as duas coisas produzem um efeito completamente diferente e imediatamente as cifras são declaradas demasiado pequenas. No que se refere à desnudação atmosférica, o senhor Croll demonstra – calculando a quantidade conhecida de sedimentos carregados anualmente pelos rios, em relação com seus leitos – que, da altura média de todo o território, seriam tirados deste modo à medida que fossem gradualmente destruídos, mil pés de rocha sólida no transcurso de seis milhões de anos. Isto parece um resultado assombroso e algumas considerações levam à suspeita que pode ser demasiado grande; mas, mesmo reduzido à metade, ou à quarta parte, é ainda muito surpreendente. Poucos de nós, no entanto, sabemos o que realmente significa um milhão; o senhor Croll dá o seguinte exemplo: tome-se uma tira estreita de papel de 83 pés e 4 polegadas de largura, e estenda-se ao longo da parede de uma grande sala; assinale-se então num extremo a décima parte de uma polegada; este décimo de polegada representará um século e a tira inteira um milhão de anos. Mas, em relação com o assunto desta obra, tenha-se presente o que quer dizer um século, representado, como está, por uma medida completamente insignificante, numa sala das dimensões ditas. Vários eminentes criadores, no decorrer de sua curta vida, modificaram tanto alguns animais superiores – que propagam sua espécie bem mais lentamente do que a maior parte dos inferiores – que formaram o que merece chamar-se uma nova sub-raça.

Poucos homens se ocuparam, com o cuidado devido, de nenhuma casta durante mais de meio século; de modo que cem anos representa o trabalho de dois criadores sucessivos.

Não há que supor que as espécies em estado natural mudam sempre tão rapidamente como os animais domésticos sob a direção da seleção metódica. Seria sob todos os aspectos melhor a comparação com os efeitos que resultam da seleção inconsciente, isto é, da conservação dos animais mais úteis e formosos, sem intenção alguma de modificar a raça; e por este processo de seleção inconsciente se modificaram sensivelmente diferentes raças no decorrer de dois ou três séculos.

As espécies, no entanto, mudam provavelmente com maior lentidão, e num mesmo habitat só um reduzido número muda ao mesmo tempo. A lentidão é consequência de que todos os habitantes do mesmo lugar estão já tão bem adaptados entre si que na economia da natureza não se apresentam, a não ser com longos intervalos, novos postos devidos a mudanças físicas de alguma classe ou à imigração de formas novas. Além disso, variações ou diferenças individuais de natureza conveniente, mediante as quais alguns dos habitantes poderiam estar melhor adaptados a seus novos postos nas circunstâncias modificadas, não sempre têm de aparecer simultaneamente. Por desgraça, não temos meio algum de determinar, medindo-o por anos, o tempo requerido para modificar uma espécie; mas sobre esta questão do tempo temos de insistir.

Pobreza das coleções paleontológicas

Voltemos agora a vista a nossos mais ricos museus geológicos, e que triste espetáculo contemplamos! Que nossas coleções são incompletas, admite-o todo mundo. Nunca se deveria esquecer a observação do admirável paleontólogo Edward Forbes, de que muitíssimas espécies fósseis são conhecidas e classificadas por exemplares únicos, e às vezes rompidos, ou por um restrito número de exemplares recolhidos num só lugar. Tão somente uma pequena parte da superfície da terra foi explorada geológicamente, e em nenhuma com o cuidado suficiente, como o provam as importantes descobertas que cada ano se fazem na Europa. Nenhum organismo totalmente tenro pode conservar-se. As conchas e ossos se decompõem e desaparecem quando ficam no fundo do mar onde não estejam se acumulando sedimentos. Provavelmente temos uma ideia completamente errônea quando admitimos que quase em todo o fundo do mar estão se depositando sedimentos com uma velocidade suficiente para enterrar e conservar restos fósseis. Em toda uma parte enormemente grande do oceano, a clara cor azul da água demonstra sua pureza. Os muitos casos registrados de uma formação coberta concordantemente, depois de um imenso espaço de tempo, por outra formação posterior, sem que a camada subjacente tenha sofrido no intervalo nenhum desgaste nem deslocação, parecem só explicáveis admitindo que o fundo do mar não é raro que permaneça em estado invariável durante tempos imensos. Os restos que são enterrados, se o são em areia ou cascalho, quando as camadas tenham emergido, se dissolverão, geralmente, pela infiltração da água da chuva, carregada de ácido carbônico. Algumas das muitas espécies de animais que vivem na costa, entre os limites da maré alta e a maré baixa, parece que poucas vezes são conservados. Por exemplo as diferentes espécies de ctamalinos – subfamilia de cirrípedes sésseis – cobrem em número infinito as rochas em todo mundo: são todos estritamente litorâneos, exceto uma única espécie mediterrânea que vive em águas profundas, e esta foi achada em estado fóssil na Sicilia, enquanto nenhuma outra, até hoje, foi achada em nenhuma formação terciária e, no entanto, sabe-se que o gênero *Chthamalus* existiu durante o período terciário. Por último, alguns depósitos grandes, que requerem um grande espaço de tempo para sua acumulação, estão inteiramente desprovidos de restos orgânicos, sem que possamos assinalar razão alguma. Um dos exemplos mais notáveis é o *Flysch,* que consiste em ardósias e xistos de uma largura de vários milhares de pés – às vezes até seis mil – e que se estende pelo menos em trezentas milhas de Viena a Suíça e, ainda que esta grande massa tenha sido cuidadosamente explorada, não se encontraram fósseis, exceto alguns restos vegetais.

No que se refere às espécies terrestres que viveram durante os períodos secundários e paleozoicos, é desnecessário afirmar que os depoimentos que temos são em extremo fragmentários; por exemplo: até faz pouco não se conhecia nenhum molusco terrestre pertencente a nenhum destes dois extensos períodos, exceto uma espécie descoberta por sir C. Lyell e o doutor Dawson nos estratos carboníferos da América do Norte; mas agora se encontraram conchas terrestres no *Lias*. No que se refere aos restos de mamíferos, uma olhadela à tabela histórica publicada no *Manual* de Lyell nos convencerá, muito melhor do que páginas inteiras de detalhes, de como é acidental e rara sua conservação. Também não é surpreendente esta escassez, se recordamos a grande quantidade de ossos de mamíferos terciários que foram descobertos, já nas cavernas, já nos depósitos lacustres, e que não se conhece nem uma caverna nem uma verdadeira camada lacustre que pertença à idade de nossas formações secundárias e paleozóicas.

Mas a imperfeição nos registros geológicos resulta, em grande parte, de outra causa mais importante que nenhuma das anteriores, ou seja, de que as diferentes formações estão separadas umas das outras por grandes intervalos de tempo. Esta doutrina foi categoricamente admitida por muitos geólogos e paleontólogos que, como E. Forbes, não acreditam de modo algum na transformação das espécies. Quando vemos as formações dispostas em quadros nas obras escritas ou quando as seguimos na natureza, é difícil evitar a crença que são estritamente consecutivas; mas sabemos, por exemplo, pela grande obra de R. Murchison sobre a Rússia, as imensas lagoas que há neste país entre formações sobrepostas; o mesmo ocorre na América do Norte e em outras muitas partes do mundo. O mais hábil geólogo, se sua atenção tivesse estado limitada exclusivamente a estes grandes territórios, nunca teria suspeitado que durante os períodos que foram estéreis, e como não escritos em seu próprio habitat, tinham-se acumulado em outras partes grandes massas de sedimentos carregados de formas orgânicas novas e peculiares. E se em cada território separado mal pode formar-se uma ideia do tempo que decorreu entre as formações consecutivas, temos de inferir que este não se pôde determinar em parte alguma. As grandes e frequentes mudanças na composição mineralógica de formações consecutivas, como supõem geralmente grandes mudanças na geografia das terras que as rodeiam, das quais provinha o sedimento, estão de acordo com a ideia de que decorreram imensos intervalos de tempo entre cada uma das formações.

Podemos, acredito, compreender por que as formações geológicas de cada região são quase sempre intermitentes – isto é, que não seguiram umas a outras – formando uma série interrompida. Quando estava explorando várias centenas de milhas das costas da América do Sul, que se levantaram várias centenas de pés no período moderno, quase nenhum fato me chamou tanto a atenção como a ausência de depósitos recentes o bastante extensos para conservar-se sequer durante um curto período geológico. AO longo de toda a costa ocidental, que está povoada por uma fauna marinha particular, as camadas terciárias estão tão pobremente desenvolvidas, que provavelmente não se conservará numa idade longínqua depoimento algum das variadas faunas marinhas especiais e sucessivas. Um pouco de reflexão nos explicará por que ao longo da nascente costa ocidental da América do Sul não podem encontrar-se em parte alguma extensas formações com restos modernos ou terciários, ainda que a quantidade de sedimentos deve ter sido grande em tempos passados, a julgar pela enorme erosão das rochas da costa e pelas correntes lodosas que chegam ao mar. A explicação é, sem dúvida, que os depósitos litorâneos e sublitorâneos são desgastados continuamente pela ação demolidora das ondas costeiras, tão cedo como surgem pelo levantamento lento e gradual da terra.

Podemos, a meu ver, chegar à conclusão de que o sedimento tem de se acumular em massas muito grossas, sólidas ou extensas, para que possa resistir à ação incessante das ondas em seu primeiro levantamento e durante as sucessivas oscilações de nível, bem como da subsequente erosão atmosférica. Estes acúmulos largos e extensos de sedimentos podem formar-se de dois modos: ou nas grandes profundidades do mar, em cujo caso o fundo não estará habitado por tantas nem tão variadas formas orgânicas como os mares pouco profundos, e as massas, quando se levantem, darão um depoimento imperfeito dos organismos que existiram na proximidade durante o período de sua acumulação; ou o sedimento pode depositar-se, com qualquer largura e extensão, num fundo pouco profundo, se este continua lentamente se afundando. Neste último caso, enquanto a velocidade do afundamento e o arco de sedimento se equilibrem aproximadamente, o mar permanecerá pouco profundo e favorável para muitas e variadas formas e, deste modo, pode constituir-se uma rica formação fossilífera bastante grossa para resistir, quando surja, a uma grande desnudação.

Estou convicto de que quase todas nossas formações antigas, *ricas em fósseis* na maior parte de sua extensão, foram formadas deste modo durante um movimento de depressão. Desde que publiquei minhas opiniões sobre este assunto em 1845, segui atenciosamente os progressos da geologia e fiquei surpreso ao notar como os autores, um depois de outro, ao tratar desta ou aquela grande formação, chegaram à conclusão de que se acumulou durante um movimento de depressão. Posso adicionar que a única formação terciária antiga na costa ocidental da América que foi bastante grande para resistir à erosão que até hoje sofreu, mas que dificilmente subsistirá até uma idade geológica remota, depositou-se durante um período de afundamento e adquiriu deste modo considerável espessura.

Todos os fatos geológicos nos dizem claramente que cada região experimentou numerosas oscilações lentas de nível e evidentemente estas oscilações compreenderam grandes espaços. Portanto, durante períodos de afundamento se terão constituído formações ricas em fósseis suficientemente grossas e extensas para resistir à erosão subsequente, cobrindo grandes espaços, ainda que somente ali onde o arco de sedimentos foi suficiente para fazer que o mar se mantivesse pouco profundo e para enterrar e conservar os restos orgânicos antes que tivessem tempo de decompor-se. Pelo contrário, enquanto o fundo do mar permanece estacionário, não podem ter-se acumulado depósitos *muito espessos* nas partes pouco profundas, que são as mais favoráveis para a vida. Menos ainda pode ter ocorrido isto durante os períodos alternantes de elevação ou, para falar com mais exatidão, as camadas que se acumularam então terão sido geralmente destruídas ao levantar-se e entrar no domínio da ação costeira.

Estas observações se aplicam principalmente aos depósitos litorâneos e sublitorâneos. No caso de um mar extenso e pouco profundo, tal como o de uma grande parte do Arquipélago Malaio, onde a profundidade oscila entre 30 ou 40 e 60 braças, poderia constituir-se uma formação muito extensa durante um período de elevação e, no entanto, não sofrer muito pela desnudação durante sua lenta emersão; mas a espessura da formação não poderia ser grande, pois, devido ao movimento de elevação, teria que ser menor do que a profundidade na que se formasse; também não estaria o depósito muito consolidado nem coberto por formações sobrepostas, de maneira que corresse muito perigo de ser desgastado pela ação da atmosfera e pela ação do mar nas seguintes oscilações de nível. No entanto, Hopkins indicou que se uma parte da extensão, depois de emergir e antes de ser desnudada, afundasse de novo, os depósitos formados durante o movimento de elevação, ainda que não seriam grandes, poderiam depois ficar protegidos por acumulações novas, e deste modo conservar-se durante um longo período.

Hopkins expressa também sua crença de que as camadas sedimentares de extensão horizontal considerável poucas vezes foram destruídas por completo. Mas todos os geólogos, exceto os poucos que creem que nossas raras rochas metamórficas e plutônicas formaram o núcleo primordial do globo, admitirão que estas últimas rochas foram enormemente desnudadas, pois é quase impossível que estas rochas se tenham solidificado e cristalizado enquanto estiveram descobertas, ainda que, se a ação metamórfica ocorreu nas grandes profundidades do oceano, a primitiva camada protetora pode não ter sido muito espessa. Admitindo que o gneis, micaxisto, granito, diorita, etc., estiveram primeiro necessariamente cobertos, como podemos explicar as grandes extensões nuas destas rochas em muitas partes do mundo, se não é na suposição de que foram posteriormente desnudadas de todos os estratos que as cobriam? Que existem estes grandes territórios, é indubitável. Humboldt descreve a região granítica de Parima como dezenove vezes, pelo menos, maior que a Suíça. Ao sul do Amazonas, Bone descreve um território composto de rochas desta natureza igual a Espanha, França, Itália, parte de Alemanha e as Ilhas Britânicas juntas. Esta região não foi explorada cuidadosamente; mas, segundo depoimentos concordes dos viajantes, a área granítica é enorme; assim, von Eschwege dá um corte detalhado destas rochas que, partindo do Rio de Janeiro, estende-se 260 milhas geográficas, terra adentro, em linha reta, e eu percorri 150 milhas em outra direção, e não vi nada mais que rochas graníticas. Examinei numerosos exemplares recolhidos ao longo de toda a costa, desde o Rio de Janeiro até a desembocadura do rio de La Plata, ou seja, uma distância de 1.100 milhas geográficas, e todos eles pertenciam a esta classe de rochas. Terra adentro, ao longo de toda a orla norte do rio de La Plata, não vi, além de camadas modernas terciárias, mais do que um pequeno aglomerado de rochas ligeiramente metamórficas, que puderam ter feito parte da coberta primitiva das séries graníticas. Fixando-nos numa região bem conhecida, nos Estados Unidos e Canadá, segundo se vê no formoso mapa do professor H. D. Rogers, avaliei as expansões, recortando-as e pesando o papel, e constatei, que as rochas graníticas e metamórficas – excluindo as semimetamórficas – excedem, na relação de 19 a 12,5, ao conjunto das formações paleozóicas superiores. Em muitas regiões se constataria que as rochas metamórficas e graníticas estão bem mais estendidas do que parece, se se tirassem todas as camadas sedimentares que estão sobre elas discordantes, e que não puderam fazer parte do manto primitivo sob o qual aquelas cristalizaram. Portanto, é provável que, em algumas partes da terra, formações inteiras tenham sido completamente desnudadas sem que tenha ficado nenhum vestígio.

Há uma observação que merece ser mencionada de passagem. Durante os períodos de elevação, aumentará a extensão da terra e das partes adjacentes de mar muito pouco profundas, e muitas vezes se formarão novas estações, circunstâncias todas elas favoráveis, como antes se explicou, para a formação de novas espécies e variedades; mas durante estes períodos haverá geralmente uma lacuna nos registros geológicos. Pelo contrário, durante os movimentos de afundamento, a superfície habitada e o número de habitantes diminuirão – exceto nas costas de um continente ao romper-se, formando um arquipélago – e, portanto, durante o afundamento, mesmo que haja muitas extinções, se formarão poucas variedades e novas espécies, e precisamente durante estes mesmos períodos de depressão é quando se acumularam os depósitos que são mais ricos em fósseis.

Ausência de variedades intermediárias numerosas em cada formação separada

Por estas diferentes considerações resulta indubitável que os registos geológicos, considerados em conjunto, são sumamente imperfeitos; mas, se limitamos nossa atenção a uma formação, é bem mais difícil compreender por que não encontramos nela séries graduais de variedades entre as espécies afins que viveram no início e no fim da formação. Descreveram-se diferentes casos de uma mesma espécie que apresenta variedades nas partes superiores e inferiores da mesma formação; assim, Trautschold cita vários exemplos de Amonitas, e também Hilgendorf descreveu um caso curiosíssimo de dez formas graduais de *Planorbis multiformis* nas camadas sucessivas de uma formação de água doce da Suíça. Ainda que cada formação tenha requerido, indiscutivelmente, um número enorme de anos para seu depósito, podem dar-se diferentes razões de por que comumente cada formação não tem de compreender uma série gradual de elos entre as espécies que viveram no início e no fim, ainda que eu não possa determinar o devido valor relativo das considerações seguintes.

Ainda que cada formação exija um lapso enorme de anos, provavelmente cada formação é curta comparada com o período requerido para que uma espécie se transforme em outra. Já sei que dois paleontólogos, cujas opiniões são dignas do maior respeito, Bronn e Woodward, chegaram à conclusão de que a média de duração de cada formação tanto faz a duas ou três vezes a média de duração das formas específicas; mas dificuldades insuperáveis, a meu ver, impedem-nos de chegar a uma conclusão justa sobre este ponto. Quando vemos que uma espécie aparece pela primeira vez no meio de uma formação qualquer, seria em extremo temerário deduzir que esta espécie não tinha existido anteriormente em parte alguma; e, do mesmo modo, quando vemos que uma espécie desaparece antes que se tenham depositado as últimas camadas,seria igualmente temerário supor que a espécie se extinguiu então. Esquecemos o pequeno tamanho da superfície da Europa, comparada com o resto do mundo, e que os diferentes níveis de uma mesma formação não foram tampouco correlativos em toda a Europa com completa exatidão.

Podemos seguramente presumir que nos animais marinhos de todas as classes houve muita emigração, devido a mudanças de clima ou outros, e quando vemos uma espécie que aparece pela primeira vez numa formação, o provável é que simplesmente emigrou então pela primeira vez àquele território. É bem sabido, por exemplo, que diferentes espécies apareceram um pouco antes nas camadas paleozóicas da América do Norte que nas da Europa, evidentemente, por ter-se requerido tempo para sua emigração dos mares da América aos da Europa. Examinando os depósitos mais recentes nas diferentes regiões do mundo, observou-se, em todas as partes, que um restrito número de espécies ainda vivas são comuns num depósito, mas se extinguiram no mar contíguo; ou, ao contrário, que algumas abundam agora no mar vizinho, mas são raras ou faltam naquele depósito determinado. É uma excelente lição refletir a respeito da comprovada e importante migração dos habitantes da Europa durante a época glacial, que forma só uma parte de um período geológico, e igualmente refletir a respeito das mudanças de nível, da mudança extrema do clima e do longo tempo decorrido, tudo isso compreendido dentro do mesmo período glacial. Pode-se, no entanto, duvidar de que em alguma parte do mundo se foram acumulando continuamente, dentro dos mesmos limites, durante todo este período, depósitos sedimentares, *que compreendam restos fósseis*. Não é provável, por exemplo, que se depositassem, durante todo o período glacial, sedimentos perto da foz do Mississipi, dentro dos limites de profundidade entre os quais podem prosperar mais os animais marinhos; pois sabemos que, durante este espaço de tempo, ocorreram grandes mudanças geológicos em outras partes da América. Quando se tiverem levantado camadas como as que se depositaram durante uma parte do período glacial, em águas pouco profundas perto da foz do Mississipi, os restos orgânicos provavelmente aparecerão e desaparecerão em diferentes níveis, devido a migrações de espécies e a mudanças geográficas; e dentro de muito tempo, um geólogo, examinando estas camadas, estaria tentado a tirar como conclusão que a média da duração da vida das espécies fósseis enterradas foi menor do que a duração do período glacial, enquanto na realidade foi muito maior, pois se estendeu desde antes da época glacial até o dia de hoje.

Para que se consiga uma gradação perfeita entre duas formas, uma da parte superior e outra da inferior da mesma formação, o depósito deve ter ido acumulando-se continuamente durante um longo período, suficiente para o lento processo de modificação; portanto; o depósito tem de ser muito grande e a espécie que experimenta a mudança deve ter vivido durante o tempo todo na mesma região. Mas temos visto que uma formação potente, com fósseis em toda sua espessura, pode só acumular-se durante um período de afundamento e, para que se conserve aproximadamente igual a profundidade necessária para que uma mesma espécie marinha possa viver no mesmo lugar, a quantidade de sedimento carregado tem necessariamente que compensar a intensidade do afundamento. Mas este mesmo movimento de depressão tenderá a submergir o território de que prove o sedimento e, deste modo, a diminuir a quantidade de sedimento enquanto continue o movimento de descenso. De fato, este equilíbrio quase perfeito entre a quantidade de sedimento arcado e a intensidade do afundamento é provavelmente uma eventualidade rara, pois foi observado por mais de um paleontólogo que os depósitos muito grandes são comumente muito pobres em fósseis, exceto próximo de seu limite superior ou inferior.

Dir-se-ia que cada formação separada, como a série inteira de formações de um habitat, foi, em geral, intermitente em sua acumulação. Quando vemos, como ocorre muitas vezes, uma formação constituída por camadas de composição química muito diferente, podemos razoavelmente suspeitar que o processo de depósito tem estado mais ou menos interrompido. A inspeção mais minuciosa de uma formação também não nos dá ideia do tempo que pode ter investido sua sedimentação. Poderiam ser mencionados muitos casos de camadas, de só uns poucos pés de espessura que representam formações que em qualquer outra parte têm milhares de pés de espessura, e que devem ter exigido um período enorme para sua acumulação; e, no entanto, ninguém que ignorasse este fato teria nem sequer suspeitado o extensíssimo espaço de tempo representado por aquela formação tão delgada. Muitos casos poderiam ser mencionados em que as camadas superiores de uma formação se levantaram, foram desnudadas, submergiram e depois foram cobertas pelas camadas superiores da mesma formação, fatos que mostram que espaços de tempo tão grandes – e no entanto fáceis de passar inadvertidos – decorreram em sua acumulação. Nas grandes árvores fossilizadas que se conservam ainda em pé, como quando viviam, temos em outros casos a prova mais evidente de muitos extensíssimos intervalos de tempo e de mudanças de nível durante o processo de sedimentação, que não se teria suspeitado deles se não tivessem conservado as árvores: assim, C. Lyell e o doutor Dawson encontraram na Nova Escócia camadas carboníferas de 1.400 pés de espessura, com estratos antigos que continham raízes, umas em cima de outras, em sessenta e oito níveis diferentes pelo menos. Portanto, quando uma mesma espécie se apresenta na base, no meio e no alto de uma formação, é provável que não tenha vivido no mesmo lugar durante todo o período de sedimentação, mas que tenha desaparecido e reaparecido talvez muitas vezes no mesmo período geológico. Por tanto, se a espécie teve de experimentar modificações consideráveis durante a sedimentação de uma formação geológica, um corte não teria que compreender todas as delicadas gradações intermediárias que, segundo nossa teoria, devem ter existido, senão mudanças de forma brusca, ainda que talvez leves.

É importantíssimo recordar que os naturalistas não têm uma *regra de ouro* para distinguir as espécies das variedades; concedem certa pequena variabilidade a todas as espécies; mas, quando se encontram com uma diferença um pouco maior entre duas formas quaisquer, consideram-nas ambas como espécies, a não ser que sejam capazes de cruzá-las mediante gradações intermediárias muito próximas, e isto, pelas razões que acabamos de assinalar, poucas vezes podemos esperar efetuá-lo num corte geológico. Supondo que B e C sejam duas espécies e A uma terceira que se encontre numa camada subjacente, ainda que fosse exatamente intermediária entre B e C, seria considerada simplesmente como uma terceira espécie diferente, a não ser que ao mesmo tempo estivesse estreitamente cruzada por variedades intermediárias, já com uma, já com várias formas. Também não há que esquecer, como antes se explicou, que A pôde ser o verdadeiro progenitor de B e C e, no entanto, não teria de ser por necessidade rigorosamente intermediária entre elas sob todos os aspectos. De maneira que poderíamos encontrar a espécie mãe e seus variados descendentes modificados nas camadas superiores e inferiores da mesma formação e, a menos de encontrar numerosas gradações de transição, não reconheceríamos seu parentesco de consanguinidade e as consideraríamos, portanto, como espécies diferentes.

É notório quão extraordinariamente pequenas são as diferenças sobre as quais muitos paleontólogos fundamentaram suas espécies, e fazem isto tanto mais facilmente se os exemplares provêm de diferentes subgraus da mesma formação. Alguns conquiliólogos experimentados estão agora rebaixando à categoria de variedades muitas das belíssimas espécies de D'Orbigny e outros autores, e neste critério encontramos a prova das transformações que, segundo a teoria, tínhamos que encontrar. Consideremos, além disso, os depósitos terciários mais recentes, que encerram muitos moluscos considerados pela maior parte dos naturalistas como idênticos das espécies vivas; mas, alguns excelentes naturalistas, como Agassiz e Pictet, sustentam que todas estas espécies terciárias são especificamente diferentes, ainda que admitem que a diferença é muito pequena; de maneira que neste caso temos a prova da frequente existência de ligeiras modificações da natureza requerida, a não ser que creiamos que estes eminentes naturalistas foram extraviados por sua imaginação, e que estas espécies do terciário superior não apresentam realmente diferença alguma de suas espécies representativas vivas, ou a não ser que admitamos, na contramão da opinião da maior parte dos naturalistas, que estas espécies terciárias são todas realmente diferentes das modernas. Se consideramos espaços de tempo um pouco maiores, como os níveis diferentes mas consecutivos, de uma mesma formação grande, constatamos que os fósseis neles enterrados, ainda que classificados universalmente como espécies diferentes, são, no entanto, bem mais afins entre si do que as espécies que se encontram em formações bem mais separadas; de maneira que aqui temos também provas indubitáveis de mudanças no sentido exigido por minha teoria; mas sobre este último ponto vou tratar no capítulo seguinte.

Em animais e plantas que se propagam rapidamente e que não mudam muito de lugar, há razões para suspeitar, como antes vimos, que suas variedades geralmente são primeiro locais e que estas variedades não se difundem muito nem suplantam suas formas mães até que se modificaram e aperfeiçoaram muito. Segundo esta opinião, são poucas as probabilidades de descobrir numa formação de um habitat qualquer todos os estados primeiros de transição entre duas formas; pois se supõe que as mudanças sucessivas foram locais ou confinadas a um lugar determinado. A maior parte dos animais marinhos têm um área de dispersão grande e temos visto que, nas plantas, as que têm maior área de dispersão são as que com mais frequência apresentam variedades; de maneira que nos moluscos e outros animais marinhos é provável que os que tiveram a área de dispersão maior, excedendo em muito os limites das formações geológicas conhecidas na Europa, sejam os que com mais frequência tenham dado origem, primeiro, a variedades locais e, finalmente, a novas espécies, e isto também diminuiria muito as probabilidades de que possamos ir seguindo as fases de transição numa formação geológica.

O doutor Falconer insistiu recentemente numa consideração mais importante, que leva ao mesmo resultado, e é que o período durante o qual uma espécie experimentou modificações, ainda que longo, se se mede por anos, foi provavelmente curto em comparação com o período durante o qual permaneceu sem experimentar mudança alguma. Não se deveria esquecer que atualmente, com exemplares perfeitos para estudo, poucas vezes duas formas podem ser cruzadas com variedades intermediárias e pode-se provar deste modo que são a mesma espécie até que se recolham muitos exemplares procedentes de muitas localidades, e nas espécies fósseis isto raramente pode ser feito. Quem sabe, nós devêssemos encarar o fato de que que não podemos cruzar as espécies com os fósseis das formas intermediárias, numerosas e delicadamente graduais, perguntando-nos, por exemplo, se os geólogos do futuro serão capazes de provar que nossas diferentes raças de gado bovino, ovelhas, cavalos e cães, descenderam de um só tronco ou de diferentes troncos primitivos; e também se certos moluscos marinhos que vivem nas costas da América do Norte, e que uns conquiliólogos consideram como espécies diferentes de seus representantes europeus e outros só como variedades, são realmente variedades ou são o que se diz especificamente diferentes. Isto, só os geólogos vindouros poderiam fazê-lo descobrindo em estado fóssil numerosas gradações intermediárias, e isso é praticamente impossível.

Foi dito também até a exaustão, por autores que acreditam na imutabilidade das espécies que a geologia não dá nenhuma forma de transição. Esta afirmação, segundo veremos no capítulo próximo, é certamente errônea. Como J. Lubbock observou, "cada espécie é um elo entre outras espécies afins". Se tomamos um gênero que tenha uma vintena de espécies vivas e extintas, e destruímos quatro quintos delas, ninguém duvidará que as restantes ficarão bem mais diferentes entre si. Se ocorre que as formas extremas do gênero foram destruídas deste modo, o gênero ficará mais separado dos outros gêneros afins. O que as investigações geológicas não revelaram é a existência anterior de gradações infinitamente numerosas, tão delicadas como as variedades atuais, que liguem quase todas as espécies vivas e extintas. Mas isto não se devia esperar e, no entanto, foi proposto reiteradamente, como uma objeção gravíssima contra minhas opiniões.

Valerá a pena resumir num exemplo imaginário as observações anteriores a respeito das causas de imperfeição dos registos geológicos. O Arquipélago Malaio tem aproximadamente o tamanho da Europa, desde o Cabo Norte ao Mediterrâneo e desde a Inglaterra à Rússia e, portanto, equivale a todas as formações geológicas que foram examinadas com algum cuidado, exceto as dos Estados Unidos. Estou conforme por completo com Godwin-Austen em que a disposição atual do Arquipélago Malaio, com suas numerosas ilhas grandes, separadas por mares amplos e pouco profundos, representa provavelmente o estado antigo da Europa, quando se acumularam a maior parte de nossas formações. O Arquipélago Malayo é uma das regiões mais ricas em seres orgânicos e, no entanto, ainda que se coletassem todas as espécies que viveram ali em todo tempo, como imperfeitamente representariam a História Natural do mundo!

Mas temos toda classe de razões para crer que as produções terrestres daquele arquipélago têm de se conservar de um modo muito imperfeito nas formações que supomos que estão se acumulando ali.

Tampouco têm de ficar enterrados nas formações muitos dos animais litorâneos ou dos que viveram em rochas submarinas nuas e os enterrados entre cascalho ou areia não têm de resistir até uma época remota. Onde quer que os sedimentos não se acumularam no fundo do mar ou não o fizeram com a rapidez suficiente para proteger os corpos orgânicos da destruição, não puderam conservar-se restos. Formações ricas em fósseis de muitas classes, de espessura suficiente para persistir até uma idade tão distante no futuro como o são as formações secundárias no passado, geralmente só têm de se formar no Arquipélago durante períodos de afundamento do solo. Estes períodos de afundamento têm de estar separados entre si por espaços imensos de tempo durante os quais o território estaria fixo ou se levantaria; e enquanto se levantasse, as formações fossilíferas teriam que ser destruídas nas costas mais escarpadas quase tão rapidamente como se acumulassem, pela incessante ação costeira, como o vemos agora nas costas da América do Sul. Inclusive nos mares extensos e pouco profundos do Arquipélago Malaio, durante os períodos de elevação, as camadas sedimentares dificilmente poderiam acumular-se em grande espessura, nem ser cobertas nem protegidas por depósitos subsequentes, de maneira que tivessem probabilidades de resistir até um tempo futuro muito longínquo. Nos períodos de afundamento do solo, provavelmente se extinguiriam muitas formas vivas; durante os períodos de elevação deveria haver muita variação; mas os registros geológicos seriam então menos perfeitos.

Pode-se duvidar se a duração de qualquer um dos grandes períodos de afundamento de todo ou de parte do Arquipélago, acompanhado de uma acumulação simultânea de sedimento, tem de exceder à média de duração das mesmas formas específicas, e estas circunstâncias são indispensáveis para a conservação de todas as formas graduais de transição entre duas ou mais espécies. Se estas gradações não se conservaram todas por completo, as variedades de transição apareceriam tão somente como outras tantas novas espécies, ainda que muito próximas. É também provável que cada período grande de afundamento estivesse interrompido por oscilações de nível e que ocorressem pequenas mudanças de clima durante estes longos períodos, e, nestes casos os habitantes do Arquipélago Malaio emigrariam, e não se poderia conservar em nenhuma formação um registro seguido de suas modificações.

Muitos dos seres marinhos que vivem no Arquipélago Malaio se estendem atualmente a milhares de milhas além de seus limites e a analogia conduz claramente à crença de que estas espécies de grande distribuição geográfica – ainda que só algumas delas – teriam que ser principalmente as que com mais frequência produzissem variedades novas; e estas variedades inicialmente seriam locais, ou limitadas a um lugar; mas se possuíam alguma vantagem decisiva ou se se modificavam ou aperfeiçoavam mais, se difundiriam lentamente e suplantariam suas formas mães. Quando estas variedades voltassem a suas localidades antigas, como difeririam de seu estado anterior em grau quase igual, ainda que talvez pequeníssimo, e como seriam encontradas enterradas em subsolos pouco diferentes da mesma formação, seriam consideradas, segundo os princípios seguidos por muitos paleontólogos, como novas espécies e diferentes.

Portanto, se há um pouco de verdade nestas observações, não temos direito a esperar encontrar em nossas formações geológicas um número infinito daquelas delicadas formas de transição que, segundo nossa teoria, reuniram todas as espécies passadas e presentes do grupo de uma longa e ramificada corrente de vida. Devemos procurar tão somente alguns elos, e certamente os encontramos, uns mais distantes, outros mais próximos, e estes elos, por muito próximos que sejam, se se encontram em níveis diferentes da mesma formação, serão considerados por muitos paleontólogos como espécies diferentes. Não pretendo, no entanto, afirmar que jamais teria suspeitado que fossem tão pobres os registros geológicos nas formações melhor conservadas, se a ausência de inúmeras formas de transição entre as espécies que viveram inicialmente, de cada formação, e as que viveram no final não tivesse sido tão contrária a minha teoria.

Aparição súbita de grupos inteiros de espécies afins

A maneira brusca como grupos inteiros de espécies aparecem subitamente em certas formações, foi apresentada por vários paleontólogos – por exemplo, por Agassiz, Pictet e Sedgwick – como uma objeção fatal para minha teoria da transformação das espécies. Se realmente numerosas espécies pertencentes aos mesmos gêneros e famílias entraram na vida simultaneamente, o fato tem de ser fatal para a teoria da evolução mediante seleção natural, pois o desenvolvimento por este meio de um grupo de espécies, descendentes todas de uma espécie progenitora, deve ter sido um processo lento, e os progenitores devem ter vivido muito antes que seus descendentes modificados. Mas com frequência exageramos a perfeição dos registos geológicos e deduzimos erroneamente que, porque certos gêneros ou famílias não foram encontrados embaixo de um nível dado, estes gêneros ou famílias não existiram antes deste nível. Sempre se pode dar crédito às provas paleontológicas positivas; as provas negativas não têm valor algum, como tantas vezes demonstrou a experiência. Com frequência, esquecemos como é grande o mundo comparado com a extensão em que foram cuidadosamente examinadas as formações geológicas; esquecemos que podem ter existido durante muito tempo, num lugar, grupos de espécies, e ter-se multiplicado lentamente antes de invadir os antigos arquipélagos da Europa e dos Estados Unidos. Não nos fazemos ideia do tempo que decorreu entre nossas formações sucessivas, mais longo talvez, em muitos casos, que o requerido para a acumulação de cada formação. Estes intervalos terão dado tempo para a multiplicação de espécies procedentes de alguma ou algumas formas mães e, na formação seguinte, estes grupos ou espécies aparecerão como criados subitamente.

Tenho de recordar aqui uma observação feita anteriormente, ou seja, que deve ter sido preciso um longo tempo para adaptar um organismo a algum modo novo e peculiar de vida – por exemplo, a voar pelo ar – e, portanto, que as formas de transição com frequência ficariam durante muito tempo limitadas a uma região; mas que, uma vez que esta adaptação se efetuou e algumas espécies tivessem adquirido assim uma grande vantagem sobre outros organismos, seria necessário um espaço de tempo relativamente curto para produzir muitas formas divergentes, que se dispersariam rapidamente por todo mundo. O professor Pictet, em sua excelente crítica desta obra ao tratar das primeiras formas de transição, e tomando como exemplo as aves, não compreende como puderam ser de alguma vantagem as modificações sucessivas dos membros anteriores de um protótipo imaginário. Mas consideremos os pinguins do Oceano Antártico. Não têm estas aves seus membros anteriores precisamente no estado intermédio, em que não são "nem verdadeiros braços e nem verdadeiras asas"? E, no entanto, estas aves conservam vitoriosamente seu lugar na batalha pela vida, pois existem em infinito número e de várias classes. Não suponho que, neste caso, tenhamos à vista os graus de transição reais pelos quais passaram as asas das aves; mas que dificuldade especial existe em crer que poderia aproveitar aos descendentes modificados do pinguim tornar-se, primeiro, capaz de mover-se pela superfície do mar, batendo-a com as asas, como o *Micropterus* de Eyton, e levantar-se, por fim, da superfície e planar no ar?

Mencionarei agora alguns exemplos para esclarecer as observações anteriores e para demonstrar como estamos expostos a erro ao supor que grupos inteiros de espécies se tenham produzido subitamente. Ainda num intervalo tão curto como o que média entre a primeira edição e a segunda da grande obra de Paleontologia de Pictet, publicadas em 1844-46 e em 1853-57, modificaram-se muito as conclusões sobre a primeira aparição e o desaparecimento de diferentes grupos de animais, e uma terceira edição exigiria ainda novas modificações. Recordo-me do fato, bem conhecido, de que nos tratados de geologia publicados, não faz muitos anos, se falava sempre dos mamíferos como se tivessem surgido bruscamente no começo do período terciário, e agora um dos mais ricos sítios conhecidos de mamíferos fósseis pertence à metade do período secundário, e se descobriram verdadeiros mamíferos no arenito vermelho moderno quase no princípio desta grande série. Cuvier costumava fazer a objeção de que em nenhum estrato terciário se apresentava nenhum macaco; mas atualmente se descobriram espécies extintas na Índia, América do Sul e na Europa, retrocedendo até o mioceno. Se não tivesse sido pela rara casualidade de conservar-se as pisadas no arenito vermelho moderno dos Estados Unidos, quem se teria aventurado a supor que existissem durante aquele período até trinta espécies, pelo menos, de animais parecidos com as aves, alguns de tamanho gigantesco? Nem um fragmento de osso se descobriu nestas capas! Não faz muito tempo, os paleontólogos supunham que a classe inteira das aves tinha começado a existir subitamente durante o período mioceno; mas hoje sabemos, segundo a autoridade do professor Owen, que é certo que durante a sedimentação do arenito verde superior viveu um ave e, ainda mais recentemente, foi descoberta nas ardósias oolíticas de Solenhofen a estranha ave *Archeopteryx,* com uma longa cauda como de sáurio, a qual leva um par de plumas em cada articulação, e com as asas providas de duas unhas livres. Dificilmente uma descoberta recente demonstrará com mais força do que esta o pouco que sabemos até agora dos habitantes anteriores do mundo.

Posso mencionar outro exemplo, que me impressionou muito, por ter ocorrido ante meus próprios olhos. Numa memória sobre os cirrípedes sesiles fósseis afirmei que, pelo grande número de espécies vivas e fósseis terciários; pela extraordinária abundância de indivíduos de muitas espécies em todo mundo, desde as regiões árticas até o Equador, que vivem em diferentes zonas de profundidade, desde os limites superiores das marés até 50 braças; pelo modo perfeito como os exemplares se conservam nas camadas terciárias mais antigas; pela facilidade com que pode ser reconhecido até um pedaço de uma valva; por todas estas circunstâncias juntas, tirava eu a conclusão de que, se os cirrípedes sésseis tivessem existido durante os períodos secundários, seguramente se teriam conservado e teriam sido descobertos; e como não se tinha encontrado então nem uma só espécie em camadas desta idade, chegava à conclusão de que este grande grupo se tinha desenvolvido subitamente no começo do período terciário. Isto era para mim uma penosa contrariedade, pois constituía um exemplo mais de aparição brusca de um grupo grande de espécies. Mas, mal publicada minha obra, um hábil paleontólogo, o senhor Bosquet, enviou-me um desenho de um exemplar perfeito de um cirrípede séssil inconfundível, que ele mesmo tinha tirado do cretáceo da Bélgica;

e, para que o caso resultasse mais atraente possível, este cirrípede era um *Chthamalus,* gênero muito comum, grande e difundido por toda parte, mas que nem uma só espécie havia sido encontrada até agora, nem sequer nos estratos terciários. Ainda mais recentemente, um *Pyrgoma,* que pertence a uma subfamilia diferente de cirrípedes sésseis, foi descoberto pelo senhor Woodward no cretáceo superior; de maneira que atualmente temos provas abundantes da existência deste grupo de animais durante o período secundário.

O caso de aparição aparentemente brusca de um grupo inteiro de espécies, sobre o qual com mais frequência insistem os paleontólogos, é o dos peixes teleósteos na base, segundo Agassiz, do período cretáceo. Este grupo compreende a grande maioria das espécies atuais; mas agora se admite geralmente que certas formas jurássicas e triásicas são teleósteos, e até algumas formas paleozóicas foram classificadas como tais por uma grande autoridade.

Se os teleósteos tivessem aparecido realmente de repente no hemisfério norte, no começo da formação cretácea, o fato teria sido notabilíssimo, mas não teria constituído uma dificuldade insuperável, a não ser que se pudesse demonstrar também que, no mesmo período, as espécies se desenvolveram súbita e simultaneamente em outras partes do mundo. É quase supérfluo observar que raramente se conhece um peixe fóssil de países situados ao sul do equador e, percorrendo a *Paleontologia* de Pictet, se verá que de várias formações da Europa se conhecem pouquíssimas espécies. Algumas famílias de peixes têm atualmente uma distribuição geográfica limitada; os peixes teleósteos puderam ter tido antigamente uma distribuição igualmente limitada e ter-se estendido amplamente depois de terse desenvolvido muito em algum mar. Também não temos direito algum a supor que os mares do mundo tenham estado sempre tão abertos desde o norte até o sul como o estão agora. Ainda atualmente, se o Arquipélago Malaio se convertesse em terra firme, as partes tropicais do Oceano Índico formariam um mar perfeitamente fechado, no qual poderia multiplicar-se qualquer grupo importante de animais marinhos, e permanecendo ali confinados até que algumas das espécies chegassem a adaptar-se a clima mais frio e pudessem dobrar os cabos do sul da África e da Austrália, e deste modo chegar a outros mares distantes.

Por estas considerações, por nossa ignorância da geologia de outros países além dos confins da Europa e dos Estados Unidos, e pela revolução que efetuaram em nossos conhecimentos paleontológicos as descobertas dos doze últimos anos, parece-me que quase é tão temerário dogmatizar sobre a sucessão das formas orgânicas no mundo como o seria para um naturalista discutir sobre o número e distribuição geográfica das produções da Austrália cinco minutos depois de ter desembarcado num ponto árido deste *habitat*.

Sobre a aparição súbita de grupos de espécies afins nos estratos fossilíferos inferiores que se conhecem

Apresenta-se aqui outra dificuldade análoga bem mais grave. Refiro-me à maneira como as espécies pertencentes a vários dos principais grupos do reino animal aparecem subitamente nas rochas fossilíferas inferiores que se conhecem. A maior parte das razões que me convenceram de que todas as espécies vivas do mesmo grupo descendem de um só progenitor se aplicam com igual força às espécies mais antigas conhecidas. Por exemplo: é indubitável que todos os trilobitas câmbricos e silurianos descendem de algum crustáceo, que deve ter vivido muito antes da era cambriana e siluriana e que provavelmente diferiu muito de todos os animais conhecidos. Alguns dos animais mais antigos, como os *Nautilus*, *Lingula*, etc., não diferem muito de espécies vivas, e, segundo nossa teoria, não pode supor-se que estas espécies antigas sejam as progenitoras de todas as espécies pertencentes aos mesmos grupos, que foram aparecendo depois, pois não têm características em nenhum grau intermediário.

Portanto, se a teoria é verdadeira, é indiscutível que, antes que se depositasse o estrato câmbrico inferior, decorreram longos períodos, tão longos, ou provavelmente maiores, que o espaço de tempo que separou a idade cambriana do dia de hoje e, durante estes vastos períodos, os seres vivos formigavam no mundo. Encontramo-nos aqui com uma objeção formidável, pois parece duvidoso que a terra, em estado adequado para habitá-la seres vivos, tenha tido a duração suficiente. W. Thompson chega à conclusão de que a consolidação da crosta dificilmente pôde ter ocorrido menos de vinte milhões de anos atrás nem mais de quatrocentos, e que provavelmente ocorreu não faz menos de noventa e oito nem mais de duzentos. Estes limites amplíssimos demonstram como são duvidosos os dados e, no futuro, outros elementos podem ter de ser introduzidos no problema. Croll calcula que desde o período cambriano decorreram aproximadamente sessenta milhões de anos; mas isto – julgado pela pequena mudança dos seres orgânicos desde o começo da época glacial – parece um tempo curtíssimo para as muitas e grandes mudanças orgânicas que ocorreram certamente desde a formação cambriana, e os cento quarenta milhões de anos anteriores mal podem ser considerados como suficientes para o desenvolvimento das variadas formas orgânicas que existiam já durante o período câmbrico. É, no entanto, provável, como afirma William Thompson, que o mundo, num período muito remoto, esteve submetido a mudanças mais rápidas e violentas em suas condições físicas que as que atualmente ocorrem, e estas mudanças teriam tendido a produzir modificações proporcionadas nos organismos que então existissem.

À pergunta de por que não encontramos ricos depósitos fossilíferos correspondentes a estes supostos períodos antiquíssimos anteriores ao sistema câmbrico, não pôde dar resposta alguma satisfatória. Vários geólogos eminentes, com R. Murchison à testa, estavam convictos, até faz pouco, de que nos restos orgânicos do estrato siluriano inferior contemplávamos a primeira aurora da vida. Outras autoridades competentíssimas, como Lyell e E. Forbes, impugnaram esta conclusão. Não temos de esquecer que só uma pequena parte da terra está conhecida com exatidão. Não faz muito tempo que Barrande adicionou, sobo sistema siluriano então conhecido, outro nível inferior abundante em novas e peculiares espécies; e agora, ainda mais abaixo, na formação cambriana inferior, Hicks encontrou no sul de Gales camadas que são ricas em trilobitas e que contêm diferentes moluscos e análidos. A presença de nódulos fosfáticos e de matérias betuminosas, inclusive em algumas das rochas azoicas inferiores, são provavelmente indícios de vida nestes períodos, e se admite geralmente a existência do *Eozoon* na formação laurentina do Canadá. Existem no Canadá três grandes séries de estratos abaixo do sistema siluriano, e na inferior delas se encontra o *Eozoon*. W. Logan afirma que "a espessura das três séries reunidas, pode talvez exceder mais do que todas as rochas seguintes, desde a base da série paleozóica até a atualidade. Deste modo nos vemos transportados a um período tão remoto, que a aparição da chamada fauna primordial (de Barrande) pode ser considerada por alguns como um acontecimento relativamente moderno". De todas as classes de animais, o *Eozoon* pertence à organização inferior; mas, dentro de sua classe, é de organização elevada, existe em quantidade inumerável e, como obsevou o doutor Dawson, seguramente se alimentava de outros pequenos seres orgânicos, que devem ter vivido em grande número. Assim, as palavras que escrevi em 1859, a respeito da existência de seres orgânicos muito antes do período câmbrico, e que são quase as mesmas que empregou depois W. Logan, resultaram verdadeiras. No entanto, é grandíssima a dificuldade para assinalar alguma razão boa para explicar a ausência de grandes acúmulos de estratos ricos em fósseis, abaixo do sistema câmbrico. Não parece provável que as camadas mais antigas tenham sido desgastadas por completo por desnudação, nem que seus fósseis tenham ficado totalmente apagados pela ação metamórfica, pois se assim tivesse ocorrido, teríamos encontrado só pequenos resíduos das formações seguintes em idade e estas se teriam apresentado sempre num estado de metamorfose parcial. Mas as descrições que possuímos dos depósitos silurianos, que ocupam imensos territórios na Rússia e América do Norte, não apoiam a opinião de que invariavelmente, quanto mais velha é uma formação, tanto mais tenha sofrido extrema desnudação e metamorfose.

O caso tem de ficar por agora sem explicação e pode apresentar-se realmente como um argumento válido contra as opiniões que aqui me sustentam. A fim de mostrar que mais adiante pode receber alguma explicação, citarei as seguintes hipóteses. Pela natureza dos restos orgânicos, que não parecem ter vivido a grandes profundidades nas diferentes formações da Europa e os Estados Unidos, e pela quantidade de sedimentos – milhas de espessura – de que as formações estão compostas, podemos deduzir que, desde o princípio até o fim, houve, nas proximidades dos continentes da Europa e América do Norte hoje existentes, grandes ilhas ou extensões de terra. Esta mesma opinião foi antes sustentada por Agassiz e outros autores; mas não sabemos qual foi o estado de coisas nos intervalos entre as diferentes formações sucessivas, nem se Europa e os Estados Unidos existiram durante estes intervalos, como terras emergidas, ou como extensões submarinas próximas à terra, sobre as quais não se depositaram sedimentos, ou como fundo de um mar aberto e insondável.

Considerando os oceanos existentes, que são três vezes maiores que a terra, vemo-los salpicados de muitas ilhas; mas raramente se sabe, até agora, de uma ilha verdadeiramente oceânica – exceto Nova Zelandia, se é que esta pode chamar-se verdadeiramente assim – que aporte nem sequer um resto de alguma formação paleozóica ou secundária. Portanto, talvez possamos deduzir que, durante os períodos paleozoico e secundário, não existiram continentes nem ilhas continentais onde agora se estendem os oceanos, pois, se tivessem existido, se teriam acumulado, segundo toda probabilidade, formações paleozóicas e secundárias formadas de sedimentos derivados de seu desgaste e destruição, e estes, pelo menos em parte, se teriam levantado nas oscilações de nível que devem ter ocorrido durante estes períodos enormemente longos. Se podemos, pois, deduzir um pouco sobre esses fatos, temos de deduzir que, onde agora se estendem os oceanos houve oceanos desde o período mais remoto de que temos alguma notícia e, pelo contrário, onde agora existem continentes existiram grandes extensões de terra desde o período câmbrico, submetidas indubitavelmente a grandes oscilações de nível. O mapa em cores unido a meu livro sobre os *Recifes de Corais* me levou à conclusão de que, em geral, os grandes oceanos são ainda áreas de afundamento e os grandes arquipélagos, áreas de oscilação de nível, e os continentes, áreas de elevação; mas não temos razão alguma para supor que as coisas tenham sido assim desde o princípio do mundo. Nossos continentes parecem ter-se formado pela preponderância de uma força de elevação durante muitas oscilações de nível; mas, não podem, em decorrência de idades, ter mudado as áreas de maior movimento? Num período muito anterior à época cambriana podem ter existido continentes onde agora se estendem os oceanos, e claros oceanos sem límites onde agora estão nossos continentes. Também não estaria justificado admitir que se, por exemplo o leito do Oceano Pacífico se convertesse agora num continente, teríamos de encontrar ali formações sedimentares, em estado reconhecível, mais antigas do que os estratos câmbricos, supondo que tais formações se tivessem depositado ali em outro tempo; pois poderia ocorrer muito bem que estratos que tivessem ficado algumas milhas mais próximos do centro da terra e que tivessem sofrido a pressão do enorme peso da água que os cobre, poderiam ter sofrido uma ação metamórfica maior do que os estratos que permaneceram sempre mais próximos da superfície. Sempre me pareceu que exigiam uma explicação especial os imensos territórios de rochas metamórficas nuas existentes em algumas partes do mundo, por exemplo, na América do Sul, que devem ter estado esquentadas a grande pressão e talvez possamos pensar que nestes grandes territórios contemplamos as numerosas formações muito anteriores à época cambriana, em estado de completa desnudação e metamorfose.

As variadas dificuldades que aqui se discutem (a saber: que ainda que encontramos nas formações geológicas muitas formas de união entre as espécies que agora existem e as que existiram anteriormente, não encontramos um número infinito de delicadas formas de transição que unam estreitamente a todas elas; a maneira súbita como aparecem pela primeira vez nas formações europeias vários grupos de espécies; a ausência quase completa – no que até agora se conhece – de formações ricas em fósseis por baixo dos estratos câmbricos) são todas indubitavelmente dificuldades de caráter gravíssimo. Vemos isto no fato de que os mais eminentes paleontólogos, como Cuvier, Agassiz, Barrande, Pictet, Falconer, E. Forbes, etc., e todos nossos maiores geólogos, como Lyell, Murchison, Sedgwick, etc., unanimemente – e muitas vezes veementemente – sustentaram a imutabilidade das espécies. Mas Charles Lyell agora presta o apoio de sua alta autoridade ao lado oposto e a maioria dos geólogos e paleontólogos vacilam em suas convicções anteriores. Os que creiam que os registos geológicos são de algum modo perfeitos recusarão desde logo indubitavelmente minha teoria. Por minha parte, seguindo a metáfora de Lyell, considero os registos geológicos como uma história do mundo imperfeitamente conservada e escrita num dialeto que muda e desta história possuímos só o último volume, referente nada mais que a dois ou três séculos. Deste volume só se conservou aqui e ali um breve capítulo, e de cada página, só umas poucas linhas saltadas. Cada palavra desta linguagem, que lentamente varia, é mais ou menos diferente nos capítulos sucessivos e pode representar as formas orgânicas que estão sepultadas nas formações consecutivas e que erroneamente parece que foram introduzidas de repente. Segundo esta opinião, as dificuldades antes discutidas diminuem notavelmente e até desaparecem.

Capítulo XI

Da sucessão geológica dos seres orgânicos

Da aparição lenta e sucessiva de novas espécies – De sua diferente velocidade de transformação – As espécies, uma vez perdidas, não reaparecem – Os grupos de espécies seguem, em sua aparição e desaparecimento, as mesmas regras que as espécies isoladas – Da extinção – Das mudanças simultâneas nas formas orgânicas do mundo inteiro – Das afinidades das espécies extintas entre si e com as espécies vivas – Do estado de desenvolvimento das formas antigas – Da sucessão dos mesmos tipos dentro das mesmas regiões – Resumo do presente capítulo e do anterior

Vejamos agora se os diferentes fatos e leis relativos à sucessão geológica dos seres orgânicos se harmonizam melhor com a opinião comum da imutabilidade das espécies ou com a de sua modificação lenta e gradual por variação e seleção natural.

As novas espécies apareceram lentíssimamente uma depois de outra, tanto na terra como nas águas. Lyell demonstrou que, sobre este ponto, mal é possível resistir à evidência no caso dos diferentes níveis terciários, e cada ano que passa tende a preencher os claros existentes entre os níveis e a tornar mais gradual a proporção entre as formas extintas e as vivas. Em algumas das camadas mais recentes –

ainda que indubitavelmente de grande antiguidade, se esta se mede pelos anos – só uma ou duas espécies resultam extintas e só uma ou duas são novas, por terem aparecido então pela primeira vez, já naquela localidade, já – até onde atinge nosso conhecimento – na superfície da terra. As formações secundárias são mais interrompidas; mas, como observa Bronn, nem a aparição nem o desaparecimento das muitas espécies enterradas em cada formação foram simultâneas.

As espécies pertencentes a diferentes gêneros e classes não mudaram nem com a mesma velocidade nem no mesmo grau. Nas camadas terciárias mais antigas podem encontrar-se ainda alguns moluscos hoje vivos, no meio de uma multidão de formas extintas. Falconer deu um notável exemplo de um fato semelhante, pois nos depósitos sub-himalaios aparece, associado a muitos mamíferos e répteis extintos, um crocodilo que ainda existe. A *Lingula siluriana* difere muito pouco das espécies vivas deste gênero, enquanto a maioria dos restantes moluscos e todos os crustáceos daquela época mudaram muito. As produções terrestres parecem ter mudado mais rapidamente que as do mar, uma vez que foi encontrado na Suíça um exemplo notável desse fato. Há algum fundamento para crer que os organismos mais elevados na escala mudam mais rapidamente do que aqueles que são inferiores, ainda que haja exceções a esta regra. Como observou Pictet, a intensidade da mudança orgânica não é a mesma em cada uma das chamadas formações sucessivas. No entanto, se compararmos quaisquer formações, exceto as mais próximas, se constatará que todas as espécies experimentaram alguma mudança. Uma vez que uma espécie desapareceu da superfície da terra, não temos razão alguma para crer que a mesma forma idêntica reapareça algum dia. A exceção aparente mais importante a esta última regra é a das chamadas *colônias* do senhor Barrande, as quais invadem, durante algum tempo, no meio de uma formação mais antiga, permitindo desse modo que reaparecesse uma fauna preexistente; mas a explicação de Lyell – ou seja, que se trata de um caso de emigração temporária desde uma província geográfica diferente – parece satisfatória.

Estes diferentes fatos se conciliam bem com nossa teoria, que não compreende nenhuma lei fixa de desenvolvimento que faça mudar brusca ou simultaneamente, ou em igual grau, todos os habitantes de uma região. O processo de modificação deve ter sido lento e compreendeu geralmente só um reduzido número de espécies ao mesmo tempo, pois a variabilidade de cada espécie é independente. Caso estas variações ou diferenças individuais que podem surgir se acumulem mediante seleção natural em maior ou menor grau, produzindo assim uma maior ou menor modificação permanente, dependerá de circunstâncias muito complexas: que as variações sejam de natureza útil; da liberdade nos cruzamentos; da mudança lenta das condições físicas no *habitat*; da imigração de novos colonos e da natureza dos outros habitantes com os quais entrem em concorrência as espécies que variam. Não é, pois, de modo algum, surpreendente que uma espécie conserve identicamente a mesma forma bem mais tempo do que outras ou que, se muda, o faça em menor grau.

Encontramos relações análogas entre os habitantes atuais de diferentes habitats; por exemplo: os moluscos terrestres e os insetos coleópteros da ilha da Madeira chegaram a diferir consideravelmente de seus parentes mais próximos do continente da Europa, enquanto os moluscos marinhos e as aves permaneceram sem variação. Talvez possamos compreender a velocidade, evidentemente maior, da mudança nos seres terrestres e nos de organização mais elevada, comparados com os seres marinhos e inferiores, pelas relações mais complexas dos seres superiores com suas condições orgânicas e inorgânicas de vida, segundo se explicou num capítulo anterior. Quando um grande número dos habitantes de uma região tenha chegado a modificar-se e aperfeiçoar-se, podemos compreender, pelo princípio da concorrência e pelas importantíssimas relações entre organismo e organismo na luta pela vida, que toda forma que não chegasse a modificar-se ou aperfeiçoar-se em algum grau estaria exposta a ser exterminada. Vemos, portanto, por que todas as espécies de uma mesma região, se consideramos espaços de tempo suficientemente longos, acabaram por modificar-se, pois, de outro modo, se teriam extinguido.

Entre os membros de uma mesma classe, a média de mudança durante períodos longos e iguais de tempo pode talvez ser quase o mesmo; mas, como a acumulação de formações duradouras ricas em fósseis depende de que se depositem grandes massas de sedimentos em regiões que se afundem, nossas formações se acumularam quase necessariamente com intermitências grandes e irregulares; em vista disso, a intensidade da mudança orgânica que mostram os fósseis enterrados nas formações sucessivas não pode ser igual. Segundo esta hipótese, cada formação não assinala um ato novo e completo de criação, senão tão somente uma cena incidental, tomada quase a esmo, de um drama que vai mudando sempre lentamente.

Podemos compreender claramente por que uma espécie, quando se perdeu, não tem de reaparecer nunca, ainda que voltem exatamente as mesmas condições orgânicas e inorgânicas de vida; pois ainda que a descendência de uma espécie pudesse adaptar-se – e indubitavelmente ocorreu isto em inúmeros casos – a preencher o lugar de outra na economia da natureza, suplantando-a deste modo, no entanto, as duas formas – a antiga e a nova – não seriam identicamente iguais e ambas herdariam, quase seguramente, características diferentes de seus diferentes antepassados, e organismos diferentes teriam que variar já de um modo diferente. Por exemplo: é possível que, se fossem destruídas todas nossas pombas rabo-de-leque, os avicultores poderiam fazer uma nova raça mal distinguível da raça atual; mas se sua espécie mãe, a pomba silvestre, fosse também destruída – e temos toda classe de razões para crer que, no estado natural, formas mães são geralmente suplantadas e exterminadas por sua descendência aperfeiçoada – não é de acreditar que uma rabo-de-leque idêntica à raça extinta pudesse ser obtida de nenhuma outra espécie de pomba, nem sequer de nenhuma outra raça bem estabelecida de pomba doméstica, pois as variações sucessivas seriam, quase com segurança, diferentes em certo grau e a variedade recém-formada herdaria provavelmente daquelas que lhe dessem origem algumas diferenças características.

Os grupos de espécies – isto é, gêneros e famílias – seguem em sua aparição e desaparecimento as mesmas regras gerais que as espécies isoladas, mudando mais ou menos rapidamente ou em maior ou menor grau. Um grupo, uma vez que desapareceu, nunca reaparece; isto é, a existência do grupo é contínua enquanto o grupo dura. Sei que existem algumas aparentes exceções a esta regra; mas as exceções são surpreendentemente poucas, tão poucas, que E. Forbes, Pietet e Woodward – apesar de serem todos eles contrários às opiniões que sustento – admitem a verdade desta regra, que está exatamente de acordo com minha teoria; pois todas as espécies do mesmo grupo, por muito que tenha durado, são descendentes modificadas umas de outras, e todas de um progenitor comum. No gênero *Lingula*, por exemplo, as espécies que sucessivamente apareceram em todas as idades devem ter-se cruzado por uma série não interrompida de gerações, desde o estrato siluriano mais inferior até a atualidade.

Vimos no capítulo anterior que, às vezes, grupos de espécies parecem falsamente ter-se desenvolvido de repente, e tentei dar uma explicação deste fato que, se fosse verdadeiro, seria fatal para minhas opiniões. Mas estes casos são verdadeiramente excepcionais, pois a regra geral é um aumento gradual em número, até que o grupo atinja seu máximo e, depois, mais cedo ou mais tarde, uma diminuição gradual. Se o número de espécies incluídas num gênero, ou o número de gêneros incluídos numa família, representa-se por uma linha vertical de espessura variável que sobe através das sucessivas formações geológicas em que se encontram as espécies, a linha, algumas vezes, parecerá falsamente começar em seu extremo inferior, não em ponta aguda, senão bruscamente; depois, gradualmente, engrossará para cima, conservando às vezes a mesma largura num trajeto e, finalmente, acabará tornando-se delgada nas camadas superiores, assinalando a diminuição e extinção final das espécies. Este aumento gradual no número de espécies de um grupo está por completo conforme com minha teoria, pois as espécies do mesmo gênero e os gêneros da mesma família só podem aumentar lenta e progressivamente, por ser o processo de modificação e a produção de numerosas formas afins necessariamente um processo lento e gradual, pois uma espécie dá primeiro origem a duas ou três variedades, estas se convertem lentamente em espécies que,por sua vez, produzem por graus igualmente lentos outras variedades e espécies, e assim sucessivamente, como a ramificação de uma grande árvore partindo de um só tronco, até que o grupo chega a ser grande.

Da extinção

Até agora só falamos acidentalmente do desaparecimento de espécies e grupos de espécies Segundo a teoria da seleção natural, a extinção de formas velhas e a produção de formas novas e aperfeiçoadas estão intimamente cruzadas. A antiga ideia de que todos os habitantes da terra tinham sido aniquilados por catástrofes nos sucessivos períodos, está geralmente abandonada, mesmo por aqueles geólogos, como Elie de Beaumont, Murchison, Barrande, etc., cujas opiniões gerais teriam de conduzi-los naturalmente a esta conclusão. Pelo contrário, temos fundamento para crer, pelo estudo das formações terciárias, que as espécies e grupos de espécies desaparecem gradualmente, uns depois de outros, primeiro de um lugar, depois de outro e, finalmente, do mundo. Em alguns casos, no entanto – como a ruptura de um istmo, e a consequente irrupção de uma multidão de novos habitantes num mar contíguo, ou o afundamento final de uma ilha – o processo de extinção pode ter sido rápido. Tanto as espécies isoladas como os grupos inteiros de espécies duram períodos de tempo muito desiguais; alguns grupos, como vimos, resistiram desde a primeira aurora conhecida da vida até o dia de hoje; outros desapareceram antes de terminar o período paleozoico. Nenhuma lei fixa parece determinar o tempo que resiste uma espécie ou um gênero. Há motivos para crer que a extinção de um grupo inteiro de espécies é, geralmente, um processo mais lento do que sua produção: se, como antes, representa-se sua aparição e desaparecimento mediante uma linha vertical de uma largura variável, se constatará que a linha se estreita, terminando em ponta, mais gradualmente em seu extremo superior, que assinala o processo da extinção do que em seu extremo inferior, que indica a aparição e primitivo aumento do número de espécies. Em alguns casos, no entanto, a extinção de grupos inteiros, como o dos amonitas ao final do período secundário, foi assombrosamente súbita.

A extinção das espécies foi rodeada do mais injustificado mistério. Alguns autores inclusive supuseram que, do mesmo modo que o espécime tem uma vida de duração determinada, também as espécies têm uma duração determinada. Ninguém pode ter-se assombrado mais do que eu da extinção das espécies. Quando encontrei na planície do Prata o dente de um cavalo misturado com restos de *Mastodon, Megatherium, Toxodon* e outros monstros extintos, que coexistiram todos em períodos geológicos remotos com moluscos que vivem até hoje, fiquei realmente cheio de assombro. O cavalo, desde sua introdução pelos espanhóis na América do Sul, tornou-se selvagem em todo o continente e aumentou em número com uma rapidez sem igual. Diante disso, perguntei-me como pôde ter sido extinto outrora este animal nestas terras, onde parece desfrutar de condições de vida tão favoráveis? Mas meu assombro era infundado: o professor Owen logo notou que o dente, ainda que muito parecido com os do cavalo atual, pertencia a uma espécie extinta. Caso este cavalo ainda existisse e fosse raro, nenhum naturalista teria ficado surpreso por sua raridade, pois a raridade é atributo de um grande número de espécies de todas as classes, em todas as partes do mundo. Se nos perguntarmos por que esta ou aquela espécie é rara, podemos responder que existe alguma coisa desfavorável nas condições de vida, mas qual seja esta coisa quase nunca podemos dizê-lo. Supondo que o cavalo fóssil existisse ainda como uma espécie rara – por analogia com todos os outros mamíferos, inclusive com os elefantes, que criam tão lentamente, e pela história da aclimatação do cavalo doméstico na América do Sul – poderíamos ter certeza que, em condições mais favoráveis, teria povoado novamente em poucos anos todo o continente; mas não poderíamos dizer quais seriam as condições desfavoráveis que impediriam seu crescimento, nem se seriam uma ou várias causas, nem em que período da vida do cavalo atuaria cada uma, nem em que medida. Se as condições tivessem continuado, por mais lentamente que tivesse sido, tornando-se cada vez menos favoráveis, seguramente não teríamos observado o fato e, no entanto, o cavalo fóssil indubitavelmente se teria tornado cada vez mais raro e, finalmente, se teria extinguido, cedendo seu lugar a algum competidor mais afortunado.

É muito difícil recordar sempre que o aumento numérico de todo ser vivo está sendo constantemente limitado por causas desconhecidas contrárias a ele e que estas mesmas causas desconhecidas são realmente suficientes para produzir a raridade e, por último, a extinção. Tão pouco conhecido é este assunto que, repetidas vezes, ouvi externar surpresa com a extinção de animais gigantescos, tais como o mastodonte e os dinosauros, que são ainda mais antigos, como se só a força física desse a vitória na luta pela vida. Só o tamanho, pelo contrário, como observou Owen, tem de determinar em muitos casos uma extinção mais rápida, por causa da grande quantidade de alimento requerido. Antes que o homem habitasse a Índia ou a África, alguma causa deve ter refreado o aumento contínuo do elefante atual. O doutor Falconer, autoridade competentíssima, crê que são principalmente os insetos que, por atormentar e debilitar continuamente o elefante na Índia, impedem seu aumento, e esta foi a conclusão de Bruce no que se refere ao elefante africano na Abissínia. É certo que determinados insetos e os morcegos sugadores de sangue estão condicionados em diferentes partes da América do Sul à existência dos grandes mamíferos naturalizados.

Vemos em muitos casos, nas formações terciárias mais recentes, que a raridade das espécies precede à extinção, e sabemos que este foi o curso dos acontecimentos naqueles animais que foram exterminados, local ou totalmente, pela ação do homem. Repetirei o que publiquei em 1845, ou seja, que admitir que as espécies geralmente se tornam raras antes de extinguir-se e não achar surpreendente a raridade de uma espécie e, no entanto, maravilhar-se muito quando a espécie cessa de existir, é quase o mesmo que admitir que a doença no indivíduo é a precursora da morte e não achar surpreendente a doença, e quando morre o enfermo maravilhar-se e suspeitar que morreu de morte violenta.

A teoria da seleção natural está fundada na crença de que cada nova variedade e, finalmente, cada nova espécie, é produzida e mantida por ter alguma vantagem sobre aquelas com quem entra em concorrência, levando quase inevitavelmente à extinção subsequente as formas menos favorecidas. O mesmo ocorre em nossas produções domésticas: quando se obteve uma variedade nova e um pouco aperfeiçoada, no início suplanta as variedades menos aperfeiçoadas de sua vizinhança; quando foi muito aperfeiçoada, é levada a todas as partes como nosso gado bovino *short-horn,* e substitui outras raças em outros países. Deste modo o aparecimento de formas novas e o desaparecimento de formas velhas, tanto as produzidas naturalmente como as produzidas artificialmente, estão unidas entre si. Nos grupos florescentes o número de novas formas específicas produzidas num tempo dado foi provavelmente maior, em algum período, que o das formas específicas velhas que se extinguiram; mas sabemos que as espécies foram aumentando indefinidamente, pelo menos durante as últimas épocas geológicas; de maneira que, considerando os últimos tempos, podemos crer que a produção de novas formas ocasionou a extinção de um número aproximadamente igual de formas velhas. Em geral, a concorrência será mais severa, como se explicou antes, ilustrando-a com exemplos, entre formas que são mais parecidas entre si sob todos os aspectos. Portanto, os descendentes modificados e aperfeiçoados de uma espécie produzirão geralmente o extermínio da espécie primitiva e, se se desenvolveram muitas formas novas procedentes de uma espécie, as mais próximas a esta, ou seja, as espécies do mesmo gênero, serão as mais expostas a serem exterminadas. Deste modo acredito que um verdadeiro número de novas espécies, descendentes de uma espécie, isto é, um gênero novo, vem suplantar a outro velho pertencente à mesma família. Mas deve ter ocorrido muitas vezes que uma espécie nova pertencente a um grupo se tenha apoderado do lugar ocupado por outra espécie pertencente a um grupo diferente e, deste modo, tenha produzido seu extermínio. Se se desenvolvem muitas formas afins descendentes do invasor afortunado, muitas terão que ceder seu lugar e, geralmente, serão as formas afins as que padecerão, por efeito de certa inferioridade comum herdada. Mas bem sejam espécies pertencentes à mesma classe ou a classes diferentes, as que tenham cedido seu lugar a outras espécies modificadas e aperfeiçoadas, algumas das vítimas podem muitas vezes conservar-se durante algum tempo por estar adaptadas a alguma classe particular de vida ou por habitar algum local distante e isolado, onde terão escapado a uma rude concorrência. Por exemplo, algumas espécies de *Trigonia*, um gênero grande de moluscos das formações secundárias, sobrevive nos mares da Austrália, e alguns membros do grupo grande e quase extinto dos peixes ganóides vivem ainda nas águas doces. Portanto, a extinção total de um grupo é, em geral, como vimos, um processo mais lento do que sua produção.

No que se refere à extinção, aparentemente repentina, de famílias e ordens inteiras, como a dos trilobites no final do período paleozoico e a dos amonites no final do período secundário, devemos recordar o que já se disse sobre os longos intervalos de tempo que provavelmente houve entre nossas formações consecutivas e nestes intervalos deve ter ocorrido uma grande extinção lenta. Além disso, quando por súbita imigração ou por desenvolvimento extraordinariamente rápido, muitas espécies de um novo grupo tomaram posse de uma região, muitas das espécies antigas terão que ter sido exterminadas de um modo igualmente rápido e as formas que deste modo cedem seus lugares serão, em geral, afins, pois participarão da mesma inferioridade.

Desta maneira, a meu ver, o modo como chegam a extinguir-se as espécies isoladas e os grupos inteiros de espécies se concilia bem com a teoria da seleção natural. Não temos de assombrar-nos por causa da extinção; se temos de nos assombrar de algo, que seja de nossa própria presunção ao imaginar por um momento que compreendemos as muitas e complexas circunstâncias de que depende a existência de cada espécie. Se esquecemos por um instante que cada espécie tende a aumentar extraordinariamente, e que sempre estão atuando causas que limitam este aumento, ainda que raras vezes as vejamos, toda a economia da natureza estará completamente obscurecida. No momento em que possamos dizer exatamente por que esta espécie é mais abundante em indivíduos que aquela, por que esta espécie e não outra pode ser aclimatada num habitat dado, então, e só então, poderemos ficar justamente surpresos de não poder explicar a extinção de uma espécie dada ou de um grupo de espécies.

De como as formas orgânicas mudam quase simultaneamente no mundo inteiro

Raramente uma descoberta paleontológica é mais atraente que o fato de as formas vivas se mudarem quase simultaneamente em todo mundo. Assim, nossa formação cretácea europeia pode ser reconhecida em muitas regiões distantes, nos mais diferentes climas, onde não pode encontrar-se nem um pedaço da creta mineral, como na América do Norte, na região equatorial da América do Sul, na Terra do Fogo, no Cabo da Boa Esperança e na península da Índia, pois nestes pontos tão distantes os restos orgânicos apresentam em certas camadas uma semelhança evidente com os do cretáceo. Não é que se encontrem as mesmas espécies, pois em alguns casos nenhuma espécie é identicamente igual; mas pertencem às mesmas famílias, gêneros e seções de gêneros, e às vezes têm características semelhantes em pontos tão acessórios como a simples conformação superficial. Além disso, outras formas, que não se encontram no cretáceo da Europa, mas que se apresentam nas formações superiores ou inferiores, aparecem na mesma ordem nestes pontos tão distantes do mundo. Nas diferentes formações paleozóicas sucessivas da Rússia, Europa ocidental e América do Norte, diferentes autores observaram um paralelismo semelhante nas formas orgânicas e o mesmo ocorre, segundo Lyell, nos depósitos terciários da Europa e América do Norte. Mesmo prescindindo por completo de algumas espécies fósseis que são comuns ao Mundo Antigo e ao Novo, seria ainda manifesto o paralelismo geral nas sucessivas formas orgânicas nos níveis paleozoicos e terciários e poderia facilmente estabelecer-se a correlação entre as diferentes formações.

Estas observações, no entanto, referem-se aos habitantes marinhos do mundo; não temos dados suficientes para julgar se as produções terrestres e de água doce, em pontos distantes, mudam do mesmo modo paralelo. Podemos duvidar de que se tenham mudado ao mesmo tempo. Se o *Megatherium*, o *Mylodon*, a *Macrauchenia* e o *Toxodon* tivessem sido trazidos desde La Plata até a Europa, sem dados relativos a sua posição geográfica, ninguém teria suspeitado que coexistiram com moluscos marinhos, todos eles existentes ainda e, como estes estranhos monstros coexistiram com o mastodonte e o cavalo, podia-se pelo menos ter suposto que tinham vivido num dos últimos níveis terciários.

Quando se diz que as formas marinhas mudaram simultaneamente em todo mundo, não há que supor que esta expressão se refira ao mesmo ano, nem ao mesmo século, nem sequer que tenha um sentido geológico muito rigoroso, pois se todos os animais marinhos que agora vivem na Europa e todos os que viveram no período pleistoceno – período remotíssimo, se se mede em anos e que compreende toda a época glacial – se comparassem com os que existem agora na América do Sul ou na Austrália, o mais experiente naturalista mal poderia dizer se são os habitantes atuais da Europa ou os do pleistoceno os que mais se parecem aos do hemisfério sul. Assim, também vários observadores competentíssimos sustentam que as produções existentes nos Estados Unidos estão mais relacionadas com as que viveram na Europa durante alguns períodos terciários modernos do que com os habitantes atuais da Europa, e, se isto é assim, é evidente que as camadas fossilíferas que agora se depositam nas costas da América do Norte estariam expostas com o tempo a ser classificadas junto com camadas europeias um pouco mais antigas. No entanto, olhando a uma época futura muito longínqua, é quase indubitável que todas as formações marinhas mais modernas – ou seja, as camadas pliocenas superiores, as pleistocenas e as propriamente modernas da Europa, América do Norte e do Sul e Austrália – seriam classificadas justamente como simultâneas no sentido geológico, por conter restos fósseis afins em certo grau e por não encerrar aquelas formas que se encontram só nos depósitos mais antigos subjacentes.

O fato de que as formas orgânicas mudem simultaneamente – no sentido amplo antes indicado – em partes distantes do mundo, impressionou muito a dois grandes observadores, de Verneuil e d'Archiac. Depois de recordar o paralelismo das formas paleozóicas em diferentes partes da Europa, adicionam: "Se, impressionados por esta estranha ordem de sucessão, fixamos nossa atenção na América do Norte e descobrimos ali uma série de fenômenos análogos, parecerá seguro que todas estas modificações de espécies, sua extinção e a introdução das novas, não podem ser os resultados de simples mudanças nas correntes marinhas ou de outras causas mais ou menos locais e temporárias, senão que dependem de leis gerais que regem todo o reino animal". Barrande fez exatamente, no mesmo sentido, considerações de grande força. Séria inútil por completo atribuir às mudanças de correntes, climas ou outras condições físicas as grandes modificações nas formas orgânicas no mundo inteiro, nos mais diferentes climas. Devemos atribuí-los, como Barrande observou, a alguma lei especial. Veremos isto mais claramente quando tratemos da distribuição atual dos seres orgânicos e notemos quão pequena é a relação entre as condições físicas dos diferentes países e a natureza de seus habitantes.

Este grande fato da sucessão paralela das formas orgânicas em todo mundo é inexplicável pela teoria da seleção natural. As novas espécies se formam por ter alguma vantagem sobre as formas velhas, e as formas que são já dominantes, ou têm alguma vantagem sobre as outras em seu próprio habitat, dão origem ao maior número de variedades novas ou espécies incipientes. Temos provas claras deste fato em que as plantas que são dominantes – isto é, que são mais comuns e mais estendidas – produzem o maior número de variedades novas. Também é natural que as espécies dominantes, variáveis e muito estendidas, que invadiram já até certo ponto os territórios de outras espécies, sejam as que tenham maiores probabilidades de estender-se ainda mais e de dar origem em novos países a outras novas variedades e espécies. O processo de difusão teve com frequência que ser lentíssimo, dependendo de mudanças climatológicas e geográficas, de acidentes extraordinários e da aclimatação gradual de novas espécies aos diferentes climas pelos quais tiveram de passar; mas em decorrência do tempo as formas dominantes geralmente tiveram que conseguir difundir-se e prevalecer finalmente. A difusão dos habitantes terrestres dos diferentes continentes seria provavelmente mais lenta do que a dos habitantes dos mares abertos. Podíamos, portanto, esperar encontrar, como encontramos, um paralelismo menos rigoroso na sucessão das produções terrestres do que na das produções do mar.

Deste modo, a meu ver, a sucessão paralela e – em sentido amplo – simultânea das mesmas formas orgânicas em todo mundo se concilia bem com o princípio de que as novas espécies foram formadas por espécies dominantes, em variação e muito estendidas; as novas espécies produzidas deste modo são por sua vez dominantes – devido a ter tido alguma vantagem sobre seus pais, já dominantes, bem como sobre outras espécies – e se estendem de novo, variam e produzem novas formas. As espécies velhas, que são derrotadas e que cedem seu lugar a formas novas e vitoriosas, estarão, geralmente, reunidas em grupos, por herdar em comum certa inferioridade e, portanto, quando se estendem pelo mundo grupos novos e aperfeiçoados, desaparecem do mundo grupos velhos, e em todas as partes tende a ter correspondência na sucessão de formas, tanto em sua primeira aparição como em seu desaparecimento final.

Há outra observação digna de se fazer, relacionada com este assunto. Dei as razões que tenho para crer que a maioria de nossas grandes formações, ricas em fósseis, depositaram-se durante períodos de afundamento, e que houve intervalos de grande extensão, em alvo pelo que a fósseis se refere, durante os períodos em que o fundo do mar estava estacioná-lo ou se levantava, e igualmente quando o sedimento não se depositava o bastante de pressa para enterrar e conservar os restos orgânicos. Durante estes grandes intervalos em alvo, suponho que os habitantes de cada região experimentaram uma considerável modificação e extinção, e que houve muitas migrações desde outras partes do mundo.

Como temos razões para crer que grandes territórios experimentam o mesmo movimento, é provável que formações rigorosamente contemporâneas se tenham acumulado muitas vezes em espaços vastíssimos da mesma parte do mundo; mas estamos muito longe de ter direito a tirar a conclusão de que ocorreu deste modo invariavelmente, e que as grandes extensões invariavelmente experimentaram os mesmos movimentos. Quando duas formações se depositaram em duas regiões durante quase – ainda que não exatamente – o mesmo período, temos de encontrar em ambas, pelas causas expostas anteriormente, a mesma sucessão geral nas formas orgânicas; mas as espécies não se têm de corresponder exatamente, pois numa região tinha tido um pouco mais de tempo que na outra para a modificação, extinção e imigração.

Presumo que casos desta natureza se apresentam na Europa. O senhor Prestwich, em suas admiráveis Memórias sobre os depósitos eocenos na Inglaterra e França, pode estabelecer um estreito paralelismo geral entre os níveis sucessivos nos dois países; mas quando compara certos níveis da Inglaterra com os da França, ainda que encontre em ambos uma curiosa conformidade no número de espécies pertencentes aos mesmos gêneros, no entanto, as espécies diferem de um modo muito difícil de explicar, tendo em conta a proximidade dos dois países, a menos, claro está, que se admita que um istmo separou dois mares habitados por faunas diferentes, ainda que contemporâneas. Lyell fez observações análogas a respeito de algumas das últimas formações terciárias. Barrande igualmente demonstra que existe um notável paralelismo geral nos sucessivos depósitos silurianos da Boêmia e da Escandinávia; no entanto, encontra diferença surpreendente nas espécies. Se as variadas formações não se depositaram nestas regiões exatamente durante os mesmos períodos – uma formação numa região corresponde com frequência a um intervalo em outra – e se em ambas as regiões as espécies foram mudando lentamente durante a acumulação das diferentes formações e durante os longos intervalos de tempo entre elas, neste caso, as diferentes formações nas duas regiões puderam ficar dispostas na mesma ordem, de acordo com a sucessão geral das formas orgânicas, e o ordem pareceria falsamente paralelo rigoroso e, no entanto, todas as espécies não seriam as mesmas nos estágios aparentemente correspondentes das duas regiões.

Das afinidades das espécies extintas entre si e com as formas existentes

Consideramos agora as afinidades mútuas das espécies existentes e extintas. Repartem-se todas entre um curto número de grandes classes, e este fato se explica em seguida pelo princípio da descendência. Por regra geral, quanto mais antiga é uma forma, tanto mais difere das formas existentes; mas, como Buckland observou faz muito tempo, as espécies extintas podem classificar-se todas dentro dos grupos ainda existentes ou nos intervalos entre eles. O que as formas orgânicas extintas ajudam a preencher os intervalos que existem entre gêneros, famílias e ordens existentes, é certíssimo; mas como esta afirmação foi com frequência ignorada e até negada, pode ser útil fazer algumas observações sobre este ponto e citar alguns exemplos. Se limitamos nossa atenção às espécies existentes, ou às espécies extintas da mesma classe, a série é muito menos perfeita do que se combinamos ambas num sistema geral. Nos escritos do professor Owen nos deparamos continuamente com a expressão *formas generalizadas* aplicada a animais extintos, e nos escritos de Agassiz com a expressão *tipos proféticos* ou *sintéticos,* e estes termos implicam que tais formas são de fato elos intermediários ou de união. Outro distinto paleontólogo, Gaudry, demonstrou do modo mais notável que muitos dos mamíferos fósseis descobertos por ele na Ática servem para preencher os intervalos que existem entre gêneros existentes. Cuvier classificava os ruminantes e os paquidermes como duas ordens, das mais diferentes, de mamíferos; mas foram desenterradas tantas formas intermediárias fósseis, que Owen teve de alterar toda a classificação, e colocou certos paquidermes numa mesma subordem com ruminantes; por exemplo anula, mediante graduações, o intervalo, grande na aparência, entre o porco e o camelo. Os ungulados ou mamíferos de couraças e cascos se dividem agora num grupo com número par de dedos e outro com número ímpar de dedos; mas a *Macrauchenia* da América do Sul se cruza até certo ponto estas duas grandes divisões. Ninguém negará que o *Hipparion* é intermediário entre o cavalo atual e certas formas unguladas mais antigas; o *Typotherium* da América do Sul, que não pode ser colocado em nenhuma das ordens ixistentes, que maravilhoso elo intermediário constitui na corrente dos mamíferos, como indica o nome que lhe deu o professor Gervais! Os sirênios formam um grupo bem diferente de mamíferos e uma das mais notáveis particularidades do dugongo e do lamantino atuais é a falta completa de membros posteriores, sem que tenha ficado nem sequer um rudimento; mas o extinto *Halitherium* tinha, segundo o professor Flower, o fêmur osificado "articulado numa cavidade bem definida na pélvis", e constitui assim uma aproximação dos mamíferos ungulados comuns, dos quais os sirênios são afins sob outros aspectos. Os cetáceos são muito diferentes de todos os outros mamíferos, mas o *Zeuglodon* e o *Squalodon* terciários que foram colocados por alguns naturalistas numa ordem constituída unicamente por eles, são considerados pelo professor Huxley como cetáceos verdadeiros, "e como constituindo formas de união com os carnívoros aquáticos".

O naturalista apenas mencionado demonstrou que, inclusive o grande intervalo que existe entre as aves e os répteis, salva-se em parte do modo mais inesperado, de um lado, mediante o avestruz e a extinta *Archeopteryx* e, de outro, mediante o *Compsognathus,* um dos dinossauros, grupo que compreende os mais gigantescos de todos os répteis terrestres. Voltando aos invertebrados, afirma Barrande – e não se pode citar autoridade maior – que as descobertas cada dia ensinam que, embora os animais paleozoicos possam certamente ser classificados dentro dos grupos existentes, no entanto, neste antigo período, os grupos não estavam tão distintamente separados uns dos outros como o estão agora.

Alguns autores se opuseram a que alguma espécie extinta ou grupo de espécies deva ser considerada como intermediária entre quaisquer duas espécies existentes ou grupos de espécies. Se com isto se entende que nenhuma forma extinta é diretamente intermediária por todas as suas características entre duas formas ou grupos existentes, a objeção é provavelmente válida. Mas numa classificação natural, muitas espécies fósseis ficam situadas certamente entre duas espécies existentes, e alguns gêneros extintos ficam entre gêneros existentes, inclusive entre gêneros pertencentes a famílias diferentes. O caso mais comum, especialmente no que se refere a grupos muito diferentes, como peixes e répteis, parece ser que, supondo que se distingam atualmente por uma vintena de características, os membros antigos estão separados por um número um pouco menor de características; de maneira que os dois grupos estavam antes um pouco mais próximos do que atualmente.

É uma crença comum que, quanto mais antiga é uma forma, tanto mais tende a se cruzar, por alguma de suas características, com grupos atualmente muito separados. Esta observação indubitavelmente tem de ser restringida àqueles grupos que sofreram grandes mudanças em decorrência das idades geológicas e seria difícil provar a verdade da proposição, pois, de vez em quando, descobre-se algum animal existente, como o *Lepidosiren,* que tem afinidades diretas com grupos muito diferentes. No entanto, se comparamos os répteis e batráquios mais antigos, os peixes mais antigos, os cefalópodes mais antigos e os mamíferos eocenos com os representantes mais modernos das mesmas classes, temos de admitir que há um pouco de verdade na observação.

Vejamos até onde estes diferentes fatos e deduções estão de acordo com a teoria da descendência com modificação. Como o assunto é um pouco complicado, tenho de rogar ao leitor que volte ao quadro do capítulo quarto. Podemos supor que as letras com índice numérico representam gêneros, e as linhas pontilhadas que delas divergem, as espécies de cada gênero. O quadro é demasiado singelo, pois são indicados muito poucos gêneros e poucas espécies; mas isto carece de importância para nós. As linhas horizontais podem representar formações geológicas sucessivas, e todas as formas por baixo da linha superior podem ser consideradas como extintas. Os três gêneros existentes, a^{14} q^{14}, p^{14}, formarão uma pequena família: b^{14} e f^{14}, uma família ou subfamília muito próxima, e u^{14}, e^{14} e m^{14}, uma terceira família. Estas três famílias, junto com os muitos gêneros extintos nas diferentes linhas de descendência divergentes a partir da forma mãe A, formarão uma ordem, pois todas terão herdado algo em comum de seu remoto antepassado. Segundo o princípio da tendência contínua à divergência de características, que foi explicado antes, mediante o quadro, quanto mais recente é uma forma, tanto mais geralmente diferirá de seu remoto antepassado. Portanto, podemos compreender a regra de que as formas antigas difiram mais das formas existentes. Não devemos, no entanto, supor que a divergência de características seja um fato necessário; depende só de que os descendentes de uma espécie são deste modo capazes de apoderar-se de muitos e diferentes lugares na economia da natureza. Em consequência, é perfeitamente possível, como vimos no caso de algumas formas silurianas, que uma espécie possa subsistir modificando-se ligeiramente, em relação com suas condições de vida pouco mudadas, e, no entanto, conserve durante um longo período as mesmas características gerais. Isto está representado no diagrama pela letra F^{14}.

As numerosas formas extintas e existentes que descendem de A, constituem todas, segundo antes se observou, uma ordem, e esta ordem, pelo efeito continuado da extinção e divergência de características, chegou a dividir-se em várias famílias e subfamílias, algumas das quais se supõe que pereceram em diferentes períodos e outras resistiram até hoje em dia.

Olhando o quadro podemos ver que, se em diferentes pontos da parte inferior da série fossem descobertas muitas das formas extintas, que se supõe que estão enterradas nas formações sucessivas, as três famílias existentes que estão em cima da linha superior resultariam menos diferentes entre si. Se, por exemplo, os gêneros *a1*, *a5*, *a10*, f^8, m^3, m^6, m^9, fossem descobertos, estas três famílias estariam tão estreitamente unidas entre si, que provavelmente teriam tido que ser reunidas, formando uma grande família, quase do mesmo modo que ocorreu com os ruminantes e certos paquidermes. No entanto, aquele que se recusasse a considerar como intermediários os gêneros extintos que interligaram os gêneros existentes das três famílias, teria em parte razão, pois são intermediários não diretamente, senão só mediante um caminho longo e tortuoso, passando por muitas e muito diferentes formas. Se fossem descobertas muitas formas extintas acima de uma das linhas horizontais ou formações geológicas intermediárias – por exemplo, acima de VI – e nenhuma abaixo desta linha, então só duas das famílias – as da esquerda, *a14*, etc., e b^{14}, etc. – teriam que ser reunidas numa só, e ficariam duas famílias, que seriam menos diferentes entre si do que o eram antes da descoberta dos fósseis. Do mesmo modo também, se se supõe que as três famílias formadas pelos oito gêneros (*a 14* a m ^{14}), situados sobre a linha superior diferem entre si por meia dúzia de características importantes, neste caso, as famílias que existiram no período assinalado pela linha VI teriam seguramente diferido entre si por um número menor de características, pois neste estado primitivo teriam divergido menos a partir de seu antepassado comum. Assim ocorre que os gêneros antigos e extintos são com frequência, em maior ou menor grau, de características intermediárias entre seus modificados descendentes ou entre seus parentes colaterais.

Na natureza este processo será bem mais complicado do que representa o quadro, pois os grupos serão mais numerosos, terão subsistido durante espaços de tempo sumamente desiguais e se terão modificado em diferente grau. Como possuímos só o último tomo do registo geológico, e este num estado muito incompleto, não temos direito a esperar – salvo em raros casos – que se preencham os grandes intervalos do sistema natural e que, deste modo, unam-se famílias e ordens diferentes. Tudo o que temos direito a esperar é que os grupos que experimentaram dentro de períodos geológicos conhecidos muitas modificações, aproximem-se um pouco entre si nas formações mais antigas, de sorte que os membros mais antigos difiram entre si, em algumas de suas características, menos do que os membros existentes dos mesmos grupos, e, segundo as provas condizentes de nossos melhores paleontólogos, isto é o que ocorre frequentemente. Assim se explicam, de um modo satisfatório, segundo a teoria da descendência com modificação, os principais fatos referentes às afinidades das formas orgânicas extintas entre si e com as formas existentes; e segundo outra opinião, são estes fatos absolutamente inexplicáveis.

Segundo esta mesma teoria, é evidente que a fauna de qualquer um dos grandes períodos da história da terra será intermediária, por seu caráter geral, entre a que a precedeu e a que lhe sucedeu. Assim, as espécies que viveram no sexto dos grandes períodos de descendência do quadro são os descendentes modificados das que viveram no quinto, e as progenitoras, das que chegaram a modificar-se ainda mais no sétimo; portanto, dificilmente puderam deixar de ser quase intermediárias por suas características entre as formas orgânicas de cima e debaixo. Devemos em todo caso ter em conta a completa extinção de algumas formas anteriores, e, em cada região, a imigração de formas novas de outras regiões, e uma intensa modificação durante os longos períodos sem registro entre duas formações sucessivas. Feitas estas deduções, a fauna de cada período geológico é, indubitavelmente, de caráter intermediário entre a fauna anterior e a seguinte. Não preciso dar mais do que um exemplo: o modo como os fósseis do sistema devoniano, quando se descobriu este sistema, foram no ato reconhecidos pelos paleontólogos como de caráter intermédio entre os do sistema carbonífero, que está em cima, dos do sistema siluriano, que está embaixo. Mas cada fauna não é, por necessidade, rigorosamente intermediária, pois decorreram espaços desiguais de tempo entre formações consecutivas.

Que certos gêneros apresentem exceções à regra não constitui uma dificuldade positiva para a exatidão da afirmação de que a fauna de cada período é, em conjunto, de caráter proximamente intermediário entre a fauna anterior e a seguinte. Por exemplo, as espécies de mastodontes e elefantes, ordenadas pelo doutor Falconer em duas séries – a primeira segundo suas afinidades mútuas e a segunda segundo seus períodos de existência – não se correspondem em ordem. Nem as espécies de características extremas são as mais antigas ou as mais modernas, nem as de características intermediárias são de antiguidade intermediária; mas supondo, por um instante, neste e outros casos semelhantes, que o registo de primeiras operações e desaparecimentos das espécies estivesse completo – o que está muito longe de ocorrer – não temos motivo para crer que as formas produzidas sucessivamente durem necessariamente espaços iguais de tempo. Uma forma antiquíssima pode às vezes ter perdurado bem mais do que uma forma produzida depois em qualquer parte, sobretudo, no caso de seres terrestres que vivem em regiões separadas. Comparando as coisas pequenas com as grandes, se as raças principais existentes e extintas da pomba doméstica se dispusessem em série, segundo sua afinidade, esta ordem não estaria exatamente de acordo com a ordem cronológica de sua produção, e ainda menos com a de seu desaparecimento, pois a pomba silvestre, forma mãe, vive ainda, e muitas variedades entre a pomba silvestre e a mensageira inglesa ou *carrier* se extinguiram, e as mensageiras inglesas que, pela importante característica do comprimento do bico, estão num extremo da série, originaram-se antes que as cambalhotas ou *tumblers* de bico curto, que estão, sob este aspecto, no extremo oposto da série.

Intimamente relacionado com a afirmação de que os restos orgânicos de uma formação intermediária são, até certo ponto, de caráter intermediário, está o fato, sobre o qual insistiram todos os paleontólogos, de que os fósseis de duas formações consecutivas estão bem mais relacionados entre si do que os de duas formações distantes. Pictet dá um exemplo muito conhecido: o da semelhança geral dos fósseis dos diferentes níveis da formação cretácea, ainda que as espécies sejam diferentes em cada nível. Este único fato, por sua generalidade, parece ter feito vacilar o professor Pictet em sua crença na imutabilidade das espécies. Aquele que estiver familiarizado com a distribuição das espécies existentes sobre a superfície do globo não tentará explicar a grande semelhança das espécies diferentes em formações consecutivas porque tenham permanecido quase iguais as condições físicas daquelas antigas regiões. Recordamos que as formas orgânicas – pelo menos as que vivem no mar – mudaram quase simultaneamente no mundo e, portanto, nos mais diferentes climas e condições. Considerem-se as prodigiosas vicisitudes do clima durante o período pleistoceno, que compreende toda a época glacial, e note-se o pouco que influíram nas formas específicas dos habitantes do mar.

Segundo a teoria da descendência, é clara toda a significação do fato de que os restos fósseis de formações consecutivas estejam muito relacionados. Como a acumulação de cada formação foi com frequência interrompida, e como entre as formações sucessivas se intercalaram longos intervalos sem registro, não devemos esperar encontrar, segundo tentei demonstrar no capítulo anterior, numa ou duas formações, todas as variedades intermediárias entre as espécies que apareceram em princípio e ao final destes períodos; mas, depois de espaços de tempo extensíssimos, se se medem por anos, ainda que só um pouco longos se se medem geológicamente, temos de encontrar formas muito afins ou, como foram chamadas por alguns autores, espécies representativas, e estas certamente as encontramos. Numa palavra: encontramos aquelas provas que temos direito a esperar das transformações lentas e quase imperceptíveis das formas especificas.

Do estado de desenvolvimento das formas antigas, comparado com o das existentes

Vimos no capítulo quarto que a diferença e especialização das partes nos seres orgânicos, quando chegam à idade adulta, é a melhor medida até agora conhecida do grau de perfeição ou superioridade. Também temos visto que, como a especialização das partes é uma vantagem para todo ser, a seleção natural tenderá a fazer a organização de todo organismo ser mais especializada e perfeita e, neste sentido, superior; isto não significa que possa deixar muitos seres com uma conformação singela e imperfeita, nem que, em alguns casos, degrade ou simplifique a organização, embora deixe esses seres inferiores mais adequados a seu novo gênero de vida. As novas espécies chegam a ser superiores a suas predecessoras de modo geral, pois têm de vencer na luta pela vida a todas as formas velhas, com as quais entram em estreita concorrência. Portanto, temos de chegar à conclusão que, se em clima quase igual os habitantes eocenos do mundo pudessem ser postos em concorrência com os atuais, aqueles seriam derrotados e exterminados por estes, como o seriam as formas secundárias pelas eocenas e as formas paleozóicas pelas secundárias; de maneira que, nesta prova fundamental da vitória na luta pela vida, tomando como medida a especialização dos órgãos nas formas modernas, segundo a teoria da seleção natural, estas devem ser mais elevadas que as formas antigas. É assim que ocorre? Uma grande maioria de paleontólogos responderá afirmativamente e parece que esta resposta poderia ser admitida como verdadeira, ainda que seja difícil de prová-la.

Não é uma objeção válida a esta conclusão o fato de que certos braquiópodes se modificaram muito pouco desde uma época geológica remotíssima e que certos moluscos terrestres e de água doce permaneceram quase os mesmos desde o tempo em que, até onde sabemos, apareceram pela primeira vez. Não é uma dificuldade insuperável que a organização dos foraminíferos, como assinalou com insistência o doutor Carpenter, não tenha progredido inclusive desde a época laurentina, pois alguns organismos devem ter ficado adequados a condições singelas de vida; e que poderia ter mais adequado a este fim do que estes protozoários de organização inferior? Objeções tais como as anteriores seriam fatais para minha teoria, se esta compreendesse o progresso na organização como uma condição necessária. Seriam também fatais se se pudesse provar que estes foraminíferos, por exemplo, tinham começado a existir durante a época laurentina, ou aqueles braquiópodes durante a formação cambriana; pois, neste caso, não teria havido tempo suficiente para o desenvolvimento destes organismos até o tipo que então tinham atingido. Quando chegaram até um ponto dado, não é necessário, segundo a teoria da seleção natural, que continuem progredindo mais, ainda que, durante os tempos sucessivos, tivessem que se modificar um pouco para conservar seus lugares em relação com as pequenas mudanças das condições de existência. As objeções anteriors giram em torno do problema de se conhecemos realmente a idade da terra e em que período apareceram pela primeira vez as diferentes formas orgânicas, e isto é muito discutido.

O problema de se a organização em conjunto adiantou ou não, é por muitos aspectos complicadíssimo. Os registos geológicos, incompletos em todos tempos, não remontam o bastante aos primórdios para demonstrar com clareza evidente que dentro da história conhecida do mundo a organização avançou muito. Ainda hoje em dia, considerando os membros de uma mesma classe, os naturalistas não estão de acordo sobre que formas devem ser classificadas como superiores; assim, alguns consideram os seláquios, por sua aproximação com os répteis em alguns pontos importantes de sua conformação, como os peixes superiores; outros consideram como superiores os teleósteos. Os ganóides ocupam uma posição intermediária entre os seláquios e os teleósteos; estes últimos atualmente são, por seu número, amplamente preponderantes; mas em outros tempos existiram somente os seláquios e ganóides e, neste caso, segundo o tipo de superioridade que se escolha, se dirá que adiantaram ou retrocederam em sua organização. A tentativa de comparar na escala de superioridade formas de diferentes tipos parece ser vão. Quem decidirá se um gíbio é superior a uma abelha, inseto que o grande von Baer crê que é "de fato de organização superior à de um peixe, ainda que de outro tipo"? Na complicada luta pela vida, é realmente de acreditar que crustáceos não muito elevados dentro de sua mesma classe puderam derrotar a cefalópodes, que são os moluscos superiores, e estes crustáceos, ainda que não muito elevados por sua organização, estariam muito acima na escala dos animais invertebrados se se julgasse pela mais decisiva de todas as provas, a lei da luta. Além destas dificuldades intrínsecas ao decidir que formas são as mais adiantadas em organização, não devemos comparar somente os membros superiores de uma classe em dois períodos – ainda que indubitavelmente é este um elemento, e talvez o mais importante, ao fazer uma comparação – senão que devemos comparar todos os membros, superiores e inferiores, nos dois períodos. Numa época antiga fervilhariam em grande número os animais moluscóides mais superiores e mais inferiores, ou seja, cefalópodes e braquiópodes; atualmente ambos os grupos estão muito reduzidos, enquanto outros de organização intermediária aumentaram muito e, em consequência, alguns naturalistas sustentam que os moluscos tiveram em outro tempo um desenvolvimento superior ao que agora têm; mas do lado contrário pode assinalar-se um fato mais poderoso, considerando a grande redução dos braquiópodes e que os cefalópodes existentes, ainda que poucos em número, são de organização mais elevada que seus representantes antigos. Devemos também comparar em dois períodos os números relativos das classes superiores ou inferiores em todo mundo; se, por exemplo, hoje em dia existem cinquenta mil espécies de animais vertebrados, e sabemos que em algum período anterior existiram só dez mil, devemos considerar este aumento de número na classe mais elevada, que implica um grande desalojamento de formas inferiores, como um progresso decisivo na organização do mundo. Vemos, assim, como é desesperadamente dificultoso comparar com completa justiça, em relações tão sumamente complexas, o grau da organização da fauna, imperfeitamente conhecida, dos sucessivos períodos.

Apreciaremos mais claramente esta dificuldade considerando certas faunas e floras extintas. Pela maneira extraordinária como as produções europeias se difundiram recentemente pela Nova Zelândia e arrebataram os lugares que eram ocupados anteriormente por formas nativas, temos de crer que, se todos os animais e plantas da Grã-Bretanha fossem postos em liberdade ana Nova Zelândia, uma multidão de formas britânicas chegaria, em decorrência do tempo, a aclimatizar-se ali por completo e exterminaria muitas das formas nativas. Pelo contrário, pelo fato de que quase nenhum habitante do hemisfério sul se tenha tornado selvagem em nenhuma parte da Europa, podemos muito bem duvidar de que, no caso de que todas as produções da Nova Zelândia fossem deixadas em liberdade na grande Grã-Bretanha, um número considerável seria capaz de apoderar-se dos lugares atualmente ocupados por nossos animais e plantas nativos. Desde este ponto de vista, as produções da Grã-Bretanha estão bem mais elevadas na escala do que as da Nova Zelândia. No entanto, o mais hábil naturalista, mediante um exame das espécies dos dois países, não poderia ter previsto este resultado.

Agassiz[38] e outras variadas autoridades competentes insistem que os animais antigos se assemelham, até certo ponto, aos embriões de animais modernos, pertencentes às mesmas classes, e que a sucessão geológica de formas extintas é quase paralela ao desenvolvimento embrionário das formas existentes. Essa opinião se concilia admiravelmente bem com nossa teoria. Num capítulo seguinte, tentarei demonstrar que o adulto difere de seu embrião devido a que sobrevieram variações numa idade não precoce que foram herdadas na idade correspondente. Este processo, enquanto deixa o embrião quase inalterado, adiciona continuamente, em decorrência de gerações sucessivas, cada vez mais diferenças ao adulto. Deste modo, o embrião vai ficar como uma espécie de retrato, conservado pela natureza da condição primitiva e menos modificada da espécie. Esta opinião pode ser verdadeira e, no entanto, nunca poderá ser susceptível de provas. Vendo, por exemplo, que os mamíferos, répteis e peixes mais antigos que são conhecidos pertencem rigorosamente a estas mesmas classes, ainda que algumas destas formas antigas sejam um pouco menos diferentes entre si que são atualmente os membros típicos dos mesmos grupos, seria inútil procurar animais que tivessem o caráter embriológico comum aos vertebrados, até que se descubram camadas, ricas em fósseis, muito abaixo dos estratos cambrianos inferiores, descoberta que é pouco provável.

Da sucessão dos mesmos tipos nas mesmas regiões durante os últimos períodos terciários

O senhor Clift demonstrou faz muitos anos que os mamíferos fósseis das cavernas da Austrália eram muito afins dos marsupies existentes daquele continente. Na América do Sul é evidente, mesmo para olhos inespertos, um parentesco análogo nas peças gigantescas da carapaça – semelhantes às do tatu – encontradas em diferentes partes da planície platina; o professor Owen demonstrou, do modo mais notável, que a maior parte dos mamíferos fósseis enterrados ali em grande número são afins de tipos sul-americanos. O parentesco se vê ainda mais claramente na maravilhosa coleção de ossos fósseis das cavernas do Brasil, recolhida pelos senhores Lund e Clausen. Impressionaram-me tanto estes fatos, que em 1839 e 1845 insisti energicamente sobre esta "lei de sucessão de tipos", sobre "o maravilhoso parentesco entre o morto e o vivo num mesmo continente". O professor Owen, posteriormente, estendeu aos mamíferos do Mundo Antigo a mesma generalização. Vemos a mesma lei nas restaurações das aves extintas e gigantescas de Nova Zelandia feitas por este autor. Foi verificada também nas aves das cavernas do Brasil. Woodward demonstrou que a mesma lei se aplica aos moluscos marinhos; mas pela extensa distribuição geográfica da maior parte dos moluscos, não é bem nítida neles. Pode-se-ia adicionar outros casos, como a relação entre as conchas terrestres existentes e extintas da ilha da Madeira, e entre as conchas existentes e extintas das águas salobras do mar Aralo-Cáspico.

Pois bem, que significa esta notável lei de sucessão dos mesmos tipos dentro das mesmas zonas? Séria temerário quem, depois de comparar o clima atual da Austrália e das partes da América do Sul que estão na mesma latitude, tentasse explicar, por uma parte, a diferença entre os habitantes destas duas regiões pela diferença de condições físicas, e, por outra parte, a uniformidade dos mesmos tipos em cada continente durante os últimos períodos terciários, pela semelhança de condições. Tampouco se pode pretender que seja uma lei imutável que os marsupiais se tenham produzido só ou principalmente na Austrália, ou que os desdentados e outros tipos americanos se tenham produzido tão somente na América do Sul; pois sabemos que, em tempos antigos, a Europa esteve povoada por numerosos marsupiais; e demonstrei nas publicações antes indicadas que, na América, a lei de distribuição dos mamíferos terrestres foi em outro tempo diferente do que é agora. A América do Norte, em outro tempo, participou muito do caráter atual da parte sul daquele continente, e a parte sul teve antes muito mais semelhança que agora com a parte norte. De modo semelhante sabemos, pelas descobertas de Falconer e de Cautley, que o norte da Índia esteve antes mais relacionado por seus mamíferos com África que o está atualmente. Pode-re-ia citar fatos análogos relacionados com a distribuição geográfica dos animais marinhos.

Segundo a teoria da descendência com modificação, fica imediatamente explicada a grande lei da sucessão, muito persistente, mas não imutável, dos mesmos tipos nas mesmas zonas, pois os habitantes de cada parte do mundo tenderão evidentemente a deixar naquela parte, durante os períodos seguintes, descendentes muito semelhantes, ainda que em algum grau modificados. Se os habitantes de um continente se diferenciaram num tempo muito dos de outro continente, seus descendentes modificados diferirão ainda quase do mesmo modo e no mesmo grau; mas, depois de decorrer muito tempo e depois de grandes mudanças geográficas que permitam muita emigração recíproca, os mais fracos cederão seu lugar às formas predominantes e não haverá nada imutável na distribuição dos seres orgânicos.

Pode-se perguntar, se suponho que o megatério e outros monstros gigantescos afins, que viveram em outros tempos na América do Sul, deixaram depois de si, como degenerados descendentes, o bicho preguiça, o tatu e o tamanduá. Isto não se pode admitir em hipótese alguma. Aqueles animais gigantescos se extinguiram por completo e não deixaram descendência. Mas nas cavernas do Brasil há muitas espécies extintas que são muito semelhantes por seu tamanho e por todas as suas outras características às espécies que ainda vivem na América do Sul e alguns destes fósseis podem ter sido os verdadeiros antepassados das espécies existentes. Não se deveria esquecer que, segundo nossa teoria, todas as espécies do mesmo gênero são descendentes de uma espécie, de maneira que, se numa formação geológica se encontram seis gêneros que compreendem cada um oito espécies, e em outra formação seguinte há outros seis gêneros afins ou representativos cada um deles com o mesmo número de espécies, neste caso podemos deduzir que, em geral, só uma espécie de cada gênero antigo deixou descendentes modificados, que constituem o novo gênero, que compreende várias espécies, e que as outras sete espécies de cada gênero antigo se extinguiram e não deixaram descendência. Ou bem – e este será um caso bem mais frequente – dois ou três espécies de dois ou três gêneros só dos seis gêneros antigos serão ancestrais dos novos, tendo-se extinguido por completo as outras espécies e os outros gêneros antigos. Nas ordens decadentes, cujo número de gêneros e espécies diminui, como ocorre com os desdentados da América do Sul, ainda menos gêneros e espécies deixarão descendentes modificados.

Resumo do capítulo anterior e do presente

Tentei demonstrar que os registros geológicos são sumamente incompletos; que só uma parte do globo foi geologicamente explorada com cuidado; que só certas classes de seres orgânicos se conservaram em abundância em estado fóssil; que tanto o número de exemplares como o de espécies conservados em nossos museus é absolutamente como nada, comparado com o número de gerações que devem ter desaparecido durante uma só formação; que, devido a que o afundamento do solo é quase necessário para a acumulação de depósitos ricos em espécies fósseis de muitas classes, e amplos o bastante para resistir a futura erosão, devem ter decorrido grandes intervalos de tempo entre a maioria de nossas formações sucessivas; que provavelmente houve mais extinção durante os períodos de elevação e que durante estes últimos os registos se terão conservado de modo mais imperfeito; que cada uma das formações não se depositou de um modo contínuo; que a duração de cada formação é provavelmente curta, comparada com a duração média das formas específicas; que a migração representou um papel importante na aparição de novas formas numa região ou formação determinada; que as espécies de extensa distribuição geográfica são as que variaram com mais frequência e as que deram mais frequentemente origem a novas espécies; que as variedades foram em princípio locais e, finalmente, que, ainda que cada espécie deva ter passado por numerosos estados de transição, é provável que os períodos durante os quais experimentou modificações, embora muitos e longos se forem medidos por anos tenham sido curtos em comparação com os períodos durante os quais cada espécie permaneceu sem variação. Estas causas reunidas explicarão, em grande parte, por que, mesmo que encontremos muitos elos, não encontramos inúmeras variedades que liguem todas as formas existentes e, extintas mediante as mais delicadas gradações. É necessário ter, além disso, sempre presente que qualquer variedade que possa ser intermediária entre duas formas tem de ser considerada como espécie nova e diferente, a não ser que se possa restaurar por completo toda a corrente, pois não possuímos um critério seguro pelo qual se possa distinguire as espécies das variedades.

Quem não aceita a ideia da precariedade dos registros geológicos, rejeitará com razão toda a teoria; pois em vão pode perguntar onde estão as inúmeras formas de transição que devem ter se cruzado em outros tempos com as espécies afins ou representativas que se encontram nos níveis sucessivos de uma mesma grande formação. Aquele que rejeitar a ideia da imperfeição dos registos geológicos pode não acreditar nos imensos espaços de tempo que devem ter decorrido entre nossas formações consecutivas; pode não concordar com o importante papel que representaram as migrações quando se consideram as formações de uma grande região, como a da Europa; pode apresentar o argumento da aparição súbita e manifesta – mas muitas vezes enganosamente manifesta – de grupos inteiros de espécies; pode perguntar onde estão os restos dos infinitos organismos que devem ter existido muito antes que fosse depositada a primeira camada do sistema câmbrico. Sabemos hoje que existiu então, pelo menos, um animal; mas só posso responder a esta última pergunta supondo que os oceanos se estenderam, há longo tempo, até onde hoje se estendem, e que desde o começo do sistema câmbrico nossos continentes, tão oscilantes, têm estado situados onde agora estão; mas que muito antes dessa época, apresentava o mundo um aspecto muito diferente; que os continentes mais antigos, constituídos por formações mais antigas que todas as que conhecemos, existem ainda, embora só como restos em estado metamórfico ou jazem ainda sepultados sob o oceano.

Além destas dificuldades, os outros grandes fatos principais da paleontologia concordam admiravelmente com a teoria da descendência com modificação mediante a variação e a seleção natural. Deste modo podemos compreender como é que as novas espécies se apresentam lenta e sucessivamente, como espécies de diferentes classes não mudam necessariamente ao mesmo tempo, nem com a mesma velocidade, nem no mesmo grau, ainda que, ao longo dos anos, todas experimentem, em certa medida, modificação. A extinção das formas antigas é a consequência, quase inevitável, da produção de formas novas. Podemos compreender por que uma vez que uma espécie desapareceu nunca reaparece. Os grupos de espécies aumentam lentamente em número e resistem durante períodos desiguais de tempo, pois o processo de modificação é necessariamente lento e depende de muitas circunstâncias complexas. As espécies predominantes, que pertencem a grupos grandes e predominantes, tendem a deixar muitos descendentes modificados, que formam novos grupos e subgrupos. Quando estes se formam, as espécies dos grupos menos vigorosos, devido a sua inferioridade, herdada de um antepassado comum, tendem a extinguir-se a um tempo, e a não deixar nenhum descendente modificado sobre a superfície da terra; mas a extinção completa de um grupo inteiro de espécies foi às vezes um processo lento, pela sobrevivência de uns poucos descendentes que prolongam sua existência em localidades protegidas e isoladas. Uma vez que um grupo desapareceu por completo, jamais reaparece, pois se rompeu o encadeamento de gerações.

Podemos compreender como é que as formas predominantes que se estendem muito e produzem o maior número de variedades tendem a povoar a terra de descendentes semelhantes, mas modificados, e como estes, geralmente, conseguirão suplantar os grupos que lhes são inferiores na luta pela existência. Portanto, depois de grandes espaços de tempo, as produções do mundo parecem ter mudado simultaneamente.

Podemos compreender como é que todas as formas orgânicas antigas e modernas constituem, juntas, um reduzido número de grandes classes. Podemos compreender, pela contínua tendência à divergência de características, por que quanto mais antiga é uma forma, tanto mais difere, em geral, das que agora vivem; por que as formas antigas e extintas tendem com frequência a preencher vazios entre as formas existentes, reunindo às vezes em dois grupos antes classificados como diferentes, mas com mais frequência fazendo tão somente com que seja um pouco menor a distância. Quanto mais antiga é uma forma, com tanta maior frequência é, em algum grau, intermediária entre grupos atualmente diferentes; pois quanto mais antiga for uma forma, tanto mais de perto estará relacionada com o antepassado comum de grupos que depois chegaram a separar-se muito, e, portanto, tanto mais se parecerá a ele. As formas extintas poucas vezes são diretamente intermediárias entre formas existentes; e o são tão somente por um caminho longo e tortuoso, passando por outras formas diferentes e extintas. Podemos ver claramente por que os restos orgânicos de formações imediatamente consecutivas são muito afins, pois estão estreitamente interligadas por geração. Podemos ver claramente por que os fósseis de uma formação intermediária têm características intermediárias.

Os habitantes do mundo em cada período sucessivo da história derrotaram a seus predecessores na luta pela vida e são, neste aspecto, superiores na escala, e sua estrutura geralmente se especializou mais; isto pode explicar a crença comum, admitida por tantos paleontólogos, de que a organização, em conjunto, progrediu. Os animais antigos e extintos se assemelham, até certo ponto, aos embriões dos animais mais modernos pertencentes às mesmas classes, e este fato portentoso recebe uma explicação singela, segundo nossas teorias. A sucessão dos mesmos tipos de estrutura dentro das mesmas regiões durante os últimos períodos geológicos, deixa de ser um mistério e é compreensível segundo o princípio da herança.

Se os registros geológicos são, pois, tão incompletos como muitos creem – e, pelo menos, pode afirmar-se que não se pode provar que os registros sejam bem mais perfeitos – as objeções principais à teoria da seleção natural diminuem muito ou desaparecem. Por outra parte, todas as leis principais da paleontologia proclamam claramente, a meu ver, que as espécies foram produzidas por geração ordinária, por tererm sido suplantadas as formas antigas por formas orgânicas novas e aperfeiçoadas, produto da variação e da sobrevivência *dos mais fortes*.

A Origem das Espécies

por meio da Seleção Natural

ou

A preservação das raças favorecidas na luta pela vida

Tomo III e último

Capítulo XII

Distribuição Geográfica

A distribuição atual não pode ser explicada por diferenças nas condições físicas – Importância dos obstáculos – Afinidades entre as produções de um mesmo continente – Centros de criação – Modos de dispersão por mudanças de clima e de nível da terra, e por meios ocasionais – Dispersão durante o período glacial – Períodos glaciais alternantes no norte e no sul

Considerando a distribuição dos seres orgânicos sobre a superfície do globo, o primeiro dos grandes fatos que chamam nossa atenção é que nem a semelhança nem a diferença dos habitantes das diferentes regiões podem explicar-se totalmente pelas condições de clima ou outras condições físicas. Ultimamente, quase todos os autores que estudaram o assunto chegaram a esta conclusão. O caso da América quase bastaria por si só para provar sua exatidão, pois se excluíssemos as partes polares e temperadas do norte, todos os autores concordam que uma das divisões mais fundamentais na distribuição geográfica é a que existe entre o Velho e o Novo Mundo; no entanto, se viajarmos pelo grande continente americano, desde as partes centrais dos Estados Unidos até o extremo sul, encontraremos as mais diversas condições: regiões úmidas, áridos desertos, altíssimas montanhas, pradarias, selvas, pântanos, lagos e grandes rios com quase todas as temperaturas. É muito difícil encontrar clima ou condições de ambiente no Velho Mundo cujo equivalente não pode ser encontrado no Novo, pelo menos tanta semelhança como exigem, em geral, as mesmas espécies. Indubitavelmente, no Velho Mundo podem ser destacados pequenos territórios mais calorosos do que nenhum dos do Novo; mas estes não estão habitados por uma fauna diferente da dos distritos circundantes, pois é raro encontrar um grupo de organismos confinado num pequeno território cujas condições sejam só um pouco especiais. Apesar deste paralelismo geral nas condições físicas do Velho Mundo e do Novo, como são diferentes suas produções vivas!

No hemisfério sul, se compararmos grandes extensões de terra na Austrália, África Austral e oeste da América do Sul, entre 25° e 35° de latitude, encontraremos regiões extraordinariamente semelhantes em todas suas condições, apesar do que não seria possível assinalar três faunas e floras por completo mais diferentes. E também podemos comparar na América do sul as produções de latitudes superiores ao grau 30 com as do norte do grau 25, que estão, portanto, separadas por um espaço de dez graus de latitude e se encontram submetidas a condições consideravelmente diferentes; no entanto, estão incomparavelmente mais relacionadas entre si que o estão com as produções da Austrália ou da África que vivem quase o mesmo clima. Podemos citar fatos análogos no que se refere aos seres marinhos.

O segundo fato importante que chama nossa atenção, nesta revisão geral, é que as barreiras de todas as classes ou obstáculos para a livre migração estão relacionadas de um modo direto e importante com as diferenças que existem entre quase todas as produções terrestres do Velho Mundo e do Novo, exceto nas regiões do Norte, onde as terras quase se reúnem e onde, com um clima um pouco diferente, puderam ter liberdade de migração para as formas das regiões temperadas do Norte, como ocorre agora com as produções propriamente árticas. O mesmo fato pode ser visto na grande diferença que existe entre os habitantes da Austrália, África e América do Sul nas mesmas latitudes, pois esses países estão o máximo possível isolados uns dos outros. Em cada continente, além disso, vemos o mesmo fato, pois aos lados opostos de cordilheiras elevadas e contínuas, de grandes desertos e até de largos rios encontramos produções diferentes, ainda que, como as cordilheiras, desertos etc., não sejam tão difíceis de passar como os oceanos, nem também não duraram tanto como estes, as diferenças são muito inferiores às que caracterizam os diferentes continentes.

Fixando-nos no mar, encontramos a mesma lei. Os seres marinhos que vivem nas costas orientais e ocidentais da América do Sul são muito diferentes, tendo pouquíssimos moluscos, crustáceos e equinodermas comuns a ambas as costas; mas o doutor Gunther demonstrou recentemente que trinta por cento, aproximadamente, dos peixes são iguais a ambos os lados do istmo do Panamá, e este fato levou os naturalistas a crer que o istmo esteve aberto em outro tempo. Ao oeste da costa da América existe uma grande extensão de oceano sem uma ilha que possa servir de ponto de paragem a emigrantes; neste caso temos um obstáculo de outra natureza, e, enquanto este passa, nos encontramos nas ilhas orientais do Pacífico com outra fauna totalmente diferente. De maneira que, ocupando espaços consideráveis de Norte a Sul, em linhas paralelas não longe umas de outras, sob climas que se correspondem, estendem-se três faunas marinhas; mas estas são quase por completo diferentes, por estarem separadas por obstáculos infranqueáveis. Em mudança, continuando ainda para o oeste das ilhas orientais das regiões tropicais do Pacífico, não encontramos nenhum obstáculo infranqueável, e temos, como escalas, inúmeras ilhas ou costas contínuas, até que, depois de ter percorrido um hemisfério, chegamos à costa da África, e em todo este vasto espaço não encontramos faunas marinhas diferentes e bem definidas. Ainda que tão poucos animais marinhos sejam comuns às três faunas próximas antes citadas da América Oriental, América Ocidental e ilhas orientais do Pacífico, muitos peixes se estendem desde o Pacífico até o interior do oceano Índico, e muitos moluscos são comuns às ilhas orientais do Pacifico e à costa oriental da África, regiões situadas em meridianos quase exatamente opostos.

O terceiro fato importante, que, em parte, está compreendido no que se acaba de expor, é a afinidade das produções do mesmo continente ou do mesmo mar, ainda que as espécies sejam diferentes em diferentes pontos ou estações. É esta uma lei muito geral; todos os continentes oferecem inúmeras exemplos dela, e, no entanto, ao naturalista, quando viaja, por exemplo, de Norte a Sul, nunca deixa de chamar-lhe a atenção a maneira como se vão substituindo, sucessivamente, grupos de seres especificamente diferentes, ainda que muito afins. O naturalista ouve cantos quase iguais de aves muito afins, ainda que de espécies diferentes; vê seus ninhos construídos de modo parecido, ainda que não completamente igual, com ovos quase da mesma coloração. As planícies próximas ao estreito de Magalhães estão habitadas por uma espécie de Rhea (avestruz da América), e, ao Norte, as planícies de La Plata por outra espécie do mesmo gênero, e não por uma verdadeira avestruz ou um emu[1] como os que vivem na África e Austrália à mesma latitude. Nestas mesmas planícies de La Plata vemos a cutia[2] e a viscacha[3], animais que têm quase os mesmos costumes que nossas lebres e coelhos e que pertencem à mesma ordem dos roedores, mas que apresentam evidentemente um tipo de conformação americano. Se ascendermos aos elevados cumes dos Andes encontramos uma espécie alpina de viscacha; se nos fixamos nas águas, não encontramos o castor nem o rato-almiscarado[4], senão o ratão-do-banhado[5] e a capivara, roedores de tipo sul-americano. Poderiam citar-se outros inúmeros exemplos. Se consideramos as ilhas situadas frente à costa da América, por muito que difiram em estrutura geológica, os habitantes são essencialmente americanos, ainda que possam ser todos de espécies peculiares. Como se viu no capítulo anterior, podemos remontar-nos a idades passadas, e encontramos que então dominavam no continente americano e nos mares da América tipos americanos. Vemos nestes fatos a existência nas mesmas regiões de mar e terra de uma profunda relação orgânica através do espaço e tempo, independente das condições de vida. O naturalista que não se sinta movido a averiguar em que consiste esta relação tem de ser um tolo.

Esta relação é simplesmente a herança, causa que por si só, até onde positivamente conhecemos, produz organismos completamente iguais entre si, ou quase iguais, como pode ser visto no caso das variações. A diferença entre os habitantes de regiões diferentes pode atribuir-se à modificação relacionada à variação e seleção natural, e provavelmente, em grau menor, à influência direta de condições físicas diferentes. Os graus de diferença dependerão de que tenha sido impedida, com mais ou menos eficácia, a emigração das formas orgânicas predominantes de uma região a outra, da natureza e número dos primeiros emigrantes, e da ação mútua dos habitantes, quanto conduza à conservação das diferentes modificações, pois, como já se fez observar muitas vezes, a relação entre os organismos na luta pela vida é a mais importante de todas. Deste modo, a grande importância das barreiras, pondo obstáculos às migrações, entra em jogo, do mesmo modo que o tempo, no lento processo de modificação por seleção natural. As espécies muito estendidas, abundantes em indivíduos, que triunfaram já de muitos competidores em suas dilatadas pátrias, terão mais probabilidades de apoderar-se de novos postos quando se estendam a outras regiões. Em sua nova pátria estarão submetidas a novas condições, e com frequência experimentarão mais modificações e aperfeiçoamento, e desse modo chegarão a atingir novas vitórias e produzirão grupos de descendentes modificados. Segundo este princípio de herança com modificação, podemos compreender o caso tão comum e notório de que seções de gêneros, gêneros inteiros e até famílias estejam confinadas nas mesmas zonas.

Como foi observado no capítulo anterior, não há prova alguma da existência de uma lei de desenvolvimento necessário. Como a variabilidade de cada espécie é uma propriedade independente, que será utilizada pela seleção natural só até onde seja útil a cada indivíduo em sua complicada luta pela vida, a intensidade da modificação nas diferentes espécies não será uniforme. Se um grande número de espécies, depois de ter competido mutuamente muito tempo em seu habitat, emigrassem juntas a uma nova região, que depois ficasse isolada, seriam pouco susceptíveis de modificação, pois nem a emigração nem o isolamento por si sós produzem nada. Estas causas entram em jogo só quando colocam os organismos em relações novas entre si e também, ainda que em menor grau, com as condições físicas ambientais. Do mesmo modo que vimos no capítulo anterior que algumas formas conservaram quase as mesmas características desde um período geológico remotíssimo, também certas espécies se disseminaram por imensos espaços, tendo-se modificado pouco ou nada.

Segundo estas opiniões, é evidente que as diferentes espécies do mesmo gênero, ainda que vivam nas partes mais distantes do mundo, tenham de ter provido primitivamente de uma mesma origem, pois descendem do mesmo antepassado. No caso das espécies que experimentaram durante períodos geológicos inteiros poucas modificações, não há grande dificuldade em crer que tenham emigrado da mesma região, pois durante as grandes mudanças geológicas e climatológicas às quais foram submetidos desde os tempos antigos, são possíveis quaisquer emigrações, por grandes que sejam; mas em muitos outros casos, nos que temos motivos para crer que as espécies de um gênero se formaram em tempos relativamente recentes, existem grandes dificuldades sobre este ponto. É também evidente que os indivíduos da mesma espécie, ainda quando vivam agora em regiões distantes e isoladas, tenham de ter provido de um só lugar, onde antes se originaram seus pais. Como se explicou, não é crível que indivíduos exatamente iguais tenham sido produzidos por pais especificamente diferentes.

Centros Únicos de Suposta Criação

Vemo-nos assim levados à questão, que foi muito discutida pelos naturalistas, de se as espécies foram criadas num ou em vários pontos da superfície da terra. Indubitavelmente, há muitos casos em que é muito difícil compreender como a mesma espécie pôde ter emigrado desde um ponto aos variados pontos distantes e isolados onde agora se encontra. No entanto, a singeleza da ideia de que cada espécie se produziu ao princípio numa só região cativa a inteligência. Quem a recuse recusa o *lado causa* da geração ordinária com emigrações posteriores e invoca a intervenção de um milagre. É universalmente admitido que, na maioria dos casos, a zona habitada por uma espécie seja contínua e quando uma planta ou animal vivem em dois pontos tão distantes entre si ou com uma separação de tal natureza que o espaço não pôde ter sido atravessado emigrando facilmente, cita-se o fato como algo notável e excepcional. A incapacidade de emigrar atravessando um grande mar é talvez mais clara no caso dos mamíferos terrestres do que no de outros seres orgânicos, e assim não encontramos exemplos que sejam explicáveis de que o mesmo mamífero viva em pontos distantes da terra. Nenhum geólogo encontra dificuldade em que a Grã-Bretanha possua os mesmos quadrúpedes que o resto da Europa, pois não há dúvida de que em outro tempo estiveram unidas. Mas se as mesmas espécies podem ser produzidas em dois pontos separados, como é que não encontramos nem um só mamífero comum à Europa e Austrália ou América do Sul? As condições de vida são quase iguais; de tal maneira que muitos animais e plantas da Europa chegaram a se adaptar à América e Austrália e algumas das plantas nativas são idênticas nestes pontos tão distantes do hemisfério norte e do hemisfério sul. A resposta é, a meu ver, que os mamíferos não puderam emigrar, enquanto algumas plantas, por seus variados meios de dispersão, emigraram através dos grandes e ininterruptos espaços intermediários. A influência grande e assombrosa dos obstáculos de todas classes as só é compreensível segundo a opinião de que a grande maioria das espécies foi produzida a um lado do obstáculo e não pôde emigrar ao lado oposto. Um reduzido número de famílias, muitas subfamílias, muitos gêneros e um número ainda maior de seções de gêneros estão limitados a uma região determinada, e foi observado por diferentes naturalistas que os gêneros mais naturais – ou seja, os gêneros em do que as espécies estão mais estreitamente relacionadas entre si – estão geralmente confinados numa mesma região, ou, se ocupam uma grande extensão, esta extensão é contínua. Que anomalia tão estranha se, quando descemos um grau na série, ou seja, quando passamos aos indivíduos da mesma espécie, prevalecesse a regra diametralmente oposta, e estes indivíduos não tivessem estado, pelo menos ao princípio, confinados a uma só região!

Portanto, parece-me, como a outros muitos naturalistas, que a opinião mais provável é a de que cada espécie foi produzida numa só região e posteriormente emigrou desta região até onde permitiram suas faculdades de emigração e resistência, nas condições passadas e presentes. Indubitavelmente, apresentam-se muitos casos em que não podemos explicar como a mesma espécie pôde ter passado de um ponto a outro. Mas as mudanças geográficas e climatológicas que ocorreram certamente em tempos geológicos recentes têm de ter convertido em descontínua a distribuição geográfica, antes contínua, de muitas espécies. De maneira que nos vemos reduzidos a considerar se as exceções à continuidade da distribuição geográfica são tão numerosas e de natureza tão grave que tenhamos que renunciar à opinião que as considerações gerais fazem provável, de que cada espécie foi produzida numa região e que desde ali emigrou até onde pôde. Seria inutilmente fatigoso discutir todos os casos excepcionais em que uma mesma espécie vive atualmente em pontos distantes e separados, e não pretendo, nem por um momento, que possa oferecer-se explicação alguma de muitos casos. Mas, depois de umas observações preliminares, discutirei alguns dos grupos mais notáveis de fatos, como a existência da mesma espécie nos cumes de regiões montanhosas diferentes ou em pontos muito distantes das regiões árticas e antárticas; discutirei depois – no capítulo seguinte – a extensa distribuição das produções de água doce, e depois a presença das mesmas produções terrestres em ilhas e na terra firme mais próxima, ainda que separadas por centenas de milhas de oceano. Se a existência da mesma espécie em pontos distantes e isolados da superfície terrestre pode ser explicada em muitos casos dentro da opinião de que cada espécie emigrou desde um só lugar de nascimento, então, tendo em conta nossa ignorância das antigas mudanças climatológicos e geográficos e dos diferentes meios de transporte ocasionais, a crença de que a lei é um só lugar de origem me parece incomparavelmente a mais segura.

Ao discutir este assunto, poderemos, ao mesmo tempo, considerar um ponto igualmente importante para nós, ou seja, se as diferentes espécies de um gênero, que, segundo nossa teoria, teriam de descender todas de um antepassado comum, podem ter emigrado experimentando modificações durante sua emigração desde uma região. Quando a maioria das espécies que vivem numa região são diferentes das de outra, ainda que muito afins a elas, pode se demonstrar que provavelmente tenha ocorrido em algum período antigo emigração de uma região a outra; nossa opinião geral ficará então muito fortalecida, pois a explicação é clara segundo o princípio da descendência com modificação. Uma ilha vulcânica, por exemplo, que se levantou e, formou a algumas centenas de milhas de distância de um continente, tem provavelmente que receber deste, em decorrência do tempo, alguns colonos e seus descendentes, ainda que modificados, estes têm de estar ainda relacionados por herança com os habitantes do continente. Os casos desta natureza são comuns e, como veremos depois, não são explicáveis dentro da teoria das criações independentes. Esta opinião da relação das espécies de uma região com as de outra não difere muito da proposta pelo senhor Wallace[6], o qual chega à conclusão de que “toda espécie começou a existir coincidindo em espaço e em tempo com outra espécie preexistente muito afim”, e atualmente é bem sabido que Wallace atribui esta coincidência à descendência com modificação.

O problema da unidade ou pluralidade de centros de criação é diferente de outra questão com ele relacionada, ou seja, se todos os indivíduos da mesma espécie descendem de um só casal ou de um só hermafrodita, ou se, como alguns autores supõem, descendem de muitos indivíduos simultaneamente criados. Nos seres orgânicos que nunca se cruzam – se é que existem – cada espécie tem de descender por uma sucessão de variedades modificadas, que se foram suplantando umas ou outras, mas que nunca se misturaram com outros indivíduos ou variedades da mesma espécie, de maneira que em cada estado sucessivo de modificação todos os indivíduos da mesma forma descenderão de um só progenitor. Mas na imensa maioria dos casos – ou seja, em todos os organismos que habitualmente se unem para cada criança, ou que às vezes se cruzam – os indivíduos da mesma espécie que vivem na mesma região se manterão quase uniformes por cruzamento, de maneira que muitos indivíduos continuarão mudando simultaneamente e todo o conjunto de modificações em cada estado não se deverá à descendência de um só progenitor. Para aclarar o que quero dizer: nossos cavalos de corrida ingleses diferem dos cavalos de qualquer outra raça, mas não devem sua diferença e superioridade ao fato de descenderem de um só casal, senão ao cuidado contínuo na seleção e adestramento de muitos indivíduos em cada geração.

Antes de discutir as três classes de fatos que selecionei por apresentarem as maiores dificuldades dentro da teoria dos centros *únicos de criação,* tenho de dizer algumas palavras a respeito dos meios de dispersão.

Meios de Dispersão

C. Lyell e outros autores trataram admiravelmente este assunto. Não posso dar aqui senão um resumo brevíssimo dos fatos mais importantes. A mudança de clima tem de ter exercido uma influência poderosa na emigração. Uma região infranqueável, pela natureza de seu clima, para certos organismos pode ter sido uma grande via de emigração quando o clima era diferente. Terá, no entanto, que se discutir agora este aspecto da questão com algum detalhe. As mudanças de nível do solo têm de ter sido também de grande influência: um estreito istmo separa agora duas faunas marinhas; suponhamos que se submerja, ou que tenha estado antes submerso, e as duas faunas marinhas se misturaram ou puderam ter-se misturado antes. Onde agora se estende o mar, pode a terra, num período anterior, ter unido ilhas, ou talvez até continentes, e deste modo ter permitido às produções terrestres passar de uns a outros. Nenhum geólogo discute o fato de que ocorreram grandes mudanças de nível dentro do período dos organismos atuais. Edward Forbes[7] insistiu sobre o fato de que todas as ilhas do Atlântico têm de ter estado, em época recente, unidas à Europa ou à África, e também a Europa com a América. Da mesma maneira, outros autores levantaram pontes hipotéticas sobre todos os oceanos, e uniram quase todas as ilhas com algum continente. Realmente, se podemos confiar nos argumentos empregados por Forbes, temos de admitir que dificilmente existe uma só ilha que não tenha estado unida a algum continente. Esta opinião corta o *nó górdio* da dispersão de uma mesma espécie a pontos extraordinariamente distantes e suprime muitas dificuldades, mas, segundo meu leal saber e entender, não estamos autorizados para admitir tão enormes mudanças geográficas dentro do período das espécies atuais. Parece-me que temos abundantes provas de grandes oscilações no nível da terra ou do mar; mas não de mudanças tão grandes na posição e extensão de nossos continentes para que em período recente se tenham unido entre si e com as diferentes ilhas oceânicas interpostas. Admito sem reserva a existência anterior de muitas ilhas, sepultadas hoje no mar, que serviram como etapas às plantas e a muitos animais durante suas emigrações. Nos oceanos em que se produzem corais, estas ilhas afundadas se assinalam agora pelos anéis de corais ou atóis que há sobre elas. Quando se admita por completo, como se admitirá algum dia, que cada espécie procedeu de um só lugar de origem, e quando, com o curso do tempo, saibamos algo preciso a respeito dos meios de distribuição poderemos discorrer com segurança a respeito da antiga extensão das terras. Mas não creio que se prove nunca que dentro do período moderno a maioria de nossos continentes, que atualmente se encontram quase separados, tenham estado unidos entre si e com as numerosas ilhas oceânicas existentes sem solução, ou quase sem solução, de continuidade. Diferentes fatos relativos à distribuição geográfica, tais como a grande diferença nas faunas marinhas nos lados opostos de quase todos os continentes, a estreita relação dos habitantes terciários de diferentes terras, e ainda mares, com os habitantes atuais, o grau de afinidade entre os mamíferos que vivem nas ilhas e os do continente mais próximo, determinado em parte, como veremos depois, pela profundidade do oceano que os separa, e outros fatos semelhantes, opõem-se à admissão das prodigiosas revoluções geográficas no período moderno, que são necessárias dentro da hipótese proposta por Forbes e admitida pelos que lhe seguem. A natureza e proporções relativas dos habitantes das ilhas oceânicas se opõem também à crença de sua antiga continuidade com os continentes, e a composição, quase sempre vulcânica destas ilhas também não admite que sejam restos de continentes afundados, pois se primitivamente tivessem existido como cordilheiras de montanhas continentais, algumas das ilhas teriam sido formadas, como outros cumes de montanhas, de granito, xistos metamórficos, rochas fossilíferas antigas e outras rochas, em vez de consistir em simples massas de matéria vulcânica.

Tenho de dizer algumas palavras a respeito do que se chamou meios acidentais de distribuição, mas que se chamariam melhor meios ocasionais de distribuição. Limitar-me-ei aqui às plantas. Nas obras botânicas se afirma com frequência que esta ou aquela planta está mal adaptada para uma extensa dispersão; mas pode dizer-se que é quase por completo desconhecida a maior ou menor facilidade para seu transporte de um lado a outro do mar. Até que fiz, com ajuda a de senhor Berkeley, alguns experimentos; nem sequer se conhecia até que ponto as sementes podiam resistir à ação nociva da água do mar. Com surpresa encontrei que, de 87 classes de sementes, 64 germinaram depois de vinte e oito dias de imersão, e algumas sobreviveram depois de cento e trinta e sete dias de imersão. Merece citar-se que certas ordens foram bem mais prejudicados do que outras: testaram-se nove leguminosas, e, exceto uma, resistiram mal à água salgada; sete espécies das ordens afins, hidrofiláceas e polemoniáceas, morreram todas por um mês de imersão. Por comodidade testei principalmente sementes pequenas sem as cápsulas ou os frutos carnosos, e como todas elas iam ao fundo ao cabo de poucos dias, não podiam atravessar boiando grandes espaços do mar, tivessem sido ou não prejudicadas pela água salgada; depois testei vários frutos carnosos, cápsulas etc., grandes, e alguns boiaram durante longo tempo. É bem conhecida a grande diferença que existe na flutuação entre as madeiras verdes e secas, e me ocorreu que as avenidas frequentemente têm de arrastar ao mar plantas ou ramos secos com as cápsulas ou os frutos carnosos aderidos a eles. Isto me levou, pois, a secar os troncos e ramos de 94 plantas com fruto maduro e a colocá-los em água de mar. A maioria foi ao fundo; mas algumas que, quando verdes, boiavam durante pouquíssimo tempo, boiaram secas bem mais tempo; por exemplo: as avelãs tenras foram ao fundo imediatamente; mas uma vez secas boiaram noventa dias e, plantadas depois, germinaram; um aspargo com bagos maduros boiou vinte e três dias; e seco boiou oitenta e cinco dias, as sementes depois germinaram; as sementes tenras de *Helosciadium* foram ao fundo aos dois dias; secas, boiaram uns noventa dias e depois germinaram. Em resumo: de 94 plantas secas, 18 boiaram mais de vinte e oito dias, e algumas destas 18 boiaram durante um período muito maior; de maneira que, como 64/87 das espécies de sementes germinaram depois de colocadas em imersão, e 18/94 das diferentes espécies com frutos maduros – ainda que não todas fossem da mesma espécie que no experimento precedente – boiaram depois de secas, mais de vinte e oito dias, podemos concluir – até onde pode deduzir-se um pouco desse curto número de fatos – que as sementes de 14/100 das espécies de plantas de uma região poderiam ser levadas boiando pelas correntes marinhas durante vinte e oito dias e conservariam seu poder de germinação. No Atlas físico de Johnston, a média de velocidade das diferentes correntes do Atlântico é de 33 milhas diárias – algumas correntes levam a velocidade de 60 milhas diárias. Segundo esta média, as sementes do 14/100 das plantas de uma região poderiam atravessar boiando 924 milhas de mar, tentar chegar a outra região, e, uma vez em terra, se fossem levadas para o interior pelo vento até lugar favorável, germinariam.

Depois de meus experimentos, o senhor Martens[8] fez outros semelhantes, mas de um modo muito melhor, pois colocou as sementes dentro de uma caixa no mesmo mar, de maneira que estavam alternativamente molhadas e expostas ao ar como plantas realmente flutuantes. Testou 98 sementes, em sua maioria diferentes das minhas, e escolheu muitos frutos grandes, e também sementes de plantas que vivem próximas ao mar, o qual tinha de ser favorável, tanto para a média de duração da flutuação como para a resistência à ação nociva da água salgada. Pelo contrário, não fazia secar previamente as plantas ou ramos com os frutos, e isto, como vimos, faria feito que algumas delas tivessem boiado bem mais tempo. O resultado foi que 18/98 de suas sementes de diferentes classes boiaram quarenta e dois dias, e depois foram capazes de germinar; ainda que não duvido que as plantas submetidas à ação das ondas boiassem durante menos tempo do que as protegidas contra os movimentos violentos, como ocorre em nossos experimentos. Portanto, talvez fosse mais seguro admitir do que as sementes de 10/100 aproximadamente, das plantas de uma flora, seriam capazes, depois de ter-se secado, boiando em um espaço a mais de 900 milhas de extensão germinando depois. O fato de que os frutos grandes muitas vezes bóiem mais tempo do que os pequenos é interessante, pois as plantas com sementes ou frutas grandes, que, como demonstrou Alph. Candolle, têm geralmente distribuição geográfica limitada, dificilmente puderam ser transportadas por outros meios.

As sementes podem ser transportadas ocasionalmente de outro modo. Na maioria das ilhas inclusive nas que estão no centro dos maiores oceanos, o mar arroja lenhas flutuantes, e os habitantes das ilhas de corais do Pacífico usam pedras para suas ferramentas unicamente das raízes de árvores levadas pelas correntes, constituindo estas pedras um importante tributo real. Observei que quando entre as raízes das árvores ficam encaixadas pedras de forma irregular, ficam encerradas em seus interstícios e por trás deles pequenas quantidades de terra, tão perfeitamente, que nem uma partícula poderia ser arrastada pela água durante o mais longo transporte; procedentes de uma pequena quantidade de terra *completamente* encerrada deste modo pelas raízes de um carvalho, germinaram três plantas dicotiledôneas. Estou seguro da exatidão desta observação. Além disso posso demonstrar que os corpos mortos das aves, quando boiam no mar, às vezes são devorados imediatamente, e muitas classes de sementes conservam, durante muito tempo, sua vitalidade no estômago das aves que boiam: as ervilhas e o grão-de-bico, por exemplo, morrem com só alguns dias de imersão na água do mar; mas alguns tirados do estômago de um pombo que esteve boiando trinta dias na água do mar artificial germinaram quase todas, para minha grande surpresa.

As aves vivas não podiam deixar de ser agentes eficacíssimos no transporte das sementes; poderia citar muitos fatos que demonstram a frequência com que aves de muitos tipos foram arrastadas por furacões a grandes distâncias no oceano. Podemos seguramente admitir que, nestas circunstâncias, sua velocidade de voo tem de ser com frequência de 35 milhas por hora e alguns autores a calcularam em bem mais. Nunca vi um exemplo de sementes alimentícias que passem por todo o intestino de uma ave; mas sementes duras de frutos carnosos passam sem alterar-se até pelos órgãos digestivos de um peru. No decorrer de dois meses recolhi em meu jardim, dos excrementos de pequenas aves, doze classes de sementes perfeitas, e algumas delas que foram testadas germinaram. Mas o fato seguinte é mais importante; o estômago das aves não segrega suco gástrico e não prejudica nem um pouco a germinação das sementes, segundo averiguei experimentalmente. Agora, quando uma ave encontrou e ingeriu uma grande quantidade de comida, afirmou-se positivamente que todas as sementes não passam pela moela antes de doze ou de dez e oito horas. Neste intervalo, uma ave pode facilmente ser arrastada pelo vento a uma distância de 500 milhas, e é sabido que os falcões procuram as aves cansadas, e o conteúdo de seu estômago quando rasgado pode espalhar-se logo. Alguns falcões e corujas engolem suas presas inteiras, e depois de um intervalo de doze a vinte horas vomitam bolotas que, segundo sei por experimentos feitos nos *Zoological Gardens,* encerram sementes capazes de germinar.

Algumas sementes de aveia, trigo, proso milho, alpiste, cânhamo, trevo e beterraba germinaram depois de ter estado vinte ou vinte e uma horas nos estômagos de diferentes aves, e duas sementes de beterraba germinaram depois de ter estado nestas condições durante dois dias e quatorze horas. Vejo que os peixes de água doce comem sementes de muitas plantas de terra e de água; os peixes são frequentemente devorados por aves, e, deste modo, as sementes poderiam ser transportadas de um lugar a outro. Introduzi muitas classes de sementes em estômagos de peixes mortos e depois os dei a águias pesqueiras, cegonhas e pelicanos; estas aves depois de muitas horas, devolveram as sementes em bolotas, ou as expulsaram com seus excrementos e variadas destas sementes conservaram o poder de germinação. Certas sementes, no entanto, morreram sempre por este procedimento.

Os gafanhotos são arrastados muitas vezes pelo vento a grande distância da terra; eu mesmo peguei um a 370 milhas da costa da África, e soube de outros recolhidos em distâncias maiores. O reverendo R. T. Lowe[9] comunicou a C. Lyell que, em novembro de 1844, chegaram à Ilha da Madeira nuvens de gafanhotos. Eram em quantidade inumerável, e tão grandes como os flocos de neve na maior nevasca, e se estendiam em altura até onde podiam ver-se com um telescópio. Durante dois ou três dias foram lentamente de um lado a outro, descrevendo uma imensa elipse de cinco ou seis milhas de diâmetro, e de noite pousavam nas árvores mais altas, que ficavam completamente cobertas por eles. Depois desapareceram em direção ao mar, tão subitamente como tinham aparecido, e desde então não voltaram à ilha. Os lavradores de algumas regiões do Natal acreditam, sem provas conclusivas, que as sementes nocivas são trazidas a suas pradarias pelos excrementos que as nuvens de gafanhotos deixam ao passar. Por causa desta suposição, o senhor Weale[10] me enviou numa carta uma porção de bolinhas secas de excremento de gafanhoto, das quais separei ao microscópio diferentes sementes, e obtive delas sete gramíneas pertencentes a duas espécies de dois gêneros diferentes. Portanto, uma nuvem de gafanhotos como que apareceu na Ilha da Madeira pôde facilmente ser o meio de introdução de diferentes tipos de plantas numa ilha situada longe do continente.

Ainda que o bico e as patas das aves geralmente estejam limpos, às vezes se lhes adere terra: num caso tirei da pata de uma perdiz 61 grãos de terra argilosa seca, e em outro caso, 22 grãos, e na terra havia uma pedrinha do tamanho de uma ervilha. Um exemplo melhor: um amigo me enviou uma pata de galinha d´angola com um bolo de terra seca colada ao tarso que pesava só 9 gramas e continha uma semente de junco-dos-sapos (*Juncus bufonius*), que germinou e floresceu. O senhor Swaysland, de Brighton, que durante os últimos quarenta anos prestou grande atenção a nossas aves emigrantes, informa-me que, com frequência, matou alvéola-cinzenta (*Motacilla*) e o cartaxo-do-norte (*Saxicola*), no momento de chegar a nossas costas, antes que tivessem pousado, e muitas vezes observou pequenos bolos de terra colados a seus pés. Pode-se-ia citar muitos fatos que mostram o quanto o nosso solo está carregado de sementes. Por exemplo, o professor Newton me enviou a pata de uma perdiz (*Caccabis rufa*) que tinha sido ferida e não podia voar, com uma bola de terra dura aderida, que pesava seis onças e meia. A terra foi conservada durante três anos, mas quando foi rompida, regada e colocada sob um sino de cristal saíram dela nada menos que 82 plantas: consistiam estas em 12 monocotiledôneas, entre elas a aveia comum e, pelo menos, outra espécie de gramínea, e em 70 dicotiledôneas que pertenciam, a julgar por suas folhas tenras, a três espécies diferentes, pelo menos. Com estes fatos à vista, podemos duvidar de que as muitas aves que anualmente são arrastadas pelas tormentas a grandes distâncias sobre o oceano e as muitas que anualmente emigram – por exemplo, os milhões de codornas que atravessam o Mediterrâneo – têm de transportar ocasionalmente umas poucas sementes enterradas no barro que se adere a suas patas e bicos? Mas terei que voltar sobre este assunto.

Como é sabido que os *icebergs* estão às vezes carregados de terra e pedras, e que até transportaram ramos das árvores, ossos e o ninho de um pássaro terrestre, é fácil crer que ocasionalmente tenham sido transportadas, como foi sugerido por Lyell, sementes de uma parte a outra das regiões árticas e antárticas e, durante o período glacial, de uma parte a outra das regiões que hoje são temperadas. Nos Açores – pelo grande número de plantas comuns à Europa, em comparação com as espécies de outras ilhas do Atlântico que estão situadas mais próximas à terra firme e, como foi observado por H. C. Watson, por sua característica algo setentrional em comparação com a latitude – suspeitei que estas ilhas fossem em parte povoadas por sementes trazidas pelos gelos durante a época glacial. A meu pedido, C. Lyell escreveu ao senhor Hartung[11] perguntando-lhe se havia observado blocos erráticos nestas ilhas, e respondeu que tinham achado grandes pedaços de granito e de outras rochas que não se encontram no arquipélago. Portanto, podemos deduzir com segurança que os *icebergs* em outro tempo depositaram sua cota de pedras nas praias destas ilhas oceânicas, e é pelo menos possível que possam ter levado a elas algumas sementes de plantas do norte.

Considerando que estes diferentes meios de transporte, e outros que indubitavelmente ainda não descobertos, tenham estado em atividade, ano após ano, durante dezenas de milhares de anos, seria, acredito, um fato maravilhoso que muitas plantas não tivessem chegado a ser transportadas para muito longe. Estes meios de transporte são às vezes chamados *acidentais;* mas isto não é rigorosamente correto: as correntes marinhas não são acidentais, nem também não o é a direção dos ventos predominantes. Temos de observar que quase nenhum meio de transporte pode levar as sementes a distâncias muito grandes, pois as sementes não conservam sua vitalidade se estão expostas durante muito tempo à ação do mar, nem podem também ser levadas muito tempo no estômago ou intestinos das aves. Estes meios, no entanto, bastariam para o transporte ocasional através de extensões de mar a 100 milhas de distância, de ilha a ilha, ou de um continente a uma ilha vizinha, mas não de um continente a outro muito distante. As floras de continentes muito distantes não chegaram a misturar-se por estes meios e tiveram de permanecer tão diferentes como o são atualmente.

As correntes, por sua direção, nunca trouxeram sementes da América do Norte à Inglaterra, ainda que pudessem trazê-las, e trazem, das Antilhas à nossa costa, sementes que, não tendo morrido por sua extensíssima imersão na água salgada, não puderam resistir ao nosso clima. Quase todos os anos uma ou duas aves marinhas são arrastadas pelo vento através de todo o oceano Atlântico, desde a América do Norte à costa ocidental da Irlanda e Inglaterra; mas as sementes não poderiam ser transportadas por estes raros viajantes, mas pelo barro aderido a suas patas ou bico, o que constitui por si mesmo uma rara casualidade. Mesmo neste caso, quão poucas probabilidades teria uma semente de cair num solo favorável e chegar a completo desenvolvimento! Seria um grande erro alegar que uma ilha bem povoada, como a Grã-Bretanha, não recebeu – até onde se sabe, e seria dificílimo o prová-lo – nestes últimos séculos imigrantes da Europa ou de outro continente por estes meios ocasionais de transporte, não tenha que receber imigrantes por meios semelhantes uma ilha pobremente povoada, mesmo estando situada muito longe da terra firme. De cem tipos de sementes ou animais transportados a uma ilha, ainda que esteja muito menos povoada que a Grã-Bretanha, talvez mais de um se adapte à sua nova pátria chegando a se aclimatar.

Mas este não é um argumento válido contra o que os meios ocasionais de transporte teriam realizado durante o longo lapso de tempo geológico durante o qual a ilha ia se levantando antes que tivesse sido povoada por completo de habitantes. Em terra quase nua, na qual vivem insetos e aves pouco ou não destruidores, qualquer semente que tenha a fortuna de chegar tem de germinar e sobreviver, se se adaptar ao clima.

Dispersão Durante o Período Glacial

A identidade de muitas plantas e animais nos cumes de montanhas separadas por centenas de milhas de terras baixas, nas quais não poderiam existir espécies alpinas, é um dos casos conhecidos mais atraentes de que as mesmas espécies vivam em pontos muito distantes sem possibilidade aparente de que tenham emigrado de um ponto a outro. É verdadeiramente um fato notável ver tantas plantas da mesma espécie vivendo nas regiões nevadas dos Alpes e dos Pirineus e nas partes mais setentrionais da Europa, mas é um fato bem mais notável que as plantas das White Mountains dos Estados Unidos da América sejam todas as mesmas do que as da península do Labrador, e quase as mesmas, segundo diz Assa Gray, que as das montanhas mais elevadas da Europa. Já em 1747 estes fatos levaram Gmelin[12] à conclusão de que as mesmas espécies tinham que ter sido criadas independentemente em muitos pontos diferentes, e teríamos que ter permanecido nesta mesma crença se Agassiz[13] e outros não tivessem chamado vivamente a atenção sobre o período glacial que, como veremos imediatamente, contribui com uma explicação singela destes fatos. Temos provas de quase todas as classes imagináveis – tanto procedentes do mundo orgânico como do inorgânico – de que num período geológico muito recente Europa Central e América do Norte sofreram um clima ártico. As ruínas de uma casa destruída pelo fogo não refeririam sua história mais claramente do que as montanhas de Escócia e Gales, com suas ladeiras estriadas, superfícies polidas e blocos rochosos suspendidos, que nos falam das geladas correntes que não faz muito enchiam seus vales. Tanto mudou o clima da Europa, que no norte da Itália estão agora cobertas de videiras e milho gigantescas encostas deixadas pelos antigos glaciais. Em toda uma grande parte dos Estados Unidos, os blocos erráticos e as rochas estriadas revelam claramente um período anterior de frio.

A antiga influência do clima glacial na distribuição dos habitantes da Europa, segundo explica Edward Forbes, é em resumo a seguinte: seguiremos as mudanças mais facilmente supondo que vem, pouco a pouco um novo período glacial e que depois passa, como antes ocorreu. Quando o frio aumentou, e quando as zonas mais meridionais chegaram a ser apropriadas para os habitantes do norte, estes ocuparam os lugares dos primitivos habitantes das regiões temperadas; estes últimos, ao mesmo tempo, se transladaram cada vez mais para o sul, a não ser que fossem detidos por obstáculos, caso em que pereceram; as montanhas ficaram cobertas de neve e gelo, e seus habitantes primitivos alpinos desceram às planícies. Quando o frio atingiu seu máximo, teríamos tido uma fauna e flora árticas cobrindo as partes centrais da Europa, chegando ao sul até os Alpes e Pirineus e ainda estendendo-se à Espanha. As regiões atualmente temperadas dos Estados Unidos teriam estado também cobertas de plantas e animais árticos, que teriam sido, com pouca diferença, os mesmos que os da Europa, pois os atuais habitantes circumpolares, que supomos que tenham marchado de todas as partes para o sul, são notavelmente uniformes nessas partes.

Ao voltar o calor, as formas árticas se retiraram para o norte, seguidas de perto, em sua retirada, pelas produções das regiões temperadas. E ao fundir-se a neve nas bases das montanhas as formas árticas se apoderaram do solo degelado e desembaraçado, ascendendo sempre, cada vez mais alto, à medida que aumentava o calor e a neve seguia desaparecendo, enquanto suas irmãs prosseguiam sua viagem para o norte. Portanto, quando o calor voltou por completo, as mesmas espécies que anteriormente tinham vivido juntas nas terras baixas da Europa e América do Norte se encontraram de novo nas regiões árticas do Velho Mundo e do Novo e em muitos cumes de montanhas isoladas muito distantes umas de outras.

Deste modo podemos compreender a identidade de muitas plantas em pontos tão extraordinariamente distantes como as montanhas dos Estados Unidos e as da Europa. Podemos assim compreender o fato de que as plantas alpinas de cada cordilheira estejam mais particularmente relacionadas com as formas árticas que vivem exatamente ao norte, ou quase exatamente ao norte delas, pois a primeira migração, quando chegou o frio, e a migração em sentido inverso, à volta do calor, deve ter sido, em geral, exatamente de norte a sul. As plantas alpinas, por exemplo, da Escócia, como observou H. C. Watson, e as dos Pirineus, como observou Ramond, estão especialmente relacionadas com as plantas do norte da Escandinávia; as dos Estados Unidos, com as do Labrador; as das montanhas da Sibéria, com as das regiões árticas deste país. Estas deduções, baseadas, como estão, na existência perfeitamente demonstrada de um período glacial anterior, parece-me que explicam de modo tão satisfatório a distribuição atual das produções alpinas e árticas da Europa e América que, quando em outras regiões encontramos as mesmas espécies em cumes distantes, quase podemos deduzir, sem outras provas, que um clima mais frio permitiu em outro tempo sua emigração, atravessando as terras baixas interpostas, que atualmente são já demasiado quentes para sua existência.

Como as formas árticas se transladaram primeiro para o sul e depois retrocederam para o norte, que uníssono com a mudança de clima, não estiveram submetidas durante suas longas migrações a uma grande diversidade de temperaturas e, como todas elas emigraram juntas, suas relações mútuas não se terão alterado muito. Portanto, segundo os princípios repetidos neste livro, estas formas não terão sofrido grandes modificações. Mas o caso terá sido algo diferente para as produções alpinas que, desde o momento da volta do calor, ficaram isoladas, primeiro na base das montanhas e finalmente em seus cumes; pois não é provável que o mesmo conjunto de espécies árticas tenha ficado em cordilheiras muito distantes entre si e tenha sobrevivido depois. O provável é que estas espécies se tenham misturado com antigas espécies alpinas que devem ter existido nas montanhas antes do princípio da época glacial e que durante o período mais frio foram temporariamente forçadas a baixar às planícies.

Aquelas espécies têm estado além disso submetidas a influências algo diferentes de clima; suas relações mútuas terão sido assim alteradas em certo grau e em consequência as espécies terão estado sujeitas a variação e se terão modificado; pois, se comparamos as plantas e animais alpinos atuais das diferentes cordilheiras principais da Europa, ainda que muitas das espécies permaneçam idênticas, algumas existem como variedades, outras como formas duvidosas ou subespécies e outras como espécies diferentes, mas muito afins, que se representam mutuamente nas diferentes cordilheiras.

No exemplo precedente supusemos que no começo de nosso imaginário período glacial as produções árticas eram tão uniformes em todas as regiões polares como o são hoje em dia; mas é também necessário admitir que muitas formas subárticas e algumas dos climas temperados eram as mesmas em todo o mundo, pois algumas das espécies que agora existem na base das montanhas e nas planícies do norte da América e da Europa são as mesmas. Pode-se perguntar como se explica esta uniformidade das formas subárticas e de clima temperado, em todo o mundo, no princípio do verdadeiro período glacial. Atualmente as produções subárticas e das regiões temperadas do norte, no Velho Mundo e no Novo, estão separadas por todo o oceano Atlântico e pela parte norte do Pacífico. Durante o período glacial, quando os habitantes do Velho Mundo e do Novo viviam bem mais ao sul do que vivem atualmente, tiveram que estar separados entre si ainda mais completamente por espaços maiores do oceano; de maneira que pode muito bem se perguntar como é que as mesmas espécies puderam então, ou antes, ter chegado aos dois continentes. A explicação, a meu ver, está na natureza do clima antes do começo do período glacial. Naquela época ou seja o período plioceno mais moderno, a maioria dos habitantes do mundo eram especificamente os mesmos que agora, e temos razões suficientes para crer que o clima era mais quente que na atualidade. Portanto, podemos supor que os organismos que atualmente vivem a 60° de latitude viviam durante o período plioceno mais ao norte, no círculo polar, a 66°-67° de latitude, e que as produções árticas atuais viviam então na terra fragmentada ainda mais próxima ao pólo. Assim sendo, se considerarmos o globo terrestre, vemos que no círculo polar há terra quase contínua desde o oeste da Europa, pela Sibéria, até o leste da América, e esta continuidade de terra circumpolar, com a consequente liberdade, num clima mais favorável para emigrações mútuas, explicará a suposta uniformidade das produções subárticas e de clima temperado do Velho Mundo e do Novo num período anterior à época glacial.

Crendo, pelas razões que antes se indicaram, que os continentes atuais permaneceram muito tempo quase nas mesmas situações relativas, ainda que sujeitos a grandes oscilações de nível, inclino-me muito a estender a hipótese precedente, até deduzir que durante um período anterior mais quente, como o período plioceno antigo, nas terras circumpolares, que eram quase ininterruptas, vivia um grande número de plantas e animais iguais, e que estas plantas e animais, tanto no Velho Mundo como no Novo, começaram a emigrar para o sul quando o clima se fez menos quente, muito antes do princípio do período glacial. Atualmente vemos, acredito, seus descendentes, a maioria deles num estado modificado, nas regiões centrais da Europa e dos Estados Unidos. Segundo esta opinião, podemos compreender o parentesco e rara identidade entre as produções da América do Norte e da Europa, parentesco que é notável, considerando-se a distância dos dois territórios e sua separação por todo o oceano Atlântico. Podemos compreender, além disso, o fato singular, sobre o qual chamaram a atenção diferentes observadores, de que as produções da Europa e América nos últimos estágios terciários estavam mais relacionadas do que o estão atualmente, pois durante estes períodos mais quentes as partes do norte do Velho Mundo e do Novo devem ter estado unidas, quase sem interrupção, por terra, que serviria como ponte – que o frio depois fez intransitável – para as emigrações recíprocas de seus habitantes.

Durante a lenta diminuição do calor no período plioceno, tão logo é as espécies comuns que viviam no Velho Mundo e no Novo emigraram ao sul do círculo polar, ficaram completamente separadas. Esta separação, no que se refere às produções de clima mais temperado, devem ter ocorrido há muito tempo. Ao emigrar para o sul, as plantas e animais tiveram que se misturar numa grande região com as produções nativas americanas, e teriam que competir com elas, e em outra grande região com as do Velho Mundo. Portanto, temos neste caso algo favorável às modificações grandes, a modificações muito maiores do que as das produções alpinas que ficaram isoladas, num período bem mais recente, nas diferentes cordilheiras nas terras árticas da Europa e América do Norte. Consequentemente, quando comparamos as produções que vivem atualmente nas regiões temperadas do Novo Mundo e do Antigo, encontramos poucas espécies idênticas – ainda que Assa Gray tenha mostrado que ultimamente há mais plantas idênticas do que antes se supunha – e do que encontramos, em mudança, em todas as classes principais; há muitas formas, que uns naturalistas consideram como raças geográficas e outros como espécies diferentes, e uma legião de formas representativas, ou muito afins, que são consideradas por todos os naturalistas como especificamente diferentes.

Assim como na terra, no mar, uma lenta emigração da fauna marinha para o sul, que durante o plioceno, ou até num período anterior, foi quase uniforme ao longo da ininterrupta costa do círculo polar, explicará, dentro da teoria da modificação, porque hoje vivem espécies afins em regiões completamente separadas. Assim, acredito, podemos compreender a presença nas costas orientais e ocidentais da parte temperada do norte da América de algumas formas muito próximas, ainda exigentes ou terciárias extintas, e explicará também o fato ainda mais atraente de que vivam no Mediterrâneo e nos mares do Japão muitos crustáceos – segundo se descreve na admirável obra de Dana – alguns peixes e outros animais marinhos muito afins, apesar de estarem completamente separadas estas duas regiões por um continente inteiro e imensas extensões de oceano.

Dentro da teoria da criação, são inexplicáveis estes casos de parentesco próximo entre espécies que vivem atualmente ou viveram em outro tempo no mar, na costa oriental e ocidental da América do Norte, no Mediterrâneo e no Japão, e nas terras temperadas da América do Norte e Europa. Não podemos sustentar que estas espécies tenham sido criadas semelhantes em relação às condições físicas, quase iguais, das regiões; pois se comparamos, por exemplo, determinadas partes da América do Sul com partes da África meridional ou da Austrália, vemos regiões, muito semelhantes em todas suas condições físicas, cujos habitantes são completamente diferentes.

Alternância de Períodos Glaciais no Norte e no Sul

Mas temos de voltar a nosso assunto principal. Estou convicto de que a opinião de Forbes pode generalizar-se muito. Na Europa nos encontramos com as provas mais claras do período glacial, desde a costa ocidental da Grã-Bretanha, até a cordilheira dos Montes Urais e, para o sul, até os Pirineus. Podemos deduzir dos mamíferos congelados e da natureza da vegetação das montanhas, que na Sibéria sofreu igual influência. No Líbano, segundo o doutor Hooker, as neves perpétuas cobriam em outros tempos o eixo central e alimentavam glaciais que baixavam a 4.000 pés pelos vales. O mesmo observador encontrou recentemente grandes encostas a um nível baixo na cordilheira do Atlas, no norte do África. No Himalaia, em pontos separados por 900 milhas, os glaciais deixaram sinais de seu passado escarpas muito baixas, e em Sikkim, o doutor Hooker viu milho que crescia em antigas encostas gigantescas. Ao sul do continente asiático, no outro lado do Equador, sabemos, pelas excelentes investigações do doutor J. Haast e do doutor Hector, que na Nova Zelândia, em outro tempo, imensos glaciais desceram até um nível baixo, e as plantas iguais encontradas pelo doutor Hooker em montanhas muito distantes desta ilha nos reportam à mesma história de um período frio anterior. Dos fatos que me comunicou o reverendo W. B. Clarke resulta também que há impressões de ação glacial anterior nas montanhas do extremo sudeste da Austrália.

No que se refere à América, em sua metade norte se observaram fragmentos de rocha transportados pelo gelo, no lado leste do continente, até a latitude de 36°-37°, e nas costas do Pacifico, onde atualmente o clima é tão diferente, até a latitude de 46°. Também se assinalaram blocos erráticos nas Montanhas Rochosas. Na América do Sul, na cordilheira dos Andes, quase no Equador, os glaciais chegavam em outro tempo bem mais abaixo de seu nível atual. Na região central do Chile examinei um grande acúmulo de detritos com grandes pedras que cruzavam o vale do Portillo, e que raramente pode duvidar-se de que em outro tempo constituíram uma encosta gigantesca; D. Forbes me informou que em diferentes partes da cordilheira dos Andes, entre 13° e 30° de latitude sul, encontrou, aproximadamente à altura de 12.000 pés, rochas profundamente estriadas, semelhantes àquelas com que estava familiarizado na Noruega e igualmente grandes massas de detritos com seixos estriados. Em toda esta extensão da cordilheira dos Andes não existem atualmente verdadeiros glaciais, nem mesmo em alturas bem mais consideráveis. Mais ao sul, de ambos os lados do continente, desde 41° de latitude até o extremo mais meridional, temos as provas mais evidentes de uma ação glacial anterior, num grande número de blocos transportados para longe de seu lugar de origem.

Por estes diferentes fatos, ou seja, porque a ação glacial se estendeu por todas as partes nos hemisférios boreal e austral, porque este período foi recente, em sentido geológico, em ambos os hemisférios, por ter perdurado em ambos muito tempo, como pode deduzir-se da quantidade de trabalho efetuado, e, finalmente, por terem descido recentemente os glaciais até um nível baixo em toda a cordilheira dos Andes, pareceu-me um tempo que era indubitável a conclusão de que a temperatura de toda a terra tinha descido simultaneamente no período glacial. Mas agora Croll, numa série de admiráveis Memórias, tentou demonstrar que um clima glacial é o resultado de diferentes causas físicas, postas em atividade por um aumento na excentricidade da órbita da terra. Todas estas causas tendem para o mesmo fim; mas a mais potente parece ser a influência indireta da excentricidade da órbita nas correntes oceânicas. Segundo senhor Croll, os períodos de frio se repetem regularmente a cada dez ou quinze mil anos, e estes são extremamente rigorosos a extensíssimos intervalos, devido a certas circunstâncias, a mais importante das quais, como demonstrou C. Lyell, é a posição relativa das terras e das águas. Croll crê que o último grande período glacial ocorreu há duzentos e quarenta mil anos, aproximadamente, e durou, com pequenas alterações de climas, uns cento e sessenta mil. No que se refere a períodos glaciais mais antigos, diferentes geólogos estão convictos, por provas diretas, que estes períodos glaciais ocorreram durante as formações miocênica e eocênica, para não mencionar formações ainda mais antigas. Mas o resultado mais importante para nós a que chegou Croll é de que sempre que o hemisfério norte passa por um período frio, a temperatura do hemisfério sul aumenta positivamente, por se tornarem os invernos mais suaves, devido principalmente a mudanças na direção das correntes oceânicas. Outro tanto ocorrerá no hemisfério norte quando o hemisfério sul passar por um período glacial. Esta conclusão projeta tanta luz sobre a distribuição geográfica, que me inclino muito a lhe dar crédito; mas indicarei primeiro os fatos que necessitam de uma explicação.

O doutor Hooker demonstrou que na América do Sul, além de muitas espécies muito afins, mais de quarenta ou cinquenta plantas fanerógamas da Terra do Fogo – que constituem uma parte não desprezível de sua escassa flora – serem comuns à América do Norte e Europa, apesar de estarem em territórios enormemente distantes em hemisférios opostos. Nas gigantescas montanhas da América equatorial existem muitas espécies peculiares pertencentes a gêneros europeus. Nos montes mais elevados do Brasil, Gardner encontrou alguns gêneros das regiões temperadas da Europa, alguns antárticos e alguns dos Andes que não existem nas cálidas regiões baixas intermediárias. Na Silla de Caracas, o ilustre Humboldt encontrou muito antes espécies pertencentes a gêneros característicos da cordilheira dos Andes.

Na África se apresentam nas montanhas da Abissínia várias formas características e algumas representativas da flora do Cabo da Boa Esperança. No Cabo da Boa Esperança se encontra um reduzido número de espécies europeias que se supõe que não foram introduzidas pelo homem, e nas montanhas se encontram várias formas europeias representativas que não foram descobertas nas regiões intertropicais da África. O doutor Hooker, recentemente, demonstrou também que várias das plantas que vivem nas regiões superiores da elevada ilha de Fernando Pó e nos vizinhos montes de Camarões, no golfo de Guiné, estão muito relacionadas com as das montanhas da Abissínia e também com as das regiões temperadas da Europa. Atualmente também parece, segundo me diz o doutor Hooker, que algumas destas mesmas plantas de climas temperados foram descobertas pelo reverendo T. Lowe nas montanhas das ilhas de Cabo Verde. Esta extensão das mesmas formas de clima temperado, quase no Equador, através de todo o continente da África e até as montanhas do arquipélago de Cabo Verde, é um dos fatos mais assombrosos que em todo tempo se registraram na distribuição das plantas.

No Himalaia e nas cordilheiras isoladas da península da Índia, nas alturas de Ceilão e nos cones vulcânicos de Java se apresentam muitas plantas, já idênticas, já mutuamente representativas, e ao mesmo tempo plantas representativas da Europa, que não se encontram nas cálidas regiões baixas intermediárias. Uma lista de gêneros de plantas recolhidas nos picos mais altos de Java evoca a recordação de uma colheita feita numa colina da Europa! Ainda é mais atraente o fato de que formas peculiares australianas estão representadas por determinadas plantas que crescem nos cumes das montanhas de Bornéu. Algumas destas formas australianas, segundo me diz o doutor Hooker, estendem-se pelas alturas da península de Malafa, e estão ligeiramente disseminadas, de uma parte, pela Índia e, de outra, chegam pelo norte até o Japão.

Nas montanhas meridionais da Austrália, o doutor F. Muller descobriu várias espécies europeias; nas terras baixas se apresentam outras espécies não introduzidas pelo homem e, segundo me informa o doutor Hooker, pode dar-se uma longa lista de gêneros europeus encontrados na Austrália e não nas regiões tórridas intermediárias. Na admirável *Introduction to the Flora of New Zealand,* do doutor Hooker, citam-se fatos análogos notáveis relativos a plantas daquela grande ilha. Vemos, pois, que determinadas plantas que crescem nas mais altas montanhas dos trópicos em todas as partes do mundo e nas planícies temperadas do norte e do sul são as mesmas espécies ou variedades das mesmas espécies. Temos de observar, no entanto, que estas plantas não são formas estritamente árticas, pois, como H. C. Watson assinalou, "ao afastar-se das latitudes polares, em direção às equatoriais, as floras alpinas, ou de montanha, vão se tornando realmente cada vez menos árticas". Além destas formas idênticas ou muito próximas, muitas espécies que vivem nestes mesmos territórios, separadas por tanta distância, pertencem a gêneros que atualmente não se encontram nas terras baixas tropicais e intermediárias.

Estas breves observações se aplicam só às plantas; mas poderiam citar-se alguns fatos análogos relativos aos animais terrestres. Nos seres marinhos ocorrem também casos semelhantes; como exemplo posso citar uma afirmação de uma altíssima autoridade, o professor Dana: "É certamente um fato assombroso que os crustáceos da Nova Zelândia tenham maior semelhança com sua antípoda Grã-Bretanha do que com qualquer outra parte do mundo". J. Richardson fala também da reaparição de formas setentrionais de peixes nas costas da Nova Zelândia, Tasmânia, etc. O doutor Hooker me informa de que vinte e cinco espécies de algas são comuns na Nova Zelândia e na Europa; mas não foram achadas nos mares tropicais intermediários.

Pelos fatos precedentes – presença de formas de clima temperado nas regiões elevadas por toda a África equatorial e ao longo da península da Índia, até Ceilão e o arquipélago Malaio e, de modo menos marcante, por toda a grande extensão tropical da América do Sul – parece quase seguro que em algum período anterior, indubitavelmente durante a parte mais rigorosa do período glacial, as terras baixas destes grandes continentes estiveram habitadas no Equador por um considerável número de formas de clima temperado. Neste período o clima equatorial ao nível do mar era provavelmente quase igual aquele que agora se experimenta nas mesmas latitudes às alturas de 5.000 a 6.000 pés, ou até um pouco mais frio. Durante o período mais frio as terras baixas do Equador tiveram que se cobrir de vegetação misturada de tropical e de clima temperado, como a que Hooker descreve, crescendo exuberante à altura de 4.000 a 5.000 pés nas vertentes inferiores do Himalaia, mesmo que talvez com uma preponderância ainda maior de formas de clima temperado. Assim também na montanhosa ilha de Fernando Pó, golfo de Guiné, o senhor

Mann encontrou formas europeias de clima temperado que começam a aparecer a uns 5.000 pés de altura. Nas montanhas do Panamá, à altura de só 2.000 pés, o doutor Seemann afirmou que a vegetação era semelhante à do México com formas da zona tórrida misturadas harmoniosamente com as da temperada".

Vejamos agora se a conclusão de Croll, se, quando o hemisfério norte sofria o frio extremo do grande período glacial o hemisfério sul estava realmente mais quente, esclarece a distribuição atual, inexplicável na aparência, de diferentes organismos nas regiões temperadas de ambos os hemisférios e nas montanhas dos trópicos. O período glacial, medido por anos, deve ter sido muito longo e, se recordamos os imensos espaços por que se estenderam em poucos séculos algumas plantas e animais adaptados, este período terá sido suficiente para qualquer emigração. Sabemos que as formas árticas, quando o frio foi se tornando mais e mais intenso, invadiram as regiões temperadas, e pelos fatos que se acabam de citar não deve haver dúvida de que algumas das formas mais vigorosas, predominantes e mais estendidas invadiram as regiões baixas equatoriais. Os habitantes destas cálidas regiões baixas teriam que emigrar ao mesmo tempo às regiões tropical e subtropical do sul, pois o hemisfério sul era mais quente neste período. Ao decair o período glacial, como ambos os hemisférios recobraram suas temperaturas primitivas, as formas de clima temperado do norte, que viviam nas regiões baixas do Equador, seriam forçadas a voltar a sua primitiva região ou seriam destruídas, sendo substituídas pelas formas equatoriais que voltavam do sul. Algumas, no entanto, das formas temperadas do norte é quase seguro que ascenderiam a algum habitat alto próximo, onde, sendo suficientemente elevado, sobreviveriam muito tempo, como as formas árticas nas montanhas da Europa.

Ainda que o clima não fosse perfeitamente adequado para elas, sobreviveriam, pois a mudança de temperatura foi muito lenta, e as plantas possuem, indubitavelmente, certa faculdade de aclimatação, como o demonstram pela transmissão a sua descendência de força e constituição diferentes para resistir ao calor e ao frio.

Seguindo o curso regular dos acontecimentos, o hemisfério sul estaria sujeito a severo período glacial e o hemisfério norte se tornaria mais quente e então as formas de clima temperado do Sul invadiriam as terras baixas equatoriais. As formas do norte que tinham ficado antes nas montanhas desceriam então e se misturariam com as do sul. Estas últimas, ao voltar o calor, voltaram a sua pátria primitiva, deixando algumas espécies nas montanhas e levando para o sul consigo algumas das espécies setentrionais de clima temperado que tinham baixado de seus refúgios das montanhas. Deste modo teríamos um pequeno número de espécies identicamente iguais nas zonas temperadas do norte e do sul e nas montanhas das regiões intermediárias tropicais. Mas as espécies, ao ficar durante muito tempo nas montanhas ou em hemisférios opostos, teriam que competir com muitas formas novas e estariam expostas a condições físicas diferentes; estariam, portanto, muito sujeitas a modificação, e têm de existir agora, em geral, como variedades ou como espécies representativas, e isto é o que ocorre. Devemos também compreender a existência em ambos os hemisférios de períodos glaciais anteriores, pois estes explicariam, segundo os mesmos princípios, as muitas espécies bem diferentes que vivem em regiões análogas muito separadas e que pertencem a gêneros que não se encontram agora nas zonas tórridas intermediárias.

É um fato notável, sobre o qual insistiram energicamente Hooker, no que se refere à América e Alph. de Candolle, no que se refere a Austrália, que muitas espécies idênticas, ou ligeiramente modificadas, emigraram mais de norte a sul do que em sentido inverso. Vemos, no entanto, algumas formas do sul nas montanhas de Bornéo e da Abissínia. Presumo que esta emigração preponderante de norte a sul seja devida à maior extensão de terras no norte e que as formas do norte existiram em sua própria pátria em maior número e, em consequência foram levadas, por seleção e concorrência, a um grau superior de perfeição ou faculdade de domínio que as formas do sul. E assim, quando os dois grupos se misturaram nas regiões equatoriais, durante as alternativas dos períodos glaciais, as formas do norte foram as mais potentes e foram capazes de conservar seus lugares nas montanhas e de emigrar depois para o sul, junto com as formas meridionais; mas as formas do sul não puderam fazer o mesmo, em relação com as formas setentrionais. Do mesmo modo, atualmente vemos que muitíssimas produções europeias cobrem o solo na planície do Prata, na Nova Zelândia e, em menor grau, na Austrália, e derrotaram as nativas, enquanto pouquíssimas formas do Sul se adaptaram em alguma parte do hemisfério norte, apesar de que foram importadas à Europa durante os dois ou três séculos últimos, de La Plata, e nos quarenta ou cinquenta anos últimos, da Austrália, grande quantidade de couros, lãs e outros objetos a propósito de transportar sementes. Os montes Neilgherrie, da Índia, oferecem, no entanto, uma exceção parcial, pois ali, segundo me diz o doutor Hooker, formas australianas espontaneamente se estão semeando e adaptando com rapidez. Antes do último grande período glacial, indubitavelmente as montanhas intertropicais estiveram povoadas de formas alpinas próprias; mas estas, em quase todas as partes, cederam ante formas mais poderosas, produzidas nos territórios maiores e nos ateliês mais ativos do Norte. Em muitas ilhas, as produções que se adaptaram quase se igualam e até superam, em número as produções nativas, e este é o primeiro passo para sua extinção. As montanhas são ilhas sobre a terra, e seus habitantes sucumbiram ante os produzidos nos territórios maiores do norte, exatamente do mesmo modo que os habitantes das ilhas verdadeiras cederam em todas as partes, e estão ainda cedendo, ante as formas continentais adaptadas pela mão do homem.

Os mesmos princípios se aplicam à distribuição dos animais terrestres e das produções marinhas nas zonas temperadas do Norte e do Sul e nas montanhas intertropicais. Quando, durante o apogeu do período glacial, as correntes oceânicas eram muito diferentes do que são agora, alguns dos habitantes dos mares temperados puderam ter chegado ao Equador; destes, um reduzido número seria talvez capaz de emigrar em seguida para o sul, mantendo-se dentro das correntes mais frias, enquanto outros tiveram de permanecer e sobreviver em profundidades mais frias, até que o hemisfério sul foi por sua vez submetido a um clima glacial que lhes permitiu continuar sua marcha; quase da mesma maneira que, segundo Forbes, existem atualmente, nas partes mais profundas dos mares temperados do norte, espaços isolados habitados por produções árticas.

Estou longe de supor que, dentro das hipóteses que se acabam de expor, fiquem eliminadas todas as dificuldades referentes à distribuição e afinidades das espécies idênticas e próximas que atualmente vivem tão separadas no norte e no sul e, às vezes, nas cordilheiras intermediárias. As rotas exatas de emigração não podem ser assinaladas; não podemos dizer por que certas espécies emigraram e outras não; por que determinadas espécies se modificaram e deram origem a novas formas, enquanto outras permaneceram invariáveis. Não podemos esperar explicar estes fatos até que possamos dizer por que uma espécie e não outra chega a se habituar pela ação do homem a um habitat estranho, por que uma espécie, em sua própria pátria, estende-se o dobro ou o triplo que outra e é duas vezes ou mais abundante.

Ficam também por resolver diferentes dificuldades especiais, por exemplo, a presença, como demonstrou Hooker, das mesmas plantas em pontos tão enormemente separados como a Terra de Kerguelen, Nova Zelândia e a Terra do Fogo; mas os *icebergs*, segundo sugeriu Lyell, podem ter influído em sua dispersão. É um caso muito notável a existência neste e outros pontos do hemisfério sul de espécies que, ainda que diferentes, pertencem a gêneros exclusivamente limitados ao hemisfério norte. Algumas destas espécies são tão diferentes, que não podemos supor que desde o começo do último período glacial tenha tido tempo para sua emigração e consequente modificação no grau requerido. Os fatos parecem indicar que espécies diferentes, pertencentes aos mesmos gêneros, emigraram segundo linhas que irradiam de um centro comum e me inclino a observar com atenção, tanto no hemisfério norte como no hemisfério sul, num período anterior e mais quente, antes do começo do último período glacial, quando as terras antárticas, cobertas agora de gelo, mantinham uma flora isolada extraordinariamente peculiar. Pode presumir-se que, antes que esta flora fosse exterminada durante a última época glacial, um reduzido número de formas se tinha dispersado já muito longe até diferentes pontos do hemisfério sul pelos meios ocasionais de transporte, já mediante o auxílio, como etapas, de ilhas atualmente afundadas. Assim, a costa meridional da América, da Austrália e da Nova Zelândia podem ter sido ligeiramente enfatizadas pelas mesmas formas orgânicas peculiares.

C. Lyell, numa notável passagem, discutiu em termos quase idênticos aos meus os efeitos das grandes alterações de clima sobre a distribuição geográfica do mundo inteiro, e agora temos visto que a conclusão do senhor Croll, de que os sucessivos períodos glaciais num hemisfério coincidem com períodos quentes no hemisfério oposto, unida à admissão da modificação lenta das espécies, explica uma multidão de fatos na distribuição das mesmas formas orgânicas e das formas afins em todas as partes do mundo. As correntes de vida fluíram durante um período desde o norte, e durante outro desde o sul, e em ambos os casos chegaram ao Equador; mas a corrente da vida fluiu com maior força desde o norte que na direção oposta e, por consequência, inundou mais amplamente o hemisfério sul. Bem como a maré deixa em linhas horizontais os restos que leva, ficando estes à maior altura nas praias em que atinge o máximo possível, de igual modo as correntes de vida deixaram seus restos vivos nos cumes de nossas montanhas, formando uma linha que ascende suavemente desde as terras baixas árticas até uma grande altitude no Equador. Os diferentes seres que ficaram abandonados deste modo podem comparar-se com as raças humanas selvagens que foram empurradas para as montanhas e que sobrevivem em redutos montanhosos de quase todas as regiões, que servem como depoimento, cheio de interesse para nós, dos habitantes primitivos das terras baixas circundantes.

Capítulo XIII

Distribuição Geográfica

(Continuação)

Distribuição das produções de água doce – Dos habitantes das ilhas oceânicas – Ausência de batráquios e de mamíferos terrestres – Das relações dos habitantes das ilhas com os da terra firme mais próxima – Da colonização procedente da origem mais próxima com modificações subsequentes – Resumo deste capítulo e do anterior

Produções de Água Doce

Como os lagos e bacias são separados uns de outros por barreiras de terra, poderia supor-se que as produções de água doce não se tivessem estendido a grande distância dentro do mesmo habitat e como o mar é evidentemente um obstáculo ainda mais formidável, poderia supor-se que nunca se tivessem estendido até regiões distantes. Não somente muitas produções de água doce, pertencentes a diferentes classes, têm uma enorme distribuição geográfica, senão que espécies afins prevalecem de um modo notável em todo o mundo. Ao princípio de minhas coletas nas águas doces do Brasil, recordo muito bem que fiquei muito surpreso pela semelhança dos insetos, moluscos, etc., de água doce, e a diferença dos seres terrestres dos arredores, comparados com os da Inglaterra.

A faculdade que as produções de água doce têm de estender-se muito creio que pode ser explicada, na maioria dos casos, porque se adaptaram, de um modo utilíssimo para elas, a pequenas e frequentes emigrações de uma lagoa a outra ou de um rio a outro, dentro de seu próprio habitat, e desta faculdade se seguiria, como uma consequência quase necessária, a possibilidade de uma grande dispersão. Não podemos considerar aqui mais que um reduzido número de casos, dos quais os peixes nos oferecem alguns dos mais difíceis de explicar. Cria-se antes que uma mesma espécie de água doce que nunca existira em dois continentes muito distantes; mas o doutor Gunther demonstrou recentemente que o *Galáxias attenuatus* vive na Tasmânia, Nova Zelândia, nas Ilhas Falkland (Malvinas) e na terra firme da América do Sul. É este um caso assombroso, e provavelmente indica uma dispersão, a partir de um centro antártico, durante um período quente anterior. Este caso, no entanto, resulta algo menos surpreendente, porque as espécies deste gênero têm a propriedade de atravessar, por algum meio desconhecido, espaços consideráveis do oceano, assim há uma espécie que é comum à Nova Zelândia e às ilhas Auckland, ainda que estejam separadas por uma distância de umas 230 milhas. Num mesmo continente, os peixes de água doce muitas vezes se estendem muito e como de um modo caprichoso, pois em duas bacias contíguas algumas das espécies podem ser as mesmas e outras completamente diferentes.

É provável que as produções de água doce sejam às vezes transportadas pelo que podem chamar-se meios acidentais. Assim, não é muito raro que os redemoinhos tenham deixado cair peixes ainda vivos em pontos distantes e é sabido que os ovos conservam sua vitalidade durante um tempo considerável depois de tirados da água. Sua dispersão pode, no entanto, atribuir-se principalmente a mudanças de nível da terra dentro do período moderno, que fizeram com que alguns rios vertessem em outros. Também poderiam citar-se casos de ter ocorrido isto durante inundações, sem mudança alguma de nível. À mesma conclusão leva a grande diferença dos peixes a ambos os lados da maioria das cordilheiras que são contínuas, e que, portanto, tiveram que impedir por completo desde um período antigo anastomose dos sistemas fluviais de ambos os lados. Alguns peixes de água doce pertencem a formas antiquíssimas e neste caso teria tido tempo de sobra para grandes mudanças geográficas e, portanto, tempo e meios para muitas emigrações. E mais: o doutor Gunther, recentemente, foi levado a deduzir, por várias considerações, que as mesmas formas têm muita resistência nos peixes. Os de água salgada podem, com cuidado, ser acostumados lentamente a viver em água doce e, segundo Valenciennes, raramente existe um só grupo cujos membros estejam todos confinados na água doce; de maneira que uma espécie marinha pertencente a um grupo de água doce pôde viajar muito ao longo das costas do mar e poderia provavelmente adaptar-se, sem grande dificuldade, às águas doces de uma região distante.

Algumas espécies de moluscos de água doce têm uma extensa distribuição, e espécies afins que, segundo nossa teoria, descendem de um tronco comum e têm de ter provindo de uma só fonte, estendendo-se pelo mundo inteiro. Sua distribuição me deixou muito perplexo, pois seus ovos não podem ser transportados pelas aves e os adultos morrem imediatamente na água do mar. Nem sequer podia compreender como algumas espécies adaptadas se difundiram rapidamente por todo um habitat. Mas dois fatos que observei – e indubitavelmente se descobrirão outros muitos – lançasse alguma luz sobre este assunto. Ao sair os patos subitamente de um charco coberto de lentilhas de água vi duas vezes que estas plantinhas ficavam aderidas a seu dorso e me ocorreu, ao levar um pouco de lentilhas de água de um aquário a outro, que, sem querer, povoei um de moluscos de água doce procedentes do outro. Mas outro meio é talvez mais eficaz: mantive suspendido o pé de um pato num aquário onde se desenvolviam muitos ovos de moluscos de água doce, e observei que um grande número de moluscos pequeníssimos, recém-nascidos, arrastavam-se pelo pé do pato e aderiam a ele tão fortemente, que, tirado fora da água, não podiam ser desprendidos, apesar de que mais tarde se deixassem cair espontaneamente. Estes moluscos recém-nascidos, ainda que aquáticos por natureza, sobreviveram no pé do pato, em ar úmido, de doze a vinte horas, e neste espaço de tempo um pato ou uma garça poderia voar 600 ou 700 milhas e, se voava sobre o mar até uma ilha oceânica ou até outro ponto distante, pousaria seguramente num charco ou riacho. Charles Lyell me informa que foi capturado um *Dytiscus* com um *Ancylus* (molusco de água doce parecido com uma lapa) firmemente aderido a ele, e um coleóptero aquático da mesma família, um *Colymbeles*, caiu a bordo do *Beagle* quando se encontrava este a 45 milhas da costa mais próxima: ninguém pode dizer até onde poderia ter sido arrastado por um vento forte favorável.

No que se refere às plantas, conhece-se há muito tempo a enorme distribuição geográfica que muitas espécies de água doce, e mesmo espécies palustres, têm tanto nos continentes, como pelas ilhas oceânicas mais remotas. Um notável exemplo disto oferecem, segundo Alph. de Candolle, os grandes grupos de plantas terrestres que têm um reduzido número de espécies que são aquáticas, pois estas últimas parecem adquirir, como consequência disso, uma vasta distribuição. Acredito que este fato se explica pelos meios favoráveis de dispersão.

Mencionei antes que às vezes adere certa quantidade de terra nas patas e bicos das aves.

As garças, que frequentam as margens das lagoas, ao alçar voo de repente, facilmentedevem ter as patas carregadas de barro. As aves desta ordem viajam mais do que as de nenhuma outra, e às vezes são encontradas nas ilhas mais remotas e estéreis situadas em pleno oceano; essas aves pousam na superfície do mar, de maneira que nada do barro de suas patas é arrastado pela água e, ao chegar à terra, seguramente devem voar para os lugares onde tenha a água doce que naturalmente frequentam. Não creio que os botânicos estejam inteirados de como está carregado de sementes o barro das lagoas; fiz vários pequenos experimentos, mas citarei aqui só o caso mais notável: recolhi, em fevereiro, três colheradas grandes de barro submerso em três pontos diferentes da água, junto à orla de um charco; este barro, depois de seco, pesou tão só seis onças e três quartos; conservei-o tampado em meu quarto de trabalho durante seis meses, arrancando e contando as plantas à medida que saíam; estas plantas eram de muitas classes e chegaram ao número de 537; no entanto, todo o barro, úmido, cabia numa xícara. Considerando estes fatos, acredito que seria inexplicável que as aves aquáticas não transportassem as sementes de água doce a lagoas e riachos situados em pontos muito distantes. O mesmo meio pode ter entrado em jogo no que se refere aos ovos de alguns dos animais menores de água doce.

Outros meios desconhecidos representaram provavelmente também algum papel. Comprovei que os peixes de água doce comem muitos tipos de sementes, ainda que devolvam muitas depois de tê-las engolido; ainda os peixes pequenos engulam sementes de tamanho regular, como as da ninfeia amarela[14] e do *Potamogeton*. As garças e outras aves, séculos após séculos, devoram diariamente os peixes; depois empreendem o voo e vão a outras águas, ou são arrastadas pelo vento através do mar; e temos visto que as sementes conservam seu poder de germinação quando são devolvidas muitas horas depois nos excrementos. Quando vi o grande tamanho das sementes da formosa ninfeia *Nelumbium* e recordei as indicações de Alphonse de Candolle a respeito da distribuição geográfica desta planta, pensei que seu modo de dispersão teria que permanecer inexplicável; mas Andubon confirmou que encontrou as sementes da grande ninfeia do sul (provavelmente o *Nelumbium luteum*, segundo o doutor Hooker) num estômago de garça. Assim sendo, esta ave deve ter voado muitas vezes com seu estômago bem provido deste modo até lagoas distantes e conseguindo então uma boa comida de peixes, a analogia me faz crer que as sementes seriam devolvidas numa bolota num estado adequado para a germinação.

Ao considerar estes diferentes tipos de distribuição temos de recordar que quando se forma pela primeira vez uma lagoa ou um riacho – por exemplo, num ilhéu que se esteja levantando – esta lagoa ou este riacho estarão desocupados e uma só semente ou um só ovo terão muitas probabilidades de sucesso. Apesar de sempre haver luta pela vida entre os habitantes da mesma lagoa por poucas que sejam suas espécies, no entanto, sendo o número de espécies, mesmo numa lagoa bem povoada, é pequeno em comparação com o número das que vivem numa extensão igual de terra, a concorrência entre elas será provavelmente menos severa do que entre as espécies terrestres; portanto, um intruso procedente das águas de uma outra região tem de ter mais probabilidades de ocupar um novo território como no caso de colonos terrestres. Devemos também recordar que muitas produções de água doce ocupam um lugar inferior na escala natural e temos motivos para crer que estes seres se modificam mais lentamente do que os superiores, e isto nos dará o tempo requerido para a emigração das espécies aquáticas. Não temos de esquecer que é provável que muitas formas de água doce se tenham estendido em outro tempo de um modo contínuo por imensas extensões e que depois se tenham extinguido em pontos intermediários; mas a extensa distribuição das plantas de água doce e dos animais inferiores, já conservam identicamente a mesma forma, mesmo tendo sido até certo ponto modificada; é evidente que isso depende principalmente da grande dispersão de suas sementes e ovos pelos animais, e em especial pelas aves de água doce que têm grande poder de voo e que naturalmente viajam de umas águas doces a outras.

Dos Habitantes das Ilhas Oceânicas

Chegamos agora à última das três classes de fatos que escolhi como apresentando a maior dificuldade, no que se refere à distribuição geográfica, dentro da hipótese de que não somente todos os indivíduos de uma mesma espécie emigraram partindo de um só lugar, mas que as espécies afins procederam de uma só região – o berço de seus primitivos antepassados –, ainda que vivam atualmente nos lugares mais distantes. Já expus minhas razões para não acreditar na existência, dentro do período das espécies existentes, de extensões continentais em tão enorme escala que as numerosas ilhas dos diferentes oceanos fossem todas povoadas deste modo por seus habitantes terrestres atuais. Esta opinião suprime muitas dificuldades; mas não está de acordo com todos os fatos referentes às produções das ilhas. Nas indicações seguintes não me limitarei ao simples problema da dispersão, mas considerarei alguns outros casos que se relacionam com a verdade das duas teorias: a das criações independentes e a da descendência com modificação.

As espécies de todas as classes que vivem nas ilhas oceânicas são em reduzido número, comparadas com as que vivem em territórios continentais iguais. Alph. de Candolle admite isto para as plantas, e Wollaston para os insetos. A Nova Zelândia, por exemplo, com suas elevadas montanhas e variadas *estações*, ocupando 780 milhas de latitude, junto com as ilhas de Auckland, Campbell e Chatham, contém, em conjunto, tão só 960 classes de plantas fanerógamas; se compararmos este reduzido número com as numerosas espécies que povoam extensões iguais no sudoeste da Austrália ou no Cabo da Boa

Esperança, temos de admitir que alguma causa, independentemente das diferentes condições físicas, deu origem a uma diferença numérica tão grande. Até o uniforme condado de Cambridge tem 847 plantas e a pequena ilha de Anglesea tem 764, conquanto nestes números estão incluídos algumas samambaias e algumas plantas introduzidas, e a comparação, sob alguns outros aspectos, não é completamente justa. Temos provas de que a estéril ilha da Ascensão possuía primitivamente menos que meia dúzia de plantas fanerógamas e, não obstante, muitas espécies se adaptaram nela, como o fizeram na Nova Zelândia e em qualquer outra ilha oceânica que possa citar-se. Há motivos para crer que em Santa Helena as plantas e animais adaptados exterminaram tudo, ou quase tudo das produções nativas. Quem admita a doutrina da criação separada para cada espécie, terá que admitir que para as ilhas oceânicas não foi criado um número suficiente de plantas e animais bem adaptados, pois o homem involuntariamente as povoou de modo bem mais completo e perfeito que o fez a natureza.

Ainda que nas ilhas oceânicas as espécies ssejam em pequeno número, a proporção de espécies peculiares – isto é, que não se encontram em nenhuma outra parte do mundo – é com frequência enorme. Se compararmos, por exemplo, o número de moluscos terrestres peculiares da Ilha da Madeira, ou de aves peculiares do arquipélago dos Galápagos, com o número dos que se encontram em qualquer continente, e comparamos depois a área da ilha com a do continente, veremos que isto é verdadeiro. Este fato podia ser esperado teoricamente, pois, como já se explicou, as espécies que chegam ocasionalmente, depois de longos intervalos de tempo, a uma aréa nova e isolada, e que têm de competir com novos colegas, têm de estar muito sujeitas a modificação e têm de produzir com frequência grupos descendentes modificados. Mas de modo algum se segue que, porque numa ilha sejam peculiares quase todas as espécies de uma classe, sejam-no as de outra classe ou de outra seção da mesma classe, e esta diferença parece depender, em parte, de que as espécies que não estão modificadas emigraram juntas, de maneira que não se perturbaram muito as relações mútuas e, em parte, da frequente chegada de imigrantes não modificados procedentes do habitat de origem, com os quais se cruzaram as formas insulares. Temos de compreender que a descendência destes cruzamentos tem seguramente que ganhar em vigor; de sorte que até um cruzamento acidental tem de produzir mais efeito do que se pudesse esperar. Darei alguns exemplos das observações precedentes. Nas ilhas dos Galápagos há 26 aves terrestres; destas, 21 – ou talvez 23 – são peculiares, enquanto que de 11 aves marinhas só o são 2, e é evidente que as aves marinhas puderam chegar a estas últimas ilhas com muito maior facilidade e frequência do que as terrestres. Pelo contrário, as Bermudas – que estão situadas, aproximadamente, à mesma distância da América do Norte que as ilhas dos Galápagos o estão da América do Sul, e que têm um solo muito particular – não possuem nem uma só ave terrestre peculiar e sabemos, pela admirável descrição das ilhas Bermudas de J. M. Jones, que muitíssimas aves da América do Norte, acidentalmente ou com frequência, visitam estas ilhas. Quase todos os anos, segundo me informa E. V. Harcourt, muitas aves europeias e africanas são arrastadas pelo vento até a Ilha da Madeira; vivem nesta ilha 99 espécies, das quais uma só é peculiar, ainda que muito afim com uma forma europeia, e três ou quatro espécies estão limitadas a esta ilha e às Canárias. De maneira que as ilhas Bermudas e a da Madeira foram povoadas por aves procedentes dos continentes vizinhos, as quais, durante muito tempo, lutaram entre si nestas ilhas e chegaram a adaptar-se mutuamente e, consequentemente cada espécie, ao estabelecer-se em sua nova pátria, terá sido obrigada pelas outras se manter em seu lugar e costumes próprios, e, portanto, terá estado muito pouco sujeita a modificação: toda tendência à modificação terá sido referendada pelo cruzamento com imigrantes não modificados que chegam com frequência da pátria primitiva. A Ilha da Madeira, além disso, está habitada por um prodigioso número de moluscos terrestres peculiares, enquanto nem um só dos moluscos marinhos é peculiar de suas costas. Assim sendo; embora não saibamos como se verifica a dispersão dos moluscos marinhos, no entanto, podemos compreender que seus ovos ou larvas, aderidos talvez a algas ou madeiras flutuantes, ou às patas das aves pernaltas[15], puderam ser transportados, atravessando 300 ou 400 milhas de oceano, mais facilmente do que os moluscos terrestres. As diferentes ordens de insetos que vivem na Ilha da Madeira apresentam casos quase paralelos.

Nas ilhas oceânicas faltam algumas vezes certas classes inteiras, e seu lugar está ocupado por outras classes; assim, os répteis nas ilhas

Galápagos e as aves gigantescas sem asas da Nova Zelândia ocupam, ou ocupavam recentemente, o lugar dos mamíferos. Ainda que se fale aqui da Nova Zelândia como de uma ilha oceânica, é algo duvidoso se devesse considerar-se assim: é de grande tamanho e não está separada da Austrália por um mar profundo; o reverendo W. B. Clarke sustentou recentemente que esta ilha, como Nova Calcedônia, por seus caracteres geológicos e pela direção de suas cordilheiras, tem de ser considerada como dependência da Austrália. Voltando às plantas, o doutor Hooker demonstrou que nas ilhas dos Galápagos a proporção numérica das diferentes ordens é muito diferente da de qualquer outra parte. Todas estas diferenças numéricas e a ausência de certos grupos inteiros de animais e plantas se explica geralmente por supostas diferenças nas condições físicas das ilhas; mas esta explicação é muito duvidosa. A facilidade de emigração parece ter sido realmente tão importante como a natureza das condições físicas.

Poder-se-ia citar muitos pequenos fatos notáveis referentes aos habitantes das ilhas oceânicas. Por exemplo: em determinadas ilhas em que não vive nem um só mamífero, algumas das plantas peculiares têm sementes com magníficos ganchos e, no entanto, poucas relações há mais manifestas do que aquela de que os ganchos servem para o transporte das sementes na lã ou pelo dos quadrúpedes. Mas uma semente com ganchos pode ter sido transportada a uma ilha por outros meios e então a planta, modificando-se, formaria uma espécie peculiar, conservando, não obstante, seus ganchos, que constituiriam um apêndice inútil, como as asas reduzidas embaixo dos élitros soldados de muitos coleópteros insulares. Além disso, as ilhas, com frequência, têm árvores ou arbustos pertencentes a ordens que em qualquer outra parte compreendem tão só espécies herbáceas; as árvores, como demonstrou Alph. de Candolle, têm geralmente, seja por que for, uma distribuição geográfica limitada. Portanto, as árvores teriam poucas probabilidades de chegar até as ilhas oceânicas distantes. Uma planta herbácea que não tivesse probabilidades de competir, vitoriosa, com as muitas árvores bem desenvolvidos que crescem num continente, pôde, estabelecida numa ilha, obter vantagem sobre plantas herbáceas, crescendo cada vez mais alta e sobrepujando-as. Neste caso, a seleção natural tenderia a aumentar a altura da planta, qualquer que fosse a ordem a que pertencesse, e deste modo a convertê-la, primeiro, num arbusto e, depois, numa árvore.

Ausência de Batráquios e de Mamíferos Terrestres nas Ilhas Oceânicas

No que se refere à ausência de ordens inteiras de animais nas ilhas oceânicas, Bory Saint-Vincent observou, faz muito tempo, que nunca se encontram batráquios – rãs, sapos, salamandras – em nenhuma das muitas ilhas de que estão semeados os grandes oceanos. Dei-me ao trabalho de comprovar esta afirmação e a achei exata, excetuando a Nova Zelândia, Nova Calcedônia, as ilhas de Andaman[16] e talvez as ilhas Salomão e as Seychelles. Mas já observei antes que é duvidoso que a Nova Zelândia e a Nova Calcedônia devam classificar-se como ilhas oceânicas e ainda é mais duvidoso no que se refere aos grupos de Andaman e Salomão e as Seychelles. Esta ausência geral de rãs, sapos e salamandras em tantas ilhas verdadeiramente oceânicas não pode ser explicada por suas condições físicas; realmente parece que as ilhas são particularmente adequadas para estes animais, pois as rãs foram introduzidas na Ilha da Madeira, nos Açores e nas Ilhas Maurício e se multiplicaram tanto que se converteram numa praga. Mas como a água do mar mata imediatamente estes animais e suas postura de ovos – com exceção, até onde atinge meu conhecimento, de uma espécie da Índia –, tem de haver grande dificuldade em seu transporte através do mar, e por isto podemos compreender por que não existem nas ilhas rigorosamente oceânicas. Mas seria dificílimo explicar, dentro da teoria da criação, por que não tinham sido criados nestas ilhas.

Outro caso semelhante nos oferecem os mamíferos. Procurei cuidadosamente nas viagens mais antigas e não encontrei nem um só exemplo indubitável de um mamífero terrestre – excetuando os animais domésticos que possuem os nativas – que vivesse numa ilha situada a mais de 300 milhas de um continente ou de uma grande ilha continental, e muitas ilhas situadas a uma distância muito menor estão igualmente desprovidas destes mamíferos.

As Falkland, que estão habitadas por uma raposa que parece um lobo, apresentam-se em seguida como uma exceção; mas este grupo não pode considerar-se como oceânico, pois encontra-se sobre um banco unido com a terra firme, da qual distam umas 280 milhas; além disso, os *icebergs* levavam antes blocos a suas costas ocidentais e puderam, em outro tempo, ter transportado raposas, como frequentemente ocorre agora nas regiões árticas. Não obstante, não se pode dizer que as ilhas pequenas não possam sustentar mamíferos, pelo menos pequenos, pois estes, em muitas partes do mundo, existem em ilhas pequeníssimas quando estão situadas próximas ao continente e raramente é possível citar uma ilha na qual não tenham se adaptado e multiplicado grandemente nossos mamíferos menores. Dentro da teoria usual da criação não se pode dizer que não ocorreu tempo para a criação de mamíferos: muitas ilhas vulcânicas são muito antigas, segundo o demonstra a enorme erosão que sofreram e seus estratos terciários; além disso, houve tempo para a produção de espécies peculiares pertencentes a outras classes, e é sabido que nos continentes as novas espécies de mamíferos aparecem e desaparecem com mais rapidez do que outros animais inferiores.

Ainda que os mamíferos terrestres não existam nas ilhas oceânicas, os mamíferos aéreos existem em quase todas as ilhas. A Nova Zelândia possui dois morcegos que não se encontram em nenhuma outra parte do mundo; a ilha de Norfolk, o arquipélago de Viti, as ilhas Bonin, os arquipélagos das Carolinas e das Marianas, as Ilhas Maurício possuem todas seus morcegos peculiares. Por que a suposta força criadora – poderia perguntar-se – produziu morcegos e não outros mamíferos nas ilhas afastadas? Dentro de minha teoria esta pergunta pode ser respondida facilmente, pois nenhum mamífero terrestre pode ser transportado através de um grande espaço de mar; mas os morcegos podem voar e atravessá-lo. Foram vistos morcegos vagando de dia sobre o oceano Atlântico a grande distância da terra, e duas espécies norte-americanas, regular ou acidentalmente, visitam as ilhas Bermudas, situadas a 600 milhas da terra firme. O senhor Tomes, que estudou especialmente esta família, diz-me que muitas espécies têm uma distribuição geográfica enorme e se encontram em continentes e em ilhas muito distantes. Portanto, não temos mais que supor que estas espécies errantes se modificaram em suas novas pátrias, em relação com sua nova situação, e podemos compreender a presença de morcegos peculiares nas ilhas oceânicas, unida à ausência de todos os outros mamíferos terrestres.

Existe outra relação interessante entre a profundidade do mar que separa as ilhas umas das outras ou do continente mais próximo e o grau de afinidade dos mamíferos que nelas vivem. Windsor Earl fez algumas observações notáveis sobre este particular, ampliadas depois consideravelmente pelas admiráveis investigações de senhor Wallace, no que se refere ao arquipélago Malaio, o qual está atravessado, próximo de Celebes, por uma porção profunda de oceano que separa duas faunas muito diferentes de mamíferos. Em cada lado, as ilhas descansam sobre um banco submarino de não muita profundidade e estão habitadas pelos mesmos mamíferos ou mamíferos muito afins. Não tive, até agora, tempo para continuar o estudo deste assunto em todas as partes do mundo; mas até onde cheguei subsiste a relação. Por exemplo: a Grã-Bretanha está separada da Europa por um canal de pouca profundidade, e os mamíferos são iguais em ambos os lados, e o mesmo ocorre em todas as ilhas próximas às costas da Austrália. As Antilhas, pelo contrário, estão situadas sobre um banco submerso a uma grande profundidade – umas mil braças – e ali encontramos formas americanas; mas as espécies e mesmo os gêneros são completamente diferentes. Como a intensidade das modificações que experimentam os animais de todas as classes depende, em parte, do tempo decorrido, e como as ilhas que estão separadas entre si e da terra firme por canais pouco profundos é mais provável que tenham estado unidas, formando uma região contínua em seu período recente que as ilhas separadas por canais mais profundos, podemos compreender por que existe relação entre a profundidade do mar que separa duas faunas de mamíferos e seu grau de afinidade, relação que é por completo inexplicável dentro da teoria dos atos independentes de criação.

Os fatos precedentes, relativos aos habitantes das ilhas oceânicas – a saber o reduzido número de espécies com uma grande proporção de formas peculiares; ou que se modificaram os membros de certos grupos, mas não os de outros da mesma classe; a ausência de certas ordens inteiras, como os batráquios, e dos mamíferos terrestres, apesar da presença dos voadores morcegos; as raras proporções de certas ordens de plantas; como formas herbáceas se desenvolveram até chegar a árvores; etc. – me parece que concordam melhor com a teoria da eficácia dos meios ocasionais de transporte, continuados durante longo tempo, que com a teoria da conexão primitiva de todas as ilhas oceânicas com o continente mais próximo; segundo esta hipótese, é provável que as diferentes classes tivessem emigrado mais uniformemente do que, por terem entrado as espécies juntas, não se tivessem perturbado muito em suas relações mútuas e, portanto, não se tivessem modificado ou se tivessem modificado todas as espécies de um modo mais uniforme.

Não nego que existem muitas e graves dificuldades para compreender como chegaram até sua pátria atual muitos dos habitantes das ilhas mais longínquas, conservando ainda a mesma forma específica ou que a tenham modificado depois. Mas não podemos esquecer a probabilidade de que tenham existido em outro tempo, como etapas, outras ilhas, das quais não fica agora nem um resto. Exporei detalhadamente um caso difícil. Quase todas as ilhas oceânicas, mesmo as menores e mais isoladas, estão habitadas por moluscos terrestres, geralmente por espécies peculiares, mas às vezes por espécies que se encontram em qualquer outra parte, das quais o doutor A. A. Gould citou exemplos notáveis relativos ao Pacífico. Assim sendo, é sabido que a água do mar mata facilmente os moluscos terrestres, e seus ovos – pelo menos aqueles com os quais fiz experimentos – vão a fundo e morrem, mas deve existir algum meio desconhecido, ainda que eficaz às vezes, para seu transporte. Talvez o molusco recém-nascido aderirá às patas das aves que descansam no solo e deste modo chegará a ser transportado? Ocorreu -me que os moluscos concheados terrestres, durante o período invernal, quando têm um diafragma membranoso na boca da concha, poderiam ter sido levados nas gretas das madeiras flutuantes, atravessando assim braços de mar não muito longos, e concluí que várias espécies, neste estado, resistem sem dano sete dias de imersão em água do mar; um caracol, o *Helix pomatia,* depois de ter sido tratado deste modo, e tendo voltado a hibernar, foi posto, durante vinte dias, em água do mar, e resistiu perfeitamente. Durante este espaço de tempo o caracol poderia ter sido transportado por uma corrente marinha de velocidade média a uma distância de 660 milhas geográficas. Como este *Helix* tem um opérculo calcário grosso, e quando se formou um opérculo novo membranoso, submergi-o de novo por quatorze dias em água do mar, e ainda reviveu tornando a andar. O barão Aucapitaine empreendeu depois experimentos análogos: colocou 100 moluscos concheados terrestres, pertencentes a dez espécies, numa caixa com buracos e a submergiu por quinze dias no mar. Dos 100 moluscos resistiram 27. A existência do opérculo parece ter tido importância, pois de 12 exemplares de *Cyclostoma elegans* que o possuem, resistiram 11. É notável, que o *Helix pomatia* resistiu na água salgada e que não resistiu nem um dos 54 exemplares pertencentes a outras quatro espécies de Helix submetidas a experimento por Aucapitaine. Não é, no entanto, de modo algum, provável que os moluscos terrestres tenham sido frequentemente transportados deste modo; as patas das aves oferecem um modo mais provável de transporte.

Das Relações entre os Habitantes das Ilhas e os da Terra Firme mais Próxima

O fato mais importante e atraente para nós é a afinidade que existe entre as espécies que vivem nas ilhas e as da terra firme mais próxima, sem que sejam realmente as mesmas. Poderiam ser citados numerosos exemplos. O arquipélago dos Galápagos, situado no Equador, está entre 500 e 600 milhas de distância das costas da América do Sul. Quase todas as produções da terra e da água levam ali o selo inequívoco do continente americano. Há 26 aves terrestres, das quais 21, ou talvez 23, são consideradas como espécies diferentes; admitiria-se ordinariamente que foram criadas ali e, no entanto, a grande afinidade da maioria destas aves com espécies americanas se manifesta em todas as características, em seus costumes, gestos e timbre de voz. O mesmo ocorre com outros animais e com uma grande proporção das plantas, como demonstrou Hooker[17] em sua admirável flora deste arquipélago. O naturalista, ao contemplar os habitantes destas ilhas vulcânicas do Pacífico, distantes do continente várias centenas de milhas, teve a sensação de que se encontrava em terra americana. Por que tem de ser assim? Por que as espécies que se supõe que foram criadas no arquipélago dos Galápagos e em nenhuma outra parte, têm tanta afinidade com as criadas na América? Nada há ali, nem nas condições de vida, nem na natureza geológica das ilhas, nem em sua altitude ou clima, nem nas proporções em que estão associadas mutuamente as diferentes classes, que se assemelhe muito às condições da costa da América do Sul; na realidade, há uma diferença considerável sob todos estes aspectos. Pelo contrário, existe uma grande semelhança entre o arquipélago dos Galápagos e o de Cabo Verde na natureza vulcânica de seu solo, no clima, altitude e tamanho das ilhas; mas que diferença tão completa e absoluta entre seus habitantes! Os das ilhas de Cabo Verde estão relacionados com os da África, o mesmo acontecendo com os das ilhas dos Galápagos que estão com os da América.

Fatos como estes não admitem explicação dentro da opinião corrente das criações independentes; enquanto, segundo a opinião que aqui se defende, é evidente que as ilhas dos Galápagos estariam em boas condições para receber colonos da América já por meios ocasionais de transporte – ainda que eu não acredite nesta teoria – pela antiga união com o continente, as ilhas de Cabo Verde estariam para recebê-los da África; estes colonos estariam sujeitos à modificação, delatando ainda seu primitivo lugar de origem.

Poderiam citar-se muitos fatos análogos: realmente é uma regra quase universal que as produções peculiares das ilhas estão relacionadas com as do continente mais próximo ou com as da ilha grande mais próxima. Poucas são as exceções, e a maioria delas podem ser explicadas. Assim, ainda que a Terra de Kerguelen esteja situada mais próximo da África do que da América as plantas estão relacionadas – e muito estreitamente com as da América, segundo sabemos pelo estudo do doutor Hooker; mas esta anomalia desaparece segundo a teoria de que esta ilha foi povoada principalmente por sementes levadas com terra e pedras nos icebergs arrastados por correntes dominantes. A Nova Zelândia, por suas plantas endêmicas, está bem mais relacionada com a Austrália, a terra firme mais próxima, que com nenhuma outra região, e isto é o que se podia esperar, mas está também evidentemente relacionada com a América do Sul que, ainda que seja o continente mais próximo, está a uma distância tão enorme, que o fato resulta em uma anomalia. Mas esta dificuldade desaparece em parte dentro da hipótese de que a Nova Zelândia, a América do Sul e outras terras meridionais foram povoadas em parte por formas procedentes de um ponto quase intermediário, ainda que distante, ou seja as ilhas antárticas, quando estavam cobertas de vegetação, durante um período terciário quente antes do começo do último período glacial. A afinidade, ainda que débil, assegura-me o doutor Hooker, que existe realmente entre a flora do extremo sudoeste da Austrália e a do Cabo da Boa Esperança é um caso bem mais notável; mas esta afinidade está limitada às plantas, e indubitavelmente se explicará algum dia.

A mesma lei que determinou o parentesco entre os habitantes das ilhas e os da terra firme mais próxima se manifesta às vezes em menor escala, mas de um modo interessantíssimo, dentro dos limites de um mesmo arquipélago. Assim, cada uma das ilhas do arquipélago dos Galápagos está ocupada – e o fato é maravilhoso – por várias espécies diferentes; mas estas espécies estão relacionadas entre si de um modo bem mais estreito do que com os habitantes do continente americano ou de qualquer outra parte do mundo. Isto é o que se poderia esperar, pois ilhas situadas tão próximas umas das outras tinham que receber quase necessariamente imigrantes procedentes da mesma origem primitiva e das outras ilhas. Mas por que muitos dos imigrantes se modificaram diferentemente, ainda que só em pequeno grau, em ilhas situadas próximas umas das outras, que têm a mesma natureza geológica, a mesma altitude, clima, etc.? Durante muito tempo isso me pareceu uma grande dificuldade; o erro profundamente arraigado de considerar as condições físicas de um habitat como as mais importantes, quando é indiscutível que a natureza das espécies, têm que competir entre si; é um fator do sucesso pelo menos tão importante ou mais. Assim sendo, se consideramos as espécies que vivem no arquipélago dos Galápagos e que se encontram também em outras partes do mundo, vemos que diferem consideravelmente nas variadas ilhas. Esta diferença se poderia realmente esperar se as ilhas fossem povoadas por meios ocasionais de transporte, pois uma semente de uma planta, por exemplo, teria sido levada a uma ilha e a de outra planta a outra ilha, ainda que todas procedessem da mesma origem geral. Portanto, quando em tempos primitivos um emigrante aportou pela primeira vez a uma das ilhas, ou quando depois se mudou de uma a outra, estaria submetido indubitavelmente a condições diferentes nas diferentes ilhas, pois teria que competir com um conjunto diferente de organismos; uma planta, por exemplo, encontraria o solo mais adequado para ela ocupado por espécies diferentes nas diferentes ilhas, e estaria exposta aos ataques diferentes de inimigos diferentes. Se então variou, a seleção natural provavelmente favoreceria variedades diferentes nas diferentes ilhas. Algumas espécies, no entanto, puderam propagar-se por todo o grupo de ilhas conservando, as mesmas características, de igual modo que vemos algumas espécies que se estendem amplamente por todo o seu continente e que se conservam as mesmas.

O fato verdadeiramente surpreendente neste caso do arquipélago dos Galápagos, e em menor grau em alguns casos análogos, é que cada nova espécie, depois de ter sido formada numa ilha, não se estendeu rapidamente às outras. Mas as ilhas, ainda que próximas umas das outras, estão separadas por braços profundos de mar, na maioria dos casos mais largos do que o canal da Mancha, e não há razão para supor que as ilhas tenham estado unidas em algum período anterior. As correntes do mar são rápidas entre as ilhas e as tormentas de vento são extraordinariamente raras; de maneira que as ilhas estão de fato bem mais separadas entre si do que aparecem no mapa. No entanto, algumas das espécies – tanto das que se encontram em outras partes do mundo como das que estão confinadas no arquipélago – são comuns a várias ilhas, e de seu modo de distribuição atual podemos deduzir que de uma ilha se estenderam às outras. Mas creio que, com frequência, adotamos a errônea opinião de que é provável que espécies muito afins invadam mutuamente seus territórios quando são postas em livre comunicação. Indubitavelmente, se uma espécie tem alguma vantagem sobre outra, em brevíssimo tempo a suplantará em tudo ou em parte; mas se ambas são igualmente adequadas para suas próprias localidades, provavelmente conservarão ambas seus lugares, separados durante tempo quase ilimitado.

Familiarizados com o fato de que em muitas espécies adaptadas pela ação do homem se difundiram com espantosa rapidez por extensos territórios, inclinamo-nos a supor que a maioria das espécies têm de se difundir deste modo, mas devemos recordar que as espécies que se adaptam em novas regiões não são geralmente muito afins com os habitantes primitivos, mas formas muito diferentes, que, em número relativamente grande de casos, como demonstrou Alph. de Candolle, pertencem a gêneros diferentes. No arquipélago dos Galápagos, ainda das mesmas aves, apesar de estarem bem adaptadas para voar de ilha em ilha, muitas diferem nas diferentes ilhas; assim, há três espécies muito próximas de Mimus, confinadas cada uma a sua própria ilha. Supondo que o *Mimus* da ilha Chatham fosse arrastado pelo vento à ilha Charles, que tem sua *Mimus* própria, por que teria de conseguir estabelecer-se ali?

Podemos admitir com segurança que a ilha Charles está bem povoada por sua própria espécie, pois anualmente são postos mais ovos e nascem mais filhotes dos que podem ser criados, e devemos admitir que o *Mimus* peculiar à ilha Charles está adaptado a sua pátria, pelo menos, tão bem como a espécie peculiar da ilha Chatham. C. Lyell e Wollaston me comunicaram um fato notável relacionado com este assunto: a Ilha da Madeira e o ilhéu adjacente de Porto Santo possuem muitas espécies de conchas terrestres diferentes, mas representativas, algumas das quais vivem em rachaduras das rochas; apesar de anualmente serem transportadas grandes quantidades de pedra desde Porto Santo a Madeira, esta ilha não foi colonizada pelas espécies de Porto Santo, ainda que ambas as ilhas o foram por moluscos terrestres da Europa que indubitavelmente tinham alguma vantagem sobre as espécies nativas. Por estas considerações creio que não temos de nos maravilhar muito porque as espécies peculiares que vivem nas diferentes ilhas do arquipélago dos Galápagos não passaram todas de umas ilhas a outras. Num mesmo continente a ocupação anterior representou provavelmente um papel importante em impedir a mistura das espécies que vivem em diferentes regiões que têm quase as mesmas condições físicas.

Assim, os extremos sudeste e sudoeste da Austrália têm quase as mesmas condições físicas e estão unidos por terras descontínuas, e, no entanto, estão habitadas por um grande número de mamíferos, aves e plantas diferentes; o mesmo ocorre, segundo Bates, com as borboletas e outros animais que vivem no grande, aberto e não interrompido vale do Amazonas.

O mesmo princípio que rege o caráter geral dos habitantes das ilhas oceânicas – ou seja a relação com a origem dos colonos, junto com sua modificação subsequente – é de amplíssima aplicação em toda a natureza. Vemos isto em cada cume de montanha e em cada lago ou pântano; pois as espécies alpinas, exceto quando a mesma espécie se difundiu extensamente durante a época glacial, estão relacionadas com as das terras baixas circundantes. Assim, temos na América do Sul pássaros-moscas alpinos, roedores alpinos, plantas alpinas, etc., que pertencem todos rigorosamente a formas americanas, e é evidente que uma montanha, quando se levantou lentamente, foi colonizada pelos habitantes das terras baixas circundantes.

O mesmo ocorre com os habitantes dos lagos e pântanos, exceto na medida em que a grande facilidade de transporte permitiu às mesmas formas prevalecer em grandes extensões do mundo. Vemos este mesmo princípio no caráter da maioria dos animais cegos que vivem nas cavernas da América e da Europa, e poderiam citar-se outros fatos análogos. Em todos os casos acredito que resultará verdadeiro que, sempre que existam em duas regiões, por distantes que estejam, muitas espécies muito afins ou representativas, se encontrarão também algumas espécies idênticas, e onde quer que se apresentem muitas espécies muito afins, se encontrarão muitas formas que alguns naturalistas consideram como espécies diferentes e outros como simples variedades, mostrando-nos estas formas duvidosas os passos na marcha da modificação.

A relação entre a existência de espécies muito afins em pontos remotos da terra e a faculdade de emigrar e a extensão de migrações em determinadas espécies, tanto no período atual como em outro anterior, manifesta-se de outro modo mais geral. Gould me fez observar, há tempos, que nos gêneros de aves que se estendem por todo o mundo, muitas das espécies têm uma enorme distribuição geográfica. É difícil duvidar que esta regra seja geralmente verdadeira, ainda que difícil de provar. Nos mamíferos, vemos isto notavelmente manifesto nos quirópteros[18], e em menor grau nos felinos e caninos. A mesma regra vemos na distribuição das borboletas e coleópteros[19]. O mesmo ocorre com a maioria dos habitantes da água doce, pois muitos dos gêneros de classes mais diferentes se estendem por todo mundo, e muitas das espécies têm uma enorme distribuição geográfica. Não se pretende que todas as espécies dos gêneros que se estendem muito tenham uma enorme distribuição geográfica, mas algumas delas a têm. Também não se pretende que as espécies destes gêneros tenham por em média uma distribuição muito grande, pois isto dependerá muito de até onde tenha chegado o processo de modificação; por exemplo: se duas variedades da mesma espécie vivem uma na Europa e outra na América, a espécie terá uma distribuição geográfica imensa; mas se a variação fosse levada um pouco mais adiante, as duas variedades seriam consideradas como espécies diferentes e sua distribuição se reduziria muito. Ainda menos se pretende que as espécies que são capazes de atravessar os obstáculos e de estender-se muito – como no caso de determinadas aves de potentes asas – que se estendam muito, pois nunca devemos esquecer que se estender muito implica, não só a faculdade de atravessar os obstáculos, mas também a faculdade mais importante de vencer, em terras distantes, na luta pela vida com rivais estrangeiros. Mas, segundo a hipótese de que todas as espécies de um gênero, ainda que se achem distribuídas até pelos pontos mais distantes da terra, descenderam de um só progenitor, devemos encontrar – e acredito que, por regra geral, encontremos – que algumas, pelo menos, têm uma distribuição geográfica muito extensa.

Devemos compreender que muitos gêneros de todas as classes são de origem antiga, e neste caso as espécies terão tido tempo de sobra para sua dispersão e modificação subsequente. Há motivos para crer, pelas provas geológicas, que dentro de cada uma das grandes classes os organismos inferiores mudam menos rapidamente do que os superiores, e, portanto, terão tido mais probabilidades de estender-se muito e de conservar ainda o mesmo caráter específico. Este fato, unido ao de que as sementes e ovos da maioria das formas orgânicas inferiores são muito pequenos e mais adequados para o transporte a grande distância, explica provavelmente uma lei, observada há tempos e discutida ultimamente por Alph. de Candolle no que se refere às plantas, ou seja que quanto mais abaixo na escala está situado um grupo de organismos, tanto mais extensa é sua distribuição geográfica. As relações que se acabam de discutir – a saber: que os organismos inferiores têm maior extensão geográfica do que os superiores; que algumas das espécies dos gêneros de grande extensão se difundem mais facilmente; fatos tais como o de que as produções alpinas, lacustres e palustres estejam geralmente relacionadas com as que vivem nas terras baixas e terras secas circundantes; o notável parentesco entre os habitantes das ilhas e os da terra firme mais próxima; o parentesco ainda mais estreito dos diferentes habitantes das ilhas de um mesmo arquipélago – são inexplicáveis dentro da opinião usual da criação independente de cada espécie, mas são explicáveis se admitimos a colonização desde a origem mais próxima e fácil, unida à adaptação subsequente dos colonos a sua nova pátria.

Resumo do Presente Capítulo e do Anterior

Nestes capítulos me esforcei em demonstrar que se reconhecemos nossa ignorância em relação aos efeitos das mudanças de clima e do nível da terra que é seguro que tenham ocorrido dentro do período moderno e de outras mudanças que provavelmente ocorreram; se recordarmos nossa grande ignorância a respeito dos muitos curiosos meios de transporte ocasional; se entendemos – e é esta uma consideração importantíssima – com que frequência uma espécie pode ter-se estendido sem interrupção por toda uma vasta área e depois ter-se extinguido nas regiões intermediárias, não é insuperável a dificuldade em admitir que todos os indivíduos da mesma espécie, onde quer que se encontrem, descendem de pais comuns, e várias considerações gerais, especialmente a importância dos obstáculos de todas as classes e a distribuição análoga de subgêneros, gêneros e famílias, levam-nos a esta conclusão, a que chegaram muitos naturalistas com a denominação de centros *únicos de criação*.

No que se refere às diferentes espécies que pertencem a um mesmo gênero, as quais, segundo nossa teoria, propagaram-se partindo de uma origem comum; se temos em conta, como antes, nossa ignorância e recordamos que algumas formas orgânicas mudaram muito lentamente, pelo que é necessário conceder períodos enormes de tempo para suas emigrações, as dificuldades distam muito de ser insuperáveis, ainda que neste caso, como nos indivíduos da mesma espécie, sejam com frequência grandes.

Como exemplo dos efeitos das mudanças de clima na distribuição, tentei demonstrar o papel importantíssimo que representou o último período glacial, que exerceu sua ação inclusive nas regiões equatoriais e que durante as alternativas de frio no norte e no sul permitiu misturar-se às produções dos hemisférios opostos e deixou algumas delas abandonadas nos cumes das montanhas de todas as partes do mundo. Para mostrar quão variados são os meios ocasionais de transporte discuti longamente os meios de dispersão das produções de água doce.

Se não são insuperáveis as dificuldades para admitir que ao longo do tempo todos os indivíduos da mesma espécie, e também de diferentes espécies pertencentes a um mesmo gênero, tenham procedido de uma só origem, então todos os grandes fatos capitais da distribuição geográfica são explicáveis dentro da teoria da emigração unida à modificação subsequente e à multiplicação das formas novas. Deste modo podemos compreender a suma importância dos obstáculos, de terra, de água, que não só separam, parecem determinar as diferentes províncias botânicas e zoológicas. Deste modo podemos compreender a concentração de espécies afins nas mesmas regiões e por que em diferentes latitudes, por exemplo, na América do Sul, os habitantes das planícies e montanhas, dos bosques, pântanos e desertos, estão ligados mutuamente de um modo tão misterioso e estão também ligados com os seres extintos que em outro tempo viveram no mesmo continente. Tendo em vista que a relação mútua entre os organismos é de suma importância, podermos explicar por que estão com frequência habitadas por formas orgânicas muito diferentes duas regiões que têm quase as mesmas condições físicas: segundo o espaço de tempo que decorreu desde que os colonos chegaram a uma das regiões ou a ambas a natureza da comunicação que permitiu a determinadas formas e não a outras chegar, em maior ou em menor número; que os que penetraram entrassem em concorrência mais ou menos direta com os nativos, e que os emigrantes fossem capazes de variar com mais ou menos rapidez; disso tudo resultariam as duas ou mais regiões de vida infinitamente variadas, independentemente de suas condições físicas, pois teria um conjunto quase infinito de ações e reações orgânicas e encontraríamos uns grupos de seres extraordinariamente modificados e outros só ligeiramente, uns desenvolvidos poderosamente e outros existindo só em escasso número, e isto é o que encontramos nas diversas grandes províncias geográficas do mundo.

Segundo estes mesmos princípios podemos compreender, como me esforcei em demonstrar por que as ilhas oceânicas têm de ter poucos habitantes e destes uma grande proporção de características peculiares, e por que, em relação com os meios de emigração, um grupo de seres tem de ter todas as suas espécies peculiares e outro, ainda dentro da mesma classe, tem de ter todas as suas espécies iguais às de uma parte adjacente da terra. Podemos compreender por que grupos inteiros de organismos, como os mamíferos terrestres e os batráquios, faltam nas ilhas oceânicas, enquanto as ilhas mais isoladas possuem suas próprias espécies peculiares de mamíferos aéreos ou morcegos. Podemos compreender por que nas ilhas existe certa relação entre a presença de mamíferos em estado mais ou menos modificado e a profundidade do mar entre elas e a terra firme. Podemos ver claramente por que todos os habitantes de um arquipélago, ainda que especificamente diferentes nas diferentes ilhas, estão muito relacionados entre si e têm de estar também relacionados, ainda que menos estreitamente, com os do continente mais próximo ou outra origem de onde possam ter provindo os emigrantes. Podemos ver por que, se existem espécies extraordinariamente afins ou representativas em duas regiões, por mais distantes que estejam uma da outra, quase sempre se encontram algumas espécies idênticas. Como o distinto Edward Forbes assinalou com insistência, existe um notável paralelismo nas leis da vida no tempo e no espaço; pois as leis que regem a sucessão de formas no passado são quase iguais àquelas que regem atualmente as diferenças entre as diversas regiões. Vemos isto em muitos fatos. A duração de cada espécie ou grupos de espécies é contínua no tempo, pois as aparentes exceções a esta regra são tão poucas, que podem perfeitamente atribuir-se a que não descobrimos até agora, num depósito intermediário, as formas que faltam nele, mas que se apresentam tanto acima como abaixo: de igual modo, é correta a regra geral de que a extensão habitada por uma só espécie ou por um grupo de espécies é contínua, e as exceções, que não são raras, podem explicar-se, como tentei demonstrar, por emigrações anteriores em circunstâncias diferentes, ou por meios ocasionais de transporte, ou porque as espécies se extinguiram nos espaços intermediários. Tanto no tempo como no espaço, as espécies e grupos de espécies têm seus pontos de desenvolvimento máximo. Os grupos de espécies que vivem dentro do mesmo território estão com frequência caracterizados em comum por característcas pouco importantes, como a cor ou relevos.

Considerando a longa sucessão de idades passadas e considerando as diferentes províncias de todo o mundo, vemos que em certas classes as espécies diferem pouco umas de outras, enquanto as de outras classes, ou simplesmente de uma seção diferente da mesma ordem, diferem bem mais. Tanto no tempo como no espaço, as formas de organização inferior de cada classe mudam geralmente menos do que as de organização superior; mas em ambos os casos existem notáveis exceções a esta regra. Segundo nossa teoria, compreendem-se estas diferentes relações através do espaço e do tempo; portanto, se consideramos as formas orgânicas afins que se modificaram durante as idades sucessivas, como se consideramos as que se modificaram depois de emigrar a regiões distantes, em ambos os casos estão unidas pelo mesmo vínculo da geração ordinária e em ambos os casos as leis de variação foram as mesmas e as modificações se acumularam pelo mesmo meio da seleção natural.

Capítulo XIV

Afinidades mútuas dos seres orgânicos – Morfologia Embriologia – Órgãos rudimentares

CLASSIFICAÇÃO: Grupos subordinados – Sistema natural – Regras e dificuldades na classificação explicadas na teoria da descendência com modificação – Classificação das variedades – A descendência utilizada sempre na classificação – Caracteres analógicos ou de adaptação – Afinidade geral, complexa e radiante – A extinção separa e define os grupos – MORFOLOGIA: Entre os membros de uma mesma classe e entre os órgãos do mesmo indivíduo – EMBRIOLOGIA: Suas leis explicadas por variações que não ocorrem numa idade precoce e que são herdadas na idade correspondente – ÓRGÃOS RUDIMENTARES: Explicação de sua origem – Resumo

Classificação

Desde o período mais remoto na história do mundo se tem visto que os seres orgânicos se parecem entre si em graus descendentes, de maneira que podem ser classificados em grupos subordinados uns aos outros. Esta classificação não é arbitrária, como agrupar as estrelas em constelações. A existência de grupos teria sido de significação singela se um grupo tivesse sido adaptado exclusivamente a viver em terra e outro na água; um a alimentar-se de carne e outro de matérias vegetais, e assim sucessivamente; mas o caso é muito diferente, pois é notório que, muito comumente, têm costumes diferentes membros até de um mesmo subgrupo. Nos capítulos II e IV, a respeito da Variação e da Seleção Natural, tentei demonstrar que em cada região as espécies que mais variam são as de vasta distribuição, as comuns e difusas, isto é, as espécies predominantes que pertencem aos gêneros maiores dentro de cada classe. As variedades ou espécies incipientes, produzidas deste modo, convertem-se, ao fim, em espécies novas e diferentes, e estas, segundo o princípio da herança, tendem a produzir espécies novas e dominantes. Portanto, os grupos que atualmente são grandes, e que geralmente compreendem muitas espécies predominantes, tendem a continuar aumentando em extensão. Tentei além disso demonstrar como os descendentes que variam de cada espécie tentam ocupar o maior número de lugares possíveis e o maior número de seres diferentes na economia da natureza tendem constantemente a divergir em suas características. Esta última conclusão se apoia na observação da grande diversidade de forma que dentro de qualquer pequena região entram em íntima concorrência e em certos casos de adaptação.

Também tentei demonstrar que nas formas que estão aumentando em número e divergindo em características há uma constante tendência a suplantar e exterminar as formas precedentes menos divergentes e aperfeiçoadas. Desejo que o leitor volte ao quadro que ilustra, segundo antes se explicou, a ação destes diferentes princípios e verá que o resultado inevitável é que os descendentes modificados, procedentes de um progenitor, fiquem separados em grupos subordinados a outros grupos. No quadro, cada letra da linha superior pode representar um gênero que compreende várias espécies, e todos os gêneros desta linha superior formam juntos uma classe, pois todos descendem de um remoto antepassado e, portanto, herdaram algo em comum. Mas os três gêneros da esquerda têm, segundo o mesmo princípio, muito de comum e formam uma subfamília diferente da que contém os dois gêneros situados a sua direita, que divergiram partindo de um antepassado comum no quinto grau genealógico. Estes cinco gêneros têm, pois, muito de comum, ainda que menos do que os agrupados em subfamílias, e formam uma família diferente da que compreende os três gêneros situados ainda mais à direita, que divergiram num período mais antigo. E todos estes gêneros que descendem formam uma ordem diferente dos gêneros que descendem de I; de maneira que temos aqui muitas espécies que descendem de um só progenitor agrupadas em gêneros, e os gêneros em subfamílias, famílias e ordens, todos numa grande classe. A meu ver, deste modo se explica o importante fato da subordinação natural dos seres orgânicos em grupos subordinados a outros grupos; fato que, por ser-nos familiar, nem sempre nos chama muito a atenção. Indubitavelmente, os seres orgânicos, como todos os outros objetos, podem classificar-se de muitas maneiras, já artificialmente por características isoladas, já mais naturalmente por numerosas características. Sabemos, por exemplo, que os minerais e os corpos elementares podem ser classificados deste modo. Neste caso é evidente que não há relação alguma com a sucessão genealógica, e não pode atualmente ser destacada nenhuma razão para sua divisão em grupos. Mas nos seres orgânicos o caso é diferente, e a hipótese antes dada está de acordo com sua ordem natural em grupos subordinados, e nunca se tentou outra explicação.

Os naturalistas, como vimos, tentam ordenar as espécies, gêneros e famílias dentro de cada classe segundo o que se chama o *sistema natural;* mas que quer dizer este sistema? Alguns autores o consideram simplesmente como um sistema para ordenar os seres vivos que são mais parecidos e para separar os mais diferentes, ou como um método artificial de enunciar o mais brevemente possível proposições gerais, isto é, com uma só frase dar os caracteres comuns, por exemplo, a todos os mamíferos; por outra, os comuns a todos os carnívoros ou os comuns ao gênero dos cães, e então, adicionando uma só frase, dar uma descrição completa de cada espécie de cachorro. A ingenuidade e utilidade deste sistema são indiscutíveis. Mas muitos naturalistas creem que por sistema *natural* se entende algo mais: creem que revela o plano do Criador; mas, a não ser que se especifique se pelo plano do Criador se entende a ordem no tempo ou no espaço, ou em ambos, ou que outra coisa se entende, parece-me que assim não se adiciona nada a nosso conhecimento. Expressões tais como a famosa de Linneo, com a qual frequentemente nos encontramos numa forma mais ou menos velada, ou seja, que os caracteres não fazem o gênero, senão que o gênero dá os caracteres, parecem implicar que em nossas classificações há um laço mais profundo do que a simples semelhança. Acredito que assim é, e que a comunidade de descendência – única causa conhecida de estreita semelhança nos seres orgânicos – é o laço que, conquanto observado em diferentes graus de modificação, revela-nos, em parte, nossas classificações.

Consideremos agora as regras que se seguem na classificação e as dificuldades que se encontram, dentro da suposição de que a classificação, ou bem dá algum plano desconhecido de criação ou bem é simplesmente um sistema para enunciar proposições gerais e para reunir as formas mais semelhantes. Podia ter-se acreditado – e antigamente se acreditou – que aquelas partes da conformação que determinam os costumes e o lugar geral de cada ser na economia da natureza teria de ter suma importância na classificação. Nada pode ser mais falso. Ninguém considera como de importância a semelhança externa entre um rato e um musaranho, entre um elefante marinho e uma baleia, ou entre uma baleia e um peixe. Estas semelhanças, ainda que tão intimamente unidas a toda a vida do ser, consideram-se como simples *caracteres de adaptação e de analogia;* mas já insistiremos sobre a consideração destas semelhanças. Pode-se inclusive dar como regra geral que qualquer parte da organização, quanto menos se relacione com costumes especiais tanto mais importante é para a classificação. Por exemplo, Owen, ao falar do elefante marinho, diz: "Os órgãos da geração, por ser os que estão mais remotamente relacionados com os costumes e alimentos de um animal, considerei sempre que proporcionam indicações claríssimas sobre suas verdadeiras afinidades. Nas modificações destes órgãos estamos menos expostos a confundir um caráter simplesmente de adaptação com um caráter essencial." Quão notável é que, nas plantas, os órgãos vegetativos, dos quais sua nutrição e vida dependem, sejam de pouca significação, enquanto os órgãos de reprodução, com seu produto, semente e embrião, sejam de suma importância! Da mesma maneira também, ao discutir anteriormente certos caracteres morfológicos que não têm importância funcional, temos visto que, com frequência, são de grande utilidade na classificação. Depende isto de sua constância em muitos grupos afins, e sua constância depende principalmente de que as variações pequenas não tenham sido conservadas e acumuladas pela seleção natural, que age só sobre caracteres úteis. Que a importância meramente fisiológica de um órgão não determina seu valor para a classificação está quase provado pelo fato de que em grupos afins, nos quais o mesmo órgão – segundo fundadamente supomos – tem quase o mesmo valor fisiológico, é muito diferente em valor para a classificação. Nenhum naturalista pode ter trabalhado muito tempo num grupo sem ter se impressionado por este fato, reconhecido plenamente nos escritos de quase todos os autores. Bastará citar uma grande autoridade, Robert Brown, que, ao falar de certos órgãos nas proteáceas, diz que sua importância genérica, "como a de todas as suas partes, é muito desigual, e em alguns casos parece que se perdeu por completo, não só nesta família senão, como notei, em todas as famílias naturais". Além disso, em outra obra diz que os gêneros das *Connaraceae* "diferem em quem tem um ou mais ovários, na existência ou falta de *albúmen*, na estivação imbricada ou valvular. Qualquer destes caracteres, separadamente, é, com frequência, de importância mais do que genérica, apesar de que, neste caso, ainda que se tomem todos juntos, são insuficientes para separar os *Cnestis* dos *Connarus*". Para citar um exemplo de insetos: numa das grandes divisões dos himenópteros, as antenas, como observou Westwood, são de conformação extraordinariamente constante; em outra divisão, diferem muito e as diferenças são de valor completamente secundário para a classificação; no entanto, ninguém dirá que as antenas, nestas duas divisões da mesma ordem, são de importância fisiológica desigual. Poderia ser citado um número grandíssimo de exemplos da importância variável para a classificação de um mesmo órgão importante dentro do mesmo grupo de seres.

Além disso, ninguém dirá que os órgãos rudimentares ou atrofiados sejam de grande importância fisiológica ou vital e, no entanto, indubitavelmente, órgãos neste estado são com frequência de muito valor para a classificação. Ninguém discutirá que os dentes rudimentares da mandíbula superior dos ruminantes jovens e certos ossos rudimentares de sua pata são utilíssimos para mostrar a estreita afinidade entre os ruminantes e os paquidermes. Robert Brown insistiu sobre o fato de que a posição das flores rudimentares é de suma importância na classificação das gramíneas.

Poder-se-ia citar numerosos exemplos de caracteres procedentes de partes que poderiam considerar-se como de importância fisiológica insignificante, mas que universalmente se admite que são utilíssimos na definição de grupos inteiros; por exemplo: que tenha ou não uma comunicação aberta entre as aberturas nasais e a boca, única característica, segundo Owen, que separa em absoluto os peixes e os répteis; a inflexão do ângulo da mandíbula inferior nos marsupiais: o modo como estão pregueadas as asas dos insetos; a cor única em determinadas algas; a simples pubescência em partes da flor nas gramíneas; a natureza da envoltura cutânea, como o pelo e as penas, nos vertebrados. Se o *Ornithorhynchus* fosse coberto de penas em vez de pelos, esta característica externa e insignificante teria sido considerada pelos naturalistas como um auxílio importante para determinar o grau de afinidade deste estranho ser com as aves.

A importância, para a classificação, dos caracteres insignificantes depende de que sejam correlativos de outros muitos caracteres de maior ou menor importância. Efetivamente é evidente o valor de um conjunto de caracteres em História Natural. Portanto, como se observou muitas vezes, uma espécie pode separar-se de seus afins por diversos caracteres, tanto de grande importância fisiológica como de constância quase geral, e não nos deixar, no entanto, dúvida alguma de como tem de ser classificada. Consequentemente uma classificação fundamentada numa só característica, por importante que seja, fracassou sempre, pois nenhuma parte da organização é de constância absoluta. A importância de um conjunto de caracteres ainda que nenhum seja importante, explica por si só o brocardo enunciado por Linneo de que os caracteres não dão o gênero, senão que o gênero dá os caracteres; pois este parece fundamentado na apreciação de detalhes de semelhança demasiado ligeiros para serem definidos. Certas plantas pertencentes às malpighiáceas levam flores perfeitas e flores atrofiadas; nestas últimas como observou A. de Jussieu, "desaparecem a maioria dos caracteres próprios da espécie, do gênero, da família, da classe, e deste modo escapam de nossa classificação". Quando a *Aspicarpa* produziu na França, durante vários anos, somente estas flores degeneradas que se afastam assombrosamente do tipo próprio da ordem em muitos dos pontos mais importantes de conformação, Richard, não obstante, viu sagazmente, como observa Jussieu, que este gênero tinha que ser conservado entre as malpighiáceas. Este caso é um bom exemplo do espírito de nossas classificações.

Praticamente, quando os naturalistas estão em seu trabalho, não se preocupam com o valor fisiológico dos caracteres que utilizam ao definir um grupo ou ao assinalar uma espécie determinada. Se encontram um caráter quase uniforme e comum a um grande número de formas, e que não existe em outras utilizam-no como um caráter de grande valor; se é comum a um número menor de formas, utilizam-no como um caráter de valor secundário. Alguns naturalistas reconheceram plenamente este princípio como o único verdadeiro; mas nenhum o fez com maior clareza do que o excelente botânico Aug. Saint-Hilaire. Se vários caracteres insignificantes se encontram sempre combinados, ainda que não possa descobrir-se entre eles nenhum laço aparente de conexão, atribui-se a eles especial valor. Como na maioria dos grupos de animais, órgãos importantes, tais como os de propulsão do sangue, os da aeração deste ou os de propagação da espécie, são quase uniformes, são considerados como utilíssimos para a classificação; mas em alguns grupos se observa que todos estes – os órgãos vitais mais importantes – oferecem caracteres de valor completamente secundário. Assim, segundo recentemente observou Fritz Muller, no mesmo grupo de crustáceos, *Cypridina* está provido de coração enquanto em gêneros extraordinariamente afins – *Cypris* e *Cytherea* – não existe este órgão. Uma espécie de Cypridina tem brânquias bem desenvolvidas, enquanto outra está desprovida delas.

Podemos compreender por que os caracteres procedentes do embrião tenham de ser de igual importância aos procedentes do adulto, pois uma classificação natural compreende evidentemente todas as idades; mas dentro da teoria comum não está de modo algum claro que a estrutura do embrião tenha que ser mais importante para este fim do que a do adulto, que desempenha só seu papel completo na economia da natureza. No entanto, os grandes naturalistas Milne Edwards e Agassiz concluíram que os caracteres embriológicos são os mais importantes de todos, e esta doutrina foi admitida quase universalmente como verdadeira. No entanto, foi às vezes exagerada, por não terem sido excluídos os caracteres de adaptação das larvas; para demonstrar isso, Fritz Muller ordenou, mediante estes únicos caracteres, a grande classe dos crustáceos, e esta maneira de ordená-los não resultou ser natural. Mas é indubitável que os caracteres embrionários – excluindo os caracteres larvários – sejam de sumo valor para a classificação, não só nos animais, mas também nas plantas. Assim, as divisões principais das fanerógamas estão fundamentadas em diferenças existentes no embrião – no número e posição dos cotilédones e no modo de desenvolvimento da plúmula e radícula. Compreenderemos imediatamente por que estes caracteres possuem um valor tão grande na classificação pelo fato de o sistema natural ser genealógico em sua disposição.

Nossas classificações muitas vezes estão evidentemente influenciadas por laços de afinidades. Nada mais fácil do que definir um grande número de caracteres comuns a todas as aves; mas nos crustáceos até agora, foi impossível uma definição desta natureza. Nos extremos opostos da série se encontram crustáceos que raramente têm um caráter comum e, no entanto, as espécies em ambos os extremos, por estar evidentemente relacionadas com outras e estas com outras, e assim sucessivamente, pode-se reconhecer que indubitavelmente pertencem a esta classe de articulados e não a outra. A distribuição geográfica se empregou muitas vezes, ainda que talvez não do tudo logicamente, na classificação, sobretudo em grupos muito grandes de espécies muito afins. Temminck insiste sobre a utilidade, e ainda a necessidade, deste método em certos grupos de aves, e foi seguido por vários entomólogos e botânicos.

Finalmente, no que se refere ao valor relativo dos diferentes grupos de espécies, tais como ordens, subordens, famílias, subfamílias e gêneros, parece-me, pelo menos atualmente, quase arbitrário. Alguns dos melhores botânicos, como o senhor Bentham e outros, insistiram muito sobre seu valor arbitrário. Poderia citar-se exemplos, nas plantas e insetos, de um grupo considerado ao princípio por naturalistas experimentados só como gênero, e depois elevado à categoria de subfamília ou família, e isto se fez, não porque novas investigações tenham descoberto diferenças importantes de conformação que passaram inadvertidas, mas porque se descobriram depois numerosas espécies afins com pequenos graus de diferença.

Todos os suportes, regras e dificuldades precedentes na classificação podem explicar-se, se não me engano muito, admitindo que o sistema natural esteja fundado na descendência com modificação; que os caracteres que os naturalistas consideram como demonstrativos de verdadeira afinidade entre duas ou mais espécies são os que foram herdados de um antepassado comum, pois toda classificação verdadeira é genealógica; a comunidade de descendência é o laço oculto que os naturalistas têm procurado inconscientemente, e não um plano desconhecido de criação ou o enunciado de proposições gerais ao juntar e separar simplesmente objetos mais ou menos semelhantes.

Mas devo explicar mais completamente meu pensamento. Acredito que a ordenação dos grupos dentro de cada classe, com a devida subordinação e relação mútuas, para que seja natural, deve ser rigorosamente genealógica; a *quantidade* de diferença nos diferentes ramos ou grupos, ainda que sejam parentes no mesmo grau de consanguinidade com seu antepassado comum, pode diferir muito, sendo isto devido aos diferentes graus de modificação que tenham experimentado, e isto se expressa classificando as formas em diferentes gêneros, famílias, seções e ordens. O leitor compreenderá melhor o que se pretende dizer recorrendo ao quadro do capítulo IV. Suponhamos que as letras A L representam gêneros afins que existiram durante a época siluriana[20], descendentes de alguma forma ainda mais antiga. Em três destes gêneros (A, F e I), uma espécie transmitiu até hoje descendentes modificados, representados pelos quinze gêneros (a^{14} a z^{14}) da linha superior horizontal. Assim sendo, todos estes descendentes modificados de uma só espécie estão relacionados no mesmo grau pelo sangue ou descendência; metaforicamente, podem todos ser chamados primos no mesmo milionésimo grau, e, no entanto, diferenciam-se muito e em diferente medida uns de outros. As formas descendentes de A, separadas agora em duas ou três famílias, constituem uma ordem diferente dos descendentes de I, divididas também em duas famílias. Tampouco as espécies existentes que descendem de A podem ser classificadas no mesmo gênero que o antepassado A, nem as descendentes de I no mesmo gênero que seu antepassado I. Mas o gênero vivente f^{14} pode supor-se que se modificou muito pouco, e então se classificará num gênero com seu antepassado F, do mesmo modo que um reduzido número de organismos ainda existentes pertencem a gêneros silurianos. De maneira que chegou a ser muito diverso o valor relativo das diferenças entre estes seres orgânicos, que estão todos mutuamente relacionados pelo mesmo grau de consanguinidade. No entanto, sua *ordenação* genealógica permanece rigorosamente exata, não só na atualidade, senão em todos os períodos genealógicos sucessivos. Todos os descendentes de A terão herdado algo em comum de seu antepassado comum, o mesmo que todos os descendentes de I; o mesmo ocorrerá em cada ramo secundário de descendentes e em cada período sucessivo. No entanto, se supomos que um descendente de A ou de I se chegou a se modificar tanto que perdeu todas as impressões de seu parentesco, neste caso se terá perdido seu lugar no sistema natural, como parece ter ocorrido com alguns organismos vivos. Todos os descendentes do gênero F na totalidade de sua linha de descendência se supõe que se modificaram muito pouco e que formam um só gênero; mas este gênero, ainda que muito isolado, ocupará ainda sua própria posição intermediária. A representação dos grupos, tal como se dá no quadro, sobre uma superfície plana é demasiado simples. Os ramos teriam que ter divergido em todas as direções. Se os nomes dos grupos tivessem sido escritos simplesmente em série linear, a representação teria sido ainda menos natural, e evidentemente é impossível representar numa série ou numa superfície plana as afinidades que descobrimos na natureza entre os seres do mesmo grupo. Assim, pois, o sistema natural é genealógico em sua ordenação, como uma árvore genealógica; mas a quantidade de modificação que experimentaram os diferentes grupos não podem expressar-se distribuindo-os nos que se chamam *gêneros, sublanzilias, famílias, seções, ordens* e *classes*.

Valeria a pena explicar este modo de considerar esta classificação tomando o caso das línguas Se possuíssemos uma genealogia perfeita da Humanidade, a árvore genealógica das raças humanas nos daria a melhor classificação das diferentes línguas que hoje se falam em todo mundo, e se tivessem de incluir-se todas as línguas mortas e todos os dialetos intermediários que lentamente mudam, este ordenamento seria o único possível. No entanto, poderia ser que algumas línguas antigas se tivessem alterado muito pouco e tivessem dado origem a um pequeno número de línguas vivas, enquanto outras se tivessem alterado muito, devido à difusão, isolamento e grau de civilização das diferentes raças condescendentes, e deste modo tivessem dado origem a muitos novos dialetos e línguas. Os diversos graus de diferença entre as línguas de um mesmo tronco teriam que se expressar mediante grupos subordinados a outros grupos; mas a distribuição própria, e ainda a única possível, seria sempre a genealógica, e esta seria rigorosamente natural, porque enlaçaria todas as línguas vivas e mortas mediante suas maiores afinidades e daria a filiação e origem de cada língua.

De acordo com esta opinião propomos uma olhadela na classificação das variedades que se sabe ou se crê que descendem de uma só espécie. As variedades se agrupam dentro das espécies e as subvariedades dentro das variedades, e em alguns casos, como no da pomba doméstica, em outros variados graus de diferença. Ao classificar as espécies, seguem-se quase as mesmas regras. Os autores insistiram a respeito da necessidade de agrupar as variedades segundo um sistema natural, em lugar de fazê-lo segundo um sistema artificial; não vamos então classificar juntas duas variedades de ananás, simplesmente porque seu fruto, apesar de ser a parte mais importante, ser quase idêntico. Ninguém coloca juntos o rabanete e o nabo da Suécia, ainda que suas raízes grossas e comestíveis sejam tão parecidas. Uma parte, qualquer que seja, que se vê que é muito constante, é utilizada para classificar as variedades; assim, o grande agricultor Marshall diz que os chifres são úteis para este fim no gado bovino porque são menos variáveis do que a forma ou a cor do corpo, etc., enquanto nos carneiros os chifres são menos úteis para este objetivo, por ser menos constantes. Ao classificar as variedades observo que, se tivéssemos uma genealogia verdadeira, a classificação genealógica seria universalmente preferida, e esta foi tentada em alguns casos: podemos estar seguros de que – tenha tido pouca ou muita modificação – o princípio da herança tem de manter juntas as formas que sejam afins no maior número de pontos. Nas pombas cambalhota, ainda que algumas das subvariedades difiram na importante característica do comprimento do bico, todas estão unidas por terem o hábito de dar cambalhotas; mas a raça de face curta perdeu este hábito por completo ou quase por completo; apesar disso, estas pombas cambalhota se conservam no mesmo grupo, por serem consanguíneas e parecidas sob outros aspectos.

No que se refere às espécies em estado natural, todos os naturalistas introduziram de fato a descendência em suas classificações, pois no grau inferior, o da espécie, incluem os dois sexos, e todo naturalista sabe quanto diferem estes às vezes em aspectos importantíssimos; raramente pode enunciar-se um só aspecto comum aos machos adultos e aos hermafroditas de certos cirrípedos e, no entanto, ninguém sonha em separá-los. Logo depois como se soube que as três formas de orquídea *Monachanthus, Myanthus* e *Catasetum,* que anteriormente se tinham considerado como três gêneros diferentes, eram produzidas às vezes numa mesma planta, foram consideradas imediatamente como variedades, e atualmente pude demonstrar que são as formas masculina, feminina e hermafrodita da mesma espécie. O naturalista inclui numa espécie os diferentes estados larvais de um mesmo indivíduo, por mais que possam diferir entre si e do indivíduo adulto, o mesmo que as chamadas gerações alternantes de Steenstrup, que só num sentido técnico podem ser considerados como o mesmo indivíduo. O naturalista inclui na espécie os monstros e as variedades, não por sua semelhança parcial com a forma mãe, mas porque descendem dela.

Como o critério de descendência foi universalmente empregado ao classificar juntos os indivíduos de uma mesma espécie, ainda que os machos e fêmeas e larvas sejam às vezes muito diferentes, e como foi utilizado ao classificar variedades que experimentaram certa modificação, considerável às vezes, não poderia este mesmo elemento da descendência ter sido utilizado inconscientemente ao agrupar as espécies em gêneros e os gêneros em grupos superiores, todos dentro do chamado sistema natural? Eu creio que foi usado inconscientemente, e só assim posso compreender as diferentes regras e normas seguidas por nossos melhores sistemáticos. Como não temos genealogias escritas, vemo-nos forçados a deduzir a comunidade de origem por semelhanças de todas classes. No entanto, escolhemos aquelas características menos frequentes de serem modificadas, em relação com as condições de vida a que tem estado recentemente submetida cada espécie. As estruturas rudimentares, desde este ponto de vista, são tão boas, e ainda talvez melhores, que outras partes da organização. Não nos importa a insignificância de uma característica – como a simples inflexão do ângulo da mandíbula, o modo como está dobrada a asa de um inseto, que a pele esteja coberta de pelo ou de penas – se esta subsiste em muitas e diferentes espécies, sobretudo naquelas que têm hábitos muito diferentes, adquire um grande valor, pois só por herança de um antepassado comum podemos explicar sua presença em tantas formas com costumes tão diferentes.

Neste caso podemos equivocar-nos no que se refere a pontos determinados de conformação, mas quando várias características, ainda que sejam insignificantes, coincidem em todo um grupo grande de seres que têm diferentes hábitos, podemos estar quase seguros, segundo a teoria da descendência, que estas características foram herdadas de um antepassado comum, e sabemos que estes conjuntos de características têm especial valor na classificação.

Podemos compreender por que uma espécie, ou um grupo de espécies, pode separar-se de seus afins em algumas de suas características mais importantes e, no entanto, podem ser classificadas com segurança junto com elas. Isto pode ser feito com segurança – e muitas vezes se faz – enquanto um número suficiente de caracteres, por pouco importantes que sejam, revela o elo oculto da origem comum.

Suponhamos duas formas que não têm um só caráter comum; no entanto, se estas formas extremas estão unidas por uma corrente de grupos intermediários, podemos deduzir em seguida sua comunidade de origem e colocá-las todas numa mesma classe.

Como sabemos que os órgãos de grande importância fisiológica – os que servem para conservar a vida nas mais diversas condições de existência – são geralmente os mais constantes, atribuímos a eles especial valor; mas se estes mesmos órgãos, em outro grupo ou seção de um grupo, diferem muito, logo lhes atribuímos menos valor em nossa classificação. Veremos em seguida por que as características embriológicas são de tanta importância na classificação. A distribuição geográfica pode às vezes ser utilmente empregada ao classificar gêneros extensos, porque todas as espécies do mesmo gênero, que vivem numa região determinada e isolada, descenderam, segundo todas as probabilidades, dos mesmos antepassados.

Semelhanças analógicas – Segundo as opiniões precedentes, podemos compreender a importantíssima diferença entre as afinidades reais e as semelhanças analógicas ou de adaptação. Lamarck foi o primeiro que chamou a atenção sobre este assunto e foi inteligentemente seguido por Macleay e outros. As semelhanças na forma do corpo e nos membros anteriores, em forma de aletas, que existe entre o elefantes-marinhos e as baleias, e entre alguns mamíferos e os peixes, são semelhanças analógicas. Também o é a semelhança entre um rato e um musaranho (*Sorex*) que pertencem a ordens diferentes, e a semelhança ainda maior, sobre a qual insistiu o senhor Mivart, entre o rato e um pequeno marsupial (*Antechinus*) da Austrália. Essas últimas semelhanças podem explicar-se, a meu ver, por adaptação a movimentos ativos similares no meio das ervas e dos arbustos para ocultar-se dos inimigos.

Entre os insetos há inúmeros casos parecidos; assim Linneo, levado pelas aparências, classificou positivamente um inseto homóptero como lepidóptero. Vemos um pouco disso mesmo em nossas variedades domésticas, como na forma semelhante do corpo aperfeiçoado do porco chinês e do porco comum, que descenderam de espécies diferentes, e nas raízes, de largura semelhante, do rabanete e do nabo de Suécia, que é especificamente diferente. A semelhança entre o galgo e o cavalo de corrida raramente é mais caprichosa do que as analogias que encontraram alguns autores entre animais muito diferentes.

Admitindo que as características sejam de importância real para a classificação só quando revelam a genealogia, podemos compreender claramente por que os caracteres analógicos ou de adaptação ainda que sejam da maior importância para a prosperidade do ser, carecem de valor para o sistemático, pois animais que pertencem a duas linhas genealógicas completamente diferentes podem ter chegado a adaptar-se a condições semelhantes e, deste modo ter adquirido uma grande semelhança externa; mas estas semelhanças não revelarão sua consanguinidade, e tenderão a ocultá-la. Deste modo podemos compreender o aparente paradoxo de que as mesmas características sejam analógicas quando se compara um grupo com outro e mostrem verdadeiras afinidades quando se comparam entre si os membros de um mesmo grupo; assim, a forma do corpo e os membros em forma de aleta são características só analógicas quando se comparam as baleias com os peixes, pois são em ambas as classes adaptações para nadar; mas entre os diferentes membros da família das baleias a forma do corpo e os membros em forma de aleta oferecem caracteres que põem demonstram afinidades verdadeiras; pois como estas partes são tão semelhantes em toda a família, não podemos duvidar de que foram herdadas de um antepassado comum. O mesmo ocorre nos peixes.

Poder-se-ia citar numerosos casos de semelhanças notáveis, em seres completamente diferentes, entre órgãos ou partes determinadas que se adaptaram às mesmas funções. Um bom exemplo nos oferece a grande semelhança entre as mandíbulas do cachorro e as do lobo da Tasmânia ou *Thylacinus,* animais que estão muito separados no sistema natural. Mas esta semelhança está limitada ao aspecto geral, como a proeminência dos caninos e a forma cortante dos molares, pois os dentes na realidade diferem muito. Assim, o cachorro tem de cada lado da mandíbula superior quatro pré-molares e só dois molares, enaquanto o *Thylacinus* tem três pré-molares e quatro molares; os molares em ambos os animais diferem muito em tamanho e conformação: a dentadura do adulto está precedida de uma dentadura de leite muito diferente. Todo mundo pode naturalmente negar que os dentes em ambos os casos foram adaptados a rasgar carne mediante a seleção natural de variações sucessivas; mas, se isto se admite num caso é incompreensível que tenha de negar-se em outro. Celebro ver que uma autoridade tão alta como o professor Flower chegou à mesma conclusão.

Os casos extraordinários, citados num capítulo precedente, de peixes muito diferentes que possuem órgãos elétricos, de insetos muito diferentes que possuem órgãos luminosos, e de orquídeas e asclepiadáceas que têm massas de pólen com discos viscosos, entram neste grupo de semelhanças analógicas, ainda que estes casos sejam tão portentosos que foram apresentados como dificuldades ou objeções à nossa teoria. Em todos eles pode descobrir-se alguma diferença fundamental no crescimento ou desenvolvimento das partes e, geralmente, em sua estrutura adulta. O fim conseguido é o mesmo; os meios, ainda que superficialmente pareçam ser os mesmos, são essencialmente diferentes. O princípio mencionado antes com a denominação de variação *analógica* entra provavelmente com frequência em jogo nestes casos; isto é, os membros de uma mesma classe, ainda que só com parentesco longínquo, herdaram tanto de comum em sua constituição, que são aptos para variar de um modo semelhante por causas semelhantes de excitação e isto evidentemente teria que contribuir à aquisição, mediante seleção natural, de partes ou órgãos notavelmente parecidos entre si, independente de sua herança direta de um antepassado comum.

Como as espécies que pertencem a classes diferentes se adaptaram muitas vezes mediante pequenas modificações sucessivas a viver quase nas mesmas circunstâncias – por exemplo, a habitar os três elementos: terra, ar, água – podemos talvez compreender por que se observou às vezes um paralelismo numérico entre os subgrupos de diferentes classes. Um naturalista impressionado por um paralelismo desta classe, elevando ou rebaixando arbitrariamente o valor dos grupos nas diferentes classes – e toda nossa experiência demonstra que seu valor até agora é arbitrário -lo – poderia facilmente estender muito o paralelismo, e deste modo se originarem provavelmente as classificações septenárias, quinárias, quaternárias e ternárias.

Existe outra curiosa classe de casos em que a grande semelhança externa não depende de adaptação a costumes semelhantes, senão que se conseguiu por razão de proteção. Refiro-me ao modo maravilhoso com que certas borboletas imitam, segundo Bates descreveu pela primeira vez, a outras espécies completamente diferentes. Este excelente observador demonstrou que em algumas regiões da América do Sul, onde, por exemplo, uma *Ithomia* abunda em brilhantes enxames, outra borboleta, uma *Leptalis,* encontra-se com frequência misturada no mesmo bando, e esta última se parece tanto com a *Ithomia* em cada risca e matiz bicolor, e até na forma de suas asas, que Bates, com sua vista aguçada pela coleta durante onze anos, enganava-se continuamente, apesar de estar sempre alerta. Quando se compara os imitadores e os imitados, constata-se que são muito diferentes em sua conformação essencial e que pertencem, não só a gêneros diferentes, mas com frequência a diferentes famílias. Se este mimetismo ocorresse só num ou dois casos, poderia ter passado como uma coincidência estranha. Mas se saímos de uma região onde uma *Leptalis* imita a uma *Ithomia,* podemos encontrar outras espécies imitadoras e imitadas, pertencentes aos dois mesmos gêneros, cuja semelhança é igualmente estreita. Enumeraram-se nada menos que dez gêneros que compreendem espécies que imitam a outras borboletas. Os imitadores e os imitados vivem sempre na mesma região: nunca encontramos um imitador que viva longe da forma que imita. Os imitadores são quase sempre insetos raros; os imitados, em quase todos os casos, multiplicam-se até formar enxames. No mesmo distrito em que uma espécie de Leptalis imita estreitamente a uma *Ithomia,* há às vezes outros lepidópteros que remedam a mesma *Ithomia;* de maneira que no mesmo lugar se encontram três gêneros de borboletas ropalóceras e até uma heterócera, que se assemelham todas a uma borboleta ropalócera pertencente ao quarto gênero. Merece especial menção, como é possível demonstrar mediante uma série gradual, que algumas das formas miméticas de Leptalis, como algumas das formas imitadas, são simplesmente variedades da mesma espécie, enquanto outras são indubitavelmente espécies diferentes. Mas pode-se perguntar: por que determinadas formas são consideradas como imitadoras e outras como imitadas? Bates responde satisfatoriamente a esta pergunta fazendo ver que a forma que é imitada conserva a aparência do grupo a que pertence; enquanto as falsas mudaram e não se parecem com seus parentes mais próximos.

Isto nos leva em seguida a pesquisar qual a razão para que certas borboletas assumam com tanta frequência o aspecto de outra forma completamente diferente; por que a natureza, com grande assombro dos naturalistas, consentiu esses enganos. Bates, indubitavelmente, deu a verdadeira explicação. As formas imitadas, que sempre se multiplicam, têm de escapar em grande parte à destruição, pois de outro modo não poderiam existir formando tais enxames; atualmente se recolheu um grande número de provas que demonstram que são desagradáveis às aves e a outros animais insetívoros. As imitadoras que vivem na mesma região são, pelo contrário, relativamente escassas e pertencem a grupos raros; portanto, têm de sofrer habitualmente alguma destruição, pois de outra maneira, dado o número de ovos que põem todas as borboletas, ao cabo de três ou quatro gerações voariam em enxames por toda a região. Assim sendo, se um indivíduo de um destes grupos raros assumisse uma aparência tão parecida à de uma espécie bem protegida, que continuamente enganasse a vista experimentada de um entomólogo, enganaria muitas vezes a insetos e aves insetívoras, e deste modo se livrariam muitas vezes da destruição. Quase pode dizer-se que Bates foi testemunha do processo mediante o qual os imitadores chegaram a parecer-se muito com os imitados, pois constatou que algumas das formas de Leptalis que imitam a tantas outras borboletas variam em sumo grau. Numa região se apresentavam diferentes variedades, e destas, uma só se parecia até certo ponto à *Ithomia* comum da mesma região. Em outra região havia duas ou três variedades, uma das quais era bem mais comum do que as outras, e esta imitava muito a outra forma de Ithomia. Partindo desses fatos, Bates chega à conclusão que os *Leptalis* primeiro variam, e quando ocorre que uma variedade se parece em algum grau com qualquer borboleta comum que vive na mesma região, esta variedade, por sua semelhança com uma espécie florescente e pouco perseguida, tem mais probabilidades de salvar-se de ser destruída pelos insetos e aves insetívoros e, portanto, conserva-se com mais frequência; "por ser eliminados, geração depois de geração, os graus menos perfeitos de semelhança ficam só os outros para propagar a espécie", de maneira que temos aqui um excelente exemplo de seleção natural.

Wallace e Trimen descreveram também vários casos igualmente notáveis de imitação nos lepidópteros do Arquipélago Malaio e da África, e em alguns outros insetos. Wallace descobriu também um caso análogo nas aves, mas não temos nenhum nos mamíferos grandes. A imitação mais frequente a imitação nos insetos que em outros animais é provavelmente uma consequência de seu pequeno tamanho: os insetos não podem defender-se, exceto, evidentemente, as espécies providas de ferrão, e nunca ouvi de nenhum caso de insetos destas espécies que imitem a outros, ainda que elas sejam imitadas; os insetos não podem facilmente escapar voando dos animais maiores que os apresam, e por isto, falando metaforicamente, estão reduzidos, como a maioria dos seres fracos, ao engano e dissimulação.

Temos de observar que o processo de imitação provavelmente nunca começa entre formas de cor muito diferentes; inicia-se em espécies parecidas e facilmente se pode conseguir, pelos meios antes indicados, a semelhança mais estreita. E se a forma imitada se modificou depois gradualmente por alguma causa, a forma imitadora seria levada pelo mesmo caminho e modificada deste modo quase indefinidamente; pôde então com facilidade adquirir um aspecto ou colorido completamente diferente daquele dos outros membros da família a que pertence. Sobre este ponto existe, no entanto, certa dificuldade, pois é necessário supor que, em alguns casos, formas antigas pertencentes a vários grupos diferentes, antes de ter atingido seu estado atual, pareciam-se acidentalmente com uma forma de outro grupo protegido, em grau suficiente para que lhes proporcionasse alguma pequena proteção, tendo tornado isto base para adquirir depois a mais perfeita semelhança.

Natureza das afinidades que unem os seres orgânicos – Como os descendentes modificados das espécies dominantes que pertencem aos gêneros maiores tendem a herdar as vantagens que tornaram grandes aos grupos a que elas pertencem e que tornaram predominantes seus antepassados, é quase seguro que se estenderão muito e que ocuparão cada vez mais lugares na economia da natureza. Os grupos maiores e predominantes dentro de cada classe tendem deste modo a continuar aumentando a extensão e, em consequência, suplantam a muitos grupos menores e mais fracos.

Assim podemos explicar o fato de que todos os organismos existentes e extintos estão compreendidos num reduzido número de grandes ordens e num número menor de classes.

Como demonstração de como é pequeno o número de grupos e de quanto estão difundidos por todo o mundo, é notável o fato de que a descoberta da Austrália não adicionou um só inseto que pertença a uma nova classe, e no reino vegetal, segundo vejo pelo doutor Hooker, adicionou só duas ou três famílias de pouca extensão.

No capítulo sobre a Sucessão Geológica tentei explicar, segundo a teoria de que em cada grupo houve muita divergência de caracteres durante o longo processo de modificação por que as formas orgânicas mais antigas apresentam com frequência caracteres de algum modo intermediários entre os de grupos existentes. Como um reduzido número das formas antigas e intermediárias transmitiram até a atualidade descendentes muito pouco modificados, estes constituem as chamadas *espécies aberrantes* ou *oscilantes*.

Quanto mais aberrante é uma forma, tanto maior tem do que ser o número de formas de ligação exterminadas e completamente perdidas. E temos provas de que os grupos aberrantes sofreram rigorosas extinções, pois estão representados quase sempre por pouquíssimas espécies e estas geralmente diferem muito entre si: o que também implica extinções. Os gêneros *Ornithorhynchus* e *Lepidosiren*, por exemplo, não teriam sido menos aberrantes se cada um tivesse estado representado por uma dúzia de espécies em lugar de estar, como atualmente ocorre, por uma só, ou por duas ou três. Podemos, acredito, explicar somente este fato considerando os grupos aberrantes como formas que foram vencidas por competidores mais afortunados, ficando um diminuto número de representantes que se conservam ainda em condições extraordinariamente favoráveis.

Waterhouse observou que, quando uma forma que pertence a um grupo de animais mostra afinidade com um grupo completamente diferente, esta afinidade, na maioria dos casos, é geral e não especial; assim, segundo Waterhouse, de todos os roedores, o ratão-de-banhado é o mais relacionado com os marsupiais; mas nos pontos em que se aproxima a esta ordem, suas relações são gerais, isto é, não são maiores com uma espécie de marsupial do que com outra. Como se crê que estes pontos de afinidade são reais e não meramente adaptativos, isso é devido, de acordo com nossa teoria, à herança de um antepassado comum. Por isto teríamos que supor: ou bem que todos os roedores, inclusive o ratão-de-banhado, descenderam de algum antigo marsupial que naturalmente terá sido por seus caracteres mais ou menos intermediário com relação a todos os marsupiais existentes; ou bem que, tanto os roedores como os marsupiais, são ramificações de um antepassado comum e que ambos os grupos experimentaram depois muita modificação em direções divergentes. Segundo ambas as hipóteses, teríamos que supor que o ratão-de-banhado conservou por herança mais caracteres de seu remoto antepassado do que os outros roedores, e que por isto não estará relacionado especialmente com nenhum marsupial existente, senão indiretamente com todos ou quase todos os marsupiais, por ter conservado em parte os caracteres de seu comum progenitor ou de algum membro antigo do grupo. Por outra parte, de todos os marsupiais, segundo observou Waterhouse, o *Phascolomys* é o que se parece mais, não a uma espécie determinada, senão à ordem dos roedores em geral. Neste caso, no entanto, há grave suspeita de que a semelhança é só analógica, devido a que o *Phascolomys* se adaptou a costumes como os dos roedores. Aug. de Candolle fez quase as mesmas observações a respeito das afinidades de diferentes famílias de plantas.

Segundo o princípio da multiplicação e divergência gradual dos caracteres das espécies que descendem de um antepassado comum, unido à conservação por herança de alguns caracteres comuns, podemos compreender as afinidades tão extraordinariamente complexas e divergentes que unem todos os membros de uma mesma família ou grupo superior; pois o antepassado comum de toda uma família, dividida agora por extinções em grupos e subgrupos diferentes, terá transmitido alguns de seus caracteres modificados, em diferentes maneiras e graus, a todas as espécies, que estarão, portanto, relacionadas entre si por linhas de afinidade tortuosas, de diferentes tamanhos, que remontam a muitos antepassados, como pode ver-se no quadro a que tantas vezes se fez referência. Do mesmo modo que é difícil fazer ver o parentesco de consanguinidade entre a numerosa descendência de qualquer família nobre e antiga, mesmo com a ajuda de uma árvore genealógica, e que é impossível fazê-lo sem este auxílio, podemos compreender a extraordinária dificuldade que experimentaram os naturalistas ao descrever, sem o auxílio de um diagrama, as diversas afinidades que observam entre os numerosos membros existentes e extintos de uma mesma grande classe.

A extinção, como vimos no capítulo quarto, representou um papel importante em engrandecer e definir os intervalos entre os diferentes grupos de cada classe. Deste modo podemos explicar a marcante distinção de classes inteiras – por exemplo, entre as aves e todos os outros animais vertebrados – pela suposição de que se perderam por completo muitas formas orgânicas antigas, mediante as quais os primitivos antepassados estiveram em outro tempo unidos com os primitivos antepassados das outras classes de vertebrados então menos diferenciadas. Ocorreu muitomenos extinção nas formas orgânicas que uniram em outro tempo os peixes com os batráquios. Ainda ocorreu menos dentro de algumas classes inteiras, por exemplo os crustáceos; pois neles as formas mais portentosamente diferentes estão ainda ligadas por uma longa corrente de afinidades só em alguns pontos interrompida.

A extinção tão só definiu os grupos: de modo algum os fez; pois se reaparecessem de repente todas as formas que em qualquer tempo viveram sobre a terra, mesmo que fosse completamente impossível dar definições pelas quais cada grupo pudesse ser distinto, ainda seria possível uma classificação natural ou, pelo menos, uma ordenação natural. Veremos isto voltando ao quadro: as letras A L podem representar onze gêneros silurianos, alguns dos quais produziram grandes grupos de descendentes modificados com todas as formas de união para cada ramo e sub-ramo que vive ainda, e os elos de união não são maiores que os que existem entre variedades existentes. Neste caso seria por completo impossível dar definições pelas quais os diferentes membros dos diversos grupos pudessem ser distinguidos de seus ascendentes e descendentes mais próximos. No entanto, a disposição do quadro, apesar disto,subsistiria e seria natural; pois, segundo o princípio da herança, todas as formas descendentes, por exemplo, de A teriam um pouco de comum.

Numa árvore podemos distinguir este ou aquele ramo, ainda que na mesma forquilha os dois se unem e se confundem. Não poderíamos, como disse, definir os diversos grupos; mas poderíamos escolher tipos ou formas que representassem a maioria dos caracteres de cada grupo, grande ou pequeno, e dar assim uma ideia geral do valor das diferenças entre eles. Isto é a que nos veríamos obrigados, se pudéssemos conseguir alguma vez recolher todas as formas de alguma classe que viveram em todo tempo e lugar. Seguramente jamais conseguiremos fazer uma coleção tão perfeita; no entanto, em certas classes tendemos a este fim, e Milne Edwards insistiu recentemente, num excelente trabalho, sobre a grande importância de observar com atenção nos tipos, possamos ou não separar e definir os grupos a que estes tipos pertencem.

Finalmente, temos visto que a seleção natural que resulta da luta pela existência e que quase inevitavelmente conduz à extinção e à divergência de caracteres nos descendentes de qualquer espécie mãe, explica o grande traço característico geral das afinidades de todos os seres orgânicos, ou seja a subordinação de uns grupos a outros.

Utilizamos o princípio genealógico ou de descendência ao classificar numa só espécie os indivíduos dos dois sexos e os de todas as idades, ainda que possam ter muito poucos caracteres comuns; usamos a genealogia ao classificar variedades reconhecidas, por muito diferentes que sejam de suas espécies mães, e eu creio que este princípio genealógico ou de descendência é o elo de união oculto que os naturalistas procuraram com o nome de sistema natural. Com esta ideia de que o sistema natural – na medida em que foi realizado – é genealógico por sua disposição, expressando os graus de diferença pelos termos gêneros, famílias, ordens, etc., podemos compreender as regras que nos vimos obrigados a seguir em nossa classificação. Podemos compreender por que damos a certas semelhanças bem mais valor que a outras; por que utilizamos os órgãos rudimentares e inúteis, ou outros de importância fisiológica insignificante; por que ao averiguar as relações entre um grupo e outro recusamos imediatamente os caracteres analógicos ou de adaptação e, no entanto, utilizamos estes mesmos caracteres dentro dos limites de um mesmo grupo.

Podemos ver claramente por que é que todas as formas existentes e extintas podem agrupar-se num reduzido número de grandes classes e por que os diferentes membros de cada classe estão relacionados mutuamente por linhas de afinidade complicadas e divergentes. Provavelmente, jamais desenredaremos o inextricável tecido das afinidades que existem entre os membros de uma classe qualquer; mas, tendo em vista um problema determinado, e não procurando um plano desconhecido de criação, podemos esperar realizar progressos lentos, mas seguros.

O professor Häckel, em seu *Generalle Morphologie* e em outras obras, empregou seu grande conhecimento e capacidade no que ele chama *filogenia,* ou seja, as linhas genealógicas de todos os seres orgânicos. Ao formar as diferentes séries conta principalmente com os caracteres embriológicos; mas busca auxílio nos dados que proporcionam os órgãos homólogos e rudimentares, e também os sucessivos períodos em que se crê que apareceram por vez primeira em nossas formações geológicas as diferentes formas orgânicas. Deste modo começou audazmente um grande trabalho e nos mostra como a classificação será tratada no porvir.

Morfologia

Temos visto que os membros de uma mesma classe, independentemente de seus costumes, parecem-se no plano geral de seu organização. Esta semelhança se expressa frequentemente pelo termo *unidade de tipo* ou dizendo que as diversas partes e órgãos são homólogos nas diferentes espécies da classe. Todo o assunto se compreende com a denominação geral de Morfologia. É esta uma das partes mais interessantes da História Natural, e quase se pode dizer que é sua verdadeira essência. Que pode haver de mais curioso ue a mão do homem, feita para agarrar; a da toupeira, feita para cavar; a pata do cavalo, a aleta da orca e a asa de um morcego, estejam todas construídas segundo o mesmo padrão e encerrem ossos semelhantes nas mesmas posições relativas? Como é curioso – para dar um exemplo menos importante, ainda que atraente – que as patas posteriores do canguru, tão bem adaptadas para saltar em planícies abertas; as do coala, trepador que se alimenta de folhas, igualmente bem adaptado para agarrar-se aos ramos das árvores; as dos musaranhos, que vivem sob a terra e se alimentam de insetos ou raízes, e as de alguns outros marsupiais australianos, estejam constituídas todas segundo o mesmo tipo extraordinário, ou seja, com os ossos do segundo e terceiro dedos bem delgados e envoltos por uma mesma pele, de maneira que se parecem como um só dedo, provido de duas unhas! Apesar desta semelhança de modelo, é evidente que as patas posteriores destes variados animais são usadas para fins tão diferentes como se possa imaginar. Notabilíssimo é o caso do gambá[21] da América que, tendo quase os mesmos hábitos que muitos de seus parentes australianos, tem as patas construídas segundo o plano comum. O professor Flower, de quem estão tomados estes dados, observa em conclusão: "Podemos chamar isto *conformidade com o tipo,* sem aproximar-nos muito a uma explicação do fenômeno", e depois adiciona: "mas não sugere poderosamente a ideia de verdadeiro parentesco, de herança de um antepassado comum?"

Geoffroy Saint-Hilaire insistiu muito sobre a grande importância da posição relativa ou conexão nas partes homólogas: podem estas diferir quase ilimitadamente em forma e tamanho e, no entanto, permanecem unidas entre si na mesma ordem invariável; jamais encontramos transpostos, por exemplo, os ossos do braço e antebraço, da coxa e perna; consequentemente podem dar-se os mesmos nomes a ossos homólogos em animais muito diferentes. Vemos esta mesma grande lei na construção dos órgãos bucais dos insetos: que pode haver de mais diferente do que a probóscide espiral, imensamente longa, de um esfingídeo; a de uma abelha ou de uma joaninha, curiosamente dobrada, e os grandes órgãos mastigadores de um coleóptero?

No entanto, todos estes órgãos, que servem para fins muito diferentes, estão formados por modificações infinitamente numerosas de um lábio superior, mandíbulas e dois pares de maxilas. A mesma lei rege a construção dos órgãos bucais e patas dos crustáceos. O mesmo ocorre nas flores das plantas.

Nada pode ser mais inútil do que tentar explicar esta semelhança de tipo em membros da mesma classe pela utilidade ou pela doutrina das causas finais. A inutilidade de tentar isto foi expressamente reconhecida por Owen em sua interessantíssima obra *Nature of Limbs*. Segundo a teoria ordinária da criação independente de cada ser, podemos dizer somente que isto é assim; que aprouve ao Criador construir todos os animais e plantas, em cada uma das grandes classes, segundo um plano uniforme; mas isto não é uma explicação científica.

A explicação é bastante singela, dentro da teoria da seleção de pequenas variações sucessivas, por ser cada modificação proveitosa em algum modo à forma modificada; mas que afetam as vezes, por correlação, a outras partes do organismo. Em mudanças desta natureza terá pouca ou nenhuma tendência à variação dos planos primitivos ou à transposição das partes. Os ossos de um membro puderam encurtar-se e achatar-se em qualquer medida, e ser envoltos ao mesmo tempo por uma membrana espessa para servir como uma aleta; ou numa membrana palmeada puderam todos ou alguns ossos alongar-se até qualquer dimensão, crescendo a membrana que os une de maneira que servisse de asa; e, no entanto, todas estas modificações não tenderiam a alterar a disposição de ossos ou a conexão relativa das partes. Se supomos que um remoto antepassado – o arquétipo, como pode chamar-se – de todos os mamíferos, aves e répteis teve seus membros construídos segundo o plano atual, qualquer que fosse o fim para que servissem, podemos desde logo compreender toda a significação da construção homóloga dos membros em toda a classe. O mesmo ocorre nos órgãos bucais dos insetos; basta-nos só supor que seu antepassado comum teve um lábio superior, mandíbulas e dois pares de maxilas, sendo estas partes talvez de forma sensível, e depois a seleção natural explicará a infinita diversidade na estrutura e funções dos aparelhos bucais dos insetos. No entanto, é concebível que o plano geral de um órgão possa regredir tanto que finalmente se perca, pela redução e, ultimamente, pelo abortamento completo de determinadas partes, pela fusão de outras e pela duplicação ou multiplicação de outras; variações estas que sabemos que estão dentro dos limites do possível. Nas aletas dos gigantescos répteis marinhos extintos e nas bocas de certos crustáceos sugadores, o plano geral parece ter ficado deste modo em parte alterado.

Há outro aspecto igualmente curioso deste assunto: as homologias de série, ou comparação serial das diferentes partes ou órgãos num mesmo indivíduo, e não das mesmas partes ou órgãos em diferentes seres da mesma classe. A maioria dos fisiologistas crê que os ossos do crânio são homólogos – isto é, que correspondem em número e em conexão relativa – com as partes fundamentais de um grande número de vértebras. Os membros anteriores e posteriores em todas as classes superiores de vertebrados são claramente homólogos. O mesmo ocorre com os apêndices bucais, assombrosamente complicados, e as patas dos crustáceos. É conhecido de quase todo mundo que, numa flor, a posição relativa das sépalas, pétalas, estames e pistilos, o mesmo que sua estrutura íntima, explicam-se dentro da teoria de que consistem em folhas metamorfoseadas, dispostas em espiral. Nas plantas monstruosas, muitas vezes conseguimos provas evidentes da possibilidade de que um órgão se transforme em outro, e podemos ver realmente, durante os estados prematuros ou embrionários de desenvolvimento das flores, o mesmo que em crustáceos e em muitos outros animais, órgãos que, ao chegarem a seu estado definitivo, são extraordinariamente diferentes e que no início eram exatamente iguais.

Como são inexplicáveis estes casos de homologias de série dentro da teoria ordinária da criação! Por que tem de estar o cérebro encerrado numa caixa composta de peças ósseas tão numerosas e de formas tão extraordinariamente diferentes que parecem representar vértebras? Como Owen observou, a vantagem que resulta de que as peças separadas cedam no ato do parto nos mamíferos não explica de modo algum a mesma construção nos crânios das aves e répteis. Por que teriam sido criados ossos semelhantes para formar a asa e a pata de um morcego, utilizados como o são para fins completamente diferentes, a saber: voar e andar? Por que um crustáceo, que tem um aparelho bucal muito complicado, formado de muitas partes, tem de ter sempre, em consequência, menos patas, ou, ao contrário, os que têm muitas patas têm de ter aparelhos bucais mais simples? Por que em todas as flores as sépalas, pétalas, estames e pistilos, ainda que adequados a tão diferentes fins, têm de estar construídos segundo o mesmo modelo?

Segundo a teoria da seleção natural, podemos, até certo ponto, responder a estas perguntas. Não precisamos considerar aqui como chegaram os corpos de alguns animais a dividir-se em séries de segmentos ou como se dividiram em lados direito e esquerdo com órgãos que se correspondem, pois tais questões estão quase fora do alcance da investigação. É, no entanto, provável que algumas conformações seriadas sejam o resultado de multiplicar-se as células por divisão, que ocasiona a multiplicação das partes que provêm destas células. Bastará para nosso objeto compreender que a repetição indefinida da mesma parte ou órgão é, como Owen observou, a característica comum de todas as formas inferiores ou pouco especializadas,e, portanto, o desconhecido antepassado dos vertebrados teve provavelmente muitas vértebras; o desconhecido antepassado dos articulados, muitos segmentos, e o desconhecido antepassado das plantas fanerógamas, muitas folhas dispostas numa ou mais espirais. Também vimos anteriormente que as partes que se repetem muitas vezes estão muito sujeitas a variar, não só em número, mas também em forma. Em consequência, estas partes, existindo já em número considerável e sendo extremamente variáveis, proporcionariam naturalmente os materiais para a adaptação aos mais diferentes fins, e, no entanto, teriam que conservar, em geral, pela força da herança, traços claros de sua semelhança primitiva ou fundamental. Teriam de conservar estas semelhanças tanto mais quanto as variações que proporcionassem a base para sua modificação ulterior por seleção natural tendessem desde o princípio a ser semelhantes, por serem duas partes iguais num estado precoce de desenvolvimento e por estarem submetidas quase às mesmas condições. Estas partes, mais ou menos modificadas, seriam homólogas em série, a não ser que sua origem comum chegasse a apagar-se por completo.

Na grande classe dos moluscos, mesmo que se possa demonstrar que são homólogas as partes em diferentes espécies, só se pode indicar um reduzido número de homologias em série, tais como as valvas, dos *Chiton;* isto é, poucas vezes podemos dizer que uma parte é homóloga de outra no mesmo indivíduo. E podemos explicar este fato, pois nos moluscos, mesmo nos membros mais inferiores da classe, não encontramos de modo algum a indefinida repetição de uma parte dada que encontramos nas outras grandes classes dos reinos animal e vegetal.

Mas a morfologia é um assunto bem mais complexo do que à primeira vista parece, como recentemente demonstrou muito bem, numa notável memória, E. Ray Lankester, que estabeleceu uma importante distinção entre certas classes de casos considerados todos igualmente como homólogos pelos naturalistas. Propõe chamar *homogêneas* as conformações que se assemelham entre si em animais diferentes, devido a sua descendência de um antepassado comum, com modificações subsequentes, e propõe chamar *homoplásticas* as semelhanças que não podem explicar-se deste modo. Por exemplo: Lankester crê que os corações das aves e mamíferos são homogêneos em conjunto, isto é, que descenderam de um antepassado comum; mas que as quatro cavidades do coração nas duas classes são homoplásticas, isto é, desenvolveram-se independentemente. Lankester alega também a estreita semelhança que existe entre as partes direita e esquerda do peito, e entre os segmentos sucessivos de um mesmo indivíduo animal, e neste caso temos partes, comumente denominadas homólogas, que não têm relação alguma com o descender espécies diferentes de um antepassado comum. As conformações homoplásticas são as mesmas que aquelas que classifiquei, ainda que de modo muito imperfeito, como modificações analógicas ou semelhanças. Sua formação tem de atribuir-se, em parte, a organismos diferentes ou partes diferentes do mesmo organismo que variaram de um modo análogo e, em parte, em vista do mesmo fim geral ou função se conservaram modificações semelhantes; a respeito, poderiam ser citados muitos casos.

Os naturalistas falam com frequência do crânio como formado de vértebras metamorfoseadas, dos apêndices bucais dos crustáceos como de patas metamorfoseadas, dos estames e pistilos das flores como de folhas metamorfoseadas; mas na maioria dos casos seria mais correto, como observou o professor Huxley, falar do crânio e das vértebras, dos apêndices bucais e das patas como tendo provindo por metamorfoses, não uns órgãos de outros, tal como hoje existem, senão de algum elemento comum e mais simples. A maioria dos naturalistas, no entanto, emprega esta linguagem só em sentido metafórico; estão longe de pensar que, durante um longo curso de gerações, órgãos primordiais de uma classe qualquer – vértebras num caso e patas em outro – se converteram realmente em crânios e apêndices bucais; mas é tão patente que isto ocorreu, que os naturalistas dificilmente podem evitar o emprego de expressões que tenham esta clara significação. Segundo as opiniões que aqui se defendem, estas expressões podem empregar-se literalmente, e em parte fica explicado o fato portentoso de que os apêndices bucais, por exemplo, de um caranguejo conservem numerosos caracteres que provavelmente se teriam conservado por herança se se tivessem realmente originado por metamorfose de patas verdadeiras, ainda que extraordinariamente simples.

Desenvolvimento e Embriologia

Este é um dos temas mais importantes de toda a História Natural. As metamorfoses dos insetos com as quais todos estamos familiarizados, efetuam-se em geral bruscamente, mediante um pequeno número de fases, embora na realidade, as transformações sejam numerosas e graduais, ainda que ocultas. Certo inseto (*Chlöen*) durante seu desenvolvimento, muda, como demonstrou J. Lubbock, umas vinte vezes, e cada vez experimenta um pouco de mudança; neste caso vemos o ato da metamorfose realizado de um modo primitivo e gradual. Muitos insetos, e especialmente alguns crustáceos, mostram-nos que portentosas mudanças de estrutura podem efetuar-se durante o desenvolvimento. Estas mudanças, no entanto, atingem seu apogeu nas chamadas gerações alternantes de alguns dos animais inferiores.

É, por exemplo, um fato assombroso que um delicado coral ramificado, aparado por pólipos e aderido a uma rocha submarina, produza primeiro por gemação e depois por divisão transversal uma legião de esplêndidas medusas flutuantes, e que estas produzam ovos dos quais saem pequenos nadadores que aderem às rochas e, desenvolvendo-se, convertem-se em corais ramificados, e assim sucessivamente num ciclo sem fim. A crença na identidade essencial dos processos de geração alternante e de metamorfose ordinária se robusteceu muito pela descoberta, feita por Wagner, de uma larva ou verme de um díptero, a *Cecidomyia,* que produz assexuadamente outras larvas, e estas, outras, que finalmente se desenvolvem convertendo-se em machos e fêmeas adultos que propagam sua espécie por ovos da maneira usual.

Convém advertir que quando se anunciou por vez primeira a notável descoberta de Wagner me perguntaram como era possível explicar que a larva deste díptero tivesse adquirido a faculdade de reproduzir-se assexuadamente.

Enquanto o caso foi único, não podia dar-se resposta alguma. Mas Grimm demonstrou já que outro díptero, um *Chironomus,* reproduz-se quase da mesma maneira, e crê que isto ocorre frequentemente na ordem. É a crisálida, e não a larva, do *Chironomus* a que tem esta faculdade, e Grimm assinala, além disso, que este caso, até certo ponto, "une o da *Cecidomyia* com a partenogênese dos coccídeos"; pois a palavra partenogênese implica que as fêmeas adultas dos coccídeos são capazes de produzir ovos fecundos sem o concurso do macho.

De certos animais pertencentes a diferentes classes se sabe que têm a faculdade de reproduzir-se do modo ordinário numa idade extraordinariamente precoce, e não temos mas que adiantar a reprodução partenogenética por passos graduais até uma idade cada vez mais precoce – o *Chironomus* nos mostra um estado quase exatamente intermediário, o de crisálida – e podemos talvez explicar o caso maravilhoso da *Cecidomyia*.

Ficou estabelecido já que diversas partes do mesmo indivíduo que são exatamente iguais durante um período embrionário logo se tornam muito diferentes e servem para usos muito diferentes em estado adulto. Também se demonstrou que geralmente os embriões das espécies mais diferentes da mesma classe são muito semelhantes; mas se tornam muito diferentes ao desenvolver-se por completo. Não pode dar-se melhor prova deste último fato do que a afirmação de Von Baer que "os embriões de mamíferos, aves, sáurios e ofídios, e provavelmente de quelônios, são muito parecidos em seus estados mais jovens, tanto em conjunto como no modo de desenvolvimento de suas partes; de maneira que, de fato, muitas vezes só pelo tamanho podemos distinguir os embriões. Tenho em meu poder dois embriões em álcool, cujos nomes deixei de anotar, e agora me é impossível dizer a que classe pertencem. Podem ser sáurios ou aves pequenas, ou mamíferos muito jovens: tão completa é a semelhança no modo de formação da cabeça e tronco destes animais.

As extremidades faltam ainda nestes embriões; mas ainda que tivessem existido no primeiro estado de seu desenvolvimento, não nos teriam ensinado nada, pois as patas dos sáurios e mamíferos, as asas e as patas das aves, o mesmo que as mãos e os pés do homem, provêm da mesma forma fundamental". As larvas da maioria dos crustáceos em estado correspondente de desenvolvimento, parecem-se muito entre si, por mais diferentes que sejam os adultos, e o mesmo ocorre com muitos outros animais.

Algum vestígio da lei de semelhança embrionária perdura às vezes até uma idade bastante adiantada; assim, aves do mesmo gênero ou de gêneros próximos muitas vezes se assemelham entre si por sua plumagem de jovens, como vemos nas penas manchadas dos jovens do grupo dos tordos. No grupo dos felinos, a maioria das espécies têm nos adultos riscas ou manchas formando linhas, e podem distinguir-se claramente riscas ou manchas nos filhotes do leão e do puma. Vemos algumas vezes, ainda que raras, um pouco disto nas plantas: assim, as primeiras folhas do *Ulex* ou tojo, e as primeiras folhas das acácias que têm filódios, são divididas como as folhas comuns das leguminosas.

Os pontos de estrutura em que os embriões de animais muito diferentes, dentro da mesma classe, parecem-se entre si, muitas vezes não têm relação direta com suas condições de existência Não podemos, por exemplo, supor que nos embriões dos vertebrados, a direção, formando asas, das artérias junto às aberturas branquiais esteja relacionada com condições semelhantes no pequeno mamífero que é alimentado no útero de sua mãe, no ovo de ave que é incubado no ninho e na postura dos ovos de uma rã na água. Não temos mais motivos para acreditar nesta relação que os ossos semelhantes na mão do homem, a asa de um morcego e a aleta de uma orca estejam relacionados com condições semelhantes de vida. Ninguém supõe que as riscas do filhote do leão e as manchas do tordo jovem sejam de alguma utilidade para estes animais.

O caso, no entanto, é diferente quando um animal é ativo durante alguma parte de sua vida embrionária e tem de cuidar de si mesmo. O período de atividade pode começar mais tarde ou mais cedo; mas qualquer que seja o momento em que comece a adaptação da larva a suas condições de vida é tão exata e tão formosa como no animal adulto. J. Lubbock, em suas observações sobre a semelhança das larvas de alguns insetos que pertencem a ordens muito diferentes e sobre a diferença entre as larvas de outros insetos da mesma ordem de acordo com os hábitos, demonstrou recentemente muito bem de que modo tão importante se efetuou esta adaptação. Devido a estas adaptações, a semelhança entre as larvas de animais afins é às vezes muito obscura, especialmente quando há divisão de trabalho durante as diferentes fases do desenvolvimento; como quando uma mesma larva, durante uma fase, tem de procurar comida e, durante outra, tem de procurar um lugar onde se fixar. Até podem ser citados casos de larvas de espécies próximas, ou de grupos de espécies, que diferem mais entre si do que os adultos. Na maioria dos casos, no entanto, as larvas, ainda que ativas, obedecem ainda mais ou menos rigorosamente à lei da semelhança embrionária comum. Os cirrípedes proporcionam um bom exemplo disto; inclusive o ilustre Cuvier não viu que uma anatifa era um crustáceo; mas ao ver a larva o demonstra de um modo evidente. Do mesmo modo também as duas grandes divisões dos cirrípedes – os pedunculados e os *Tridacna gigas* – ainda que muito diferentes por seu aspecto externo, têm larvas que em todas as suas fases são pouco distinguíveis.

O embrião, em decorrência do desenvolvimento se eleva em organização: emprego esta expressão ainda que já sei que é quase impossível definir claramente o que se entenda por ser a organização superior ou inferior; mas ninguém, provavelmente, discutirá que a borboleta é superior à lagarta. Em alguns casos, no entanto, o animal adulto deve ser considerado como inferior na escala que a larva, como em certos crustáceos parasitas. Recorrendo uma vez mais aos cirrípedes: as larvas, na primeira fase, têm órgãos locomotores, um só olho simples, uma boca probosciforme, com a qual se alimentam abundantemente, pois aumentam muito de tamanho. Na segunda fase, que corresponde ao estado de crisálida das borboletas, têm seis pares de patas natatórias harmoniosamente construídas, um par de magníficos olhos compostos e antenas extraordinariamente complicadas; mas têm a boca fechada e imperfeita e não podem alimentar-se. Sua função neste estado é procurar, mediante seus bem desenvolvidos órgãos dos sentidos, e chegar, mediante sua ativa faculdade de natação, a um lugar adequado para aderir a ele e sofrer sua metamorfose final. Quando se realizou isto, os cirrípedes ficam fixados para toda a vida, suas patas se convertem em órgãos prênseis, reaparece uma boca bem constituída; mas não têm antenas e seus dois olhos se convertem de novo numa só mancha ocular, pequena e simples. Neste estado completo e último, os cirrípedes podem considerar-se, já como de organização superior, já como de organização inferior à que tinham em estado larvário; mas em alguns gêneros as larvas se desenvolvem, convertendo-se em hermafroditas, que têm a conformação ordinária, e no que eu chamei *machos complementares*, e nestes últimos o desenvolvimento seguramente foi retrógrado, pois o macho é um simples saco que vive pouco tempo e está desprovido de boca, de estômago e de todo órgão importante, exceto os da reprodução.

Tantas são as vezes que vemos a diferença de conformação entre o embrião e o adulto, que somos tentados a considerar esta diferença como dependente de algum modo necessário do crescimento. Mas não há razão para que, por exemplo, a asa de um morcego ou a aleta de uma orca não tenha que ter sido desenhada, com todas as suas partes, em suas devidas proporções, desde que cada parte se fez visível. Em alguns grupos inteiros de animais e em certos membros de outros grupos ocorre assim, e o embrião em nenhum período difere muito do adulto; assim, Owen, no que se refere aos cefalópodes, observou que "não há metamorfoses; o caráter de cefalópode se manifesta muito antes de que as partes do embrião estejam completas". Os moluscos terrestres e os crustáceos de água doce nascem com suas formas próprias, enquanto os membros marinhos destas duas grandes classes passam em seu desenvolvimento por mudanças consideráveis e às vezes grandes. As aranhas experimentam raramente alguma metamorfose. As larvas da maioria dos insetos passam por uma fase vermiforme, já sejam ativas e adaptadas a costumes diversos, já inativas por estar colocadas no meio de alimento adequado ou por ser alimentadas por seus pais; mas num reduzido número de casos, como no dos *Aphis*, se olharmos os admiráveis desenhos do desenvolvimento deste inseto, dados pelo professor Huxley, raramente vemos algum vestígio da fase vermiforme.

Às vezes são só os primeiros estágios de desenvolvimento que faltam. Assim, Fritz Muller fez a notável descoberta de que certos crustáceos parecidos com os camarões (afins de Penaeus) aparecem primeiro sob a singela forma de náuplios[22] e, depois de passar por duas ou mais fases de zoeia[23] e depois pela fase de misidáceo[24], adquirem finalmente a conformação adulta. Assim sendo, em toda a grande ordem dos malacostráceos, à qual aqueles crustáceos pertencem, não se sabe até agora de nenhum outro membro que comece desenvolvendo-se sob a forma de náuplio, ainda que muitas apareçam sob a forma de zoeia; apesar disso, Muller assinala as razões em favor de sua opinião de que, se não tivesse tido supressão alguma de desenvolvimento, todos estes crustáceos teriam aparecido como náuplios.

Como, pois, podemos explicar estes diferentes fatos na embriologia, a saber: a diferença de conformação tão geral, ainda que não universal, entre o embrião e o adulto; que as diversas partes de um mesmo embrião, que ultimamente chegam a ser muito diferentes e servem para diversas fins, sejam semelhantes num primeiro período de crescimento; a semelhança comum, mas não invariável, entre os embriões ou larvas das mais diferentes espécies de uma mesma classe; que o embrião conserve com frequência, quando está dentro do ovo ou do útero, conformações que não lhe são de utilidade, nem neste período de sua vida, nem em outro posterior, e que, pelo contrário, as larvas que têm de prover a suas próprias necessidades estejam perfeitamente adaptadas às condições ambientes; e finalmente, o fato de que certas larvas ocupem um lugar mais elevado na escala de organização do que o animal adulto, no qual desenvolvendo-se, se transformam?

Acredito que todos estes fatos podem explicar-se do modo seguinte: admite-se em geral, talvez por causa de que aparecem monstruosidades no embrião num período muito precoce, que as pequenas variações ou diferenças individuais aparecem necessariamente num período igualmente precoce. Temos poucas provas sobre este ponto, mas as que temos certamente indicam o contrário; pois é notório que os criadores de reses, de cavalos, de animais de luxo, não podem dizer positivamente até algum tempo depois do nascimento quais serão os méritos ou defeitos de suas crias. Vemos isto claramente em nossos próprios meninos; não podemos dizer se um menino será alto ou baixo, ou quais serão exatamente seus traços característicos. Não está o problema em dizer em que período da vida pode ter sido produzida cada variação, senão em que período se manifestam os efeitos. A causa pode ter feito – e eu creio que muitas vezes o fez – num ou nos dois pais antes do ato da geração. Merece ser destacado que para um animal muito jovem, enquanto permanece no útero de sua mãe ou no ovo, ou enquanto é alimentado ou protegido por seus pais, não tem importância alguma que a maioria de seus caracteres sejam adquiridos um pouco antes ou um pouco depois. Para uma ave, por exemplo, que obtivesse sua comida por ter o bico muito curvo, nada significaria que quando pequena, enquanto fosse alimentada por seus pais, possuísse ou não o bico daquela forma.

Estabeleci no capítulo primeiro que, qualquer que seja a idade na qual aparece por vez primeira uma variação no pai, esta variação tende a reaparecer na descendência na mesma idade. Certas variações podem aparecer somente nas idades correspondentes; por exemplo as particularidades em fases de lagarta, crisálida ou cursálida no bicho-da-seda, ou também nos chifres completamente desenvolvidos do gado. Mas variações que, por tudo o que nos é dado ver, puderam ter aparecido por vez primeira numa idade mais jovem ou mais adiantada, tendem igualmente a aparecer nas mesmas idades nos descendentes e no pai. Estou longe de pensar que isto ocorra invariavelmente assim, e poderia citar vários casos excepcionais de variações – tomando esta palavra no sentido mais amplo – que sobrevieram no filho numa idade mais precoce do que no pai.

Estes dois princípios – a saber: que as variações geralmente pequenas aparecem num período não muito precoce da vida e que são herdadas no período correspondente – explicam, acredito, todos os fatos embriológicos capitais antes indicados; mas consideremos antes de tudo alguns casos análogos em nossas variedades domésticas. Alguns autores que escreveram sobre cães sustentam que o galgo e o *buldogue,* ainda que tão diferentes, são na realidade variedades muito afins, que descendem do mesmo tronco selvagem; consequentemente tive curiosidade de ver até que ponto se diferenciavam seus filhotes. Disseram-me os criadores que se diferenciavam exatamente o mesmo que seus pais, e isto quase parecia assim avaliando a olho nu; mas medindo realmente os adultos e seus filhotes de seis dias, constatei que nestes, em proporção, só haviam adquirido uma parcela muito pequena das diferenças dos adultos. Além disso, também me disseram que os potros dos cavalos de corrida e de tração – raças que foram formadas quase totalmente por seleção em estado doméstico – se diferenciavam tanto como os animais completamente desenvolvidos; mas tendo feito medidas cuidadosas das éguas e dos potros de três dias, de raças de corrida e de tração, constatei que isto não ocorre de modo algum.

Como temos provas concludentes de que as raças da pomba descenderam de uma só espécie selvagem, comparei os pombos depois de doze horas de terem saído do ovo. Medi cuidadosamente as proporções – ainda que não se darão aqui com detalhe – do bico, largura da boca do orifício nasal e da pálpebra, tamanho das patas e comprimento das patas na espécie mãe selvagem, papo-de-vento inglês, rabo-de-leque, *runts, barbs, dragons,* mensageiras inglesas e pombas cambalhota.

Algumas destas aves, como adultas, diferem de modo tão extraordinário no comprimento e forma do bico e em outros caracteres, que seguramente teriam sido classificadas como gêneros diferentes se tivessem sido encontradas em estado natural; mas postos em série os filhotes de ninho destas diferentes classes, ainda que na maioria deles se pudesse distinguir justamente as diferenças proporcionais nos caracteres antes assinalados, eram incomparavelmente menores do que nas pombas completamente desenvolvidas.

Alguns pontos diferenciais característicos – por exemplo, o da largura da boca – raramente podiam descobrir-se nos pombos; mas ocorreu uma exceção notável desta regra, pois os filhotes da cambalhota, de face curta, diferenciavam-se dos filhotes da pomba silvestre e das outras castas quase exatamente nas mesmas proporções que em estado adulto.

Estes fatos se explicam pelos dois princípios citados. Os criadores escolhem seus cachorros, cavalos, pombas, etc., para cria quando estão quase desenvolvidos; é indiferente que as qualidades desejadas sejam adquiridas mais cedo ou mais tarde, se as possui o animal adulto. E os casos que se acabam de indicar, especialmente o das pombas, mostram que as diferenças características que foram acumuladas pela seleção do homem e que dão valor a suas castas não aparecem geralmente num período muito precoce da vida e são herdadas num período correspondente não muito jovem. Mas o caso da cambalhota de face curta, que depois de doze horas do nascimento possui já seus caracteres próprios, prova que esta não é a regra sem exceção, pois, neste caso as diferenças características, ou bem têm de ter aparecido num período mais cedo do que de ordinário, ou, de não ser assim, as diferenças têm de ter sido herdadas, não na idade correspondente, mas numa idade mais precoce.

Apliquemos agora estes dois princípios às espécies em estado natural. Tomemos um grupo de aves que descendam de alguma forma antiga e que estejam modificadas por seleção natural de acordo com os hábitos de cada uma delas. Neste caso, como as muitas e pequenas variações sucessivas sobrevieram nas diferentes espécies numa idade não muito jovem e foram herdadas na idade correspondente, os pequenos se terão modificado muito pouco e se parecerão ainda entre si bem mais do que os adultos, exatamente como vimos nas raças de pombas. Podemos estender esta opinião a conformações muito diferentes e a classes inteiras. Os membros anteriores, por exemplo, que em outro tempo serviram como patas a um remoto antepassado, podem, por uma longa série de modificações, ter-se adaptado num descendente para atuar como mãos: em outro, como aletas; em outro, como asas; mas, segundo os dois princípios acima citados, os membros anteriores não se terão modificado muito nos embriões destas diferentes formas, ainda que em cada forma o membro anterior difira muito no estado adulto. Qualquer que seja a influência que possa ter tido o prolongado uso e desuso em modificar membros ou outras partes de qualquer espécie, deve ter sido feito principalmente ou unicamente sobre o animal quase adulto, quando estava obrigado a utilizar todas as suas forças para ganhar por si mesmo a vida, e os efeitos produzidos assim se terão transmitido à descendência na mesma idade quase adulta. Deste modo o jovem não estará modificado, ou o estará só em pequeno grau, pelos efeitos do aumento de uso ou desuso de suas partes.

Em alguns animais, as sucessivas variações podem ter sobrevida num período muito precoce de sua vida, ou seus diversos graus podem ter sido herdados numa idade anterior à idade em que ocorreram por vez primeira. Em ambos os casos, o jovem ou o embrião se parecerão muito à forma mãe adulta, como vimos na pomba cambalhota de face curta. E esta é a regra de desenvolvimento em certos grupos inteiros ou em certos subgrupos só, como nos cefalópodes, os moluscos terrestres, os crustáceos de água doce, as aranhas e alguns membros da grande classe dos insetos. No que se refere à causa final de que os jovens nestes grupos não passem por nenhuma metamorfose, podemos ver que isto se seguiria das circunstâncias seguintes, a saber: de que o jovem tenha numa idade muito precoce que prover a suas próprias necessidades e de que tenha os mesmos costumes que seus pais, pois neste caso tem de ser indispensável para sua existência que esteja modificado da mesma maneira que seus pais. Além disso, no que se refere ao fato singular de que muitos animais terrestres e de água doce não experimentem metamorfose, enquanto os membros marinhos dos mesmos grupos passam por diferentes transformações, Fritz Muller emitiu a ideia de que o processo de lenta modificação e adaptação de um animal a viver em terra ou água doce, em vez de viver no mar, se simplificaria muito com não passar o animal por nenhum estágio larvário, pois não é provável que, nestas condições de existência novas e tão diferentes comumente, possam ser tão diferentes das que já se encontram no segundo estágio. Neste caso, adquirir gradualmente a conformação do adulto numa idade cada vez mais jovem teria que ser favorecido pela seleção natural e, finalmente, se perderiam todos os vestígios das metamorfoses anteriores.

Se, pelo contrário, fosse útil aos indivíduos jovens de um animal seguir costumes algo diferentes das da forma adulta e, portanto, estar conformados segundo um plano algo diferente, ou se fosse útil a uma larva, diferente já do adulto, modificar-se ainda mais, então, segundo o princípio da herança nas idades correspondentes, o jovem e a larva poderiam vir a tornar-se por seleção natural tão diferentes de seus pais como se possa imaginar. Diferenças na larva poderiam também se tornar correlativas de diferentes estágios de desenvolvimento; de maneira que a larva no primeiro estágio poderia chegar a diferir muito da larva no segundo estágio, como ocorre em muitos animais. O adulto poderia também se adaptar a situações ou condições nas quais os órgãos de locomoção, dos sentidos, etc., fossem inúteis, e neste caso a metamorfose seria retrocessiva.

Pelas observações que se acabam de fazer podemos compreender como por mudanças de estrutura no jovem, conformes com as mudanças de hábitos, junto com a herança nas idades correspondentes, podem os animais chegar a passar por fases de desenvolvimento completamente diferentes da condição primitiva de seus antepassados adultos. A maioria de nossas maiores autoridades estão convictas de que os diferentes estágios de larva e ninfa dos insetos foram adquiridos por adaptação e não por herança de alguma forma antiga.

O curioso caso de Sitaris – coleóptero que passa por certos estágios extraordinários de desenvolvimento – servirá de exemplo de como pôde ocorrer isto. Fabre descreve a primeira forma larva como um pequeno inseto ativo, provido de seis patas, duas longas antenas e quatro olhos. Estas larvas saem do ovo nos ninhos de abelhas e quando as abelhas machos saem na primavera da colmeia, o que fazem antes das fêmeas, as larvas saltam sobre aqueles e depois passam às fêmeas quando estas estão coppulando com os machos.

Quando a abelha fêmea deposita seus ovos na superfície do mel armazenado nas cavidades, as larvas do *Sitaris* se lançam sobre os ovos e os devoram. Depois sofrem uma mudança completa: seus olhos desaparecem, suas patas e antenas se tornam rudimentares; de maneira que então se assemelham mais às larvas ordinárias dos insetos; depois, sofrem uma nova transformação, e finalmente saem em estado de coleópteros perfeitos. Assim sendo, se um inseto que experimentasse transformações como as da Sitaris chegasse a ser o progenitor de toda uma nova classe de insetos, o curso do desenvolvimento da nova classe seria muito diferente da de nossos insetos atuais, e o primeiro estágio larval certamente não representaria a condição primitiva de nenhuma antiga forma adulta.

Pelo contrário, é bem provável que, em muitos animais, os estados embrionários ou larvais nos mostram, mais ou menos por completo, as condições no estado adulto do progenitor de todo o grupo. Na grande classe dos crustáceos, formas portentosamente diferentes entre si, como parasitas sugadores, cirrípedes, entomostráceos e até os malacostráceos, aparecem ao princípio como larvas em forma de náuplio; e como estas larvas vivem e se alimentam em pleno mar e não estão adaptadas para nenhuma condição particular de existência, e por outras razões, assinaladas por Fritz Muller, é provável que em algum período remotíssimo existiu um animal adulto independente que se parecia ao náuplio e que produziu ulteriormente, por várias linhas genealógicas divergentes, os grandes grupos de crustáceos antes citados. Também é além disso provável, pelo que sabemos dos embriões de mamíferos, aves, peixes e répteis, que estes animais sejam os descendentes modificados de algum remoto antepassado que em estado adulto estava provido de brânquias, bexiga natatória, quatro membros em forma de aleta e uma longa cauda, tudo isso adequado para a vida aquática.

Como todos os seres orgânicos atuais e extintos que viveram em todo tempo podem ordenar-se dentro de um reduzido número de grandes classes, e como, segundo nossa teoria, dentro de cada classe têm estado todos ligados por delicadas gradações, a melhor classificação – e, se nossas coleções fossem quase perfeitas, a única possível – seria a genealógica, por ser a descendência o elo oculto de conexão que os naturalistas têm estado procurando com o nome de sistema *natural*. Segundo esta hipótese, podemos compreender como é que, aos olhos da maioria dos naturalistas, a estrutura do embrião é ainda mais importante para a classificação do que a do adulto. De dois ou mais grupos de animais, por mais que difiram entre si por sua conformação e hábitos no estado adulto, se passam por estágios embrionários muito semelhantes, podemos estar seguros de que todos eles descendem de uma forma mãe e, portanto, têm estreito parentesco. A comunidade de conformação embrionária revela, pois, origem comum; mas a diferença no desenvolvimento embrionário não prova diversidade de origem, pois num dos dois grupos os estágios de desenvolvimento podem ter sido suprimidos ou podem ter-se modificado tanto, por adaptação a novas condições de vida, que não possam já ser reconhecidos.

Mesmo em grupos em que os adultos se modificaram em extremo, a comunidade de origem se revela muitas vezes pela conformação das larvas: vimos, por exemplo, que os cirrípedes, ainda que tão parecidos exteriormente aos moluscos, conhece-se em seguida por suas larvas, que pertencem à grande classe dos crustáceos.

Como o embrião nos mostra muitas vezes, mais ou menos claramente, a conformação do progenitor antigo e menos modificado do grupo, podemos compreender por que as formas antigas e extintas se parecem com tanta frequência em seu estado adulto aos embriões de espécies extintas da mesma classe.

Agassiz crê que isto é uma lei universal da natureza, e podemos esperar ver comprovada no porvir a exatidão desta lei. No entanto, só é possível comprovar sua exatidão naqueles casos em que o estado antigo do antepassado do grupo não foi completamente apagado por ter sobrevindo variações sucessivas, nem porque estas variações tenham sido herdadas numa idade mais jovem do que a idade em que apareceram por vez primeira. Teria também que compreender que a lei pode ser verdadeira e, no entanto, devido a que os registros genealógicos não se estendam suficientemente no passado, pode permanecer durante um longo período ou para sempre impossível de demonstrar. A lei não subsistirá rigorosamente naqueles casos em que uma forma antiga chegou a adaptar-se em seu estado de larva a um gênero especial de vida e este mesmo estado larval se transmitiu a um grupo inteiro de descendentes, pois este estado larval não se parecerá a nenhuma forma ainda mais antiga em estado adulto.

Os fatos principais da embriologia, que não são inferiores a nenhum em importância, explicam-se, pois, a meu ver, dentro do princípio de que as variações nos numerosos descendentes de um remoto antepassado apareceram num período não muito jovem da vida e foram herdadas na idade correspondente. A embriologia aumenta muito em interesse quando consideramos o embrião como um retrato, mais ou menos apagado, já do estado adulto, já do estado larval do progenitor de todos os membros de uma mesma grande classe.

Órgãos Rudimentares, Atrofiados e Abortados

Os órgãos ou partes nesta estranha condição, levando claramente o selo de inutilidade, são muito frequentes, e ainda gerais, em toda a natureza. Seria impossível citar um só dos animais superiores no qual uma parte ou outra não se encontre em estado rudimentar. Nos mamíferos por exemplo, os machos têm mamas rudimentares; nos ofídios, um pulmão é rudimentar; nas aves, a asa *bastarda* pode considerar-se com segurança como um dedo rudimentar, e em algumas espécies toda a asa é tão extraordinariamente rudimentar, que não pode ser utilizada para o voo. Que pode haver de mais curioso do que a presença de dentes no feto das baleias que quando se tiverem desenvolvido não têm nem um dente em sua boca, ou os dentes que jamais rompem a gengiva na mandíbula superior dos bezerros antes de nascer?

Os órgãos rudimentares nos declaram abertamente sua origem e significação de diversos modos. Existem coleópteros que pertencem a espécies muito próximas, ou até exatamente à mesma espécie, que têm, já asas perfeitas e de tamanho completo, já simples rudimentos membranosos, que não é esquisito estejam situados embaixo de élitros solidamente soldados entre si, e nestes casos é impossível duvidar que os rudimentos representam asas. Os órgãos rudimentares às vezes conservam sua potência; isto ocorre às vezes nas mamas dos mamíferos machos, que se sabe que chegam a desenvolver-se bem e a segregar leite. Do mesmo modo, também nos ubres, no gênero *Bos*, há normalmente quatro mamilos bem desenvolvidos e dois rudimentares; mas estes últimos em nossas vacas domésticas às vezes chegam a desenvolver-se e dar leite. No que se refere às plantas, as pétalas são umas vezes rudimentares e outras bem desenvolvidos em indivíduos da mesma espécie. Em determinadas plantas que têm os sexos separados Kölreuter constatou que, cruzando uma espécie na qual as flores masculinas têm um rudimento de pistilo com uma espécie hermafrodita que tem, isto é, um pistilo bem desenvolvido, o rudimento aumentou muito de tamanho na descendência híbrida, e isto mostra claramente que o pistilo rudimentar e o perfeito eram essencialmente de igual natureza. Um animal pode possuir diferentes partes em estado perfeito e, no entanto, podem estas ser em certo sentido rudimentares, porque inúteis; assim, o girino da salamandra comum, como observa G. H. Lewes, "tem brânquias e passa sua existência na água; mas a *Salamandra atra,* que vive nas alturas das montanhas, pare seus pequenos completamente formados. Este animal nunca vive na água e, no entanto, se abrimos uma fêmea grávida encontramos dentro dela girinos com brânquias delicadamente plumosas e, postos na água, nadam quase como os girinos da salamandra comum. Evidentemente, esta organização aquática não tem relação com a futura vida do animal nem está adaptada a sua condição embrionária: tem somente relação com adaptações de seus antepassados, repete uma fase do desenvolvimento destes".

Um órgão que serve para duas funções pode tornar-se rudimentar ou abortar completamente para uma, inclusive para a mais importante, e permanecer perfeitamente eficaz para a outra. Assim, nas plantas, o ofício do pistilo é permitir que os tubos polínicos cheguem até os óvulos dentro do ovário. O pistilo consiste num estigma sustentado por um estilete; mas em algumas compostas, as flores masculinas, que evidentemente não podem ser fecundadas, têm um pistilo rudimentar, pois não está coroado pelo estigma; mas o estilete está bem desenvolvido e coberto, como de ordinário, de pelos, que servem para escovar o pólen das antenas que, unidas, o rodeiam. Além disso, um órgão pode tornar-se rudimentar para sua função própria e ser utilizado para outra diferente: em certos peixes, a bexiga natatória parece ser rudimentar para sua função própria de fazer boiar; mas se converteu num órgão respiratório nascente ou pulmão. Poder-se-ia citar muitos exemplos análogos.

Os órgãos úteis, por pouco desenvolvidos que estejam, a não ser que tenhamos motivos para supor que estiveram em outro tempo mais desenvolvidos, não devem considerar-se como rudimentares: podem encontrar-se em estado nascente e em progresso para um maior desenvolvimento. Os órgãos rudimentares, pelo contrário, ou são inúteis por completo, como os dentes que nunca rompem as gengivas, ou quase inúteis, como as asas do avestruz, que servem simplesmente como velas. Como os órgãos nesta condição, antes, quando estavam ainda menos desenvolvidos, deveriam ter sido ainda de menos utilidade que agora, não podem ter sido produzidos em outro tempo por variação e seleção natural, que age somente mediante a conservação das modificações úteis. Estes órgãos foram em parte conservados pela força da herança e se referem a um estado antigo de coisas.

É, no entanto, muitas vezes difícil estabelecer distinção entre os órgãos rudimentares e os órgãos nascentes, pois só por analogia podemos avaliar se uma parte é capaz de ulterior desenvolvimento, em cujo único caso merece ser denominado nascente. Órgãos nesta condição serão sempre algo raros, pois geralmente os seres providos deles terão sido suplantados por seus sucessores com o mesmo órgão em estado mais perfeito e, portanto, se terão extinguido há muito tempo.

A asa do pinguim é de grande utilidade atuando como uma aleta; pode, portanto, representar o estado nascente da asa; não que eu creia que isto seja assim, é mais provavelmente um órgão reduzido, modificado para uma nova função. A asa do *Apteryx,* pelo contrário, é quase inútil e é verdadeiramente rudimentar. Owen considera os singelos membros filiformes do *Lepidosiren* como os "princípios de órgãos que atingem completo desenvolvimento funcional em vertebrados superiores"; mas, segundo a opinião defendida recentemente pelo doutor Gunther, são provavelmente resíduos que consistem no eixo que subsiste de uma aleta, com os rádios ou ramos laterais abortados. As glândulas mamárias do *Ornithorhynchus* podem considerar-se, em comparação com os ubres da vaca, como em estado nascente. Os *freios ovígeros* de certos cirrípedes, que cessaram de reter os ovos e que estão pouco desenvolvidos, são brânquias nascentes.

Os órgãos rudimentares nos indivíduos da mesma espécie são susceptíveis de muita variação no grau de seu desenvolvimento e sob outros aspectos. Em espécies muito próximas difere às vezes muito o grau a que o mesmo órgão foi reduzido. Deste último fato é um bom exemplo o estado das asas de borboletas heteróceras fêmeas pertencentes à mesma família. Os órgãos rudimentares podem ter abortado por completo, e isto implica que em certos animais ou plantas faltam totalmente partes que a analogia nos levaria a esperar encontrar nelas e que acidentalmente se encontram em indivíduos monstruosos. Assim, na maioria das escrofulariáceas o quinto estame está atrofiado por completo e, no entanto, podemos inferir que existiu em outro tempo um quinto estame; pois em muitas espécies da família se encontra um rudimento dele, e este rudimento em ocasiões se desenvolve perfeitamente, como pode ver-se às vezes na boca-de-leão. Ao seguir as homologias de um órgão qualquer em diferentes seres da classe, nada mais comum, nem mais útil para compreender completamente as relações dos órgãos, que a descoberta de rudimentos. Isto se manifesta claramente nos desenhos dados por Owen dos ossos das patas do cavalo, touro e rinoceronte.

É um fato importante que os órgãos rudimentares, tais como os dentes da mandíbula superior das baleias e ruminantes, podem frequentemente descobrir-se no embrião; mas depois desaparecem por completo. É também, acredito, uma regra universal que uma parte rudimentar é de maior tamanho, com relação às partes adjacentes, no embrião que no adulto; de maneira que o órgão naquela idade precoce é menos rudimentar ou até não pode dizer-se do que seja rudimentar em nenhuma medida. Portanto, diz-se com frequência que os órgãos rudimentares no adulto conservaram seu estado embrionário.

Acabo de citar os fatos principais relativos aos órgãos rudimentares. Ao refletir sobre eles, todos devemos sentir-nos cheios de assombro, pois a mesma razão que nos diz que as diferentes partes e órgãos estão extraordinariamente adaptados para certos usos, diz-nos com igual clareza que estes órgãos rudimentares ou atrofiados são imperfeitos e inúteis. Nas obras de História Natural se diz geralmente que os órgãos rudimentares foram criados "por razão de simetria" ou para "completar o plano da natureza"; mas isto não é uma explicação: é simplesmente voltar a afirmar o fato. Nem está isto conforme com o próprio enunciado, pois a *Jiboia constrictor* tem rudimentos de patas posteriores e de pélvis, e se diz que estes ossos foram conservados "para completar o plano da natureza". Por que – como pergunta o professor Weismann – não foram conservados em outros ofídios, que não possuem nem sequer um vestígio destes mesmos ossos? Que se pensaria de um astrônomo que sustentasse que os satélites giram em órbitas elípticas arredor de seus planetas "por razão de simetria", porque os planetas giram assim ao redor do Sol? Um eminente fisiologista explica a presença dos órgãos rudimentares supondo que servem para excretar substâncias descartáveis ou substâncias prejudiciais ao organismo; mas podemos supor que possa fazer assim a diminuta papila que com frequência representa o pistilo nas flores masculinas e que está formada de simples tecido celular? Podemos supor que os dentes rudimentares, que depois são substituídos, sejam benéficos para o rápido crescimento do bezerro em estado de embrião, tirando uma substância tão preciosa como o fosfato de cal?

Sabe-se que depois de ter amputado dedos a um homem apareceram unhas imperfeitas nos cotos, e o mesmo poderia crer eu que estes vestígios de unhas se desenvolveram para excretar matéria córnea, que crer que as unhas rudimentares da aleta do peixe-boi se desenvolveram com este mesmo fim.

Segundo a teoria da descendência com modificação, a origem dos órgãos rudimentares é relativamente simples e podemos compreender, em grande parte, as leis que regem seu imperfeito desenvolvimento. Temos uma multidão de casos de órgãos rudimentares em nossas produções domésticas, como o coto de cauda nas raças sem ela, os vestígios de orelhas nas raças de ovelhas sem orelhas, a reaparição de pequenos chifres pendentes nas vacas mochas, especialmente, segundo Youatt, em animais jovens, e o estado completo da flor na couve-flor. Muitas vezes vemos rudimentos de diferentes partes nos monstros; mas duvido que nenhum destes casos dê luz sobre a origem dos órgãos rudimentares em estado natural, mas que demonstram que podem produzir-se rudimentos, pois a comparação das provas indica claramente que as espécies na natureza não sofrem mudanças grandes e bruscas.

Mas o estudo de nossas produções domésticas nos ensina que o desuso de partes leva à redução de seu tamanho e que o resultado é hereditário.

Parece provável que o desuso foi o agente principal na atrofia dos órgãos. No início levaria pouco a pouco à redução cada vez maior de uma parte, até que por fim chegasse esta a ser rudimentar, como no caso dos olhos em animais que vivem em cavernas escuras e no das asas em aves que vivem nas ilhas oceânicas, aves às quais poucas vezes obrigaram a empreender o voo os animais predadores, e que finalmente perderam a faculdade de voar.

Além disso, um órgão útil em certas condições pode tornar-se prejudicial em outras, como as asas dos coleópteros que vivem em ilhas pequenas e expostas aos ventos, e neste caso a seleção natural terá ajudado à redução do órgão até que se tornou inofensivo e rudimentar.

Toda mudança de conformação e função que possa efetuar-se por pequenos graus está sob o poder da seleção natural; de maneira que um órgão que pela mudança de costumes se tornou inútil ou prejudicial para um objeto, pode modificar-se e ser utilizado para outro. Um órgão pôde também se conservar para uma só de suas antigas funções. Órgãos primitivamente formados com o auxílio da seleção natural podem muito bem, ao tornar-se inúteis, ser variáveis, pois suas variações já não podem seguir sendo refreadas pela seleção natural. Tudo isto concorda bem com o que vemos em estado natural.

Além disso, qualquer que seja o período da vida em que o desuso ou a seleção natural reduza um órgão – e isto geralmente ocorrerá citando o ser que tenha chegado a estado adulto e tenha que exercer todas suas faculdades de ação – o princípio da herança nas idades correspondentes tenderá a reproduzir o órgão em seu estado reduzido na mesma idade adulta, mas poucas vezes influirá no órgão no embrião.

Assim podemos compreender o maior tamanho dos órgãos rudimentares no embrião com relação às partes adjacentes, e seu tamanho relativamente menor no adulto.

Se, por exemplo, o dedo de um animal adulto foi usado cada vez menos durante muitas gerações, devido a alguma mudança de hábitos, ou se um órgão ou glândula funcionou cada vez menos, podemos deduzir que terá que se reduzir de tamanho nos descendentes adultos deste animal e conservar quase seu tipo primitivo de desenvolvimento no embrião.

Fica, no entanto, esta dificuldade: depois que um órgão cessou de ser utilizado e, em consequência reduziu-se muito, como pode reduzir-se ainda mais de tamanho, até que só fique um pequeníssimo vestígio, e como pode, finalmente, desaparecer por completo? É quase impossível que o desuso possa continuar produzindo mais efeito uma vez que um órgão deixou de funcionar.

Isto requer alguma explicação adicional, que não posso dar. Se, por exemplo, se pudesse provar que toda parte da organização tende a variar em maior grau em sentido de diminuição que em sentido de aumento de tamanho, neste caso nos seria dado compreender como um órgão que se fez inútil se tornaria rudimentar independentemente dos efeitos do desuso e seria, no fim, suprimido por completo, pois as variações em sentido de diminuição de tamanho já não estariam refreadas pela seleção natural.

O princípio da economia do crescimento, explicado num capítulo precedente, segundo o qual os materiais que formam uma parte qualquer, se não é útil para seu possuidor, são poupados quanto é possível, entrará talvez em jogo para converter em rudimentar uma parte inútil.

Mas este princípio se limitará, quase necessariamente, aos estados primeiros dos processos de redução, pois não podemos supor, por exemplo, que uma pequena papila, que representa numa flor masculina o pistilo da flor feminina, e que está simplesmente formada de tecido celular, possa reduzir-se mais ou resolver-se com o objetivo de economizar substância nutritiva.

Finalmente, como os órgãos rudimentares, quaisquer que sejam as gradações por que tenham passado até chegar a sua condição atual de inutilidade, são o depoimento de um estado anterior de coisas e foram conservados somente pela força da herança, podemos compreender, dentro da teoria genealógica da classificação, como é que os sistemáticos, ao colocar os organismos em seus verdadeiros lugares no sistema natural, acharam muitas vezes que as partes rudimentares são tão úteis, e ainda às vezes mais úteis, que partes de grande importância fisiológica. Os órgãos rudimentares podem comparar-se com as letras de uma palavra que se conservam ainda na escritura, mas que são inúteis na pronúncia, ainda que sirvam de guia para sua etimologia.

Dentro da teoria da descendência com modificação, podemos deduzir que a existência de órgãos em estado rudimentar imperfeito e inútil, ou completamente atrofiados, longe de apresentar uma estranha dificuldade, como seguramente a apresentam dentro da velha doutrina da criação, podia até ter sido prevista de conformidade com as teorias que aqui se expõem.

Resumo

Neste capítulo tentei demonstrar que a classificação de todos os seres orgânicos de todos os tempos em grupos subordinados a outros; que a natureza dos parentescos pelos quais todos os organismos existentes e extintos estão unidos num diminuto número de grandes classes por linhas de afinidade complicadas, divergentes e tortuosas; que as regras seguidas e as dificuldades encontradas pelos naturalistas em suas classificações; que o valor atribuído a caracteres se são constantes ou gerais, já sejam de suma importância, ou de muito pouca, ou de nenhuma como os órgãos rudimentares; que os valores opostos dos caracteres analógicos ou de adaptação e os de verdadeira afinidade, e outras regras parecidas, tudo resulta naturalmente se admitimos o comum parentesco das formas afins junto com sua modificação por variação e seleção natural, com as circunstâncias de extinção e divergências de caracteres. Ao considerar esta teoria de classificação temos de compreender que o elemento genealógico foi universalmente utilizado ao classificar juntos os sexos, idades, formas dimorfas e variedades reconhecidas da mesma espécie, por mais que difira entre si sua estrutura. Se estendermos o uso deste elemento genealógico – a única causa verdadeira de semelhança nos seres orgânicos conhecida com segurança – compreenderemos o que significa *sistema natural*: este sistema é genealógico em sua tentativa de classificação, assinalando os graus de diferença adquiridos mediante os termos de variedades, *espécies, gêneros, famílias, ordens e classes.*

Segundo esta mesma teoria da descendência com modificação, a maioria dos fatos principais da morfologia se fazem inteligíveis, já se consideramos o mesmo plano desenvolvido nos órgãos homólogos das diferentes espécies da mesma classe, qualquer que seja a função a que se destinem, já se consideramos as homologias laterais ou de série em cada animal ou vegetal.

Segundo o princípio das pequenas variações sucessivas, que não ocorrem, necessária nem geralmente, num período muito precoce da vida, e que são herdadas no período correspondente, podemos compreender os fatos principais da embriologia, a saber: a grande semelhança, no indivíduo em estado embrionário, das partes que são homólogas, e que ao chegar ao estado adulto são muito diferentes em conformação e funções; e a semelhança das partes ou órgãos homólogos em espécies afins, mas diferentes, ainda que estejam adaptados em estado adulto a funções mais diferentes possíveis. As larvas são embriões ativos, que se modificaram especialmente, em maior ou menor grau, em relação com seus hábitos, tendo herdado suas modificações numa idade correspondentemente jovem. Segundo estes mesmos princípios – tendo presente que quando os órgãos se reduzem de tamanho, quer por desuso, quer por seleção natural, isto ocorrerá geralmente naquele período da vida em que o ser tem de prover a suas próprias necessidades, e tendo presente quão poderosa é a força da herança – a existência de órgãos rudimentares pôde inclusive ter sido prevista. A importância dos caracteres embriológicos e dos órgãos rudimentares na classificação se compreende segundo a opinião de que uma ordenação natural deve ser genealógica.

Finalmente; as diferentes classes de fatos que se consideraram neste capítulo me parece que proclamam tão claramente que as inúmeras espécies, gêneros e famílias de que está povoada a terra descenderam todos, cada um dentro de sua própria classe ou grupo, de antepassados comuns, e que se modificaram todos nas gerações sucessivas, que eu adotaria sem titubeio esta opinião, ainda que não se apoiasse em outros fatos ou razões.

Capítulo XV

Recapitulação e Conclusão

Recapitulação de objeções à teoria da seleção natural – Recapitulação dos fatos gerais e especiais a seu favor – Causas da crença geral na imutabilidade das espécies – Até que ponto pode estender-se a teoria da seleção natural – Efeitos de sua admissão no estudo da História Natural – Observações finais

Como este livro inteiro é uma longa argumentação, pode ser conveniente ao leitor ter brevemente compendiados os fatos e deduções principais.

Não nego que podem ser feitas muitas e graves objeções à teoria da descendência com modificação, mediante variação e seleção natural. Esforcei-me em dar a estas objeções toda a sua força. Nada pode parecer mais difícil de crer que os órgãos e instintos mais complexos se formaram, não por meios superiores – ainda que análogos – à razão humana, senão pela acumulação de inúmeras pequenas variações, cada uma delas boa para o indivíduo que a possuía. No entanto, esta dificuldade, ainda que apareça a nossa imaginação como grande de maneira insuperável, não pode ser considerada como real se admitirmos as proposições seguintes: que todas as partes do organismo e todos os instintos oferecem diferenças, pelo menos, individuais; que há uma luta pela existência que leva à conservação das modificações proveitosas de estrutura ou instinto e, finalmente, que podem ter existido gradações no estado de perfeição de todo órgão, boa a cada uma dentro de sua classe. A verdade destas proposições não pode, acredito, ser discutida. Indubitavelmente, é em extremo difícil ainda conjeturar por que gradações se formaram muitas conformações, especialmente nos grupos fragmentários e decadentes que sofreram muitas extinções; mas vemos tão estranhas gradações na natureza, que temos de ser extraordinariamente prudentes em dizer que um órgão ou instinto, ou que uma conformação inteira, não puderam ter chegado a seu estado atual mediante muitos estados graduais. Temos de admitir que existem casos de especial dificuldade opostos à teoria da seleção natural e um dos mais curiosos é a existência de duas ou três castas definidas de formigas operárias, ou fêmeas estéreis, na mesma sociedade; mas tentei demonstrar como podem ser vencidas estas dificuldades.

No que se refere à esterilidade quase geral das espécies quando se cruzam por vez primeira, e que forma tão notável contraste com a fecundidade quase geral das variedades quando se cruzam, devo remeter ao leitor à recapitulação dos fatos dada no final do capítulo IX, que me parece que demonstra conclusivamente que esta esterilidade não é um dom mais especial do que a impossibilidade de ser enxertadas uma em outra duas espécies diferentes de árvores, e que depende de diferenças limitadas aos sistemas reprodutores das espécies cruzadas. Vemos a exatidão desta conclusão na grande diferença que existe nos resultados de cruzar reciprocamente duas espécies; isto é, quando uma espécie é primeiro utilizada como pai e depois como mãe. O resultado análogo da consideração das plantas dimorfas e trimorfas nos leva claramente à mesma conclusão; pois quando as formas se unem ilegitimamente, produzem poucas sementes ou nenhuma, e seus descendentes são mais ou menos estéreis; e estas formas pertencem indubitavelmente à mesma espécie e diferem entre si nada mais que em suas funções e órgãos reprodutores.

Ainda que tantos autores tenham afirmado que é universal a fecundidade das variedades quando se cruzam e a de sua descendência mestiça, isto não se pode considerar como completamente exato depois dos fatos citados com a grande autoridade de Gärtner e Kölreuter. A maioria das variedades que se submeteram a experimento não foram produzidas em estado doméstico, e como a domesticação – não me refiro ao simples confinamento – tende quase com segurança a eliminar aquela esterilidade que, avaliando analogamente teria afetado as espécies progenitoras se se tivessem cruzado, não devemos esperar que a domesticação tenha de produzir a esterilidade em seus descendentes modificados quando se cruzam. Essa eliminação da esterilidade resulta, ao que parece, da mesma causa que permite aos animais domésticos procriar ilimitadamente em condições variadas, e resulta também, ao que parece, de que se acostumaram gradualmente a mudanças frequentes em suas condições de existência.

Duas séries paralelas de fatos parecem lançar muita luz sobre a esterilidade das espécies quando se cruzam por vez primeira e a de sua descendência híbrida. Por uma parte, há fundamento para crer que as mudanças pequenas nas condições de existência dão vigor e fecundidade a todos os seres orgânicos. Sabemos também que o cruzamento entre indivíduos diferentes da mesma variedade e entre variedades diferentes aumenta o número de seus descendentes e lhes dá certamente maior tamanho e vigor. Isto se deve sobretudo a que as formas que se cruzam têm estado submetidas a condições de existência algo diferentes, pois comprovei, mediante uma trabalhosa série de experimentos, que, se todos os indivíduos da mesma variedade são submetidos durante várias gerações às mesmas condições, a vantagem resultante do cruzamento com frequência diminui muito ou desaparece de todo. Este é um dos aspectos do caso. Por outra parte, sabemos que as espécies que têm estado submetidas muito tempo a condições quase uniformes, quando são submetidas em cativeiro a condições novas e muito diferentes, ou perecem ou, se sobrevivem, tornam-se estéreis ainda que conservem perfeita saúde. Isto não ocorre, ou ocorre só em grau pequeníssimo, com as produções domésticas que têm estado submetidas muito tempo a condições variáveis. Portanto, quando vemos que os híbridos produzidos por um cruzamento entre duas espécies diferentes são em reduzido número, devido a que perecem imediatamente depois da concepção ou numa idade muito jovem, ou que, se sobrevivem, tornaram-se mais ou menos estéreis, parece bem provável que este resultado seja devido a que foram de fato submetidas a uma grande mudança em suas condições de existência por estarem compostas de duas organizações diferentes. Quem explicar de um modo preciso por que, por exemplo, um elefante ou uma raposa não procriam em cativeiro em seu habitat, enquanto o cachorro ou o porco doméstico procriam sem limitação nas condições mais diversas, poderá dar ao mesmo tempo uma resposta precisa à pergunta de por que duas espécies diferentes, quando se cruzam, mesmo sua descendência híbrida, são geralmente estéreis, enquanto duas variedades domésticas, ao cruzar-se, e seus descendentes mestiços são perfeitamente fecundos.

Voltando à distribuição geográfica, as dificuldades com que tropeça a teoria da descendência com modificação são bastante graves. Todos os indivíduos de uma mesma espécie e todas as espécies do mesmo gênero, e ainda grupos superiores, descenderam de antepassados comuns, e por isto, por muito distantes e isoladas que estejam as partes do mundo em que atualmente se encontram, estas espécies, em decorrência das gerações sucessivas, tiveram que se transladar desde um ponto a todos os outros. Muitas vezes nos é totalmente impossível conjeturar sequer como pôde ter-se efetuado isto. No entanto, como temos fundamento para crer que algumas espécies conservaram a mesma forma específica durante extensíssimos períodos de tempo – imensamente longos se se medem por anos – não deve darse demasiada importância à grande difusão ocasional de uma mesma espécie, pois durante períodos extensíssimos sempre terá tido alguma boa proporção para uma grande emigração por muitos meios. Uma distribuição geográfica fragmentária ou interrompida pode ser explicada muitas vezes pela extinção de espécies nas regiões intermediárias. É inegável que até o presente sabemos muito pouco a respeito da extensão total das diferentes mudanças geográficas e de clima que experimentou a terra durante os períodos recentes, e estas mudanças terão facilitado muitas vezes as emigrações. Como exemplo tentei demonstrar como foi poderosa a influência do período glacial na distribuição de uma mesma espécie ou de espécies afins por toda a terra. Até o presente é muito grande nossa ignorância sobre os muitos meios ocasionais de transporte. No que se refere a espécies diferentes do mesmo gênero que vivem em regiões distantes e isoladas, como o processo de modificação necessariamente foi lento, terão sido possíveis todos os meios de emigração durante um período extensíssimo e, portanto, a dificuldade da grande difusão das espécies do mesmo gênero fica de certo modo atenuada.

Como, segundo a teoria da seleção natural, deve ter existido uma infinidade de formas intermediárias, que unem todas as formas de cada grupo mediante gradações tão delicadas como são as variedades existentes, pode-se perguntar por que não vemos a nosso redor estas formas de união, por que não estão todos os seres vivos confundidos entre si num caos inextricável. No que se refere às formas vivas, temos de recordar que – salvo em raros casos – não temos direito de esperar descobrir laços de união *direta* entre elas, senão só entre cada uma delas e alguma forma extinta e suplantada. Inclusive numa região muito extensa que tenha permanecido contínua durante um longo período, e na qual o clima e outras condições de vida mudem insensivelmente, ao passar de uma área ocupada por uma espécie a outra ocupada por outra muito afim, não temos justo direito de esperar encontrar com frequência variações intermediárias nas zonas intermediárias; pois temos motivos para crer que, em todo caso, só um reduzido número de espécies de um gênero experimentam modificações, extinguindo-se por completo as outras sem deixar descendência modificada. Das espécies que se modificam, só um pequeno número se modifica no mesmo habitat ao mesmo tempo, e todas as modificações se efetuam lentamente. Também demonstrei que as variações intermediárias que provavelmente existiram ao princípio nas zonas intermediárias estariam expostas a ser suplantadas pelas formas afins existentes de um e outro lado; pois estas últimas, por serem representadas por grande número de indivíduos, se modificariam e aperfeiçoariam geralmente com maior rapidez do que as variedades intermediárias que existiam com menor número; de maneira que, a longo prazo, as variedades intermediárias seriam suplantadas e exterminadas.

Segundo esta doutrina do extermínio de uma infinidade de formas de união entre os habitantes existentes e extintos do mundo, e em cada um dos períodos sucessivos entre as espécies extintas e outras espécies ainda mais antigas, por que não estão carregadas todas as formações geológicas destas formas de união? Por que qualquer coleção de fósseis não produz provas patentes da gradação e transformação das formas orgânicas? Ainda que as investigações geológicas tenham revelado indubitavelmente a passada existência de muitas formas de união que aproximam numerosas formas orgânicas, não dão as infinitas delicadas gradações entre as espécies passadas e presentes requeridas por nossa teoria, e esta é a mais clara das numerosas objeções que contra ela se apresentaram. Além disso, por que parece – ainda que esta aparência é muitas vezes falsa – que grupos inteiros de espécies afins se apresentaram de repente nas camadas geológicas sucessivas? Ainda que atualmente saibamos que os seres orgânicos apareceram em nosso globo num período incalculavelmente remoto, muito antes que se depositassem as camadas inferiores do sistema cambriano, por que não encontramos acumuladas embaixo deste sistema grandes massas de estratos com os restos dos antepassados dos fósseis cambrianos? Pois, dentro de nossa teoria, estes estratos tiveram que se ter depositado em alguma parte, naquelas antigas épocas completamente desconhecidas da história da terra.

Só posso responder a estas perguntas e objeções supondo que os registros geológicos são bem mais imperfeitos do que crê a maioria dos geólogos. O conjunto de exemplares de todos os museus é absolutamente nada, comparado com as inúmeras gerações de inúmeras espécies que é seguro que existiram. A mãe de duas ou mais espécies quaisquer não tem todos seus caracteres mais diretamente intermediários entre sua descendência modificada, como é a pomba silvestre por sua estômago e cauda entre seus descendentes, a papo-de-vento inglesa e a rabo-de-leque. Não seríamos capazes de reconhecer uma espécie como mãe de outra espécie modificada, por mais cuidadosamente que pudéssemos examinar a ambas, a não ser que possuíssemos a maioria dos elos intermediários e, devido à imperfeição dos registros geológicos, não temos justo motivo para esperar encontrar tantos elos. Se se descobrissem dois ou três ou ainda mais formas de união, por menores que fossem suas diferenças, a maioria dos naturalistas as classificariam simplesmente como outras tantas espécies novas, sobretudo se tivessem sido encontradas em diferentes subcamadas geológicas. Poder-se-ia citar numerosas formas existentes duvidosas que são, provavelmente, variedades; mas quem poderá pretender que nos tempos futuros se descobrirão tantas formas intermediárias fósseis que os naturalistas poderão decidir se estas formas duvidosas devem ou não se chamar variedades? Tão só uma pequena parte do mundo foi explorada geologicamente. Só os seres orgânicos de certas classes podem conservar-se em estado fóssil, pelo menos em número considerável. Muitas espécies, uma vez formadas, não experimentam nunca uma mudança ulterior, senão que se extinguem sem deixar descendentes modificados, e os períodos durante os quais as espécies experimentaram modificação, ainda que longos se se medem por anos, provavelmente foram curtos em comparação com os períodos durante os quais conservaram a mesma forma. As espécies dominantes e de extensa distribuição são as que variam mais e com maior frequência, e as variedades são muitas vezes locais no princípio; causas ambas que tornam pouco provável a descoberta de elos intermediários numa formação determinada. As variedades locais não se estenderão a outras regiões distantes até que estejam consideravelmente modificadas e melhoradas, e quando se estenderam e são descobertas numa formação geológica, aparecem como criadas ali de repente, e serão classificadas simplesmente como novas espécies. A maioria das formações se acumularam com intermitência, e sua duração foi provavelmente menor do que a duração média das formas específicas. As formações sucessivas estão separadas entre si, na maioria dos casos, por intervalos de grande duração, pois formações fossilíferas de potência bastante para resistir a futura erosão só podem acumular-se, por regra geral, onde se deposita muito sedimento no fundo de um mar que tenha movimento de descida. Durante os períodos alternantes de elevação e de nível estacionário, os registros geológicos estarão geralmente em branco. Durante estes últimos períodos haverá provavelmente mais variabilidade nas formas orgânicas; durante os períodos de descenso maior extinção.

No que se refere à ausência de estratos ricos em fósseis embaixo da formação cambriana, posso só recorrer à hipótese dada no capítulo X, ou seja que, ainda que nossos continentes e oceanos tenham subsistido quase nas posições relativas atuais durante um período enorme, não temos motivo algum para admitir que isto tenha sido sempre assim e, portanto, podem permanecer sepultadas sob os grandes oceanos formações bem mais antigas que todas as conhecidas atualmente. No que se refere a que o tempo decorrido desde que nosso planeta se consolidou não foi suficiente para a magnitude da mudança orgânica suposta – e esta objeção, proposta por William Thompson, é provavelmente uma das mais graves que jamais se tenha apresentado – só posso dizer, em primeiro lugar, que não sabemos com que velocidade, medida por anos, mudam as espécies, e, em segundo lugar, que muitos homens de ciência não estão ainda dispostos a admitir que conheçamos bastante a constituição do universo e do interior de nosso globo para raciocinar com segurança sobre sua duração passada.

Todo mundo admitirá que os registros geológicos são imperfeitos; muito poucos se inclinarão a admitir que o são no grau requerido por nossa teoria. Se consideramos espaços de tempo longos o bastante, a geologia manifesta claramente que todas as espécies mudaram e que mudaram do modo exigido pela teoria, pois mudaram lentamente e de um modo gradual. Vemos isto claramente nos restos fósseis de formações consecutivas que estão invariavelmente bem mais relacionadas entre si do que os de formações muito separadas.

Tal é o resumo das diferentes objeções e dificuldades principais que podem com justiça ser apresentadas contra nossa teoria, e recapitulei agora brevemente as respostas e explicações que, até onde me compete, podem dar-se. Encontrei, durante muitos anos, estas dificuldades, demasiado prementes para duvidar de seu peso; mas merecem destaque especial que as objeções mais importantes se referem a questões sobre as quais reconhecemos nossa ignorância, sem saber até onde esta chega. Não conhecemos todos os graus possíveis de transição entre os órgãos mais simples e os mais perfeitos; não se pode pretender que conheçamos todos os diversos meios de distribuição que existiram durante o longo tempo passado, nem que conheçamos toda a imperfeição dos registros geológicos. Por serem graves, como o são, estas diferentes objeções, não são, a meu ver, de modo algum, suficientes para pôr abaixo a teoria da descendência seguida de modificação.

Voltemos ao outro aspecto da questão. Em estado doméstico vemos muita variabilidade produzida, ou pelo menos estimulada, pela mudança de condições de vida; mas com frequência de um modo tão obscuro, que nos vemos tentados a considerar estas variações como espontâneas. A variabilidade está regida por muitas leis complexas: por correlação de crescimento, compensação, aumento do uso e desuso dos órgãos, e ação definida das condições ambientais. É muito difícil averiguar em que medida se modificaram as produções domésticas; mas podemos admitir com segurança que as modificações foram grandes e que podem herdar-se durante longos períodos. Enquanto as condições de vida permanecem iguais, temos fundamento para crer que uma modificação que foi já herdada por muitas gerações pode continuar sendo-o por um número quase ilimitado destas. Pelo contrário, temos provas de que a variabilidade, uma vez que entrou em jogo, não cessa em estado doméstico durante um período extensíssimo, e não sabemos se chega a cessar jamais, pois acidentalmente se produzem ainda variedades novas em nossas produções domésticas mais antigas.

A variabilidade não é realmente produzida pelo homem; o homem expõe tão só, sem intenção, os seres orgânicos a novas condições de vida, e então a natureza age sobre os organismos e os faz variar. Mas o homem pode selecionar, e seleciona, as variações que lhe apresenta a natureza, e as acumula assim do modo desejado. Assim adapta o homem os animais e plantas a seu próprio benefício ou gosto. Pode fazer isto metodicamente, ou pode fazê-lo inconscientemente, conservando os indivíduos que lhe são mais úteis ou agradáveis, sem intenção de modificar as castas. É seguro que pode influir muito nos caracteres de uma casta selecionando em cada uma das gerações sucessivas diferenças individuais tão pequenas que sejam inapreciáveis, exceto para uma vista educada. Este processo inconsciente de seleção foi o agente principal na formação das raças domésticas mais diferentes e úteis. As complicadas dúvidas sobre se muitas raças produzidas pelo homem são variedades e espécies primitivamente diferentes demonstram que muitas raças têm em grande parte os caracteres de espécies naturais.

Não há motivo para que as leis que agiram eficazmente no estado doméstico não o tenham feito no estado natural. Na sobrevivência dos indivíduos e raças favorecidas durante a incessante luta pela existência vemos uma forma poderosa e constante de seleção. A luta pela existência resulta inevitavelmente da elevada razão geométrica de propagação, que é comum a todos os seres orgânicos. A grande rapidez de propagação se prova pelo cálculo, pela rápida propagação de muitos animais e plantas durante uma série de temporadas especialmente favoráveis, e quando se os adapta em novas regiões. Nascem mais indivíduos dos que podem sobreviver. Um grão na balança pode determinar que indivíduos tenham de viver e quais tenham de morrer, que variedade ou espécie tenha de aumentar em número de indivíduos e qual tenha de diminuir ou acabar por extinguir-se. Como os indivíduos de uma mesma espécie entram sob todos os aspectos na mais rigorosa concorrência a luta será geralmente mais severa entre as variedades de uma mesma espécie, e seguirá com rigor entre as espécies de um mesmo gênero. Por outra parte, muitas vezes será severa a luta entre seres afastados na escala da natureza. A menor vantagem em certos indivíduos, em qualquer idade ou estação, sobre aqueles com quem entram em concorrência, ou a melhor adaptação, por pequeno que seja o grau, às condições físicas ambientais, farão a longo prazo inclinar a balança a seu favor.

Nos animais que têm os sexos separados terá na maioria dos casos luta entre os machos pela posse das fêmeas. Os machos mais vigorosos, ou os que lutaram com melhor sucesso com suas condições de vida, deixarão geralmente mais descendência. Mas o sucesso dependerá muitas vezes de que os machos tenham armas, meios de defesa ou encantos especiais, e uma pequena vantagem levará à vitória.

Como a geologia claramente proclama que todos as regiões sofreram grandes mudanças físicas, podíamos ter esperado encontrar que os seres orgânicos variariam no estado natural do mesmo modo que variaram no estado doméstico, e se ocorreu alguma variabilidade na natureza seria um fato inexplicável que a seleção natural não tivesse entrado em jogo. Com frequência se afirmou isto; mas a afirmação não é suscetível de demonstração, pois a intensidade da variação no estado natural é extraordinariamente limitada. O homem, mesmo agindo só sobre as características externas e muitas vezes caprichosamente, pode produzir dentro de um curto período um grande resultado somando em suas produções domésticas simples diferenças individuais. Mas, além destas diferenças, todos os naturalistas admitem a existência de variedades naturais que se consideram suficientemente diferentes para que mereçam ser registradas nas obras sistemáticas. Ninguém traçou uma distinção clara entre as diferenças individuais e as variedades pequenas, nem entre as variedades claramente assinaladas e as subespécies e espécies. Em continentes separados, ou em partes diferentes do mesmo continente quando estão separadas por obstáculos de qualquer classe, ou em ilhas adjacentes, que multidão de formas existe que os naturalistas experimentados classificam: uns, como variedades; outros, como raças geográficas ou subespécies, e outros, como espécies diferentes, ainda que muito próximas!

Pois se os animais e plantas variam, por pouco e lentamente que seja, por que não terão que se conservar e acumular-se por seleção natural ou sobrevivência dos mais adequados as variações ou diferenças individuais do que sejam de algum modo proveitosas? Se o homem pode com paciência selecionar variações úteis para ele, por que, em condições de vida variáveis e complicadas, não terão de surgir com frequência e ser conservadas ou selecionadas variações úteis às produções vivas da natureza? Que limite pode fixar-se a esta força atuando durante tempos extensíssimos e vasculhando rigorosamente toda a constituição, com formação e hábitos de cada ser, favorecendo o bom e recusando o mau? Não sei ver limite algum para esta força ao adaptar lenta e admiravelmente cada forma às mais complexas relações de vida. A teoria da seleção natural, mesmo sem ir mais longe, parece provável em sumo grau. Recapitulei já, o melhor que pude, as dificuldades e objeções apresentadas contra nossa teoria; passemos agora aos argumentos e fatos especiais em favor dela.

Dentro da teoria de que as espécies são só variedades muito assinaladas e permanentes, e de que cada espécie existiu primeiro como variedade, podemos compreender por que não se pode traçar uma linha de demarcação entre as espécies, que se supõe geralmente que foram produzidas por atos especiais de criação, e as variedades, que se sabe que o foram por leis secundárias. Segundo esta mesma teoria, podemos compreender como é que numa região na qual se produziram muitas espécies de um gênero, e onde estas florescem atualmente, estas mesmas espécies têm de apresentar muitas variedades; pois onde a fabricação de espécies foi ativa temos de esperar, por regra geral, encontrá-la ainda em atividade, e assim ocorre se as variedades são espécies incipientes. Além disso, as espécies dos gêneros maiores, que proporcionam o maior número de variedades ou espécies incipientes, conservam até certo ponto o caráter de variedades, pois diferem entre si em menor grau do que as espécies dos gêneros menores. As espécies mais próximas dos gêneros maiores parecem ter também distribuição geográfica restringida, e estão reunidas, por suas afinidades, em pequenos grupos, ao redor de outras, parecendo-se sob ambos os aspectos às variedades. Estas relações são estranhas dentro da teoria de que cada espécie foi criada independentemente; mas são inteligíveis se cada espécie existiu primeiro como uma variedade.

Como todas as espécies, pela razão geométrica de sua reprodução, tendem a aumentar extraordinariamente em número de indivíduos, e como os descendentes modificados de cada espécie estarão capacitados para aumentar tanto mais quanto mais se diversifiquem em hábitos e conformação, de maneira que possam ocupar muitos e muito diferentes postos na economia da natureza, haverá uma tendência constante na seleção natural a conservar a descendência mais divergente de qualquer espécie. Portanto, durante um longo processo de modificação, as pequenas diferenças características das variedades de uma mesma espécie tendem a aumentar até converter-se nas mais diferentes características das espécies de um mesmo gênero.

As variedades novas ou aperfeiçoadas, inevitavelmente suplantarão e exterminarão as variedades mais velhas, menos aperfeiçoadas e intermediárias, e assim as espécies se converterão, em grande parte, em coisas definidas e precisas. As espécies dominantes, que pertencem aos grupos maiores dentro de cada classe, tendem a dar origem a formas novas e dominantes, de maneira que cada grupo grande tenda a tornar-se ainda maior e ao mesmo tempo mais divergente em caracteres.

Mas como todos os grupos não podem continuar deste modo aumentando de extensão, pois a terra não teria capacidade para eles, os grupos predominantes derrotam os que não o são. Esta tendência dos grupos grandes a continuar aumentando de extensão e divergindo em caracteres, junto com uma grande extinção, sua consequência inevitável, explicam a disposição de todas as formas orgânicas em grupos subordinados a outros grupos, todos eles compreendidos num reduzido número de grandes classes, que prevaleceram através do tempo. Este fato capital da agrupação de todos os seres orgânicos no que se chama sistema natural é completamente inexplicável dentro da teoria da criação.

Como a seleção natural atua somente por acumulação de variações favoráveis, pequenas e sucessivas, não pode produzir modificações grandes ou súbitas; pode agir somente a passos curtos e lentos. Consequentemente a lei de *Natura non facit saltum* (a natureza não faz saltos) que cada novo aumento de nossos conhecimentos tende a confirmar, seja compreensível dentro desta teoria. Podemos compreender por que, em toda a natureza, o mesmo fim geral se consegue por uma variedade quase infinita de meios, pois toda particularidade, uma vez adquirida, herda-se durante muito tempo, e conformações modificadas já de modos muito diferentes têm de se adaptar a um mesmo fim geral. Podemos, numa palavra, compreender por que a natureza é pródiga em variedade e avarenta em inovação. Mas ninguém pode explicar por que isto tem de ser uma lei da natureza se cada espécie foi criada independentemente.

Existem, a meu ver, muitos outros fatos explicáveis dentro de nossa teoria. Como é estranho que uma ave, com forma de pica-pau, se alimente de insetos no solo; que os gansos de terra, que poucas vezes ou nunca nadam, tenham as patas palmadas; que uma ave parecida com o tordo mergulhe e se alimente de insetos que vivem embaixo da água; que o petrel tenha hábitos e conformação que o tornam adequado para o gênero de vida de um pinguim, e assim numa infinidade de casos! Mas estes fatos cessam de ser estranhos, e até poderiam ter sido previstos dentro da teoria de que cada espécie se esforça constantemente por aumentar em número e que a seleção natural está sempre pronta a adaptar os descendentes de cada espécie que variem um pouco, a algum lugar desocupado ou raramente ocupado na natureza.

Podemos compreender, até certo ponto, por que há tanta beleza por toda a natureza, pois isto pode atribuir-se, em grande parte, à ação da seleção. Que a beleza, segundo nosso sentido dela, não é universal, tem de ser admitido por todo aquele que fixe sua atenção em algumas serpentes venenosas, em alguns peixes e em certos asquerosos morcegos que têm uma monstruosa semelhança com a face humana. A seleção sexual deu cores muito brilhantes, elegantes desenhos e outros enfeites aos machos, e às vezes aos dois sexos, de muitas aves, borboletas e outros animais. No que se refere às aves, muitas vezes tornou musical para a fêmea, como também para nossos ouvidos, a voz do macho. As flores e os frutos foram feitos vistosos, mediante brilhantes cores em contraste com a folhagem verde, a fim de que as flores possam ser facilmente vistas, visitadas e fecundadas pelos insetos, e as sementes disseminadas pelos pássaros. Por que determinadas cores, sons e formas agradam ao homem e aos animais inferiores – isto é, como foi adquirido por vez primeira o sentido da beleza em sua forma mais singela – não o sabemos, como também não sabemos por que certos cheiros e sabores se tornaram por vez primeira agradáveis.

Como a seleção natural atua mediante a concorrência, adapta e aperfeiçoa os habitantes de cada região tão só em relação aos outros habitantes, de maneira que não deve surpreender-nos que as espécies de uma região, apesar de que, segundo a teoria ordinária, supõe-se que foram criadas e especialmente adaptadas para ele, sejam derrotadas e suplantadas pelas produções adaptadas procedentes de outro. Tampouco devemos nos maravilhar de que todas as disposições na natureza não sejam – até onde podemos avaliar – absolutamente perfeitas, como no caso do próprio olho humano, nem de que algumas delas sejam alheias a nossas ideias a respeito do adequado. Não devemos nos maravilhar de que o ferrão da abelha, ao ser utilizado contra um inimigo, ocasione a morte da própria abelha; de que se produza tão grande número de zangões para um só ato, e de que sejam depois matados por suas irmãs estéreis; nem do assombroso esbanjamento do pólen em nossos pinheiros; nem do ódio instintivo da rainha das abelhas para suas próprias filhas fecundas; nem de que os icneumonídeos se alimentem no interior do corpo das lagartas vivas; nem de outros casos semelhantes. O portentoso, dentro da teoria da seleção natural, é que não se tenham descoberto mais casos de falta de absoluta perfeição.

As leis complexas e pouco conhecidas que regem a produção das variedades são as mesmas, até onde podemos avaliar, que as leis que seguiu a produção de espécies diferentes. Em ambos os casos as condições físicas parecem ter produzido algum efeito direto e definido, mas não podemos dizer com que intensidade. Assim, quando as variedades se introduzem numa região nova, às vezes tomam alguns dos caracteres próprios das espécies daquela região. Tanto nas variedades como nas espécies, o uso e o desuso parecem ter produzido um efeito considerável; pois é impossível resistir a admitir esta conclusão quando consideramos, por exemplo, o *logger-headed duck,* que tem as asas incapazes de servir para o voo, quase na mesma condição que as do pato doméstico; quando prestamos atenção no tuco-tuco[25] cavador, que algumas vezes é cego, e depois em certas toupeiras, que o são habitualmente e têm seus olhos cobertos por membranas, ou quando consideramos os animais cegos que vivem nas cavernas obscuras da América e Europa. Nas variedades e espécies, a variação correlativa parece ter representado um papel importante, de maneira que quando uma parte se modificou, necessariamente se modificaram outras. Tanto nas variedades como nas espécies se apresentam às vezes caracteres perdidos há muito tempo. Como é inexplicável, dentro da teoria da criação, o aparecimento de listras no dorso e nas pernas em diferentes espécies do gênero dos equinos e em seus híbridos; este fato se explica de modo simples se supomos que estas espécies descendem todas de um antepassado com listras, do mesmo modo que as diferentes raças domésticas de pombas descendem da pomba silvestre, azulada e com faixas!

Segundo a opinião comum de que cada espécie foi criada independentemente, por que têm de ser mais variáveis os caracteres específicos, ou seja aqueles em que diferem as espécies do mesmo gênero, que os caracteres genéricos, em que todas coincidem? Por que, por exemplo, numa espécie dada de um gênero, a cor da flor tem de ser mais propensa a variar, se as outras espécies têm flores de diferentes cores, do que se todas têm flores da mesma cor? Se as espécies são tão só variedades bem assinaladas, cujas características se tornaram permanentes, podemos compreender este fato, pois desde que se separaram do antepassado comum variaram já em certas características, e assim chegaram a ser especificamente diferentes umas de outras; por isso estas mesmas características têm de ser ainda bem mais propensas a variar do que as características genéricas que foram herdadas sem modificação durante um período imenso. É inexplicável, dentro da teoria de uma criação, por que um órgão desenvolvido de um modo extraordinário numa só espécie de um gênero – e por isso, segundo naturalmente podemos supor, de grande importância para esta espécie – tenha de estar muito sujeito à variação; mas, segundo nossa teoria, este órgão experimentou, desde que as diferentes espécies se separaram do antepassado comum, uma extraordinária variabilidade e modificação, e por isso podíamos esperar que geralmente seja ainda variável. Mas um órgão pode desenvolver-se do modo mais extraordinário, como a asa de um morcego, e no entanto não ser mais variável do que outra conformação qualquer, se é comum a muitas formas subordinadas, isto é, se foi herdado durante um período muito longo, pois neste caso se tornou constante por seleção natural muito prolongada.

Observando os instintos, por mais maravilhosos que sejam, não oferecem dificuldades maiores que as conformações corpóreas, dentro da teoria da seleção natural, de sucessivas modificações pequenas, mas proveitosas. Deste modo podemos compreender por que a natureza vai por passos graduais ao dotar os diferentes animais de uma mesma classe de seus diversos instintos. Tentei mostrar quanta luz projeta o princípio da gradação sobre as admiráveis faculdades arquitetônicas da abelha comum. Indubitavelmente, o hábito entra muitas vezes em jogo na modificação dos instintos; mas certamente não é indispensável, segundo vemos no caso dos insetos neutros, que não deixam descendência alguma que herde os efeitos do hábito prolongado. Dentro da teoria de que todas as espécies de um mesmo gênero descenderam de um antepassado comum e herdaram muito em comum, podemos compreender como é que espécies próximas, situadas em condições de vida muito diferentes, tenham, no entanto, os mesmos instintos; por que os tordos das regiões tropicais e temperadas da América do Sul, por exemplo, revestem seus ninhos de barro como nossas espécies inglesas. Segundo a teoria de que os instintos foram adquiridos lentamente por seleção natural, não temos de no maravilhar de que alguns instintos não sejam perfeitos e estejam expostos a erro e de que alguns instintos sejam causa de sofrimento para outros animais.

Se as espécies são só variedades bem assinaladas e permanentes, podemos imediatamente compreender por que seus descendentes híbridos têm de seguir as mesmas leis que seguem os descendentes que resultam do cruzamento de variedades reconhecidas, nos graus e classes de semelhanças com seus progenitores, em ser absorvidas mutuamente mediante cruzamentos sucessivos, e em outros pontos análogos. Esta semelhança seria um fato estranho se as espécies tivessem sido criadas independentemente e as variedades tivessem sido produzidas por leis secundárias.

Se admitimos que os registros geológicos são imperfeitos em grau extremo, então os fatos que positivamente proporcionam os registros apoiam vigorosamente a teoria da descendência com modificação. As novas espécies entraram em cena lentamente e com intervalos, e a intensidade da mudança, depois de espaços iguais de tempo, é muito diferente em diferentes grupos. A extinção de espécies e de grupos inteiros de espécies que representaram papel tão importante na história do mundo orgânico é consequência quase inevitável do princípio da seleção natural, pois formas velhas são suplantadas por outras novas e melhoradas. Nem as espécies isoladas nem os grupos de espécies reaparecem uma vez que se rompeu a corrente da geração ordinária. A difusão gradual de formas dominantes, unida à lenta modificação de seus descendentes, faz que as formas orgânicas apareçam depois de longos intervalos de tempo, como se tivessem mudado simultaneamente em todo o mundo.

O fato de que os restos fósseis de cada formação sejam em algum grau intermediários, por seus caracteres, entre os fósseis das formações inferiores e superiores se explica simplesmente por sua posição intermediária na corrente genealógica.

O importante fato de que todos os seres extintos possam ser classificados junto com todos os seres existentes é consequência natural de que os seres existentes e extintos são descendentes de antepassados comuns. Como as espécies geralmente divergiram em caracteres durante seu longo curso de descendência e modificação, podemos compreender como é que as formas mais antigas, ou primeiros progenitores de cada grupo, ocupem com tanta frequência uma posição em algum modo intermediária entre grupos existentes. As formas modernas são consideradas, geralmente, como mais elevadas na escala da organização do que as antigas, e têm de ser, porquanto as formas mais modernas e aperfeiçoadas venceram na luta pela vida as mais antigas e menos aperfeiçoadas; além disso, em geral, seus órgãos se especializaram mais para diferentes funções.

Isto é perfeitamente compatível com o fato de que numerosos seres conservem ainda conformações simples e muito pouco aperfeiçoadas, adaptadas a condições singelas de vida; é igualmente compatível com o fato de que algumas formas tenham retrogradado em organização por ter-se adaptado melhor em cada fase de sua descendência a condições de vida novas e inferiores. Finalmente, a assombrosa lei da longa persistência de formas afins no mesmo continente – de marsupiais na Austrália, de desdentados na América e outros casos análogos – é compreensível; pois, dentro do mesmo hábitat, os seres existentes e os extintos têm de estar muito unidos genealogicamente. Considerando a distribuição geográfica, se admitimos que durante o longo curso dos tempos ocorreu muita migração de uma parte a outra do mundo, devida a antigas mudanças geográficas e de clima e aos muitos meios ocasionais e desconhecidos de dispersão, podemos compreender, segundo a teoria da descendência com modificação, a maioria dos grandes fatos capitais da distribuição geográfica. Podemos compreender por que tem de ter um paralelismo tão notável na distribuição dos seres orgânicos no espaço e em sua sucessão geológica no tempo, pois em ambos os casos os seres têm estado unidos pelo elo da geração ordinária e os meios de modificação foram os mesmos. Compreendemos toda a significação do fato portentoso, que impressionou a todo viajante, ou seja, que num mesmo continente, em condições mais diversas, com calor e com frio, nas montanhas e nas terras baixas, nos desertos e nos pântanos, a maioria dos habitantes, dentro de cada uma das grandes classes, têm evidente parentesco, pois são os descendentes dos mesmos antepassados, os primeiros habitantes. Segundo este mesmo princípio de antiga emigração, combinada na maioria dos casos com modificações, podemos compreender, com ajuda do período glacial, a identidade de algumas plantas e o próximo parentesco de muitas outras que vivem nas montanhas mais distantes e nas zonas temperadas setentrional e meridional, e igualmente o estreito parentesco de alguns habitantes do mar nas latitudes temperadas do norte e do sul, apesar de estar separados por todo o oceano intertropical.

Ainda que duas regiões apresentem condições físicas tão extraordinariamente semelhantes que até exijam as mesmas espécies, não temos de sentir-nos surpresos de que seus habitantes sejam muito diferentes, se estas regiões têm estado separadas por completo durante um longo período; pois, como a relação de uns organismos com outros é a mais importante de todas e como cada uma das duas regiões terá recebido em diversos períodos e em diferentes proporções habitantes procedentes da outra ou de outras regiões, o processo de modificação nas duas regiões terá sido inevitavelmente diferente.

Segundo esta teoria da migração com modificações subsequentes, compreendemos por que as ilhas oceânicas estão habitadas só por poucas espécies e por que muitas destas são formas peculiares ou endêmicas. Compreendemos claramente por que espécies que pertencem àqueles grupos de animais que não podem atravessar grandes espaços do oceano, como os batráquios e os mamíferos terrestres, não habitam nas ilhas oceânicas, e por que, pelo contrário, encontram-se frequentemente em ilhas muito distantes de todo continente espécies novas e peculiares de morcegos, animais que podem atravessar o oceano. Casos tais como a presença de espécies peculiares de morcegos em ilhas oceânicas e a ausência de todos os outros mamíferos terrestres são fatos absolutamente inexplicáveis dentro da teoria dos atos independentes de criação.

A existência de espécies muito afins ou representativas em duas regiões quaisquer implica, dentro da teoria da descendência com modificação, que em outro tempo habitaram ambas as regiões as mesmas formas progenitoras, e encontramos quase invariavelmente que, sempre que muitas espécies muito afins vivem em duas regiões, algumas espécies idênticas são ainda comuns a ambas. Sempre que se apresentam muitas espécies muito afins, ainda que diferentes, apresentam-se também formas duvidosas e variedades pertencentes aos mesmos grupos. É uma regra bem geral que os habitantes de cada região estejam relacionados com os habitantes da fonte mais próxima de onde podem ter provindo imigrantes. Vemos isto na notável relação de quase todas as plantas e animais do arquipélago dos Galápagos, da ilha de Juan Fernández e de outras ilhas americanas com as plantas e animais do vizinho continente americano, e dos do arquipélago de Cabo Verde e de outras ilhas africanas com os do continente africano. Temos de admitir que estes fatos não recebem explicação alguma dentro da teoria da criação.

O fato, como vimos, de que todos os seres orgânicos, passados e presentes, possam ser ordenados dentro de um restrito número de grandes classes em grupos subordinados a outros grupos, ficando com frequência os grupos extintos entre os grupos atuais, é compreensível dentro da teoria da seleção natural, com suas consequências de extinção e divergência de caracteres. Segundo estes mesmos princípios, compreendemos por que são tão complicadas e tortuosas as afinidades mútuas das formas dentro de cada classe. Vemos por que certos caracteres são bem mais úteis que outros para a classificação; por que caracteres adaptativos, ainda que de suma importância para os seres, não têm quase importância alguma na classificação; por que caracteres derivados de órgãos rudimentares, ainda que de nenhuma utilidade para os seres, são muitas vezes de grande valor taxonômico, e por que os caracteres embriológicos são com frequência os mais valiosos de todos. As afinidades reais de todos os seres orgânicos, em contraposição com suas semelhanças de adaptação, são devidas a herança ou comunidade de origem. O *sistema natural* é um ordenamento genealógico, no qual se expressam os graus de diferença adquiridos, pelos termos *variedades, espécies, gêneros, famílias,* etc.; e temos de descobrir as linhas genealógicas pelos caracteres mais permanentes, quaisquer que sejam e por pequena que seja sua importância para a vida.

Um disposição semelhante de ossos na mão do homem, a asa do morcego, a aleta da orca e a pata do cavalo; o mesmo número de vértebras no pescoço da girafa e no elefante, e outros inúmeros fatos semelhantes se explicam imediatamente segundo a teoria da descendência com lentas e pequenas modificações sucessivas. A semelhança de tipo entre a asa e a pata de um morcego, ainda que usados para objetivos tão diferentes; entre as peças bucais e as patas de um caranguejo; entre as pétalas, estames e pistilos de uma flor, é também muito compreensível dentro da teoria da modificação gradual das partes ou órgãos que foram primitivamente iguais num antepassado remoto em cada uma destas classes. Segundo o princípio de que as sucessivas variações nem sempre sobrevêm numa idade jovem e são herdadas num período correspondente não precoce da vida, compreendemos claramente por que sejam tão semelhantes os embriões dos mamíferos, aves, répteis e peixes, e tão diferentes as formas adultas. Já não podemos nos assombrar mais que o embrião de um mamífero ou ave que respiram no ar tenham cavidades branquiais e artérias formando asas, como as de um peixe que tem de respirar o ar dissolvido na água com o auxílio de brânquias bem desenvolvidas.

O desuso, ajudado às vezes pela seleção natural, terá com frequência reduzido órgãos que se tornaram inúteis com a mudança de costumes ou condições de vida e, segundo esta teoria, podemos compreender a significação dos órgãos rudimentares. Mas o desuso e a seleção geralmente agirão sobre cada ser quando este tenha chegado à idade adulta e tenha que representar todo seu papel na luta pela existência, e assim terão pouca força sobre os órgãos durante a primeira idade; por isso os órgãos não serão reduzidos ou rudimentares nesta primeira idade. O bezerro, por exemplo, herdou de um remoto antepassado, que tinha dentes bem desenvolvidos, dentes que nunca rompem a gengiva da mandíbula superior, e podemos crer que os dentes se reduziram em outro tempo por desuso no animal adulto, porque a língua e o palato ou os lábios se adaptaram admiravelmente a pastar sem o auxílio daqueles, enquanto, no bezerro, os dentes ficaram sem variação e, segundo o princípio da herança nas idades correspondentes, foram herdados desde um tempo remoto até a atualidade. Dentro da teoria de que cada organismo, com todas as suas diversas partes, foi criado especialmente, como é completamente inexplicável que se apresentem com tanta frequência órgãos que levam o evidente selo da inutilidade, como os dentes do feto da vaca, ou as asas dobradas sob os élitros soldados de muitos coleópteros! Pode-se dizer que a natureza se dedicou ao trabalho de revelar seu sistema de modificação por meio dos órgãos rudimentares e das conformações homólogas e embrionárias; mas nós somos demasiado obstinados para compreender sua intenção.

Recapitulei agora os fatos e considerações que me convenceram por completo de que as espécies se modificaram durante uma longa série de gerações. Isto se efetuou principalmente pela seleção natural de numerosas variações sucessivas, pequenas e favoráveis, auxiliada de modo importante pelos efeitos hereditários do uso e desuso das partes e de um modo acessório – isto é, em relação às conformações de adaptação, passadas ou presentes – pela ação direta das condições externas e por variações que, dentro de nossa ignorância, parece-nos que surgem espontaneamente. Parece que anteriormente rebaixei o valor e a frequência destas últimas formas de variação, quando levam a modificações permanentes de conformação, com independência da seleção natural. E como minhas conclusões foram recentemente muito tergiversadas e se afirmou que atribuo a modificação das espécies exclusivamente à seleção natural, se me permitirá observar que na primeira edição desta obra e nas seguintes pus em lugar bem visível – ou seja ao final da Introdução – as seguintes palavras: “Estou convicto de que a seleção natural foi o modo principal, mas não o único, de modificação”.

Isto não foi de utilidade nenhuma. Grande é a força da tergiversação contínua; mas a história da ciência mostra que, felizmente, esta força não perdura muito.

Dificilmente se pode admitir que uma teoria falsa explique de um modo tão satisfatório, como o faz a teoria da seleção natural, as diferentes e extensas classes de fatos antes indicadas. Recentemente se fez a objeção de que este é um método de raciocinar perigoso; mas é um método utilizado ao avaliar os fatos comuns da vida e foi utilizado muitas vezes pelos maiores filósofos naturalistas.

Deste modo se chegou à teoria ondulatória da luz e a crença na rotação da terra sobre seu eixo até pouco tempo não se apoiava quase em nenhuma prova direta. Não é uma objeção válida que a ciência até o presente não dê luz alguma sobre o problema, muito superior, da essência ou origem da vida. Quem pode explicar qual é a essência da atração da gravidade? Ninguém recusa atualmente seguir as consequências que resultam deste elemento desconhecido de atração, apesar de que Leibniz acusou já a Newton de introduzir propriedades ocultas e milagres na filosofia".

Não vejo nenhuma razão válida para que as opiniões expostas neste livro ofendam os sentimentos religiosos de ninguém. É suficiente, como demonstração de como são passageiras estas impressões, recordar que a maior descoberta que jamais fez o homem, ou seja a lei da atração da gravidade, foi também atacada por Leibniz "como subversiva da religião natural e, portanto, da revelada". Um famoso autor e teólogo me escreveu que "gradualmente foi vendo que é uma concepção igualmente nobre da divindade crer que ela criou um reduzido número de formas primitivas capazes de transformar-se por si mesmas em outras formas necessárias, como crer que precisou um ato novo de criação para preencher os vazios produzidos pela ação de suas leis".

Pode-se perguntar por que, até pouco tempo, os naturalistas e geólogos contemporâneos mais eminentes não acreditaram na mutabilidade das espécies: não se pode afirmar que os seres orgânicos no estado natural não estejam submetidos a alguma variação; não se pode provar que a intensidade da variação em decorrência de longos períodos seja uma quantidade limitada; nenhuma distinção clara se assinalou, pode-se ressaltar, entre as espécies e as variedades bem marcantes; não se pode sustentar que as espécies, quando se cruzam, sejam sempre estéreis e as variedades sempre fecundas, ou que a esterilidade é um dom e sinal especial de criação. A crença de que as espécies eram produções imutáveis foi quase inevitável enquanto se creu que a história da terra foi de curta duração, e agora que adquirimos alguma ideia do tempo decorrido propendemos demasiado a admitir sem provas que os registros geológicos são tão perfeitos que nos teriam que ter proporcionado provas evidentes da transformação das espécies, se estas tivessem experimentado transformação.

Mas a causa principal de nossa repugnância natural a admitir que uma espécie deu nascimento a outra diferente é que sempre somos tardos em admitir grandes mudanças cujos graus não vemos. A dificuldade é a mesma que a que experimentaram tantos geólogos quando Lyell sustentou por vez primeira que os agentes que vemos ainda em atividade formaram as longas linhas de rochedos e escavaram os grandes vales. A mente não pode abarcar toda a significação nem sequer da expressão *um milhão de anos;* não pode somar e perceber todo o resultado de muitas pequenas variações acumuladas durante um número quase infinito de gerações.

Mesmo estando completamente convencido da verdade das opiniões dadas neste livro sob a forma de um resumo, não espero de modo algum convencer a experimentados naturalistas cuja mente está cheia de uma multidão de fatos vistos todos, durante um longo curso de anos desde um ponto de vista diametralmente oposto ao meu. É comodíssimo ocultar nossa ignorância sob expressões tais como *o plano da criação, unidade de tipo,* etc., e crer que damos uma explicação quando tão só repetimos a afirmação de um fato. Aqueles cuja disposição natural os leve a dar mais importância a dificuldades não explicadas do que à explicação de um grande número de fatos, recusarão seguramente a teoria. Alguns naturalistas dotados de muita flexibilidade mental e que começaram já a duvidar da imutabilidade das espécies, podem ser influenciados por este livro, mas olho com confiança para o porvir, para os naturalistas jovens, que serão capazes de ver os dois lados do problema com imparcialidade. Quem quer que seja levado a crer que as espécies são mutáveis, prestará um bom serviço expressando honradamente sua convicção, pois só assim pode tirar-se o ônus de preconceitos que pesam sobre esta questão.

Vários naturalistas eminentes manifestaram recentemente sua opinião de que uma multidão de supostas espécies dentro de cada gênero não são espécies reais; mas que outras espécies são reais, isto é, que foram criadas independentemente. Isto me parece que é chegar a uma estranha conclusão. Admitem uma multidão de formas, que até pouco tempo eles mesmos acreditavam ser criações especiais, e que são consideradas ainda assim pela maioria dos naturalistas e que, portanto, têm todos os traços característicos extremos de verdadeiras espécies; admitem, sim, que estas foram produzidas por variação, mas se negam a tornar extensiva a mesma opinião a outras formas pouco diferentes. No entanto, não pretendem poder definir, e nem sequer conjeturar, quais são as formas orgânicas criadas e quais as produzidas por leis secundárias. Admitem a variação como um *lado causa* num caso; arbitrariamente a recusam em outro, sem assinalar nenhuma distinção entre ambos. Virá o dia em que isto se citará como um exemplo da cegueira da opinião preconcebida. Estes autores parecem não se assombrar mais de um ato milagroso ou de criação que de um nascimento ordinário. Mas creem realmente que em inúmeros períodos da história da terra certos átomos elementares receberam a ordem de formar de repente tecidos vivos? Creem que em cada suposto ato de criação se produziram um ou muitos indivíduos? As infinitas classes de animais e plantas foram criadas todas como ovos ou sementes, ou por completo desenvolvidas? E, no caso dos mamíferos, foram estes criados levando o falso sinal da nutrição desde o útero da mãe? Indubitavelmente, algumas destas mesmas perguntas não podem ser respondidas pelos que acreditam na aparição ou na criação de só um reduzido número de formas orgânicas ou de alguma forma somente. Diversos autores sustentaram que é tão fácil acreditar na criação de um milhão de seres como na de um; mas o axioma filosófico de Maupertuis[26], da menor *ação* nos leva com mais gosto a admitir o menor número, e certamente não precisamos crer que foram criados inúmeros seres dentro de cada uma das grandes classes com sinais patentes, mas enganosas, de ser descendentes de um só antepassado.

Como recordação de um estado anterior de coisas, conservei nos parágrafos precedentes e em outras partes várias frases que implicam que os naturalistas acreditam na criação separada de cada espécie, e se me censurou muito por ter-me expressado assim; mas indubitavelmente era esta a crença geral quando apareceu a primeira edição da presente obra. Em outro tempo falei a muitos naturalistas sobre o problema da evolução e nunca encontrei uma acolhida simpática. É provável que alguns cressem então na evolução; mas guardavam silêncio ou se expressavam tão ambiguamente, que não era fácil compreender seu pensamento. Atualmente, as coisas mudaram por completo, e quase todos os naturalistas admitem o grande princípio da evolução. Há, não obstante, alguns que creem ainda que as espécies se produziram de repente, por meios completamente inexplicáveis, formas novas totalmente diferentes; mas, como tentei demonstrar, podem opor-se provas importantes à admissão de modificações grandes e bruscas. Desde um ponto de vista científico, e quanto a levar a ulteriores investigações, crendo que de formas antigas e muito diferentes se desenvolvem de repente, de um modo inexplicável, formas novas, consegue-se pouquíssima vantagem sobre a antiga crença na criação das espécies do pó da terra.

Pode-se perguntar até onde faço extensiva a doutrina da modificação das espécies. Esta questão é difícil de responder, pois quanto mais diferentes são as formas que consideremos, tanto menor é o número e força das razões em favor da origem comum; mas algumas razões de maior peso chegam até muito longe. Todos os membros de classes inteiras estão reunidos por uma corrente de afinidades, e podem todos se classificar, segundo o mesmo princípio, em grupos subordinados. Os fósseis tendem às vezes a preencher intervalos grandíssimos entre ordens existentes.

Os órgãos em estado rudimentar mostram claramente que um remoto antepassado teve o órgão em estado de completo desenvolvimento, e isto, em alguns casos, supõe uma modificação enorme nos descendentes. Em classes inteiras, diversas estruturas estão conformadas segundo os mesmos tipos, e numa idade muito precoce os embriões se parecem muito. Por isto não posso duvidar de que a teoria da descendência com modificação compreende todos os membros de uma mesma classe ou de um mesmo reino. Acredito que os animais descendem, no máximo, de só quatro ou cinco progenitores, e as plantas, de um número igual ou menor.

A analogia me levaria a dar um passo mais, ou seja a crer que todos os animais e plantas descendem de um só protótipo; mas a analogia pode ser um guia enganoso. No entanto, todos os seres existentes têm muito de comum em sua composição química, sua estrutura celular, suas leis de crescimento e em ser susceptíveis às influências nocivas.

Vemos isto num fato tão insignificante como o do mesmo veneno que muitas vezes age de um modo semelhante em animais e plantas, ou que o veneno segregado por cinipídeos produza excrescências monstruosas na roseira silvestre e no carvalho. Em todos os seres orgânicos, exceto, talvez, alguns dos muito inferiores, a reprodução sexual parece ser essencialmente semelhante. Em todos até onde atualmente se sabe, a vesícula germinativa é a mesma, de maneira que todos os organismos partem de uma origem comum. Se consideramos inclusive as duas divisões principais – ou seja os reinos animal e vegetal – determinadas formas inferiores são de caráter tão intermediário, que os naturalistas discutiram em que reino se devem incluir. Como o professor Assa Gray observou, “os esporos e outros corpos reprodutores de muitas das algas inferiores podem alegar que têm primeiro uma existência animal característica e depois uma existência vegetal inequívoca”. Por isto, segundo o princípio da seleção natural com divergência de caracteres, não parece impossível que, tanto os animais como as plantas, possam ter-se desenvolvido a partir de alguma de tais formas interiores e intermediárias, e se admitirmos isto, temos também que admitir que todos os seres orgânicos que em todo tempo viveram sobre a terra podem ter descendido de alguma forma primordial. Mas esta dedução está baseada principalmente na analogia e é indiferente que seja admitida ou não. Indubitavelmente é possível, como propôs G. H. Lewes, que nas primeiras origens da vida se produziram formas muito diferentes; mas, se é assim, podemos chegar à conclusão de que só pouquíssimas deixaram descendentes modificados; pois, como observei até pouco tempo, no que se refere aos membros de cada um dos grandes reinos, tais como os vertebrados, articulados, etc., temos em suas conformações embriológicas, homólogas e rudimentares, provas claras de que dentro de cada reino, todos os animais descendem de um só progenitor.

Quando as opiniões propostas por mim neste livro e por Wallace, ou quando opiniões análogas sobre a origem das espécies sejam geralmente admitidas, poderemos prever vagamente que haverá uma considerável revolução na História Natural.

Os sistemáticos poderão prosseguir seus trabalhos como até o presente; mas não estarão obsedados incessantemente pela obscura dúvida de se esta ou aquela forma são verdadeiras espécies, que – estou seguro, e falo por experiência – será não pequeno alívio. Cessarão as intermináveis discussões se umas cinquenta espécies de sarça britânicas são ou não boas espécies. Os sistemáticos terão só que decidir – o que não será fácil – se uma forma é suficientemente constante e diferente das outras para ser suscetível de definição e, caso o seja, se as diferenças são bastante importantes para que mereça um nome específico. Este último ponto passará a ser uma consideração bem mais essencial do que é atualmente, pois as diferenças, por pequenas que sejam, entre duas formas quaisquer, se não estão unidas por gradações intermediárias, são consideradas pela maioria dos naturalistas como suficientes para elevar ambas as formas à categoria de espécies.

No futuro nos veremos obrigados a reconhecer que unicamente distinção entre espécies e variedades bem marcantes é que destas últimas se sabe, ou se crê, que estão unidas atualmente por gradações intermediárias, enquanto as espécies o estiveram em outro tempo. Portanto, sem excluir a consideração da existência atual de gradações intermediárias entre duas formas, nos veremos levados a medir mais cuidadosamente a intensidade real da diferença entre elas e a conceder-lhe maior valor.

É perfeitamente possível que formas reconhecidas hoje geralmente como simples variedades possam, no futuro, ser avaliadas dignas de nomes específicos, e neste caso a linguagem científica e a visão atual se porão de acordo. Numa palavra, teremos que tratar as espécies do mesmo modo que tratam os gêneros os naturalistas que admitem os gêneros como simples combinações artificiais feitas por conveniência. Esta pode não ser uma perspectiva tentadora; mas, pelo menos, nos veremos livres das infrutíferas indagações depois da essência obscura e indescritível do termo *espécie*.

Os outros ramos mais gerais da História Natural aumentarão muito em interesse. Os termos *afinidade, parentesco, comunidade de tipo, paternidade, morfologia, caracteres de adaptação órgãos rudimentares e atrofiados*, etc., empregados pelos naturalistas, cessarão de ser metafóricos e terão o sentido direto. Quando não contemplemos já um ser orgânico como um selvagem contempla um barco, como algo completamente fora de seu entendimento; quando olhemos todas as produções da natureza como seres que tiveram uma longa história; quando contemplemos todas as complicadas conformações e instintos como o resumo de muitas disposições úteis todas a seu possuidor, do mesmo modo que uma grande invenção mecânica é o resumo do trabalho, a experiência, a razão e até dos erros de numerosos operários; quando contemplemos assim cada ser orgânico, tanto mais interessante – falo por experiência – se fará o estudo da História Natural!

Abrir-se-á um campo de investigação, grande e quase não pisado, sobre as causas e leis da variação e correlação, os efeitos do uso e do desuso, a ação direta das condições externas, e assim sucessivamente. O estudo das produções domésticas aumentará imensamente de valor. Uma nova variedade formada pelo homem será um objeto de estudo mais importante e interessante do que uma espécie mais adicionada à infinidade de espécies já registradas. Nossas classificações chegarão a ser genealógicas até onde possam fazer-se deste modo e então expressarão verdadeiramente o que se pode chamar o plano de criação. As regras da classificação, indubitavelmente, se simplificarão quando tenhamos em vista um fim definido. Não possuímos nem genealogias nem escudos de armas, e temos de descobrir e seguir as numerosas linhas genealógicas divergentes em nossas genealogias naturais, relacionadas aos caracteres de todas as classes que foram herdadas durante muito tempo. Os órgãos rudimentares falarão infalivelmente sobre a natureza de conformações perdidas há muito tempo; espécies e grupos de espécies chamadas berrantes e que podem elegantemente chamar-se *fósseis vivos,* nos ajudarão a formar uma representação das antigas formas orgânicas. A embriologia nos revelará muitas vezes a conformação, em algum grau obscurecido, dos protótipos de cada uma das grandes classes.

Quando possamos estar seguros de que todos os indivíduos de uma mesma espécie e todas as espécies muito afins da maioria dos gêneros descenderam, num período não muito remoto, de um antepassado, e emigraram desde um só lugar de origem, e quando conheçamos melhor os muitos meios de migração, então, mediante a luz que atualmente projeta e que continuará projetando a geologia sobre mudanças anteriores de climas e de nível da terra, poderemos seguramente seguir de um modo admirável as antigas emigrações dos habitantes de todo mundo. Ainda atualmente, a comparação das diferenças entre os habitantes do mar nos lados opostos de um continente e a natureza dos diferentes habitantes deste continente em relação com seus meios aparentes de imigração, podem lançar alguma luz sobre a geografia antiga.

A nobre ciência da geologia perde esplendor pela extrema imperfeição de seus registros. A crosta terrestre, com seus restos enterrados, não pode ser considerada como um rico museu, senão como uma pobre coleção feita a esmo e em poucas ocasiões. Reconhecer-se-á que a acumulação de cada formação fóssil importante dependeu da coincidência excepcional de circunstâncias favoráveis e que os intervalos em branco entre as camadas sucessivas foram de grande duração; e podemos estimar com alguma segurança a duração destes intervalos pela comparação de formas orgânicas precedentes e subsequentes. Temos de ser prudentes ao tentar estabelecer, pela sucessão geral das formas orgânicas, correlação de rigorosa contemporaneidade entre duas formações que não compreendem muitas espécies diferentes. Como as espécies se reproduzem e se extinguem por causas que atuam lentamente e que ainda existem, e não por atos milagrosos da criação; e como a mais importante de todas as causas de modificação orgânica é quase independente da mudança – e mesmo às vezes da mudança brusca – das condições físicas, ou seja, da relação mútua de um organismo com outro organismo, pois o aperfeiçoamento de um organismo ocasiona o aperfeiçoamento ou a destruição de outro, concluímos, então, que a magnitude das modificações orgânicas nos fósseis de formações consecutivas serve provavelmente como uma boa medida do lapso de tempo relativo, mas não do absoluto. Um grande número de espécies, no entanto, reunidas formando um conjunto, puderam permanecer sem variação durante um longo período, enquanto dentro do mesmo período alguma dessas espécies, emigrando para novas regiões e entrando em concorrência com formas forasteiras, pôde modificar-se; de maneira que não podemos exagerar a exatidão da variação orgânica como medida do tempo.

No futuro, vejo um campo amplo para investigações bem mais interessantes. A psicologia se baseará seguramente sobre os alicerces, bem propostos já por Herbert Spencer, da necessária aquisição gradual de cada uma das faculdades e aptidões mentais. Projetar-se-á muita luz sobre a origem do homem e sobre sua história.

Autores eminentes parecem estar completamente satisfeitos com a hipótese de que cada espécie foi criada independentemente. No meu entender, parece-mje que pelo que conhecemos das leis determinadas pelo Criador para a matéria que a produção e extinção dos habitantes passados e presentes da terra tenham sido devidas a causas secundárias, como as que determinam o nascimento e morte do indivíduo. Quando considero todos os seres, não como criações especiais, senão como descendentes diretos de um reduzido número de seres que viveram muito antes que se depositasse a primeira camada do sistema cambriano, parece-me que se enobrecem. Avaliando pelo passado, podemos deduzir com segurança que nenhuma espécie existente transmitirá sem alteração sua semelhança até uma época futura longínqua. E das espécies que agora vivem, pouquíssimas transmitirão descendentes de nenhuma classe a idades remotas; pois a maneira como estão agrupados todos os seres orgânicos mostra que em cada gênero a maioria das espécies, e em muitos gêneros, todos não deixaram descendente algum e se extinguiram por completo. Podemos propor um olhar profético para o futuro, até o ponto de predizer que as espécies comuns e muito difundidas, que pertencem aos grupos maiores e predominantes, serão as que finalmente prevalecerão e procriarão espécies novas e predominantes. Como todas as formas orgânicas existentes são os descendentes diretos das que viveram faz muito tempo na época cambriana, podemos estar seguros de que jamais se interrompeu a sucessão ordinária por geração e de que nenhum cataclismo assolou o mundo inteiro; portanto, podemos contar, com alguma confiança, com um porvir seguro de grande duração. E como a seleção natural atua somente mediante o bem e para o bem de cada ser, todos os dons intelectuais e corporais tenderão a progredir para a perfeição.

É interessante contemplar uma vertente verdejante revestida por muitas plantas de várias classes, com aves que cantam nos ramos das árvores, com diferentes insetos que revoam e com vermes que se arrastam entre a terra úmida, e refletir que estas formas, primorosamente construídas, tão diferentes entre si, e que dependem mutuamente de modos tão complexos, foram produzidas por leis que agem a nosso redor. Estas leis, adotadas num sentido mais amplo, são: a de crescimento *com reprodução;* a de herança que quase está compreendida na de reprodução; a de variação pela ação direta e indireta das condições de vida e pelo uso e desuso; uma *razão de aumento,* tão elevada, tão grande, que conduz a uma *luta pela vida,* e como consequência à seleção *natural,* que determina a *divergência de caracteres* e a *extinção* das formas menos aperfeiçoadas. Assim, a coisa mais elevada que somos capazes de conceber, ou seja, a produção dos animais superiores, resulta diretamente da batalha da natureza, da fome e da morte. Há grandeza nesta concepção de que a vida, com suas diferentes forças, foi alentada pelo Criador num reduzido número de formas ou numa só e que, enquanto este planeta foi girando segundo a constante lei da gravitação, desenvolveram-se e estão se desenvolvendo, a partir de um princípio tão simples, infinidade de formas mais belas e portentosas.

Esboço Autobiográfico

A editora alemã me solicitou que lhe escrevesse um artigo sobre o modo pelo qual se desenvolveu minha mente e meu caráter, e que fosse ao mesmo tempo um esboço autobiográfico. Acredito que esta tarefa pode ser útil para distrair minha mente, que ora se encontra um pouco perturbada, e talvez até vá interessar aos meus filhos e netos. Ao menos, eu sentiria enorme deleite se pudesse ler um trabalho desse tipo, escrito por meu avô, retratando sua mentalidade e descrevendo o que ele fez e como fez, ainda que se tratasse de um compêndio tedioso e carregado.

Tentei compor esta biografia como se já estivesse morto, no outro mundo, e de lá me tivesse vindo a ideia de fazer um apanhado geral do que teria sido minha vida. Isto não foi difícil, porque a vida já está em vias de me dizer adeus[27]. Ao redigir estas linhas, devo dizer que não tive a menor preocupação quanto ao estilo.

Nasci em Shrewsbury, em 12 de fevereiro de 1809. Minhas lembranças iniciais daqueles dias tão distantes datam de quando, com 4 anos, fui, no verão, com meus avós a uma localidade perto de Abergele, a fim de tomar banhos de mar. Minha mãe faleceu em julho de 1817, quando eu tinha pouco mais de 8 anos. Dela ficaram registrados em minha memória apenas seu leito de morte e a mortalha negra com a qual a cobriram.

Meu pai, Robert Waring Darwin, na primavera daquele mesmo ano, matriculou-me numa escola de Shrewsbury, que frequentei por

12 meses. Disseram-me que minha irmã mais nova, Katherine, era mais estudiosa do que eu; acredito que sim, pois me lembro de ter sido um menino inquieto e pouco obediente. Aproveito para escrever que tive um irmão e quatro irmãs. Na ocasião em que estive nessa escola, já demonstrava natural inclinação para colecionar todos os tipos de objetos: conchas, pedras, selos postais, lacres carimbados, moedas, timbres, etc., mostrando meu interesse especial por conhecer o nome das plantas. A paixão por colecionar coisas, que leva o homem a ser um sistemático naturalista, ou antiquário, ou apenas um avarento, era em mim muito forte e com certeza inata, porque meu irmão Erasmus nunca demonstrou essa tendência, assim como nenhuma de minhas irmãs.

Não posso deixar de mencionar a conversa que tive naquele ano com um de meus colegas, creio que fosse Leighton, depois Reverendo W. A. Leighton, célebre botânico que se especializou no estudo dos liquens. É curioso expor essa conversa, porquanto ela mostra que já naquela época eu me interessava pelo tema da variabilidade das plantas. Eu lhe dizia na ocasião que era capaz de fazer determinadas plantas das famílias do nardo e da prímula, cujas flores são claras, passarem a ter flores de cores variadas, bastando banhá-las em determinadas tinturas, o que era minha invenção pura, visto que nunca me dera ao trabalho de realizar essa experiência.

Posso afirmar que, durante minha infância, sentia espantoso prazer em simular fatos e situações, com a única finalidade de despertar a curiosidade das pessoas. Certa vez, por exemplo, colhi uma grande quantidade de frutas do pomar de meu pai e corri a escondê-las no mato, voltando em seguida o mais rápido que pude, a fim de contar para toda a família, assombrado, que acabara de encontrar um esconderijo cheio de frutas roubadas.

Quando entrei para a escola, como era estúpido! Certo dia, um colega chamado Garnett me levou a uma confeitaria e pediu uns biscoitos, saindo sem pagar – sem dúvida o dono devia conhecê-lo. Ao sairmos, perguntei-lhe qual o objetivo daquilo, ele respondeu: "Fique sabendo que meu tio, ao morrer, deixou toda a sua fortuna para esta cidade, com a condição de que os comerciantes daqui fornecessem gratuitamente tudo o que fosse pedido pela pessoa que usasse o chapéu que ele trazia em vida e que os saudasse fazendo uma certa reverência". Em seguida, mostrou-me como devia ser feita a tal reverência. Dali fomos a outro estabelecimento, onde ele pediu um produto qualquer, saudou o comerciante e de novo saiu sem pagar: sua família devia ter crédito por lá. Ele então propôs: "Quer tentar fazer o mesmo naquela confeitaria do outro lado da rua? Pode usar meu chapéu. Pegue e leve o que quiser, mas não se esqueça da reverência".

Mais que depressa aceitei a generosa oferta, entrei na confeitaria e pedi um pacote de doces; em seguida, tirando o chapéu, curvei-me idêntico ao ensinado e já ia saindo todo orgulhoso, quando ouvi os brados do confeiteiro, que vinha atrás de mim exigindo seu pagamento. Tive de jogar o pacote no chão e correr porta afora, para escapar da cólera do homem, sendo recebido com gargalhadas pelo falso amigo Garnett, que me esperava a dez ou doze passos do local, ansioso pelo resultado daquela experiência arriscada.

Em meu favor, afirmo que fui um garoto cordial e de bom coração, condições que devo ter adquirido do que via em minhas irmãs, pois não sei se a bondade e a amabilidade formam as qualidades inatas ou adquiridas. Gostava de colecionar ovos de pássaros, mas nunca tirei mais de um de cada ninho, exceto numa ocasião em que apanhei todos, não por ambição ou impulso, mas sim para replicar a um desafio que me fizeram. Em outra ocasião, na escola, querendo mostrar-me corajoso, afrontei um vira-lata, afugentando-o aos pontapés, mas acho que não o machuquei muito, porque ele nem ganiu.

Mesmo assim, senti muito remorso por esta atitude cruel, que daquele dia em diante passei a tratar todos os cães com muito carinho, que aos poucos se foi transformando na paixão que sinto por esses animais hoje. Os cães, ao que parece, entendem isso, pois muitos preferem ser acariciados por mim do que por seus próprios donos.

Outro incidente de que me lembro bem foi um que presenciei em meus anos escolares: o enterro de um soldado de cavalaria. Fiquei tão admirado com a visão do cavalo seguindo o féretro trazendo na sela as botas e a carabina do morto dependuradas, que me parece até estar revendo a cena, neste momento em que a descrevo. Toda a imaginação poética que uma criança naquela idade pudesse possuir deve ter vindo à tona naquele instante.

Também em Shrewsbury, durante o verão de 1818, mudei-me para uma escola mais adiantada, dirigida pelo Doutor Butler, onde permaneci por sete anos, até 1825, quando já tinha 16 anos. Permaneci lá em regime semi-interno, o que me proporcionou conciliar as vantagens da vida escolar integral com as de não perder o contato com a família. Todos os dias ia para casa, aproveitando o recreio, que era de uma hora. Minha casa estava a cerca de uma milha da escola, o que, como bom andarilho, não me causava nenhuma preocupação.

Por isso, e graças ao auxílio divino, ao qual sempre recorri para que me ajudasse na rapidez de minhas jornadas, jamais cheguei atrasado um minuto sequer à escola. Meu pai e minha irmã mais velha diziam que os passeios solitários constituíam uma de minhas maiores diversões. Não sei até quanto isso é verdade. O fato é que, enquanto fazia o percurso de ida e volta, quase sempre deixava a mente divagar, pensando em uma infinidade de coisas diferentes, o que vem contradizer a afirmação dos fisiólogos de que cada pensamento requer uma apreciável quantidade de tempo para se formar.

Nada poderia ter sido pior do que a escola do Doutor Butler para o desenvolvimento de minha intelectualidade clássica no estrito sentido da palavra, visto que ali só nos ensinavam latim, grego e umas pinceladas de geografia e história. No decorrer de minha vida, o tempo que passei naquele educandário de nada me serviu, já que nem versos eu aprendi a fazer, doutrina à qual ali se dava a maior importância, uma vez que tal não era a minha inclinação: ainda que fosse capaz de decorar, de uma sentada, longos trechos de Virgílio e Homero, com a maior facilidade os esquecia 48 horas depois.

As únicas poesias que me agradavam eram as odes de Horácio, que eu achava verdadeiramente admiráveis.

Quanto às línguas estrangeiras, basta dizer que em toda a minha vida jamais consegui dominar uma só que fosse. Quando hoje me lembro daqueles tempos, percebo que as únicas características que desenvolvi e que me capacitaram a enfrentar a luta pela sobrevivência foram as de saber direcionar minhas forças para uma determinada empresa o meu enorme entusiasmo por tudo o que chegasse a me interessar, e a verdadeira ânsia que me domina quando me decido a deslindar algum problema intrincado.

Tomei até aulas particulares para aprender os postulados de Euclides, e lembro-me da enorme satisfação que me proporcionavam aqueles ensinamentos de geometria. Recordo também a alegria que senti no dia em que compreendi o princípio do nônio e pude fazer corretamente a leitura de um barômetro. Ciências à parte, apreciava bastante a leitura das peças históricas de Shakespeare, os poemas de Thomson e as poesias de Byron e de Scott, então recém-publicadas. Nessa época, um de meus colegas emprestou-me o livro "As Maravilhas do Mundo", que li e reli várias vezes, discutindo com os outros meninos sobre a veracidade de algumas de suas passagens. Esse livro despertou em mim o desejo de conhecer as terras longínquas, sonho concretizado anos mais tarde, quando fiz parte do cruzeiro do Beagle.

Nos últimos tempos de minha passagem pela escola tornei-me grande aficionado da espingarda, e não acredito que alguém pudesse se dedicar com mais afinco a causa tão nobre como a da caça aos pássaros. Quando matei minha primeira ave, fiquei tão trêmulo de inquietação que nem consegui recarregar a arma. Prossegui com ânimo na prática desse esporte, chegando a ser um excelente atirador.

No que se relaciona à ciência, continuei colecionando pedras, mas sem qualquer arranjo, e insetos, com mais dedicação. Em 1819, então com 10 anos, lembro-me de um momento em que, passamos três semanas em Plas Edwards, no litoral galês, e lá me interessou e surpreendeu muito encontrar diversos insetos que não existiam onde morávamos; entre eles, um hemíptero vermelho e preto, algumas mariposas (Zygoena) e um cincilídeo. Porém, um dia, desisti de continuar com meus desígnios de colecionador, porque, conversando sobre este passatempo com minha irmã, ela me censurou por matar insetos pelo prazer infantil de colecioná-los.

Depois de ler o livro "Selborne", de White, habituei-me a observar os costumes das aves, anotando tudo o que via. Dediquei-me com tanto empenho a esse novo interesse, que chegava a estranhar que existissem indivíduos que não fossem ornitólogos.

Meu irmão, na derradeira fase de minha educação escolar, que se dedicava com tenacidade aos estudos da química, instalou seu laboratório no barracão em que se guardavam as ferramentas e apetrechos do jardim, e lá chegou a fazer gases e compostos. Eu tinha o costume de ajudá-lo; e na escola quando o souberam, puseram-me o apelido de "Mister Gás".

Dediquei-me a ler o "Catecismo de Química", de Henry e Parkes, livro que me interessou muito. Alguém resolveu contar ao Doutor

Butler, que me repreendeu "por perder tempo em coisas tão inúteis". Contudo foi no laboratório de meu irmão que tive os ensinamentos mais úteis daqueles anos, tomando conhecimento do significado da ciência experimental.

Como não via nenhum progresso na escola do Doutor Butler, meu pai resolveu tirar-me de lá, em outubro de 1825 e, apesar de minha pouca idade, enviou-me à Universidade de Edimburgo, onde permaneci por dois anos. Meu irmão lá estava, terminando seus estudos de medicina, quando eu iniciei os meus.

Alguns meses depois, soube, por fonte fidedigna, de que meu pai iria me deixar rendimentos suficientes para viver com certa tranquilidade. Mesmo não imaginando que chegasse a dispor de tanto quanto agora, a confiança que me veio acerca do futuro de meus meios de subsistência foi grande o bastante para esfriar os ânimos que poderia ter dedicado aos estudos de medicina.

As aulas em Edimburgo eram ministradas como conferências, que com o tempo se foram tornando extremamente pesadas e enfadonhas para mim.

Um dos maiores prejuízos que se refletiu em toda a minha vida foi o fato de não me terem ensinado anatomia e dissecação, que me teriam sido de enorme valia para os trabalhos que realizei posteriormente.

Estes conhecimentos e minha incapacidade para o desenho constituíram deficiências irremediáveis para mim. Assistia às aulas práticas nas salas do hospital, muito me impressionando certos casos que presenciei, alguns dos quais recordo neste instante como se estivesse vendo. Não compreendo por que esta parte de meus estudos não chegou a interessar-me, uma vez que, no verão anterior à minha admissão na Universidade, medicava meninos e mulheres pobres em Shrewsbury, havendo dias em que atendi até 14 doentes – cheguei a curar toda uma família com tártaro emético. Meu pai dizia que eu seria um grande médico, querendo denotar com isto que minha clientela seria bem ampla.

Assisti a duas operações apavorantes na sala de cirurgia da Universidade de Edimburgo, uma de uma criança, mas não esperei que nenhuma delas terminasse, e nunca mais voltei a participar das aulas práticas. Naquele tempo ainda não tínhamos as benesses do clorofórmio, e foi tão grande a impressão de dor e aflição que me deixaram essas duas operações, que sua lembrança me perseguiu depois por muitos anos.

Meu irmão terminou seu curso logo que completei um ano na Universidade, o que de certa forma foi benéfico para mim, já que, a partir daí, durante o segundo ano de meus estudos, pude agir sem sua ajuda, e assim me vi obrigado a dispor de todas as minhas energias para me desenvolver.

Fiz amizade com vários estudantes que se dedicavam às ciências naturais. Um deles se chamava Ainsworth, que depois publicou o relato de suas viagens pela Assíria. Sabia de tudo um pouco, era geólogo da Escola Werneriana. Outro sujeito, muito distinto, era o Doutor Coldstream, que faleceu em 1863: elegante, sóbrio, muito religioso e dono de um bom coração. Publicaria mais tarde alguns excelentes artigos de zoologia.

O terceiro era Hardie, que se tornaria mais tarde um famoso botânico. Morreu na Índia ainda jovem. Conheci ainda o Doutor Grant, que era alguns anos mais velho do que eu. Não consigo me lembrar como foi que começamos nossa amizade.

Ele chegou a publicar uns artigos muito bons sobre zoologia; entretanto, depois que foi nomeado professor do London College, nunca mais trouxe a lume qualquer trabalho científico e eu nunca pude souber a razão. Tinha modos discretos e diretos de, escondendo debaixo dessa aparente rudeza externa um temperamento cheio de ternura.

Um dia, quando passeávamos juntos, irrompeu em uma série de elogios sobre Lamarck e suas ideias sobre a evolução.

Fiquei a ouvi-lo mudo e surpreso, sem que suas opiniões produzissem efeito algum sobre mim. Eu já lera a "Zoonomia" de autoria de meu avô, que defendia idênticos conceitos, e que também não me entusiasmara. É verdade que essa obra me causou grande admiração quando a li pela primeira vez; relendo-a 14 ou 15 anos depois, fiquei bastante decepcionado com a enorme dimensão de ideias teóricas, em relação ao baixo número de ocorrências passíveis de serem demonstradas.

Os doutores Grant e Coldstream dedicavam-se muito à zoologia marinha, e por várias vezes acompanhei o primeiro em suas pesquisas nas lagoas e nos charcos litorâneos, para recolher e colecionar os animais deixados pelas marés, que eu dissecava como podia.

Também conheci pescadores de Newhaven, saindo várias vezes com eles, nas ocasiões em que iam pescar ostras, das quais consegui diversos exemplares. No entanto, o meu pequeno conhecimento de anatomia e o fato de dispor de um microscópio bem ruim tornaram bastante precários os resultados dessas pesquisas. Em inícios do ano de 1826, não obstante, realizei uma pequena descoberta e li um trabalho meu sobre esse assunto na Plinian Society.

Afirmei então que aquilo que se imaginava serem os ovos dos animais do gênero Flustra, um dos mais comuns entre os polizoicos, na realidade eram larvas, visto possuírem pelos microscópicos, denominados cílios, dotados, portanto, de movimentos independentes. Noutro trabalho demonstrei que os corpúsculos globulares que até então se julgavam constituírem a fase inicial da vida do *Fucus loreus* outra coisa não eram senão as bainhas dos ovos da *Pontobdella muricata* vermicular. Infelizmente, os trabalhos lidos perante a Plinian Society não eram impressos, e por isso não tive a satisfação de ver os meus em letra de forma.

Creio, porém, que o Doutor Grant mencionou minha descoberta sobre a Flustra num excelente artigo que publicou a respeito desse animal.

Associei-me então à Real Sociedade de Medicina, assistindo regularmente suas sessões, ainda que não me despertassem grande interesse, visto que os assuntos ali tratados eram exclusivamente de ordem médica. O Doutor Grant levou-me às reuniões da Sociedade Werneriana, em que se discutiam temas relativos à História Natural. Essas discussões eram posteriormente publicadas. Tive ali a oportunidade de ouvir algumas interessantes conferências de Audubon sobre os costumes das aves norte-americanas.

Em uma destas, o conferencista referiu-se ironicamente a Waterton, de um modo que não me pareceu justo.

Assisti ainda a uma sessão da Real Sociedade de Edimburgo, onde ouvi Walter Scott, presidente recém-eleito, desculpar-se por sua incapacidade para aquele cargo. Olhei-o e a toda aquela plêiade com um respeitoso temor.

Acredito que esta minha visita e o fato de haver frequentado as reuniões da Real Sociedade de Medicina influíram grandemente para que, anos mais tarde, tenha eu sido eleito membro honorário de ambas as instituições, honra que mais me envaidece dentre todas as outras que recebi desse gênero. Declaro, com toda a sinceridade, que se então me houvessem feito a previsão de que iria merecer tal honraria, tê-la-ia colocado na conta de fato tão impossível de acontecer quanto o seria o de ser eu um dia eleito rei da Inglaterra.

Assisti às conferências proferidas por Jameson sobre geologia e zoologia, durante esse meu segundo ano em Edimburgo tendo-as achado tão enfadonhas que cheguei a determinar-me não abrir um livro de geologia em toda a minha vida e jamais me dedicar ao estudo daquela ciência.

Além disso, tinha certeza de que me encontrava preparado para um estudo filosófico do assunto, porquanto Mr. Cotton, de Shropshire, um senhor entrado em anos que me distinguia com sua amizade e que era grande conhecedor de rochas, mostrara-me havia dois anos certo rochedo isolado existente em Shrewsbury, ao qual dão o nome de "Pedra do Sino", dizendo-me que, para encontrar outro da mesma natureza, seria necessário ir até Cumberland, ou mesmo à Escócia, assegurando-me com toda a convicção ser bem possível que chegasse o fim do mundo sem que se soubesse a explicação de como pudera aquela rocha desprender-se de sua massa original e chegar até aquele lugar em que hoje se encontra. Essa conversa deixou-me profundamente impressionado, pois muitas vezes fiquei a cismar sobre aquele maravilhoso fenômeno. Assim, quando li pela primeira vez alguma coisa acerca da ação das geleiras no transporte dos blocos de pedras desprendidos dos rochedos, apossou-se de mim a maior satisfação, enchendo-me de júbilo o progresso que já fora alcançado pela geologia.

Por ter frequentado as conferências de Jameson, acabei por contatar com o conservador do Museu, Mr. MacGillivray, que mais tarde publicou um livro excelente sobre as aves da Escócia. Ouvi sempre com atenção suas explicações sobre História Natural e ele, ao saber que eu colecionava moluscos marinhos, teve o gesto extremamente bondoso comigo ao me brindar com algumas conchas raras.

Em 1827, uma de minhas visitas outonais a Maer foi memorável para mim, porque tive então a oportunidade de conhecer Sir J. Mackintosh, o melhor conversador que jamais encontrei. Foi com orgulho que soube que ele disse, referindo-se a mim: "Há alguma coisa nesse jovem que me interessa". Talvez fosse devido a isso que eu me punha a escutá-lo com toda a atenção, pois na verdade ignorava inteiramente tudo quanto ele dizia quanto à História Política e à Filosofia Moral. Entretanto, é gratificante ficar sabendo que uma pessoa eminente nos tenha elogiado, pois isso, embora desperte a vaidade do jovem, serve-lhe por outro lado de estímulo para aprimorar o curso de suas ações.

Depois de dois anos em Edimburgo, meu pai concluiu, ou minhas irmãs o fizeram compreender, que eu não tinha a menor inclinação para a medicina, tendo então sugerido que me tornasse clérigo. Causava-lhe grande aborrecimento imaginar que eu poderia tornar-me um homem ocioso, dedicado apenas aos prazeres da caça, segundo parecia ser minha disposição.

Pedi-lhe um certo tempo para pensar no assunto, pois embora tivesse lá meus escrúpulos em aceitar toda a doutrina da Igreja Anglicana, não me desagradava a ideia de vir a ser pároco de uma aldeia. Hoje, considerando o quanto tenho sido violentamente atacado pelos ortodoxos por causa de meus livros, parece-me ridículo que tenha um dia cogitado me tornar um sacerdote. O pior é que esse desejo de meu pai não desapareceu, porque tivesse sido convencido do contrário, mas sim pelo fato de ter-me alistado como naturalista a bordo do Beagle. Eu deveria ser dos mais inclinados a ser clérigo, a se levar em conta o que afirmam os frenologistas, pois há alguns anos um secretário de determinada sociedade psicológica – que não me conhecia – pedia um retrato meu e, poucos meses depois, recebi a cópia da ata de uma sessão na qual se discutira a conformação de meu crânio, tendo-se ali chegado à conclusão de que eu teria desenvolvido "um acentuado caráter de veneração e respeito, suficiente para dez sacerdotes".

Meu pai resolvera de fato que eu devia ser clérigo, e para tanto seria necessário, como condição prévia, que colasse grau nalguma universidade inglesa. Mandaram-me então a Cambridge; porém, como eu não abrira um livro de Humanidades desde que saíra da escola, tive de tomar aulas particulares com um professor de Shrewsbury, antes de ingressar ali. Levei algum tempo para concluir esses estudos e, em princípios de 1828, matriculei-me naquele famoso estabelecimento de ensino, no qual, durante os três anos que ali permaneci, perdi lastimavelmente meu tempo no que concerne a estudos acadêmicos, da mesma forma como o perdera em Edimburgo e na escola de Shrewsbury. Fiz minhas matrículas, mas contentei-me em figurar no grupo dos "mais atrasados", ou seja, daqueles que não aspiravam a honras universitárias.

Havia conferências públicas na Universidade, sendo facultativo o comparecimento. Escaldado com as que ouvira em Edimburgo, deixei de assistir a diversas das que se ministraram em Cambridge, e entre elas as proferidas por Sedgwick, que eram interessantes e muito animadas. Tivesse assistido a estas conferências e por certo teria sido geólogo bem antes do tempo em que esse ramo da ciência me despertou o entusiasmo. Em compensação, assistia às de Henslow sobre botânica, mesmo não sendo matriculado nesta disciplina. Henslow levava-nos a excursões pelo campo, ora a pé, ora de carruagem para os locais mais distantes, ou em barcas pelo rio, e nos dava explicações sobre o terreno, a flora e a fauna que já haviam sido objeto de suas conferências, donde serem as mesmas interessantíssimas.

De nada me valeu o tempo que passei em Cambridge porque, além do mais, empreguei-o muito mal. Devido a minha paixão pelo tiro ao alvo, pelas caçadas e pela equitação, juntei-me a um grupo de rapazes, alguns dos quais não eram lá de costumes muito rígidos. Estávamos sempre juntos durante as refeições; bebíamos frequentemente e, não raro, passávamos da conta; então, cantávamos em altas vozes e depois jogávamos cartas. Sei que deveria envergonhar-me daqueles dias e noites empregados de modo tão fútil; entretanto, não posso evitar que sua lembrança me seja verdadeiramente agradável, pois alguns desses camaradas eram pessoas muito interessantes, e nosso grupo estava sempre dominado por uma alegria e uma cordialidade constantes e imperturbáveis.

Apraz-me lembrar, porém, que também tive outro tipo de amigos, de índole inteiramente diversa. Fiquei íntimo de Whitley – depois Reverendo C. Whitley, cônego honorário de Durhan e professor de Filosofia Natural – que me despertou o gosto pela pintura e pelas gravuras. Com Herbert, mais tarde juiz em Cardiff, tornei-me um apaixonado pela música. Também fiquei amigo de H. Thompson, que posteriormente se tornou presidente de uma grande companhia de estradas de ferro e membro do parlamento.

Devia haver alguma coisa em mim, não sei o quê, que me fazia sobressair dentre os demais estudantes, para que esses alunos tão brilhantes, todos mais velhos que eu, e também outras pessoas já de certa posição social me honrassem com sua companhia. O professor

Henslow, por exemplo, profundo conhecedor de botânica, entomologia, química, mineralogia e geologia, dispensava-me um tratamento afetuoso e cordial. Dos que ali conheci, foi quem maior influência teve em minha vida. De tanto que andávamos juntos, os companheiros passaram a chamar-me de "o acompanhante de Henslow". Por diversas vezes aceitei seu convite para jantar em sua casa, ao lado de sua família e de amigos importantes, como o Doutor Whewell, como Leonard Janys que publicou ensaios de História Natural, como M. Dawes que chegou a ser Deão de Hereford e granjeou fama pelo sucesso que obteve na educação de pessoas carentes. Nada me proporcionava maior prazer em Cambridge do que colecionar escaravelhos. Fi-lo com tal empenho que cheguei a formar uma coleção excelente, devido à qual tive a oportunidade de experimentar a mesma satisfação do poeta que vê publicados seus versos; isto porque, nas "Ilustrações dos Insetos Britânicos", de Stephens, vinham ao pé das reproduções de meus exemplares estas palavras, para mim mágicas: "Colecionados por C. Darwin". Quem me afeiçoou à Entomologia foi meu primo W. Darwin Fox, pessoa extremamente simpática e por quem sempre nutri grande amizade, especialmente enquanto fomos contemporâneos em Cambridge.

Durante meu último ano universitário, li com profundo interesse a "Narrativa Pessoal" de Humboldt. Este livro e a "Introdução ao Estudo da Filosofia Natural", de Sir J. Herschel, impregnaram-me do ardente desejo de contribuir, ainda que por meio da mais modesta das colaborações, para o progresso das ciências naturais. De todos os livros que li, nem mesmo uma dezena deles teria exercido sobre mim tanta influência quanto a que estes exerceram. Copiei de Humboldt longos trechos de sua descrição de Tenerife, lendo-os em voz alta nas excursões que fazíamos com o Prof. Henslow, e com isto despertando em todos o desejo de conhecer aquela ilha privilegiada. Não sei se alguns dos companheiros dessa época chegou a concretizar esse sonho. Quanto a mim, posso dizer que meu entusiasmo chegou a tal ponto que, tendo ido a Londres, pus-me a indagar sobre o assunto pelos escritórios das companhias de navegação, mas não consegui levar à frente o propósito, que só mais tarde realizei, quando tomei parte do cruzeiro do Beagle.

Não tinham fim as gentilezas de Henslow para comigo. Quando

de minha saída da Universidade, no início de 1831, persuadiu-me a estudar geologia, e foi o que fiz. Ao regressar a Shrewsbury, pus-me a examinar a região, tendo elaborado um mapa a cores dos arredores da cidade, de acordo com minhas observações. Como o Prof. Sedgwick pretendia visitar o norte do País de Gales em agosto daquele ano, a fim de prosseguir suas célebres investigações geológicas sobre as rochas antigas, pediu-lhe Henslow que me levasse, tendo ele aquiescido, mas com a condição de obter previamente o consentimento de meu pai. E naquele verão, efetivamente, ele esteve em minha casa, onde passou a noite, e assim conseguiu a permissão para levar-me em sua companhia.

Partimos na manhã seguinte. Para mim, essa excursão foi de grande utilidade, servindo para que eu me iniciasse na técnica de pesquisar a geologia de um determinado local. Sedgwick determinava que seguíssemos em rumos paralelos, encarregando-me de colher exemplares de rochas e de assinalar num mapa a estratificação e a disposição das camadas no terreno.

Tive então um surpreendente exemplo de como é fácil deixar de perceber os fenômenos quando se é o primeiro geólogo que examina o local. Passamos várias horas em Cawm Idwal, examinando atentamente todas as rochas, uma vez que Sedgwick tinha esperança de encontrar fósseis, e sequer percebemos as evidências de um maravilhoso fenômeno glacial que nos rodeava, deixando de ver as rochas nitidamente estriadas, os rochedos desprendidos, os detritos depositados em montões ao pé das geleiras; entretanto, tais vestígios eram claramente visíveis, revelando a ocorrência do fenômeno de maneira tão evidente quanto seria a fornecida pelos restos de uma casa incendiada, atestando cabalmente que ela um dia ali existiu.

Em Capel Curig, outro local que pesquisávamos, despedi-me de Sedwick e regressei para Shrewsbury, de onde segui para Maer.

Acontece que estávamos no início da temporada de caça à perdiz, e esse esporte exercia em mim tal fascínio, que eu teria então considerado uma verdadeira loucura abandoná-lo pela geologia ou por qualquer outra ciência.

Chegando em casa encontrei uma carta de Henslow, informando-me que o Capitão Fitz-Roy, comandante do veleiro Beagle, punha parte de seu camarote à disposição de um jovem interessado em embarcar como naturalista, sem perceber remuneração, na longa viagem que o navio iria realizar. Nem é preciso dizer que meu desejo foi aceitar imediatamente a oferta. Meu pai, todavia, se opôs, dizendo-me: "Se você conseguir que uma pessoa sensata lhe recomende fazer esta viagem, então conte com o meu consentimento". Naquele instante — era de noite — desanimei, chegando a desistir de tal viagem.

No dia seguinte, porém, meu tio Josiah Wedgwood ofereceu-se espontaneamente para dizer a meu pai que achava ser muito vantajoso para mim empreender o cruzeiro conforme me fora proposto. Meu pai considerava Wedgwood um dos homens mais sensatos que conhecia e assim me deu imediatamente seu consentimento.

Pouco depois, dirigi-me a Cambridge, a fim de me avistar com Henslow. De lá fui para Londres, onde entrei em contato com Fitz-Roy e acertamos tudo o que era necessário.

Antes da partida, voltei a Shrewsbury, a fim de passar algum tempo em companhia de meu pai e minhas irmãs. Em fins de outubro fixei residência em Plymouth, em cujo ancoradouro estava fundeado o Beagle. Tentamos por duas vezes fazer-nos ao largo, sendo impedidos por temporais.

Assim permanecemos até 27 de dezembro daquele ano (1831), quando por fim conseguimos deixar a Inglaterra.

Não vou relatar as ocorrências dessa viagem — onde estivemos e o que fizemos — de vez que já o fiz minuciosamente na "Viagem de um Naturalista ao redor do Mundo". Vêm-me agora à lembrança a luxuriosa vegetação dos trópicos, e de forma ainda mais viva do que quando a contemplei, e também a grandiosidade dos extensos desertos da Patagônia e das montanhas revestidas de vegetação da Terra do Fogo, que tanto me encantaram, deixando em mim uma impressão indelével. A presença de um selvagem despido, em seu ambiente nativo, é uma coisa da qual nunca se esquece.

Muitas de nossas excursões a cavalo pelas selvas e em canoas pelos rios, algumas das quais duraram semanas, foram deveras curiosas, mormente quando complementadas pelos naturais desconfortos e perigos que mais lhes aumentavam o interesse.

Lembro-me também com prazer de determinados trabalhos científicos que levei a cabo, como por exemplo a solução do problema das ilhas de coral e o traçado da estrutura geológica de determinadas ilhas – a de Santa

Helena é uma que posso citar. Tenho de mencionar aqui a descoberta que fiz do estranho parentesco existente entre os animais e vegetais de determinadas ilhas do arquipélago dos Galápagos e o do conjunto dos seres vivos deste arquipélago com a flora e a fauna do continente sul-americano.

A viagem do Beagle, não resta dúvida, foi o acontecimento mais importante de minha vida, pois decidiu todo o meu desenvolvimento ulterior. Devo-lhe a própria educação do meu caráter, sua efetiva formação, uma vez que, tendo de dividir minha atenção pelos diversos ramos da História Natural, isso me obrigou a desenvolver minhas faculdades de observação.

A pesquisa geológica de todos os lugares que visitei teve também grande importância em minha formação, porquanto nessa investigação o raciocínio é bastante solicitado. Ao se examinar pela primeira vez uma nova região, nada mais desencorajador e desesperador que deparar com um caos de rochas: entretanto, à medida que vamos examinando e registrando a estratificação e a natureza das rochas e dos fósseis em diversos pontos, sempre procurando estabelecer correlações entre as áreas já pesquisadas e as por pesquisar, extraindo daí as necessárias ilações, mais e mais claro se vai tornando o terreno que estamos estudando, e toda a sua estrutura passa a assumir uma feição cada vez mais compreensível.

Estudei e consultei por diversas vezes os “Princípios de Geologia” de Lyell, que me foram de suma utilidade. O primeiro sítio que pesquisei, Santiago, nas ilhas de Cabo Verde, provou-me patentemente a superioridade do sistema geológico de Lyell quanto aos preconizados por outros autores, cujos livros também trouxera comigo e que eventualmente consultava. A geologia de Santiago é tão surpreendente como simples. No passado, estendeu-se sobre o fundo do mar urna camada de lava contendo conchas e corais triturados, a qual se solidificou posteriormente, tornando-se uma rocha branca e resistente. Daí em diante, a ilha passou a soerguer-se, mas a linha de rocha branca revelou-me um dado novo e importante: apesar de não terem as crateras cessado sua atividade e deixado de expelir lava, pôde-se constatar a ocorrência de subsistência em seu redor.

Outra de minhas ocupações foi a de colecionar toda sorte de animais, descrevendo-os sucintamente e dissecando diversos espécimes marinhos. Todavia, a precariedade de meus conhecimentos de anatomia e minha incapacidade quanto ao desenho fizeram com que de nada servisse boa parte dessas minhas tarefas, salvo no que se refere ao tempo gasto no estudo dos crustáceos, que me foi muito útil anos mais tarde, quando redigi uma monografia sobre os cirrípedes. Dedicava sempre uma parte do dia para redigir meu diário, descrevendo com minúcia tudo o que me era dado observar. Esse relato servia-me também como material para a correspondência familiar, pois sempre enviava os manuscritos para casa, desde que houvesse oportunidade. Fitz-Roy pedia-me às vezes que lhe lesse minhas narrativas, sempre comentando que mereciam ser publicadas um dia.

Recuando no tempo o meu pensamento, percebo agora como se foi então cristalizando em mim o amor pela ciência. Durante os meus dois primeiros anos ao lado dos companheiros do Beagle, continuei sendo inteiramente dominado pela paixão cinegética, tendo matado eu mesmo todas as aves e outros animais que até então figurararam em minha coleção. Com o passar do tempo, porém, fui aos poucos deixando de lado a carabina, até que acabei por presenteá-la a um marinheiro que me acompanhava, porque o exercício de tiro ao alvo estava estorvando meu trabalho, especialmente quando me ocupava do levantamento geológico de uma região. Sem sentir, ia aos poucos tomando consciência de que a satisfação alcançada com o exercício da observação e do raciocínio era muito superior à que se obtinha com os exercícios de tiro ao alvo. Não resta dúvida de que meu intelecto se desenvolveu durante a viagem, porque meu pai, um dos observadores mais atilados que conheci, mesmo sendo inteiramente descrente quanto aos princípios da frenologia, comentou com minhas irmãs, apenas me viu chegar do Beagle: “Veja só como se modificou o formato de sua cabeça!”

Em Ascensão, quando nossa viagem já ia chegando ao final, recebi uma carta de minhas irmãs, na qual elas me contavam que Sedgwick visitara nossa casa, e que então declarara a meu pai que eu estava destinado a ocupar um lugar de destaque entre os mais eminentes homens de ciência. A princípio, não pude compreender como poderia Sedgwick ter tomado conhecimento dos meus trabalhos, mas depois soube que Henslow havia lido perante a Sociedade Filosófica de Cambridge algumas das cartas que lhe dirigira, e que posteriormente as imprimira, remetendo-as a diversas pessoas. Também atraíra a atenção dos paleontólogos a coleção de fósseis que eu enviara a Henslow.

Quando li a carta que me relatava tudo isso, senti-me transportado aos píncaros das montanhas de Ascensão, e pareceu-me que as rochas ressoavam aos golpes de meu martelete. Essa reação evidencia a ambição que então me dominava. Tenho de dizer, porém, que daí a alguns anos, embora me envaidecesse sobremaneira o conceito que de mim faziam personalidades como Lyell e Hooker, pouco se me dava o que de mim pensasse o público em geral. Isso não significava que não me causasse orgulho um juízo favorável acerca de meus livros ou o sucesso das suas vendas, mas sim que eu não fazia o mínimo esforço no sentido de granjear notoriedade, bastando-me a consideração da qual meus trabalhos porventura me tornassem merecedor.

Findado o cruzeiro do Beagle, chegamos à Inglaterra em 2 de outubro de 1836. Pus-me a trabalhar diligentemente, preparando a narrativa de minha viagem e um resumo de minhas observações quanto às montanhas costeiras do Chile, que enviei à Sociedade Geológica, a pedido de Lyell. Dividia meu tempo em Shrewsbury, junto a meu pai e minhas irmãs, e em Cambridge e Londres, até que, em princípios de 1837, fixei residência na Capital, onde trabalhei bastante, terminando minhas "Observações Geológicas" e acertando com um editor a publicação de "Zoologia da Viagem do Beagle". Ali pude ler muita poesia, especialmente Woodsworth e Coleridge, e também reler não sei quantas vezes o lirismo sem par de "O Paraíso Perdido", de Milton, que foi meu livro favorito enquanto singrava os mares a bordo do Beagle. A 29 de janeiro de 1839 casei-me em Londres — tenho sido muito feliz. Vivemos na capital até setembro de 1842, quando nos mudamos para Down, onde estou escrevendo esta autobiografia. Vieram-nos deste casamento dois filhos e duas filhas.

No que se refere à parte íntima de meu ser, creio ter agido bem me empenhando constante e decididamente no estudo da ciência, ao qual dediquei toda a minha vida. Não sinto remorso de haver cometido pecado grave algum, mas sim de pesar por não ter feito maior bem ao próximo.

Quanto aos meus sentimentos religiosos, acerca dos quais tantas vezes me têm perguntado, considero-os como assunto que a ninguém possa interessar senão a mim mesmo. Posso adiantar, porém, que não me parece haver qualquer incompatibilidade entre a aceitação da teoria evolucionista e a crença em Deus.

Ao final, gostaria de encerrar com esta afirmação: Sistematicamente, evito colocar meu pensamento na religião quando trato de ciência, assim como o faço em relação à moral, quando trato de assuntos referentes à sociedade.

C. D.
Down, G. B.

Notas

A Origem das Espécies por meio da Seleção Natural

(1) His Majesty's Ship, navio da marinha real. Darwin foi contratado para rodar o mundo a bordo desse navio. Os relatos dessa viagem podem ser encontrados em um de seus outros livros: The Voyage of the Beagle (A Viagem do Beagle).

(2) i.e. 1859

(3) Alfred Russel Wallace (1823 - 1913), cientista britânico, naturalista e viajante, estudou agrimensura; seu interesse pela botânica o levou a realizar numerosas excursões à procura de exemplares. Em 1848, viajou para o Amazonas e, ao regressar à Inglaterra, escreveu Travels on the Amazon (Viagens ao Amazonas), publicado em 1853; e Palm Trees of the Amazon (As palmeiras do Amazonas), publicado em 1853. Em 1854, dirigiu-se para o arquipélago Malaio, onde permaneceu por oito anos estudando as espécies animais. Depois de uma visita à Austrália, estabeleceu a chamada "linha de Wallace", uma linha geográfica imaginária que, passando entre Bornéu (Indonésia) e as Célebes e entre Bali e Lombock, serve até hoje para separar os animais de origem australiana dos de origem asiática. Durante sua estadia no Oriente, elaborou uma teoria evolucionista independentemente da desenvolvida por Darwin e em 1858 enviou a sua pátria um trabalho intitulado On The Tendency of Varieties to Depart Indefinitely from the Original Type (Sobre a tendência das variedades a se afastarem indefinidamente do tipo original) para sua publicação no Journal of the Linnaean Society. Este artigo inspirou Darwin a publicar a "Origem das Espécies". Seus trabalhos, juntamente com os de Darwin, foram lidos na mesma reunião da Linnean Society em Londres em 1º de julho de 1858.

(4) Forma ultrapassada de se referir a dissertação científica, artística ou cultural, cujo objetivo final é sua apresentação em congresso. A memória enviada por Wallace era, nesse caso, On The Tendency of Varieties to Depart Indefinitely from the Original Type (Sobre a tendência das variedades a se afastarem indefinidamente do tipo original).

(5) Sir Charles Lyell (1797 – 1875). Geólogo britânico nascido em Kinnordy (Escócia) e morto em Londres; considerado pai da geologia moderna; afirmava que as mesmas forças geológicas que modificaram a terra na pré-história estão e sempre estarão ativas. Foi autor de Principle of Geology (Princípios da geologia, 1830-33); Travels in North America, with Geological Observations (Viagens pela América do Norte com observações geológicas, 1845); The Antiquity of Man (A Antiguidade do Homem, 1863), entre outros.

(6) A Linnean Society de Londres foi fundada em 1788 e com o objetivo de ser um fórum para debates sobre genética, história natural, biologia e taxinomia de animais e plantas. É a mais antiga sociedade de estudos biológicos do mundo em atividade (www.linnean.org). Seu nome é uma homenagem ao naturalista sueco Carl Linnaeus (1707 – 1778).

(7) Joseph Dalton Hooker (1817-1911). Considerado um dos mais importantes botânicos do Reino Unido do século XIX, durante suas viagens coletou inúmeras espécies de plantas. Amigo próximo de Darwin, Hooker foi diretor do Britain's Royal Botanic Gardens.

(8) Denominação comum à maioria dos pássaros piciformes, insetívoros, pertencentes à família dos picídeos, que são encontrados em quase todos os continentes, com exceção da Oceania e de algumas ilhas da África. Essas aves têm características marcantes: o potente bico reto, usado para "picar" a madeira na procura de insetos; a sua comprida língua vermiforme; os seus pés zigodátilos e cauda com penas duras que funcionam como uma espécie de apoio para que a ave suba em árvores. Também conhecido no Brasil por carpinteiro, pinica-pau, ipecu, carapina, murutucu e peto. Há 217 espécies de pica-paus catalogadas em todo o mundo. O pássaro mencionado por Darwin, woodpecker, já foi traduzido por "picanço", que, entretanto, pertence à família dos laniídeos.
(9) Plantas pertencentes às famílias Loranthaceae Juss. e Viscaceae Batsch, que são hemiparasitas, geralmente de árvores frutíferas, ornamentais e florestais. Sua disseminação é feita pelos pássaros.
(10) Thomas Robert Malthus (1766-1834), pastor anglicano e economista britânico. A explicação de Darwin de como evoluíram os organismos lhe surgiu depois de ler Um Ensaio sobre o Princípio da População que Afeta o Melhoramento Futuro da Sociedade: com Observações sobre as Especulações do Senhor Godwin, Monsieur Condorcet e Outros Escritores, escrito por Malthus em 1798. Neste ensaio o economista teorizava sobre como as populações humanas mantinham o equilíbrio. Ele argumentara que não havia como incrementar a disponibilidade da comida para a sobrevivência humana básica que pudesse compensar o ritmo do crescimento da população; se esta crescia em progressão geométrica, os alimentos cresciam, para Malthus, em progressão aritmética. Darwin aplicou o raciocínio de Malthus aos animais e às plantas, concluindo que a concorrência se dava principalmente entre os seres da mesma espécie, e não entre espécies diferentes. Darwin possuía a 6ª edição do ensaio de Malthus, publicado em 1826.
(11) Thomas Andrew Knight (1759–1838), botânico e horticultor britâni-

co, foi correspondente do Board of Agriculture e presidente Sociedade de Horticultura de Londres de 1811 a 1838; realizou diversas pesquisas sobre o fenômeno hoje conhecido como geotropismo.

(12) August Friedrich Leopold Weismann (1834–1914), zoólogo alemão e darwinista, foi professor de zoologia da Universidade de Freiburg de 1866 a 1912.

(13) Joseph Gottlieb Kölreuter (1733–1806), botânico alemão, professor de história natural e diretor dos jardins de Baden, Karlsruhe. Fez diversos experimentos com hibridação de plantas (cruzamento fecundo entre indivíduos diferentes na variedade ou na espécie).

(14) Na ocasião em que Darwin escreveu a Origem das espécies, não se tinha ainda a acepção recomendada hoje para traduzir este termo, i.e.: "plantas mutantes". Por essa razão preferi usar o termo original. Outras traduções optaram pelo termo: "plantas loucas".

(15) No original, moss-roses, variedade de rosa, de haste e cálice musgoso.

(16) Isidore Geoffroy Saint-Hilaire (1805–1861), zoólogo francês, sucedeu o pai, Etienne Geoffroy Saint-Hilaire, como professor no Muséum d'Histoire Naturelle em 1841, dando continuidade às pesquisas do pai sobre teratologia (estudo das monstruosidades). Em 1850, tornou-se professor de zoologia na Sorbonne.

(17) Robert Lawson Tait (1845–1899), discípulo de Darwin, cirurgião e ginecologista britânico, foi pioneiro em cirurgias pélvicas e abdominais. Os estudos de Tait sobre a surdez em gatos brancos, de olhos azuis e machos só foram publicados em 1873; talvez por essa razão seu nome não apareça nas primeiras edições de A origem das espécies.

(18) Johann Friedrich Christian Karl (Karl Friedrich) Heusinger von Waldegg (1792–1883) entrou no exército militar da Prússia como médico em 1813, foi professor de anatomia e fisiologia em Wurzburg em 1824 e professor de prática médica em Marbug onde permaneceu de 1829, por 54 anos, até sua morte.

(19) Jeffries Wyman (1814–1874), anatomista e etnólogo norte-americano, foi curador do Lowell Institute de Boston em 1840, conferencista em 1840 e 1841. Viajou à Europa entre 1841 e 1843; foi professor de anatomia e fisiologia do Hampden-Sydney Medical College na Virgínia, de 1843 a 1848; foi professor de anatomia da Harvard University de 1847 a 1874 e professor e curador do Peabody Museum of American Archaeology and Ethnology de Harvard de 1866 até sua morte.

(20) Nesse caso a lachnanthes tinctoria.

(21) Prosper Lucas (1805–1885), fisiologista e autor francês de livros de medicina; o tratado ao qual Darwin se refere é o Traité philosophique et physiologique de l'hérédité naturelle dans les états de santé et de maladie du système nerveux, avec l'application méthodique des lois de la procréation au traitement général des affections dont elle est le principe (Tratado filosófico e fisiológico da hereditariedade natural nos estados de saúde e doença do sistema nervoso, com a aplicação metodológica das leis da procriação para o tratamento geral das afecções das quais ele é o princípio). O primeiro tomo do tratado foi publicado em 1847 e o segundo em 1850.

(22) Não confundir com vaca mocha, que tem os seus chifres cortados.

(23) Esta raça já foi conhecida como "sabujo", entretanto, os criadores de hoje preferem adotar o nome inglês.

(24) Mimosa pudica

(25) Oswald Heer (1809–1883), biogeógrafo, paleontólogo e botânico suíço, era, na ocasião, um dos maiores especialistas em flora do período terciário (era cenozóica); foi conferencista de botânica na Universidade de Zurique em 1834 e 1835, diretor dos jardins botânicos em 1834, e professor associado de 1835 a 1852, e professor de botânica e entomologia de 1852 até sua morte.

(26) Edward Blyth (1810–1873), zoólogo e farmacêutico britânico, escreveu e publicou trabalhos com o pseudônimo de "Zoophilus"; foi curador do Museu da Sociedade Asiática de Bengala em Calcutá, Índia, de 1841 a 1862.

Blyth forneceu a Darwin diversas informações sobre plantas e animais da Índia, eles se corresponderam com frequência durante os anos de 1855 a 1858. Em 1863, retornou à Inglaterra, onde continuou a escrever sobre zoologia e sobre a origem das espécies.

(27) Karl Ludwig (Ludwig) Rutimeyer (1825–1895), paleozoologista e geógrafo suíço, professor de zoologia e anatomia comparativa da Universidade de Basel, tornou-se reitor em 1865; foi professor de medicina e filosofia de 1874 a 1893. Deu contribuições inestimáveis para a história natural e paleontologia dos mamíferos ungulados (mamíferos cujos dedos são providos de cascos).

(29) John Saunders Sebright (1767–1846), político e agricultor britânico, publicou diversos trabalhos sobre a criação de animais. Como político era partidário dos Whig, partido que nos séculos XVIII e XIX se opunha aos Tories.

(30) Walter Elliot (1803–1887), servidor público e arqueólogo indiano, escreveu diversos artigos sobre a cultura e história natural da Índia.

(31) Charles Augustus Murray (1806–1895), diplomata e escritor britânico, viajou pela América do Norte em 1834 e 1835, escreveu um diário dessa viagem que foi posteriormente lançado (1839) em três edições. De 1846 a 1853, exerceu o cargo de cônsul-geral no Egito; e de 1854 a 1859, atuou como enviado e ministro plenipotenciário na corte da Pérsia.

(32) Encontrei edições que traduziam esta raça de pombas como: "cambalhota-de-face-comprida", ou como pomba volteadora. Entretanto, fiz opção por manter o termo inglês para esta raça: short-faced tumbler.

(33) Pombo-galinha.

(34) Karl Richard Lepsius (1810–1884), egiptólogo alemão, liderou diversas expedições ao Egito entre 1842 e 1845; foi professor de egiptologia na Universidade de Berlim e autor do Denkmaler aus Aegypten und Aethiopien.

(35) Samuel Birch (1813–1885), egiptólogo e arqueólogo britânico, diretor-

-assistente do departamento de antiguidades do British Museum de 1844 a 1861; traduziu para o inglês textos chineses clássicos.

(36) Gaius Plinius Secundus (23-79) – melhor conhecido como Plínio, o Velho – historiador romano, grande homem da ciência, autor de uma fantástica obra sobre história natural.

(37) O termo Turã se refere à massa de terra que vai da Eurásia às estepes siberianas, incluindo a Ásia Central, Mongólia, Cáucaso e outras regiões.

(38) Espécie representada na América do Sul pelos pintassilgos.

(39) Condado localizado na região oeste da Inglaterra.

(40) Jean Baptiste (van) Mons (1765–1842), químico, fisiologista e horticultor belga, foi um prodigioso discípulo de Lavoisier; autor de Principes d'électricité (Princípios da eletricidade), inspirado em Franklin, e Pharmacopée manuelle (Manual de farmacopeia).

(41) William Youatt (1776–1847), conferencista, cirurgião veterinário britânico, promoveu seminários na Universidade de Londres sobre a ciência veterinária; é autor de diversos manuais sobre a criação, administração e doenças de animais em fazendas.

(42) Lorde do clã escocês Somerville.

(43) Desgarradas.

(44) David Livingstone (1813–1873), explorador e missionário britânico, viajou pela África de 1841 a 1856, e publicou as memórias de suas viagens em 1857; foi cônsul na costa leste da África e comandou uma expedição para explorar a parte central leste da África, entre 1858 e 1864.

(45) Robert Bakewell (1725–1795), fazendeiro e criador de gado britânico, foi um famoso criador de gado de Dishley, Leicestershire. Dos fazendeiros e criadores mencionados aqui, Bakewell foi o único que se correspondeu com Darwin. Por essa razão, ele é o único digno de nota.

(46) George Henry Borrow (1803–1881), viajante e escritor britânico.

(47) John Charles Spencer (1782–1845), político britânico, chanceler do Exchequer (departamento do governo encarregado da coleta de dinheiros públicos, que equivale ao nosso Ministério da Fazenda); foi lider dos Whigs na Câmara dos Comuns de 1830 a 1834; assumiu o condado em 1834.

(48) Viola tricolor.

(49) John Lubbock (1834–1913), astrônomo, matemático e banqueiro britânico, vizinho de Darwin, primeiro vice-chanceler de Universidade de Londres, de 1837–1842, foi sócio do banco de sua família, 1825; foi tesoureiro e vice-presidente da Royal Society of London, de 1830–1835 e 1838–1845; acedeu ao baronato, como 3º barão, em 1840.

(50) Johann Friedrich Theodor (Fritz) Muller (1822–1897), naturalista alemão, estudou matemática e história natural, e então medicina, antes de migrar para a colônia alemã "Blumenau" no Brasil, em 1852; ensinou ciências em uma escola de Desterro (atual Florianópolis) de 1856–1867. Foi designado Naturalista Viajante do Museu Nacional do Rio de Janeiro, de 1876–1892; seus estudos e trabalhos sobre anatomia em invertebrados forneceram um importante apoio para as teorias de Darwin.

(51) Hewett Cottrell Watson (1804–1881), botânico, fitogeógrafo e frenologista britânico, editou, entre 1837 e 1840, o Phrenological Journal (Jornal de Frenologia, que continha estudos que teorizavam sobre o caráter e as funções intelectuais humanas estarem diretamente relacionados à conformidade do crânio do indivíduo); coletou plantas nas ilhas dos Açores em 1848; escreveu extensos artigos sobre a distribuição fitogeográfica das plantas.

(52) Charles Cardale Babington (1808–1895), botânico, entomologista e arqueólogo, esteve envolvido nas atividades sobre história natural em Cambridge por mais de 40 anos; era uma sumidade em taxonomia de plantas; membro-fundador da Sociedade Entomológica de Cambridge; editou anuários e revistas de história natural; exerceu, de 1861 até sua morte, o cargo de professor de botânica da Universidade de Cambridge.

(53) George Bentham (1800–1884) botânico britânico, doou sua biblioteca e coleção sobre botânica para o Royal Botanic Gardens, foi presidente da

Linnean Society of London, de 1861 a 1874.

(54) Thomas Vernon Wollaston (1822–1878), conquiliologista e entomologista britânico, passou diversos verões na Ilha da Madeira coletando insetos e conchas.

(55) Benjamin Dann Walsh (1808–1869), entomologista, farmacêutico e comerciante de madeira britânico, estudou no Trinity College, em Cambridge, de 1827 a 1831, tornou-se "fellow" (membro da faculdade) em 1833. Emigrou para os EUA, onde exerceu farmácia no Condado de Henry, no Illinois. Entre 1838 e 1851, comercializou madeira em Rock Island, Illinois. Aposentou-se do comércio por volta de 1858, e concentrou-se nos estudos de entomologia, dando contribuições significativas para a entomologia agrícola. Foi dele a sugestão de se usar os predadores naturais no combate às pragas nas lavouras. Foi autor de uma série de artigos em jornais de agricultura e em 1865 tornou-se editor associado do Practical Entomologist.

(56) Asa Gray (1810–1888), botânico americano, professor de história natural da Universidade de Harvard de 1842 a 1888; escreveu numerosos livros sobre botânica e trabalhos sobre a flora norte-americana; foi presidente da Academia Norte-americana de Artes e Ciências, de 1863 a 1873; tornou-se presidente da Associação Norte-americana para o Avanço de Ciência em 1872; dirigiu o Smithsonian Institution, de 1874 a 1888; foi ainda membro estrangeiro da Sociedade Real de Londres em 1873.

(57) Louis Charles Joseph Gaston (Gaston) Saporta (1823–1896), paleobotânico francês, especialista em fauna do período terciário e jurássico; escreveu diversos trabalhos sobre as relações entre as mudanças climáticas e a paleobotânica.

(58) Alphonse de Candolle (1806-1893), botânico, jurista e político suíço, foi o responsável por introduzir na Suíça o sistema de postagem com uso de selos; foi professor e diretor dos Jardins Botânicos de Genebra; filho de Augustin Pyramus de Candolle, um dos membros estrangeiros da Royal

Society of London

(59) No original, "conferva": nome genérico dado às algas do gênero Tribonema. Há traduções, entretanto, que optaram pela manutenção do termo original.

(60) Elias Magnus Fries (1794–18780), botânico suíço, foi professor de botânica da Uppsala University em 1835, tornou-se membro estrangeiro da Royal Society em 1875.

(61) John Obadiah Westwood (1805–1893), entomologista e paleogeólogo britânico, membro-fundador da Sociedade Entomológica de Londres em 1833; foi presidente honorário, 1883. De 1861 a 1893, exerceu o cargo de professor da zoologia sobre invertebrados na Universidade de Oxford, foi premiado com a Medalha Real da Sociedade Real de Londres em 1855.

(62) Herbert Spencer (1820–1903), filósofo britânico, engenheiro civil de estradas de ferro, 1837–1841 e 1844–1846, tornou-se editor-substituto do The Pilot, um jornal dedicado ao movimento pelo voto, em 1844; foi editor-substituto do The Economist de 1848–1853. A partir de 1852, passou a escrever regularmente ensaios sobre evolução e numerosos trabalhos de filosofia e ciências sociais.

(63) Carolus Linnaeus (1707–1778), botânico e zoólogo sueco, professor de prática médica, da Universidade de Uppsala, em 1741; professor de botânica, dietética e de medicina, 1742; propôs um sistema para a classificação do mundo natural e reformou nomenclatura científica.

(64) Hugh Falconer (1808–1865), paleontólogo e botânico britânico, superintendente do jardim botânico de Saharanpur, Índia, em 1832; coordenou arranjos de fósseis para o Museu Britânico em 1844; foi superintendente dos jardins botânicos de Calcutá e professor de botânica, Faculdade Médica de Calcutá, de 1848 a 1855, aposentou-se devido à fraca saúde e voltou à Inglaterra em 1855; desenvolveu pesquisas paleontológicas enquanto viajou pelo sul da Europa; tornou-se vice-presidente da Royal Society de Londres e membro estrangeiro da Geological Society de Londres, 1865.

(65) Félix d' Azara (1746–1811), explorador e oficial do exército espanhol, foi enviado à América do Sul para pesquisar os territórios portugueses e espanhóis; publicou trabalhos sobre a fauna do Paraguai.

(66) Johann Rudolph Rengger (1795–1832), médico, explorador e naturalista alemão, viajou para o Paraguai e pela América do Sul durante os anos de 1818 e 1826.

(67) Jean Henri Casimir Fabre (1823–1915), entomologista francês, autor de livros científicos; trabalhou muitos anos estudando o comportamento dos insetos.

(68) Robert Heron (1765–1854), tornou-se barão após a morte de seu pai em 1805.

(69) Karl Julian Graba, viajante e ornitólogo alemão.

(70) Kurt Polycarp Joachim Sprengel (1766–1833), botânico e médico alemão, foi professor de medicina em Halle de 1787 a 1179, e professor de botânica de 1797 e 1833.

(71) Karl Friedrich Gärtner (1772–1850), médico e botânico alemão, foi médico em Calw, Alemanha, desde 1796, mas abandonou a prática médica em 1800, para ingressar na carreira de botânico; viajou pela Inglaterra e Holanda em 1802; por volta de 1824, estudou a hibridação de plantas; eleito sócio do Deutsche der Akademie Naturforscher Leopoldina, 1826, tornou-se nobre em 1846.

(72) Friedrich Hermann Gustav (Friedrich) Hildebrand (1835–1915), botânico alemão, foi conferencista da Universidade de Bonn, 1859; professor de botânica da Universidade de Friburgo, entre 1868 e1907; interessou-se especialmente com aspectos ecológicos de botânica.

(73) Thomas Henry Huxley (1825–95), cirurgião assistente em H.M.S. Rattlesnake, 1846–50, durante o tempo em que investigou Hydrozoa e outros invertebrados marinhos. Conferencista de história natural, Royal School of Mines, 1854; professor, 1857. Naturalista designado para a Pesquisa Geológica da Grã-Bretanha em 1855. Professor da Real Faculdade de Cirurgiões da Inglaterra, 1863–1869. Professor da Instituição Real de Grã-Bretanha, 1863–1867; presidente da Sociedade Real de Londres, 1883–1865.

(74) Henri Milne-Edwards (1800–1885), zoologista francês, professor de higiene e história natural, da École centrale des arts et manufactures, 1832; professor de entomologia, de Histoire de Muséum Naturelle, 1841, foi responsável pelo acervo de crustáceos, miriápodes e aracnídeos como também insetos; membro estrangeiro da Royal Society.

(75) George Robert Waterhouse (1810–1888), naturalista britânico, foi curador da Sociedade Zoológica de Londres, de 1836 a 1843; foi assistente na filial mineralógica e geológica da seção de história natural do Museu Britânico, 1843; mantenedor, 1851–7; e mantenedor do departamento de geologia, de 1857 a 1880; era sócio-fundador da Sociedade de Entomologia; tornou-se presidente, permanecendo no cargo de 1849 a 1850.

(76) Karl Ernst Baer (1792–1876), zoólogo e embriologista estoniano, professor de anatomia na Universidade de Königsberg, 1819; professor de zoologia, de 1826 a 1834, foi professor de zoologia na Academia de Ciências, São Petersburgo, de 1834 a 1867.

(77) Jean-Baptiste Lamarck (1744-1829), naturalista francês do século XIX; foi Lamarck que, definitivamente, introduziu o termo "biologia" e que desenvolveu a teoria das características adquiridas. Lamarck preconizou as ideias pré-darwinistas sobre a evolução.

(78) John Gould (1804–1881), ornitólogo e artista britânico, foi taxidermista da Sociedade Zoológica de Londres, de 1826 a 1881; descreveu os pássaros coletados nas expedições do Beagle e do Sulphur.

(79) Horace Bénédict Alfred (Alfred) Moquin-Tandon (1804–1863), naturalista e botânico francês, foi professor de zoologia, em Marselha, de 1829 a 1833; professor de botânica e diretor do Jardin des Plantes em Toulouse, entre 1833 e 1853, e professor de história natural e diretor do Jardin des plantes da Faculdade de Medicina em Paris, de 1853 a 1863.

(80) Allan Cunningham (1791–1839), botânico e explorador britânico, coletou plantas para os Jardins de Kew no Brasil de 1814 a 1816; em New South Wales, de 1816 a 1826 e 1827 a 1830; na Nova Zelândia em 1826, foi superintendente do jardim de botânico de Sidney, Austrália, de 1836 a 1838.

(81) Otis tarda.

(82) Atual República Social Democrática do Sri Lanka.

(83) Também se grafa Feroe(s) ou Faroe(s); em feroês se diz Føroyar e, em dinamarquês, Færøerne que significa "Ilhas das Ovelhas". Arquipélago da Europa, composto por 18 ilhas.

(84) Também conhecidas como Ilhas Malvinas.

(85) Endospermo plano.

(86) George Robert Waterhouse (1810–1888) foi curador da Sociedade Zoológica de Londres, de 1836 a 1843; foi assistente na filial mineralógica e geológica da seção de história natural do Museu Britânico, 1843; depois tornou-se mantenedor de 1851 a 1857; foi mantenedor do departamento de geologia, de 1857 a 1880. Sócio fundador da Sociedade de Entomológica em 1833; da qual tornou-se presidente de 1849 a 1850. Descreveu para Darwin mamíferos e espécimes entomológicas durante a viagem no Beagle.

(87) John Hunter (1728–1793), cirurgião e anatomista britânico, a sua coleção de espécimes zoológicas formou a base do Hunterian Museum da Royal College of Surgeons.

(88) Variedade de nabo sueco.

(89) Equus onager.

(90) Espécie de burro selvagem encontrada na África e na Ásia.

(91) Relativo à República da Turcomênia, Ásia.

(92) Equus onager.

(93) Espécie extinta (Equusquagga) de equídeo da África do Sul, aparentado da zebra.

A Origem das Espécies por meio da Seleção Natural Tomo II

(1) Ato de espantar, usando-se a cauda, as moscas e outros insetos.

(2) Ver nota no primeiro tomo.

(3) Edward Forbes (1815–1854), zoólogo, botânico e paleontólogo britânico, viajou como naturalista a bordo de H.M.S. Beacon, de 1841 a 1842; foi designado professor de botânica da King's College em Londres; em 1842, passou a ser curador do museu da Sociedade Geológica de Londres; como paleontólogo fez pesquisas geológicas na Grã Bretanha, de 1844 a 1854; foi professor de história natural da Universidade de Edimburgo a partir de 1854.

(4) Ver nota no primeiro tomo.

(5) Ver nota no primeiro tomo.

(6) Ver nota no primeiro tomo.

(7) Marta, mamífero da família dos Mustelídeos.

(8) O nome usado por Darwin, no original – tyrant flycatcher – pode ser traduzido por bem-te-vi; embora o nome científico que ele coloca entre parêntesis não denomine a ave em questão, que é chamada Pitangus sulphuratus.

(9) Falco tinnunculus.

(10) Certhia americana.

(11) Lanius senator.

(12) Sitta europaea.

(13) Ver nota no primeiro tomo.

(14) Aves procelariiformes, da família dos procelariídeos, do gênero Macronectes, que habitam o hemisfério sul, caracterizado por possuir narinas tubulosas e geralmente plumagem escura.

(15) Família dos Alcídeos, por exemplo: alca, torda mergulheira e mergulhão.

(16) Ver nota no primeiro tomo.

(17) Fregata minor

(18) Larosterna inca

(19) Robert McDonnell (1828–1889), cirurgião irlandês, serviu como cirurgião na Guerra da Crimeia, 1855. Professor de anatomia, Carmichael School de Medicina, 1856?; depois conferencista de anatomia e fisiologia. Presidente da Faculdade de Cirurgiões da Irlanda, 1877?; presidente da Academia de Medicina na Irlanda, 1885–8.

(20) Moluscos gastrópodes do gênero Voluta, da família dos volutídeos.

(21) Molusco da classe Gastropoda da família Conidae.

(22) Intervalo de medição de tempo geológico aproximadamente entre 55 e 35 milhões de anos.

(23) Fósseis de moluscos cefalópodes pertencentes à subclasse dos amonóides, de concha externa espiralada, semelhante à dos náutilos.

(24) Alga unicelular da classe das bacilariofíceas; bacilariácea, bacilariofícea, bacilariófita, bacilariófito, diátomo.

(25) Fraxinus excelsior

(26) Rumex conglomeratus: planta da família das poligonáceas, de folhas sagitadas e flores pequenas, natural do sul da Europa e do leste da Ásia.

(27) Plantas do gênero Euonymus; euônimo.

(28) August Wilhelm Malm (1821–1882) zoólogo sueco.

(29) Alexander Agassiz (1835–1910), zoólogo, oceanógrafo e engenheiro de minas suíço, filho de Louis Agassiz (ver nota), imigrou para os EUA em 1849; foi curador do Museu de zoologia comparativa de Harvard.

(30) Designação comum das plantas do gênero Taxus, da família das taxáceas, que reúne sete espécies, mais conhecidas como teixo.

(31) Massa conexa de grãos de pólen, hialina e viscosa, que, durante a polinização, é transportada por insetos ou aves, frequentemente aderida aos seus corpos; presente na maioria das flores das orquidáceas e asclepiadáceas.

(32) Chauncey Wright (1830–1875), matemático e filósofo americano, em 1852; tornou se matemático do recém-estabelecido almanaque de efemérides e náutica americano para os quais inventou métodos novos de cálculo; foi secretário da American Academy of Arts and Sciences, em Boston, entre 1863 e 1870; publicou a primeira de uma séries de composições filosóficas na North American Review em 1864.

(33) (Piaya cayana) ave insetívora, da família Cuculidae, com aproximadamante 45 centímetros de comprimento, de cor vermelho-castanha, com cauda vermelha com brilho purpúreo e pontas brancas e parte inferior cinzenta. Encontrada nas matas do norte da Argentina, no Paraguai e no sul do Brasil.

(34) Instrumento de som suave e grande capacidades expressivas, muito semelhante ao cravo. Possui mecanismo de tangentes que tocam as cordas.

(35) Rumex crispus

(36) William Bernhard Tegetmeier (1816–1912) editor, jornalista, conferencista e naturalista britânico, estudioso sobre pombos e especialista em avicultura, secretário da Sociedade de Apiária de Londres.

(37) Anagalis arvensis

(38) Jean Louis Rodolphe Agassiz (1807–1873) zoólogo suíço, foi professor de história natural em Neuchâtel de 1832 a 1846; imigrou para os EUA em 1846; foi professor de história natural da Universidade de Harvard, entre 1848 e 1873; fundou o Museu de zoologia comparativa de Harvard em 1859, membro internacional da Royal Society of London, 1838.

A Origem das Espécies por meio da Seleção Natural Tomo III e último

(1) Dromaius novaehollandiae.

(2) Dasyprocta leporina.

(3) Lagostomus maximus.

(4) Ondatra zibethicus.

(5) Myocastor coypus.

(6) Veja notas do primeiro tomo.

(7) Veja notas no segundo tomo.

(8) Conrad Martens (1801–1878), pintor de paisagem , juntou-se ao H.M.S. Beagle em Montevidéu em 1833, e atuou como desenhista até 1834, instalado-se na Austrália em 1835.

(9) Richard Thomas Lowe (1802–1874), clérigo e botânico inglês, foi capelão na Ilha da Madeira de 1832 a 1854. Reitor em Lea, Lincolnshire, de 1854 a 1874. Publicou trabalhos sobre a flora da Ilha da Madeira entre 1857 e 1872.

(10) John Philip Mansel Weale, naturalista sul-africano.

(11) Georg Hartung, (1822?–1891) geólogo alemão, em 1852 e 1853 investigou a geologia da Ilha da Madeira com Charles Lyell. Autor de numerosos diários de viagem.

(12) Johann Georg Gmelin, (1709–1755) naturalista e explorador, foi professor de química e história natural na Academia de Ciências de São Petersburgo, 1731 a 1747; tornou-se professor de medicina, botânica e química da Universidade de Tubingen, 1749.

(13) Jean Louis Rodolphe Agassiz (1807–1873), zoólogo suíço, foi professor de história natural em Neuchâtel, de 1832 a 1846, emigrou para os Estados Unidos em 1846, tornou-se professor de história natural da Universidade de Harvard, entre 1848 e 1873; dirigiu o Museu de Zoologia Comparativa em Harvard em 1859; membro internacional da Royal Society de Londres, 1838.

(14) Nuphar polysepalem

(15) Notação ultrapassada, entretanto mais próxima do que Darwin teria usado para se referir à ordem de aves que possuem pernas longas desprovidas de penas. Atualmente prefere-se representá-las como ciconiiformes, charadriiformes e gruiformes.

(16) Ilhas do golfo de Bengala, Índia.

(17) Ver nota do primeiro tomo.

(18) Ordem de mamíferos, com 18 famílias e centenas de espécies conhecidas vulgarmente como morcegos.

(19) Ordem de insetos holometábolos, com mais de 350.000 espécies, conhecidas vulgarmente como besouros, caracterizados principalmente pela presença do aparelho bucal mastigador e por quatro asas, cujo par anterior se apresenta em forma de élitro e o posterior, membranoso.

(20) Sistema do erátema paleozoico, posicionado entre o ordoviciano e o devoniano.

(21) Didelphis virginiana.

(22) Estágio larval, planctônico e característico da maioria dos crustáceos aquáticos, dispondo de três pares de apêndices e um ocelo mediano, na parte anterior da cabeça.

(23) Larva planctônica de diversos crustáceos decápodes, especialmente dos caranguejos, com o cefalotórax grande, dotado quase sempre de dois ou três longos espinhos e abdome esguio.

(24) Ordem de crustáceos malacóstracos, que são em sua maioria marinhos e filtradores, pertencendo à superordem dos peracáridos, assemelham-se a pequenos camarões, com o tórax coberto por uma carapaça, olhos compostos pedunculados e urópodos, formando um leque caudal.

(25) Ctenomys torquatus.

(26) Pierre-Louis Moreau de Maupertuis (17 de julho de 1698 a 27 de julho de 1759) era matemático francês, filósofo e homem de letras, mais conhecido por ter criado o princípio da mínima ação.

(27) De fato, Darwin veio a falecer pouco tempo depois de compor este ensaio.

Vida e obras do autor

Charles Robert Darwin foi talvez o mais revolucionário biólogo e naturalista que já viveu. Este cientista britânico fundou as bases da teoria moderna da evolução com seu conceito do desenvolvimento de todas as formas de vida por meio de um processo lento de seleção natural. Seu trabalho foi decisivo para as ciências da vida e da terra. Darwin mudou todo o pensamento moderno em geral.

Nascido em Shrewshury, Shropshire, Inglaterra, em 1809, Darwin foi o quinto filho de uma rica e sofisticada família inglesa. Depois de se graduar na escola em Shrewsbury em 1825, Darwin ingressou na Universidade de Edinburgh para estudar medicina. Entretanto, em 1827 abandonou os estudos e entrou na Universidade de Cambridge com o objetivo de se tornar ministro da Igreja Anglicana. Foi em Cambridge que Darwin conheceu duas figuras que iriam despertar seu interesse pelas ciências naturais: o geólogo Adam Sedgwick e o naturalista John Stevens Henslow.

Foi com Henslow que Darwim aprendeu a ser um observador meticuloso e cuidadoso dos fenômenos naturais e a ser um colecionador de espécimes. Depois de se graduar em Cambridge em 1831 – aos 22 anos – foi convidado para viajar como naturalista a bordo do barco inglês de investigação HMS Beagle. Por causa das boas recomendações de Henslow, Darwin embarcou sem pagamento numa expedição científica ao redor do mundo.

A tarefa de Darwin como um naturalista a bordo do Beagle lhe deu a oportunidade de observar as diversas formações geológicas em diferentes continentes e ilhas ao longo do percurso, bem como uma ampla variedade de fósseis e organismos vivos. Em suas observações geológicas, Darwin se impressionou com o efeito que as forças naturais tiveram na forma da superfície da terra.

À época, a maioria dos geólogos aderiu à teoria da catástrofe, que teorizava que a terra experimentou uma sucessão de criações de vida animal e vegetal, e que cada criação tinha sido destruída por uma catástrofe repentina, como um levantamento da superfície da terra. De acordo com essa teoria, a mais recente catástrofe, o dilúvio universal, eliminou toda a vida exceto aquelas formas que se salvaram na arca. O resto poderia ser visto apenas na forma de fósseis. Do ponto de vista dos chamados "catastrofistas", as espécies foram criadas individualmente e eram, sobretudo, imutáveis.

A teoria dos "catastrofistas" foi questionada pelo geólogo inglês Sir Charles Lyell em seu trabalho de dois volumes *Princípios de Geologia* (1830 - 1833). Lyell sustentava que a superfície da terra estava sofrendo uma mudança constante, como resultado das forças naturais que operam uniformemente durante longos períodos de tempo.

A bordo do Beagle, Darwin descobriu que muitas de suas observações se encaixavam perfeitamente na teoria "uniformista" de Lyell. Notou, por exemplo, que certos fósseis de espécies pretensamente extintas lembravam sobremaneira espécies vivas na mesma área geológica. Nas ilhas Galápagos, na costa do Equador, observou que cada ilha tinha sua própria forma de tartaruga terrestre; e essas diversas formas estavam relacionadas diretamente, mas diferiam na estrutura e nos hábitos de alimentação em cada uma das ilhas. Darwin concluiu que estas espécies não tinham aparecido nesse lugar, e que tinham migrado para Galápagos vindas do continente. Darwin não percebeu naquele momento que os tendilhões das diferentes ilhas do arquipélago pertenciam a espécies diferentes. Ambas as observações originaram a pergunta, para Darwin, de possíveis cruzamentos entre espécies diferentes, porém similares.

Depois de regressar à Inglaterra em 1836, Darwin começou a organizar suas ideias sobre a habilidade das espécies de se modificarem. A explicação que encontrou de como evoluíram os organismos lhe surgiu depois de ler *Um Ensaio do Princípio da População* de 1798, de autoria do economista britânico Thomas Robert Malthus, que explicou como as populações humanas mantinham o equilíbrio. Malthus dizia que nenhum incremento na disponibilidade de comida para a sobrevivência humana básica poderia compensar o ritmo geométrico do crescimento da população. O último, portanto, tinha que ser verificado pelas limitações naturais como a fome e a doença, ou por ações humanas como a guerra.

Darwin aplicou imediatamente o raciocínio de Malthus aos animais e às plantas, e em 1838 tinha elaborado já um esboço da *Teoria da Evolução por meio da Seleção Natural*. Durante as duas décadas seguintes trabalhou em sua teoria e outros projetos de história natural.

A teoria de Darwin só se tornou pública pela primeira vez em 1858 num documento apresentado junto com outro de Alfred Russel Wallace. A teoria completa de Darwin foi publicada somente em 1859, com o nome que leva esta publicação, *A Origem das Espécies*. A obra ficou conhecida como "O livro que abalou ao mundo". *A Origem das espécies* se esgotou no primeiro dia da publicação e o mesmo ocorreu com seis edições posteriores.

A obra

A teoria da evolução por seleção natural de Darwin tratava essencialmente que, devido ao problema do fornecimento de alimento descrito por Malthus, as crias nascidas de quaisquer espécies competem intensamente pela sobrevivência. As que sobrevivem darão origem à próxima geração, que por sua vez tende a incorporar variações naturais favoráveis – por mais sutis que essas possam ser –; e estas variações passam de maneira hereditária à prole. Portanto, cada geração melhorará sua adaptabilidade com relação às gerações precedentes, e este processo gradual e contínuo é a causa da evolução das espécies. A seleção natural é só uma parte do vasto esquema conceitual de Darwin; apresentou também o conceito de que todos os organismos relacionados são descendentes de ancestrais comuns. Além disso, forneceu apoio adicional para os conceitos anteriores de que a terra mesma não é estática, mas sim está sempre evoluindo.

As reações à *Origem das Espécies* foi imediata. Alguns biólogos argumentaram que Darwin não pôde provar sua hipótese. Outros criticaram o conceito de variação de Darwin, argumentando que não pôde explicar nem a origem das variações nem como passaram às gerações sucessivas. Essa objeção científica, em especial, não foi contestada até o nascimento da genética moderna nos inícios do século XX. De fato, muitos cientistas continuaram expressando suas dúvidas durante os anos seguintes. Os ataques mais ferrenhos às ideias de Darwin não vieram dos cientistas, mas sim dos opositores religiosos. O pensamento de que coisas vivas tinham evoluído por processos naturais negava a criação especial da raça humana e relegava a humanidade ao mesmo patamar dos animais.

Darwin passou o resto de sua vida desenvolvendo diferentes aspectos de problemas surgidos em *Origem das Espécies*. Seus livros posteriores, incluindo *A Variação dos Animais e Plantas sob Domesticação* (1868), *O Descendente do Homem* (1871), e *A Expressão das Emoções nos Animais e o Homem* (1872), foram exposições detalhadas de temas que estavam limitados a pequenas seções da *Origem das Espécies*. A importância de seu trabalho foi reconhecida por seus contemporâneos; Darwin foi eleito para a Sociedade Real em 1839 e para a Academia Francesa de Ciências em 1878. Darwin faleceu em 1882.

Impressão e Acabamento:
Gráfica Oceano